Réussir son concours AS/AP

Évelyne Boutet
Frédérique Jaquet
Nadine Kolivanoff
Françoise Sanchez

estem

Éditions ESTEM
DE BOECK DIFFUSION
89, boulevard Auguste Blanqui
75013 Paris
Tél. : 01 72 36 41 60 – Fax : 01 72 36 41 70
E-mail : info@estem.fr
www.estem.fr

Illustrations :
- © Arthur F. DALLEY & Keith MOORE, *Anatomie médicale*, De Boeck Université, 2001, pour l'illustration page 171.
- © A.-C. R. : Anne-Christel ROLLING.
- © S. M. : Sandrine MARCHAND.
- © C. K. : Caroline KŒHLY.

Droits réservés pour les illustrations pages 425, 475 et 476.

Les auteurs :
- **Évelyne Boutet**, formatrice auprès des étudiants AP et infirmiers.
- **Frédérique Jaquet**, formatrice auprès des étudiants AP, organisatrice et membre du jury des concours AS.
- **Nadine Kolivanoff**, professeur agrégé de mathématiques.
- **Françoise Sanchez**, formatrice auprès des étudiants AP.

Remerciements :
Frédérique Jaquet souhaite remercier Morgan Pacaud et les éditions Estem.

ISBN : 978-2-84371-441-2

Table des matières

Avant-propos

En choisissant de préparer le concours infirmier, vous vous apprêtez à affronter une sélection extrêmement difficile puisque seuls 15 % des candidats sont admis en école d'aides-soignants (AS) ou d'auxiliaires de puériculture (AP) à l'issue des épreuves.

Face à l'ampleur de la tâche, seule une préparation efficace, sur la base d'un travail méthodique et assidu les mois qui précédent le concours, vous permettra d'être armé pour les épreuves et de mettre ainsi toutes les chances de votre côté.

C'est dans cet esprit que cet ouvrage a été conçu. Il propose **tous les outils dont vous pouvez avoir besoin** si vous entreprenez de vous préparer seul à ces épreuves et sera un complément utile si vous suivez une préparation en école.

Son contenu exhaustif, organisé et hiérarchisé, répond à toutes les questions d'ordre pratique, administratif, organisationnel liées au concours, aux études et aux métiers que vous vous posez.

Il répond également avec précision, ordre et méthode à toutes les problématiques qui se posent lors des révisions et de la préparation des épreuves :

- l'**identification**, l'**appréhension** et la **mémorisation des connaissances** et de la culture requise ;
- la **compréhension de la méthodologie**, de la marche-à-suivre à mettre en œuvre lors des épreuves pour aborder le sujet, construire sa réponse et la présenter en tenant compte de ce que le jury attend ;
- l'**entraînement avec des exercices corrigés** pour tester vos connaissances et des sujets d'annales corrigés pour vous mettre en situation d'examen.

Et c'est par une approche volontairement très pédagogique que les auteurs vous accompagnent dans chaque étape de la préparation de chacune des épreuves.

En effet, formateurs en écoles AS/AP ils connaissent bien les candidats et les rouages des concours : tous participent activement depuis plusieurs années à l'organisation du concours, à la rédaction des sujets et sont membres des jurys d'évaluation.

Ainsi, parce qu'ils savent quelles sont les difficultés d'apprentissage puis de restitution des connaissances lors du concours auxquelles sont confrontés les candidats, ils ont mis l'accent sur :

- l'identification des difficultés, la façon de les aborder puis de les résoudre par des conseils très pratiques (pas-à-pas) ;
- des propos simples et clairs ;
- des exemples détaillés et des pistes de travail pour vous guider ;
- des encadrés synthétiques.

Nous souhaitons vivement que cet ouvrage réponde à vos attentes et vous accompagne dans la voie du succès.

L'éditeur

› partie 1

Concours, études, métier : informations pratiques

partie

›1. Le concours

1.1. L'inscription au concours

1.1.1. Les conditions d'inscription

› Législation

Deux textes de loi réglementent les conditions d'accès à la formation :

- pour les **aides-soignants** (AS), il s'agit de **l'arrêté du 22 octobre 2005** relatif au diplôme professionnel d'aide-soignant (titre 1er), modifié par l'arrêté du 8 février 2007 ;
- pour les **auxiliaires de puériculture** (AP), c'est **l'arrêté du 16 janvier 2006** relatif au diplôme professionnel d'auxiliaire de puériculture (titre 1er), modifié par l'arrêté du 8 février 2007.

Nous allons citer dans les paragraphes qui suivent quelques articles de ces arrêtés concernant les concours d'entrée AS et AP.

Vous pouvez par ailleurs télécharger l'intégralité des textes sur le site legifrance.gouv.fr, ainsi que les textes de loi postérieurs à ces dates modifiant légèrement ces deux textes (Arrêté paru au *Journal Officiel* le 17 février 2007).

> Précisons que, depuis le décret du 31 août 2007, les mots « diplôme professionnel d'aide-soignant » et « diplôme d'auxiliaire de puériculture » sont remplacés par les termes « **diplôme d'État d'aide-soignant** » (DEAS) et « **diplôme d'État d'auxiliaire de puériculture** » (DEAP).

› Nationalité

Toutes les personnes ayant leurs papiers en règle peuvent se présenter au concours d'entrée dans les instituts AS ou AP, quelle que soit leur nationalité.

Le concours est exigeant et nécessite une bonne maîtrise de la langue française.

› Âge

Les candidats doivent être âgés de 17 ans au moins à la date de leur entrée en formation ; aucune dispense d'âge n'est accordée et il n'est pas prévu d'âge limite supérieur (titre 1er, article 4).

› Diplômes et dispenses

Aucune condition de diplôme n'est requise pour se présenter aux épreuves écrites d'admissibilité (titre 1er, article 7).

Sont dispensés de l'épreuve écrite d'admissibilité :

- les candidats titulaires d'un titre ou diplôme homologué au niveau IV (baccalauréat) ou enregistré à ce niveau au répertoire national des certifications professionnelles, délivré dans le système de formation initiale ou continue français ;

- les candidats titulaires d'un titre ou diplôme du secteur sanitaire et social homologué au minimum au niveau V (CAP, BEP), délivré dans le système de formation initiale ou continue français ;
- les candidats titulaires d'un titre ou diplôme étranger leur permettant d'accéder directement à des études universitaires dans le pays où il a été obtenu ;
- les étudiants ayant suivi une première année d'études conduisant au diplôme d'État d'infirmier et n'ayant pas été admis en deuxième année.

Tous les candidats inscrits au concours d'auxiliaire de puériculture doivent passer les tests d'aptitude à l'écrit.

1.1.2. Les modalités d'inscription

› Dossier de candidature

› *Dates de rentrée dans les instituts*

La rentrée dans les instituts de formation AS ou AP a lieu en général la première semaine du mois de septembre mais certains instituts proposent une rentrée la première semaine du mois de janvier.

Un même institut peut proposer une rentrée en septembre et une rentrée en janvier.

La liste des instituts de formation peut se consulter sur le site http://www.sante.gouv.fr.

› *Retrait des dossiers et dates limites d'inscription*

Les dates et lieux des concours sont variables selon les régions.

Le retrait des dossiers d'inscription se fait directement auprès des instituts ; il peut aussi être téléchargé sur les sites Internet des instituts.

Tableau 1 – Période de retrait des dossiers d'inscription selon la date de rentrée

Mois de la rentrée	Période de retrait des dossiers d'inscription
Septembre	Entre le mois de novembre et les mois de janvier/février
Janvier	Entre le mois de juin et le mois de septembre de l'année précédente

Il est très important de bien vous **renseigner** auprès de l'institut sur la **date de clôture** des inscriptions car aucune dérogation ne sera délivrée. Les dates prévisionnelles de retrait, de dépôt et d'épreuves peuvent être modifiées par l'administration organisatrice du concours d'une année sur l'autre.

› *Dépôt du dossier de candidature : pièces à fournir*

Un certain nombre de pièces sont demandées par les instituts pour compléter votre dossier :

- lettre de motivation et CV actualisés ;
- photocopie de la carte d'identité ou carte de séjour en cours de validité ;

- **photocopies des diplômes** qui vous dispensent de l'épreuve de culture générale : les diplômes pris en considération sont ceux obtenus à la date d'inscription (date de dépôt des dossiers) ;
- pour les titres et diplômes étrangers, le candidat doit demander une **attestation de reconnaissance de niveau d'études des diplômes étrangers** auprès du Centre international d'études pédagogiques (CIEP), département reconnaissance des diplômes (Centre ENIC-NARIC France : 1, avenue Léon Journault, 92318 Sèvres cedex, adresse électronique : enic-naric@ciep.fr).

› *Candidatures multiples*

Les épreuves de sélection sont organisées par les instituts de formation. Ces instituts ont la possibilité de se **regrouper** au niveau départemental ou régional en vue **d'organiser en commun les épreuves**. Les candidats se présenteront alors à une seule épreuve d'admissibilité (date commune pour tous les instituts du regroupement).

En revanche, rien ne vous empêche de vous présenter dans différents instituts du département s'il n'y a pas de regroupement ou dans différents départements d'une même région ou, encore, dans différentes régions afin d'augmenter vos chances de réussite au concours.

Il vous faudra demander un dossier d'inscription et acquitter le droit d'inscription pour chaque institut où vous vous présenterez.

Les renseignements concernant les regroupements d'instituts vous seront donnés soit directement par les instituts, soit par la DDASS (Direction départementale des affaires sanitaires et sociales). La liste des DDASS et des DRASS est donnée p. 571.

Les instituts doivent informer les candidats, au moment de leur inscription, de la date **d'affichage des résultats définitifs** ainsi que du **nombre de places** fixé pour les épreuves de sélection.

› *Montant des droits d'inscription*

Les droits d'inscription sont variables d'un institut à un autre (entre 30 et 170 €) mais il faut compter une moyenne de 40 à 50 € par dossier.

› Dates des épreuves du concours

Les calendriers sont variables d'un département à un autre. Les instituts vous donneront ces renseignements au moment de l'inscription au concours.

Tableau 2 – Dates des épreuves

Mois de la rentrée	Date des épreuves orales d'admission	Date des épreuves écrites d'admissibilité
Septembre	Avril ou mai	Mars
Janvier	Novembre de l'année précédente	Octobre de l'année précédente

Les épreuves orales d'admission sont organisées par chaque institut suivant un calendrier qui lui est propre et après réunion du jury d'admissibilité.

1.2. Les épreuves de sélection : déroulement et résultats

1.2.1. Le déroulement des épreuves

Il y a **une épreuve écrite d'admissibilité et une épreuve orale d'admission** pour les **aides-soignants** (AS).

Il y a **deux épreuves écrites d'admissibilité et une épreuve orale d'admission** pour les auxiliaires de puériculture (AP).

› Épreuves d'admissibilité

Les membres du jury d'admissibilité sont nommés par le préfet du département ou de la région.

› *Épreuve écrite d'admissibilité pour les AS et les AP*

Cette épreuve écrite est **anonyme**, d'une durée de **2 heures, notée sur 20 points**.
Elle comporte deux parties.

La première partie est notée sur 12 points. À partir d'un texte de culture générale d'une page maximum et portant sur un sujet d'actualité d'ordre sanitaire et social, le candidat doit :

- dégager les idées principales du texte ;
- commenter les aspects essentiels du sujet traité sur la base de 2 questions au maximum.

Cette partie a pour objet **d'évaluer les capacités de compréhension et d'expression écrite du candidat**.

La deuxième partie est notée sur 8 points. Il s'agit d'une série de 10 questions à réponse courte :

- 5 questions portant sur des notions élémentaires de biologie humaine ;
- 3 questions portant sur les quatre opérations numériques de base ;
- 2 questions d'exercices mathématiques de conversion.

Cette partie a pour objet de **tester les connaissances du candidat dans le domaine de la biologie humaine ainsi que ses aptitudes numériques**.

› *Pour les AP uniquement : test d'aptitude*

Cette épreuve écrite est **anonyme**, d'une durée de **1 heure 30**, notée sur **20 points**.
Ce test a pour objet d'évaluer les aptitudes suivantes :

- l'attention ;
- le raisonnement logique ;
- l'organisation.

Tous les candidats se présentant au concours d'entrée dans un institut de formation d'auxiliaires de puériculture doivent passer ce test, quel que soit leur niveau d'études.

La correction des épreuves est assurée par des enseignants permanents dans un institut de formation d'AS ou d'AP ou par des enseignants dans un IFSI ou un institut de formation de puéricultrices ou, encore, par des personnes qualifiées.

› Pour être admissible à l'oral

Sont déclarés admissibles les candidats AS ayant obtenu **une note égale ou supérieure à 10 sur 20 à l'épreuve d'admissibilité** (titre 1er, article 8).

Les candidats AS dispensés de l'épreuve d'admissibilité sont directement convoqués à l'épreuve orale.

Les candidats AP dispensés de l'épreuve d'admissibilité doivent, pour être admissibles à l'oral, obtenir **une note égale ou supérieure à 10 sur 20 au test d'aptitude**.

Les candidats AP ayant présenté les 2 épreuves écrites doivent, pour être déclarés admissibles, obtenir **une note égale ou supérieure à 10 sur 20 à chacune des 2 épreuves**.

› Épreuve orale d'admission

Pour les AS et les AP, l'épreuve orale d'admission est **notée sur 20 points** (titre 1er, article 9). Il s'agit d'un entretien de 20 minutes maximum avec 2 membres du jury, précédé par 10 minutes de préparation.

L'épreuve se divise en **deux parties** :

- **il s'agit d'abord de présenter un exposé** à partir d'un thème relevant du domaine sanitaire et social puis de répondre aux questions des examinateurs. Cette partie est notée sur 15 points. Elle vise à tester les capacités d'argumentation et d'expression orale du candidat, ainsi que ses aptitudes à suivre la formation ;
- **suit une discussion** avec les examinateurs portant sur la connaissance de la profession et l'intérêt pour celle-ci. Cette partie est notée sur 5 points. Elle est destinée à évaluer la motivation du candidat.

Toute note inférieure à 10 sur 20 à cette épreuve est éliminatoire.

> Attention, il s'agit d'un concours. Seuls les candidats ayant obtenu les meilleures notes seront retenus en fonction du nombre de places disponibles, dans chaque institut.

1.2.2. Les résultats des épreuves

› Calcul de la note et classement

Les membres du jury d'admissibilité et du jury d'admission sont nommés par le préfet du département ou de la région, en fonction du choix opéré pour l'organisation du concours.

À l'issue de l'épreuve orale d'admission et au vu de la note obtenue à cette épreuve, le jury **établit la liste de classement**. Cette liste comprend une liste principale et une liste complémentaire.

En cas d'égalité de points entre deux ou plusieurs candidats, sont déclarés admis dans l'ordre de priorité suivant :

- le ou les candidats ayant bénéficié d'une dispense de l'épreuve écrite d'admissibilité ;
- le ou les candidats ayant obtenu la note la plus élevée à l'épreuve d'admissibilité, dans le cas où aucun des candidats à départager n'aurait été dispensé de cette épreuve ;
- le candidat le plus âgé, dans le cas où les conditions des deux alinéas précédents n'auraient pas pu départager les candidats.

Lorsque dans un institut ou un groupe d'instituts, la liste complémentaire établie à l'issue des épreuves de sélection n'a pas permis de pourvoir l'ensemble des places offertes, le directeur de l'institut concerné peut faire appel à des candidats inscrits sur la liste complémentaire d'autres instituts, mais restés finalement sans affectation à l'issue de la procédure d'admission. Ces candidats sont admis dans les instituts dans la limite des places disponibles.

› Affichage des résultats et délais d'attente entre les épreuves

Les résultats des épreuves de sélection sont affichés au siège de chaque institut de formation concerné, dans un lieu accessible à toute heure à la consultation. Tous les candidats sont personnellement informés par écrit de leurs résultats.

Tableau 3 – Affichage des résultats

Date de la rentrée	Résultats d'admissibilité	Résultats d'admission
Septembre	Avril	Juin
Janvier	Fin octobre de l'année précédente	Décembre de l'année précédente

Les résultats d'admissibilité sont affichés à l'institut après réunion du jury d'admissibilité et les résultats d'admission après réunion du jury d'admission.

› En cas d'échec

› *Consulter sa copie*

Comme pour tout concours ou examen, il est possible au candidat de demander à consulter sa copie.

› *Repasser le concours*

Les candidats peuvent se présenter autant de fois qu'ils le souhaitent, mais ils auront intérêt à s'interroger sur leurs aptitudes à entrer en formation après plusieurs échecs.

Un échec résultant souvent d'une mauvaise préparation, votre méthode de travail devra changer. Vous pouvez vous interroger sur les raisons de cet échec mais aussi sur vos réelles motivations à entrer en formation.

Vous pouvez aussi demander quel était le nombre de candidats inscrits au concours à l'institut. Certains concours – pour les écoles les plus demandées – sont extrêmement difficiles à cause du nombre très élevé de candidatures.

1.3. Les conseils de préparation au concours

1.3.1. Comment préparer le concours ?

Dès aujourd'hui, mettez toutes les chances de votre côté.

L'idéal est d'envisager la préparation de l'admissibilité au moins **6 mois avant** l'épreuve écrite. Le temps permet de consolider les acquis.

› Auto-préparation

Vous pouvez **préparer ce concours seul(e)**. Ce guide de préparation au concours vous sera alors d'une aide précieuse. Il est important d'être discipliné et de travailler régulièrement avec méthode et efficacité.

Avoir de solides connaissances en biologie humaine (comme celles que l'on peut acquérir grâce au BEP carrières sanitaires et sociales [BEP-CSS]) est un atout pour réussir l'épreuve écrite d'admissibilité.

› *Épreuve de culture générale (voir page 43)*

La partie « **culture générale** » est notée **sur 12 points, pour un total de 20 points à l'ensemble de l'épreuve écrite (comprenant la culture générale, la biologie et les mathématiques)** : elle représente donc un fort coefficient. Pour s'y préparer, il faut être **curieux** et s'investir dans la recherche d'informations autour des thèmes sanitaires et sociaux. Le but de cette épreuve est avant tout de tester les capacités du candidat à **s'exprimer à l'écrit**, à **comprendre** un texte et à l'analyser, en se référant à un sujet d'actualité du domaine sanitaire ou social.

Pour être certain de répondre le plus complètement et le plus précisément possible le jour de l'épreuve, voici deux conseils que nous vous encourageons fortement à suivre :

- d'une part, entraînez-vous régulièrement à **synthétiser** et à dégager les idées principales d'un texte d'actualité d'une page (en lien avec le domaine sanitaire et social) pour être prêt le jour de l'écrit ;
- d'autre part, vous devrez **lire l'actualité** dans le domaine sanitaire et social de façon régulière, soit par l'intermédiaire de la presse spécialisée, soit grâce à Internet. Attention, privilégiez les sites officiels (par exemple celui de l'INPES : www.inpes.sante.fr) pour être sûr de la source et des informations données.

Nous vous guiderons dans vos recherches en vous proposant un site pour chaque thème abordé.

Les questions posées sur le texte demandent quelques **connaissances** et un travail préalable. C'est pourquoi nous avons rédigé, dans la partie 2 de ce guide de préparation (*voir page 53*), des **fiches synthétiques** reprenant les thèmes les plus fréquemment rencontrés aux concours d'entrée AS ou AP.

Vous pouvez faire une **revue de presse** d'après vos lectures, en sélectionnant les informations et articles importants : conservez-les et constituez ainsi des dossiers thématiques qui vous aideront à vous faire une idée exacte et personnelle des grands enjeux actuels de santé et de société.

> Ces recherches et les fiches synthétiques vous aideront également pour l'argumentation à l'oral.

Après avoir lu ces fiches et fait votre revue de presse, nous vous conseillons dans un deuxième temps de vous entraîner régulièrement à l'aide des **exercices d'entraînement** (*voir page 105*) **et des sujets d'annales** proposés (*voir page 497*). Il faut absolument vous obliger à réfléchir avant de regarder le corrigé. Des **questions ouvertes de type concours** sont proposées à la fin de chaque fiche avec les mots-clés essentiels pour vous guider dans votre réflexion.

› Épreuve de biologie (voir page 129)

La partie « **biologie humaine** » est notée sur 4 points et correspond au programme officiel du BEP-CSS. Des exercices sont proposés dans la partie « Biologie » de ce guide (*voir page 248*) ainsi que des sujets complets d'annales corrigées comprenant l'épreuve de biologie (*voir page 497*).

Nous vous recommandons **d'élaborer vous-mêmes des fiches synthétiques** résumant les informations, qui vous aideront à les mémoriser. Vous vous approprierez ainsi plus facilement le savoir nécessaire en les relisant régulièrement et en surlignant les points essentiels. Ces fiches vous aideront aussi pour vos dernières révisions.

› Épreuve de mathématiques (voir page 281)

Ne soyez pas effrayé par l'épreuve de **mathématiques**, notée sur 4 points. Elle est fondée uniquement sur les quatre opérations numériques de base et sur des questions de conversion. Il s'agira de vous souvenir de notions élémentaires d'utilisation des nombres, puis de vous entraîner grâce aux exercices proposés dans la partie « Mathématiques » (*voir page 328*) ainsi que dans les annales (*voir page 497*).

› Tests d'aptitude (voir page 361)

L'épreuve de **tests d'aptitude** est obligatoire pour tous les candidats se présentant au concours d'entrée dans les instituts de formation d'**auxiliaires de puériculture uniquement**. La partie « Tests d'aptitude » vous expliquera comment vous organiser lors de cette épreuve de **1 heure 30 et notée sur 20 points**, et vous aidera à vous préparer grâce aux exercices d'entraînement (*voir page 397*).

> Ces différents exercices vous permettront de vous mettre en situation comme s'il s'agissait d'un entraînement à une compétition sportive. Vous serez acteur.
>
> Nous vous recommandons de **vous tester en temps réel**, sachant que l'épreuve écrite d'admissibilité est d'une durée de 2 heures et que l'épreuve des tests d'aptitude dure 1 heure 30.

› Centres de préparation ou par correspondance

Certains centres de formation proposent une préparation aux concours d'entrée dans les instituts de formation d'aides-soignants et/ou d'auxiliaires de puériculture.

Il s'agit pour la plupart de préparations payantes. Il est donc important pour vous de comparer les prix et les prestations proposées (nombre d'heures de préparation, nombre de candidats aux séances, types d'entraînement...). Tous les centres ne sont pas également efficaces.

Vous pouvez aussi demander les résultats obtenus après préparation au concours d'entrée dans chaque centre et sur plusieurs années. Vu le nombre important de candidats se présentant au concours, de telles préparations ne garantissent évidemment pas la réussite.

Ce type de préparation a pour objectif de sensibiliser les candidats aux grands thèmes du domaine sanitaire et social par un enseignement adapté et un contact régulier avec l'actualité. Elle permet aussi de développer les capacités d'analyse, d'expression écrite et orale du candidat par un contrôle des connaissances et par des mises en situation d'examen.

Pour connaître les coordonnées des instituts de formation ou autres organismes qui proposent cette préparation, vous pouvez consulter le site Internet de la **DRASS** de votre région (*voir liste page 571*), aux rubriques « Métiers » puis « Métiers du soin ».

Conseil bonus

- Quel que soit le mode de préparation que vous adopterez, n'oubliez pas qu'un travail individuel sérieux reste la meilleure façon de vous entraîner et de mémoriser les connaissances nécessaires à la réussite au concours.
- Il est important pour vous de bien connaître votre **mode d'apprentissage**. Certains retiennent plus facilement en lisant (visuels), d'autres auront besoin de parler ou d'entendre parler (auditifs), d'autres enfin doivent écrire (kinesthésiques). Même si le visuel reste souvent largement le plus efficace, il faut parfois combiner plusieurs de ces méthodes pour réunir toutes les chances de son côté.
- Il faut, par ailleurs, faire la part des choses entre le fondamental et le secondaire et travailler avec **efficacité**, en commençant par le plus important (les gros titres, les idées générales) pour connaître l'essentiel et ne pas se perdre dans les détails.
- **Privilégiez** toujours **la qualité** à la quantité en sélectionnant les exercices pour ne pas vous démotiver.
- **Organisez** votre travail et gérez votre temps en ne faisant qu'une chose à la fois et en faisant des pauses régulières : travailler pendant 1 heure 30 à 2 heures est un maximum... À défaut de pouvoir mieux se détendre, quelques minutes de relaxation peuvent suffire.

1.3.2. L'organisation des révisions

› Comment réviser ?

› *Établissez un calendrier de révision*

Il est important de bien planifier vos révisions afin de ne pas être pris de court.

Identifiez vos points forts, repérez vos points faibles pour tenter de les corriger. Rappelez-vous qu'une période d'apprentissage est nécessaire dans le domaine de la biologie et sur les connaissances en sciences médico-sociales.

Sachez prendre du recul, en regardant ce qu'il y a d'important à retenir et en essayant de comprendre. Pour bien assimiler, il faut également du temps : pour synthétiser, pour faire des fiches sur lesquelles vous noterez l'essentiel, puis pour réviser.

› *Entraînez-vous à toutes les épreuves avec les sujets regroupés dans les annales* (voir page 497)

Fonctionnez à votre rythme en vous imposant de rédiger un sujet d'annales au moins tous les 15 jours. Leurs corrigés détaillés vous donnent la méthode et les notions clés pour vous aider. Vous devez rechercher d'abord la solution pendant un certain temps avant de lire la correction.

Encore une fois, nous vous proposons dans ce guide des exercices d'entraînement qui vous seront d'une aide précieuse mais qui demandent du temps. Vous pouvez aussi demander à votre entourage de vous poser régulièrement des questions à l'oral ou bien travailler à plusieurs afin de vous motiver.

› *Le feed back (retour en arrière) est primordial*

Il permet de contrôler l'assimilation de ce qu'on vient d'étudier, d'entraîner sa mémoire et de dégager l'essentiel.

Quand vous arriverez aux deux dernières semaines précédant les épreuves, vous devez avoir fait l'essentiel du travail, c'est-à-dire avoir tout compris, pour n'avoir plus qu'à réviser.

› Préparation mentale et hygiène de vie pendant les révisions

Gérez au mieux votre anxiété, soyez organisé et faites des **pauses** régulières, opportunément du **sport,** de la **relaxation** (relâchez-vous dans le calme ou avec de la musique douce) ou sortez pour vous aérer. Vos révisions seront ainsi plus faciles et efficaces.

Soignez votre hygiène de vie : couchez-vous et levez-vous tous les jours à la même heure, mangez à heures fixes en adoptant une alimentation équilibrée (privilégiez les fruits et légumes pour leur apport en vitamines et le poisson pour le fer, les oméga 3 et le phosphore). Il faut proscrire l'alcool et éviter les excitants et le tabac.

Les aides chimiques censées améliorer la mémoire et la concentration ne sont pas nécessaires.

> Motivez-vous. Comme nous, ayez confiance en vous… souvent, l'optimisme s'autoconditionne et la positivité paie !

1.3.3. Les jours précédant l'épreuve

Faites confiance à votre mémoire, votre bon sens et votre imagination… et reposez-vous !

Il est préférable de ne **pas travailler la veille de l'épreuve** et de vous détendre (promenade entre amis, sport, cinéma…). Tout est bon pour se changer les idées.

Certains tempéraments trop anxieux pourront réviser quelques fiches pour se rassurer, mais sans excès (pour limiter le stress).

Vous pouvez aussi repérer le trajet pour le lendemain afin de connaître le temps de transport et ne pas arriver à la dernière minute ou en retard.

Vérifiez que vous avez bien préparé vos affaires pour le lendemain et couchez-vous tôt.

1.3.4. Le jour « J »

› Avant l'épreuve

- Levez-vous assez tôt et faites quelques exercices devant votre fenêtre ouverte, pour vous aérer.
- Prenez un bon petit déjeuner équilibré le matin mais pas plus copieux que d'habitude.
- Arrivez sur le lieu du concours au moins un quart d'heure avant l'heure de convocation et, si possible, marchez un peu en respirant profondément.

› Pendant l'épreuve

› *Maîtriser son stress*

Quand vous avez le sujet en main, **lisez-le entièrement** et attentivement pour bien comprendre ce qui vous est demandé. À la fin de cette lecture, vous aurez déterminé la partie que vous préférez traiter en premier et aurez repéré les questions auxquelles vous êtes sûr de pouvoir répondre. Il est préférable de commencer par celles-ci pour assurer des points.
Vous aurez sans doute l'impression de ne rien savoir en lisant le sujet mais, si vous vous êtes bien préparé, votre mémoire reviendra au bon moment.

› *Erreurs les plus fréquentes*

- Ne pas lire entièrement le sujet et répondre trop vite.
- Ne pas bien gérer son temps (n'oubliez pas votre montre car les portables sont interdits).
- Ne pas respecter les consignes et perdre des points car vous répondez « à côté » de la question.
- Faire un « hors sujet », c'est-à-dire développer un autre sujet que celui qui est demandé. Vous voulez montrer que vous avez des connaissances, mais cela ne sert à rien si elles ne vous sont pas demandées.

›2. Les études en institut de formation AS/AP

2.1. Les modalités d'inscription

2.1.1. Les obligations administratives pour le candidat reçu

L'admission définitive dans un institut de formation AS ou AP est subordonnée à certaines conditions.

› Certificat médical

Vous devez produire, au plus tard le premier jour de la rentrée, un certificat médical établi par **un médecin agréé** par la DDASS attestant que vous ne présentez pas de contre-indication physique ou psychologique à l'exercice de la profession.

› Certificat de vaccination

Vous devez produire, au plus tard le jour de la première entrée en stage, un certificat médical de vaccination conforme à la réglementation en vigueur **pour les professionnels de santé** en France.

2.1.2. Le choix de l'institut de formation

› Choix de l'école en cas d'admissions multiples

Vous vous êtes peut-être inscrit au concours dans différents instituts après avoir pris des renseignements sur les regroupements par département ou par région *(voir « Candidatures multiples », page 5)*. Alors, comment choisir ?

Chaque institut organise les épreuves orales d'admission à la suite de l'épreuve d'admissibilité. Si vous êtes admis dans plusieurs instituts, vous choisirez selon votre souhait.

En cas d'organisation départementale ou régionale, les candidats choisissent leur institut d'affectation en fonction de leur rang de classement et des vœux exprimés soit lors de leur inscription aux épreuves, soit à l'issue des résultats.

Les résultats étant envoyés par courrier à chaque candidat, vérifiez que vous ayez fourni à l'institut la bonne adresse postale en cas de déménagement.

Le candidat classé sur liste principale ou complémentaire doit **confirmer par écrit** à l'institut de formation son souhait d'entrer en formation **dans les 10 jours suivant l'affichage**. S'il ne le fait pas, il est présumé avoir renoncé à son admission ou à son classement sur liste complémentaire et sa place est proposée au candidat inscrit en rang utile sur cette dernière liste. Il perd alors le bénéfice de la réussite au concours.

› Fonctionnement des listes complémentaires

À l'issue de l'épreuve orale d'admission et au vu de la note obtenue à cette épreuve, le jury établit la liste de classement. Cette liste comprend une liste principale et une liste complémentaire.

En cas de désistement d'un candidat sur liste principale, le directeur de l'institut le remplace par le premier candidat de la liste complémentaire, puis par le deuxième, etc.

Lorsque, dans un institut ou un groupe d'instituts, la liste complémentaire établie à l'issue des épreuves de sélection n'a pas permis de pourvoir l'ensemble des places offertes, le directeur de l'institut concerné peut faire appel à des candidats inscrits sur la liste complémentaire d'autres instituts, restés sans affectation à l'issue de la procédure d'admission dans ceux-ci. Ces candidats sont admis dans les instituts dans la limite des places disponibles.

› Demande de changement d'institut

› *À l'inscription*

Les instituts n'apprécient pas les demandes de changement à la rentrée. Ces demandes doivent être justifiées par une raison valable (rapprochement de domicile ou changement d'orientation).

› *En cours d'études*

À titre exceptionnel, les élèves peuvent, au cours de la scolarité, solliciter une mutation dans un autre institut de formation. Cette demande doit recueillir l'accord des deux directeurs concernés. Le conseil technique est informé, dès que possible, des demandes acceptées.

La formation conduisant au diplôme AS ou AP se décompose en **8 modules**. Il est possible, grâce à cet enseignement modulaire, de demander un changement d'institut en

cas de non-validation d'un ou plusieurs modules après l'épreuve de rattrapage organisée par l'institut d'origine.
Vous aurez **5 ans** pour valider l'ensemble des **8 modules**.

› Report de la scolarité

Les résultats des épreuves de sélection ne sont valables que pour la rentrée au titre de laquelle elles ont été organisées.
Cependant, un report d'admission d'un an, renouvelable une seule fois, est accordé de droit par le directeur départemental des affaires sanitaires et sociales, en cas de **congé de maternité, de rejet d'une demande de mise en disponibilité ou pour garde de son enfant âgé de moins de 4 ans.**
Un report d'admission d'un an, renouvelable deux fois, est accordé de droit, en cas de **rejet du bénéfice de la promotion professionnelle** ou d'une demande de congé individuel de formation ou de congé de formation professionnelle.
En cas de maladie, d'accident ou si le candidat apporte la preuve de tout autre événement grave lui interdisant d'entreprendre ses études au titre de l'année en cours, un report peut être accordé.
Toute personne ayant bénéficié d'un report d'admission doit confirmer son intention de reprendre sa scolarité à la rentrée suivante, au plus tard 3 mois avant la date de cette rentrée.

2.1.3. Les frais de scolarité

Ils sont très variables d'un institut à un autre en fonction du statut de celui-ci.

› Écoles de l'éducation nationale

Les écoles rattachées à l'éducation nationale offrent une **scolarité gratuite** aux élèves n'ayant **pas quitté le cursus scolaire** (lycée général, technologique ou professionnel) ou ayant quitté l'éducation nationale depuis moins de 1 an. On parle de **formation initiale**.
Par ailleurs, des places sont réservées à un public adulte en **formation continue** avec des subventions possibles de la région ou une prise en charge de l'employeur.

› Instituts payants

Des frais de scolarité sont demandés dans la majorité des instituts. Ces frais sont de l'ordre de **4 000 à 6 000 €** environ selon le statut des instituts pour les 10 mois de formation.
Les tenues professionnelles sont comprises dans ce prix.
Des subventions par le conseil régional ou une prise en charge par l'employeur sont possibles *(voir « Aides financières aux étudiants », page 25)*.

› Formation par alternance

La formation peut aussi se faire par alternance dans certains instituts de formation, pour les « jeunes de moins de 25 ans » : il vous faudra alors trouver un employeur.
Vous choisirez l'institut qui répond le mieux à votre profil.

› Autres coûts

En dehors des fournitures scolaires, **deux tenues professionnelles** complètes avec tuniques, pantalons et chaussures lessivables sont obligatoires mais sont souvent fournies par les instituts.

Des manuels scolaires peuvent vous être demandés, dont l'achat est souvent laissé à l'appréciation des élèves.

Il faut penser aussi au **logement et aux frais de déplacement** pour se rendre sur les lieux des stages.

2.2. Le déroulement des études

2.2.1. L'organisation des études

› Objectifs de la formation

Les objectifs pédagogiques sont déclinés au sein des instituts de formation dans un projet pédagogique qui tient compte du contexte et des ressources de l'institut. L'équipe met à la disposition de chaque élève des moyens et un suivi personnalisé qui le guident dans son apprentissage.

Les objectifs de formation correspondent à l'exigence minimum requise pour délivrer le diplôme et développer des compétences indispensables à l'exercice des activités de la profession d'AS ou d'AP.

› Durée des études (même durée pour les AS et les AP)

L'ensemble de la formation comprend **41 semaines**, soit 1 435 heures d'enseignement clinique et théorique :

- **17 semaines de 35 heures d'enseignement** en institut de formation (soit 595 heures) ;
- **24 semaines de 35 heures en stage clinique** (soit 840 heures) correspondant à 6 stages obligatoires de 4 semaines.

La participation à l'ensemble des enseignements est **obligatoire** (5 jours d'arrêt maladie sont autorisés sur les 10 mois d'études).

Les élèves bénéficient de **congés** :

- 3 semaines pour les élèves commençant une scolarité au mois de septembre ;
- 7 semaines pour les élèves commençant une scolarité au mois de janvier.

› Répartition des enseignements

L'enseignement en institut comprend des cours théoriques, des travaux dirigés, des travaux de groupe et des séances d'apprentissage pratique et gestuel qui correspondent au **référentiel d'activités** de l'AS ou l'AP. Cet enseignement permet d'acquérir les connaissances indispensables à l'exercice professionnel.

› Encadrement sur les lieux de stage

Les stages cliniques constituent un temps d'apprentissage important de la pratique professionnelle.
Les instituts de formation recherchent les terrains de stage. L'institut fixe des objectifs pour chaque stage, assure le suivi et l'évaluation des élèves en stage.
Les tuteurs de stage sont des professionnels AS ou AP diplômés, en poste dans les structures d'accueil. Ils assurent l'encadrement des élèves tout au long du stage. La feuille d'appréciation de stage est remplie par les tuteurs, elle fait partie de l'évaluation de l'élève.

› Organisation de l'école

› *Qui fait quoi ?*

La direction de l'institut est assurée généralement par un cadre de santé justifiant de trois ans d'exercice professionnel (cadre infirmier pour les AS et cadre puéricultrice pour les AP).
Le directeur est assisté d'un **conseil technique** (constitué par arrêté du préfet du département et présidé par le directeur départemental des affaires sanitaires et sociales ou son représentant).
Le conseil technique est consulté sur toute question relative à la formation des élèves. Le directeur soumet au conseil technique le projet pédagogique, les objectifs de formation, l'utilisation du matériel, le budget, le règlement intérieur, la liste des élèves en formation...
L'enseignement théorique est assuré par des professionnels de la santé qui sont des **enseignants permanents** de l'institut. L'institut peut faire appel à des intervenants extérieurs (également professionnels du domaine sanitaire ou social) selon les sujets abordés.

› *À qui s'adresser en cas de problème ?*

Les élèves peuvent s'adresser au directeur ou aux enseignants permanents pour tout problème concernant la pédagogie ou les stages. Dans chaque institut, les élèves ont accès à une bibliothèque ou un centre de documentation (CDI).
Une équipe administrative est chargée des problèmes d'intendance : cantine, aides financières...

2.2.2. Le programme des études

› Enseignement théorique

Il s'articule autour de **huit modules de formation** correspondant au référentiel d'activités de la profession d'AS ou d'AP et à l'acquisition des huit compétences du diplôme.

› *Enseignements communs dans les instituts de formation d'aides-soignants et d'auxiliaires de puériculture*

Module	Enseignement théorique	Durée
Module 2	État clinique d'une personne à tout âge de la vie	2 semaines (70 heures)
Module 4	Ergonomie	1 semaine (35 heures)
Module 5	Relation, communication	2 semaines (70 heures)
Module 6	Hygiène des locaux	1 semaine (35 heures)
Module 7	Transmission des informations	1 semaine (35 heures)
Module 8	Organisation du travail	1 semaine (35 heures)

› *Enseignements spécifiques pour les aides-soignants*

Module	Enseignement théorique	Durée
Module 1	Accompagnement d'une personne dans les activités de la vie quotidienne	4 semaines (140 heures)
Module 3	Soins	5 semaines (175 heures)

› *Enseignements spécifiques pour les auxiliaires de puériculture*

Module	Enseignement théorique	Durée
Module 1	Accompagnement d'un enfant dans les activités d'éveil et de la vie quotidienne	5 semaines (175 heures)
Module 3	Soins à l'enfant	4 semaines (140 heures)

› Stages

Dans le cursus complet de formation, les stages sont au nombre de **six**, de 140 heures chacun, **soit 4 semaines par stage**, tous obligatoires.

Leur insertion dans le parcours de formation est prévue dans le projet pédagogique de l'institut et permet l'acquisition progressive des compétences par l'élève.

Ces stages sont réalisés dans des structures sanitaires, sociales ou médico-sociales (exemples : hôpitaux, maisons de retraite pour les AS, crèches, pouponnières, institut médico-éducatif pour les AP).

Les instituts recherchent les cinq premiers stages pour chaque élève.

Le sixième stage est un stage optionnel mais néanmoins **obligatoire** : les élèves peuvent choisir et rechercher eux-même ce dernier stage en fonction de leur projet professionnel.

› *Pour les aides-soignants*

Les élèves préparant le DEAS doivent obligatoirement effectuer :

- un stage en médecine ;
- un stage en chirurgie ;
- un stage en service de moyen ou long séjour : personnes âgées ou handicapées ;

- un stage en service de santé mentale ou en service de psychiatrie ;
- un stage en secteur extrahospitalier ;
- un stage optionnel dans une structure choisie en fonction du projet professionnel de l'élève.

› *Pour les auxiliaires de puériculture*

Les élèves préparant le DEAP doivent obligatoirement effectuer :

- un stage en service de maternité ;
- un stage en établissement ou service accueillant des enfants malades ;
- deux stages en structure d'accueil d'enfants de moins de 6 ans ;
- un stage en structure accueillant des enfants en situation de handicap ou en service de pédopsychiatrie ou en structure d'aide sociale à l'enfance ;
- un stage optionnel dans une structure choisie en fonction du projet professionnel de l'élève.

› *Stage optionnel (AS et AP)*

Le stage dans une structure optionnelle est organisé en fonction du projet professionnel de l'élève, en accord avec l'équipe pédagogique.
Ce stage est **obligatoire** et est effectué en fin de formation. Il constitue le dernier stage clinique réalisé par l'élève ; la feuille d'évaluation de ce stage compte au même titre que celle des cinq autres stages.
Le stage optionnel n'engage pas définitivement l'élève dans un secteur d'activité mais lui permet de mieux connaître un secteur qui, *a priori*, l'intéresserait.
Il peut servir de **stage de rattrapage** lorsqu'une mise en situation professionnelle n'a pas été validée par l'élève.

› *Cursus partiel (AS et AP)*

Lorsque le cursus est partiellement suivi, la formation s'effectue par unités de formation. Chaque unité correspond à un module d'enseignement théorique et six modules sur les huit sont rattachés à un stage clinique.

Tableau 4 – Cursus de formation

Modules de formation théorique		Stages cliniques
Module 1 : **spécifique**	Pour les **AS** : 4 semaines	4 semaines
	Pour les **AP** : 5 semaines	6 semaines
Module 2 : 2 semaines		4 semaines
Module 3 : **spécifique**	Pour les **AS** : 5 semaines	8 semaines
	Pour les **AP** : 4 semaines	6 semaines
Module 4 : 1 semaine		2 semaines
Module 5 : 2 semaines		4 semaines
Module 6 : 1 semaine		2 semaines
Module 7 : 1 semaine		Pas de stage
Module 8 : 1 semaine		Pas de stage

› *Horaires des stages*

Les journées de stage sont de **7 heures**. Les horaires correspondent à ceux du personnel. En milieu hospitalier, la journée commence entre 6 h 30 et 7 h le matin pour les transmissions. Vous pouvez aussi travailler de garde et terminer votre journée à 21 h 30.

En principe, il n'y a pas de stage le week-end ni les jours fériés et aucun stage de nuit n'est imposé dans le nouveau programme de formation.

2.2.3. L'évaluation de l'étudiant

› Au cours de la formation

L'évaluation des compétences acquises par les élèves est effectuée **tout au long de leur formation** selon les modalités d'évaluation et de validation définies à l'annexe 1 de l'arrêté du 22 octobre 2005 pour les AS ou l'arrêté du 16 janvier 2006 pour les AP.

Sont déclarés reçus au diplôme d'État d'aide-soignant ou d'auxiliaire de puériculture les candidats qui ont validé l'ensemble des compétences liées à l'exercice du métier.

› *Évaluation des stages*

Lors de chaque stage, les responsables de l'accueil et de l'encadrement de l'élève évaluent son niveau d'acquisition **pour chacune des 8 unités de compétences.**

Au terme des 6 stages, l'équipe pédagogique réalise le bilan des acquisitions de l'élève en établissant le total obtenu à chaque unité de compétences.

Chaque compétence est validée si l'élève auxiliaire de puériculture ou aide-soignant obtient une note au moins égale à la moyenne.

Figure 5 – Extraits d'une feuille d'évaluation des compétences en stage

Diplôme professionnel d'auxiliaire de puériculture
Évaluation des compétences

Nom et adresse de l'institut de formation d'auxiliaires de puériculture :

Hôpital/structure d'accueil :

Discipline :

Dates :

Nom du stagiaire :
Prénoms du stagiaire :

Durée (heures) :
Absences (heures) :

Compétence 1 : Accompagner l'enfant dans les activités d'éveil et de la vie quotidienne et les parents dans leur rôle éducatif				
A – Le recueil d'informations	**0**	**1**	**2**	**3**
• Le recueil des informations liées à la situation de l'enfant est pertinent				
• Les besoins essentiels sont identifiés avec fiabilité et exhaustivité				

	0	1	2	3
• La culture, les habitudes de vie et les choix de l'enfant et de ses parents sont pris en compte				
• L'autonomie et les capacités de l'enfant sont repérées				
• Des actions visant à développer les capacités motrices et psychoaffectives sont identifiées				
B – Mise en œuvre des activités d'éveil, de la vie quotidienne et d'aide aux parents	0	1	2	3
• Les activités mises en œuvre prennent en compte les capacités de l'enfant				
• Les activités visent à développer l'autonomie de l'enfant				
• La sécurité affective est recherchée				
• Les règles d'hygiène et de sécurité sont appliquées				
• Le confort et la pudeur en relation avec l'âge de l'enfant sont respectés				
• L'adhésion et la participation de l'enfant sont recherchées				
• La collaboration avec les parents est recherchée				
Total	-- / --			

Compétence 2 : Réaliser des soins adaptés à l'état clinique de l'enfant				
A – Respect des règles d'hygiène	0	1	2	3
• La technique de lavage des mains est maîtrisée				
• Les règles d'hygiène pour la réalisation des soins sont respectées				
B – Réalisation des soins	0	1	2	3
• Les soins sont réalisés avec efficacité				
• Les soins sont adaptés à l'état de l'enfant				
• Les règles de sécurité sont respectées				
• Les ressources de l'enfant sont prises en compte				
Total	-- / --			

Compétence 3 : Utiliser des techniques préventives de manutention et les règles de sécurité pour l'installation et la mobilisation des personnes	0	1	2	3
• Les gestes et postures sont adaptés à l'état de santé de la personne				
• Le matériel est choisi de façon correcte				
• Les méthodes de manutention pour le transfert ou le transport de la personne sont appliquées				
• Les règles de confort et de sécurité de la personne sont respectées				
Total	-- / --			

Pour chaque ligne de critère évaluable, mettre une croix dans la colonne appropriée.
0 = non acquis, 1 = en cours d'acquisition, 2 = acquis, 3 = maîtrisé

› Évaluation des modules (pour les AS et les AP)

La validation se fait **uniquement en contrôle continu**, en cours de formation ; il n'y a **pas d'examen en fin d'études.**

Pour obtenir la totalité du diplôme, il faut avoir la moyenne aux épreuves de **chacun des 8 modules** de formation. **Chaque module est validé séparément.**

Tableau 5 – Organisation pratique des modules

Modules	Épreuves	Modalités complémentaires	Notation
1	Une épreuve écrite en deux parties : - une série de questions (QROC et/ou QCM[1]) - un cas clinique **Et** Une épreuve de MSP (mise en situation professionnelle)	Durée : 2 heures Épreuve anonyme	Sur 20 points : - questions sur 8 points - cas clinique sur 12 points Sur 20 points : - participation à la démarche de soins (DDS) sur 8 points - réalisation du ou des soins sur 12 points
2	Une épreuve écrite : une série de questions (QROC et/ou QCM)	Durée : 1 heure 30 Épreuve anonyme	Sur 20 points
3	Une épreuve de mise en situation professionnelle (MSP) avec réalisation de deux soins		Sur 30 points : - participation DDS sur 10 points - réalisation des soins sur 20 points
4	Une épreuve pratique	Organisée à l'institut ou en structure de soins	Sur 20 points
5	Une épreuve écrite et orale : - formalisation sous forme d'un document écrit d'une situation relationnelle vécue en stage - argumentation orale du document	Travail personnel	Sur 20 points : - document écrit sur 12 points - argumentation orale sur 8 points
6	Une épreuve écrite : une série de questions (QROC et/ou QCM)	Durée : 1 heure Épreuve anonyme	Sur 20 points

1. QROC : questions à réponses ouvertes et courtes ; QCM ; questions à choix multiple.

Modules	Épreuves	Modalités complémentaires	Notation
7	Une épreuve écrite ou orale : un cas concret de transmission d'informations à réaliser à partir de la présentation de cas cliniques	Durée : 1 heure	Sur 20 points
8	Une épreuve écrite : un cas concret présentant un contexte de travail	Durée : 1 heure Épreuve anonyme	Sur 20 points

› Reconnaissance du diplôme en France et en Europe

Les diplômes d'aide-soignant ou d'auxiliaire de puériculture obtenus dans l'un des pays européens ou de l'espace économique européen sont reconnus en France sous réserve d'obtenir une attestation d'aptitude délivrée par le préfet de région.

Si vous souhaitez exercer en tant qu'aide-soignant ou auxiliaire de puériculture au sein d'un État de l'Union européenne, vous devez prendre contact avec les autorités compétentes de l'État membre dans lequel vous souhaitez vous installer, afin d'obtenir la reconnaissance de votre diplôme.

Certains États exigent des documents certifiant la validité de votre diplôme. Le ministère chargé de la Santé peut vous délivrer une attestation à faire valoir auprès des autorités compétentes de l'État membre dans lequel vous souhaitez vous installer.

2.2.4. Le redoublement, l'abandon, l'exclusion

› Rattrapage

Pour chacune des épreuves prévues pour l'évaluation des modules d'enseignement en institut, l'élève ou le candidat qui ne remplit pas les conditions de validation bénéficie d'une **épreuve de rattrapage**. Si la validation du module comprend deux épreuves, l'élève peut conserver la note égale ou supérieure à la moyenne obtenue à l'une des épreuves pour le rattrapage.

Pour les élèves en cursus complet de formation, les épreuves de rattrapage doivent être organisées avant la fin de la formation.

Pour les candidats au diplôme en cursus partiel, les épreuves de rattrapage sont organisées dans les 3 mois qui suivent la première évaluation.

› Échec aux épreuves d'évaluation ou de compétences professionnelles acquises en stage

L'élève qui ne remplit pas les conditions de validation à l'issue des épreuves de rattrapage ou qui ne remplit pas les conditions de validation des compétences professionnelles acquises au cours des stages cliniques dispose d'un **délai de 5 ans après décision du jury pour valider** le ou les modules auxquels il a échoué.

Il doit suivre la formation de chaque unité non validée et satisfaire à l'ensemble des épreuves de validation du ou des modules d'enseignement concernés.

Au-delà de ce délai, l'élève perd le bénéfice des unités de formation validées ainsi que celui des épreuves de sélection.

› Conseil de discipline

Dans chaque institut, le directeur est assisté d'un **conseil de discipline**. Celui-ci émet un avis sur les fautes disciplinaires ainsi que sur les actes des élèves incompatibles avec la sécurité des personnes.

Le conseil de discipline peut proposer un avertissement, un blâme, une exclusion temporaire ou définitive de l'institut de formation.

En cas d'inaptitude physique ou psychologique d'un élève, le directeur de l'institut peut suspendre immédiatement la scolarité de l'élève.

› Que faire en cas d'exclusion ?

Le directeur de l'institut de formation **peut prononcer**, **après avis du conseil technique**, **l'exclusion** d'un élève pour inaptitudes théoriques ou pratiques **au cours de la scolarité**. Le directeur doit saisir les membres du conseil technique au moins 15 jours avant la réunion de celui-ci en communiquant à chaque membre un rapport motivé et le dossier scolaire de l'élève.

Les cas d'élèves en difficulté sont soumis au conseil technique par le directeur. Le conseil peut proposer un soutien particulier susceptible de lever les difficultés sans allongement de la formation.

En cas d'exclusion d'un institut, le dossier scolaire de l'élève et le motif d'exclusion suivront l'élève dans le cas où celle-ci demanderait une admission dans un autre institut.

› Abandon

Le concours d'entrée dans les instituts d'AS ou d'AP est difficile en raison du nombre de candidats inscrits.

Après l'admission en institut, l'alternance des cours et des stages ainsi que les changements de rythme peuvent paraître difficiles à certains élèves.

Un **travail régulier** est demandé aux élèves du fait de l'évaluation continue. Il n'est pas du tout recommandé d'avoir une activité rémunérée pendant le temps de formation, qui risquerait d'aboutir à un découragement et à un abandon.

Les abandons existent mais sont **peu fréquents**. Les causes en sont généralement le stress, un manque d'intérêt ou de motivation (une fausse idée de la profession) ou encore l'éloignement ou les problèmes familiaux. Rappelons qu'un report de scolarité est possible dans certaines situations *(voir « Report de la scolarité », page 15)*.

Il faut donc s'organiser et faire le sacrifice, pendant quelque temps, de sorties ou d'une vie familiale équilibrée pour mener la formation à son terme. Il n'y aura aucun problème d'embauche lorsque vous serez diplômé. Cela mérite bien quelques efforts !

2.3. Le financement des études et la vie pratique

2.3.1. Les aides financières aux étudiants

Des aides financières et matérielles peuvent être attribuées aux élèves avec, pour certaines, des « engagements de servir » après obtention du diplôme. Ces aides sont **très diverses et fonction du statut de l'élève**.

› Bourses d'étude

Des bourses d'étude peuvent être attribuées soit par la région, soit par l'Éducation nationale en fonction du quotient familial pour les élèves ayant un statut de formation initiale.

Un dossier administratif préalable devra être demandé et rempli au bon moment. Les services administratifs de l'institut vous renseigneront.

› Aides du conseil régional

Suite à la loi de décentralisation, les conseils régionaux peuvent attribuer des aides.

La nature, le niveau et les conditions d'attribution de ces aides sont fixés par délibération du conseil régional : « *aucune condition de résidence ne peut être exigée des élèves et étudiants* ». Cela est donc très variable d'un conseil régional à l'autre. Vous devez vous renseigner auprès de votre futur institut.

› Congé individuel de formation (CIF)

Les salariés en CDI ou en CDD peuvent bénéficier d'un congé individuel de formation dans le cadre d'une reconversion ou par le biais de la formation professionnelle. Le coût de la formation est alors pris en charge par l'employeur. Renseignez-vous auprès de votre établissement (site Internet : http://www.fongecif.com).

› Contrats d'apprentissage

Ce mode de formation est géré par les centres de formation des apprentis (CFA) avec lesquels les instituts de formation peuvent signer une convention.

Ces contrats sont destinés **aux jeunes de moins de 26 ans** qui recherchent une qualification professionnelle. Comme pour l'allocation d'études, le contrat est accordé par l'établissement formateur en contrepartie d'un engagement de servir dans celui-ci après l'obtention du diplôme d'État pour une période égale à la période d'apprentissage.

L'apprenti est rémunéré pendant ses études et l'employeur paie le coût de la formation. Pour les formations AS et AP, les études en apprentissage durent **18 mois**.

Vous trouverez d'autres informations sur http://www.afaphp.asso.fr.

› Conseil national pour l'aménagement des structures agricoles (CNASEA)

Le CNASEA peut attribuer des « rémunérations » calculées en fonction de votre situation antérieure : travailleurs non salariés, demandeur d'emplois et assimilés (http://www.cnasea.fr).

› Agents de la fonction publique hospitalière

Les agents de la fonction publique hospitalière peuvent bénéficier de la « promotion professionnelle » avec maintien de leur salaire (sauf primes) et contrat d'engagement de 5 ans. Renseignez-vous auprès de votre employeur. Vous devez bien lire ce contrat avant de le signer et en garder un exemplaire.

› Prestation restauration

La circulaire DHOS/P 2 n° 2004-62 du 16 février 2004 relative aux tarifs de restauration applicables aux étudiants poursuivant une formation aboutissant à un diplôme paramédical précise que : « *Les personnes inscrites dans un institut de formation conduisant à l'obtention d'un diplôme paramédical disposent du statut d'étudiant et ont vocation à bénéficier de l'ensemble des prestations offertes par les CROUS comme c'est le cas pour d'autres étudiants relevant d'autres départements ministériels. Ils bénéficient notamment des prestations relatives à la restauration [repas à bas prix].* »

› Allocation logement

Il y a deux types d'aide au logement non cumulables :

- les étudiants en institut de formation peuvent bénéficier de **l'allocation de logement à caractère social** (ALS). Tout étudiant étranger peut bénéficier de cette allocation sous certaines conditions. Il faut se renseigner auprès de la caisse d'allocations familiales du lieu de domicile. Le texte de référence est l'arrêté du 2 juillet 2003 modifiant l'arrêté du 28 juin 1999 relatif aux montants de ressources à prendre en considération pour le calcul de l'allocation de logement des étudiants ;
- si le logement a fait l'objet d'une convention **d'aide personnalisée au logement** (APL), l'étudiant peut bénéficier d'une réduction de loyer (www.caf.fr).

› Prêts étudiants

Les banques peuvent attribuer des « prêts étudiants ». Les conditions varient en fonction du montant, du taux du prêt et de la durée du remboursement. Renseignez-vous auprès de votre banque.

› Aides aux demandeurs d'emploi (AREF et rémunération de formation professionnelle)

Les droits aux « Assedic » sont maintenus dans le cas d'un licenciement ou d'une reconversion professionnelle. Pour cela, il est nécessaire d'être demandeur d'emploi, d'être inscrit à l'agence nationale pour l'emploi (ANPE) depuis au moins 3 mois, d'avoir travaillé 12 mois et de **ne pas être démissionnaire.**

L'allocation d'aide au retour à l'emploi (AREF) est réservée aux demandeurs d'emploi inscrits aux Assedic, souhaitant entamer une formation et bénéficiant d'un plan d'aide au retour à l'emploi (PARE) proposé par l'ANPE. Renseignez-vous auprès de l'ANPE lors de la signature du PARE. Les conditions d'attributions sont précisées sur Internet (http://info.assedic.fr/demandeurs_emploi/).

2.3.2. Les droits financiers des étudiants

› Indemnités de stage

Les stages AS ou AP **ne sont jamais rémunérés** sauf en cas de contrat d'apprentissage. Une convention tripartite est signée entre l'organisme de formation, l'établissement d'accueil et le stagiaire.

› Frais de déplacement

Les stagiaires ne sont pas remboursés de leurs frais de déplacement pendant les stages.

2.3.3. Les aides à la vie pratique

› Trouver un logement

Le nombre de résidences universitaires gérées par le CROUS reste insuffisant en France.

Les étudiants français et étrangers doivent, pour la plupart, trouver un logement dans le parc **privé**, à des prix parfois très élevés selon les régions (chambre meublée chez l'habitant, résidences universitaires privées ou logement privé).

Il existe parfois un **internat** qui propose des chambres dans certains instituts de formation publics ou instituts de soins infirmiers (IFSI) ; renseignez-vous au moment de votre inscription au concours.

La mairie peut également vous fournir des adresses. L'obtention d'un appartement en HLM est extrêmement longue et peut prendre plusieurs années…

› Se restaurer

Selon l'institut de formation, vous pourrez manger au restaurant de l'hôpital, au restaurant du lycée… Le coût des tickets est variable mais très raisonnable.

Un micro-ondes est parfois mis à la disposition des élèves dans les IFSI.

Les établissements hospitaliers disposant d'un institut de formation ou accueillant des stagiaires proposent au Conseil d'administration de faire bénéficier les étudiants d'un tarif de restauration très proche de celui en vigueur dans un restaurant du CROUS de façon à ne pas défavoriser les étudiants qui ne peuvent accéder à la restauration universitaire.

› Garde d'enfants

Si vous avez des enfants, pensez à vous **organiser** avant l'entrée en formation. Les stages commencent parfois très tôt en milieu hospitalier ou finissent tard et il faudra trouver une **solution fiable** pour la garde de vos enfants.

›3. Les professions d'AS et d'AP

3.1. La présentation des métiers

La préparation au concours a pour objectif immédiat de vous permettre **d'intégrer une école mais aussi de développer des qualités pour votre futur métier.**

Si l'on respecte chaque personne soignée individuellement, le métier de soignant, qui signifie avant tout « **prendre soin** », est extrêmement enrichissant. Des compétences sont nécessaires pour répondre aux besoins spécifiques de chaque personne en fonction de son état clinique, de son âge et de ses habitudes de vie. Le soignant doit rechercher l'adhésion participative du patient et favoriser son autonomie.

Des **échanges uniques de sollicitude, d'émotion et d'empathie** permettent d'établir **une réelle coopération et une certaine complicité entre le soignant et le soigné**.

Ces rencontres que la société ne valorise pas assez nous font grandir, nous aident à relativiser et à être plus sereins dans notre vie quotidienne.

Attention de ne pas « étiqueter » les personnes dans des stéréotypes. Cela fausserait la sensibilité et la justesse de vos perceptions et vous perdrez de l'authenticité dans les échanges relationnels. Efforcez-vous de prendre les gens pour ce qu'ils sont vraiment.

3.1.1. L'aide-soignant

› Profil requis (aptitudes, qualités)

Un bon équilibre personnel, un esprit d'équipe, une grande disponibilité (horaires variables), une bonne résistance physique et nerveuse vous permettront d'être une présence et un soutien précieux.

L'écoute, le respect de la personne, la rigueur, le sens de l'observation et celui d'analyse sont recommandés pour cette profession aux conditions difficiles puisque les AS sont confrontés au quotidien à la souffrance physique et psychologique des personnes.

› Profession en quelques chiffres

En 2000, 330 000 aides-soignants étaient recensés en France. Ce nombre est en constante augmentation. L'âge moyen est de 40 ans et on observe une augmentation du travail à temps partiel. En règle générale, les offres d'emploi pour le domaine de la santé concernent des contrats stables : 60 % sont des CDI ou des CDD de plus de 6 mois.

› Diplôme

L'aide-soignant est titulaire du diplôme d'État d'aide-soignant (DEAS), nouvelle dénomination du DPAS (diplôme professionnel d'aide-soignant), depuis le décret du 31 août 2007.

› Rôle

L'AS dispense **dans le cadre du rôle propre de l'infirmier[1], en collaboration avec lui et sous sa responsabilité, des soins de prévention, de maintien, de relation et d'éducation à la santé pour préserver et restaurer la continuité de la vie, le bien-être et l'autonomie de la personne** (arrêté du 25 janvier 2005).

L'AS participe aux soins préventifs d'hygiène de vie et de confort, et aide le malade à respecter son régime. Il accompagne la personne dans les activités de la vie quotidienne. Son rôle s'inscrit dans une approche globale de la personne soignée et prend en compte la dimension relationnelle des soins. Il apporte sa contribution à la tenue du dossier de soins.

› Fonction de l'aide-soignant

Il travaille le plus souvent dans une équipe pluridisciplinaire, en milieu hospitalier ou extrahospitalier. Très souvent, les AS démarrent leur vie professionnelle auprès de personnes âgées. Ils peuvent être au service de personnes d'âges divers, dépendantes ou autonomes, en bonne santé ou gravement malades.

Au sein de l'hôpital, de la maison de retraite ou au domicile, l'AS assure le confort physique des personnes malades ou dépendantes, leur apporte un soutien psychologique, accompagne dans les gestes ordinaires celles qui ont perdu leur autonomie.

› Rémunération

› *Dans la fonction publique*

L'AS appartient à la **catégorie C** de la fonction publique.

Dans la fonction publique hospitalière, la carrière se déroule sur trois grades (classe normale, classe supérieure, classe exceptionnelle).

Échelon	Indice brut de référence	Rémunération nette (primes et indemnités permanentes comprises)[2]
Aide-soignant de classe normale		
1er 11e	251 364	Début de carrière : 1 358 € Fin de carrière : 1 660 €
Aide-soignant de classe supérieure		
1er 11e	259 382	Début de carrière : 1 358 €[3] Fin de carrière : 1 728 €
Aide-soignant de classe exceptionnelle		
1er 11e	267 427	Début de carrière : 1 358 €[4] Fin de carrière : 1 860 €

1. **Rôle propre de l'infirmier** : soins liés aux fonctions d'entretien et de continuité de la vie et visant à compenser partiellement ou totalement un manque ou une diminution d'autonomie d'une personne.
2. Prime de service, indemnité de sujétion spéciale (13 heures), prime spécifique au grade et conditions de travail, le cas échéant. Nouvelle bonification indiciaire (13 points majorés en cas d'exercice dans un service de néonatalogie ; 10 points en cas d'exercice auprès des personnes âgées ou après de personnes n'ayant pas leur autonomie de vie).
3. En principe lors d'un reclassement d'un AS de classe normale en classe supérieure, le début de carrière minimum correspond au 5e échelon soit 1 464 € (net).
4. En principe lors d'un reclassement d'un AS de classe supérieure en classe exceptionnelle, le début de carrière minimum correspond au 5e échelon IB 347 soit 1 596 € (net).

› *Dans le secteur privé*

Les salaires sont variables, ils vous seront donnés lors de l'entretien d'embauche.

3.1.2. L'auxiliaire de puériculture

› Profil requis (aptitudes, qualités)

La profession d'AP est particulièrement bien adaptée aux personnes désireuses de travailler avec les jeunes enfants tout en suivant une formation courte.
Les qualités personnelles à développer sont l'écoute, le respect, la rigueur, le sens de l'observation et d'analyse, le bon sens et la logique. Par ailleurs, l'AP doit faire preuve d'une grande disponibilité et d'un esprit créatif. Les activités s'adressent à tous les publics d'enfants (petits enfants, enfants malades ou porteurs de handicaps) et nécessitent une adaptation pour répondre aux besoins de chacun.

› Profession en quelques chiffres

Environ 60 000 auxiliaires de puériculture sont actuellement en exercice dans la fonction publique.

› Diplôme

L'AP est titulaire du diplôme d'État d'auxiliaire de puériculture (DEAP), nouvelle dénomination du DPAP (diplôme professionnel d'auxiliaire de puériculture), depuis le décret du 31 août 2007.

› Définition du métier

L'AP exerce son activité **sous la responsabilité de l'infirmier ou de la puéricultrice dans le cadre du rôle propre qui relève de l'initiative de celui-ci. Il dispense des soins et réalise des activités d'éveil et d'éducation pour préserver et restaurer la continuité de la vie, le bien-être et l'autonomie de l'enfant**.

› Rôle

Le métier de l'AP est de prendre en charge le nouveau-né ou l'enfant bien portant, malade ou handicapé en liaison avec une équipe pluridisciplinaire, en milieu hospitalier ou extra-hospitalier.
Elle organise et effectue l'accueil et les activités qui contribuent au développement de l'enfant dans le cadre du projet éducatif du service ou de la structure.
Elle est en contact permanent avec les enfants et a une relation quotidienne avec les parents. Elle a une relation ponctuelle avec les personnels intervenant régulièrement dans la structure (psychologue, psychomotricien, médecin, etc.) et une relation occasionnelle avec les services de prise en charge de l'enfant en cas d'accueil spécifique (urgence, handicap, etc.).
L'AP répond aux besoins quotidiens de l'enfant par la présence qu'elle assure, les soins spécialisés auxquels elle participe et les activités d'éveil qu'elle organise.
Placée sous l'autorité hiérarchique du directeur de la structure ou du service, l'AP

travaille sous la direction d'une infirmière puéricultrice et en collaboration avec une équipe pluridisciplinaire.
Au sein d'une équipe, elle dispose d'une autonomie complète (à domicile) ou relative (structure collective) dans l'organisation des activités quotidiennes.
Le choix inadapté de matériels ou de matériaux et de leurs modes d'utilisation peut entraîner des risques pour l'enfant et des sanctions disciplinaires, civiles ou pénales, pour l'AP.

› Fonction de l'auxiliaire de puériculture

Ce métier permet de choisir un emploi dans le secteur hospitalier ou extra-hospitalier.

› *En secteur extra-hospitalier*

Dans une structure d'accueil (crèche collective, halte-garderie, multi-accueil, jardin d'enfants, crèche familiale, pouponnière, etc.), les horaires sont réguliers mais peuvent être décalés pour cause d'accueil ou d'urgence par exemple.
Ce métier est réalisé en équipe pluridisciplinaire (avec éducateur de jeunes enfants, puéricultrice, psychologue) sous la direction d'une puéricultrice ou éducatrice de jeunes enfants.

› *À l'hôpital*

En maternité, l'AP accompagne l'infirmière ou la puéricultrice dans les soins à donner à l'enfant.
Son métier est de veiller au bien-être, à l'alimentation et à l'hygiène des bébés. Elle accompagne les parents dans leur nouveau rôle et la prise en charge de leur enfant.
En pédiatrie, elle apporte les soins quotidiens à l'enfant malade, participe à l'évaluation de la douleur et à l'aménagement d'un environnement favorable, propose des activités d'éveil.

› Rémunération

Le salaire varie selon le secteur d'activité, les conventions collectives et l'ancienneté.
Dans la fonction publique hospitalière, la carrière se déroule sur trois grades : classe normale, classe supérieure, classe exceptionnelle.
Pour une classe normale :

- rémunération en début de carrière : 1 283 € brut mensuel ;
- rémunération en fin de carrière : 1 668 € brut mensuel.

En milieu hospitalier, il faut tenir compte en plus des primes et des heures de dimanche et jours fériés *(voir « Rémunération », page 29)*.

3.2. Les lieux d'exercice

Le corps des aides-soignants comprend les aides-soignants et les auxiliaires de puériculture qui exercent les fonctions correspondant aux qualifications conférées par leur diplôme : ils **collaborent** notamment à la distribution des soins infirmiers et sous la responsabilité de l'infirmier (décret n° 2002-194 du 11 février 2002 relatif aux actes professionnels et à la profession d'infirmier).

3.2.1. Les aides-soignants

› Hôpitaux publics

› *Spécificités de la pratique*

L'AS assure le confort physique des personnes malades ou dépendantes, leur apporte un soutien psychologique, accompagne dans les gestes ordinaires celles qui ont perdu leur autonomie.

› *Carrière*

La carrière dans la fonction publique hospitalière se déroule sur trois grades (*voir page 29*) :

- aide-soignant de classe normale ;
- aide-soignant de classe supérieure ;
- aide-soignant de classe exceptionnelle.

Le deuxième grade du corps des AS (classe supérieure) est accessible au fonctionnaire de classe normale parvenu au 6e échelon de son grade.
Le troisième grade du corps des AS (classe exceptionnelle) est accessible au fonctionnaire de classe supérieure parvenu au moins au 8e échelon de son grade.

› *Recrutement*

Différents contrats peuvent être proposés en secteur public : vacataire, contractuel, stagiaire.
Si vous êtes embauché en tant que stagiaire, vous pourrez être titularisé au bout d'un an.
Il faut avoir la nationalité française pour être titularisé dans le public.

› *Services*

L'AS peut travailler :

- dans les différents services hospitaliers existants : chirurgie, médecine, gériatrie, psychiatrie, urgences, maternité, bloc opératoire, stérilisation, etc. ;
- en hospitalisation à domicile.

› Secteur privé

L'AS peut travailler :

- dans un hôpital ou une clinique privée dans les différents services existants : chirurgie, médecine, gériatrie, psychiatrie, urgences, maternité, bloc opératoire, stérilisation… ;
- dans une maison de retraite.

Vous serez embauché en contrat à durée déterminée (**CDD**), en contrat à durée indéterminée (**CDI**) ou en heures de **vacations**. Vous pouvez aussi travailler en **intérim**.

› Établissements du secteur social

Les établissements du secteur social dans lesquels les AS sont susceptibles de travailler sont :

- les centres de rééducation fonctionnelle ;
- les foyers-logements ;
- à domicile : l'AS prodigue des soins auprès des personnes handicapées, âgées ou malades.

3.2.2. Les auxiliaires de puériculture

› Hôpitaux publics ou privés

› *Services*

L'AP travaille essentiellement dans les **différents services pour enfants** – pédiatrie, chirurgie pédiatrique, pédopsychiatrie, néonatalogie – **et en maternité ou bloc obstétrical.**

› *Spécificités de la pratique*

L'AP assure les soins d'hygiène et de confort des enfants malades dans les services pour enfants. Il assure les soins aux nouveau-nés et accompagne les mères en maternité.

› *Recrutement*

(voir « Recrutement », page 32)

› Structures d'accueil des jeunes enfants

› *Services*

L'AP peut travailller en crèche, en structure multi-accueil, en halte-garderie, en pouponnière de l'aide sociale à l'enfance.

› *Recrutement*

Les structures d'accueil sont :

- **publiques** et rattachées aux **collectivités territoriales** : municipalité, département, région. Vous serez généralement embauché en CDD à l'issue duquel vous devrez passer un concours d'auxiliaire de puériculture terriorial pour être titularisé (questions sur les collectivités, sur l'hygiène et la sécurité) ;
- **privées : le contrat** en CDD ou CDI doit être spécifié à l'embauche.

› *Spécificités de la pratique*

L'AP accompagne l'enfant dans son quotidien en l'aidant dans ses repas, son hygiène et son éveil psychique et moteur.

Il assure les soins d'hygiène et de confort des enfants sains, de ceux en situation de handicap ou en situation de risque d'exclusion et réalise des activités d'éveil et d'éducation.

Son rôle s'inscrit dans une approche globale de l'enfant et prend en compte la dimension relationnelle des soins ainsi que la communication avec la famille dans le cadre du soutien à la parentalité.

› Centre de protection maternelle et infantile : PMI

› *Recrutement*

Les centres de PMI sont rattachés aux collectivités territoriales (départements).
Vous serez généralement embauché en CDD puis vous devrez passer un concours sur titre pour être titularisé.

› *Spécificités de la pratique*

En centre de PMI, le rôle de l'AP est d'accueillir et d'accompagner le parent et son enfant en collaboration avec la puéricultrice.
L'AP participe également aux consultations en relevant les critères de poids et de taille et en assurant la propreté du matériel et des locaux.

› Centres pour enfants handicapés

› *Recrutement*

Ce sont les instituts médico-éducatifs (IME) et les centres de rééducation pour enfants, publics ou privés.
Vous serez embauché en CDD ou CDI selon le statut de l'établissement.

› *Spécificités de la pratique*

Elle consiste en une approche globale de l'enfant en situation de handicap, en une prise en compte de la dimension relationnelle des soins et de la communication avec la famille.
L'AP réalise des soins et des activités d'éveil et d'éducation auprès des enfants ou adolescents handicapés moteurs ou mentaux.

3.3. Les évolutions professionnelles possibles

3.3.1. Les passerelles ou cursus partiels par équivalence

Il existe des possibilités de passerelles entre les formations.

› Devenir AP quand on est AS, et inversement

Les personnes **titulaires du diplôme d'État d'auxiliaire de puériculture** qui souhaitent obtenir le diplôme d'État d'aide-soignant sont **dispensées des unités** de formation 2, 4, 5, 6, 7 et 8 **ainsi que des épreuves de sélection**. Elles doivent suivre les unités de formation 1 et 3. Tous les stages se déroulent auprès d'adultes, dont un stage au moins auprès de personnes âgées.
Les personnes **titulaires du diplôme d'État d'aide-soignant** qui souhaitent obtenir le diplôme d'État d'auxiliaire de puériculture sont **dispensées des unités** de formation 2, 4, 5, 6, 7 et 8 **ainsi que des épreuves de sélection**. Elles doivent suivre les unités de formation 1 et 3 et les stages correspondants : un en structure d'accueil d'enfants de moins de 6 ans et l'autre en service accueillant des enfants malades.
Pour obtenir un double diplôme AS et AP, il faudra donc **valider les modules 1 et 3** respectivement spécifiques à chaque formation dans un institut de formation agréé.

Devenir AS/AP quand on a déjà un diplôme du secteur sanitaire et social

Ambulancier

Les personnes titulaires du **diplôme d'ambulancier** ou du certificat de capacité d'ambulancier qui souhaitent obtenir le DEAS sont dispensées des unités de formation 2, 4, 5 et 7 ainsi que des épreuves de sélection. Elles doivent suivre les unités de formation 1, 3, 6 et 8. Tous les stages se déroulent auprès d'adultes, dont un au moins auprès de personnes âgées.

Auxiliaire de vie sociale

Les personnes titulaires du **diplôme d'État d'auxiliaire de vie sociale ou de la mention complémentaire aide à domicile** qui souhaitent obtenir le DEAS doivent suivre uniquement les unités de formation 2, 3, 6 et 8. Tous les stages se déroulent au sein du secteur hospitalier, un en médecine ou chirurgie, un auprès de personnes âgées ou handicapées, un en santé mentale ou en psychiatrie et un au choix, en fonction du projet professionnel de l'élève. Celles qui souhaitent obtenir le DEAP doivent suivre uniquement les unités de formation 1, 2, 3, 6 et 8 ainsi que les stages correspondant à ces unités.

Aide médico-psychologique

Les personnes titulaires du **diplôme d'État d'aide médico-psychologique** qui souhaitent obtenir le DEAS sont dispensées des unités de formation 1, 4, 5, 7 et 8 ainsi que des épreuves de sélection. Elles doivent suivre les unités de formation 2, 3 et 6. Tous les stages se déroulent au sein du secteur hospitalier, un en médecine ou chirurgie, un auprès de personnes âgées ou handicapées et un au choix, en fonction du projet professionnel de l'élève. Pour obtenir le DEAP, ces personnes doivent suivre uniquement les unités de formation 1, 2, 3 et 6 ainsi que les stages correspondant à ces unités.

Assistant de vie aux familles

Les personnes titulaires du **titre professionnel d'assistant(e) de vie aux familles** qui souhaitent obtenir le DEAS sont dispensées des unités de formation 1, 4 et 5 ainsi que des épreuves de sélection. Elles doivent suivre les unités de formation 2, 3, 6, 7 et 8. Tous les stages se déroulent au sein du secteur hospitalier, un en médecine ou chirurgie, un auprès de personnes âgées ou handicapées, un en santé mentale ou en psychiatrie et un au choix, en fonction du projet professionnel de l'élève.

3.3.2. L'évolution professionnelle

Infirmier

Après trois années d'exercice professionnel, un AS ou un AP peut se présenter aux épreuves de sélection pour l'entrée en institut de formation en soins infirmiers (IFSI). La formation en IFSI est de 37 mois et demi, organisée en modules complétés par des stages cliniques.

Les IFSI forment des infirmiers polyvalents qui peuvent, dès l'obtention du diplôme, exercer dans de nombreux secteurs d'activité.

› Moniteur éducateur

Aucun diplôme n'est exigé pour accéder à la formation. Les candidats doivent satisfaire à des épreuves de sélection organisées par les établissements de formation.
La formation est sanctionnée après deux années scolaires par le CAFME (certificat d'aptitude aux fonctions de moniteur éducateur). Des allègements de formation peuvent être accordés aux candidats. Le diplôme est organisé et délivré par le ministère de l'Éducation nationale.

› Éducateur de jeunes enfants

Après le DEAP, il est possible de s'orienter vers une formation d'éducateur de jeunes enfants après 3 ans d'expérience professionnelle sans être titulaire d'un baccalauréat.

› partie 2

Épreuve écrite d'admissibilité

partie

> Épreuve écrite d'admissibilité

Description de l'épreuve

Cette épreuve écrite et anonyme est obligatoire pour les candidats – non dispensés de l'épreuve écrite d'admissibilité – au concours d'entrée en institut de formation d'AS/AP selon les conditions de l'arrêté du 22 octobre 2005.

Durée

2 heures

Notation

L'épreuve est notée sur 20 points.
Il faut obtenir 10/20 à l'ensemble de l'épreuve (note de culture générale + note de biologie + note de mathématiques) pour être admissible à l'oral. Une note inférieure à 10/20 est éliminatoire.

Descriptif et déroulement

L'épreuve écrite d'admissibilité est divisée en 3 épreuves, que le candidat passe dans un même temps. L'épreuve se compose :

- d'un sujet de **culture générale** noté sur 12 points ;
- d'une série de 10 questions de **mathématiques** et de **biologie humaine** notée sur 8 points (la répartition des points entre mathématiques et biologie dépend du centre d'examen).

Le candidat doit gérer les 2 heures dont il dispose pour traiter la culture générale, les mathématiques et la biologie.
En plus de la culture générale, de la biologie et des mathématiques, **les candidats AP, et seulement eux,** passent (souvent dans la même journée, juste après les épreuves communes) une série de tests d'aptitude.

›1. Se préparer

Prévoyez tout le **matériel** nécessaire à l'avance : stylo, crayon, règle, effaceur, mouchoirs…

L'épreuve dure 2 heures plus 1 heure 30 pour les tests d'aptitude des AP, (*voir page 361*). Souvent, les deux épreuves se suivent, pensez à apporter de l'eau et une barre de céréales pour éviter l'hypoglycémie !

Vous ne pourrez pas quitter la salle avant une heure d'épreuve donc prenez vos précautions avant de commencer.

Vérifiez tout votre matériel avant de venir :

- pièce d'identité ;
- convocation ;
- stylos (une seule couleur est autorisée pour l'ensemble de la copie car il faut éviter toute marque distinctive afin de respecter l'anonymat) ;
- surligneur (pour souligner les idées principales en lisant le texte) ;
- effaceur d'encre.

Les feuilles de brouillon sont fournies par le centre ainsi que les copies.

Ayez une montre pour bien gérer votre temps : gardez une heure environ pour l'épreuve de culture générale. Bien sûr les portables sont interdits.

›2. L'arrivée

Prévoyez d'arriver un peu à l'avance afin de ne pas être essoufflé, d'avoir le temps de vous reprendre, de trouver la salle, d'aller aux toilettes, etc.

Vous pouvez vous installer pour attendre à l'endroit indiqué.

Pensez à éteindre votre portable.

Vous pouvez parler avec les autres candidats. Attention cependant à rester calme et à ne pas vous laisser influencer (c'est un concours, certains candidats peuvent vous impressionner, volontairement ou pas). Ne vous laissez pas non plus impressionner par l'immensité de la salle qui peut parfois contenir 300, 500 candidats ou plus. Tous ceux qui auront la moyenne seront admissibles !

Vous devez **présenter votre convocation et votre carte d'identité** (ou titre de séjour).

Vous allez sûrement devoir **émarger** (émarger veut dire signer en face de votre nom sur la liste). L'épreuve est toutefois anonyme, c'est-à-dire que les examinateurs ne connaîtront pas votre identité lorsqu'ils liront votre copie et donneront leur note : la seule chose qui importera alors sera la **qualité** de votre travail.

Il vous sera souvent demandé de laisser votre sac et de ne prendre que le nécessaire dans la salle. Le concours se passe parfois dans une grande salle ou un amphithéâtre surveillé par plusieurs personnes, ou encore dans une petite salle de cours au sein de l'institut de formation.

Il est trop tard pour relire ce livre au dernier moment !

›3. Respecter les consignes générales

Les consignes d'ordre général **vous seront lues** par le surveillant. Écoutez bien car vous devez les respecter sous peine d'annulation de copie.

Les copies sont **anonymes**, mettez donc votre nom et numéro de candidat **uniquement** sur la partie que vous cacherez grâce au rabat. Vous devez écrire de la **même couleur** tout au long de la copie (en noir ou en bleu) sans souligner avec un stylo de couleur différente ou écrire avec une encre fantaisie.

Attention, tout signe distinctif peut faire **annuler la copie**.

Vous utiliserez les brouillons et les copies fournies (pas de feuilles personnelles). Pensez à numéroter les pages pour faciliter la lecture au correcteur.

Certains centres vous demanderont d'écrire directement sur le sujet.

Ne demandez pas si vous avez droit aux documents : bien entendu c'est non.

Vous ne devrez communiquer avec les autres candidats sous aucun prétexte sous peine d'**exclusion** de la salle.

›4. Savoir gérer son temps

L'épreuve écrite d'admissibilité est divisée en 3 parties. Ce sera à vous de gérer votre temps – 2 heures en tout – pour traiter les sujets de culture générale, de biologie et de mathématiques.

Sachant que la partie culture générale est notée sur 12 points (elle compte donc pour plus de la moitié de la note !), vous y consacrerez **au minimum une heure** pour réaliser un travail de qualité. De plus, comme il vous est demandé de rédiger, vous devez porter un soin particulier à la présentation de cette partie.

Les questions de biologie sont à réponses courtes, vous y répondrez rapidement si vous connaissez le sujet ; si vous ne savez pas, ne perdez pas de temps et passez à la question suivante pour y revenir éventuellement plus tard si vous avez le temps.

Les opérations numériques demandent un peu de réflexion : gardez du temps pour réaliser les calculs. La calculatrice est interdite et les **calculs doivent apparaître sur la copie.**

Conseil bonus

Choisissez l'ordre de traitement des sujets par ordre de préférence : commencez par ce que vous maîtrisez le mieux pour gagner facilement un maximum de points.

Si vous ne connaissez pas une réponse, passez à la suivante pour ne pas perdre trop de temps : vous devez obtenir une note égale ou supérieure à 10/20 pour être admissible, pas forcément répondre à toutes les questions.

> Culture générale

Présentation de l'épreuve

Notation

12 points

Durée

L'épreuve écrite est notée sur 20 points, dont 12 pour la partie « Culture générale » et 8 pour les parties « Biologie » et « Mathématiques ». La culture générale compte donc majoritairement dans les épreuves d'admissibilité, et il convient de lui consacrer **au moins 1 heure sur les 2 heures imparties** au total. Rappelons que, pour être admissible à l'épreuve orale, il vous faut obtenir 10/20 à l'ensemble de l'épreuve.

Objectifs d'évaluation

Évaluer les capacités de compréhension et d'expression écrite du candidat :

- à s'exprimer à l'écrit ;
- à lire et à comprendre un texte et à en dégager les idées principales ;
- à analyser un texte en se référant à un sujet d'actualité du domaine sanitaire ou social ;
- à répondre à des questions en montrant des connaissances.

Déroulement

Il sera demandé au candidat :

- de dégager les idées principales du texte ;
- de commenter les aspects essentiels du sujet traité sur la base de 2 questions au maximum.

Thèmes des sujets

Les thèmes des sujets sont :

- les grands problèmes de santé publique en France et dans le monde, l'hygiène de vie, le handicap, les thèmes sociaux sur la personne aux différents âges de la vie, les problèmes économiques et sociaux en lien avec la santé ;
- en rapport avec l'actualité sanitaire et sociale du moment, en lien avec la prévention : canicule, contraception... ;
- en lien avec la profession de l'AS ou de l'AP.

Types de textes rencontrés

Les textes peuvent être des enquêtes journalistiques tirées d'extraits de presse (quotidiens, hebdomadaires ou mensuels) ou de revues spécialisées (*Revue de l'AS*, *Revue Soins*, *Métiers de la petite enfance*...).

CHAPITRE 1

Méthodologie : une marche à suivre

Ce chapitre vous donnera tous les conseils méthodologiques dont vous aurez besoin pour passer les épreuves écrites dans les meilleures conditions.

L'effet de surprise augmente le stress et risque de vous faire perdre vos moyens lors de l'examen. C'est pour minimiser ce stress (naturel lorsqu'on passe ce type de concours) que nous avons choisi de présenter le déroulement de l'épreuve de façon très concrète.

›1. Les étapes de traitement du sujet

1.1. Gérer son stress

Avant toute chose, il est important de parvenir à gérer votre stress à la découverte du sujet.

Vous devez gérer votre première impression de manière mesurée

Vous êtes content du sujet car vous le connaissez

Attention à l'euphorie !

Ne partez pas sur une piste connue qui ne correspondrait pas tout à fait à la demande du jury.

Cherchez d'autres arguments, insistez sur les exemples sans brûler les étapes.

Vous êtes déçu, vous pensez être mal tombé

Ne vous avouez pas vaincu !

On a toujours quelque chose à dire. Laissez venir les idées, pensez à des situations concrètes pour vous mettre sur la piste.

Quoi qu'il en soit, vous devez lire attentivement le texte et vous appuyer sur les idées développées pour répondre.

Contrairement à l'épreuve orale d'admission, vous aurez un texte sous les yeux. Vous devrez en dégager les idées principales et répondre à une ou deux questions. Vous pourrez – et devrez – vous appuyer sur le texte fourni.

1.2. Organiser son travail et son temps

Il ne s'agit pas d'un concours de vitesse, ne vous jetez pas tête baissée dans la rédaction : vous avez le temps de traiter le sujet. Le jury note la qualité de vos réponses et non la rapidité à laquelle vous les avez données !
Identifiez et comptez le nombre de questions à traiter et répartissez vos efforts en fonction des points attribués. Le barème de chaque question vous sera indiqué sur le sujet.
Gardez 5 à 10 minutes pour la relecture.

Phase de réflexion

- **Identifiez le type de sujet, le thème**
- ↓
- **Repérez les idées principales du texte**

↓

Phase de rédaction

- **Recherchez des idées sur le sujet, des exemples**
- ↓
- **Triez, organisez vos idées, préparez l'ordre et l'enchaînement de vos réponses**
- ↓
- **Préparez votre brouillon**
  Rédigez vos réponses au propre
  Relisez-vous

1.2.1. Identifier le thème et le type de sujet, repérer les idées principales du texte

› Identification du sujet

› *Mise en page du texte*

Dans un premier temps, pour comprendre l'organisation du texte, regardez et observez la mise en page, c'est-à-dire le découpage du texte en parties, sous-parties ou paragraphes.

› *Lecture globale*

Une fois les sujets distribués, prenez connaissance de toutes les questions posées sur le texte. Cela donnera une « direction » à votre lecture et vous aidera à sélectionner les éléments importants du texte.
Lisez alors une première fois le texte en entier pour en repérer le thème puis les idées principales.

› *Informations autour du texte*

N'oubliez pas de lire attentivement non seulement le texte mais aussi le titre, les sous-titres (s'il y en a), les sources (de quel journal est tiré l'article), le nom de l'auteur et la date : ils donnent souvent des indications sur le thème et la **problématique**, c'est-à-dire l'ensemble des problèmes liés à un sujet.

Par exemple, le titre d'article « *La carte des maladies cardiovasculaire montre de grandes disparités en Europe* » (paru dans *Le Monde*) donne déjà un indice : la problématique principale de l'article est l'inégalité devant des problèmes de santé publique au sein même d'une Europe pourtant en voie d'unification.

Autre exemple, le titre « *L'air ambiant est-il menacé ?* » annonce le thème de la pollution atmosphérique.

› Repérage et compréhension du thème traité

Après la première lecture du sujet, cette étape d'analyse va vous aider à bien cerner ce qu'on vous demande et surtout à éviter le hors sujet.

› *Comprendre les questions*

Prenez le temps, avant de rédiger, de bien comprendre ce qu'on vous demande. Lisez les questions plusieurs fois. Repérez, soulignez, surlignez ou recopiez le sujet et les consignes.

Prenez le temps de vous demander : « *Que me demande-t-on exactement ?* » Il s'agit de reformuler la question avec vos mots sur le brouillon : « *Autrement dit, on me demande de…* »

Une fois le thème repéré, posez-vous la question : « *Comment me demande-t-on d'en parler ?* » Différenciez les consignes : « *Analysez* », « *Commentez* », « *Présentez* ».

On peut vous demander votre opinion, si vous êtes pour ou contre les propositions de l'auteur du texte, de donner des justifications aux arguments de l'auteur, etc. si le sujet est vaste, circonscrivez-le, limitez-le à son rapport avec la profession AS/AP (par exemple, si le texte aborde la question de la précarité, ne partez pas dans des considérations économiques, mais concentrez-vous sur les conséquences sanitaires et sociales de la pauvreté).

Cherchez l'intention du jury. Pourquoi ce sujet est-il proposé à un concours AS ou AP ?

Différents types de questions peuvent être posés : « *Définissez, donnez un avis, argumentez, justifiez, expliquez, commentez, précisez, pourquoi ?* » Toutes ces questions sont des questions ouvertes, c'est-à-dire qu'elles demandent à être développées et rédigées.

› *Lecture analytique, lecture active*

Prenez le temps de **lire attentivement le sujet une seconde fois** (prononcez les mots dans votre tête) en soulignant les mots importants, cherchez le sens des mots difficiles.

Essayez de repérer et **soulignez les articulations et les mots de transition** qui indiquent la nuance du texte (et, parce que, pourtant, donc, car, en effet, aussi, par contre, d'autre part…) pour déceler l'organisation du texte et l'enchaînement des idées. Ces mots indiquent qu'une nouvelle idée est abordée ou va être expliquée. Les termes négatifs (mais, ne pas, par contre…) indiquent une prise de position de l'auteur.

Dégagez les **idées principales du texte** (travail d'analyse et de synthèse). Pour trouver les idées principales, observez bien les débuts de chaque paragraphe. Vous les trouvez aussi parfois en conclusion à la fin du texte.

Dégagez également des mots-clés qui reviennent souvent ou sont mis en valeur dans le texte ainsi que les intentions de l'auteur.

Repérez qui parle : est-ce le narrateur ou est-ce une citation (entre guillemets) qui renforce l'idée de l'auteur ?

Recherchez si le texte comporte des éléments de réponse aux questions posées, à reprendre ou non dans votre rédaction.

1.2.2. Rédaction

› Respecter les consignes de présentation

Contrôlez les consignes de présentation. Respectez le nombre de lignes demandées. Vérifiez si des points sont attribués, et dans quelle proportion, pour la syntaxe, l'orthographe et l'organisation de la réponse (c'est en général le cas).

› *Rechercher des idées*

Appuyez-vous sur le sujet pour répondre aux questions mais aussi sur vos connaissances et votre culture personnelle, c'est-à-dire sur la préparation et les lectures que vous avez faites pour ce concours.

Demandez-vous ce que vous connaissez du sujet : pour répondre à cette question il est nécessaire de faire un *brainstorming* (remue-méninge). Jetez les idées pêle-mêle sur une feuille de brouillon, en mobilisant les connaissances que vous avez acquises :

- dans vos cours ;
- lors de vos révisions ;
- grâce à vos lectures ;
- en suivant l'actualité ;
- en consultant les textes de loi ;
- lors de vos expériences personnelles et professionnelles, de stages, etc.

Triez et numérotez ensuite vos idées selon l'ordre dans lequel vous allez les aborder. N'écrivez que sur le recto de votre feuille pour ne pas vous perdre.

› Trier et organiser les idées

Choisissez **un plan** pour que vos réponses paraissent structurées et organisées :

- une introduction avec une phrase qui annonce les grandes parties du développement : « *Le texte traite de…* (énoncer le thème), *les idées principales du texte sont…* » ;
- un développement bien construit avec des idées fortes. Employez des articulations pour faire le lien entre les paragraphes, pour que votre texte soit organisé et clair.

Selon les cas, les questions reprennent les idées exposées dans le texte ou reposent sur une solution au problème. On peut aussi vous demander une explication personnelle (implication) en lien avec la représentation que vous avez de la profession d'AS ou d'AP.

Par exemple : « *Que pensez-vous de… ? Selon vous, quelles propositions pourriez-vous faire pour améliorer l'information sur… ? Avec quels arguments pourriez-vous convaincre une personne de… ? Quel peut être l'intérêt d'une campagne de prévention sur… ? Expliquez l'importance des repas pour la personne âgée…* »

Ces questions visent à évaluer votre ouverture sur le monde médico-social actuel, votre curiosité et votre intérêt pour les thèmes sanitaires et sociaux.

› Rédiger les réponses

› *Écrire avec méthode et soigner son expression*

Maîtrisez l'orthographe et la ponctuation, faites des paragraphes en sautant des lignes si besoin et soignez votre écriture. Le correcteur sera sensible au soin apporté à votre copie (barrez proprement les erreurs ou utilisez un effaceur).

Pour la forme, proscrivez absolument le langage familier : « *rigole, boulot, gosse, pote…* »

Faites des phrases courtes et simples avec un vocabulaire adapté et précis.

Choisissez un niveau de langage courant avec des tournures de phrases simples mais sans familiarité et tendez vers le langage soutenu *(voir la définition des niveaux de langage, page 442)*. Le jury recherchera chez le candidat sa capacité à s'exprimer à l'écrit, sa capacité de lecture et de compréhension d'un texte et sa capacité d'analyse et de réflexion personnelle.

Évitez les répétitions, supprimez et remplacez les verbes les plus usités par des synonymes. Par exemple, le verbe « dire » peut être remplacé par : exprimer, énoncer, formuler, parler… ; « faire » par : réaliser, créer, exécuter, fabriquer, accomplir… ; « être » par : exister, se trouver, s'exécuter, se réaliser…

Utilisez des mots de transition pour faire progresser vos idées : en effet, ainsi, bien que, cependant, mais, de plus, finalement, en conclusion…

› *Relecture*

Gardez du temps pour vous relire. **Relisez-vous plusieurs fois** en ciblant des objectifs de relecture : une fois pour les maladresses et les répétitions, une fois pour l'orthographe, une fois pour la propreté du travail. Vous serez alors sûr de ne pas avoir laissé passer de faute.

›2. Documentez-vous pour préparer l'épreuve

2.1. Sur quels thèmes vous documenter ?

Il est nécessaire de bien **suivre l'actualité** dans le domaine sanitaire et social afin d'acquérir une culture générale solide. En effet, après l'analyse d'un texte sur un sujet précis d'ordre sanitaire ou social, plusieurs questions en rapport avec le sujet du texte vous seront posées.

Pour répondre aux questions posées, vous devez avoir des compétences de fond (connaissances, idées et réflexion) et des compétences de forme (qualités d'expression, présentation structurée, orthographe et écriture).

Pour réviser, vous pouvez vous reporter aux **fiches thématiques** sur la préparation de l'épreuve écrite de culture générale de ce guide *(voir chapitre 2 page 53)*.

Selon le texte officiel, le sujet de l'exposé relève « *du domaine sanitaire ou social* ». Les possibilités de sujet sont infinies car le domaine sanitaire et social couvre un champ très vaste.

Vous aurez peut-être la chance de tomber sur un sujet connu de vous mais la surprise ne sera pas toujours aussi bonne. Plus vous serez entraîné à construire un exposé sur des thèmes variés, moins l'effet de surprise pourra vous déstabiliser le jour J.

Le tableau ci-contre présente les thèmes fréquemment exploités. Cette liste est loin d'être exhaustive et pourrait être plus étendue encore. Elle mêle volontairement des sujets d'ordre plutôt sanitaire et des sujets relevant plus du social car il semble difficile de séparer les deux aspects.

Thématique	Exemples de sujets possibles
L'alimentation	L'équilibre alimentaire. L'anorexie ou la boulimie. L'obésité (prévention, risque, etc.). La semaine du goût.
La famille	Ses évolutions. Les familles monoparentales ou recomposées. La place des grands-parents, les différentes unions. Le divorce. L'adoption, la filiation. L'accouchement sous X.
Les dépendances	Les toxicomanies. L'alcoolisme (jeunes, accidents de la voie publique, etc.). Le tabac. La consommation abusive de médicaments.
Les maladies	Les maladies à incidence sociale : cancer, SIDA, infections sexuellement transmissibles, maladies cardio-vasculaires, etc. Les maladies courantes : bronchiolites et le Plan Blanc contre les épidémies, mucoviscidose, etc.
L'hôpital	La douleur et sa prise en charge. Les médicaments génériques. Les droits de la personne hospitalisée. Le bénévolat. Les nouvelles technologies : procréation médicalement assistée, clonage, bioéthique, etc. Le don d'organe. Les infections nosocomiales. Le travail de nuit, la vie privée, la vie professionnelle.
Les enfants	Le développement de l'enfant : développement psychomoteur, limites à poser dans l'éducation de l'enfant, adolescence, etc. Les accidents domestiques. Les droits de l'enfant. Les modes de garde. La maltraitance.

Thématique	Exemples de sujets possibles
Les personnes âgées	Les conséquences du vieillissement. Le placement en institution. Le maintien à domicile, etc. La dépendance des personnes âgées ou handicapées. Les accidents domestiques. L'allongement de la durée de vie et ses conséquences.
La société	Les soins palliatifs, l'acharnement thérapeutique, l'euthanasie. Le travail des femmes, la pénibilité du travail, le chômage. La maltraitance des personnes âgées, des enfants, des femmes. Le sport, la culture, les jeux (vidéo, d'argent, de société). La contraception. L'avortement.
	La violence, la délinquance. Les banlieues. La santé publique : prévention, éducation pour la santé. Les institutions : pour l'accueil des enfants, des personnes âgées. La laïcité, le multiculturalisme, l'intégrisme. La précarité, les sans domicile fixe, le droit au logement. L'usage d'Internet. La Sécurité sociale, la CMU, le RMI.
La société	La violence routière. Les OGM, l'attrait pour le « bio ». Les mesures d'insertion des handicapés (en ville, à la crèche). Le Téléthon. L'hygiène.
L'environnement	Le réchauffement de la planète. Les catastrophes et leurs conséquences. Le tri des déchets. La pollution.

Soyez attentif à l'actualité du moment en santé publique et écoutez ce qui se dit sur des sujets précis dans les médias : télévision, radio ou presse écrite.

Notez les grandes campagnes de prévention du moment, les nouvelles techniques médicales ou la recherche, les nouvelles lois concernant la santé ou la protection sociale... par exemple :

- le plan quinquennal pour la maladie d'Alzheimer ;
- l'alimentation et les jeunes ;
- les campagnes sur le choix de la contraception ;
- la prévention sur le mal-être et le suicide auprès des jeunes ;
- le tabac et les lieux publics...

2.2. Sources

La lecture est la principale source documentaire. Vous pouvez avoir facilement accès à l'actualité sanitaire et sociale.

Les textes du concours sont extraits de magazines *(Que choisir ? Magazine Santé...)*, d'hebdomadaires ou de quotidiens généralistes *(Le Nouvel Observateur, Le Monde, L'Express...)* ou de revues spécialisées *(Soins aides-soignantes, Revue du soignant en Santé publique, Le Journal des professionnels de l'enfance...)*.

2.2.1. Les sources gratuites de documentation

› Les documents de promotion de la santé

Ils sont accessibles gratuitement. Vous pouvez vous les procurer soit en demandant des brochures sur un thème précis à votre caisse d'assurance maladie ou votre assurance mutuelle, soit en vous déplaçant dans un centre de documentation et d'éducation pour la santé de votre département.
De nombreux dépliants sur la prévention sont donnés au public dans les pharmacies ou chez les médecins.

› Les périodiques spécialisés

Les *Infos familiales* (journal trimestriel de la Caisse d'allocations familiales) abordent les sujets actuels concernant l'enfant et la famille. Les personnes percevant des allocations le reçoivent à domicile mais vous pouvez les demander à la CAF de votre département.
Le journal mensuel *Équilibres* et le bimensuel *La Santé de l'homme*, publiés par l'Institut national de prévention et d'éducation pour la santé (INPES), peuvent être commandés sur Internet (www.inpes.sante.fr).
En lien avec ses principaux partenaires – le ministère de la Santé, la Caisse nationale d'assurance maladie, la mission interministérielle de lutte contre la toxicomanie, le Service d'information du gouvernement, l'Institut national du cancer – l'INPES conduit des programmes de prévention et d'éducation pour la santé qui s'inscrivent dans le cadre plus général des politiques de santé publique.

› Internet

Les sites Internet sont également une mine d'informations mais il faut faire une sélection sérieuse. Nous vous proposons dans ce guide un site pour chaque thème sanitaire et social étudié. Méfiez-vous des sites mal présentés donnant des informations non actualisées, voire erronées. Le logo « HON@code » garantit maintenant les informations des sites.

2.2.2. La presse nationale

Vous pouvez trouver des informations concernant le domaine sanitaire et social dans les quotidiens nationaux mais ce n'est pas leur vocation première.
Les bibliothèques municipales sont des lieux accessibles à tous : vous pourrez y trouver de nombreux journaux ou magazines d'actualité.
Certains hebdomadaires *(L'Express, Le Point, Télérama…)* abordent régulièrement les problèmes de santé et de prévention en lien avec l'actualité. Les textes du concours sont souvent tirés de ces quotidiens et hebdomadaires nationaux. Leur lecture n'étant pas facile, il est intéressant d'en lire quelques-uns pour vous habituer à cette écriture.

2.2.3. Les revues spécialisées récentes

Concernant les adultes : *La Revue de l'aide-soignante et de gériatrie*, *Soins aides-soignantes*, *ASH*.

Concernant l'enfant : *Les Métiers de la petite enfance*, *Le Journal des professionnels de l'enfance* (en kiosque), *La Revue des auxiliaires de puériculture*…
La plupart de ces revues s'achètent par abonnement. Leur lecture est très accessible.

2.2.4. Les sources audiovisuelles

Regardez des documentaires à la télévision : *Le Journal de la Santé* ou *Les Maternelles* sur France 5, *Zone interdite* et *E=M6* sur M6, *Envoyé spécial* sur France 2… Il y a aussi régulièrement des émissions spéciales abordant des thèmes d'ordre sanitaire ou social qui donnent les dernières informations en la matière.
Écoutez le journal télévisé et les informations à la radio. Cela vous permettra également d'être informé sur les nouvelles lois et les priorités actuelles en ce qui concerne la santé publique et la prévention (exemples : la récente loi sur le tabagisme appliquée depuis 2008, ainsi que les campagnes de lutte contre le cancer et les accidents de la route, ont été fortement relayées par les médias).

2.3. Exploitation des informations

Triez vos informations par thèmes, sanitaire ou social.
Complétez et réactualisez si besoin les fiches synthétiques rédigées dans ce livre avec les nouvelles informations recueillies.

Les grands thèmes sanitaires et sociaux

CHAPITRE 2

Nous vous proposons, dans ce chapitre, des fiches synthétiques portant sur les thèmes sanitaires et sociaux les plus souvent rencontrés au concours d'entrée. Chaque thème comporte 3 sous-parties : un **cliché panoramique** (bref aperçu contextuel sur la question), puis un développement sur les **problèmes et les difficultés** relatifs à la thématique abordée et enfin des **solutions et pistes de réflexion** autour des problèmes soulevés.

Le tableau suivant comprend seize termes ou expressions dont il est indispensable de connaître le sens avant d'aborder les thématiques sanitaires et sociales. Ils font partie du vocabulaire de base et sont incontournables. Apprenez-les !

La santé définie par l'OMS (Organisation mondiale de la santé)		*« La santé est un état complet de bien-être physique, mental et social. Elle ne traduit pas seulement l'absence de maladie ou d'infirmité. »*
Santé publique		C'est la science et l'art de prévenir les maladies, de prolonger la vie et d'améliorer la santé des individus, par une action collective concertée. La politique de santé publique d'un pays s'attache à protéger, promouvoir et restaurer l'état de santé de toute sa population.
Prophylaxie		Ensemble des méthodes préventives qui limitent ou évitent la propagation de maladies infectieuses (vaccination, hygiène, réglementation sanitaire).
Santé communautaire		Besoins prioritaires d'une communauté, c'est-à-dire d'un groupe social ayant des caractères et des intérêts communs, dont certains problèmes de santé.
Épidémiologie		Science permettant de quantifier l'apparition et la répartition des maladies dans les populations humaines. Son but est l'éradication des maladies.
Facteurs de risque		Facteurs qui favorisent l'apparition d'une maladie.
Prévention		Ensemble de moyens permettant de rester en bonne santé. Elle se décline en 3 niveaux (primaire, secondaire et tertiaire) selon que l'on se situe avant, pendant ou après la maladie, l'accident ou le handicap.
Indicateurs de santé : ils permettent d'évaluer l'état de santé des populations.	**Mortalité**	Nombre de décès dans une population.
	Morbidité	Nombre de malades recensés.
	Prévalence	Nombre de cas d'une maladie à un moment précis.
	Incidence	Nombre de cas nouveaux d'une maladie à un moment donné.

Maladie	Altération de la santé physique ou mentale. C'est un déséquilibre entre l'individu et son environnement. Elle a des conséquences sur la personne, sa famille et la société.
Maladies à incidence sociale	Maladies qui posent des problèmes de santé publique. Elles touchent un grand nombre d'individus ou peuvent être coûteuses pour la société.
Éducation pour la santé	Apprentissage volontaire, individuel et collectif qui permet aux personnes de changer des comportements néfastes à leur santé.
Physiopathologie	Troubles qui perturbent le fonctionnement des organes (fonctionnement des organes = physiologie) et qui sont responsables des signes pathologiques (signes indiquant une maladie : fièvre, éruption cutanée, etc.).
Pharmacodépendance	Situation d'un individu montrant une addiction à tout médicament ou autre produit ayant un effet psychoactif, à l'exclusion de l'alcool et du tabac.

Les premières causes de morbidité mondiale prévues pour 2020 sont : les maladies cardiovasculaires, la dépression, les accidents de la route, les accidents vasculaires cérébraux, les bronchites, les pneumonies et autres infections respiratoires, la tuberculose, la guerre, les diarrhées, le SIDA.

›1. Les thèmes sanitaires

1.1. Les notions sur l'hygiène

1.1.1. Cliché panoramique

› L'hygiène individuelle

› *L'hygiène corporelle et vestimentaire*

Elle permet de prévenir les infections de la peau, elle favorise le confort et le bien-être de chacun. Elle donne une image positive de soi.

› *L'hygiène de vie*

Elle comprend le sommeil (pour l'équilibre nerveux), la qualité de l'habitat, les activités physiques, culturelles et ludiques en rapport avec l'âge et l'état de santé de chacun, une alimentation bien équilibrée et adaptée aux dépenses énergétiques.

› L'hygiène hospitalière

L'hygiène hospitalière est une préoccupation constante des services hospitaliers. Les établissements de santé doivent obligatoirement constituer un Comité de lutte contre les infections nosocomiales (CLIN) au sein de leur structure. Les **infections nosocomiales** sont des infections contractées à l'hôpital.

1.1.2. Problèmes/difficultés

La flore microbienne de l'hôpital est souvent dangereuse car les patients sont affaiblis par la maladie et développent plus facilement des infections opportunistes.

Attention, les germes hospitaliers sont souvent résistants aux antibiotiques (BMR : bactéries multi-résistantes) !

1.1.3. Solutions/pistes de réflexion

Les mesures d'hygiène propres à empêcher les infections nosocomiales concernent :

- tout le **personnel**, notamment en ce qui concerne la tenue professionnelle et le lavage des mains qui doit être rigoureux pour éviter les infections manu-portées (transmises par les mains) ;
- les **locaux et les équipements** : l'architecture, les circuits du propre et du sale qui ne se croisent jamais (principe de la marche en avant : on ne revient pas dans un secteur déjà visité, pour éviter d'y ramener des germes), l'air et l'eau, les sols, le matériel de soins et la literie, la préparation des repas ainsi que l'organisation des soins en allant du « plus propre au plus sale » et en commençant par l'environnement du patient le moins infecté.

- l'**organisation des soins** : il faut commencer les soins par le patient le moins infecté pour terminer par le patient le plus contagieux potentiellement, et pendant le soin, débuter par les parties du corps les « plus propres » pour finir par les « plus sales ».

Pour en savoir plus : sites des C.CLIN (centres de coordination de lutte contre les infections nosocomiales).

1.2. Le cancer

1.2.1. Cliché panoramique

Le cancer est la première cause de décès chez l'homme et la deuxième chez la femme et l'enfant en France. Il existe autant de formes que de niveaux de gravité (la leucémie foudroyante, les cancers du foie et du poumon restant statistiquement les plus mortels). Les protocoles de soins, constamment en progrès, permettent une meilleure maîtrise de certains types de cancer : réduction du taux de mortalité (de 1/3 à 1/2 en 20 ans), atténuation des effets secondaires.

› Localisations

Les plus fréquentes sont la prostate, le poumon, le côlon et le rectum chez l'homme, le sein, le côlon et le rectum chez la femme, le sang, la rétine et les os chez l'enfant. Le cancer peut prendre différentes formes.

L'évolution et le pronostic (l'issue prévue de la maladie) sont variables selon le type de cancer, la localisation, l'âge de la personne et la rapidité de la prise en charge.

› Facteurs de risque

Ils sont très divers. De nombreux agents cancérigènes ont été identifiés (rayonnements, amiante, benzène, certains virus), mais 50 % des cancers sont d'origine inconnue et les prédispositions génétiques sont réelles.

Pourtant, un récent rapport précise que, en France, de nombreuses causes sont liées aux comportements individuels : choc émotionnel ou stress permanent, obésité, surexposition au soleil, addiction aux drogues (le tabac est responsable de 29 000 décès/an chez l'homme, et l'alcool de 10 % des décès chez les hommes et de 5 % des décès chez les femmes).

Peu de causes de cancers sont aujourd'hui reliées à l'environnement : 0,5 % pour la pollution et les pesticides.

1.2.2. Problèmes/difficultés

› Définitions

Les cancers sont la conséquence d'une prolifération anarchique de cellules anormales dans un tissu qui forment une **tumeur maligne** aux contours irréguliers.

Sans traitement, les cellules cancéreuses envahissent les tissus sains voisins puis pénètrent dans un vaisseau sanguin ou dans un canal lymphatique par lequel elles sont alors disséminées dans tout le corps sous forme de **métastases**. Le diagnostic de la présence de métastases est donc souvent plus critique que celui de la tumeur.

Quand les métastases sont envahissantes, on parle de cancer généralisé.

Le diagnostic est parfois difficile ou tardif car les signes sont peu évocateurs : fatigue, saignements, perte de poids, toux…

› Prise en charge

Elle est complexe et nécessite l'intervention **d'équipes pluridisciplinaires** : médecin généraliste, oncologue, radiothérapeute, anesthésiste, psychologue, nutritionniste, infirmier, aide-soignant… Il reste encore beaucoup à faire pour mieux accompagner les patients et leur famille, et pour mieux les informer afin qu'ils soient **acteurs** des décisions qui les concernent.

L'image du cancer comme maladie sévère et parfois irrémissible, les drames qui en découlent et la difficulté du parcours de soin nécessitent généralement un fort engagement physique et mental chez les malades.

1.2.3. Solutions/pistes de réflexion

› Prévention primaire

Certains cancers peuvent être évités par la prévention primaire : lutte conte le tabac et l'alcool, meilleure alimentation (limiter les carences alimentaires et les excès lipidiques, consommer des fruits et des légumes frais tous les jours), limitation des expositions aux produits toxiques et facteurs d'environnement cancérigènes ainsi qu'aux rayons ultraviolets du soleil. Des **campagnes de prévention et d'information** sont faites régulièrement dans ce domaine et médiatisées.

Le **vaccin préventif du cancer du col de l'utérus** est remboursé à 65 % par la Sécurité sociale pour les jeunes filles de 14 ans et les jeunes femmes de 15 à 23 ans n'ayant pas eu de rapports sexuels ou, au plus tard, dans l'année suivant le début de leur vie sexuelle. Ce vaccin ne remplace pas le dépistage par frottis.

Une réglementation stricte réglemente l'usage des produits dangereux dans l'environnement.

› Prévention secondaire

La prévention secondaire consiste en un **dépistage précoce** ou systématique dans une population à risque. Elle modifie l'évolution de la maladie car la probabilité de guérison est meilleure si le cancer est dépisté tôt. Elle permet aussi de détecter et de traiter des lésions précancéreuses.

Certains dépistages tendent à se généraliser : l'autopalpation des seins et les mammographies chez les femmes, le dépistage du cancer du col de l'utérus par frottis vaginal, les coloscopies ou rectoscopies, le toucher de la prostate et le dosage des PSA (antigène prostatique spécifique) par prise de sang chez les hommes, etc.

Il existe également des **tests de prédisposition génétique** qui évaluent la prédisposition génétique à développer certains cancers (sein, ovaire, côlon). Par ailleurs, la recherche génétique, riche et prometteuse, est une priorité gouvernementale en matière de santé publique pour développer, à terme, de nouveaux traitements (Plan cancer).

› Traitements

Les traitements dépendent du type de cancer, de son stade et de l'organe atteint. Les traitements ont évolué et sont de plus en plus efficaces : **chirurgie**, **chimiothérapie**, **radiothérapie** mais aussi **hormonothérapie** et **immunothérapie**.

Les effets secondaires liés aux traitements sont d'importantes sources de souffrance physique et mentale.

Soigner le cancer suppose une coordination multidisciplinaire des soins, l'accès aux technologies d'imagerie médicale et aux protocoles les mieux adaptés.

Par ailleurs, tout doit être mis en œuvre pour réconforter au mieux le patient (accompagnement mental) : faciliter la présence des parents auprès de l'enfant malade, faciliter le retour à domicile et aux activités habituelles (scolaire, professionnelle, sportive, de loisirs).

La qualité des soins et du cadre de vie, à travers une bonne information du patient, est essentielle.

Le soutien psychologique ou l'accompagnement d'associations bénévoles, y compris dans l'hôpital, est également indispensable.

› Lutte contre la douleur

Elle est capitale dans la prise en charge de la maladie, de même qu'un soutien affectif et moral. Des échelles de la douleur permettent de mesurer le degré de douleur physique ressentie.

> Supprimer la douleur, c'est rompre la chaîne de conséquences : douleur physique ⇨ douleur morale ⇨ anxiété et dépression.

La qualité de la relation patient/soignants conditionne la collaboration active du malade. Le personnel soignant doit donc être attentif à donner une information précise et complète au malade sur son état et les soins qui lui sont dispensés.

Le travail d'intériorisation par le patient, de sa maladie et de sa souffrance, est essentiel.

Face aux doutes, aux souffrances et à la dégradation de ses capacités de résistance, le patient doit être informé et psychiquement réconforté (par l'équipe soignante, leurs proches familiaux ou les associations). Mieux préparé par un travail interne personnel, le malade résistera mieux à la souffrance. Sa volonté, son élan vital sont essentiels à sa guérison.

En fin de vie, les unités de soins palliatifs se développent dans ce sens pour soulager la douleur.

› Mesures en faveur des droits des malades

La loi du 31 janvier 2007, relative à l'accès au crédit des **personnes présentant un risque aggravé de santé,** facilite l'accès à une assurance ou à un emprunt aux malades du cancer, entre autres, qui leur étaient la plupart du temps refusés à cause de leur faible espérance de vie.

Pour en savoir plus : site de l'Institut national du cancer, http://www.e-cancer.fr

1.3. L'obésité

1.3.1. Cliché panoramique

L'OMS (Organisation mondiale de la santé) considère l'obésité comme une épidémie. En effet, 300 millions d'adultes dans le monde sont en surcharge pondérale et la plupart d'entre eux souffrent de pathologies liées à leur poids.

L'obésité n'épargne aucun continent. Le tiers des personnes en surpoids vivent dans les pays en développement, en partie car ces pays adoptent les habitudes des pays occidentaux *(fast food)*.

La France compte plus de 20 millions de personnes en surpoids (enquête INSEE 2002 sur les personnes de 15 ans et plus). Ce problème de santé publique touche toutes les tranches d'âge et toutes les professions.

Le nombre d'adolescents et d'enfants obèses augmente chaque année. En France, 20 % des enfants sont touchés par l'obésité ou le surpoids. La plupart des obésités s'installent entre 2 et 6 ans.

Le traitement de cette maladie et de ses complications augmente les dépenses de santé.

1.3.2. Problèmes/difficultés

› Principales causes de l'obésité

Les principales causes de l'obésité sont :

- **une sédentarisation** excessive avec insuffisance de dépense physique. Ainsi, l'enfant ou l'adolescent qui passe beaucoup de temps devant la télévision est susceptible de développer une obésité (l'accoutumance très tôt des bébés à la télévision est d'ailleurs préoccupante) ;
- **de mauvaises habitudes alimentaires**, comme le grignotage, la consommation de plats pré-cuisinés et de produits riches en calories (pizza, hamburgers), ont renforcé la prise de poids au quotidien. L'information nutritionnelle des mères ou des « responsables des repas » dans les écoles est indispensable. Par ailleurs un Français sur quatre déclare ne pas acheter de fruits ou de poisson à cause de leur coût exorbitant ;
- **des prédispositions génétiques**.

Les prises de poids chez l'adulte, et par conséquent chez l'enfant, résultent souvent de **multiples facteurs** plus ou moins dépendants et difficiles à traiter séparément. Parmi ceux-ci et au-delà des raisons déjà évoquées, l'impact de l'obésité sur le mental est un des plus difficiles à traiter dans le cadre uniquement médical. L'entretien d'une vie sociale et une information adaptée de la part du personnel soignant concourent à rendre aux personnes obèses la confiance en eux qui leur manque souvent.

› Pathologies liées à l'obésité

L'obésité favorise l'apparition de nombreuses pathologies : diabète non insulinodépendant, complications cardiovasculaires (infarctus, accidents vasculaires cérébraux...), apnées du sommeil, arthrose du genou ou hernie discale, troubles de la fécondité et cancers.

Face à l'image véhiculée par les médias, les obèses rencontrent par ailleurs des problèmes psychoaffectifs liés à l'isolement, aux moqueries, à la mesquinerie, etc.

1.3.3. Solutions/pistes de réflexion

› Rôle des professionnels de la santé

La première mesure de prévention reste la mesure annuelle de la **taille et du poids** de l'enfant pour suivre sa courbe de corpulence et repérer ainsi les enfants à risque. Les nouveaux carnets de santé permettent aux médecins de calculer l'**indice de masse corporelle** [IMC = poids (kg) divisé par la taille au carré (m^2)] et de surveiller l'évolution de la corpulence.

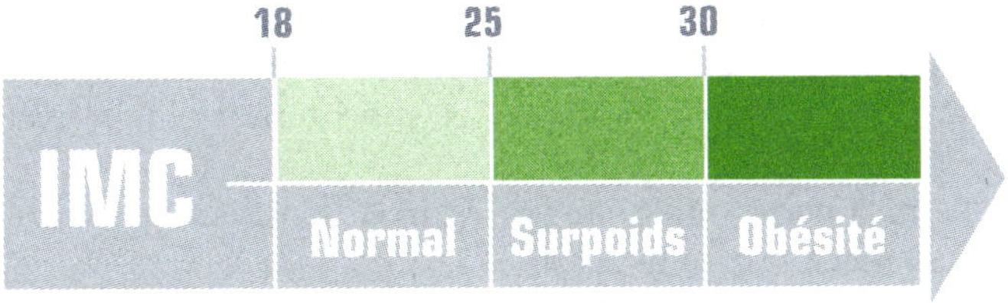

Plus tôt l'obésité d'un enfant est dépistée et traitée avant la puberté, plus le risque d'obésité à l'âge adulte diminue (conservation de l'élasticité des cellules).

Le **rebond de corpulence** (ou rebond d'adiposité) qui correspond, vers 6 ans, à une ré-augmentation de la corpulence après un amaigrissement entre 1 et 6 ans, permet de **repérer les enfants à risque** selon deux critères :

- si le rebond de corpulence est trop précoce (avant l'âge de 6 ans), le risque d'obésité future est grand ;
- si l'enfant est gros (stagnation au niveau supérieur des courbes de poids après le rebond), il lui sera difficile de retrouver un poids « normal ».

Il faut savoir que :

- l'allaitement maternel prémunit contre le risque d'obésité ;
- l'obésité est une maladie d'origine multifactorielle chronique ;
- sous réserve d'être en tout point convenablement conduite, toute réduction de l'obésité est bénéfique pour la santé. Il est néanmoins important de se méfier de certains régimes alimentaires déséquilibrés car non contrôlés par un spécialiste. Leurs aboutissements peuvent être physiquement et psychiquement catastrophiques.

› Traitements

Les traitements actuels ne se focalisent plus sur la seule perte de poids mais sur une approche thérapeutique multidisciplinaire (nutritionniste, endocrinologue, psychiatre ou psychologue, kinésithérapeute, etc.) avec une prise en charge des complications associées. Ce traitement vise à l'amélioration de l'état de santé et de l'hygiène de vie sur le long terme, avec des objectifs médicaux, psychologiques, sociaux et surtout de qualité de vie (investissement sportif, associatif ou autre).

› Soutien institutionnel

Les distributeurs de friandises et de boissons sucrées ne sont plus autorisés dans les établissements scolaires.

Les étiquettes des produits alimentaires industriels doivent afficher la teneur en calories, protéines, lipides, glucose, sel minéraux et vitamines, face aux taux fixés par le ministère.

La publicité en faveur des produits alimentaires dans les programmes pour la jeunesse doit être assortie d'un message à caractère sanitaire (« à consommer avec modération », « pratiquez un sport »).

› Recommandations de prévention

Elles sont proposées par le programme national de nutrition santé (PNNS) :

- prendre ses repas à heures fixes et manger dans le calme ;
- varier les menus en introduisant des recettes variées et à plus faible teneur calorique, en favorisant les fruits et les légumes (5 à 10 par jour) ;
- éviter le grignotage, sinon prendre une collation avec un fruit ;
- accorder une large place au pain complet et consommer plus souvent des légumes secs ;
- modérer largement la consommation de fritures. Il n'existe pas d'huiles « légères », elles sont toutes également grasses à 100 % ;
- consommer un produit laitier à chaque repas, y compris au petit déjeuner. C'est l'unique façon de couvrir les besoins en calcium à tous les âges de la vie ;
- se dépenser régulièrement dans des activités associatives, notamment sportives ou de loisir, en milieu ouvert.

Pour en savoir plus : sur l'obésité infantile, voir le site www.afpa.org

1.4. Les facteurs environnementaux et la santé

1.4.1. Cliché panoramique

Certains facteurs environnementaux peuvent nuire à la santé et au bien-être des personnes. Pollution, rayonnements ultraviolets, bruits, champs électromagnétiques, traitements chimiques agricoles, changements climatiques et modifications des écosystèmes engendrent des problèmes de santé tels que des allergies, de l'asthme, des maladies respiratoires, des perturbations endocriniennes, des troubles de la reproduction, le cancer et des maladies neurologiques.
En 2002, l'OMS estimait à 800 000 le nombre de décès prématurés attribuables à la pollution de l'air. De nombreux décès pourraient être évités en améliorant la salubrité de l'environnement.
Dans le monde, 40 % de la morbidité imputable à des facteurs environnementaux touchent des enfants de moins de 5 ans : par exemple les maladies diarrhéiques dues à l'insalubrité de l'eau, l'absorption de plomb dû au délitement des vieilles peintures (saturnisme).
Une écrasante majorité de Français souhaite plus de transparence et d'information sur les risques sanitaires et environnementaux des produits qu'ils achètent (notamment grâce à un étiquetage normalisé).

1.4.2. Problèmes/difficultés

› Les enfants

Ils sont extrêmement sensibles à certaines substances chimiques. Ils sont exposés à des substances dans leur environnement immédiat (sol, revêtements des murs, conditionnement et jouets, par exemple), en particulier du fait de leur habitude de saisir des objets et à les porter à leur bouche.
Relativement à leur poids corporel, les enfants respirent, boivent et mangent plus que les adultes. Ils absorbent par conséquent proportionnellement plus de substances potentiellement toxiques.

› Les facteurs climatiques

Ils augmentent les effets de la pollution atmosphérique et la mortalité chez les personnes fragiles (personnes âgées ou nourrissons) : par exemple, la canicule en 2003.

› Certains métaux

Par exemple, l'**aluminium** trouvé dans certains produits cosmétiques, médicaments, emballages et additifs alimentaires, est neurotoxique et peut provoquer des scléroses en plaques et des maladies neurovégétatives (Parkinson, Alzheimer).

› La qualité du logement

Certains matériaux utilisés pour la construction sont nuisibles : l'**amiante** provoque des cancers de l'appareil respiratoire. Le **plomb**, trouvé dans les peintures et les canalisations des bâtiments anciens, peut être à l'origine d'une intoxication ou être responsable d'anémie et de troubles nerveux irréversibles chez l'enfant.

Le mauvais réglage du chauffage peut provoquer une **intoxication au monoxyde de carbone**.

Les conséquences de l'inconfort sur la santé (manque d'isolation thermique ou d'éclairage, bruits, mauvaise exposition…) conduisent au stress, à des troubles respiratoires ou du sommeil, voire à la dégradation des défenses immunitaires.

Le manque de sécurité (hauteurs des fenêtres et des balcons, normes électriques et système d'alarme à incendie non respectés…) entraîne des **accidents domestiques**. De nombreux **accidents du travail** seraient également évités avec des normes de sécurité plus rigoureuses.

1.4.3. Solutions/pistes de réflexion

› Le développement durable

Il cherche à répondre aux besoins de la génération présente sans compromettre les possibilités qu'auront les générations futures de satisfaire les leurs.

Cela signifie **produire et consommer mieux** en s'appuyant sur des valeurs sociétales (responsabilité, participation et partage, débat, partenariat…) et repose sur l'idée que chaque humain a universellement les mêmes droits face aux ressources naturelles planétaires. Mais le droit d'utiliser les ressources terrestres est assujetti au devoir d'en assurer la pérennité pour les générations à venir.

› Le plan national de santé publique

Il a comme priorité de protéger la santé des populations vivant dans un habitat indigne :

- l'application des normes à la construction et le respect des règles d'hygiène, de sécurité, de salubrité et de confort par les occupants sont des conditions *sine qua non* d'environnement sain ;
- l'utilisation de combustibles plus propres, tels que le gaz ou l'électricité, l'utilisation d'appareils de cuisson adéquats, une meilleure aération ou la modification des habitudes (par exemple, apprendre aux gens à éloigner les enfants des émanations gazeuses) permettraient d'agir plus efficacement contre les maladies respiratoires qui touchent les femmes et les enfants ;
- les diagnostics « plomb » et « amiante » sont obligatoires lors de la vente d'un logement ;
- un plan national canicule a été mis en place depuis 2005 en France et prévoit l'équipement en pièces rafraîchies des établissements de santé et d'hébergement de personnes âgées.

Il existe un plan d'action européen 2004-2010 en faveur de l'environnement et de la santé. Les plans d'action sont axés sur la compréhension des liens entre source de pollution et effets sanitaires, la recherche, la communication et l'éducation.

› Remarques

Vivre, c'est respirer de l'air principalement composé d'oxygène (21 %) et d'azote (78 %). La pollution atmosphérique (particules fines, ozone, benzène, pollinose) ou interne aux bâtiments (matériaux, acariens, mono- ou dioxyde de carbone) inquiète de plus en plus les responsables de la santé publique (à causes de leur incidence dans des cas de malaises, d'affections respiratoires, de cancer). L'ADEME (Agence de l'environnement et de la maîtrise de l'énergie) fournit gratuitement, dans tous ces domaines, des informations de qualité.

Le terme générique d'OGM (organisme génétiquement modifié) mène à de regrettables confusions entre des usages reconnus bénéfiques (extraction de médicaments comme pour le traitement de l'insuline) et d'autres non suffisamment validés sur le plan scientifique pour autoriser leur commercialisation vers le grand public. Pourtant, la pollution de l'eau (nappes phréatiques), de l'air (particules transportées en hautes altitudes) et des sols (stérilisation de la biomasse) par les nitrates et les pesticides est assurément une fâcheuse réalité.

Face aux risques de maladies associables à la pollution (corrélations aujourd'hui non prouvées), les gouvernements devront faire des choix adaptés, au cas par cas.

Pour en savoir plus : www.ademe.fr

1.5. Le SIDA (syndrome d'immunodéficience acquise)

1.5.1. Cliché panoramique

› Définitions

Le **VIH** (virus de l'immunodéficience humaine) s'attaque au système de défense naturel que possède l'organisme car il infecte et détruit certaines cellules du système immunitaire (T4) pour pouvoir se multiplier. Deux virus ont été identifiés (VIH1 et VIH2).

Une personne infectée par le VIH est **séropositive** : elle peut devenir malade à plus ou moins longue échéance et risque de transmettre le VIH à d'autres personnes uniquement par voie sexuelle, sanguine ou, pour les femmes, au cours de la grossesse ou de l'allaitement.

› Évolution

La maladie évolue en quatre phases : la primo-infection, une phase sans symptôme, une phase symptomatique et le SIDA avéré.

On meurt toujours du SIDA (2,9 millions de décès dans le monde en 2003 et 1 600 décès par an en France), en particulier des pathologies directement liées à la dégradation du système immunitaire, y compris le cancer.

En cas de SIDA avéré, l'organisme développe des **infections dites « opportunistes »**. Vingt-cinq maladies sont répertoriées dans la liste des pathologies qui définissent le SIDA, parmi lesquelles de nombreuses infections pulmonaires, digestives ou neurologiques.

1.5.2. Problèmes/difficultés

Plusieurs enquêtes épidémiologiques ont montré un **relâchement des comportements de prévention** dans les pays occidentaux, tout particulièrement dans le cadre de la transmission sexuelle du VIH, alors que la transmission du VIH chez les usagers de drogues intraveineuses a nettement diminué et que la transmission par transfusion est devenue pratiquement nulle en Europe. La population homosexuelle reste plus exposée, surtout les jeunes homosexuels multipartenaires.

Aujourd'hui en France, plus d'un patient sur deux ignore qu'il est séropositif au moment où survient une infection opportuniste. Il n'y a pas de dépistage obligatoire en France, si ce n'est qu'un test est systématiquement effectué lors d'un don de sang, de sperme ou d'organe.

Le soutien relationnel et affectif est essentiel pour les soins. Ce sont les conséquences sur leurs conditions de vie qui fragilisent moralement les personnes vivant avec leur VIH. Huit personnes séropositives sur dix déclarent avoir subi au moins un **événement discriminatoire**[1] dans leur vie sociale comme dans leur vie privée (isolement, injures ou harcèlement moral, refus de prêt bancaire, rejet de collaboration professionnelle ou autre).

1. Une discrimination est un traitement défavorable subi par une personne par rapport à une autre dans une situation comparable, en raison de critères prohibés par la loi (origine, sexe, handicap, état de santé, situation familiale, mœurs ou orientation sexuelle, race ou religion…).

1.5.3. Solutions/pistes de réflexion

› Prévention

Actuellement, l'accent est mis sur la prévention. Une Journée mondiale contre le SIDA est organisée le 1er décembre partout dans le monde.

Seuls les **préservatifs**, qu'ils soient masculins ou féminins, protègent du VIH et des principales infections sexuellement transmissibles. Ils doivent être utilisés lors de tout rapport sexuel avec pénétration vaginale ou anale, avec un partenaire séropositif ou dont le statut sérologique est inconnu.

Les **personnels de santé** ayant un contact avec le sang doivent se protéger des AES (accidents d'exposition au sang) en prenant des précautions sanitaires : stériliser préalablement et postérieurement tous les instruments médicaux ou de maintenance, se laver systématiquement les mains et porter des **gants** lors de la manipulation directe de liquides biologiques ou lors de contacts avec des équipements ou instruments chirurgicaux.

› Dépistage

Il est de la responsabilité de chacun de se poser la question de son propre statut sérologique, en allant effectuer un **test de dépistage** (celui-ci est anonyme et gratuit). Plus le dépistage est précoce (dans les quatre semaines suivant le rapport à risque), plus la trithérapie est efficace. Seul un test négatif fait 3 mois après la prise de risque permet d'éliminer l'hypothèse d'une contamination par le virus du SIDA.

› Traitement

Une bonne prise en charge des personnes vivant avec le VIH a permis de réduire la mortalité.

Il n'existe pas de remède pour l'infection par le VIH ou le SIDA. Toutefois, avec l'association des nouveaux **médicaments antiviraux** (trithérapie voire quadrithérapie) et des médicaments destinés à prévenir les infections opportunistes, de nombreuses personnes infectées par le VIH ont prolongé et amélioré leur qualité de vie en freinant la progression de l'infection vers le stade SIDA.

Ces médicaments causent de nombreux **effets indésirables**. C'est pourquoi un malade doit souvent changer de médicament ou bien arrêter un traitement. En outre, une meilleure acceptation sociale favorise la prévention en améliorant les conditions de vie des personnes touchées et leur prise en charge thérapeutique.

La trithérapie exige la prise d'une grande quantité de comprimés selon un horaire compliqué. Ces médicaments coûtent aussi très cher et ne sont pas suffisamment accessibles aux malades dans de nombreuses régions du monde, notamment là où vivent la plupart des individus atteints de l'infection par VIH et du SIDA.

Pour en savoir plus : SIDA info service, www.unaids.org

1.6. Les maladies cardiovasculaires (MCV)

1.6.1. Cliché panoramique

C'est l'ensemble des maladies caractérisées par une atteinte des **vaisseaux sanguins**, en particulier les artères et **le cœur**.

Le vieillissement de la population laisse prévoir une hausse de 50 % du nombre de cas d'insuffisance cardiaque et d'infarctus au cours des 25 prochaines années.

L'athérosclérose est de loin la première cause de mortalité au niveau mondial car elle est à l'origine des principales maladies cardiovasculaires. L'athérosclérose est une altération de la paroi des artères due à la présence de plaques d'athérome qui se développent et grossissent jusqu'à obturer le vaisseau ; une plaque d'athérome est constituée essentiellement par des dépôts de cholestérol bloquant l'approvisionnement en sang et donc en oxygène, diminuant et empêchant l'irrigation des tissus avoisinants.

Plus particulièrement :

- on parle d'**artérite** des membres inférieurs lorsque les artères fémorales sont obstruées ;
- la plaque d'athérome peut aussi se rompre et former un **caillot de sang** qui bouche l'artère totalement et brutalement ;
- l'implication des artères cérébrales peut conduire à l'**accident vasculaire cérébral** (AVC) ;
- l'**infarctus du myocarde** est la nécrose (mort tissulaire) du muscle cardiaque par manque de vascularisation par les artères coronaires bouchées.

Dans les pays industrialisés, les MCV représentent la première cause de mortalité chez les femmes de plus de 50 ans (après la ménopause). Pendant leur période d'activité ovarienne, elles sont relativement protégées grâce à la sécrétion d'œstrogènes par les ovaires.

1.6.2. Problèmes/difficultés

Les facteurs favorisant les MCV sont le tabagisme, un mode de vie sédentaire, une hypercholestérolémie (trop de cholestérol dans le sang), une hypertension artérielle, le diabète, l'obésité et des facteurs génétiques héréditaires.

Les risques de phlébite sont importants après un accouchement (période du *post-partum*) ou un alitement prolongé.

L'addition des facteurs de risque entre eux n'augmente pas le risque de manière linéaire mais il le multiplie par trois.

L'infarctus nécessite un suivi médical et un traitement à vie. Il est responsable de nombreux décès chez l'homme après 50 ans.

Les maladies cardiovasculaires ont de lourdes conséquences sur l'état de santé général du malade et nécessitent de lourdes prises en charge ; le retentissement sur la vie sociale et professionnelle des personnes atteintes est donc important.

1.6.3. Solutions/pistes de réflexion

La Fédération française de cardiologie organise chaque année une « **semaine du cœur** » pour informer la population sur les risques de certains comportements.

› Facteurs de risque

Certains facteurs de risque liés à notre façon de vivre ou de nous alimenter sont modifiables par un changement d'habitude (alimentation pauvre en graisses, activité physique régulière et arrêt du tabac et de l'alcool). La persévérance est déterminante.

Il est important de faire contrôler régulièrement son état de santé par son médecin traitant qui dépistera l'existence de facteurs de risque et mettra en place des moyens de prévention. Le bilan comporte au minimum une mesure de la pression artérielle et un dosage du cholestérol sanguin, surtout à partir de 50 ans (le « mauvais » cholestérol se dépose sur les parois artérielles sous forme de plaques qui bouchent les artères).

› Prise en charge

Elle doit être **personnalisée** et prendre en compte l'ensemble des facteurs de risque. Plus l'intervention est rapide, plus elle est efficace. Un retard dans l'organisation des secours aggrave la situation pour le patient.

L'infarctus du myocarde est devenu moins meurtrier grâce à un dépistage chez les personnes à risque et à une prise en charge rapide des malades.

Les traitements médicamenteux au long cours sont efficaces et de mieux en mieux tolérés.

Pour en savoir plus : site web www.fedecardio.fr

1.7. Les toxicomanies

Une **toxicomanie** est une habitude d'absorber des drogues, des substances qui provoquent un état de dépendance physique ou psychique. La toxicomanie est un symptôme de souffrance.

Actuellement, les toxicomanes consomment la plupart du temps plusieurs produits en même temps (alcool, tabac, drogue et/ou médicaments), c'est la **polytoxicomanie**.

La **dépendance** est un besoin incontrôlable de consommer un produit pour ressentir un sentiment de bien-être physique ou psychique.

L'**accoutumance** est une désensibilisation à l'effet des drogues, engageant l'usager à augmenter les doses pour continuer à en ressentir les effets.

L'**addiction** est la dépendance à un produit ou à un comportement dangereux (conduite alimentaire, jeu pathologique...).

1.7.1. Le tabagisme

› Cliché panoramique

La lutte contre le tabagisme est une priorité de santé publique : un fumeur régulier sur deux meurt du tabac. En France, le tabac tue 66 000 fumeurs par an et 5 000 personnes sont victimes du **tabagisme passif**.

Chaque année, le tabagisme est responsable d'un nombre important de décès par suite du cancer des poumons ou de maladies respiratoires.

› Problèmes/difficultés

La nicotine est la drogue contenue dans le tabac qui est responsable d'une dépendance puissante. Les spécialistes classent la nicotine avant l'alcool, la cocaïne et l'héroïne pour le degré de dépendance lié à son usage.

La plupart des fumeurs expriment leur désir de renoncer au tabac, mais cela s'avère souvent très difficile, et ce d'autant plus que l'âge de début est précoce.

Les **récidives** sont courantes après un arrêt. Les causes en sont : la prise de poids, l'anxiété, la dépression, les phénomènes de groupe (« les autres fument, je fume aussi »), la reprise d'une cigarette. Le fumeur, même sevré, reste un « malade du tabac ».

› *Problèmes dus au tabac*

Le médecin traitant est le mieux placé pour aider à l'arrêt du tabagisme car le tabac :

- se trouve **à l'origine de nombreuses maladies** cardiaques, d'accidents vasculaires cérébraux et de maladies des vaisseaux sanguins ;
- **provoque le cancer** du poumon, de la bouche, du pharynx, du larynx, de l'œsophage, du pancréas, des reins, de la vessie et du col de l'utérus. Des découvertes récentes établissent un lien entre le tabagisme et le cancer du gros intestin et certaines formes de leucémie. Les ulcères gastro-intestinaux sont fréquents ;
- est la **cause de nombreuses affections chroniques des voies respiratoires** (bronchites, trachéites, toux...). Il augmente par ailleurs les crises chez les asthmatiques ;
- a des **incidences sur le déroulement de la grossesse**. Les risques de grossesses extra-utérines et de fausses couches sont importants. La nicotine provoque une mauvaise oxygénation et un mauvais développement du fœtus avec un retard de croissance dans

l'utérus, ainsi qu'un poids de naissance moyen plus faible du bébé. Le tabac est la première cause d'accouchement prématuré chez la femme enceinte. Le risq mort subite du nourrisson est multiplié par 3, et il y a diminution de production maternel et passage de la nicotine dans le lait maternel ;
- altère la voix et la peau (vieillissement prématuré).

La pipe à eau orientale (chicha ou narguilé), contrairement à une idée répandue, n'est pas moins nocive que les autres modes de consommation de tabac. L'eau, refroidissant la fumée, permet une inhalation plus longue et plus profonde : la fumée chargée de ses substances dangereuses en atteint plus profondément les poumons. De plus, fumer en groupe sans changer le bec augmente les risques de transmission d'hépatite, d'herpès et de tuberculose.

› *Tabagisme passif*

Il est transmis par l'inhalation des fumées de tabac ambiantes. Il est rigoureusement établi que l'exposition de non-fumeurs à ces fumées peut entraîner les mêmes maladies que chez les fumeurs (cancers) et, à échéance, la mort.
Chez les enfants, il augmente le risque infectieux (otite, sinusite…) et la fréquence des maladies respiratoires.

› Solutions/pistes de réflexion

La prévention et la lutte anti-tabac comporte **trois axes** :
- l'information par les campagnes et notamment dans les établissements scolaires (l'âge de la première cigarette est précoce) ;
- l'inscription des risques du tabac sur les paquets de cigarette ;
- les dispositions légales ont évolué depuis la **loi Evin en 1991**. Le gouvernement a décidé d'interdire de fumer dans les lieux publics : depuis février 2007, pour les entreprises, les administrations, les établissements scolaires, les établissements de santé, et depuis 2008 pour les cafés, les hôtels, les restaurants et les discothèques. Par ailleurs, le prix de la cigarette ne cesse d'augmenter.

La prise de conscience individuelle est la seule et unique prévention efficace contre le tabagisme passif : fumer dehors, porte close (fumer dans une pièce contiguë mais non isolée engendre, pour les non fumeurs, plus d'inhalation de fumée et augmente les risques liés à l'inhalation) est la seule solution efficace.
Pour en savoir plus : tabac.gouv.fr ou www.tabac-info-service.fr

1.7.2. L'alcoolisme

› Cliché panoramique

L'alcoolisme est une toxicomanie responsable de 40 000 décès par an (cancer des voies aérodigestives, cirrhose, mort violente, accidents) avec une surmortalité masculine.
Les facteurs favorisants :
- les habitudes sociales et familiales ;
- des difficultés psychologiques, économiques ou relationnelles.

Le degré alcoolique d'une boisson correspond au pourcentage d'alcool pur contenu dans un litre :
- un litre de vin à 10° contient ainsi 10 % d'alcool pur, soit 80 grammes d'alcool pur par litre (10 % de 800 g) ;

► un litre de whisky à 40° contient 320 grammes d'alcool.

Par ailleurs, les boissons distillées (whisky, eau de vie, apéritif à base d'anis) ont habituellement une concentration en alcool plus élevée que les boissons fermentées (cidre, bière, vin, champagne).

L'alcoolo-dépendance suppose une consommation importante et journalière d'alcool.

› Problèmes/difficultés

Le dépistage est délicat car l'alcoolique nie facilement sa maladie. La politique de santé publique mise en œuvre dans ce domaine reste relativement défaillante.

› *Effet immédiat de l'alcool*

L'ivresse réduit la vigilance, ralentit les réflexes et peut rendre agressif. Des problèmes de maltraitance ou de violences conjugales sont souvent liés à l'alcoolisme.

Une intoxication alcoolique aiguë peut provoquer un **coma éthylique** suivi du décès. Après un court séjour dans le sang (15 à 30 minutes, si on est à jeun), l'alcool est conduit au foie.

› *À long terme*

L'alcool affecte les capacités intellectuelles, professionnelles et familiales, en augmentant les risques d'accident et de cancer. Une intoxication alcoolique chronique (absorption quotidienne excessive d'alcool pendant des années) affecte l'appareil digestif, le système nerveux et favorise l'hypertension artérielle, l'impuissance et le diabète. De nombreuses hospitalisations sont en rapport direct avec la consommation excessive d'alcool.

› *Chez la femme enceinte*

L'alcool passe dans le sang du fœtus à travers le placenta et agit sur le système nerveux de l'embryon ou du fœtus en provoquant une **fœtopathie alcoolique**. Ce syndrome d'alcoolisation fœtal (SAF) peut entraîner un retard de croissance, des malformations congénitales, voire des troubles de la motricité et du tonus, des retards dans l'acquisition de la lecture, du langage ou de l'écriture. Les enfants ssouffrant d'un SAF sont agités, irritables, agressifs et sont plus souvent atteints de débilité mentale légère à modérée, selon le niveau d'imprégnation alcoolique de la mère au cours de la grossesse.

› *Alcoolisation précoce*

Un rapport récent constate une alcoolisation de plus en plus précoce et des cas de **coma éthylique** sont signalés dès l'âge de 12 ans.

Les « *alcopops* », très en vogue aujourd'hui, sont des boissons sucrées qui « incitent » les jeunes à consommer de plus en plus tôt des produits faiblement alcoolisés (la teneur en alcool y atteint 5 à 6 degrés) au risque de les rendre dépendants.

› Solutions/pistes de réflexion

La **prévention primaire** consiste en des actions d'information et d'éducation, surtout à l'égard des jeunes. Il faudrait aussi interdire l'alcool dans toutes les manifestations sportives ainsi que le *sponsoring* des soirées étudiantes par des fabricants d'alcool.

Une campagne d'information sur les risques d'alcoolisation fœto-maternelle a été entreprise en 2006 (pictogramme sur les bouteilles de boissons alcoolisées). Les cibles les plus réceptives aux messages de santé semblent être les femmes enceintes.

La réglementation participe aussi à la prévention. La loi Evin du 10 janvier 1991 limite la publicité pour l'alcool dans les médias et l'affichage public.
Pour protéger les mineurs, il est interdit à tout débiteur de boisson, public ou privé, de servir des boissons alcoolisées à des mineurs de moins de 16 ans.
Le code de la route fixe la limite d'alcoolémie tolérée pour les conducteurs à 0,5 g/L de sang (quantité d'alcool pur par litre de sang).
En prévention tertiaire et après une cure de désintoxication, le suivi est assuré par des centres de postcure et le soutien mental par des associations d'anciens buveurs.
Pour en savoir plus : site web www.sante.gouv.fr

1.7.3. Les drogues

› Cliché panoramique

Définition de l'OMS : « *La drogue est l'ensemble des substances psycho-actives, naturelles ou synthétiques qui, par leur action sur le système nerveux, peuvent modifier l'activité mentale, les sensations, les perceptions, le comportement et engendrer une dépendance.* »
C'est le plus souvent l'adolescent qui est victime de la drogue à cause de sa vulnérabilité et de sa recherche d'expérience, d'identification et de plaisir.

La toxicomanie résulte avant tout de la rencontre d'une **personnalité** (manque de repères et de limites, absence de désir ou difficulté de construire une identité), d'un **produit** et d'un **moment** socioculturel (rupture familiale, deuil…).

› Problèmes/difficultés

Le tableau suivant énumère les principales drogues illicites et leurs effets sur l'organisme.

Drogues illicites	Effet recherché	Conséquences possibles sur l'organisme
Cannabis, haschisch et marijuana	Détente et/ou excitation	Risque de cancer de la cavité buccale et de l'œsophage Perte de mémoire et des réflexes, aboulie (perte d'intérêt) Risque d'accidents Dépendance
Héroïne	« Flash », détente psychique et physique	Dégradation de l'état général : insomnies, douleurs, diarrhées, crampes musculaires et abdominales Angoisses et dépression Forte dépendance
Cocaïne et dérivés (crack)	Stimulant psychique	Intoxication chronique et crise cardiaque possible Forte dépendance, dépression et anxiété
LSD et ecstasy	Hallucinations et délires	Aboulie, trous de mémoire Troubles psychiatriques graves Forte dépendance

Il n'y a pas de drogue douce.
Du fait de leur pratique d'injections intraveineuses, dans des conditions d'hygiène précaires, la population des toxicomanes est exposée à des risques infectieux majeurs (SIDA, hépatites B et C).

› Solutions/pistes de réflexion

› *La prévention primaire*

Elle est axée :
- sur l'information en milieu scolaire (vers 11/12 ans) qui doit être réaliste et non moralisatrice (conférences, débats, conseils, lectures) ;
- sur les parents qui doivent écouter et dialoguer, savoir poser des limites. C'est à la famille d'initier les jeunes à des activités édifiantes de créativité et d'expression afin d'éviter le vide que l'adolescent pourrait chercher à pallier par la drogue ;
- sur la distribution gratuite de kits avec seringues stériles pour prévenir les infections.

› *La prévention secondaire*

Elle repose sur le dépistage des signes annonciateurs de toxicomanie : troubles affectifs (angoisses, isolement, auto-dévalorisation...), troubles du sommeil et troubles psychosomatiques (maux de tête, de ventre, fatigue), difficultés scolaires (retards, absentéisme, échec scolaire...).
Les familles et les éducateurs ou professeurs doivent être interpellés par ces signes.

› *La prévention tertiaire*

Elle est axée sur le renforcement de l'accueil, l'orientation, les soins avec entre autres les **produits de substitution** (méthadone, Subutex®) et la réinsertion sociale.

› *Les dispositions légales*

Depuis la loi de 1970, tout usager pris en possession de stupéfiant est sanctionné. Depuis début 2008, un stage cannabis de deux jours est obligatoire et payant pour tous les usagers de cannabis arrêtés en flagrant délit.
Le trafic de stupéfiants est un délit puni par la loi.
Pour en savoir plus : site web www.drogues.gouv.fr
Services nationaux d'aide téléphonique :
- Drogues Info Services : 0800 23 13 13 ;
- Fil Santé Jeunes : 0800 235 236 ;
- SIDA Info Service : 0800 840 800 ;
- Croix Rouge Écoute : 0800 858 858 ;
- Inter Service Parents : 01 44 93 44 83.

1.7.4. La pharmacodépendance

› Cliché panoramique

La France est le premier pays européen pour la consommation de médicaments. La surconsommation concerne essentiellement les **antibiotiques** et les **psychotropes** (sédatifs, antidépresseurs et somnifères).

L'usage des **produits dopants** se banalise, surtout dans le milieu sportif *(voir page 76 : « 2.8. Le sport et la santé »)*.

› Problèmes/difficultés

Les médicaments ne sont pas anodins. Bien qu'ayant des propriétés bénéfiques, ils peuvent également avoir des effets indésirables. Toute consommation inappropriée peut être dangereuse.

Les personnes âgées peuvent mal comprendre l'ordonnance (source d'erreur). Ils sont par ailleurs de gros consommateurs de médicaments et de substances psychoactives.

L'usage de psychotropes expose à des accidents de la voie publique par diminution des réflexes : le temps de réaction étant allongé, les chances d'éviter un accident de la route sont plus minces.

Les antibiotiques n'agissent que sur les infections dues à des bactéries. Le recours systématique à ces médicaments est inutile et favorise l'apparition de résistances bactériennes aux antibiotiques.

› Solutions/pistes de réflexion

Une **bonne information** sur les risques, les effets secondaires et les incompatibilités entre médicaments est indispensable.

Il faut **ranger les médicaments** dans la boîte à pharmacie selon leur DCI (dénomination commune internationale), qui correspond au nom de la substance active, afin d'éviter de prendre plusieurs fois la même molécule sous des noms de marques différents.

Il faut **trier sa pharmacie** régulièrement et ramener les boîtes non terminées à la pharmacie pour éviter l'automédication.

Les médicaments doivent être conservés sous clé et hors de la portée des enfants.

Il existe des centres d'évaluation et d'information sur la pharmacodépendance (CEIP) chargés de recueillir des données sur l'utilisation abusive des médicaments et psychoactifs, et d'orienter les personnes souffrant de ce type de dépendance.

Pour en savoir plus **:** agmed.sante.gouv.fr

1.8. Le sport et la santé

1.8.1. Cliché panoramique

Pratiquer une activité sportive apporte **plusieurs avantages**.

En s'alliant à des activités ludiques et culturelles, le sport contribue à l'hygiène de vie nécessaire à tout individu.

« Bouger » et s'exprimer dans le mouvement au travers de dépenses physiques appropriées sont fondamentalement bénéfiques à l'équilibre physiologique et psychique des hommes et des femmes.

Le sport procure un bien-être mental ainsi que le **goût de l'effort** (volonté et persévérance contre la difficulté et l'adversité) face à la croissance de la sédentarisation et à l'excessive confusion de l'assistance technologique et du confort de vie (caractéristiques de notre société de consommation).

À travers diverses disciplines (athlétisme, cyclisme, hippisme, natation, ski, escalade, plongée, tir, sports nautiques…), le sport couvre différentes formes d'exercices et de mises à l'épreuve d'**aptitudes physiques**, **intellectuelles** ou mentales : concentration, adresse, vitesse, résistance, endurance, sens tactique ou dépassement de soi dans des confrontations ou des luttes contre les éléments naturels.

Les sports d'équipe favorisent **l'échange et le partage**, la communication et la confiance mutuelle et développent l'esprit d'équipe dans une ambiance conviviale. Les sports en compétition permettent aussi de se dépasser et de consolider son amour-propre tout en respectant l'autre.

Le sport renforce notre **capital santé** en tonifiant le cœur et les vaisseaux sanguins. Il favorise l'élimination de toxines et permet donc de maintenir un poids correct ou de diminuer une surcharge pondérale graisseuse. Un sport d'endurance régulier prévient le risque de crise cardiaque ou d'attaque cérébrale.

Enfin, le sport libère le stress et diminue les tensions nerveuses.

1.8.2. Problèmes/difficultés

La pratique du sport **peut être dangereuse** si elle est mal contrôlée ou trop intensive. Des accidents cardiaques ont été constatés chez de jeunes compétiteurs.

Des lésions de surmenage de l'**appareil locomoteur** peuvent apparaître au niveau :

- des os : fractures de fatigue et périostites ;
- des articulations qui peuvent être le siège d'arthropathies ou de lésions dégénératives et arthrosiques ;
- des tendons : tendinites ;
- des muscles avec possibilité de syndromes de loge ;
- des nerfs et des vaisseaux qui peuvent être comprimés.

Certaines personnes peuvent devenir **dépendantes** à la pratique sportive au même titre qu'au jeu, avec parfois des désillusions pouvant se répercuter sur la santé morale en cas d'échec.

Seule une hygiène de vie saine assure un potentiel physique optimal :

- bien manger et bien dormir : la nutrition et le sommeil sont concernés au premier plan ;
- éviter le tabac : la consommation journalière de 20 cigarettes augmente la dépense énergétique de 10 % pour un même effort ;
- éviter le cannabis : la consommation de cannabis ajoute aux problèmes du tabac celui d'un risque important de démotivation, de troubles psychologiques et de comportements incontrôlés ;
- s'abstenir de boire de l'alcool : la consommation d'alcool altère très rapidement les capacités de vigilance et la précision des gestes.

Le **dopage**[2] parasite malheureusement de nombreuses compétitions sportives avec toutes les conséquences à court et long termes que la prise de produits dopants peut avoir sur l'organisme, parfois irréparables.

1.8.3. Solutions/pistes de réflexion

Le **suivi médical** permet non seulement de veiller au maintien de la santé mais contribue également à optimiser l'entraînement et à dépister précocement un éventuel état de surentraînement.

Un **échauffement** cardio-respiratoire est indispensable avant tout exercice de même qu'un échauffement musculo-tendineux sous la forme d'étirements et de mise en activité progressive (25 minutes environ).

En cas d'efforts violents ou intensifs, un retour progressif du rythme cardio-respiratoire peut éviter des dysfonctionnements ultérieurs. Par ailleurs, des exercices spécifiques (étirements, massages, relaxation) permettent de mieux **récupérer après l'effort** en relâchant les tensions et en évacuant les toxines.

L'adaptation énergétique à la pratique plus ou moins intensive d'une activité devra se faire en priorité sur la catégorie des céréales et des féculents, l'équilibre global devant toujours être conservé et aucun groupe alimentaire éliminé.

Cependant, ne vous privez pas inutilement. Attention aux régimes non encadrés médicalement !

Exceptionnellement, quelques aliments « plaisir » (desserts, chocolat...) peuvent contribuer à un bon équilibre de vie.

Il convient de manger si possible 3 heures avant le début de l'exercice un repas éliminant au maximum tous les aliments gras et privilégiant les glucides lents (pâtes, riz, pommes de terre). À défaut d'un dernier repas adapté, il est possible de consommer dans les 15 dernières minutes avant l'effort 25 à 50 grammes de glucides sous forme de barre de céréales. Mais évitez si possible les sucres rapides juste avant l'effort.

L'**hydratation** est une composante essentielle de l'équilibre alimentaire du sportif et de sa performance : il faut boire suffisamment pour assurer une diurèse de 1,5 litre par jour, vérifiée par l'émission d'urines très claires.

Le décret du 11 janvier 2007 contre le dopage énumère tous les produits interdits par la loi (agents anabolisants, hormones et substances apparentées, diurétiques, dopage sanguin...) ; l'usage de ces produits expose à une sanction.

Pour en savoir plus : site web santesport.gouv.fr

---

2. Le dopage est l'utilisation de substances destinées à accroître artificiellement et passagèrement ses possibilités physiques. Ces substances sont susceptibles de nuire à la santé.

1.9. Les accidents et les suicides

1.9.1. Cliché panoramique

Avec les suicides, les accidents de la voie publique et les accidents de la vie courante sont la troisième cause de mortalité prématurée en France.

› Les accidents de la vie courante

Ils associent les accidents domestiques, qui sont des traumatismes non intentionnels se produisant à la maison ou aux abords immédiats, et les accidents de la vie privée, à l'extérieur du domicile (pendant les déplacements, les loisirs, le sport...). En France, ils occasionnent près de 18 000 décès par an et laissent souvent de graves séquelles.

› Les suicides

La mortalité des jeunes par suicide est en recul depuis 10 ans mais la France est néanmoins l'un des pays européens les plus touchés par ces morts prématurées.
Depuis quelques années, on constate des suicides chez les salariés qui subissent harcèlement moral, humiliations, horaires indécents de la part de leurs employeurs.

› Les accidents de travail

Ils ont lieu dans le cadre de l'activité professionnelle, et sont souvent liés à des imprudences ou au non respect des consignes de sécurité.

› Les accidents de la circulation

Ils touchent essentiellement les jeunes mais aussi les adultes. Ils peuvent être liés à la vitesse, à la prise d'alcool, de psychotropes ou de drogues au volant, ou encore à la fatigue.

1.9.2. Problèmes/difficultés

› Chez les petits enfants

Les petits enfants sont particulièrement touchés par les chutes, les brûlures, les asphyxies (inhalation de corps étrangers, noyade ou strangulation), les intoxications ou empoisonnements (plantes toxiques, médicaments ou produits toxiques). Le pic se situe entre **18 mois et 3 ans**, à un âge où les enfants veulent tout découvrir mais ne connaissent pas encore la notion de danger.

› Chez les adolescents

Les accidents se produisent surtout au cours des activités de sport et de loisir ainsi que lors des déplacements.

› Chez la personne âgée

Les accidents sont liés à la perte d'autonomie et à la fragilité. Une simple chute peut entraîner une fracture (l'ostéoporose fragilise les os), voire un décès.

1.9.3. Solutions/pistes de réflexion

› Pour prévenir les accidents domestiques

Les adultes doivent permettre aux enfants l'exploration de leur environnement pour favoriser leur développement psychomoteur, mais les **surveiller** étroitement et prévenir les risques en aménageant un environnement sécurisé et en les sensibilisant aux dangers (apprentissage et interdiction).

Au même titre, des **précautions** doivent être prises pour prévenir les chutes chez les personnes âgées en aménageant l'espace : tapis antidérapants, chaussures fermées, douche aménagée... Les animaux domestiques risquent aussi de les faire tomber.

› Pour prévenir les accidents de la vie privée

Les pouvoirs publics informent la population des risques encourus et mettent en place des moyens de surveillance et des antennes de secours (mer et montagne).

› Pour prévenir les accidents de travail

Les employeurs doivent respecter la législation sur les conditions de travail (locaux, horaires...) et les salariés doivent être formés et respecter les règles de sécurité (**normes CHSCT** : comité d'hygiène, de sécurité et des conditions de travail).

› Pour prévenir les accidents de la route

Chacun doit adopter des comportements responsables (respect des règles et du code de la route). Les moyens de surveillance (alcootests, radars automatiques...) et la pénalisation des excès de vitesse (retrait de points sur le permis, amendes...) ont permis de réduire le nombre de morts sur les routes.

Il est important d'enseigner au plus grand nombre les **notions de secourisme** et la pratique des premiers gestes en cas d'urgence (attention, les gestes inappropriés peuvent être plus nocifs que de ne rien faire). Connaître les numéros d'appel de secours peut sauver des vies : le 15 pour le SAMU, le 17 pour police secours, le 18 pour les pompiers.

› Pour prévenir les suicides

Dépistage et orientation des jeunes en risque suicidaire sont au centre des préoccupations actuelles avec un **plan national** de prise en charge des adolescents en souffrance *(voir page 90 : « 2.4. Les adolescents »).*

Pour en savoir plus : site web www.cramif.fr

1.10. Les avancées scientifiques et leurs problèmes, lois de bioéthique[3]

1.10.1. Cliché panoramique

La science s'est beaucoup développée ces dernières années. La génétique est en évolution constante, notamment en matière de génome humain et de **thérapie génique**[4].

Le **diagnostic pré-implantatoire** est un examen qui permet de détecter la présence d'anomalies chromosomiques en prélevant une cellule d'embryon, 3 jours après sa fécondation *in vitro*. En France, il est autorisé quand l'un des parents peut potentiellement transmettre une maladie génétique grave à son enfant.

1.10.2. Problèmes/difficultés

Les nouvelles pratiques biomédicales constituent des **enjeux** et des débats publics :

- recherches et diagnostics anténataux ;
- assistance médicale à la procréation ;
- utilisation des données génétiques ;
- greffes et dons d'organes ;
- clonage[5] ;
- recherches sur l'embryon et les cellules embryonnaires…

En effet, toutes ces nouvelles techniques permettent de soigner des maladies génétiques ou de sauver des vies (dons d'organes) mais il est nécessaire de **contrôler** ce que font les scientifiques dans leur laboratoire afin d'éviter que des recherches dangereuses ne se développent (par exemple, l'eugénisme[6] qui donne lieu à des formes graves de discrimination).

1.10.3. Solutions/pistes de réflexion

Plusieurs **lois sur la bioéthique** ont été rédigées (depuis 1994 et réactualisées par la suite) pour respecter et protéger l'être humain face aux progrès des connaissances en sciences de la vie. Ce sont des lois qui encadrent la recherche sur le vivant et ses utilisations.

La réglementation permet donc d'éviter tout excès ou toute dérive en ce qui concerne le don d'organes et l'utilisation des éléments du corps humain.

Dès qu'il y a manipulation de gènes, la personne concernée doit être informée, y compris pour les recherches ADN (par exemple, autorisation signée des parents pour la recherche du gène de la mucoviscidose à la naissance…).

---

3. La bioéthique a pour objet la réflexion sur les problèmes moraux liés à la recherche sur le vivant et à ses applications.

4. La thérapie génique est l'insertion de gènes bénéfiques dans des cellules et des tissus d'un individu pour traiter une maladie ou corriger une anomalie chromosomique.

5. Le clonage est l'obtention, par voie de culture, de nombreuses cellules vivantes identiques à partir d'une cellule unique. Le clonage humain reproductif est interdit.

6. L'eugénisme est l'ensemble des méthodes qui visent à améliorer le patrimoine génétique de groupes humains, en limitant la reproduction des individus porteurs de caractères jugés défavorables.

En France, c'est le **Comité consultatif national d'éthique** (CCNE) pour les sciences de la vie et de la santé, composé de scientifiques, de juristes, de philosophes et de religieux, qui aide le gouvernement à réfléchir sur les enjeux de la recherche sur le vivant. Le gouvernement français s'appuie sur les avis du CCNE pour proposer et réviser les lois de bioéthique.

Par exemple, une loi interdit toute recherche invasive sur l'embryon. La loi sur la bioéthique du 6 août 2004 concernant « les dons et utilisations des éléments et produits du corps humain » stipule que le prélèvement d'organes sur une personne dont la mort a été constatée ne peut être effectué qu'à des fins thérapeutiques ou scientifiques.

Pour en savoir plus : site web ladocumentationfrancaise.fr

1.11. La contraception

1.11.1. Cliché panoramique

La **planification familiale** est l'ensemble des mesures qui permettent à un couple de choisir librement d'avoir ou de ne pas avoir des enfants. Elle comprend : la **contraception**, l'**IVG** (interruption volontaire de grossesse) et la **lutte contre la stérilité**.

La contraception est l'ensemble des moyens qui provoquent une infécondité temporaire chez la femme ou chez l'homme.

Il y a actuellement de nombreux moyens contraceptifs qui permettent de choisir selon son âge, son mode de vie et ses antécédents médicaux. Le médecin aide à choisir et à adapter sa méthode.

En dehors des méthodes naturelles qui ne sont absolument pas fiables, il y a les méthodes mécaniques ou chimiques.

1.11.2. Choix des contraceptifs

› Parmi les méthodes mécaniques

Le préservatif féminin, plastique fin qui se place dans le vagin, protège à la fois des grossesses et des **IST** (infections sexuellement transmissibles).

Le diaphragme est un disque souple en latex entouré d'un anneau spiralé. On l'enduit de spermicide. Il est introduit dans le vagin au plus tôt 6 heures avant le rapport mais n'est retiré que 6 à 8 heures après.

Le préservatif masculin ou condom protège aussi des IST ; il nécessite une pose convenable et le retrait du vagin avant la fin de l'érection.

Ces 3 moyens font barrière au passage des spermatozoïdes dans le vagin.

Le stérilet ou dispositif intra-utérin (DIU) est un dispositif en plastique recouvert de cuivre. Posé par le gynécologue pour une durée moyenne de 5 ans, il provoque une réaction inflammatoire de la muqueuse utérine et empêche la nidation de l'œuf.

Il existe des **DIU à la progestérone** qui modifient la glaire cervicale et diminuent l'abondance des règles.

› Parmi les méthodes chimiques

› *Les spermicides*

Les spermicides existent sous la forme d'ovules, de crèmes ou de gels à mettre dans le vagin au moins 5 minutes avant l'acte sexuel. Ils forment une barrière chimique qui détruit les spermatozoïdes ou les rend inactifs ; ils sont utilisés en complément à d'autres méthodes. Leur utilisation seule est une source d'échec relativement courant.

› *La contraception hormonale*

La contraception hormonale œstro-progestative (associant des hormones : œstrogènes et progestérone) bloque l'ovulation, modifie l'endomètre pour empêcher la nidation et modifie la glaire pour empêcher les spermatozoïdes de franchir le col utérin.

Son efficacité est haute si l'utilisatrice respecte les règles d'application ou d'insertion. Elle est contre-indiquée en cas de troubles cardiovasculaires graves, d'hépatite ou de certains cancers.

La pilule progestative, quant à elle, ne contient qu'une seule hormone : un progestatif de synthèse. Elle produit une modification de l'endomètre qui empêche la nidation, ainsi qu'une modification de la glaire cervicale qui empêche les spermatozoïdes de franchir le col de l'utérus. Le blocage de l'ovulation est possible, selon le type de pilule progestative employé. L'efficacité de la pilule progestative est avérée si l'utilisatrice n'oublie pas de prise (la pilule progestative ne tolère pas les oublis de plus de 3 heures, sauf mention spéciale de la notice).

› *Différentes présentations de la contraception hormonale*

1. Contraception hormonale œstro-progestative

Les pilules orales : plaquettes de 21 ou 28 comprimés selon le dosage en hormones, la première prise débute le 1er jour des règles.

Le patch (ou dispositif transdermique) : il se colle sur la peau de l'abdomen, du bras, de la fesse ou du torse, 1 patch par semaine pendant 3 semaines. Les règles surviennent pendant la semaine sans patch.

L'anneau vaginal inséré au fond du vagin par la femme pour 3 semaines. Il délivre en continu des hormones qui passent dans la circulation sanguine.

2. Contraception hormonale progestative

La contraception hormonale progestative (progestérone) :

- **pilule** orale de 28 comprimés ou **implant** sous-cutané qui est un bâtonnet cylindrique posé sous anesthésie locale par le gynécologue. Efficace pendant 3 ans, il délivre en continu dans la circulation sanguine de la progestérone et a les mêmes propriétés que la pilule ;
- progestatifs par **voie intramusculaire**. L'injection trimestrielle de progestérone empêche l'ovulation et produit une aménorrhée (absence de règles).

> **Attention !** Certaines méthodes de contraception ne sont pas prises en charge par la Sécurité sociale. Se renseigner auprès d'un médecin.

1.11.3. Problèmes et solutions

Malgré toutes ces méthodes variées et efficaces, il y a toujours des rapports mal protégés ou non protégés.

La contraception d'urgence permet d'éviter à titre exceptionnel une grossesse non désirée en cas d'échec de contraception.

Le produit contraceptif (progestatif ou œstro-progestatif) est administré en **2 prises** par voie orale : la première prise, le plus tôt possible après le rapport ; la 2e prise, 12 à 24 heures après la 1re prise. Pouvant être utilisé à n'importe quel moment du cycle, il est **gratuit pour les mineurs** et délivré sans ordonnance en pharmacie, auprès de l'infirmière scolaire ou dans un centre de planification familiale.

Le préservatif masculin ou féminin est le seul moyen d'**éviter les risques d'IST** (infections sexuellement transmissibles)[7].

Une **campagne de promotion de la contraception** a été lancée en 2007 par le ministère de la Santé et l'INPES pour informer le grand public et les professionnels de la santé.

Des spots télévisés, une campagne radio, une brochure (choisir sa contraception), une plateforme téléphonique (0800 235 236) et un site Internet (www.choisirsacontraception.fr) informent les femmes sur les différents moyens de contraception. Un volet de la campagne s'adresse plus spécifiquement aux adolescents.

Pour en savoir plus et télécharger les brochures : site web www.inpes-sante.fr

7. Les IST sont des infections contagieuses se transmettant par voie sexuelle et sont provoquées soit par des virus (SIDA, hépatites B ou C, herpès génital ou papillomavirus), soit par des bactéries (gonococcies, chlamydiae, syphilis, condylomes). Elles se manifestent en général par des symptômes génitaux plus ou moins importants (sauf SIDA et hépatites virales) et sont dépistées par le médecin ou le gynécologue. Il faut traiter les deux partenaires pour éviter l'extension de l'infection.

›2. Les thèmes sociaux

2.1. La famille

2.1.1. Cliché panoramique

La famille est en pleine mutation. Des statuts civils divers coexistent en rapport avec l'évolution de la société : mariages, divorces en nombre croissant, remariages, concubinage, PACS (pacte civil de solidarité).

Différents modèles familiaux se côtoient : en plus de la **famille traditionnelle** nucléaire, composée des parents et de leurs enfants, on trouve des familles séparées, **recomposées**, **monoparentales**, **homo-parentales** ainsi que la **co-parentalité** avec résidence alternée pour les enfants (notions nouvelles depuis une vingtaine d'années).

Par ailleurs, de nombreux pères s'investissent et collaborent de plus en plus précocement dans les soins de maternage aux tout petits, ils profitent du congé de paternité (instauré en 2002). Certains prennent un congé parental à la place de la mère.

2.1.2. Problèmes/difficultés

La co-parentalité est difficile à mettre en place car des conflits entre parents rendent souvent la communication difficile. Les pères ont parfois du mal à mener de front vie professionnelle et prise en charge totale de leurs enfants, pendant leur semaine de garde.

Les difficultés économiques et personnelles des parents, l'isolement social des familles monoparentales peuvent créer des carences éducatives et des situations d'enfants en danger.

2.1.3. Solutions/pistes de réflexion

La législation s'est adaptée pour protéger les droits de l'enfant dans toutes les situations. La loi du 4 mars 2002 a permis le **partage de l'autorité parentale** (droits et devoirs des parents) même après un divorce ou une séparation. Il y a eu une réforme du divorce en 2004 et une **simplification de la filiation** en 2006.

Ces réformes sur la filiation et l'adoption, la protection de l'enfant, l'égalité des droits entre enfant adopté, naturel et légitime ont été mises en place afin que chaque enfant soit protégé et puisse grandir et s'épanouir dans le respect de sa personne.

Les professionnels de l'enfance doivent aussi respecter les compétences parentales et se méfier de ce que dit la psychologie sur l'intérêt de l'enfant car chaque situation est unique et il est dangereux de généraliser.

2.2. La femme

2.2.1. Cliché panoramique

La femme a toujours beaucoup travaillé mais son travail n'était autrefois ni reconnu ni rémunéré.

Au milieu du xxe siècle, les femmes ont accédé par des luttes d'émancipation à une reconnaissance de leurs droits civils et politiques.

De nos jours, on remarque encore des **inégalités de salaire** à qualification identique entre les hommes et les femmes (25 % inférieurs). Les emplois des femmes permettent de concilier vie professionnelle et familiale : 85 % des personnes travaillant à temps partiel sont des femmes.

Si l'accession aux postes de cadre reste souvent incompatible avec l'éducation des enfants, la maternité n'est plus envisagée comme une entrave à un plan de carrière, mais comme une source naturelle d'épanouissement.

2.2.2. Problèmes/difficultés

Viols, mauvais traitements au sein des familles (1 femme sur 10 a été victime de violences conjugales : physique, sexuelle, verbale ou psychologique), **violences** dans l'espace public (en France, 1 femme sur 5 a été victime d'un exhibitionniste, d'insultes, d'abus sexuel ou été suivie lors de ses déplacements), **harcèlement** ou chantage au travail : ces violences sont liées au statut et à la place de la femme dans la société.

La femme a aussi de plus en plus de mal à se positionner, elle doit être une maîtresse de maison exemplaire, une mère aimante, une employée modèle, une compagne parfaite... et être belle, on ne lui passe rien !

Le **travail des femmes** a remis en cause le rôle traditionnel de chacun au sein du couple. De ce fait, la représentation des rôles parentaux a évolué.

2.2.3. Solutions/pistes de réflexion

La femme d'aujourd'hui a le choix d'avoir ou de ne pas avoir d'enfants *(voir page 82 : « 1.11. La contraception)*, de faire des études, de travailler à l'extérieur ou non, de vivre seule ou en couple…

Deux tiers des grandes entreprises déclarent prendre le problème de la **parité** au sérieux et comptent y remédier. La plupart, à l'initiative de leur PDG ou de leur DRH, ont déjà élaboré des plans d'action pour améliorer le positionnement et l'évolution professionnelle des femmes au sein des entreprises.

Les pouvoirs politiques ont amélioré les offres de garde du jeune enfant pour faciliter l'emploi des mères *(voir page 88 : « 2.3. L'enfant »)*.

Un **plan de lutte contre les violences faites aux femmes** existe en France. Il comporte plusieurs axes d'action : prévention (campagne nationale de communication), protection (accueil et élargissement de l'hébergement des femmes, renforcement des sanctions contre les auteurs de crimes et délits à l'encontre des femmes) et coordination des différents professionnels de santé concernés par la prise en charge (réseaux d'accueil dans des sites hospitaliers, formation du personnel).

La France participe au programme européen DAPHNE 2004-2008 de lutte contre la violence envers les enfants, les jeunes et les femmes en Europe.
Pour en savoir plus : site web de France 5, « Les Maternelles » (sujets thématiques) www.france5.fr/maternelles/

2.3. L'enfant

2.3.1. Cliché panoramique

› Le développement physique ou développement somatique

Il concerne la croissance en poids et en taille ainsi que les transformations corporelles lors des maturations organiques et dentaires, de la naissance à l'âge adulte.

› Le développement psychomoteur

Il concerne les progrès accomplis par l'enfant sur les plans **moteur**, **sensoriel**, **intellectuel**, **affectif et social**. Il se fait par paliers plus ou moins longs selon le potentiel de l'enfant et l'environnement dans lequel il vit.

Les étapes d'acquisition se déroulent toujours dans le même ordre pour chaque plan mais chaque enfant a **son propre rythme** de développement. Il ne faut donc pas s'inquiéter des différences constatées entre un enfant et un autre du même âge.

› Le développement social

Il se fait essentiellement pendant la petite enfance qui est une période de **socialisation**[8] intense. Les règles de vie en groupe sont intégrées tout d'abord grâce à la famille puis en structure d'accueil, à l'école, avec les amis et au cours d'activités sportives et culturelles. Si la socialisation se fait tout au long de la vie en société, elle se réactive à chaque changement de statut social.

2.3.2. Problèmes/difficultés

L'environnement n'est malheureusement pas toujours favorable – ni sécurisant – à l'épanouissement de l'enfant.

L'Observatoire national de l'action sociale décentralisée (**ODAS**) constate chaque année des cas de **maltraitance**. Cette maltraitance peut être physique, psychologique et sexuelle et bloquer le développement harmonieux des enfants sur le plan affectif et matériel.

Ce phénomène est d'autant plus critique que les enfants ne dénoncent pas toujours les adultes maltraitants, surtout lorsqu'il s'agit de leurs parents.

Toute personne, quels que soient son histoire, son milieu socioculturel ou professionnel, peut être ou devenir maltraitante. Il ne faut pas occulter la violence institutionnelle (en colonie, à l'école, etc.).

Les enfants peuvent se mettre eux-même en danger en pratiquant des **jeux violents** en groupe dans la cour de récréation (jeux d'asphyxie ou de strangulation). Des jeux d'agression physique sont même parfois filmés sur les portables (« *happy slapping* »).

---

8. Socialisation : processus par lequel l'enfant intériorise les divers éléments de la culture environnante (valeurs, normes, règles de conduites) et s'intègre dans la vie sociale. Elle se fait en deux phases : initiation et intégration.

2.3.3. Solutions/pistes de réflexion

L'adulte va accompagner l'enfant dans les différentes étapes de sa vie et aura un rôle important pour son équilibre physique et mental. Il aménagera l'espace et proposera des jeux et jouets pour favoriser sa curiosité, sa créativité, son langage… Il sera à l'écoute de ses **besoins fondamentaux** et donnera des repères stables à l'enfant pour lui permettre de se développer harmonieusement.

› Les modes d'accueil

Les modes d'accueil de la petite enfance sont régis par le **décret du 22 février 2007**.

Il existe des établissements collectifs non permanents qui reçoivent à la journée des enfants de 10 semaines à 3 ans. L'accueil peut y être occasionnel en **halte garderie** (accueil possible ici jusqu'à 6 ans) ou régulier en **crèche collective**, à temps plein ou partiel (accueil jusqu'à 3 ans).

Actuellement se développent les **structures multi-accueil** qui associent accueils régulier et occasionnel ou accueils familial et collectif. Ces structures offrent aux familles beaucoup de souplesse en fonction de leur mode de vie. Les parents signent un contrat annuel avec la structure. La CAF (caisse d'allocations familiales) verse la PSU (prestation de service unique) en fonction du montant de la participation des familles et du taux d'occupation.

Un enfant peut également être **gardé au domicile d'une assistante maternelle** : c'est l'accueil familial non permanent. Les assistantes maternelles peuvent travailler dans le cadre d'une crèche familiale ou en secteur libre. Elles sont agrées par la PMI (protection maternelle et infantile).

Toutes les structures sont gérées soit par une commune, un département, un hôpital, etc., soit à titre privé par une entreprise, une association ou des parents (crèche parentale).

› La protection de l'enfant en danger

L'accueil peut être permanent à l'ASE (l'aide sociale à l'enfance) qui a pour mission première de protéger les enfants en danger ou les enfants maltraités tout en préservant l'unité familiale. Les foyers de l'enfance ont pour mission d'accueillir à tout moment des mineurs en situation difficile et nécessitant une aide urgente. Les familles d'accueil de l'ASE peuvent prendre le relais.

Des lois régulièrement actualisées mettent en place des dispositions pour faciliter la participation de tous à la **protection de l'enfant victime de mauvais traitements** (levée du secret professionnel, n° 119 gratuit pour les signalements d'actes de maltraitance, lutte contre les mutilations sexuelles...).

Les enfants placés sont en manque de repères solides et continus ; le personnel aura alors un rôle essentiel de substitut parental. Des personnes référentes formées à l'écoute et à l'observation pourront répondre au mieux aux besoins spécifiques de chaque enfant.

Pour en savoir plus : www.fondation-enfance.fr ; www.elfe2009.fr

2.4. Les adolescents

2.4.1. Cliché panoramique

La **puberté** entraîne des changements physiques et psychologiques importants sous l'influence de la production hormonale. Elle intervient chez la fille entre 8 et 13 ans et chez le garçon entre 9 et 14 ans.

Le corps se transforme rapidement : croissance staturo-pondérale, mue de la voix, apparition des caractères sexuels secondaires (pilosité, développement mammaire et apparition des règles chez la fille, développement des organes génitaux et pilosité chez le garçon), parfois acné.

L'adolescent a souvent du mal à accepter ce passage, déstabilisé par ses propres pulsions. Françoise Dolto parle du « *complexe du homard* » pour cette période (l'adolescent, à l'image du homard, change de carapace et reste sans défense le temps d'en « générer » une nouvelle : plus rien ne le protège pendant son changement).

Aujourd'hui, la pénurie d'emplois et l'accession tardive à l'autonomie financière amènent les jeunes à quitter de plus en plus tard le domicile parental.

2.4.2. Problèmes/difficultés

› Une phase complexe

L'adolescence est une **phase conflictuelle** avec les parents et les autres autorités (humeur instable, isolement, agressivité y compris contre lui-même). Pour construire sa nouvelle identité, l'adolescent veut s'identifier à de **nouveaux modèles** dans un groupe d'amis ou auprès d'une personnalité qu'il admire, qu'il idolâtre. Ces modèles remplacent le modèle parental.

Il défie le monde, il se met souvent **en danger** en pratiquant des sports extrêmes ou des conduites dangereuses sur la route. Il veut connaître ses limites et parfois s'afficher dans la bravade jusque dans une délinquance susceptible de répression pénale (vol, agression...).

L'adolescence est une période de **prise de risques** qui peut se traduire par la consommation de produits illicites (drogues) et par des conduites addictives (alcool, tabac...).

Le besoin d'indépendance s'accompagne de **sentiments ambivalents** d'affection et de protection vis-à-vis des parents.

› Les différentes formes de la souffrance chez l'adolescent

Selon le rapport 2007, la souffrance psychique des adolescents prend différents visages mais se manifeste de plus en plus précocement : tentatives de suicide, consommation de psychotropes, troubles du sommeil et de l'alimentation (anorexie ou boulimie), automutilations.

On observe aussi un **absentéisme** ou un désintéressement scolaire et des fugues.

Une situation familiale et sociale difficile (alcoolisme, violences conjugales, dépression) et un manque de repères éducatifs vont accentuer le **mal-être**.

La forte pression sociale qui pèse sur les adolescents favorise stress et dépression.

Le suicide reste en France, après les accidents de la route, la deuxième cause de décès chez les jeunes de 14 à 25 ans.
Fil Santé Jeune (0800 235 236) est le numéro national gratuit (mais payant à partir d'un portable) consacré à l'aide et à l'information auprès des jeunes. Les jeunes sont souvent mal informés sur les lieux où ils peuvent être accueillis.

2.4.3. Solutions/pistes de réflexion

› Prévenir le mal-être des adolescents

L'écoute, le dialogue et le respect des parents vis-à-vis des adolescents, et surtout une éducation structurée, leur permettront de se construire en gardant l'**estime de soi**. L'opposition systématique cache un besoin d'affection et de reconnaissance parfois difficile à identifier.
Il est important de pouvoir **repérer les signes d'alerte** d'un mal-être : isolement, perte d'intérêt des activités, sommeil perturbé, anxiété, agressivité, plaintes corporelles ou conduites à risques. Il faut consulter un médecin en cas de doute.

› Guérir le mal-être des adolescents

Un plan national de prise en charge des adolescents en souffrance existe depuis peu avec l'ouverture de maisons pour adolescents, mais les structures d'accueil et de mise en place de relais après l'hospitalisation sont encore trop peu nombreuses.
L'internat socio-éducatif médicalisé pour adolescents (ISEMA) offre un accueil à la fois éducatif et thérapeutique à ces jeunes présentant des difficultés sur les plans éducatif, familial, social et psychiatrique.
Pour en savoir plus : psychiatreinfirmiere.free.fr

2.5. L'immigration et l'intégration

2.5.1. Cliché panoramique

L'immigration en France est le fruit de son histoire, de sa localisation géographique mais également de ses politiques nationales successives faites de volonté d'attractivité ou de contrôle, selon les profils ou les périodes.

Près de 14 millions de Français avaient, en 1999, un parent ou un grand-parent immigré, soit 23 % de la population (INED).

On observe un lien de cause à effet direct entre l'origine géographique des flux migratoires et le passé colonial français : les migrants sont, en bonne partie, originaires du Maghreb, d'Afrique noire mais aussi de l'Europe de l'Est (cela est de plus en plus à relativiser, notamment à cause de l'immigration asiatique).

Les **grandes vagues d'immigration** des années 1950 à 1970 correspondent à des situations où la France considérait qu'elle avait besoin de main d'œuvre.

La **mondialisation** croissante des échanges joue un rôle important dans l'accroissement de la mobilité et dans la diversification des origines des migrants.

Les **politiques publiques** contribuent à contrôler et limiter l'immigration dans certains cas et à l'encourager dans d'autres (politique d'attractivité de la France pour attirer étudiants, scientifiques et main d'œuvre étrangère qualifiée…).

Par ailleurs, l'immigration contribue pour plus du tiers à la **croissance de la population** française.

Pour les migrants, l'immigration est motivée essentiellement par des raisons économiques ou pour des raisons privées ou familiales (rapprochement de conjoint ou d'enfants, statut d'apatride, francophonie, raisons de santé…).

2.5.2. Problèmes/difficultés

Le phénomène de l'immigration est un phénomène complexe qui doit être analysé sous de multiples points de vue, ceux-ci pouvant être complémentaires ou contradictoires.

Depuis les années 1970 et dans un contexte de chômage accru, le consensus général semble être que la France n'a pas de besoin en main d'œuvre étrangère, sauf qualifications particulières.

Les problèmes liés à l'immigration concernent **l'intégration**[9] des enfants et petits-enfants d'immigrés, nés ou généralement devenus français.

Ces problèmes sont d'autant plus aigus que les immigrés et leurs descendants sont souvent concentrés dans des zones bien spécifiques, des quasi-ghettos.

Les problèmes politiques et sociaux se complexifient parce qu'ils s'inscrivent et se cristallisent dans l'organisation urbaine. Des **discriminations** persistent à l'égard de ces populations (embauche, location ou accès à l'emploi, prêt bancaire…).

Si le **travail clandestin** peut être, pour les femmes et les hommes qui y ont recours, une réponse au besoin de travailler pour survivre, il autorise trop souvent de nombreux abus : exploitation des personnes et horaires excessifs, salaires réduits. Les travailleurs clandestins ne peuvent pas bénéficier de protection sociale, ni accéder aux soins.

9. L'intégration implique qu'une personne ou une communauté ne soit pas exclue ni laissée à l'écart de la société.

La résolution de telles questions ne peut se faire qu'entre pays, à l'échelle de la géopolitique internationale.

2.5.3. Solutions/pistes de réflexion

La volonté du gouvernement est :

- de lutter contre l'immigration et le travail clandestins ;
- d'instaurer une politique d'immigration cohérente, digne et responsable face aux aptitudes nationales d'accueil (décence des conditions d'installation et de vie, insertion dans la société, régularisation de clandestins sans papiers) ;
- de dépister les discriminations (avec l'aide d'associations comme SOS racisme, s'appuyant sur des techniques comme le *testing* – enquêtes pour vérifier l'existence de pratiques discriminatoires) ;
- de développer une politique d'intégration efficace (ministère de l'Immigration et de l'Identité nationale, apprentissage de la langue française et des coutumes et valeurs…).

Autres propositions :

- co-développement avec les pays d'origine ;
- politique européenne concertée pour la circulation, les visas et l'accompagnement des immigrés.

Pour en savoir plus : site web www.alterites.com ; www.immigration.gouv.fr

2.6. Les problèmes économiques et sociaux : chômage, précarité, pauvreté

2.6.1. Cliché panoramique

Actuellement, 7,1 millions de personnes vivent **en dessous du seuil de pauvreté**[10] en France.

La **précarité**[11] est de plus en plus visible dans les grandes villes et peut toucher tout le monde. Chômeurs de longue durée, jeunes sans qualification, mères isolées, personnes ayant quitté le monde du travail depuis longtemps.

On ne sait pas vraiment combien il y a de sans-abri en France (50 % des Français pensent qu'ils pourraient devenir un jour un sans-abri).

Après la mobilisation des Enfants de Don Quichotte en faveur des SDF en 2006, 60 % d'entre eux estimaient que leur situation n'a pas changé ou s'est dégradée alors que 26 % pensent au contraire que leur situation s'est améliorée, évoquant en particulier l'extension des horaires d'ouverture des centres d'hébergement qui leur évite de se retrouver à la rue dès le matin.

2.6.2. Problèmes/difficultés

Actuellement, le marché de l'immobilier ne permet pas à chacun de se loger correctement.

La pauvreté va à l'encontre d'une bonne hygiène de vie en général : le manque d'argent empêche d'avoir une alimentation équilibrée, favorise le stress et diminue par conséquent la qualité du sommeil.

Les problèmes d'**insalubrité** du logement, d'hygiène, d'exposition au froid et à l'humidité favorisent les infections et autres maladies.

Des difficultés dans la prise en charge (forfait hospitalier, fins de droits pour la sécurité sociale, absence de mutuelle, non-remboursement de certains médicaments) bloquent l'accès aux soins pour ces personnes en situation précaire.

Le **chômage** est particulièrement élevé dans les banlieues et serait à l'origine de révoltes urbaines.

2.6.3. Solutions/pistes de réflexion

› Intervention au niveau mondial

La lutte contre la pauvreté fait partie des objectifs de développement de l'ONU pour le millénaire et est ainsi devenue une **priorité mondiale**.

10. La pauvreté est l'insuffisance des ressources matérielles (manque d'argent), ne permettant pas de vivre dignement et de satisfaire les besoins légitimes et vitaux de la personne humaine, et condamnant aux dures difficultés de la survie au jour le jour.

11. La précarité est l'absence des conditions élémentaires permettant aux personnes et aux familles d'assumer normalement leurs responsabilités et de jouir de leurs droits fondamentaux (logement, travail, santé, éducation…).

La Banque mondiale a pour mission de lutter contre la pauvreté en finançant des projets pouvant réduire la misère.
Certaines **organisations non gouvernementales** encouragent le commerce équitable pour que les producteurs puissent vivre dans de meilleures conditions.
D'autres, comme ATD Quart-Monde, refusent que la personne humaine soit réduite à ses manques, s'attachant à ce que les personnes, familles et groupes en situation d'extrême pauvreté puissent reconquérir leurs droits, ré-assumer leurs responsabilités et contribuer à l'édification de la société.
L'UNICEF (United nations children found) lutte plus spécifiquement contre la pauvreté chez les enfants.

› En France

Des **centres d'hébergement d'urgence** et des centres d'accueil de jour Emmaüs ainsi que le SAMU social accompagnent les sans-abri.
Des aides financières existent également. Citons, entre autres, le **RMI** (revenu minimum d'insertion), l'API (aide aux parents isolés) de la Caisse d'allocations familiales.
Sur le plan institutionnel, le « **Grenelle de l'insertion**[12] » en novembre 2007 a eu pour objectif une refonte des dispositifs d'insertion et d'aides sociales. Un contrat unique d'insertion est à l'étude.
Le RSA (revenu de solidarité active) mis en place dans une quarantaine de départements permet un retour à l'emploi de bénéficiaires de minima sociaux sans perte de revenus, grâce à un complément versé par les départements ou l'État.
De nombreuses associations de bénévoles sollicitent des dons pour aider les personnes démunies.
Pour en savoir plus : www.fng.fr

12. L'insertion est un processus qui conduit une personne à trouver une place reconnue dans la société. L'insertion peut prendre plusieurs formes : insertion professionnelle, sociale, globale.

2.7. Le handicap

2.7.1. Cliché panoramique

Selon l'OMS, le handicap touche 10 % de la population mondiale. Transitoire ou définitif, le handicap peut être **congénital** (présent à la naissance) ou **acquis** (contracté au cours de l'existence).

La cause peut être **génétique** (mucoviscidose…), **accidentelle** (accident domestique ou de la route) ou **infectieuse** (toxoplasmose, méningite…).

Le handicap est « *toute restriction d'autonomie individuelle ou de participation à la vie en société d'une personne en raison d'altérations substantielles d'une ou de plusieurs fonctions physiques, sensorielles, mentales, cognitives ou psychiques, voire d'un trouble de santé invalidant* » (Loi du 11 février 2005 pour l'égalité des droits et des chances).

Le handicap est le résultat d'une **déficience** (lésion) qui provoque une **incapacité** (perte de capacités et d'autonomie), par conséquent un **désavantage** (impossibilité d'accomplir un rôle social, familial ou politique).

Par exemple, Caroline est atteinte de trisomie 21. Sa déficience est une anomalie chromosomique, l'incapacité est un retard mental et le désavantage est une impossibilité de suivre une scolarité normale.

2.7.2. Problèmes/difficultés

Accueillir un enfant handicapé est difficile. Les parents, surpris par la réalité, doivent soudain affronter des contraintes énormes et inattendues.

À l'annonce du handicap de leur enfant, les parents peuvent culpabiliser ou ressentir une vive blessure narcissique face au regard des autres. Il faudra effectuer un travail de deuil de l'enfant imaginé pendant la grossesse pour accueillir l'enfant tel qu'il est. Les réactions face à l'enfant sont variables (déni du handicap, surprotection ou recherche d'un traitement qui effacera tout).

L'entourage peut avoir beaucoup de mal à trouver sa place et aura tendance à **s'isoler**. La prise en charge est lourde et demande une réorganisation familiale. Des familles renforcent leurs liens alors que d'autres se séparent devant de telles épreuves.

Ceux qui deviennent handicapés par accident subissent également un traumatisme, puis un nécessaire travail de reconstruction, plus ou moins long selon les cas.

Les conséquences du handicap dépendent donc de l'âge, de la gravité, de la prise en charge, de la personnalité de l'individu, mais aussi de l'attitude familiale qui va plus ou moins favoriser son autonomie et son insertion sociale. Ainsi, deux personnes présentant les mêmes symptômes peuvent paraître, dans la réalité, différemment « handicapées ».

Il peut en découler des troubles comportementaux et de socialisation importants.

Les handicapés peuvent se trouver sans support familial et isolés en fin de vie (décès des parents).

L'aide institutionnelle est souvent insuffisante. Les frais d'équipement, de transports, voire tout simplement de vie quotidienne restent largement à la charge des familles et représentent, au-delà du poids psychique permanent, de très lourds soucis financiers.

2.7.3. Solutions/pistes de réflexion

Les pouvoirs publics ont mis en place une **politique d'intégration** et d'accompagnement de l'enfant et de l'adulte en situation de handicap.

› Chez l'enfant

L'éducation à l'école est un droit pour tous (plan Handiscol) :

- l'accueil des plus petits dans des structures ordinaires est actuellement facilité (crèches, écoles, séjours de vacances) ;
- les établissements de l'Éducation nationale accueillent les enfants de 6 à 16 ans dans un dispositif inséré en milieu ordinaire (CLIS – classes d'intégration scolaire – pour l'enseignement élémentaire et UPI – unités pédagogiques d'intégration – pour l'enseignement secondaire) ;
- le lycée d'enseignement adapté accueille les élèves handicapés de 12 à 16 ans.

Des auxiliaires de vie sociale (AVS) assistent les enfants en âge scolaire au quotidien lors des cours (prise de notes...).

› Chez l'adulte

La loi handicap du 11 février 2005 renforce la politique d'insertion professionnelle en favorisant la formation et l'accès à l'emploi et aux loisirs.
Une maison départementale des personnes handicapées (MDPH) existe dans chaque département pour accueillir, informer, aider ces personnes.

› Pour tous

› *Facilité d'accès*

L'accès dans les bâtiments publics et les transports collectifs est loin d'être toujours prévu ou respecté. L'accès aux quais d'embarquement, aux véhicules et aux emplacements internes n'est pas suffisamment bien conçu au départ. La direction générale des affaires sociales s'est engagée à aider les familles, à diminuer les obstacles qui contrarient l'autonomie et à lutter contre toute discrimination.

› *Prestations financières*

Par ailleurs, des **prestations** attribuées par la Caisse d'allocations familiales apportent une aide financière aux personnes en situation de handicap et à leur famille (allocation d'éducation spéciale pour les enfants, allocation aux adultes handicapés et prestation de compensation à domicile pour les adultes).
L'orientation des enfants et des adultes se fait sur décision de la commission des droits et de l'autonomie des personnes handicapées (CDAPH).

› *Les établissements spécialisés*

Des établissements ou **services d'accueil spécialisés** pour handicapés existent afin de satisfaire aux conditions de prise en charge éducative, pédagogique et thérapeutique :

- pour les enfants, les IME (institut médico-éducatif) accueillent les déficients intellectuels, les IEM (institut d'éducation motrice) les déficients moteurs et les IES (institut d'éducation sensorielle) les déficients auditifs et visuels ;

- pour les adultes et les personnes âgées, les établissements sont adaptés en accord avec leur projet de vie. Il existe :
  - des établissements de jour : ESAT (établissement et service d'aide par le travail), CAJ (centre d'accueil de jour), SAS (section d'accompagnement spécialisé) pour des personnes suffisamment autonomes ;
  - des centres avec hébergement : maison d'accueil spécialisé (MAS) ou foyer occupationnel pour des adultes gravement handicapés mais ces structures sont encore en nombre insuffisant.

› *Associations et engagement privé*

De nombreuses **associations** existent aussi pour soutenir les personnes en situation de handicap et leur famille. Elles ont souvent été créées par les familles d'enfants en situation de handicap.

Il va de la **responsabilité de chaque citoyen** et de chaque professionnel de santé de reconnaître le droit à la différence et de faciliter cette intégration sociale sur le principe de la non-discrimination. Mais le regard porté sur ces personnes doit encore évoluer.

La personne handicapée peut avoir momentanément besoin d'être aidée mais elle ne demande pas d'apitoiement ni de distinction spécifique durable.

Pour en savoir plus : www.info-handicap

2.8. La protection sociale en France

2.8.1. Cliché panoramique

Le système français de **Sécurité sociale** est issu d'une ordonnance du 4 octobre 1945 instituant un régime de protection sociale commun à toute la population et géré par un service public unique.

Le système de protection sociale en France est fondé sur la **solidarité**. Les actifs cotisent pour les personnes ayant des pertes de revenus. La protection sociale regroupe l'ensemble des moyens mis en œuvre pour **prévenir** ses membres de certains **risques**. Ces risques concernent cinq grands axes : santé, vieillesse, maternité, famille et emploi auxquels se sont ajoutés les risques concernant les personnes fragilisées (handicap, enfant).

Le **financement** est assuré par l'État, la Sécurité sociale et les collectivités territoriales. Les particuliers peuvent en plus cotiser à des mutuelles, assurances privées ou épargne retraite.

La Sécurité sociale verse aux assurés et à leurs ayant droits des **prestations en espèce** (argent pour compensation de salaire sous forme d'indemnités ou de pensions) et des **prestations en nature** (remboursement des frais médicaux, pharmaceutiques).

Les caisses d'allocations familiales versent différentes prestations familiales en fonction de critères de ressources des familles et de la situation de chacun.

Pour bénéficier de ces prestations, il est nécessaire de résider en France de façon permanente et de fournir un titre de séjour en cours de validité pour les ressortissants étrangers en dehors de l'espace économique européen.

La couverture maladie universelle (CMU) assure depuis 1999 une couverture sociale pour les personnes ne bénéficiant d'aucun régime d'assurance maladie obligatoire.

2.8.2. Problèmes/difficultés

Depuis plusieurs années, sous l'effet du déséquilibre démographique, de la persistance d'un nombre élevé de chômeurs, de la progression inflationniste des coûts de santé, les principes de solidarité sur lesquels repose ce système ont été mis en cause.

Si de nombreuses réformes ont été opérées (maîtrise des dépenses de santé, réforme des retraites…), l'enjeu considérable que représentent les politiques sociales continue de les placer au cœur du débat public.

La branche maladie est **fortement déficitaire**. Notre Sécurité sociale est en danger en partie à cause d'une surconsommation médicale, du vieillissement de la population et de la technicisation de la médecine (examens et chirurgie coûteux).

2.8.3. Solutions/pistes de réflexion

La Sécurité sociale a fait l'objet de **réformes récentes** : médecin traitant référent, forfait de 1 euro non remboursable pour chaque acte médical, limitation du nombre de médicaments remboursés…

Par ailleurs, les **contrôles** contre les fraudes se multiplient, les temps d'hospitalisation sont écourtés au profit de l'hospitalisation à domicile.

Pour réduire les dépenses, les Français doivent adopter une attitude de prévention face à leur santé, éviter la surconsommation médicale et préférer les médicaments génériques.
Pour en savoir plus : www.sante.gouv.fr

2.9. Le vieillissement, la personne âgée

2.9.1. Cliché panoramique

Aujourd'hui, **les plus de 60 ans représentent 1/5 de la population française**. L'augmentation de l'espérance de vie est liée aux progrès de la médecine et à l'amélioration de l'hygiène de vie (nutrition, habitat, sommeil, travail). De plus, et malgré l'augmentation en fréquence des maladies (Alzheimer, cancer, Parkinson), la plupart de ces personnes jouissent d'un grand dynamisme.

Une **personne dépendante** est une personne qui ne peut pas accomplir les actes de la vie quotidienne sans l'aide de quelqu'un. La personne dépendante présente des **incapacités**, c'est-à-dire des difficultés à réaliser des actes élémentaires (s'habiller, se laver, monter des escaliers).

Le processus de vieillissement n'est pas identique pour tous. Il y a des variations internes, physiologiques (génétiques) ou psychologiques, mais aussi des causes externes (événements de vie difficiles, maladies, accidents) qui accélèrent ou ralentissent ce processus.

2.9.2. Problèmes/difficultés

Les questions touchant au vieillissement concernent essentiellement les troubles de la mobilité et de l'appareil locomoteur (ostéoporose, arthrose, perte musculaire, dorsalgies), du sommeil, de la mémoire, de la vue, de l'audition, de la digestion et du métabolisme, l'incontinence, la sensibilité aux infections et l'hypertension artérielle. Ces troubles entraînent progressivement chez la personne âgée une **perte d'autonomie** qui l'oblige à solliciter une aide extérieure.

Les chutes sont fréquentes du fait de nombreux facteurs de risque (faiblesse musculaire ou articulaire, mauvaise vue, prise de médicaments, hypoglycémie).

La dépendance et la diminution des fonctions intellectuelles des personnes âgées les laissent sans défense face à la **maltraitance** et l'**escroquerie**.

2.9.3. Solutions/pistes de réflexion

› Une bonne hygiène de vie

Certaines **habitudes de vie** sont à acquérir pour prévenir et retarder ces troubles : activité physique au quotidien, curiosité intellectuelle, alimentation équilibrée et entretien des relations sociales pour éviter l'isolement. La participation active des personnes âgées à la vie de la cité en est un moyen efficace (bénévolat sous différentes formes, départ à la retraite retardée).

› La solidarité familiale

La solidarité familiale entre générations est toujours présente puisque la famille reste le premier soutien social de la personne âgée, même quand des aides extérieures sont assurées.

› Les aides publiques

Différents dispositifs aident aujourd'hui la personne âgée. Le plan « **Solidarité grand âge** » (2007-2012) est un plan national qui renforce les moyens des établissements pour personnes âgées (filières gériatriques, qualité de vie en maison de retraite...) et propose des mesures pour retarder la dépendance (recherche sur les maladies du système nerveux, en particulier contre les maladies d'Alzheimer, de Parkinson et les pathologies apparentées).

La personne âgée perçoit des **prestations** en fonction de son état de santé, de son âge et de sa situation financière (allocation personnalisée d'autonomie).

La branche vieillesse de la Sécurité sociale verse des allocations (pension de vieillesse, pension de réversion, allocation de solidarité aux personnes âgées, allocation veuvage).

› Les structures d'acceuil

Des **structures d'accueil** adaptées se sont développées. En fonction du degré d'autonomie de la personne, on trouve des services d'aide à domicile, des structures médico-sociales, des établissements d'hébergement pour personnes âgées (EHPA) ou pour personnes âgées dépendantes (EHPAD), des structures hospitalières (services de gériatrie, unités de court séjour, de soins de suite ou de longue durée).

La **maladie d'Alzheimer** est un problème central du vieillissement. C'est une affectation longue durée qui bénéficie d'une prise en charge à 100 %. Un plan quinquennal centré sur la recherche et l'accompagnement des malades et de leur entourage a été mis en place en 2008.

Pour en savoir plus : www.francealzheimer.org

2.10. La personne mourante, la mort

2.10.1. Cliché panoramique

Les **soins palliatifs** sont des soins actifs et complets donnés aux personnes dont l'affection ne répond plus au traitement curatif. La lutte contre la douleur et la prise en compte des besoins physiologiques et psychologiques sont des priorités pour préserver la meilleure qualité de vie possible jusqu'à la mort.

L'euthanasie passive consiste à mettre un terme à des soins thérapeutiques. La loi réserve le droit au patient de refuser tout traitement, même si cela doit entraîner la mort.

L'euthanasie active consiste en l'administration d'un médicament mortel par un tiers. Elle est légalement interdite en France.

La personne mourante passe par différentes étapes d'un point de vue psychologique : le choc, la dénégation, la révolte, le marchandage ou la négociation, la dépression et l'acceptation.

La mort est la cessation complète et définitive de la vie. En France, c'est la mort cérébrale ou l'arrêt de toute activité cérébrale qui définit la mort légale.

La mort s'inscrit pour chacun dans un cadre culturel, spirituel, religieux et philosophique.

2.10.2. Problèmes/difficultés

Accompagner un être cher en fin de vie est une épreuve pour les proches.

Chaque culture et chaque religion ont élaboré des pratiques et des rites face à la mort. Aujourd'hui, les rituels disparaissent et laissent l'entourage démuni.

Apparaissant presque comme un échec dans notre société, la mort devient un sujet tabou et suscite la peur. Il est important d'accepter la mort comme une étape naturelle de toute existence et de respecter le deuil des proches.

En milieu hospitalier (72 % des décès), l'agressivité de certains patients ou de leur entourage envers les soignants est souvent l'expression de leur souffrance. La meilleure réponse à leur anxiété consiste donc à les rassurer en les écoutant avec calme et empathie pour leur redonner confiance : confiance en eux et confiance envers les soignants de par leur maîtrise professionnelle, la précision des gestes, la douceur et l'opportunité des paroles échangées. Apprenez donc à dépasser les apparences et certaines émotions, voire à accorder plus de temps aux malades.

2.10.3. Solutions/pistes de réflexion

› La loi du 23 avril 2005

Elle favorise l'accompagnement en fin de vie et instaure le droit au « laisser mourir » sans pour autant légaliser l'euthanasie. Chantal Soubire relance publiquement le débat du « droit à mourir » en 2008.

Les traitements inutiles ou qui maintiennent artificiellement la vie doivent être évités (plus d'acharnement thérapeutique), la volonté du patient doit être prise en compte.

› Les services de soins palliatifs

Ils tendent à se développer mais sont encore en nombre insuffisant, faute de moyens.
Pour en savoir plus : www.jalmalv.fr ; www.levyisabelle.net (sur l'aspect culturel et religieux de la mort)

Entraînement

CHAPITRE 3

›1. Énoncés

1.1. Sujets d'annales

Voici une série de sujets de culture générale tirés des annales. Ils vous permettront de développer vos capacités à comprendre un texte, à analyser et à argumenter une opinion. Toutefois, n'oubliez pas que les corrigés que nous donnons ne doivent pas être considérés comme la seule manière de traiter les sujets !

Vous pouvez comparer les réponses que nous donnons avec les vôtres, cela vous donnera des modèles pour parvenir à construire votre réponse, mais surtout **continuez à avoir une réflexion personnelle sur les thématiques de santé et de société !**

Par ailleurs, vous trouverez **10 sujets complets d'annales corrigées** page 495.

Avant de commencer, voici un rappel sur la méthodologie.

1) Le jury vérifiera si vous avez **compris le texte**, si vous êtes capable de restituer les aspects essentiels de ce texte et si vous pouvez **répondre à des questions** en montrant vos connaissances et/ou en démontrant votre **capacité à analyser** un sujet.

2) Après avoir **lu entièrement le texte une première fois**, vous pouvez **surligner** les mots-clés pour faire ressortir l'essentiel (surligneurs de plusieurs couleurs).

3) Une idée dans un texte est un élément d'information se présentant sous la forme d'un fait (qui est indiscutable) ou d'une opinion (thèse défendue par l'auteur mais avec laquelle vous pouvez ne pas être d'accord).

4) Reformulez les questions pour être sûr de bien les avoir comprises et pour éviter un hors sujet. Prenez du temps pour bien comprendre le texte et les questions posées.

5) Faites un **brouillon** sur lequel apparaît vos idées et votre plan.

6) Vous devez **rédiger** et vous exprimer en termes simples mais compréhensibles.

7) Vous serez évalués sur votre façon de vous exprimer à l'écrit. Faites des phrases complètes mais courtes qui s'enchaînent avec des mots de transition (mais, pourtant, car, ainsi…). Et autant que possible, **soyez très synthétiques en ne vous engageant pas dans de longs développements.** Surtout respectez les consignes : si l'on vous demande 15 lignes, n'en faites ni 5 ni 20.

8) Soignez votre présentation : lisibilité de l'écriture, ponctuation et propreté sont des éléments appréciés par le correcteur.

9) Relisez-vous pour corriger d'éventuelles fautes **d'orthographe.**
10) Partez gagnant, même si le sujet ne vous inspire pas au départ.

1.1.1. L'alcoolisme *(corrigé page 125)*

› Texte

L'alcool n'avait sur ce jeune homme qu'un effet agréable, réconfortant, celui que nous avons tous connu : gaîté, assurance en soi, vitalité, sentiment euphorique de l'existence. Il en alla de même tout au long de ses études et plus tard également lorsqu'il devint journaliste et connut, dans sa profession, une réussite rapide et brillante.

On consomme beaucoup de whisky, de gin et de vodka dans les milieux de presse aux USA. Aucun de ses camarades ne s'étonnait de le voir boire de plus en plus. Lui-même trouvait cela très naturel et les jours étaient joyeux.

Un matin toutefois, il ouvrit les yeux plus tôt que de coutume, trempé de sueur, parcouru de frissons. Une intolérable anxiété le tenaillait. Certes, il avait connu plus d'un réveil difficile, nauséeux, mais une bonne douche, un café brûlant, quelques exercices de culture physique avaient toujours eu raison du malaise. Or, cette fois, il recourut en vain aux moyens éprouvés.

Ses mains, ses membres continuaient de tremble, et surtout, il ne pouvait pas échapper à l'angoisse qui lui écrasait la poitrine, à la peur panique d'un imminent désastre.

Bien qu'il fut tôt encore, il courut au bar le plus proche. Un verre… un autre… Le frisson s'apaisa, la terreur disparut.

« J'aurais dû comprendre que l'alcool n'était plus un moyen mais une fin en soi, que je ne vivais plus avec l'alcool, mais pour l'alcool » pensa-t-il.

Joseph Kessel, *Avec les alcooliques anonymes,* 1960.

› Questions

1) Dégagez le thème et les idées principales de ce texte.
2) Relevez dans le texte les effets de l'alcool sur le jeune homme.
3) Expliquez ce qu'est la dépendance vis-à-vis de l'alcool et ce qu'est l'accoutumance.
4) Donnez le nom d'autres produits auxquels on peut être dépendant.
5) Quel est l'objectif de ce texte ?

1.1.2. Les antibiotiques *(corrigé page 126)*

› Texte

« Message entendu : les antibiotiques, c'est pas automatique. » La tendance à la baisse de la consommation effrénée des Français se poursuit : près de 13 % en moins depuis le lancement des campagnes de sensibilisation en 2002.

Cela correspond, d'après les statistiques basées sur le nombre de « boîtes » habituellement consommées, à 11,6 millions de traitements évités (non prescrits), principalement au cours des trois derniers hivers, dit l'Assurance maladie.

Rassurons : ceux qui en avaient besoin ont été traités, il n'y a pas eu d'hécatombe hivernale…
Revue du soignant en santé publique, n° 10, octobre-novembre 2005.

› Questions

1) Dégagez les idées principales du texte.
2) Selon vous, quels sont les objectifs de cette campagne ?

1.1.3. Le sourire *(corrigé page 126)*

(corrigé page 126)

› Texte

Définition possible

On l'attend du tout-petit parce qu'il signe sa reconnaissance envers nous. Il est le premier signe visible humanisé que le bébé nous envoie. Le sourire nous rassure parce qu'il nous indique perceptiblement que le bébé se sent bien et qu'il cherche la rencontre.

Le psychanalyste Spitz, dans les années 1940 a observé le sourire du bébé, qu'il définissait comme le premier indicateur, le premier acte intentionnel, dirigé. Le bébé accroche le regard, observe et illumine son visage d'un large sourire. C'est la combinaison « front-nez-yeux » vue de face et en mouvement qui déclenche le processus du sourire. Au début de la vie, il est une activité réflexe déclenchée par un stimulus. Il ne s'apprend pas. Le nouveau-né ne sourit pas intentionnellement, on dit qu'il « sourit aux anges », ce qui est un déclenchement musculaire, une des mimiques innées communes à toutes les ethnies humaines et génétiquement programmées.

C'est entre 5 et 8 semaines que le « premier sourire » apparaît. Il est amusant de noter à ce propos que les premiers ouvrages de psychologie situent le premier sourire aux alentours de trois mois. En plus de quarante ans, les bébés ont gagné deux mois de sourire et du coup, deux mois de reconnaissance !

Humanisation des rapports

Le sourire est un formidable outil de communication que le petit de l'homme apprivoise très vite. Par ces premiers sourires, l'enfant donne le signal de sa perception du monde extérieur. L'enfant devient acteur.

Les rapports s'humanisent, les échanges ne sont plus comme avant car le plus souvent l'adulte cherche ce sourire qui lui est adressé en stimulant l'enfant par des chatouilles, des caresses ou des paroles tendres.

Il était écrit sur le profil de poste d'une professionnelle de la petite enfance, à la rubrique « qualités requises » : souriante. Une qualité qui semble évidente mais qu'il est important de bien comprendre. Le sourire de l'adulte est synonyme pour l'enfant de sécurité affective. À travers son sourire, l'adulte s'adresse à l'enfant et le réconforte. Le sourire est une obligation !

On ne peut pas accueillir les familles et les enfants sans ces sourires, signes de bienvenue. Chaque matin, chaque soir, les sourires donnent la tonalité des accueils. Ils encouragent la confiance, la convivialité et sont la preuve d'un véritable professionnalisme.

L'enfant a besoin du sourire de l'adulte pour grandir, se sentir exister. Parce qu'il semble banal de dire qu'il est important de sourire, on l'oublie parfois ; il est pourtant le plus beau signe humain de notre reconnaissance et de la rencontre avec l'Autre.

Pistes de travail

Le sourire peut être un thème de réunion, pour simplement rappeler son importance. Ce travail peut entraîner certaines remises en question, qu'il est intéressant de prendre en considération dans une analyse des pratiques professionnelles.

› Questions

1) Vous dégagerez les 4 idées principales de ce texte.

2) Expliquez l'expression « être disponible » dans la première phrase du troisième paragraphe (en 10 lignes maximum).

3) Expliquez les attitudes que vous pouvez adopter face à un enfant dit « trop sérieux » dans la dernière phrase du 4e paragraphe (en 10 lignes maximum).

Il sera tenu compte de l'expression écrite, de l'orthographe, des idées et des argumentations.

1.2. À vous de réfléchir sur la question

Pour vous permettre de tester vos connaissances, nous proposons ici des questions déjà posées lors de précédents concours d'entrée.

Pour vous aider dans vos réponses, nous vous suggérons quelques **mots-clés** et **idées générales** qui vous guideront dans vos réponses, étant bien entendu qu'il y a souvent plusieurs réponses possibles. C'est volontairement que nous ne vous donnons pas de réponse complètement rédigée : en la rendant plus active, nous souhaitons accroître l'efficacité de votre préparation, et vous aider à personnaliser vos réponses.

Cette méthode vous permettra d'intégrer les informations utiles et d'apprendre à les manier et à les organiser… Vous serez alors prêt pour l'épreuve de culture générale. Rappelons que le candidat qui ânonne des réponses toutes faites et apprises par cœur a peu de chances de convaincre le jury.

Ne cherchez donc pas à apprendre par cœur les corrigés des exercices. Le risque serait alors de plaquer maladroitement des éléments de réponse hors sujet. Il faudra surtout bien lire et décortiquer les questions posées et apprendre à réfléchir par vous-même. Vous devez avoir **des idées personnelles** sur chaque thème, **le jury y sera sensible**.

Entraînez-vous au mieux, en cherchant les éléments de réponse dans les fiches, les sites Internet indiqués ou d'autres documents. Bon courage !

1.2.1. Le cancer

1) Citez les causes susceptibles d'expliquer l'augmentation du nombre de cancers en France.

Mots-clés

Facteurs environnementaux, comportements à risque et conduites addictives, surexposition au soleil, expositions professionnelles (amiante, nickel, bois, benzène…).

2) Expliquez les différentes stratégies de prévention contre le cancer en France (illustrez par des exemples et donnez votre avis).

> **Mots-clés**
> Campagnes d'information, lutte contre la pollution et contre les facteurs cancérigènes, dépistages précoces et massifs, recherche.

3) Parmi les principaux effets secondaires des chimiothérapies, quels sont ceux qui vous semblent être les plus difficiles à supporter ? Comment les professionnels peuvent-ils accompagner un patient traité pour un cancer ?

> **Mots-clés**
> Nausées et vomissements, aphtes, diarrhées ou constipation, perte de cheveux, anorexie, fatigue et, à long terme, stérilité masculine et ménopause précoce.
> Soutien moral, conseils alimentaires adaptés et soins esthétiques, prescriptions médicales (antivomitifs, etc.), informations spécialisées, échanges de paroles et réunions, orientation vers des associations.

1.2.2. L'obésité

1) En France, le nombre d'enfants obèses a doublé en 20 ans. Expliquez les causes de ce phénomène.

> **Mots-clés**
> Absence d'information et de sensibilisation sur les besoins et l'apport des aliments, changement des comportements alimentaires, déséquilibre de la balance nutritionnelle, sédentarité, grignotage, peu d'activité physique chez les jeunes.

2) L'obésité est en forte augmentation, comment expliquez-vous ce phénomène ?

> **Mots-clés**
> Alimentation riche en graisses et en sucres, baisse des dépenses physiques, stress au travail, surmenage de la vie moderne, consommation d'alcool, diabète, arrêt du tabac.

3) La société a-t-elle une part de responsabilité dans les troubles alimentaires tels que la boulimie et l'anorexie ?

> **Mots-clés**
> Médiatisation de l'image féminine modélisée sur la maigreur (mannequins), publicité pour produits alimentaires, stress.

4) Comment peut-on expliquer le lien entre manque de confiance en soi et surpoids ?

Mots-clés
Plaisir, incorporation alimentaire, perception négative du corps, boulimie, protection, compensation d'un manque affectif, instabilité de l'humeur, traumatisme psychique, autodestruction, autopunition.

1.2.3. L'environnement

1) Quels sont, d'après vous, les éléments « nuisibles » au bon développement de notre planète ?

Mots-clés
Pollution (air, eau, sols), déforestation, pesticides, pluies acides, effet de serre, modification des écosystèmes, déchets (domestiques, industriels, radioactifs, lisiers, hydrocarbures).

2) Quels sont, d'après vous, les éléments « favorables » au bon développement de notre planète ? Citez quelques gestes individuels pouvant contribuer à la sauvegarde de la planète.

Mots-clés
Tri sélectif des déchets, respect et responsabilité de chacun, lutte contre le gaspillage, énergies propres (voitures électriques, biocarburants…), mesures antipollution, transports en commun, Grenelle de l'environnement.

3) Les conséquences du fléau que constitue le bruit ne se feront pas seulement sentir en termes de coût pour la Sécurité sociale. La surdité partielle ou totale constitue aussi un redoutable facteur d'isolement pour ceux qui en sont frappés.

Mots-clés
Coûts liés au bruit (baisse du rendement du travail), anxiété, fatigue, manque de sommeil.

4) Pourquoi la plupart des individus se sentent-ils aussi peu concernés par l'écologie, et sont donc peu impliqués dans les comportements de prévention ?

Mots-clés
Méconnaissance, manque de motivation et d'intériorisation des pratiques du grand public, individualisme, effort de citoyenneté chez chacun.

5) Le covoiturage et les transports en commun peuvent être des solutions pour diminuer la pollution. Qu'en pensez-vous ? Argumentez votre avis sur ce sujet en une dizaine de lignes.

Mots-clés
Diminution du CO_2 et du monoxyde d'azote, bilans positifs des journées sans voiture, penser au vélo et à la marche à pied !

6) Pour quelles raisons les comportements et les substituts énergétiques écologiques ont-ils tant de difficultés à se développer jusqu'ici ?

Mots-clés
Nécessité d'améliorer et de développer les réseaux de transport en commun, économie de marché, prudence, risque de déséquilibre, réduction des surfaces agricoles consacrées à l'alimentation (hausse des prix), menace de la biodiversité, érosion des sols, impacts des biocarburants sur l'agriculture, voire sur l'alimentation des animaux et des hommes.

1.2.4. Le SIDA

1) « *Les lycéens craignent davantage le cancer que le SIDA dont ils semblent de plus en plus vouloir minimiser les risques.* » Exposez trois moyens de prévention tournés vers les jeunes vis-à-vis du SIDA.

Mots-clés
Distributeurs de préservatifs gratuits dans les lycées, campagnes d'information ciblées, éducation sexuelle dans les collèges, vente libre de seringues pour toxicomanes, centres de dépistage anonyme et gratuit.

2) L'éducation et les campagnes de prévention sur le SIDA vous semblent-elles suffisantes ? Argumentez votre réponse.

Mots-clés
Trop d'informations peu crédibles sur Internet, peu d'éducation individuelle, suivi gynécologique chez les filles mais peu de suivi pour les garçons, rumeurs, relâchement généralisé.

1.2.5. L'hygiène de vie

1) Quels sont les éléments qui définissent une bonne hygiène de vie et permettent d'éviter les MCV ?

Mots-clés
Alimentation équilibrée et peu riche en graisses animales, activités physiques pédagogiquement bien encadrées ou sous contrôle médical, limitation du tabac et de l'alcool, bonne récupération des efforts excessifs et relaxation.

2) Quels sont les impératifs de la prise en charge de ces patients ?

Mots-clés
Bonne sensibilisation à l'hygiène de vie, rapidité de la prise en charge, prise en compte des facteurs de risque individuels, traitement au long court, suivi régulier.

3) Quelles sont les qualités d'une campagne d'information en général ?

Mots-clés
Engagement de tous les acteurs (médecins et patients), efficace, insistant (grand public, Internet…), bien ciblé, accessible à tous.

1.2.6. Le tabagisme

1) Après avoir expliqué ce qu'est le tabagisme passif, vous direz quels en sont les risques.

Mots-clés
Exposition des non-fumeurs aux substances toxiques du tabac, maladies respiratoires et cancers, risques accrus pour l'enfant (mort subite du nourrisson, bronchites à répétition…).

2) Pensez-vous que les mesures prises pour lutter contre le tabac constituent une atteinte aux libertés individuelles comme le pensent certains ? Argumentez votre réponse.

Mots-clés
Stratégie de réduction obligée par la loi mais respect des non-fumeurs, baisse de la fécondité, hypotrophies (faible poids), prématurité, carences en acide folique et vitamine B9 avec risques de malformations neurologiques.

3) Quelles sont les répercutions du tabac sur la fécondité et le fœtus ?

> **Mots-clés**
> Conférences, débats, sensibiliser les adolescentes dès le collège, rencontres avec des fumeuses, spots publicitaires et affiches, infos individuelles chez les médecins et gynécologues, messages de dangerosité vis-à-vis de l'association pilule et tabac et des dangers à la ménopause, législation antitabac, campagne d'information efficace et ciblée, distribution de brochures (dépliants dans salles d'attente et pharmacies).

1.2.7. L'alcoolisme

1) Expliquez les mots suivants : alcoolo-dépendance, cirrhose, syndrome d'alcoolisme fœtal, coma éthylique.

> **Mots-clés**
> Addiction à l'alcool (ne plus pouvoir se passer de l'alcool), destruction du foie, alcoolisation du fœtus pendant la grossesse avec atteinte physique et mentale de celui-ci, coma dû à une absorption massive d'alcool.

2) Quels sont les obstacles aux efforts publics pour réduire les nuisances sanitaires et sociales de l'alcoolisme ?

> **Mots-clés**
> Sujet tabou, impact économique, opposition des viticulteurs, aspect festif et culturel, réticences dans l'opinion, secteur politiquement sensible.

3) Que savez-vous des risques inhérents à la consommation d'alcool ?

> **Mots-clés**
> Accidents (route, travail, domestiques), risques de cancers, maladies cardiovasculaires, cirrhose, troubles neurologiques et psychologiques (dépression, agressivité et violence, psychoses), décès précoces.

4) Comment peut-on soutenir une personne dépendante de l'alcool ?

> **Mots-clés**
> Écouter, repérer, accompagner, guider, sevrage, contacts avec associations d'anciens buveurs, psychothérapie.

1.2.8. Le cannabis

1) « *Il n'y a pas de drogués heureux* ». Qu'en pensez-vous ? Argumentez votre réponse avec des exemples.

Mots-clés
À la recherche permanente du produit, accoutumance et dépendance, marginalisation, problèmes affectifs, coût important, rupture socioculturelle, manque de repères.

2) Qui sont les jeunes fumeurs de cannabis dont la consommation est problématique (consommateurs dépendants) ?

Mots-clés
Consommateurs réguliers ou quotidiens, garçons de moins de 25 ans, mineurs, début précoce.

3) Que savez-vous des risques liés au cannabis ?

Mots-clés
Plusieurs degrés de risque dans la vie quotidienne : dépendance, perte de mémoire et de concentration ; à long terme : échec scolaire ou absentéisme, addiction à des drogues plus fortes, cancer de la bouche et de l'œsophage.

1.2.9. Les médicaments

1) Qu'est-ce qu'un médicament générique ? Comment peut-on expliquer les réticences des patients vis-à-vis des génériques ?

Mots-clés
Médicament générique, copie d'un médicament original dont le brevet est tombé dans le domaine public, vendu à moindre coût, 50 % du marché, peur de la contrefaçon, méconnaissance car peu d'informations, perte pour les laboratoires.

2) Comment peut-on limiter la consommation de médicaments ?

Mots-clés
Information individuelle sur les risques (dépendance…) et effets secondaires, prise de conscience collective, responsabilisation « citoyenne » des médecins, médias, campagnes d'information.

1.2.10. L'activité physique

1) Quels sont les bienfaits d'une activité sportive pour les jeunes au niveau physique et psychologique ?

> **Mots-clés**
> Équilibre, bien-être, efficacité, facilite la concentration, diversité des échanges, sociabilité, partage de l'éthique sportive, limite la surcharge pondérale, adresse, vitesse, dynamisme, dépassement de soi, mixité ludique, culturelle et sportive.

2) L'activité sportive comporte-t-elle des risques ? Lesquels ?

> **Mots-clés**
> Traumatismes de l'appareil locomoteur, lésions de surdosage, prise de risques, accidents cardiaques, dépendance, désillusions.

3) Quels arguments pouvez-vous donner pour motiver un adolescent à la pratique du sport ?

> **Mots-clés**
> Effets positifs sur la santé physique et mentale, anxiolytique, convivialité et sociabilité, respect, entraide, valeurs, équipe, loisir.

4) Comment intégrer le sport dans l'hygiène de vie ?

> **Mots-clés**
> Plaisir/régularité, commencer tôt, besoin de se mouvoir et de se récréer.

5) Quelles restrictions peut-on opposer à la pratique sportive ?

> **Mots-clés**
> Pas trop ni en temps ni en intensité (surentraînement et abus des compétitions), fatigue, désintérêt pour les autres activités, sous surveillance médicale et sans dopage, violence pour gagner.

1.2.11. Les accidents domestiques

1) Commenter la phrase suivante : « *Le pic des accidents se situe entre 18 mois et 3 ans, quand l'autonomie permet toutes les explorations et que la conscience du danger est encore vague.* »

> **Mots-clés**
> Prise de risques, maladresses, développement psychomoteur et intellectuel imparfait, champ visuel réduit, opposition, expériences.

2) Les accidents domestiques sont souvent attribués à la malchance. Pourtant, l'acquisition de simples réflexes permet de limiter les risques. Qu'en pensez-vous ? Argumentez votre réponse.

> **Mots-clés**
> Prudence, surveillance, espace aménagé ou protégé.

3) Quels sont les modes de prévention routière en France ? Quels sont les objectifs de cette prévention ?

> **Mots-clés**
> Code de la route, information et sensibilisation collective, surveillance et pénalisation, réduction des risques d'accidents.

4) Comment peut-on protéger le personnel de santé des risques d'accidents de travail ?

> **Mots-clés**
> Formation initiale et continue notamment en ergonomie, visite médicale d'embauche et vaccinations obligatoires puis suivi médical, CLIN, port de gants en cas de manipulation du sang ou de liquides biologiques, surveillance du matériel.

1.2.12. Les avancées scientifiques

1) À quelle alternative les avancées de la génétique soumettent-elles chacun de nous (attente, refus et interdits) ?

> **Mots-clés**
> Traitement des maladies génétiques, éthique, interrogations, religion et culture.

2) Comment peut-on mieux informer la population sur l'utilité des dons d'organes ?

> **Mots-clés**
> Information du public par l'agence de biomédecine (anonyme et gratuit), principe du consentement présumé, dialogue avec d'anciens greffés, médias (TV, Internet), formation du personnel médical et paramédical, en parler à ses proches et transmettre sa position (à l'occasion de commémoration d'un deuil ou d'une hospitalisation).

1.2.13. La contraception

1) Qu'entend-on par « planification familiale » ?

> **Mots-clés**
> Ensemble des moyens pour aider un couple à avoir un enfant désiré ou ne pas en avoir : elle comprend la contraception, l'IVG et l'aide médicale à la procréation.

2) Donnez les avantages des nouvelles contraceptions féminines.

> **Mots-clés**
> Efficacité, adaptée à chacune, pratique, évite les oublis, moins d'effets secondaires, mieux dosé.

3) Face à une pandémie de maladies sexuelles, comment motiveriez-vous ou informeriez-vous au mieux les adolescents sur l'usage des préservatifs ?

> **Mots-clés**
> Information sur les dangers des IST (risques pour la fécondité, pas de guérison pour le SIDA et l'hépatite B), plaisir identique, facile à mettre et fiable, efficace.

1.2.14. Parents et éducation

1) On parle souvent des « nouveaux pères ». Montrez en quoi, selon vous, le rôle des pères a évolué.

> **Mots-clés**
> Investissement des hommes dans les soins de maternage dès la maternité, partage de l'autorité parentale, garde partagée, perte des repères traditionnels (notion de patriarcat et de toute-puissance du père), discours contradictoire provoquant le mal-être des pères.

2) Des parents ont été condamnés pour déficit d'éducation envers leurs enfants. Qu'en pensez-vous ? Argumentez votre réponse en une dizaine de lignes.

> **Mots-clés**
> Existence de dysfonctionnements de la fonction parentale à cause de l'isolement et des difficultés personnelles des parents (blessures sociales et stress, instabilité des relations conjugales, chômage, fatigue et maladie…), besoin d'aide à la parentalité par les professionnels, prévention (écoute, accompagnement), rencontres entre parents (maisons des parents, échanges), détection des familles à risque et suivi individualisé, insertion, signalements nécessaires en cas d'enfance en danger (services de l'Aide sociale à l'enfance responsables des mineurs en danger).

1.2.15. La famille

1) Pourquoi les femmes deviennent-elles mères plus tardivement que par le passé ?

> **Mots-clés**
> Avancées de la condition féminine, choix personnel, contraception, études plus longues, carrière professionnelle.

2) Nous assistons aujourd'hui à une profonde mutation qui bouleverse la distribution des rôles de l'homme et de la femme. Présentez, en une dizaine de lignes, les étapes de cette évolution et les conséquences sur la vie familiale.

Mots-clés
Libération de la femme depuis Simone de Beauvoir (travail et accès à des postes à responsabilités, contraception, IVG…) mais mal-être des pères, changement du rôle traditionnel de chacun, accumulation des contraintes pour les femmes : carrière, couple, enfants, double journée avec surmenage s'il existe un « machisme » des hommes vis-à-vis des tâches ménagères, risques de difficultés et violences conjugales, divorces, incohérences éducatives.

1.2.16. L'enfant

1) Appuyez-vous sur des exemples de la vie quotidienne des enfants de 0 à 3 ans pour commenter la phrase suivante : « *La mère doit être présente, pour partager les émotions de son enfant et le calmer au besoin.* »

Mots-clés
Pleurs, colères, spasmes du sanglot, angoisses, cauchemars, écoute attentive, règles, négociation, gestes affectifs et paroles rassurantes ou valorisantes, sens de ses propres responsabilités.

2) Expliquez l'expression « développement psychomoteur de l'enfant ».

Mots-clés
Évolution de l'enfant sur le **plan moteur** (postures et déplacements, préhension), sensoriel (vision, audition, toucher, odorat et goût), **langage** (vagissement puis gazouillis puis babillage ou lallation puis monosyllabes, double ou triple syllabes, langage global significatif puis phrases construites de plus en plus élaborées avec apprentissage du vocabulaire vers 3 ans), **intellectuel** (développement de l'intelligence : sensorimotrice de 0 à 18 mois, symbolique : de 18 mois à 3 ans, pensée intuitive : de 3 à 7 ans et pensée logique : de 7 à 12 ans), **affectif et social** (perception du monde et relation avec l'entourage, développement de la personnalité).

3) Donnez une définition complète de la maltraitance. En quoi consiste un signalement ?

Mots-clés
Mauvais traitement (violence physique, sexuelle et psychologique), négligences dont sont victimes les personnes vulnérables (enfant, personnes âgées, femmes). Indicateurs/signes permettant l'évaluation des mauvais traitements, signalement : déclaration des situations de maltraitance à des services spécialisés (119, PMI…) pour évaluer et prendre des mesures de protection de l'enfant (aides, action éducative en milieu ouvert : AEMO, placements).

4) Comment expliquer les actes de maltraitance sur l'enfant ?

> **Mots-clés**
> Facteurs de vulnérabilité liés à l'environnement, à l'enfant, aux parents : difficultés personnelles ou sociales (alcoolisme, toxicomanie, isolement, précarité, grossesses rapprochées ou non désirées, dépression ou fragilité psychologique, enfant difficile, handicap...).

5) Donnez plusieurs avantages ou inconvénients pour chaque mode d'accueil du jeune enfant.

> **Mots-clés**
> **Accueil familial** (assistante maternelle) :
> – avantages (respect du rythme de chaque enfant, meilleure individualisation, moins de contamination, horaires souples) ;
> – inconvénients (rivalité parents et AM, qualification moindre de l'AM, distance professionnelle difficile).
> **Accueil collectif** :
> – avantages (autonomie, jeux variés et professionnels formés, matériel et locaux adaptés, facilite la socialisation, travail d'équipe, écoute et aide à la parentalité) ;
> – inconvénients (rythmes imposés, fatigue, contamination par infections, manque de places).

1.2.17. L'adolescence

1) Citez les différentes conduites addictives des adolescents et expliquez les dangers de ces conduites.

> **Mots-clés**
> Toxicomanies (drogue, alcool, jeux dangereux) et conduites à risque (vitesse, troubles alimentaires, automutilations, rapports sexuels non protégés...) entraînent accidents, maladies, dépression et suicide, déscolarisation, marginalisation, délinquance.

2) Les jeunes adolescents sont souvent stressés par leurs études. Expliquez les facteurs qui engendrent ce stress.

> **Mots-clés**
> Pression parentale et sociale, vie familiale difficile, absence de dialogue avec les enseignants ou éducateurs, fatigue, peur de ne pas y arriver.

3) Le multimédia a révolutionné les loisirs et la vie des jeunes.

Mots-clés
Nouvelles technologies (TV, téléphone portable, baladeurs, Internet, blogs et tchats, jeux vidéo, MP3…) apportent diversité, abondance, gain de temps et surinformation mais entraînent une dépendance, une surconsommation et changent les rapports entre individus (moins de dialogues en direct, plus d'individualisme et voyeurisme), loisirs (moins de sports, de sorties culturelles, de lecture, collections, bricolage, jardinage), peu de place aux activités militantes (association et aides caritatives...).

4) Un nouvel âge de la vie, « la post-adolescence », semble prendre naissance : rester jeune le plus longtemps possible et non plus être adulte le plus tôt possible. D'après vous, quelles en sont les causes ?

Mots-clés
Études longues, difficultés économiques, peu de logements accessibles et précarité socio-économique, besoin d'affection et de sécurité, peur des responsabilités et d'assumer des charges matérielles.

1.2.18. L'inégalité sociale

1) Qu'est-ce que l'insertion socio-économique et culturelle ? Selon vous, qu'est-ce qui peut participer à cette insertion ?

Mots-clés
Intégrer : introduire ou faire entrer parmi les autres membres de la société (exemple : insertion professionnelle des handicapés).
« Législation », accès à l'éducation, formations, alphabétisation, soutien scolaire et enseignement différencié, partage, changement dans l'urbanisme et mixité sociale, soutien juridique et associations, lutte contre la précarité et le chômage, sensibilisation du public et des politiques.

2) Que signifie l'égalité des chances ? N'est-ce qu'une question de mentalité ? Pensez-vous qu'il faille prendre des mesures officielles ?

Mots-clés
Loi de 2006 relative à l'emploi et l'éducation, classes préparatoires dans les zones d'éducation prioritaire, CV anonyme, agence pour la cohésion sociale, part de responsabilité gouvernementale (haute autorité de lutte contre les discriminations et pour l'égalité – HALDE) mais aussi réflexion personnelle et individuelle.

1.2.19. La pauvreté

1) Expliquez en 15 lignes au maximum comment la pauvreté favorise de nombreuses maladies.

Mots-clés
Problèmes d'hygiène de vie (propreté, sommeil, habitat) et d'hygiène alimentaire, absence de droit aux aides sociales, coût des soins médicaux, amplification des maladies (infections, carences, etc.), mal-être et dépression.

2) La population de personnes âgées à la rue et sans domicile fixe est en progression. Qu'en pensez-vous ? Argumentez vos réponses.

Mots-clés
Peu de ressources, augmentation de l'espérance de vie (4e âge) et *papy boom*, problèmes de paiement des retraites et remboursement des soins, coût exorbitant des maisons pour personnes âgées, difficultés de solidarité familiale, personnes très dépendantes, nombreux besoins non satisfaits.

1.2.20. Le handicap

1) D'après vous, quelles pourraient être les raisons invoquées par un employeur pour ne pas embaucher une personne handicapée ? Quels avantages aurait-il à embaucher une personne handicapée ?

Mots-clés
Contraintes, rentabilité moindre, difficultés d'accès, nécessité d'aménager des postes de travail, équipements des locaux, intégration parfois difficile.
Subventions et aides financières aux entreprises, suppression de la taxe financière, intérêt lié à la différence, enrichissement sur le plan humain et respect des personnes, aptitudes, perception et sensibilités particulières chez les personnes handicapées, courage et détermination de ces personnes.

2) La scolarisation d'un enfant handicapé en milieu ordinaire est-elle importante ? Justifiez votre réponse.

Mots-clés
Importance de l'école pour l'enfant handicapé : autonomie favorisée, intégration, besoins identiques, soulagement des familles ; pour les autres enfants : connaissance et changement du regard porté sur des camarades différents, valeurs morales d'entraide et de solidarité.

3) Après avoir tenté de définir ce qu'est pour vous le handicap, vous montrerez ce qui est fait pour les personnes handicapées aujourd'hui ; qu'est-ce qui pourrait, d'après vous, être amélioré ?

Mots-clés
Déficience ou lésion entraînant une incapacité physique et un désavantage social (limitation d'activités).
Structures d'accueil en nombre insuffisant, intégration, aides financières, aménagements d'accessibilité dans les lieux publics et aides techniques à améliorer, difficultés pour emploi et transports, loi d'orientation pas suffisamment appliquée.

1.2.21. Le système de santé

1) Quels moyens les pouvoirs publics ont-ils mis en place pour enrayer la dérive des dépenses de santé ?

Mots-clés
Contrôle des dépenses, schémas régionaux d'organisation sanitaire, encadrement des prix, référent médical, diminution du taux de remboursement des médicaments, médicaments génériques, diminution du séjour hospitalier (exemple en maternité) et du nombre de lits d'hospitalisation, plans stratégiques « hôpitaux » pour améliorer la gouvernance.

2) À notre niveau de « consommateur de santé », que pouvons-nous faire ?

Mots-clés
Promouvoir le bien-être et l'hygiène de vie, s'intéresser aux questions de santé, prendre conscience des risques et profits comportementaux sur sa santé, éviter les abus, les consultations inutiles, utiliser les génériques.

1.1.22. Le vieillissement

1) À votre avis, pourquoi les personnes âgées sont-elles devenues plus vulnérables ?

Mots-clés
Perte d'autonomie dans les activités de la vie courante, perte de statut social et de repères, difficultés d'adaptation (nouvelles technologies…), solitude, repli sur soi et dépression, pathologies de la vieillesse, augmentation de l'espérance de vie (quatrième âge et dépendances très lourdes), précarité des petites retraites, rejet et indifférence des personnes plus jeunes, actes de maltraitance y compris parmi les soignants.

2) Expliquez l'importance des repas chez la personne âgée.

> **Mots-clés**
> Plaisir, besoin fondamental, moment privilégié, repère et convivialité, améliore la santé et l'hygiène de vie, évite la déshydratation, culturel.

3) En quoi la maladie d'Alzheimer est-elle éprouvante pour les proches ?

> **Mots-clés**
> L'altération de l'état clinique et intellectuel affecte l'entourage (souffrance morale), soins difficiles, épuisement et fatigue physique, anxiété et stress permanent, isolement.

4) Nous vieillissons de mieux en mieux dans les pays occidentaux. Exposez vos réflexions sur le sujet en illustrant par des exemples.

> **Mots-clés**
> Progrès de la science et de la médecine, prévention, suivi médical, meilleure hygiène de vie, les personnes âgées « seniors » restent actives de plus en plus tard et participent à la vie de la cité (bénévolat, reprise d'activité salariée ou d'études), sorties culturelles, sports et voyages…, mais l'espérance de vie plus longue augmente les risques de dépendance.

5) Les situations de souffrance que vivent les personnes âgées sont encore trop négligées. Identifiez ces principales situations. Qu'en pensez-vous ?

> **Mots-clés**
> Souffrance physique avec parfois une non-prise en charge de la douleur, souffrance psychologique, non-prise en charge de la dépression ou traitement médicamenteux pas toujours adapté, maltraitance de la personne âgée, violences psychologiques (infantilisation, insultes, chantages…), négligences, violences physiques ou financières (extorsions, vols, testaments sous contrainte…).

6) Que proposeriez-vous pour maintenir le dynamisme et l'intérêt à l'existence dans des centres d'accueil ou dans les résidences pour personnes âgées ?

> **Mots-clés**
> Liens associatifs, rendez-vous intergénérationnels (contacts avec enfants des crèches ou écoles maternelles), maintien d'activités physiques et intellectuelles, sorties culturelles, distractions quotidiennes, jeux, ateliers artistiques (peinture, musique, poterie…), bibliothèque, faciliter les liens avec la famille et les amis, pratique religieuse, formation et accès aux nouvelles technologies (Internet…), relaxation, salons d'esthétique, maintien des repères et de l'autonomie, environnement favorable, réduction de la détresse psychologique…

1.2.23. La fin de la vie

1) Expliquez ce qu'est l'euthanasie. Qu'en pensez-vous ? Imaginez ce qui changerait pour vous si, en absence de toute considération ou contrainte extérieure, vous étiez personnellement concerné ?

Mots-clés
Aide à la fin de vie, aide à mourir, euthanasie active (acte volontaire pour donner la mort), euthanasie passive (arrêt des traitements et appareils maintenant un patient en vie), suicide assisté. L'euthanasie est actuellement interdite en France par la loi.

Des questions d'ordre moral et philosophique se posent : Quand décider de ne plus traiter ? Qui décide ? Quelle est l'attitude qui respecte le mieux la dignité de la personne ? Quelle est la portée de la volonté d'un patient à refuser de continuer à être soigné ?

2) Que savez-vous de la notion de « soins palliatifs » ?

Mots-clés
Soins palliatifs : soulager la **douleur** physique (antalgiques, soins en douceur...), psychologique (communication sereine), sociale et spirituelle de la personne en fin de vie, organisation des soins et accompagnement du patient jusqu'à la mort et de sa famille (écoute et disponibilité des soignants).

›2. Corrigés : les sujets d'annales

2.1. L'alcoolisme

1) Vous dégagerez le thème et les idées principales de ce texte.

Le texte aborde le thème de l'alcool et les effets progressivement nocifs de l'alcool sur les personnes. Il montre le phénomène de dépendance et d'accoutumance à l'alcool.

2) Relevez dans le texte les effets de l'alcool sur le jeune homme.

Au début, l'alcool a un effet euphorisant et sécurisant sur le jeune homme. Il lui donne de la gaîté, une vitalité et une assurance en lui. Il réussit même très bien dans ses études puis dans son travail et cela le rassure.

Puis, il a besoin de boire de plus en plus et cela lui semble normal.

Un matin, des effets nocifs apparaissent : il a des sueurs et des frissons. Ses mains et ses membres tremblent, une angoisse lui écrase la poitrine. Il a besoin de boire à nouveau pour apaiser sa terreur.

Il finit par comprendre qu'il vit pour l'alcool, que ce n'est pas un appui mais une servitude.

3) Expliquez ce qu'est la dépendance vis-à-vis de l'alcool et ce qu'est l'accoutumance.

La dépendance est le fait de ne plus pouvoir se passer d'un produit pour vivre, ici l'alcool.

L'accoutumance à un produit est le besoin d'augmenter progressivement la fréquence de consommation et les doses pour retrouver un effet recherché (euphorie, gaîté…). L'accoutumance s'installe sans que l'on ne s'en aperçoive et se répercute négativement sur la vie au quotidien.

4) Donnez le nom d'autres produits auxquels on peut être dépendant.

On peut être aussi dépendant au tabac, aux drogues, aux médicaments, aux jeux d'argent ou jeux vidéos (cyberdépendant).

5) Quel est l'objectif de ce texte ?

C'est un objectif de prévention afin de montrer aux jeunes que boire de l'alcool est nocif pour la santé. Ce texte veut toucher et sensibiliser à travers un témoignage vécu. L'auteur veut montrer aux jeunes la preuve du danger de la dépendance à l'alcool : la consommation d'alcool commence par avoir un effet agréable mais se révèle vite dangereux pour la santé physique et mentale sans que l'on ne s'en aperçoive avec des répercutions sur la vie au quotidien. Contrairement aux drogues, la consommation d'alcool est admise et parfois encouragée par notre société et par l'entourage des jeunes qui ne se méfient pas. Culturellement, l'alcool représente la fête et l'euphorie. Le phénomène est très insidieux et pervers, et fait plus de dégâts que l'on ne pense.

2.2. Les antibiotiques

1) Dégagez le thème et les idées principales du texte.

Le thème du texte est la baisse de la consommation des antibiotiques en France.

Les idées principales du texte sont :

- l'efficacité de la campagne de sensibilisation qui montre une forte diminution de la consommation des antibiotiques ;
- le changement des habitudes avec un début de prise de conscience de la surconsommation de médicaments ;
- la diminution de la prescription des antibiotiques n'a pas eu d'incidence sur la santé de la population.

2) Selon vous, quels sont les objectifs de cette campagne ?

Cette campagne a pour objectifs de diminuer les dépenses de santé d'une part et de changer le comportement des Français qui prennent des antibiotiques pour n'importe quel problème infectieux, même s'il ne s'agit pas d'une infection bactérienne.

Un autre objectif est de diminuer la fréquence et la quantité d'antibiotiques ingérées par les jeunes enfants qui sont le plus souvent atteints de pathologies infectieuses d'origine virale.

La prise trop fréquente d'antibiotiques entraîne aussi la résistance des bactéries aux antibiotiques (BMR), ce qui peut s'avérer dramatique dans le cas où la personne souffre réellement d'une infection bactérienne mais où la bactérie résiste au traitement.

Un autre objectif est de faire prendre conscience aux Français que l'on peut traiter certaines pathologies autrement que par les médicaments, ce changement de comportement pouvant s'étendre à la prise d'autres médicaments surconsommés, comme les psychotropes par exemple ; d'où la nécessité, de la part de la population, de se responsabiliser et de s'informer sur la santé (divulgation médiatique, activités associatives orientées vers l'hygiène de vie, revues) et de la part des professionnels de santé, de bien informer la population (par les médias, conférences, associations, prospectus, où en s'adressant directement aux patients – les médecins par exemple).

2.3. Le sourire

1) Vous dégagerez les 4 idées principales de ce texte.

La première idée est la **définition** du sourire avec l'acquisition et son évolution chez l'enfant, la 2e idée est que le sourire est un **outil de communication** et qu'il humanise les rapports. La 3e idée est que le sourire est une **qualité indispensable** à tout professionnel de la petite enfance et la 4e idée est que des **réflexions de travail** autour du sourire permettent des remises en questions des pratiques.

2) Expliquez l'expression « être disponible » dans la première phrase du troisième paragraphe (en 10 lignes maximum).

« Être disponible » signifie être à l'écoute de l'enfant et de sa famille, c'est être attentif, réceptif et prendre son temps pour s'occuper de l'enfant. C'est aussi échanger, accompagner, être à la disposition tout au long de sa journée de travail.

Il est nécessaire d'être ouvert à l'autre, de rester professionnel et détaché de ses préoccupations personnelles pour accueillir le sourire de m'autre et répondre en retour.

Être disponible signifie aussi pour le professionnel être attentif au contexte familial et soucieux de comprendre l'enfant et sa famille sans aucun jugement.

3) Expliquez les attitudes que vous pouvez adopter face à un enfant dit « trop sérieux » dans la dernière phrase du 4e paragraphe (en 10 lignes maximum).

Devant un enfant dit « trop sérieux », je chercherais d'abord à savoir s'il est toujours ainsi ou si c'est une attitude passagère et liée à un événement extérieur.

S'il s'agit d'un trait de caractère ou d'une forme de timidité, je peux essayer de le distraire : j'essaierais de le mettre en confiance, de le faire rire et lui proposerais des activités ludiques qu'il apprécie spécialement – car tous les enfants sont différents.

S'il semble préoccupé, je serais à son écoute et attentif à son changement de comportement. J'en parlerais à mes collègues pour m'assurer qu'ils ont la même perception. J'irais rassurer l'enfant en lui parlant, en cherchant à savoir ce qui ne va pas puis je rechercherais des raisons à son mal-être en l'observant (douleur, problème de santé) ou en parlant avec ses parents (séparation, nouvelle naissance, changement d'habitudes…) afin qu'il se sente compris.

> Biologie

Présentation de l'épreuve

Durée

L'épreuve de biologie est passée en même temps que la culture générale et les mathématiques. Le candidat doit gérer son temps (2 heures en tout) pour traiter les 3 matières.

Notation

L'épreuve écrite est notée sur 20 points, dont 12 pour la partie culture générale et 8 pour les parties biologie et mathématiques. Toutefois le nombre de points respectivement attribués aux mathématiques et à la biologie peut varier d'un centre de concours à l'autre. Le barème est toujours donné sur le sujet, le candidat n'aura donc pas de mauvaise surprise en ce qui concerne la cotation. Rappelons que pour être admissible à l'épreuve orale, il vous faut obtenir 10/20 à l'ensemble de l'épreuve écrite.

L'épreuve de biologie permet d'évaluer **les connaissances du candidat** dans ce domaine. Les critères d'évaluations sont souvent la **précision** et l'**exactitude** : les correcteurs attendent du candidat qu'il utilise des mots-clés.

Contenu

Le nombre et la forme des questions sont variables. Elles sont généralement présentées après la culture générale et avant les mathématiques.

Il s'agit de questions à réponses ouvertes et courtes (QROC), de vrais/faux, de questions à choix multiples (QCM), de schémas à légender, de textes à trous, de définitions de termes, de croisements de mots et de définitions.

Les différentes formes d'exercices vous sont présentées dans cet ouvrage afin de vous entraîner *(voir page 248)*.

Une série de cinq questions de biologie est couramment proposée.

Les réponses se font sur le document fourni le jour de l'épreuve.

CHAPITRE 1

Méthodologie : une marche à suivre

L'épreuve de biologie est passée en même temps que la culture générale et les mathématiques, il convient donc de faire une lecture rapide des sujets et de commencer par répondre aux questions dont vous êtes sûr de la réponse : si la solution vous vient immédiatement, donnez-la, sinon passez à la question suivante.

Ce chapitre est construit sur la base du programme de biologie et nutrition du BEP Carrières sanitaires et sociales, le diplôme préparant le mieux aux études d'AS/AP. Il vous aidera non seulement à réussir l'épreuve de biologie, mais aussi la culture générale car de nombreux thèmes – vieillissement, obésité, anorexie, cancer, troubles du sommeil… – sont susceptibles d'être abordés dans ces deux épreuves.

Le chapitre 2, intitulé « Les grands thèmes de biologie » (page 137), contient des cours complets pour comprendre le fonctionnement du corps humain et répondre aux questions qui vous seront posées le jour du concours. Vous y trouverez :

- des **fiches thématiques complètes** dans lesquelles vous trouverez toutes les connaissances qu'il vous faudra maîtriser pour réussir le concours ;
- pour chaque thème, un **guide de révision** intitulé « **Mémento** » pour savoir où vous en êtes dans l'apprentissage du vocabulaire propre à la biologie humaine.

Cette partie contient aussi :

- un **lexique** *(voir page 230)* qui vous donne les définitions des termes de biologie et de tout le vocabulaire médical rencontré dans ce chapitre ; il vous aidera à répondre aux questions concernant les définitions ;
- des séries d'**exercices originaux ou issus d'annales** *(voir page 248)* pour vous entraîner, avec une aide méthodologique qui vous aidera à traiter le mieux possible ces exercices.

La partie « Annales » vous propose également une série de dix sujets corrigés complets, dont la biologie *(voir page 495)*

Conseil bonus

Les questions de biologie humaine, de nutrition, d'alimentation ont pour objet d'évaluer vos connaissances ; pour y répondre, il est important de connaître les cours. Entraînez-vous, testez vos connaissances, identifiez vos lacunes et reportez-vous aux cours. N'hésitez pas à utiliser le crayon à papier et la gomme pour écrire sur votre livre !

›1. QCM

La question à choix multiples ou QCM est une épreuve simple : il y est demandé au candidat de choisir la ou les bonnes réponses parmi plusieurs propositions. Alors fiez-vous à votre intuition : cochez !

La QCM peut être formulée de façon **interrogative**, **positive** ou **positive avec restriction** :

- « Quelle est la cause de … ? » (interrogative) ;
- « La cause est… » (positive, affirmative) ;
- « Les facteurs suivants sauf un sont favorisants. Lequel ? » (positive avec restriction).

Attention, il faut bien lire la formulation de la question pour y répondre correctement.

Exemple

› L'énoncé de la question peut être interrogatif

Quelle est la cause principale d'une aménorrhée ?

- la grossesse ✘
- le diabète ❑
- la constipation ❑

› L'énoncé peut être affirmatif (positif)

La cause d'une aménorrhée est :

- la grossesse ✘
- le diabète ❑
- la constipation ❑

L'énoncé peut être affirmatif avec restriction

Les facteurs suivants sauf un sont favorisants. Souligner l'élément faux :

Les facteurs de risque d'accidents cardiovasculaires sont :

- <u>l'aménorrhée</u>
- le tabac
- l'alcool

›2. QROC

Les QROC (questions à réponses ouvertes et courtes) sont des questions qui font appel à vos connaissances. Il s'agit de répondre brièvement, sans développer.

Exemple

›Énoncé

Quel est le rôle de la vaccination ?

›Corrigé

Produire une immunité active durable spécifique par rapport à une maladie.

Conseil bonus

Pour répondre à ce type de question, il faut se limiter à l'essentiel. Il s'agit surtout de réponses courtes et précises qui nécessitent des connaissances exactes. Ces questions concernent les rôles ou les fonctions ; le chapitre « Entraînement » (page 248) et la rubrique « Mémento » vous aideront à identifier les informations qu'il est vraiment indispensable de maîtriser.

Quand vous vous entraînez, répondez le plus vite possible, puis vérifiez la correction. Si vous vous êtes trompé, reprenez vos cours, et recommencez les exercices.

Dans ce type d'exercice, les questions sont presque toujours formulées de la façon suivante : elles commencent par « citez... », « dites quels sont... », etc. Le correcteur attend alors que vous utilisiez des mots-clés.

›3. Définitions

Il n'est pas absolument nécessaire de connaître le lexique *(voir page 230)* par cœur. Cependant, les définitions doivent être justes et concises, et ne pas recouvrir le sens de plusieurs termes. Évitez de réutiliser tout ou partie du mot dans la définition et ne vous ne lancez pas dans des explications trop longues.

Les définitions peuvent concerner le vocabulaire médical issu de l'anatomie, de la physiologie, de la biologie, de la pathologie...

Exemple

› Énoncé

Définissez le mot « déficience ».

› Corrigé commenté

La déficience est l'altération temporaire ou définitive d'une structure, d'une fonction anatomique, physiologique ou psychologique.

Comme expliqué plus haut, évitez de réemployer, dans votre définition, la racine du mot dont la définition est demandée. Ainsi, ne dites pas que la **déficience** est un **déficit** touchant une structure ou une fonction anatomique : cela est évident. Le jury attend que vous expliquiez avec des mots différents.

› 4. Trouvez le mot

C'est l'inverse des définitions. Il s'agit de trouver le mot qui correspond à la définition proposée. Il faut pour cela bien lire la définition et repérer à quel domaine elle appartient. Si l'orthographe du mot n'est pas exacte mais que, phonétiquement, il correspond au mot à trouver, vous pouvez bénéficier d'une partie des points ; alors, proposez toujours quelque chose plutôt que de ne rien écrire.

Exemple

› Énoncé

Déviation latérale de la colonne vertébrale.

› Corrigé

Scoliose.

Conseil bonus

Pour l'apprentissage du vocabulaire, utilisez des moyens mnémotechniques pour vous aider à retenir les mots et les définitions : par exemple, pour la scoliose souvenez-vous que le dessin de cette déviation a la même forme que la première lettre de scoliose, le « S » *(voir page 172)*.

Il se peut que l'on vous demande de placer les mots dans une grille de mots-croisés. Vous pouvez alors vous aider du nombre de lettres à placer pour deviner le mot. Dans l'exemple que nous avons donné, la réponse n'aurait pas pu être « lordose », car ce mot ne comporte que 7 lettres au lieu de 8 pour « scoliose » : il en aurait donc manqué 1 pour pouvoir remplir la grille.

›5. Texte à trous

Il faut placer des mots dans un texte. Pour certains exercices, des mots sont proposés, pour d'autres c'est à vous de les trouver en fonction de vos connaissances.

Exemple

›Énoncé

Les échanges gazeux se produisent au niveau des ????.

›Réponse

Les échanges gazeux se produisent au niveau des **alvéoles**.

Conseil bonus

Repérez de quelle partie du corps humain il est question : l'appareil digestif, cardio-circulatoire etc.

Souvent le texte donne la définition des mots à trouver : lisez-le en entier, il vous donnera certainement de nombreux indices.

›6. Trouvez l'intrus

Cette catégorie d'exercice fait appel à vos connaissances et surtout à votre logique.

Exemple

›Énoncé

Carpe, tibia, péroné, fémur.

›Corrigé commenté

L'intrus est le carpe qui appartient au membre supérieur, tandis que les autres éléments appartiennent au membre inférieur.

Conseil bonus

Pour identifier l'intrus, repérez à quel système (respiratoire, digestif, etc.) appartiennent les mots proposés, mais aussi s'ils ont des rôles ou des fonctions communes. C'est souvent en fonction de ces informations que l'intrus vous « sautera aux yeux ».

›7. Vrais/faux

Cet exercice consiste souvent en une suite de 10 affirmations. Répondez uniquement en fonction de vos connaissances, ne faites pas de calcul car les propositions peuvent être toutes fausses ou toutes vraies, le nombre de faux et de vrais est aléatoire.

La question à se poser est simple : « Est-ce vrai ou faux ? » Pourtant, il faut faire très attention et bien lire la question, car dans une même proposition un nombre – ou un mot – peut être juste mais côtoyer un autre qui est faux. Alors, soyez vigilants !

Exemple

›Énoncé

L'insuline est une hormone sécrétée par le pancréas.

L'appendice xiphoïde se situe dans l'intestin.

›Corrigé commenté

L'insuline est une hormone sécrétée par le pancréas : Vrai

L'appendice xiphoïde se situe dans l'intestin : Faux

Attention de ne pas vous précipiter : dans la seconde proposition, il faut bien identifier ce qu'est l'appendice xiphoïde (une partie du sternum), et ne pas le confondre avec ce qu'on appelle communément l'appendice et qui est effectivement une partie de l'intestin.

Conseil bonus

Lisez attentivement l'affirmation : tous les mots sont importants, ils peuvent vous induire en erreur… ou confirmer votre intuition.

Si la question fait référence à l'anatomie, essayez de visualiser les illustrations que vous avez déjà vues. Ayez confiance en vos connaissances !

›8. Schémas à légender

Vous devez trouver un titre au schéma proposé et le légender. Il faut identifier des éléments désignés par une flèche. Parfois, l'on vous donne les noms à placer sur le schéma.

Exemple

› Énoncé

Remplissez l'illustration suivante, sans oublier de lui donner un titre.

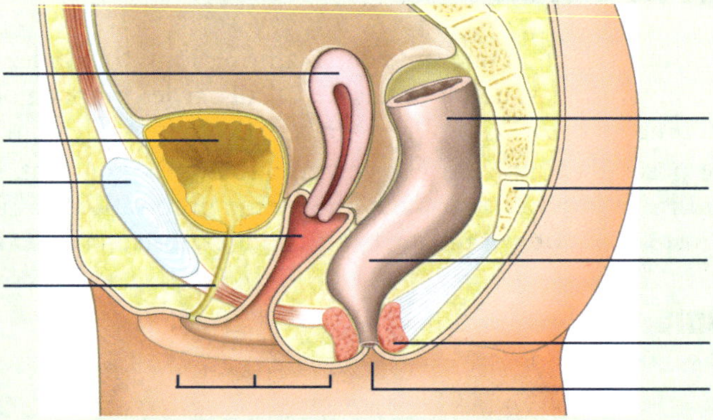

....

› Corrigé

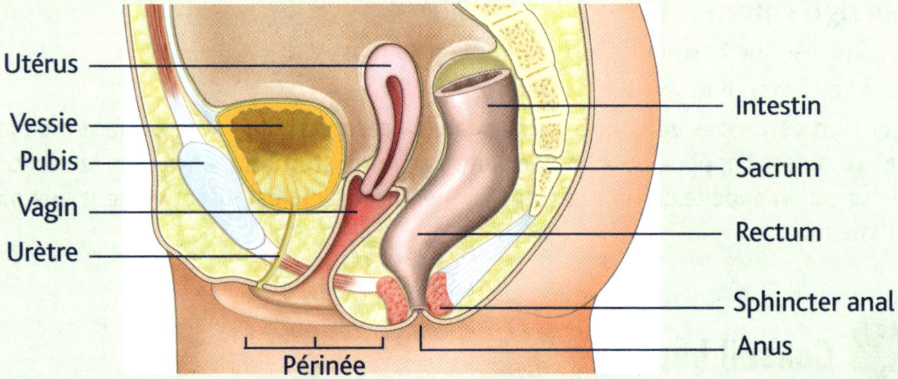

Coupe sagittale de l'appareil génital féminin

Conseil bonus

Entraînez-vous avec les illustrations de cet ouvrage, en utilisant le crayon à papier. Commencez toujours par le titre du schéma. Écrivez les mots à part puis essayez de les replacer sur le schéma.

Les grands thèmes de biologie

CHAPITRE 2

Ce chapitre regroupe les connaissances qu'il est utile – voire indispensable – de maîtriser pour pouvoir répondre efficacement aux questions posées lors de l'épreuve de biologie.

Elles sont regroupées par grands thèmes. Vous y trouverez tout ce qui vous sera nécessaire pour votre future pratique d'AS/AP et l'essentiel pour ne pas sécher le jour du concours. Ces grands thèmes sont :

- le corps humain ;
- la fonction de relation ;
- la fonction de nutrition ;
- la fonction de reproduction ;
- les médicaments, la pharmacologie.

Chaque thème est organisé et traité selon le programme officiel des formations sanitaires et sociales (BEP), et se termine par une grille d'auto-évaluation (« Mémento ») qui vous permettra de vérifier si vous avez bien assimilé toutes les informations et notions importantes.

›1. Le corps humain

1.1. L'organisation générale du corps humain

Avant d'étudier chaque appareil, il convient de définir la morphologie générale du corps humain, ce qui permettra de situer et de nommer ses différentes parties.
L'homme est un vertébré qui marche debout sur la plante des pieds : on le dit bipède plantigrade.
Le corps de la femme et celui de l'homme présentent des morphologies différentes : on parle d'un corps gynoïde pour la femme et androïde pour l'homme.

1.1.1. La cellule

› Généralités

La **cellule** est l'unité de base du corps humain *(voir figure 1)*.
L'homme est constitué de milliards de cellules ; chaque cellule vit. Les cellules sont de dimension variable, du micron pour un globule rouge au centimètre pour les cellules musculaires ; elles sont de forme variée, mais de structure toujours identique.
La cellule est composée d'une **membrane plasmique** limitant un **cytoplasme** contenant des **organites** (tout élément appartenant à la cellule – mitochondrie, centriole, etc. – est appelé « organite ») et un **noyau** *(voir « Composition de la cellule », page 140)*. La durée de vie des cellules est variable, certaines se renouvellent constamment. Le **glucose** (avec l'aide des **acides gras**) est le principal fournisseur d'énergie des cellules.

› Fonctions de la cellule

L'activité de la cellule est double : elle est consacrée à son fonctionnement propre (l'interphase) et à sa multiplication (mitose et méiose).

› *Interphase*

L'**interphase** est une période de travail biologique de la cellule divisée en phases :
- d'assimilation – pour se nourrir, la cellule va puiser dans le milieu extra-cellulaire (en dehors de la cellule) et cela grâce à des phénomènes tels que l'osmose, la dialyse, l'endocytose et l'exocytose ;
- de digestion ;
- de sécrétion et d'excrétion ;
- de respiration ;
- de circulation ;
- de locomotion ;
- et de croissance.

Toutes ces fonctions sont assurées par les organites.

Figure 1 – La cellule

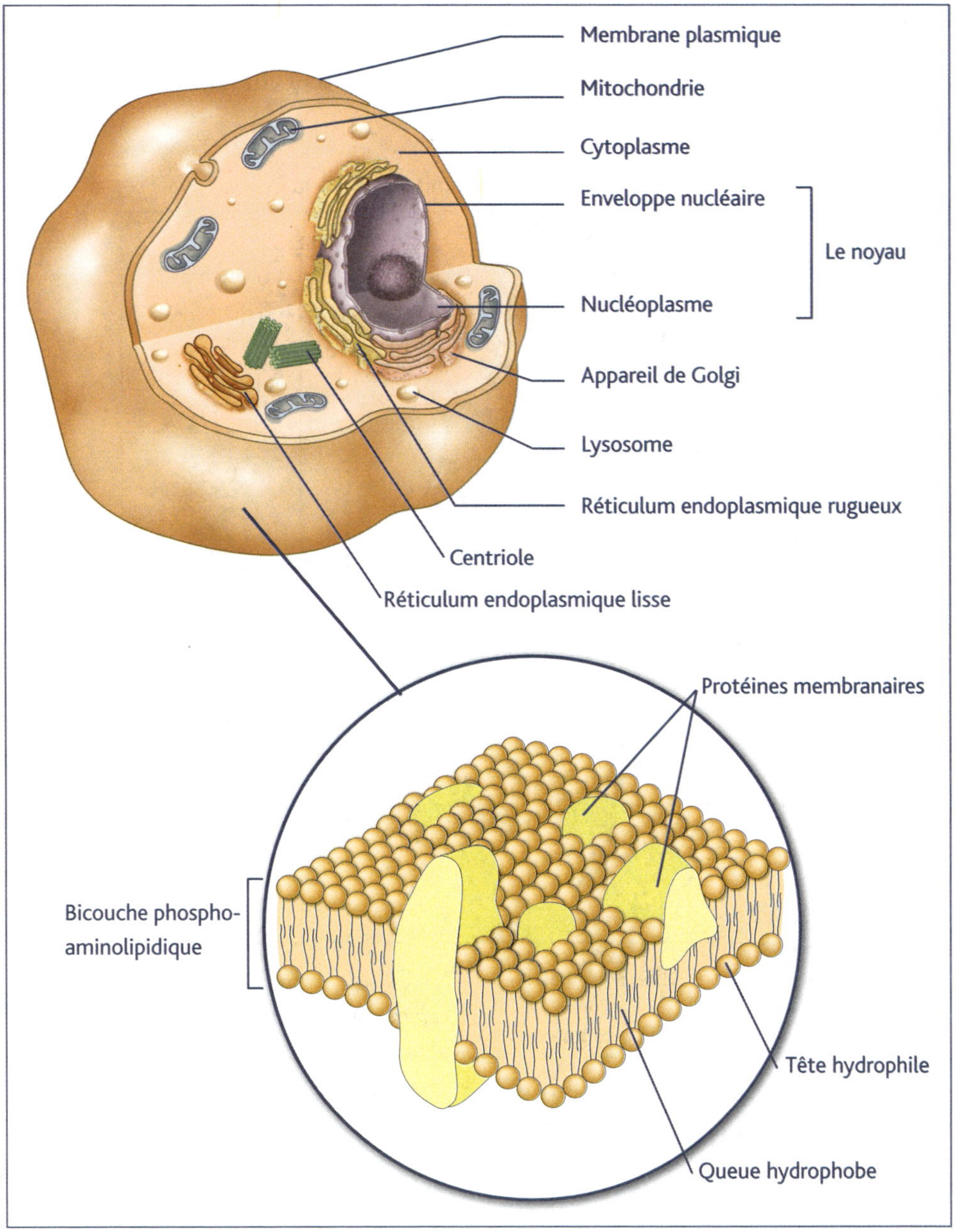

› *Mitose et méiose*

La **mitose** est la division cellulaire qui se déroule en quatre étapes successives :

- la prophase ;
- la métaphase ;
- l'anaphase ;
- la télophase.

Toutes les cellules proviennent de cellules préexistantes. La finalité de la mitose est d'obtenir deux cellules identiques à la cellule d'origine : ce sont des cellules diploïdes (qui comportent 2 paires de chromosomes).

Seules les cellules sexuelles subissent une **méiose.** Ce processus est une division réductionnelle : un spermatocyte de 43 chromosomes XY se divisera 2 fois pour donner 4 spermatozoïdes de 23 chromosomes X ou Y. Elle se produit à partir de cellules diploïdes et donne des cellules haploïdes (qui comportent 1 seul chromosome – on dit aussi « *n* chromosome ») *(voir figure 2).*

Figure 2 – Schéma de la mitose et de la méiose

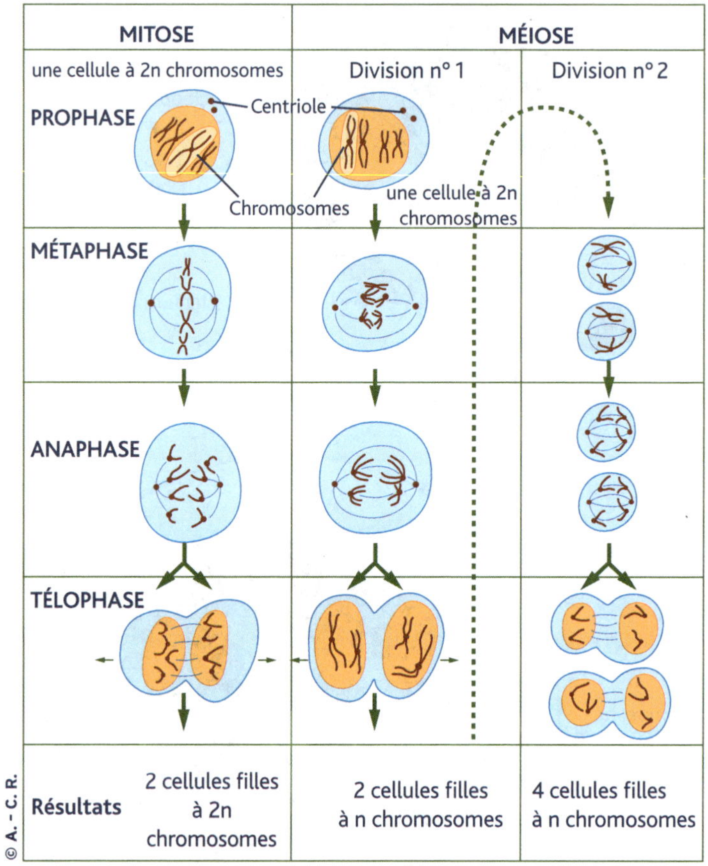

› Composition de la cellule

Chaque cellule est composée de plusieurs éléments.

› *Membrane*

La **membrane** est élastique et perméable, capable d'échanges, permet de délimiter la cellule et régule le passage des substances vers l'intérieur et vers l'extérieur. Elle est formée de 2 couches de phospho-aminolipides renfermant des protéines, séparées par une zone claire. Sa structure spécifique permet les échanges entre le milieu intracellulaire et le milieu extra-cellulaire.

› Cytoplasme

Le cytoplasme est composé de nombreux éléments chimiques, dans lequel s'opèrent de multiples transformations.

Les différents éléments du cytoplasme	Rôles, fonction
L'appareil de Golgi	Petits sacs aplatis qui stockent et distribuent des protéines synthétisées
La mitochondrie	Produit beaucoup d'énergie
Les lysosomes	Détruisent par digestions enzymatiques des éléments indésirables
Le réticulum endoplasmique	Stocke des protéines synthétisées
Des vacuoles	Stockent des réserves énergétiques
Les centrioles	Participent au déplacement et à la division cellulaire
Les ribosomes	Leur rôle est primordial dans la synthèse des protéines

› Noyau

Le **noyau** est situé au centre de la cellule, c'est lui qui **règle la vie de la cellule**. Il contient des chromosomes dont le rôle est de transmettre les caractères héréditaires de la cellule. C'est dans le noyau de la cellule que l'on trouve l'ADN (acide désoxyribonucléique), qui est le support de l'information génétique, et l'ARN (acide ribonucléique), qui transporte l'information génétique.

› ADN et chromosomes

Au moment de la reproduction cellulaire, la **molécule d'ADN** se scinde en petits filaments, les **chromosomes**. Chaque chromosome est formé de 2 unités semblables (les chromatides unies par le centromère) *(voir figure 3)*.

Chaque cellule du corps humain contient 23 paires de chromosomes, exceptées les cellules sexuelles qui n'ont que 23 chromosomes. Le caryotype est l'ensemble des chromosomes de la cellule classés par paires et en fonction de leur taille.

Les **gènes** sont des unités portées par les chromosomes qui sont responsables des caractéristiques de l'individu (couleur des yeux, de la peau, etc.). Ils sont des portions de chromosome. Un gène peut avoir différentes versions, on parle d'allèles : pour un même gène, les cellules peuvent avoir 2 allèles identiques ou différents.

L'hérédité a pour support le noyau de la cellule qui possède 46 chromosomes identiques deux à deux, soit 23 paires homologues dont 22 paires de chromosomes non sexuels et une paire de chromosomes sexuels (appelés XX pour la femme et XY pour l'homme).

Figure 3 – Les chromosomes

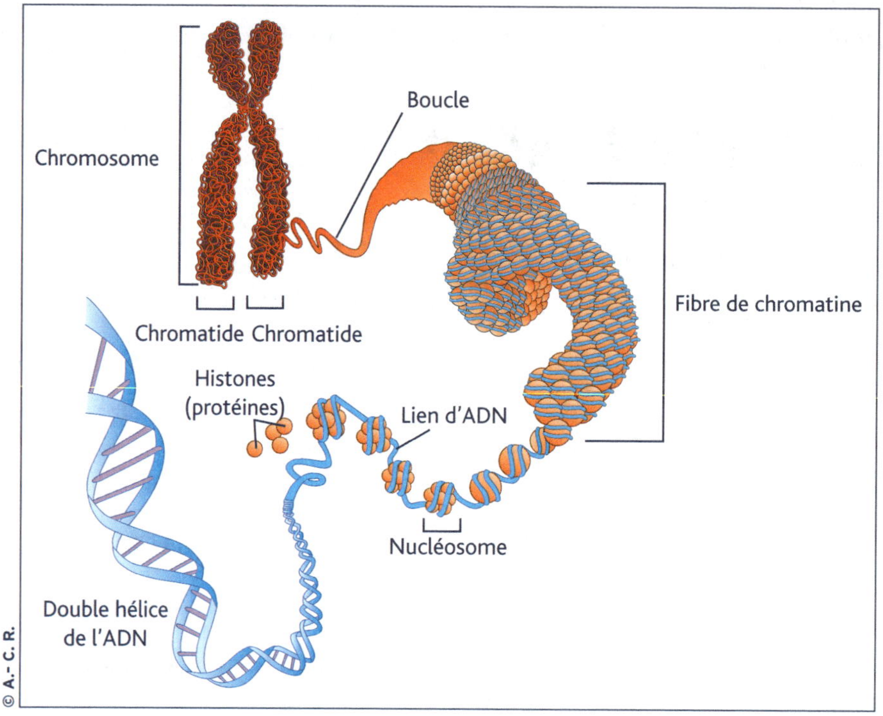

› Les anomalies

› *Le cancer*

Le cancer est une pathologie résultant de la **multiplication anormale** des cellules dans un tissu.

La cellule se transforme avec un noyau volumineux, un cytoplasme plus granuleux et une membrane présentant des anomalies. Sa division est anarchique et produit des cellules qui constituent une tumeur maligne.

La tumeur peut se développer dans les tissus voisins et des cellules peuvent migrer vers des ganglions lymphatiques par la circulation sanguine ou lymphatique. Si d'autres tissus sont envahis, on parle de **métastase**.

› *Les maladies génétiques*

Elles sont liées :

- soit au **nombre de chromosomes** : par exemple, la trisomie 21 est liée à un chromosome supplémentaire dans la paire 21, le syndrome de Turner est lié à l'absence du second chromosome X chez la femme ;
- soit à la **présence d'anomalies sur le gène** (un ou deux allèles peuvent être atteints) : par exemple, la mucoviscidose, la myopathie de Duchenne, l'hémophilie A.

1.1.2. Le tissu

Le tissu est formé d'**un ensemble de cellules**. On parle de **tissu épithélial** pour un tissu où les cellules sont juxtaposées et de **tissu conjonctif** pour un tissu où les cellules sont plus dispersées et séparées par des éléments liquides ou solides. Le tissu est **l'ensemble des cellules qui ont une fonction spécifique**.
On distingue deux tissus principaux, le tissu **épithélial** et le tissu **conjonctif**.

› Le tissu épithélial

Le tissu épithélial est un tissu de revêtement ou glandulaire (par exemple, l'épiderme de la peau) qui est formé de cellules juxtaposées. Il peut être simple ou stratifié. On distingue l'épithélium de revêtement (cheveux, ongles, poils) et l'épithélium glandulaire dont la différenciation cellulaire se fait en faveur de la propriété de sécrétion. Une glande peut être exocrine (glande dont la sécrétion ne passe pas dans le sang ou la lymphe : sudoripare, digestive) ou endocrine (glande dont la sécrétion est directement déversée dans le sang ou la lymphe : thyroïde, hypophyse). Certaines glandes sont mixtes, exocrines et endocrines (pancréas, ovaires, testicules).

› Le tissu conjonctif

Le tissu conjonctif est un tissu interne de l'organisme. Il assure un rôle de transporteur, de maintien et d'isolation des organes. Il est formé de cellules dispersées dans une substance appelée matrice, dont le rôle est d'assurer la consistance et la nourriture du tissu. Le cartilage, le derme pour la peau, l'os, le sang ont en commun d'être formés de cellules séparées par une substance fondamentale : le plasma pour le sang, l'osséine pour l'os…

› Les tissus spécifiques

En plus de ces deux variétés, il existe des **tissus spécifiques** :
- le tissu musculaire : très riche en protéines contractiles, il compose les muscles qui actionnent le squelette et permettent les mouvements *(voir page 170)* ;
- le tissu nerveux : il compose le système nerveux, constitué de cellules chargées de transmettre l'information à d'autres cellules *(voir page 148)*.

› Les tissus particuliers

Enfin, il existe **2 tissus particuliers** :
- la muqueuse : elle tapisse la cavité des organes creux (estomac, utérus, vessie) et les orifices naturels (bouche, anus...) ;
- la séreuse (péricarde, plèvre, péritoine...) : elle est une association de tissu épithélial et de tissu conjonctif.

1.1.3. L'organe

L'organe est formé d'**un ensemble de tissus** : par exemple, le cœur est fait de tissus musculaires et de tissus nerveux.

1.1.4. L'appareil ou le système

Il est formé d'**un ensemble d'organes** : par exemple, le système cardiovasculaire formé par le cœur et les vaisseaux sanguins. L'appareil est un ensemble d'organes qui accomplissent une fonction spécifique.

Chaque appareil assure une **fonction** :

- **la fonction de relation** est assurée par le système nerveux (qui permet la motricité, la perception sensorielle, l'intelligence, la mémoire, le repos et la récupération, donc un certain équilibre), les organes des sens, l'appareil locomoteur et le système endocrinien. Elle permet de percevoir que l'on se déplace dans l'environnement *(voir page 148)* ;
- **la fonction de nutrition** est assurée par l'appareil respiratoire (qui permet les échanges gazeux), l'appareil digestif (qui assure la transformation des aliments en nutriments et leur absorption), l'appareil circulatoire (qui distribue tous ces produits aux différents organes) et l'appareil urinaire (qui permet d'éliminer les déchets). Elle répond aux besoins essentiels vitaux de l'organisme *(voir page 187)* ;
- **la fonction de reproduction** assure la continuité de l'espèce humaine *(voir page 219)* ;
- **la fonction de régulation** est assurée par le système endocrinien et le système nerveux, les moyens de défenses de l'organisme, le système immunitaire *(voir pages 175 à 186)*.

1.2. Le fonctionnement de l'organisme

L'organisme vivant est une usine biochimique. Il se construit, se renouvelle à partir de ressources puisées dans l'environnement et restitue des déchets, mais aussi de la chaleur. La matière est constituée d'atomes, électriquement neutres (noyau chargé positivement autour duquel gravitent des électrons chargés négativement). Les atomes assemblés sont des molécules, les molécules des êtres vivants sont des bio-molécules.

1.2.1. Les éléments inorganiques

› L'eau

Le corps humain est constitué principalement d'eau (**70 % de la masse corporelle**) dont la répartition dans l'organisme est variable *(voir tableau page suivante)*.

Son rôle est fondamental : elle entre dans la **composition des cellules et des liquides de l'organisme** (sang, lymphe), **transporte des substances et les détruit** également (hydrolyse). C'est un solvant pour de nombreuses substances et un réactif pour l'hydrolyse ; elle joue un rôle d'amortisseur lors des chocs et participe aux variations thermiques.

L'apport journalier en eau doit être égal aux pertes (urines, sueurs, vapeurs, menstruations...), c'est-à-dire 1,5 litre par jour.

L'excès d'apport entraîne des fuites ioniques. L'insuffisance d'apport entraîne des déshydratations.

Toutes les réactions chimiques de l'organisme doivent se dérouler dans un milieu aqueux. De nombreuses substances sont solubles dans l'eau (hydrosolubles) et aiment l'eau (hydrophiles) telles que les glucides, les protéines et les acides nucléiques ; d'autres substances sont hydrophobes et non solubles, telles que les lipides qui restent à la surface de l'eau.

› Les minéraux

Les minéraux sont les autres constituants non organiques du corps humain : fer (Fe), calcium (Ca), sodium (Na), phosphore (P), chlore (Cl), magnésium (Mg), potassium (K), soufre (S), cuivre (Cu), iode (I), zinc (Zn). Ils permettent l'unification du squelette, les contractions musculaires, l'influx nerveux, la coagulation, la régulation osmotique… Ils sont apportés par l'eau et certains aliments.

Tableau – Composition biochimique du corps humain

	Composition générale biochimique du corps humain (en % de la masse corporelle)	Composition du tissu musculaire squelettique (en % de la masse musculaire squelettique)	Composition du tissu osseux (en % de la masse du tissu osseux)	Composition du plasma sanguin (en % de la masse du tissu sanguin)
Éléments	Eau : 65 % Protéines : 18 % Sels minéraux : 8,9 % Acides nucléiques : 3,7 % Lipides : 3 % Glucides : 1,4 %	Eau : 75 % Protéines : 15 à 20 % Lipides : 2 % Glycogènes, sels minéraux : variable	Protéines (osséine) : 30 % Eau : 25 % Sels minéraux : 45 %	Eau : 91 % Protéines : 7 % Autres composés (nutriments, lipides, gaz respiratoires, etc.) : 2 %

1.2.2. Les éléments organiques

Ils constituent notre organisme et sont des bio-molécules.

› Les lipides, protides et glucides

Les éléments organiques sont tous composés d'atomes d'hydrogène, d'oxygène, de carbone ainsi que d'azote pour les protéines. On distingue **les glucides, les acides gras** et **les acides aminés** :

- le rôle des glucides est énergétique : les cellules utilisent le glucose pour les réactions respiratoires, leur oxydation libère de l'énergie. Ils peuvent se greffer à des lipides ou des protides et jouer un rôle dans la reconnaissance de l'information ;
- le rôle des acides gras est énergétique et structural : ils composent les membranes biologiques ;
- le rôle des acides aminés est structural (avec les enzymes, ils permettent le métabolisme) : ils s'assemblent pour composer des chaînes de protéines.

› L'acide nucléique

L'acide nucléique est formé de **nucléotides** qui sont des molécules constituées d'une base azotée, de pentose et de phosphates.

› Les vitamines

Ce sont des substances **indispensables** à l'organisme. Leur absence ou leur carence peut entraîner de graves maladies.

On distingue 2 types de vitamines : hydrosolubles (B1 anti-béribéri, B2, B3, B5, B6, B8, B9, B12, PP anti-pellagreuse, C anti-scorbutique) et liposolubles (A vitamine de croissance, bêta carotène, D antirachitique fixe l'absorption du calcium et du phosphore, E diminue les risques cardiovasculaires, K antihémorragique).

Mémento

› À retenir !

Pensez-vous maîtriser toutes les notions utiles exposées dans ce chapitre ? Pour être certain de ne pas « caler » au moment de l'épreuve de biologie, servez-vous du tableau ci-dessous : il vous aidera à faire le point sur les connaissances que vous avez acquises ou qu'il faut encore renforcer.

Notion		Je maîtrise cette notion	Je ne maîtrise pas encore cette notion
Constituants de la matière vivante	Teneur moyenne en eau et son rôle dans l'organisme		
	Principaux éléments minéraux et oligo-éléments		
	Bio-molécules et leurs rôles		
Organisation générale	Rôle des mitochondries		
	Rôle de l'appareil de Golgi		
	Rôle du réticulum endoplasmique		
	Rôle des ribosomes		
	Rôle du noyau		
	Nombre de chromosomes		
	Phases de la mitose et de la méiose		
	Réplication des gènes		
	Hérédité		
	Maladies génétiques		
	Tissus		
	Glandes exocrine et endocrine		
	Hormone		
	Enzyme		
	Muqueuse et séreuse		
	Organe		

Notion		Je maîtrise cette notion	Je ne maîtrise pas encore cette notion
	Appareil		
	Schéma de la cellule et sa membrane		
	Schéma du chromosome		

› Glossaire

Voici une liste des mots ayant un lien avec l'organisation et le fonctionnement généraux du corps humain, dont vous trouverez la définition dans le lexique page 230.

Acide aminé, acide gras, acide nucléique, ADN, albumine, aérobie, algie, aliment, allèle, anaérobie, anaphase, anatomie, appareil, apyrétique, ARN, asepsie, atome, ATP, atrophie, avitaminose, axillaire, **B**iologie, biopsie, **C**ancérigène, carence, caryotype, caséine, catabolisme, cellule, cellulose, chromosome, cytoplasme, **D**éficience, dégénérescence, déshydratation, diagnostic, dialyse, diffusion, diploïde, **E**ndocrine, endocytose, enzyme, étiologie, exocrine, exocytose, exogène, **F**iltration, fusion, **G**ène, glande, glucides, glucose, gluten, **H**andicap, hérédité, histologie, hydrique, hydrophile, hydrophobe, hydrosoluble, hyposodé, **I**atrogène, incapacité, inguinal, interphase, interstitiel, **K**yste, **L**actose, lipides, liposoluble, lobule, **M**acromolécule, maladie, méiose, métabolisme, métaphase, métastase, mitose, morphologie, muqueuse, mutation, **N**odule, nucléotide, **Œ**dème, oligo-élément, organe, ose, osmose, **P**athologie, pepsine, pH, physiologie, prophase, prophylaxie, protide, **R**ation alimentaire, récepteur, réplication, **S**anté, sels minéraux, solvant, symptôme, syndrome, **T**élophase, température, tissu, traduction, transcription, tumeur, **V**itamine.

›2. La fonction de relation

2.1. Le système nerveux : fonctions motrices et sensitives

2.1.1. Généralités

Le système nerveux permet à l'homme d'être en contact avec le monde extérieur. Il est le **siège de l'intelligence, de la conscience et de la sensibilité**, il **assure le fonctionnement spontané des organes** et permet le maintien de la vie. C'est un système qui permet de vivre harmonieusement ; il est commandé par un chef d'orchestre, le cerveau, siège de la volonté. C'est lui qui fait que, si je décide de marcher, je marche.

Il fonctionne comme une installation électrique avec un compteur et des ramifications dans chaque pièce de la maison. Le système cérébro-spinal commande toutes les actions, il analyse et interprète des messages dans le cortex cérébral ; la transmission de ces messages se produit grâce à la moelle épinière et aux nerfs.

› Système nerveux central et périphérique

On distingue le **système nerveux central** (encéphale et moelle épinière) et le **système nerveux périphérique**. Seul ce dernier fonctionne dans les deux sens, du cerveau aux organes et muscles et *vice versa*. Les plexus, qui sont une réunion de nerfs, vont desservir certaines parties du corps.

Le système nerveux comprend l'encéphale, la moelle épinière, les nerfs et les ganglions nerveux.

› *L'encéphale*

L'encéphale est le centre nerveux le plus volumineux (1,3 kg) *(voir figure 5)*. Il comprend :

- **le cerveau**, séparé en 2 hémisphères par un sillon médian. Chaque hémisphère est parcouru par de nombreuses circonvolutions dont les plus profondes délimitent 4 lobes : frontal, pariétal, temporal et occipital. Chaque zone a des fonctions motrices, sensorielles du langage, de la mémoire ; certaines aires réceptionnent les informations et d'autres interprètent les messages ;
- **le cervelet** et **le tronc cérébral** (qui se divise en trois parties – le bulbe rachidien, la protubérance annulaire et les pédoncules cérébraux – et assure la communication avec la moelle épinière) renfermant les noyaux gris centraux. De l'encéphale partent 12 paires de nerfs crâniens.

Figure 5 – L'encéphale

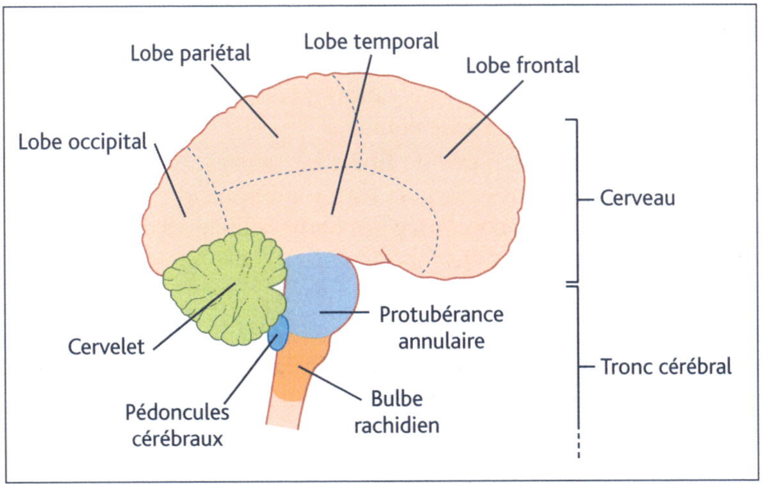

› *La moelle épinière*

La moelle épinière, long cordon de 50 centimètres, est logée dans la colonne vertébrale à l'intérieur du canal rachidien qui prolonge l'encéphale. Elle est protégée, comme l'encéphale, par les méninges (dure-mère, arachnoïde, pie-mère). Elle a un rôle de relais et de conduction des influx nerveux entre les nerfs et l'encéphale.

› *Les nerfs rachidiens*

De la moelle épinière partent 31 paires de **nerfs rachidiens**. Ces nerfs transmettent des informations sensitives (provenant des organes des sens) et motrices (provenant de l'encéphale et de la moelle épinière) entre les organes périphériques et le système nerveux. Les nerfs sont des organes excitables et conducteurs qui prennent l'aspect de très fins filaments. Ils sont constitués par un millier de fibres nerveuses qui sont les axones des neurones.

› *Les ganglions nerveux*

Les ganglions nerveux sont disposés en 2 chaînes de part et d'autre de la colonne vertébrale, sur la racine postérieure du nerf rachidien. Selon leur nature, ils ont un rôle nourricier ou participent à la transmission de l'influx nerveux.

› Organisation du tissu nerveux

On divise le système nerveux en 3 parties :

- le système nerveux **central** avec l'encéphale et la moelle épinière ;
- le système nerveux **périphérique** avec les nerfs rachidiens, les nerfs crâniens et les ganglions ;
- le système nerveux **autonome** qui règle l'activité des organes avec le système sympathique et le système parasympathique ; leurs effets sont antagonistes sur les viscères, le sympathique étant stimulant et le parasympathique inhibant.

› Substance grise et substance blanche

L'organisation du tissu nerveux est spécifique : la **substance grise** est externe pour le cerveau (cortex cérébral) et interne pour la moelle épinière où elle prend une forme de H *(forme visible sur la figure 7 page 152)* tandis que la **substance blanche** est interne pour l'encéphale et externe pour la moelle épinière.
La substance blanche est composée de **fibres nerveuses**, les axones et les dendrites, qui transmettent les informations – sous la forme d'impulsions nerveuses – de et vers les neurones. La substance grise, composée des corps cellulaires des neurones, est responsable du traitement des informations.

› Le neurone

Chaque neurone est constitué d'un **corps cellulaire**, d'un **axone** et de **dendrites**. Les axones se réunissent pour former **les nerfs** qui sont soit sensitifs, soit moteurs, soit mixtes. Ils consomment environ 20 % de l'oxygène de l'organisme et meurent en 5 minutes s'ils en sont privés.
La synapse est le lieu de connexion des neurones *(voir figure 6 page suivante)*.

Figure 6 – La synapse

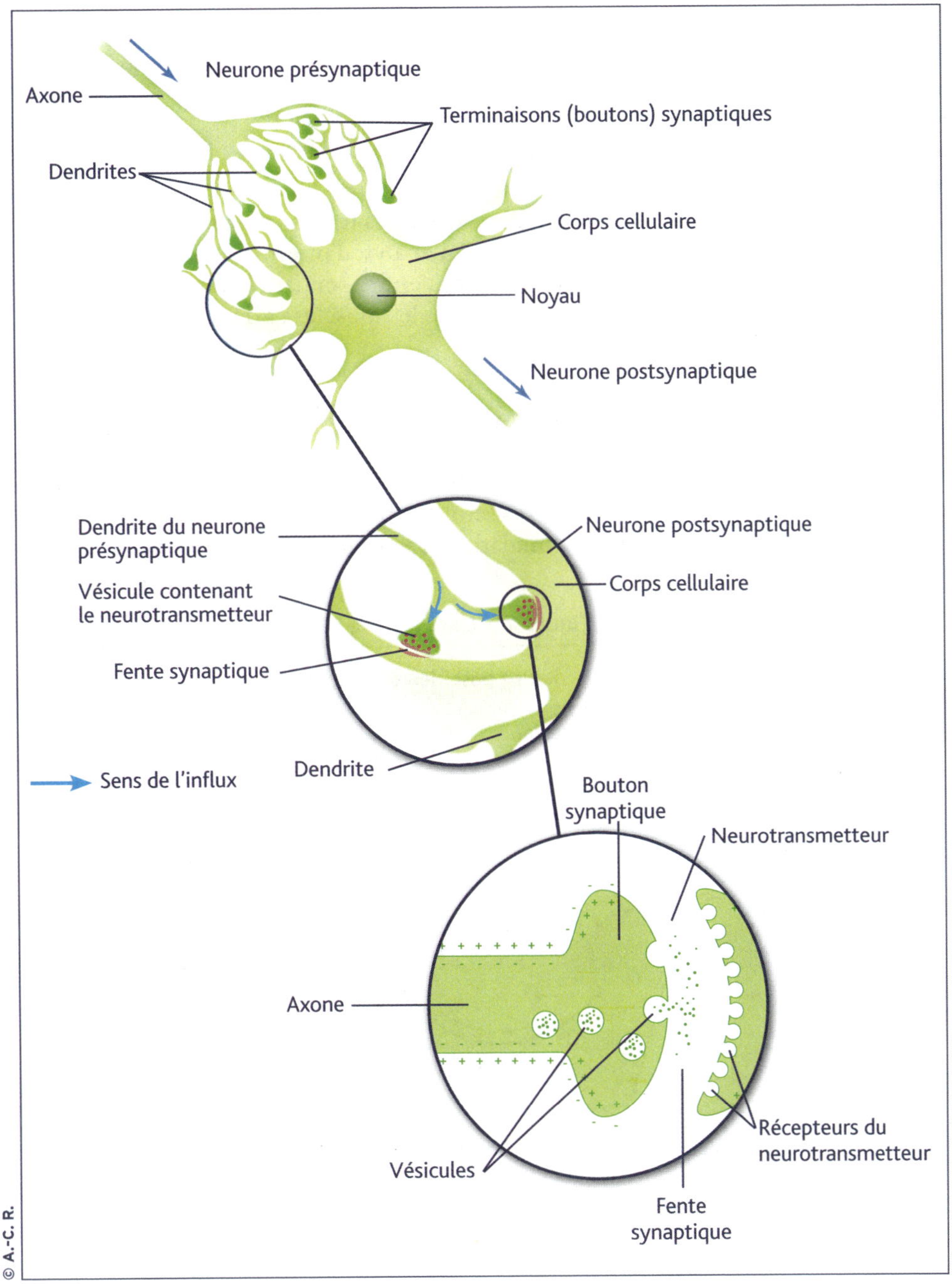

› L'activité nerveuse

L'activité nerveuse dépend des centres nerveux renseignés par les organes des sens et des récepteurs. Toute sensation perçue entraîne une réponse qui déclenche soit un acte volontaire, soit un acte réflexe.

› L'acte volontaire

L'**acte volontaire** est un acte pensé qui peut être d'ordre moteur, intellectuel affectif, créatif, du raisonnement, de l'observation, etc., effectué dans l'intention de réaliser un mouvement. Trois étapes se suivent :

- l'anticipation qui repose sur la mémoire du geste,
- l'impulsion ou commande du geste,
- l'exécution.

L'acte volontaire met en jeu de nombreuses structures nerveuses et les aires corticales. La phase sensorielle précède la phase centrale qui analyse l'information et donne naissance à un influx nerveux à partir d'une aire motrice ; enfin, pendant la phase motrice, l'influx moteur passe dans le nerf rachidien qui innerve les muscles et donne le mouvement.

› L'acte réflexe

L'**acte réflexe** est une réponse automatique et immédiate en réaction à une stimulation. Les actes réflexes sont dans notre patrimoine génétique et héréditaire ; ils sont innés comme les réflexes végétatifs et archaïques du nouveau-né (comme agripper le doigt qui lui chatouille la paume). D'autres réflexes seront appris, conditionnés. L'arc réflexe est un circuit nerveux qui part du lieu de stimulation jusqu'à la réaction *(voir figure 7)*.

Figure 7 – L'arc réflexe

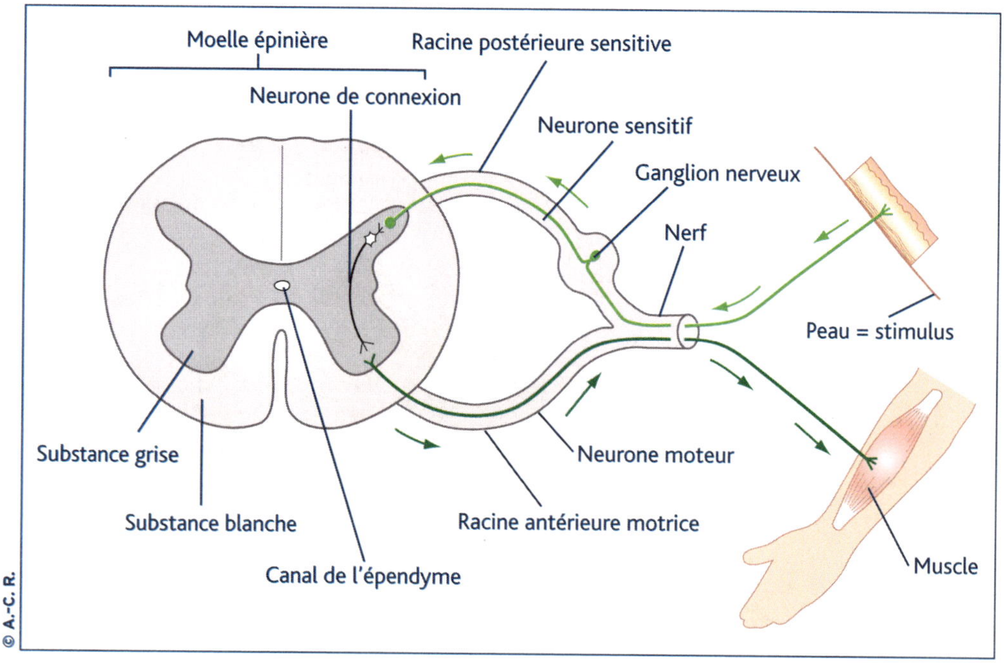

2.1.2. Les anomalies

Toutes les atteintes du système cérébro-spinal provoquent des troubles neurologiques qui peuvent entraîner des atteintes motrices, de la sensibilité, de la coordination des mouvements, de la mémoire, du comportement…

Les affections dégénératives

La **sclérose en plaques**, la **maladie d'Alzheimer** ou la **maladie de Parkinson** sont des affections dégénératives du système nerveux.

La maladie d'Alzheimer entraîne la perte progressive des fonctions mentales par détérioration du tissu cérébral allant du stade pré-démentiel à la démence. Les premiers symptômes sont les troubles de la mémoire des faits récents, puis d'autres signes apparaissent : l'aphasie (trouble du langage, répétition, réduction du vocabulaire, déformation des mots), l'apraxie (trouble des mouvements), l'agnosie (difficulté d'identifier les stimuli environnementaux), etc.

Les affections infectieuses

La **poliomyélite** (affection virale des cornes antérieures motrices de la moelle épinière) semble avoir disparu en France grâce à la vaccination ; les **méningites** (dues à une bactérie, le méningocoque) peuvent se manifester par des céphalées, des vomissements, une constipation, une raideur de la nuque, une photophobie, de la fièvre. Un traitement antibiotique précoce permet d'éviter les complications mortelles, la ponction lombaire aide au diagnostic.

Les névrites

Les **névrites** sont des atteintes douloureuses inflammatoires d'un nerf (souvent dues à une maladie : zona, cancer). La **sciatique**, compression du nerf sciatique par une hernie discale, est aussi une névrite.

2.1.3. Hygiène et équilibre

Le bon fonctionnement du système nerveux dépend essentiellement d'une alimentation équilibrée et de la qualité du sommeil. Le surmenage et la prise de substances toxiques (alcool, drogues, etc.) nuisent au système nerveux.

L'alimentation

L'alimentation doit être **équilibrée** et nécessite un apport en vitamine B1 (qui permet la transmission de l'influx nerveux) et en vitamine PP.

Le sommeil

Fonctionnement

Le sommeil est une **perte de conscience du monde extérieur**, accompagnée d'une diminution progressive du tonus musculaire, survenant à des intervalles réguliers. La **vie végétative** est orchestrée par le système parasympathique qui ralentit l'activité des organes. Les cellules continuent leur travail et rejettent les déchets.

L'alternance veille/sommeil est l'un des cycles fondamentaux chez les animaux : c'est le **cycle circadien** (qui correspond à un cycle de 24 heures). Chez l'homme, le sommeil occupe près d'un tiers de la vie.

La plupart de nos fonctions, et notamment l'alternance sommeil/veille, obéissent à des cycles circadiens ; ils sont régulés par le cerveau et l'hypothalamus ; les informations du monde extérieur sont transmises par la rétine à l'hypothalamus.

Au cours de la nuit, 4 à 5 cycles de sommeil de 90 minutes peuvent se suivrent. Chaque cycle se décompose en 4 phases :

- l'endormissement, le sujet baille ;
- le sommeil à ondes lentes avec le sommeil léger, le sujet est assoupi (soit 52 % du sommeil total) ;
- le sommeil profond qui est lui-même divisé en 2 phases ; c'est dans sa deuxième phase que les divisions cellulaires se font et que la production d'hormone de croissance s'effectue chez l'enfant (soit 21 % du sommeil total) ;
- le sommeil paradoxal pendant lequel l'activité électrique du cerveau, des yeux, des muscles est importante (soit 25 % du sommeil total). La personne semble en état de veille et peut se réveiller rapidement.

Figure 8 – Phases d'une nuit de sommeil

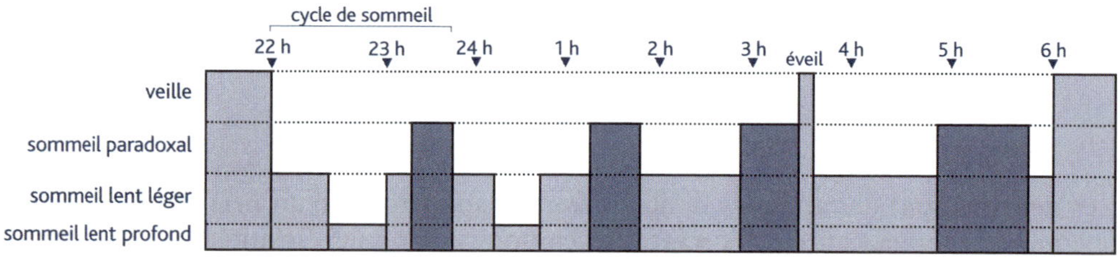

› *Importance du sommeil*

Le principal synchroniseur chez l'homme est l'alternance à la lumière et à l'obscurité. Dans les pays où le soleil est peu présent (proches du cercle polaire), le taux de suicide est élevé : c'est un signe de l'importance de la lumière sur l'équilibre physique et mental de l'homme. Les sécrétions hormonales (cortisol, mélatonine, adrénaline) sont influencées par le bruit, la lumière, l'activité diurne.

Notre **horloge interne** est influencée par les bruits, le déclenchement du réveil, la venue du facteur…

Lors de voyages transméridiens, il faut environ 2 jours pour récupérer (1 semaine pour la température du corps et 15 jours pour la sécrétion de cortisol) : c'est le fameux décalage horaire.

Des pics d'accidents routiers sont observés à 4 heures du matin et entre 13 et 16 heures, périodes où l'organisme est en demande de sommeil. En France, la somnolence est responsable d'un accident de la route sur cinq (un sur trois sur autoroute). Des variations de la vigilance se produisent au cœur de la nuit.

Le sommeil est **une nécessité biologique, psychologique et physiologique**. Il est indispensable pour refaire le plein de forces physiques, psychiques. Les troubles du sommeil entraînent des altérations de la qualité de vie. Le minimum vital est de 3 heures. On ne peut pas capitaliser son sommeil, c'est-à-dire dormir davantage une nuit en vue d'une veille prolongée. Notre température corporelle baisse de 1 °C pendant la nuit, la température ambiante doit être de 18 °C dans la chambre.

Chez les animaux, la privation de sommeil aboutit à la mort.

› Durée du sommeil

Tableau – La durée de sommeil moyenne sur 24 heures en fonction de l'âge

Âge	Nourrisson	Enfant	Adolescent	Adulte
Durée	20 heures	10 à 12 heures	9 heures	8 heures

Le rythme de sommeil de la personne change avec l'âge : les personnes âgées ont tendance à se coucher et se lever plus tôt, et le nombre de cycles de sommeil effectués pendant la nuit augmente (le sommeil est plus haché, et les éveils plus nombreux).

Il semble que la durée du sommeil est héréditaire ; il existe des familles de petits, moyens ou grands dormeurs. Certains sont plus du soir que du matin.

Les hommes dorment moins et font plus de siestes, tandis que les femmes se plaignent plus souvent de troubles du sommeil. La consommation de somnifère augmente en France.

› Troubles du sommeil

Un français sur trois dit souffrir de pathologies ou de troubles du sommeil avec des signes variés : fatigue, maux de tête, dépression. Ces troubles du sommeil peuvent être :

- la **somnolence** (état intermédiaire entre la veille et le sommeil) ;
- l'**insomnie** (difficulté à s'endormir ou à dormir suffisamment) ou l'**hypersomnie** (excès de sommeil, besoin de dormir plus de 10 heures sur 24 heures) ;
- le **syndrome d'apnée du sommeil**, qui touche 4 à 6 % de la population. Ce syndrome se manifeste par des pauses respiratoires, environ 10 par heure de sommeil, ce qui entraîne des asphyxies, un sommeil perturbé, des ronflements, des troubles cardiaques, une irritabilité et des troubles de la concentration ;
- la **narcolepsie**, qui touche 1 % de la population. C'est un besoin incontrôlable de dormir. Ces accès de sommeil peuvent durer de 2 à 30 minutes et surviennent à n'importe quel moment de la journée, ce qui peut avoir des conséquences lourdes lors de la conduite automobile par exemple ;
- la **cataplexie** qui atteint le tonus musculaire et peut faire chuter la personne cataleptique ;
- les **parasomnies** ou énurésie. C'est l'émission d'urine nocturne chez un enfant pouvant contrôler ses mictions diurnes, d'origine psychologique et non organique ;
- les **cauchemars**. Ce sont des rêves avec conscience de leur irréalité ;
- les **terreurs nocturnes**. Ce sont des cauchemars qu'on ignore être irréels, et qui provoquent par conséquent des peurs incontrôlables ;
- le **bruxisme** (grincements des dents) ;
- le **somnambulisme**, les **conversations nocturnes**… ;
- la **clinophilie** (littéralement « qui aime son lit »).

Certains médicaments modifient le sommeil (les corticoïdes, les somnifères…).

Pour **favoriser l'endormissement**, il faut parfois avoir des rites, comme se coucher tous les soirs à la même heure, lire une histoire pour un enfant, mais aussi proscrire les excitants (café, thé, alcool), éviter les activités stressantes dans la journée ou peu de temps avant de se coucher, prendre une infusion le soir, disposer d'une chambre aérée et non surchauffée, avoir une tenue adaptée au sommeil (ample) et une bonne literie...

› Le surmenage et les substances néfastes

La **neurasthénie** est une fatigue psychique liée au surmenage. Afin de la prévenir, il faut éviter le bruit, les conditions de travail difficiles, le stress, les trajets longs, les drogues, l'abus de médicaments, l'alcool…

Les **toxicomanies** ont une incidence sur le système nerveux, qu'elles soient licites (alcool, tabac, café…) ou illicites (LSD, cocaïne, héroïne). La prévention doit s'exercer tôt et dans le plus de domaines possibles. L'impression d'euphorie produite par ces substances entraîne une dépendance psychique et physique, et potentialise l'état d'angoisse. Certaines personnes peuvent « décompenser » des pathologies psychiatriques, c'est-à-dire qu'une maladie psychiatrique peut se révéler à l'occasion d'une prise de drogue (alcool, cannabis, cocaïne, etc.).

Une bonne hygiène de vie permet dans une certaine mesure de se prémunir contre ces pathologies.

Mémento

› À retenir !

Pensez-vous maîtriser toutes les notions utiles exposées dans ce chapitre ? Pour être certain de ne pas « caler » au moment de l'épreuve de biologie, servez-vous du tableau ci-dessous : il vous aidera à faire le point sur les connaissances que vous avez acquises ou qu'il faut encore renforcer.

Notion	Je maîtrise cette notion	Je ne maîtrise pas encore cette notion
Organisation du système nerveux		
Propriétés des neurones		
La synapse		
Substance grise et substance blanche		
Activité réflexe et volontaire		
Maladies dégénératives (Alzheimer et Parkinson)		
Effets des drogues et autres toxiques		
Le cycle du sommeil		

› Glossaire

Voici une liste des mots ayant un lien avec le système nerveux, dont vous trouverez la définition dans le lexique page 230.

Akinésie, analgésie, anesthésie, aphasie, ataxie, axone, **C**éphalées, chorée, coma, **D**émence, dendrite, désorientation temporo-spatiale, **E**ncéphalite, épilepsie, excitabilité, **H**émiplégie, hydrocéphalie, **M**éningite, myéline, **N**erf, neurone, neurotransmetteur, névralgie, névraxe, névrose, **P**araplégie, paresthésie, polynévrite, psychiatrie, psychologie, psychose, psychothérapie, **R**adiculite, réflexe, **S**ynapse, **T**étraplégie.

2.2. Les organes des sens

L'activité sensorielle est liée aux organes des sens et fournit des informations sensorielles interprétées par le système nerveux central (olfaction, audition, toucher, vision, goût).

2.2.1. La peau

› Généralités

La **peau** est l'organe du **toucher**, permettant les sensations tactiles, thermiques et douloureuses *(voir figure 9)*.

C'est l'enveloppe du corps humain ; son épaisseur est variable selon les régions du corps, sa surface d'environ 2 mètres carrés et son poids d'environ 1/16 du poids total du corps.

Schématiquement, la peau est divisée en 3 parties :

- l'**épiderme**, composé de couches de cellules superposées : cornée, intermédiaire et profonde ou vivante contenant des cellules produisant la pigmentation de la peau, la mélanine, très vascularisée ;
- le **derme**, où l'on trouve des glandes sébacées, des capillaires artério-veineux, des muscles horripilateurs, des fibres élastiques, des canaux lymphatiques, des terminaisons nerveuses, des poils, des glandes sudoripares (produisant la sueur liquide, légèrement salée et contenant des déchets ; la quantité produite quotidiennement dépend de la température, de l'état de santé de l'individu, de son activité physique) ;
- l'**hypoderme**, ou couche profonde, composé de cellules adipeuses et parcouru de nombreux nerfs et vaisseaux.

Figure 9 – La peau

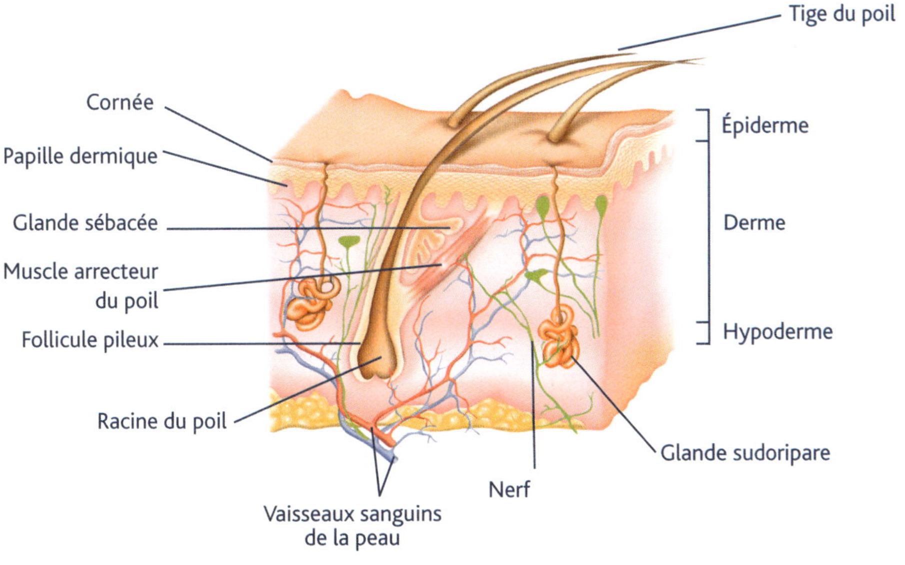

Biologie

› Fonctions

La peau possède des fonctions de **protection** (mécanique, chimique, anti-solaire), de **régulation thermique**, de **respiration**, d'**excrétion**, d'**absorption**, de **sensibilisation**, de **réserve et de production de vitamine D**.

Elle permet de **percevoir les sensations tactiles**, thermiques et douloureuses.

Au niveau des orifices naturels, elle devient muqueuse (muqueuses buccale, anale, vaginale, nasale).

Les ongles, les poils et les cheveux sont appelés phanères et sont constitués de kératine. Le cheveu pousse d'environ 1,5 cm tous les mois, sa durée de vie est de 3 ans ; l'alopécie (perte des cheveux) peut être provoquée par des traitements anticancéreux.

› Peau et âge

Chez le **nourrisson** elle est douce, mince et souple, très sensible aux variations climatiques. C'est le sens le plus développé à la naissance. La peau de l'enfant possède tous ses récepteurs tactiles, c'est pourquoi il réagit, ressent toutes les sensations, aime les caresses, les massages, le bain.

L'**adolescent** voit apparaître sur sa peau une acné liée à l'excès de sébum. La pilosité pubienne apparaît.

L'**adulte** verra sa peau se modifier en fonction de son environnement : par exemple, un fumeur aura une peau grise.

Avec l'âge, les rides et des taches apparaissent, la peau perd de sa souplesse, de son élasticité, de sa fermeté et acquiert une certaine fragilité. L'épiderme est déshydraté, la cicatrisation est plus difficile, le blanchiment du système pileux et la dépilation apparaissent.

› Les anomalies

Plaies, brûlures, escarres, piqûres sont les principales altérations de la peau.

› Les plaies

Une plaie est une **lésion de la peau** ; elle peut être superficielle, atteignant l'épiderme, ou profonde, atteignant le derme et les tissus sous-jacents. Toutes les plaies nécessitent d'être soignées, afin de prévenir une infection.

› Les brûlures

La brûlure est une lésion de la peau provoquée par une **agression chimique ou thermique**. Elle peut être :

- du **premier degré** (de type coup de soleil), atteignant la surface de l'épiderme ;
- du **deuxième degré**, détruisant l'épiderme et les couches superficielles de derme avec phlyctènes plus ou moins importants ;
- du **troisième degré**, avec destruction de l'épiderme, du derme et des tissus sous-jacents (muscle, vaisseaux, nerfs, organe).

La **localisation** (face, main, articulation, orifice ou interne, poumons, tube digestif par ingestion de produits caustiques), l'**étendue** et la **profondeur** permettent de déterminer la gravité de la brûlure. Les risques sont principalement l'infection, le tétanos, le collapsus cardiovasculaire, mais les brûlures peuvent aussi avoir une incidence esthétique et psychologique. Les répercutions d'une brûlure dépendent également de l'âge (enfants et vieillards) et de l'état de santé de la victime.

› Les escarres

L'escarre est une **lésion des tissus cutanés** allant jusqu'à la nécrose ischémique des tissus, due à la compression de ceux-ci entre deux plans durs ; les localisations sont fréquentes aux points d'appui.

Il existe différents stades :

- le premier est l'**érythème** (ou rougeur), disparaissant en levant la pression ; cette phase est réversible ;
- le deuxième est l'**érythème persistant non blanchissant**, avec ou sans phlyctène ;
- le troisième est la **nécrose tissulaire** avec plaque noire ou lésion cutanée ;
- le quatrième est la **nécrose avec perte de substance** des tissus graisseux, aponévrotiques et/ou musculaires ;
- le dernier stade est l'**atteinte profonde**, parfois jusqu'à l'os, avec ou sans infection ou fistule.

Des moyens de prévention existent :

- le premier est la **connaissance des facteurs de risque** : âge, état général fragilisé, état cutané fragilisé, état nutritionnel déficitaire (carence protéinique, déshydratation, pathologie diabétique, obésité ou anorexie), incontinences pouvant provoquer des macérations (les patients atteints de troubles neurologiques ne ressentent pas la douleur et ne peuvent pas se mobiliser), hyperthermie (entraînant des sueurs), transpiration, pathologies ayant un impact sur les vaisseaux (entraînant une moins bonne irrigation des tissus) et, enfin, tous les patients n'ayant plus conscience de leur corps (comas) ;
- le deuxième élément de prévention est l'**observation de la peau** plusieurs fois par jour. Il faut noter l'apparition de douleurs localisées, transmettre toute anomalie. Cela nécessite un travail et un suivi collectif de l'évolution ;
- le troisième est la mise en place d'une **bonne hydratation**, d'une **alimentation riche en protides**, d'une **hygiène rigoureuse** (éviter la macération, éviter les plis et miettes dans le lit). Il faut **mobiliser** le plus possible la personne, la faire changer de position toutes les 2 heures, éviter les charges aux points d'appui et pratiquer un effleurage des zones concernées, utiliser un matériel adapté (matelas spécifiques, coussins de positionnement…).

Il faut favoriser la participation du patient et agir en équipe.

› Les piqûres

Les piqûres sont souvent provoquées par des insectes. Elles peuvent avoir des conséquences graves si elles sont nombreuses et localisées à la gorge, le principal risque étant l'allergie et l'œdème de Quincke.

L'inoculation d'un microbe par l'insecte peut entraîner des pathologies telles que le paludisme ou la peste.

› Hygiène et équilibre de la peau

Le bon état de la peau dépend de la prévention des anomalies, par une **hygiène** :

- **corporelle** : toilette quotidienne, rinçage et séchage corrects, éviter les produits non naturels ;
- **vestimentaire** : adaptée à sa morphologie et aux conditions climatiques ;
- **de vie** : prévention des accidents domestiques chez les enfants, bonne hydratation, alimentation variée, prise du soleil quotidienne et modérée, protection lors d'exposition.

2.2.2. Les yeux

› Généralités

› *Structure de l'oeil*

C'est l'organe de la **vue** *(voir figure 10)* ; il est relié au cerveau par le **nerf optique**. Il permet de voir les reliefs, les couleurs et les formes.

Le globe oculaire est situé dans une cavité osseuse de la boite crânienne : l'**orbite**. Il est mobile et protégé par une membrane (la conjonctive) et les paupières munies de cils. C'est une sphère comprenant 3 milieux transparents : le cristallin, l'humeur aqueuse et l'humeur vitrée.

Il est enveloppé par 3 membranes, de l'extérieur vers l'intérieur :

- la **sclérotique** avec, à l'avant, la cornée ;
- la **choroïde** (uvée) avec, à l'avant, l'iris dont la partie centrale se nomme la pupille ;
- la **rétine**, la plus interne et fragile, sensible aux impulsions lumineuses, constituée de neurones périphériques : les bâtonnets et les cônes. Les bâtonnets sont sensibles à la lumière crépusculaire de faible intensité tandis que les cônes, plus nombreux sur la tache jaune, sont sensibles aux formes, aux détails et aux couleurs. Tous deux contiennent des pigments visuels provoquant l'influx nerveux.

Les annexes de l'œil sont : les muscles oculaires, les sourcils et les cils, qui protègent des poussières, les paupières, véritables volets de protection, et l'appareil lacrymal, avec ses glandes et canaux qui sécrètent les larmes et les évacuent.

Figure 10 – Coupe horizontale de l'œil

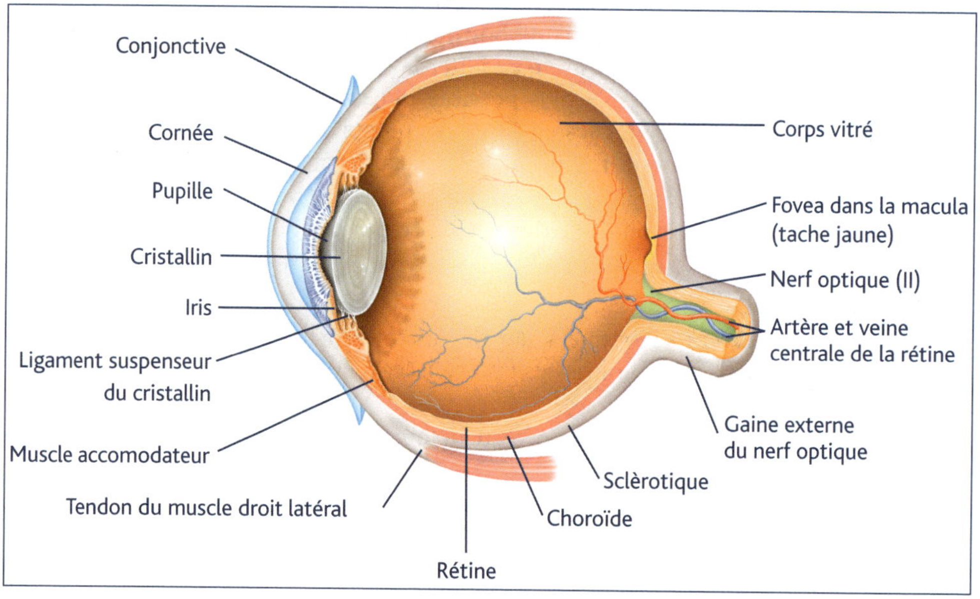

› *Fonctionnement*

L'œil fonctionne comme un appareil de photographie. L'objectif est constitué des milieux transparents : c'est la lumière renvoyée sur les corps opaques qui nous permet de voir, en transmettant l'information par le nerf optique *(voir figure 11)*.

Ainsi peut-on schématiser : **Objet** ⇒ **Image** sur la rétine (nette grâce à 3 actions réflexes : la convergence, le réflexe de la pupille et l'accommodation) ⇒ **Conduction** de l'influx nerveux par les voies optiques ⇒ **Analyse** des images par le cortex cérébral.

L'**acuité visuelle** est le degré avec lequel les détails des objets sont perçus.

Le **champ visuel** est l'ensemble des points de l'espace que l'on peut voir d'un œil immobile.

Figure 11 – La structure de la rétine et le fonctionnement de l'œil

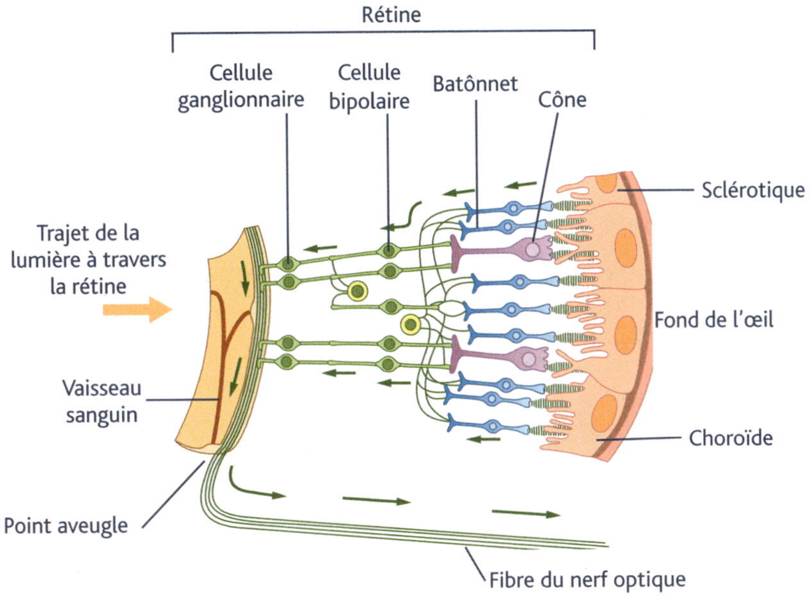

influx nerveux

Le point aveugle est le point de départ du nerf optique (lieu où il n'y a aucune cellule photoréceptrice).

La vascularisation de la rétine est assurée par l'artère rétinienne, qui pénètre dans le globe oculaire par le nerf optique.

› Les anomalies

› *Le glaucome*

Le glaucome est une pathologie oculaire. Il peut être :

- **aigu**, très douloureux ; c'est une urgence, l'œil est rouge et la personne souffre de céphalées ;
- **chronique**, évoluant vers une perte du champ visuel ; il y a atteinte du nerf optique conduisant à la cécité.

› *La cataracte*

La cataracte est une pathologie de la personne vieillissante (après 65 ans) : il s'agit d'une opacification du cristallin, la vision est floue et il y a perception d'images doubles.

› *La myopie*

C'est une anomalie de la réfraction des milieux transparents de l'œil dans laquelle l'image se forme avant la rétine, ce qui a pour conséquence une vision trouble des objets éloignés.

› *La presbytie*

C'est une anomalie de la vision liée à une diminution de l'amplitude de l'accommodation. Elle est due au vieillissement, se manifeste par l'inaptitude à distinguer nettement les objets rapprochés. Elle apparaît vers l'âge de 45 ans. La distance minimale de vision varie progressivement avec l'âge : elle est de 7 cm à 10 ans et d'environ 1 m à l'âge de 60 ans.

› *Le daltonisme*

Le daltonisme est l'impossibilité de différencier certaines couleurs.

› *L'hypermétropie*

L'hypermétropie est une anomalie de la vision dans laquelle l'image se fixe en arrière de la rétine, ce qui a pour conséquence des difficultés à voir nettement de près. Cette anomalie existe temporairement chez tous les bébés.

› *L'astigmatisme*

L'astigmatisme est une anomalie de la vision avec difficulté d'image ponctuelle.

› *La conjonctivite*

La conjonctivite est une inflammation de la conjonctive. L'œil est rouge, douloureux. Elle nécessite la prescription de collyre.

› Hygiène et équilibre

La bonne santé de l'œil dépend d'une surveillance régulière. Les défauts de vision peuvent gêner le suivi scolaire. Les yeux doivent être protégés lors des expositions solaires (à la neige comme l'été). Il faut tester régulièrement sa vision à chaque œil.
À la naissance, l'enfant voit flou ; vers 1 mois, il peut fixer un visage ; à 4 mois, les reliefs sont perçus. C'est pourquoi il faut repérer très tôt les problèmes de vision chez l'enfant afin de pouvoir les corriger.

2.2.3. La langue

C'est l'organe du **goût** *(voir figure 12)*. Elle doit être lisse, rosée, mobile et humide ; elle est musculeuse, membraneuse et recouverte de papilles qui permettent de différencier 4 saveurs principales – le sucré, le salé, l'amer et l'acide – et de reconnaître le chaud du froid.

Figure 12 – La langue : zones de perception des saveurs

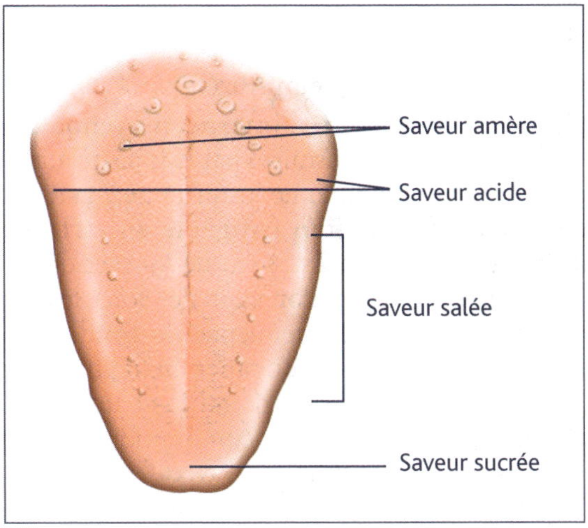

2.2.4. Le nez

C'est l'organe de l'**odorat** *(voir figure 13)*. Il est constitué de deux cavités séparées par une cloison, protégée en avant par un auvent appelé « pyramide nasale ». La pyramide nasale est elle-même divisée en trois parties :

- ▶ supérieures osseuses ;
- ▶ moyenne cartilagineuse et fixe ;
- ▶ inférieure cartilagineuse et mobile.

Le siège de l'odorat se situe dans la partie haute des **fosses nasales**, tapissées de muqueuses. Son rôle est de percevoir les odeurs, de respirer, de réchauffer l'air et de l'humidifier, d'arrêter les poussières, de détruire certains microbes. C'est l'air qui transporte les odeurs.

Figure 13 – Le nez et les structures olfactives

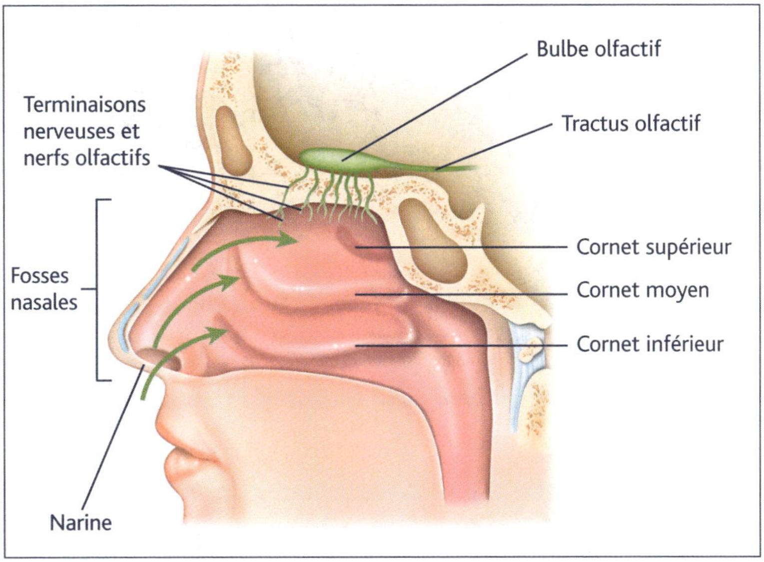

2.2.5. Les oreilles

› Généralités

C'est l'organe de l'**ouïe** (audition) et de l'**équilibre** *(voir figure 14)*.

Chaque oreille est divisée en trois parties : **interne**, **moyenne** et **externe** (visible). Les sons sont produits par des vibrations transmises par l'air jusqu'aux oreilles, dans lesquelles elles voyagent par voie osseuse et liquidienne jusqu'au nerf auditif :

- l'oreille externe se compose du **pavillon** (structure en cartilage recouverte de peau) et du **conduit auditif** (petit tuyau de 2 à 4 cm de long et de 0,5 à 1 cm de diamètre, recouvert de poils protecteurs). Le pavillon capte les sons, les achemine par le conduit jusqu'au **tympan** qui vibre suivant la fréquence de l'onde. Le cérumen et les poils retiennent les poussières. Le tympan est une membrane fine, translucide ;
- l'oreille moyenne, derrière le tympan, comprend la chaîne de **3 osselets** (le marteau, l'enclume, l'étrier). Cette partie de l'oreille communique avec l'arrière de la bouche (le pharynx) par les **trompes d'Eustache** et avec l'oreille interne par des **fenêtres** (ronde et ovale). La vibration arrivée au tympan continue sa transmission par les osselets, qui amortissent ou amplifient le son vers l'oreille interne ;
- l'oreille interne (située dans une cavité de l'os temporal, le rocher) comprend :
  - le **labyrinthe membraneux** sur lequel se situent les cellules sensorielles, plein d'endolymphe (constitué de 3 petits sacs : le saccule, l'utricule et le limaçon) ;
  - le **labyrinthe osseux** plein de périlymphe ;
  - le **conduit de passage** du **nerf auditif**.

Les vibrations continuent d'avancer d'un milieu aérien vers un milieu liquidien (périlymphe et endolymphe). Les cellules auditives forment le nerf cochléaire qui transmet les informations au cerveau dans le cortex temporal.

Le rôle de l'oreille interne est important pour l'équilibre du corps, sensible à la pesanteur et à la vitesse de déplacement.

Figure 14 – Coupe transversale de l'oreille

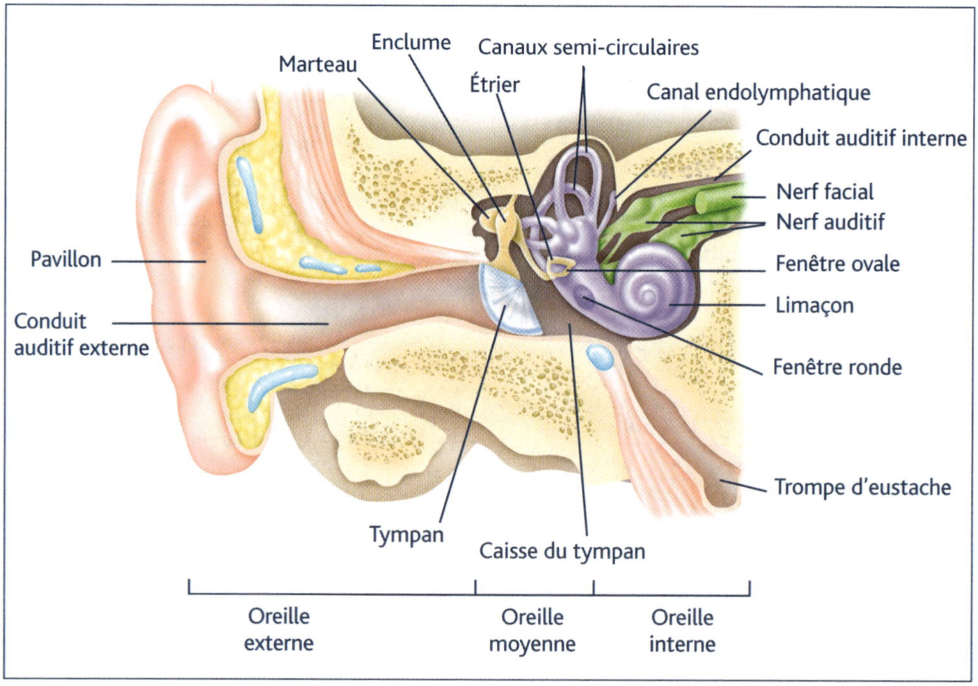

› Les anomalies

› *Généralités*

Les anomalies de l'audition entraînent une diminution de la perception des sons. On parle de **surdité** dont deux types existent : **de transmission** (altère la transmission des sons vers l'oreille interne) et **de perception** (touche l'oreille interne). Les surdités de naissance peuvent être à l'origine de la mutité (être muet). Toute surdité gênant la communication, il faut surveiller régulièrement son audition.

› *L'otite*

L'otite est une **inflammation** aiguë ou chronique de l'oreille, peut être séreuse et associée à une infection rhino-pharyngée ; elle est douloureuse.

Elle peut toucher l'oreille moyenne et être plus grave, plus douloureuse, voire purulente. La rupture du tympan permet alors d'évacuer le pus. Cette affection peut entraîner des modifications de l'audition.

› *Les presbyacousies*

La presbyacousie est la perte progressive des cellules ciliées qui tapissent habituellement notre oreille interne, engendrant une désensibilisation aux sons. C'est un des effets du vieillissement sur l'audition.

› *Les acouphènes*

Les acouphènes peuvent être le signe d'une hypertension lorsqu'ils sont accompagnés de céphalées ou de phosphènes.

L'utilisation abusive de certains appareils pour écouter de la musique, le contact avec des émissions sonores intenses (plus de 80 décibels) comme le bruit d'un aéroport, de marteaux-piqueurs sont sources de dangers pour les personnes qui y sont régulièrement exposées.

› Hygiène et l'équilibre

L'appareil auditif est un bien précieux, il permet de conserver un lien social et de communiquer avec nos semblables. Dès la naissance, l'enfant réagit aux bruits et reconnaît des bruits comme la voix de ses parents, certains airs de musique.

Une **hygiène correcte du conduit auditif externe** sans pousser les sécrétions à l'intérieur est nécessaire. Pour les enfants, il faut consulter un médecin dès le moindre signe de douleur, d'hyperthermie, qui peuvent être les signes d'une otite. Il convient de limiter les nuisances sonores qui déclenchent douleurs, stress. Il faut effectuer des bilans auditifs et utiliser sur les lieux de travail des boules Quiès dès lors que le bruit est répétitif et les décibels élevés.

Mémento

› À retenir !

Pensez-vous maîtriser toutes les notions utiles exposées dans ce chapitre ? Pour être certain de ne pas « caler » au moment de l'épreuve de biologie, servez-vous du tableau ci-dessous : il vous aidera à faire le point sur les connaissances que vous avez acquises ou qu'il faut encore renforcer.

Notion	Je maîtrise cette notion	Je ne maîtrise pas encore cette notion
Structure de la peau		
Fonctions de la peau		
Anomalies de la peau		
Préventions des anomalies de la peau		
Rôle du nez		
Structure de l'œil		
Formation de l'image sur la rétine		
Anomalies de la vue		
Anatomie de l'oreille		
Rôle des différentes parties de l'oreille		
Anomalies de l'oreille		
Les saveurs		

› Glossaire

Voici une liste des mots ayant un lien avec les organes des sens, dont vous trouverez la définition dans le lexique page 230.

Acouphène, accommodation, agueusie, alopécie, amygdalectomie, angine, aphonie, astigmatisme, **B**âtonnet, **C**alvitie, cataracte, cérumen, cécité, conjonctivite, convergence, **D**altonisme, dépilation, dermatologie, dermatose, diplopie, **É**pistaxis, érythème, escarre, exophtalmie, **F**olliculite, **G**labre, glaucome, glossite, **H**ypermétropie, **I**ntradermique, iris, **K**ératine, kératite, **L**aryngite, **M**astoïdite, mélanine, mydriase, myopie, myosis, mucus, **N**ævus, **O**phtalmologie, otite, otorragie, **P**aracentèse, peau phlyctène, phosphène, presbyacousie, presbytie, prurit, **R**hinite, **S**ébum, sinusite, stomatologie, strabisme, surdité, **U**lcère, uvéite.

2.3. L'appareil locomoteur

2.3.1. Généralités

L'appareil locomoteur comprend le squelette, les articulations et les muscles.

› Le squelette

Il constitue la charpente du corps humain, et est formé de plus de 206 os reliés par les articulations. L'organisation du squelette permet la station verticale *(voir figure 15a)*.
Il se divise en trois parties : la tête, le tronc, les membres.

Figure 15a – Le squelette vu de face

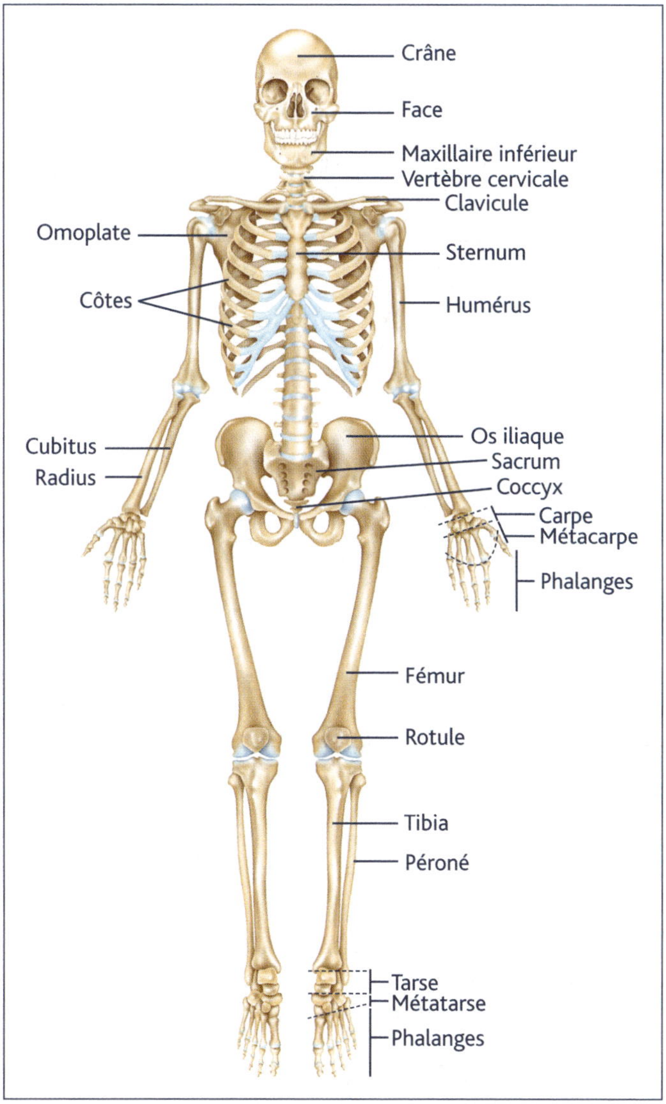

Biologie

› La tête

La tête est composée de :

- la **boîte crânienne**, formée de 28 os soudés ensemble, elle protège le cerveau. Le crâne est composé de 1 os frontal, 2 os pariétaux, 2 os temporaux, 1 os occipital, de l'ethmoïde et du sphénoïde ;
- **la face**, composée de 2 maxillaires supérieurs soudés, des 2 os propres du nez, d'une voûte palatine, des 2 os malaires, des 2 os lacrymaux, des 2 cornets inférieurs, du vomer et du maxillaire inférieur.

Figure 15b – Le crâne : principaux os

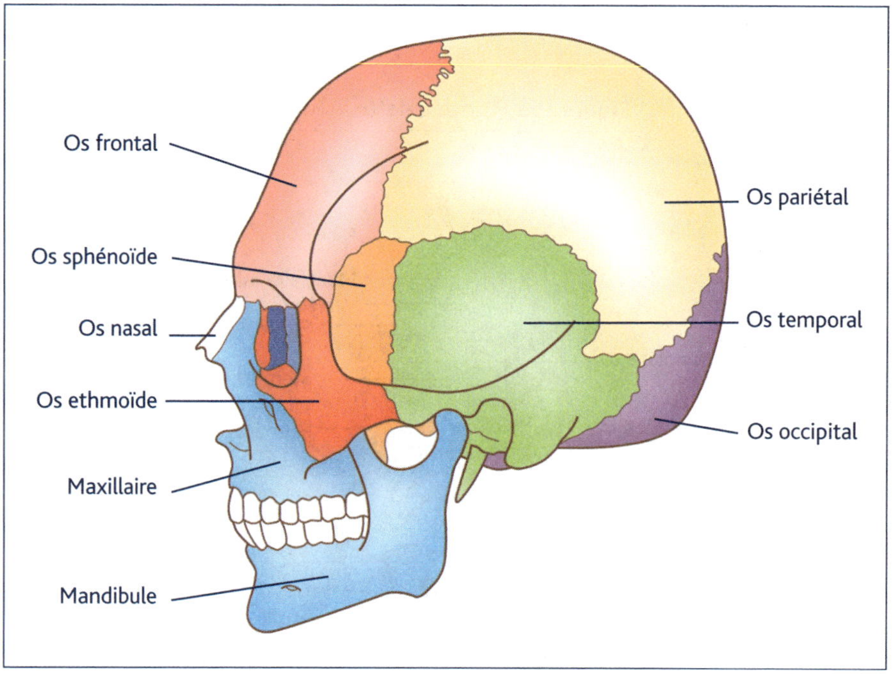

› Le tronc

Le tronc comprend :

- la **colonne vertébrale** constituée de 33 vertèbres : 7 cervicales, 12 dorsales, 5 lombaires, 5 sacrées, 4 à 5 coccygiennes ;
- 12 paires de **côtes**, dont 7 sont soudées au sternum, 3 se rattachent au sternum par la 7e côte et 2 sont flottantes ;
- le **sternum** à l'avant : c'est un os plat.

Les membres supérieurs sont reliés au tronc par la ceinture scapulaire composée de la clavicule en avant et de l'omoplate en arrière.

› Les membres

Le squelette compte **4 membres** :

- **2 supérieurs**, composés de la ceinture scapulaire, de l'humérus, du cubitus, du radius, du carpe, des phalanges ;
- **2 inférieurs**, composés de la ceinture pelvienne (elle est formée par 2 os iliaques et de l'ischion et permet de rattacher les membres inférieurs au tronc), du bassin, du fémur, de la rotule, du tibia, du péroné, du tarse, des phalanges.

Il existe différentes formes d'os : **plats** (le sternum), **courts** (les vertèbres), **longs** (le fémur). L'os long a une partie centrale, la diaphyse, et deux extrémités, les épiphyses, recouvertes de cartilage articulaire *(voir figure 16)*.

Leur **croissance** se fait en longueur grâce aux cartilages de conjugaison (situés entre la diaphyse et l'épiphyse) et en épaisseur grâce au périoste, sous l'activité permanente des ostéoblastes qui construisent, produisent de nouvelles cellules et des ostéoclastes qui détruisent les cellules anciennes. Cette croissance est contrôlée par 2 glandes endocrines, l'hypophyse et la thyroïde *(voir « Le système endocrinien » page 181)*.

Le **tissu osseux** est un tissu vivant en perpétuel remaniement. Il est composé :

- d'**eau** ;
- d'une **substance organique** (l'osséine) qui lui donne sa flexibilité ;
- d'une **substance minérale** (calcium, phosphore) qui lui donne sa rigidité ;
- de **cellules spécifiques** (ostéoblastes, ostéoclastes, ostéocytes).

Figure 16 – L'ossification et la croissance

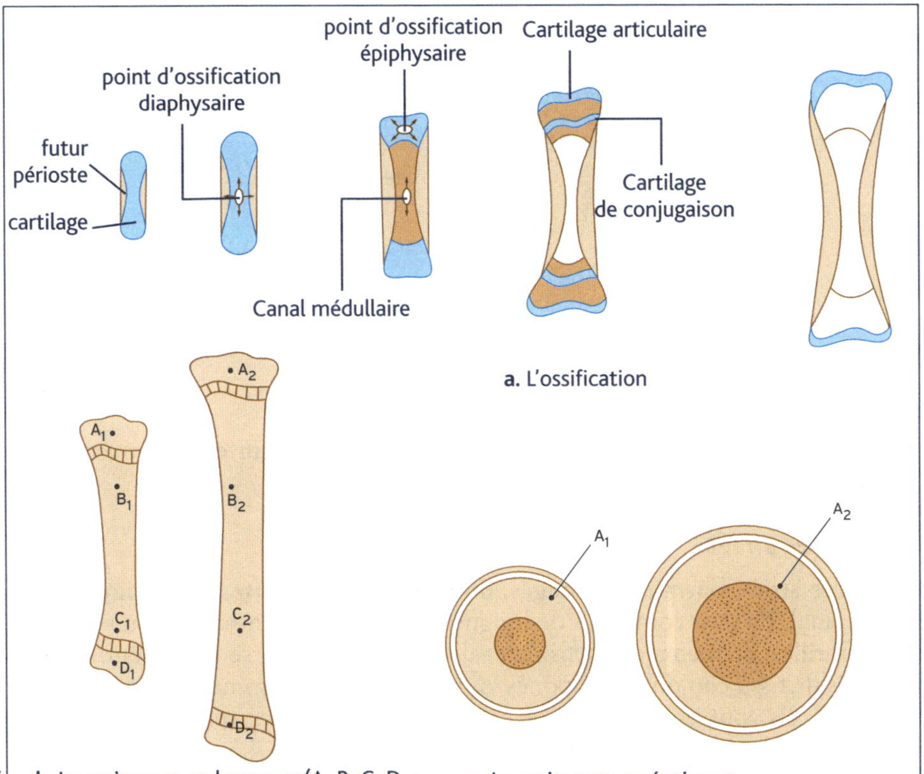

a. L'ossification

b. La croissance en longueur (A_1,B_1,C_1,D_1 : points de repère en début d'expérience).

c. La croissance en épaisseur (A_1 : point de repère en début d'expérience).

› Les articulations

Elles permettent certains mouvements comme la flexion, l'extension, l'adduction, l'abduction et la rotation. Elles sont :

- **fixes** (synarthrose) pour les os du crâne : on les dit fibreuses ;
- **semi-mobiles** pour les vertèbres (amphiarthrose) grâce aux cartilages : on les dit cartilagineuses ;

- **mobiles** (diarthrose) pour le coude : elles sont recouvertes de cartilage ; les os sont maintenus par des ligaments. Entre les membranes, la synoviale sécrète la synovie, liquide visqueux qui lubrifie l'articulation : on les dit synoviales.

L'articulation type se compose d'une capsule, de ligaments, d'une membrane synoviale, de liquide synovial, de cartilage articulaire et de ménisques *(voir figure 17)*.

Figure 17 – Organisation de base d'une articulation synoviale

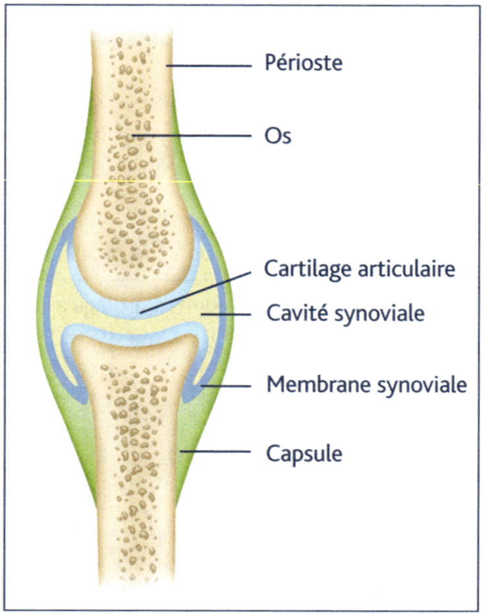

› Les muscles

Les muscles sont les organes du mouvement. Il en existe 2 sortes : les muscles striés et les muscles lisses *(voir figure 18)*.

› *Muscles striés*

Les muscles striés, ou muscles rouges, **obéissent à la volonté** c'est-à-dire au système cérébro-spinal. Ils sont composés de longues fibres qui se contractent ou s'étirent grâce aux myofibrilles, filaments de myosine et d'actine. Ces fibres se réunissent en faisceaux enveloppés de tissu conjonctif (l'aponévrose dans laquelle passent les vaisseaux sanguins et les nerfs). Ils sont environ 500 et ont des formes variées (plat, en éventail, circulaire comme l'orbiculaire des lèvres qui permet de fermer la bouche) ; la forme la plus fréquente est le fuseau dont la partie centrale se nomme le ventre et les extrémités les tendons ;

› *Muscles blancs*

Les muscles lisses, ou muscles blancs, n'obéissent pas à la volonté, mais au **système nerveux autonome**. Ils sont situés sur la paroi des viscères, des organes creux et permettent les déplacements de certaines substances.

Ils sont contractiles, élastiques, excitables ; ils permettent d'effectuer des mouvements, d'accomplir un travail, de faire du sport, de garder notre corps en équilibre, de produire de la chaleur.

La **plaque motrice** est le point de départ de l'excitation des fibres musculaires par l'arrivée de l'influx nerveux ; c'est l'acétylcholine (ce qu'on appelle un **neurotransmetteur**) qui va permettre la contraction.

Figure 18 – Les muscles

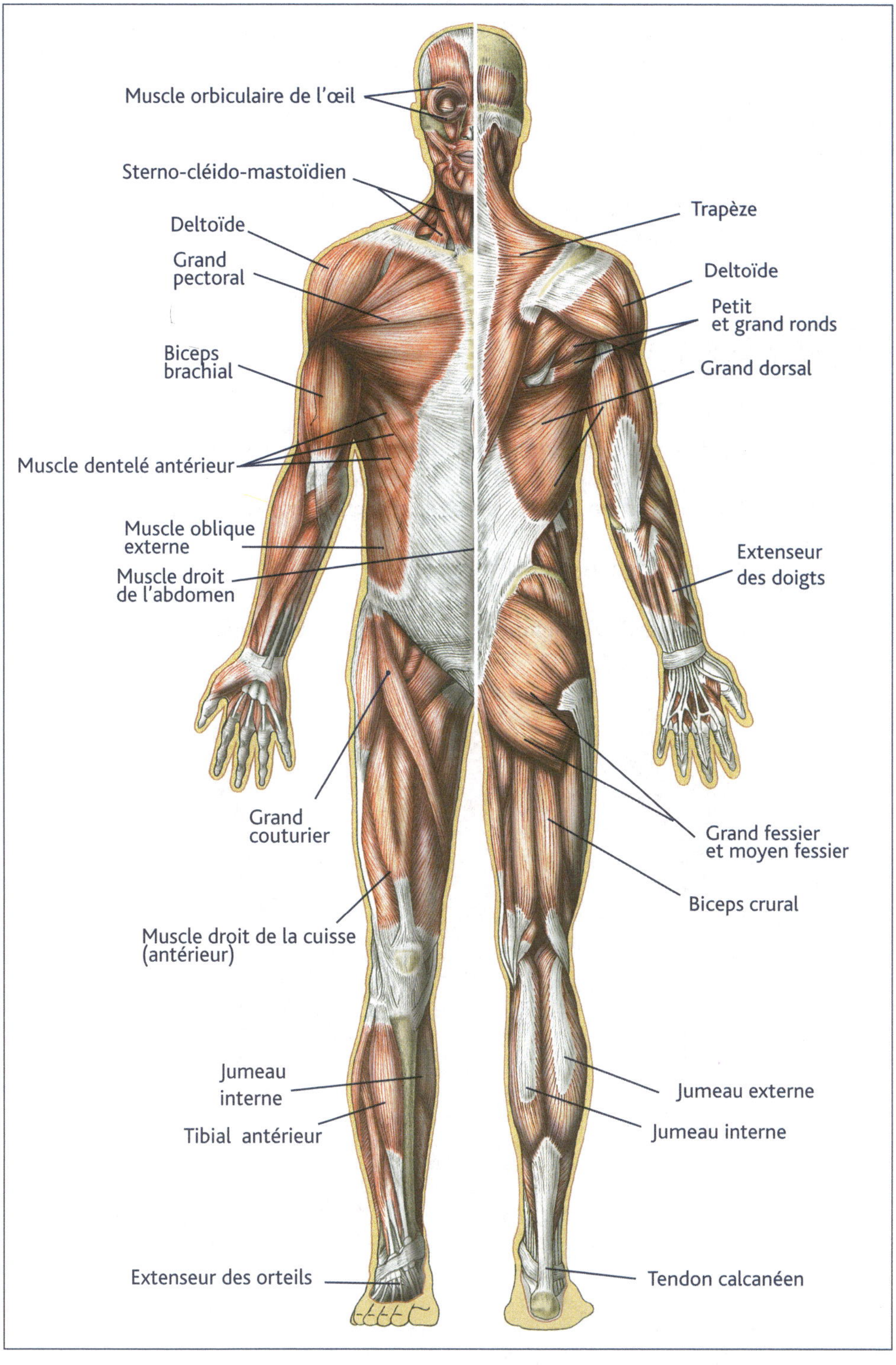

Biologie

› Le mouvement

Le mouvement résulte de la **contraction musculaire**. Le muscle peut faire une flexion, une extension, une rotation, une abduction, une adduction, une pronation, une supination. Ces mouvements se définissent par rapport à une position anatomique de référence (corps debout, bras tendus le long du corps, paumes tournées vers l'avant).

Le mouvement nécessite une **incitation sensitive**, une conduction de l'**influx nerveux**. C'est une telle conduction d'influx nerveux qui, coordonnés, permettent au corps d'effectuer des mouvements complexes comme la marche. La marche nécessite une synchronisation et se produit en 4 phases :

- contact des talons avec le sol ;
- appui unilatéral ;
- soulèvement du talon et propulsion ;
- propulsion de la plante du pied.

2.3.2. Les anomalies

› La colonne vertébrale

La colonne vertébrale peut présenter des courbures anormales *(voir figure 19)* :

- la cyphose est une déviation de la colonne à convexité postérieure (dos rond) ;
- la lordose est une déviation de la colonne vertébrale à convexité antérieure (cambrure exagérée) ;
- la scoliose est une déviation latérale du rachis.

Figure 19 – Déformations de la colonne vertébrale

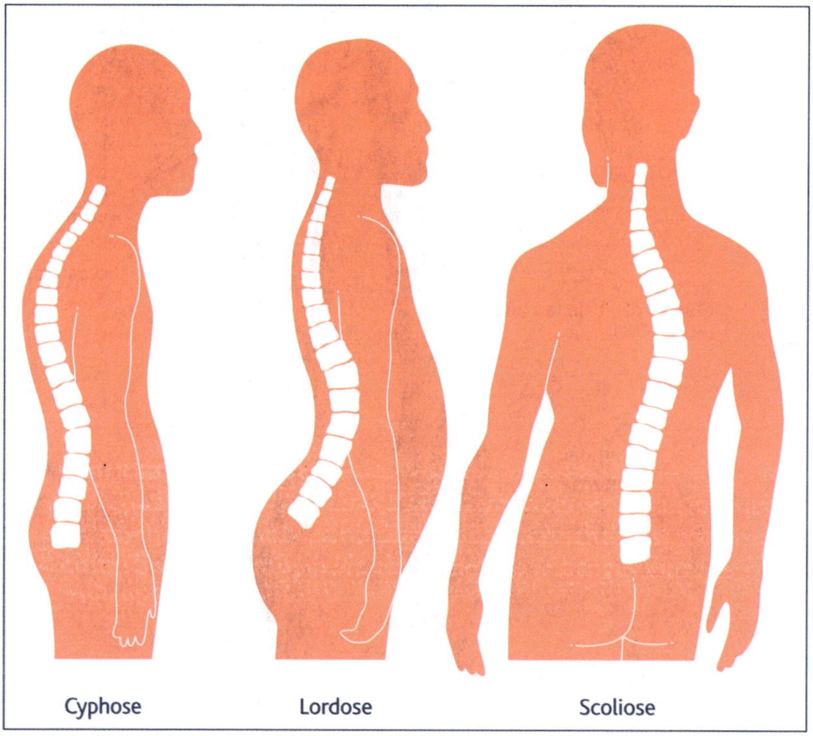

› Les os

Les anomalies des os sont nombreuses.

› *Fracture*

La fracture est une rupture dans la continuité de l'os. Elle peut être ouverte (l'os est brisé, le foyer de fracture est directement au contact de la peau et risque des infections) ou fermée (pas de contact du foyer de fracture avec l'extérieur du corps humain), complète ou incomplète, déplacée ou non. Le degré de dangerosité est plus élevé quand elle est ouverte et déplacée.

› *Décalcification*

La décalcification est liée à une insuffisance en sels de calcium au niveau du squelette, ce qui provoque une fragilité osseuse.

› *Ostéoporose*

L'ostéoporose est une affection qui touche plus les femmes que les hommes, à la ménopause. Il s'agit d'une raréfaction du tissu osseux liée au vieillissement entraînant douleurs, tassements et fractures.

› *Maladie des os de verre*

La maladie des os de verre est une maladie génétique, qui empêche l'ossification complète des os.

› *Rachitisme*

Le rachitisme est une pathologie des pays pauvres, due à l'insuffisance d'apport ou de synthèse de la vitamine D et à la difficulté à fixer le phosphore et le calcium. Les conséquences en sont des déformations du crâne, du thorax (en tonneau), l'abdomen est flasque et proéminent. L'apport en vitamine D, une exposition régulière et sans excès au soleil, une alimentation riche en calcium et phosphore permettent de se prémunir contre cette maladie.

› *Troubles de la croissance*

Les troubles de la croissance, nanisme ou gigantisme, ont souvent une origine endocrinienne ou génétique.

› Les articulations

Les anomalies au niveau des articulations sont également nombreuses.

› *Entorse*

L'entorse est une lésion traumatique d'une articulation due à une distorsion brusque avec élongation ou arrachement ligamentaire sans déplacement des surfaces articulaires.

› *Luxation*

La luxation est le déplacement des surfaces articulaires. Elle est recherchée chez les nouveau-nés au niveau de la hanche afin d'éviter les troubles de la marche : on parle de **luxation congénitale de la hanche**. Le fait de langer l'enfant de manière appropriée permet de prévenir ce trouble.

> *Rhumatismes*

Les rhumatismes sont d'origine inflammatoire, dégénérative ou métabolique :
- l'**arthrose** est une affection chronique dégénérative non inflammatoire, liée au vieillissement. On parle de coxarthrose pour une localisation au niveau des hanches, de spondylarthrose au niveau des vertèbres ;
- l'**arthrite** est inflammatoire et peut concerner plusieurs articulations : on parle alors de polyarthrite ;
- la **goutte** est une affection métabolique de l'acide urique, entraînant douleurs, gonflement et rougeur de l'articulation. Les crises surviennent après des écarts alimentaires (viandes rouges, gibiers, vins…).

> *Déformations des genoux*

Au niveau des genoux, des déformations en X (valgum) ou en () (varum) peuvent nécessiter une intervention.

> Les muscles

Les muscles peuvent subir des **élongations** (étirements musculaires), des **déchirures** (rupture du muscle) et des **crampes** musculaires. Ces pathologies surviennent lorsque le muscle est fatigué : il se durcit, perd de sa souplesse et le risque de blessure est alors accru.
Les **courbatures** sont dues à l'accumulation d'**acide lactique** dans les fibres musculaires : elles apparaissent après l'effort et disparaissent après l'élimination de l'acide lactique par le sang et les urines.
Les **myopathies** sont des affections du système musculaire souvent dégénératives et héréditaires.

2.3.3. Hygiène et équilibre

Le bon fonctionnement des muscles est garanti par une bonne hygiène de vie, un bon fonctionnement de l'hypophyse, de la thyroïde et de la parathyroïde, mais aussi par l'apport équilibré de calcium, de phosphore et de vitamine D.
Chez la femme enceinte, les apports proviennent de l'alimentation, mais chez le nourrisson un apport en vitamine D est souvent prescrit jusqu'à 18 mois.
L'exercice physique, une bonne oxygénation et une alimentation variée adaptée à l'exercice physique permettent de garder une bonne posture.

Mémento

> À retenir !

Pensez-vous maîtriser toutes les notions utiles exposées dans ce chapitre ? Pour être certain de ne pas « caler » au moment de l'épreuve de biologie, servez-vous du tableau ci-dessous : il vous aidera à faire le point sur les connaissances que vous avez acquises ou qu'il faut encore renforcer.

Notion	Je maîtrise cette notion	Je ne maîtrise pas encore cette notion
Structure du squelette		
Principaux muscles		
Rôles des différents types de muscles		
Coupe et composition d'un os long		
Croissance de l'os		
Troubles et traumatismes des os (fractures, ostéoporose, etc.)		
Troubles et traumatismes des articulations (entorses, rhumatismes, etc.)		

› Glossaire

Voici une liste des mots ayant un lien avec l'appareil locomoteur, dont vous trouverez la définition dans le lexique page 230.

Abduction, acide lactique, adduction, arthralgie, arthrite, arthrose, **C**artilage, coxarthrose, cyphose, **D**écalcification, déclive, dorsalgie, **E**ntorse, **F**racture, **G**onarthrose, **H**ypotonie, **K**inésithérapie, **L**ombalgie, lordose, luxation, **M**anutention, ménisque, myosine, **O**stéite, ostéoblaste, ostéoclaste, ostéocyte, ostéomyélite, ostéopathie, ostéoporose, ostéosynthèse, orthopédie, **P**aralysie, parésie, polyarthrite, proclive, pronation, pseudarthrose, **R**achitisme, radiographie, rhumatisme, **S**coliose, spondylarthrite, spondylite, supination, **T**étanisation, tonus musculaire, **U**nité motrice.

2.4. Le système immunitaire

2.4.1. Généralités

› Rôle

Le système immunitaire intervient avec le système endocrinien dans la fonction de maintien et d'intégrité de l'organisme.
Son rôle est d'assurer la **défense de l'organisme** contre les agents infectieux (virus, bactérie), les substances étrangères (pollen, etc.) ou ses propres substances modifiées. C'est la **reconnaissance du soi et du non-soi**.

› Fonctionnement

L'immunité est la **protection naturelle ou acquise** d'un organisme vis-à-vis d'un agent pathogène.
Il réagit très vite pour s'en débarrasser. Il n'est pas constitué d'un tissu mais de cellules isolées, les globules blancs, qui sont fabriquées dans la **moelle osseuse** : les polynucléaires, les macrophages, les lymphocytes T et B, les cellules NK *(natural killer)*.

Le système HLA (antigène des leucocytes humains) est capable de détecter si un élément est naturel ou étranger en analysant l'identité génétique de celui-ci. Ce système sait différencier les éléments naturels constituant son organisme des éléments étrangers (virus bactéries...) ou devenus étrangers par modification (cellules cancéreuses).

Dans le cas d'**allergie**, le système immunitaire réagit trop fortement (ou la réaction perdure au-delà du temps nécessaire ou, encore, le système immunitaire ne reconnaît pas son soi) aux molécules allergènes, ce qui provoque eczéma, œdème, asthme.

Chez les personnes infectées par le **VIH**, les défenses sont altérées puisque le virus se développe au sein même des lymphocytes T et les détruit.

› Les organes du système immunitaire

Les organes du système immunitaire sont :

- la **moelle rouge osseuse**, qui produit les macrophages et les lymphocytes ;
- le **thymus**, glande située à l'arrière du sternum, qui confère l'immunocompétente des lymphocytes ;
- la **rate**, réservoir de sang où prolifèrent les lymphocytes et lieu d'épuration ; elle a un rôle dans l'élaboration de l'hémoglobine ;
- les **ganglions lymphatiques**, lieux de rencontre des antigènes et des cellules immunitaires ; ils renseignent sur une éventuelle infection par leur augmentation de volume ;
- les **amygdales**, qui font barrage à l'infection ;
- les **plaques de Peyer,** dans l'intestin grêle, qui font barrage à l'infection ;
- les **vaisseaux lymphatiques**, qui permettent la circulation des lymphocytes.

› Rappel de microbiologie

L'infection est due à l'envahissement de l'organisme par des agents pathogènes, ce qui peut causer une maladie.

Les principaux agents pathogènes sont :

- les **virus**, agents pathogènes de petite taille, pénètrent dans les cellules et les utilisent pour se multiplier ou contaminer d'autres cellules. Ils provoquent des maladies : grippe, varicelle, SIDA, méningite, herpès, etc. ;
- les **bactéries** appartiennent au monde végétal. Elles sont de formes variées : coques arrondies (staphylocoques, streptocoques) ; bacilles allongés en spirille (tréponème responsable de la syphilis), à bords arrondis (*Escherichia coli*, salmonelle), en vrilles (vibrion responsable du choléra) ;
- les **parasites** appartiennent au monde animal. Ce sont des protozoaires, cellules de grande taille, dont les plus connus sont l'amibe, responsable de la dysenterie, et le toxoplasme, dangereux pour l'embryon de la femme enceinte ;
- les **champignons** ou levures appartiennent au monde végétal. Ils se développent sur de nombreux milieux, chez l'homme notamment, et peuvent causer des maladies (le muguet chez les nourrissons est dû au *Candida albicans*) ;
- les **prions** : protéines anormales responsables de maladies dégénératives du système nerveux central (maladie de Creutzfeldt-Jakob).

Certains germes sont dits saprophytes lorsqu'ils vivent sur ou dans l'organisme sans provoquer de troubles.

Lors d'une infection, si le micro-organisme est une bactérie, on parle de **maladie bactérienne**, si c'est un virus de **maladie virale**, si c'est un champignon de **mycose**.

La contamination peut être directe ou indirecte : les portes d'entrées de l'infection peuvent être une effraction de la peau, des muqueuses, des voies respiratoires digestives, sexuelles ou sanguines.

› Comment lutter contre ces agents pathogènes grâce à l'immunité ?

L'**immunité** est l'état d'une personne réfractaire à la maladie, par le biais de réactions de défense de l'organisme :

- l'immunité peut être **naturelle** ou **innée**, propre à chaque individu ; elle existe depuis la naissance ;
- l'immunité peut être **acquise** soit naturellement après avoir eu une infection, soit après une vaccination ou une sérothérapie.

› *Les vaccins*

Le vaccin est l'introduction dans l'organisme d'une **préparation microbienne** dont la **virulence a été diminuée** de façon à faire développer activement par l'organisme des anticorps pour lutter efficacement contre une éventuelle maladie (l'immunité est active, durable, spécifique, préventive).

Les vaccins sont utilisés à titre préventif et peuvent être associés.

Les plus connus sont :

- le **BCG** (bacille de Calmette et Guérin) qui immunise contre la tuberculose ;
- le **ROR** qui immunise contre la rougeole, les oreillons, la rubéole ;
- le **Tétracoq** (Dtcoq polio) qui immunise contre la diphtérie, le tétanos, la poliomyélite, la coqueluche ;
- le vaccin contre la **grippe** qui est proposé chaque année aux personnes fragilisées.

Les rappels servent à relancer la production d'anticorps.

Calendrier vaccinal 2008

<table>
<tr><th>Âge</th><th>Vaccins</th><th colspan="2">Injection</th></tr>
<tr><td>Dès le 1er mois</td><td>BCG (1 seule injection).</td><td colspan="2">La vaccination précoce est réservée aux enfants vivant dans un milieu à risque.[1]</td></tr>
<tr><td>À partir de 2 mois</td><td>Diphtérie, tétanos, polio[2], coqueluche, Hæmophilus B.</td><td>1re injection.</td><td rowspan="3">Le vaccin polio injectable est recommandé, pour les primo-vaccinations, en réservant le vaccin polio oral aux situations épidémiques.</td></tr>
<tr><td>3 mois</td><td>Diphtérie, tétanos, polio, coqueluche, Hæmophilus B.</td><td>2e injection.</td></tr>
<tr><td>4 mois</td><td>Diphtérie, tétanos, polio, coqueluche, Hæmophilus B.</td><td>3e injection.</td></tr>
<tr><td>9 mois</td><td>Rougeole, oreillons, rubéole (ROR).</td><td colspan="2">1re injection.</td></tr>
<tr><td>12 mois</td><td>Rougeole, oreillons, rubéole (ROR).</td><td colspan="2">2e injection.</td></tr>
<tr><td rowspan="2">16-18 mois</td><td>Diphtérie, tétanos, polio.</td><td colspan="2">1er rappel : 1 injection chez les enfants vaccinés.</td></tr>
<tr><td>Coqueluche, Hæmophilus B.</td><td colspan="2">Rappel.</td></tr>
</table>

1. Depuis 2005.
2. Poliomyélite.

Âge	Vaccins	Injection	
Avant 6 ans	BCG.	À 6 ans, la vaccination par le BCG n'est plus obligatoire à l'entrée à l'école[3], mais elle est conseillée par certains médecins.	
6 ans	Diphtérie, tétanos, polio.	2e rappel.	
	Rougeole, oreillons, rubéole (ROR).	1 injection.	La vaccination associée rougeole/oreillons/rubéole est recommandée chez les enfants non vaccinés, avant l'entrée à l'école.
11-13 ans	Diphtérie, tétanos, polio, coqueluche.	3e rappel.	
	Oreillons, rubéole.	1 injection.	Si la vaccination n'a pas été faite.
14 ans	Papillomavirus.	Recommandé à toutes les jeunes filles afin de les protéger avant qu'elles ne soient exposées au risque d'infection à HPV[4].	
16-26 ans	Diphtérie, tétanos, polio, coqueluche.	4e rappel.	
	Rubéole.	1 injection.	Recommandée chez les jeunes femmes non vacinées en âge de procréer.
Tous les ans dès 65 ans	Grippe.	Vaccin annuel recommandé.	

3. Depuis juillet 2007.
4. Herpès papillomavirus.

› *Les sérums*

Ce sont des préparations contenant des anticorps déjà fabriqués, de façon à donner une protection immédiate mais d'une durée de vie limitée à 3 semaines. L'immunité est passive, passagère, spécifique, curative.

› *L'immunité*

Elle peut être :

- humorale, c'est-à-dire assurée par des composants chimiques circulants ; elle pourra être transmise par les anticorps ;
- cellulaire, c'est-à-dire assurée par certaines cellules (dites tueuses, les *Natural Killer*).

Il existe deux types d'immunités : spécifique et non spécifique.

1) Immunité non spécifique

Certaines réactions sont dirigées contre tout type d'agression, on parle d'immunité non spécifique assurée par les **barrières naturelles** (la peau, barrière physio-chimique contre les infections, et les muqueuses, qui tapissent les cavités naturelles et sécrètent du mucus bactéricide) et la phagocytose *(voir figure 20)* (qui intervient après que l'agresseur a franchi la barrière de la peau).

Si des agents pathogènes ont réussi à traverser les barrières naturelles, ils se retrouvent dans un milieu riche en nourriture dont la température est propice à leur développement. C'est alors qu'interviennent les **polynucléaires** qui franchissent la paroi des capillaires par **diapédèse** pour atteindre ces antigènes. Ils vont, grâce à leurs pseudopodes, les contenir et les inclure dans leur cytoplasme en les digérant *(voir figure 20)*. Parmi les leucocytes (globules blancs), deux types de cellules immunitaires (phagocytes) sont capables de digérer les agents agresseurs : les polynucléaires neutrophiles et les monocytes macrophages.

Localement, on assiste à une **réaction inflammatoire,** qui se manifeste par une vasodilatation, une perméabilité capillaire, un chimiotactisme (attraction des monocytes et lymphocytes sur le lieu), une rougeur, des douleurs, un gonflement et une chaleur locale.

Si l'invasion est plus intense, il peut apparaître une **collection de pus** (production jaunâtre pâteuse faite de débris cellulaires de bactéries et de polynucléaires) : il faudra alors désinfecter pour que la cicatrisation puisse avoir lieu.

La réaction peut dépasser le cadre local et devenir régionale : les micro-organismes se trouvant au niveau des vaisseaux lymphatiques (on parle de lymphangite) parviennent à migrer vers les ganglions qui deviennent alors durs et douloureux (on parle d'adénite).

Si la réaction se généralise, on parle de septicémie. Les défenses non spécifiques sont les phagocytes, les cellules tueuses, la réaction inflammatoire, le complément et l'interféron.

2) Immunité spécifique

Certaines réactions sont ciblées contre **un seul type d'agresseur** : on parle d'immunité spécifique. La pénétration d'un élément étranger à l'organisme (antigène) entraîne des phénomènes complexes qui vont protéger l'organisme (avec 3 aspects : la spécificité liée à l'antigène, la mémorisation et la réponse de tout l'organisme).

Celui-ci va développer des cellules anormales (cancéreuses ou infectées par des virus ou des molécules étrangères). Le système immunitaire répond alors de deux façons, par **voie cellulaire** ou par **voie humorale** :

- la voie cellulaire fait intervenir les lymphocytes T (activés dans le thymus) : ils reconnaissent les antigènes fixés sur les macrophages et ils prolifèrent pour détruire les cellules porteuses de l'antigène ; ils se souviendront de l'agression et seront capables, en cas de nouvelle attaque, d'agir rapidement contre l'antigène ; l'immunité sera alors acquise ;
- la voie humorale fait intervenir les lymphocytes B nés dans la moelle rouge des os ; ils prolifèrent dès qu'ils ont reconnu l'antigène et élaborent des molécules spécifiques qui resteront dans le sérum (anticorps et immunoglobulines) et se tiendront prêtes à agir si le même antigène se représente.

Figure 20 – La phagocytose

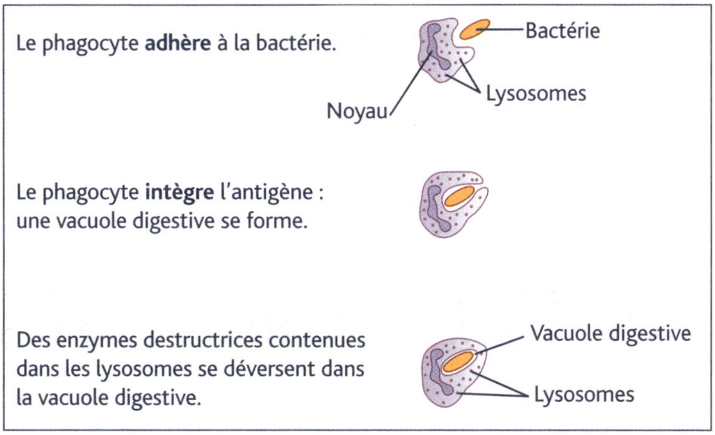

2.4.2. Les anomalies

› Le déficit immunitaire

Le déficit immunitaire peut être :

- **congénital** : anomalie rare qui conduit à placer les enfants en milieu stérile (bulle) dans l'attente de greffe de moelle ;
- **acquis**, au cours de pathologies cancéreuses ou à cause du SIDA.

› L'allergie

Elle est de plus en plus fréquente. C'est un dysfonctionnement du système immunitaire. L'élément **allergène** responsable peut être le pollen, certains aliments, des médicaments, ou une substance au contact de la peau. Il se produit alors une réaction qui peut être respiratoire (éternuements, écoulements, crise d'asthme, toux) ou cutanée (démangeaison, urticaire, plaques, etc.).

Cette réaction peut être plus grave, jusqu'au **choc anaphylactique**.

Le traitement est la prévention du contact avec l'élément déclencheur, lorsqu'il est connu. Dans certains cas, une **désensibilisation** est proposée.

2.4.3. Hygiène et équilibre

Si l'on fait des voyages dans des pays à risque pour certaines maladies, il faut respecter un **calendrier de vaccinations**.

Si l'on est **sujet fragilisé** (les personnes âgées notamment), il faut se faire vacciner contre la grippe.

Il est préférable d'éviter toutes les contaminations et, professionnellement **dans les milieux de la santé**, d'utiliser les moyens de **prévention des infections nosocomiales** (lavage des mains, précautions standards, utilisation d'antiseptique, produit visant la destruction des micro-organismes) et d'appliquer les règles d'**asepsie** (c'est-à-dire éviter d'introduire des germes où il n'y en a pas).

La **peau saine** est la première barrière contre les attaques extérieures ; toute lésion de la peau doit être soignée car elle peut être la porte d'entrée d'une infection.

Mémento

› À retenir !

Pensez-vous maîtriser toutes les notions utiles exposées dans ce chapitre ? Pour être certain de ne pas « caler » au moment de l'épreuve de biologie, servez-vous du tableau ci-dessous : il vous aidera à faire le point sur les connaissances que vous avez acquises ou qu'il faut encore renforcer.

Notion	Je maîtrise cette notion	Je ne maîtrise pas encore cette notion
Définitions et rôles du chimiotactisme		
Diapédèse		

Notion	Je maîtrise cette notion	Je ne maîtrise pas encore cette notion
Phagocytose		
Antigène		
Anticorps		
Vaccin		
Sérothérapie		
Vaccinations obligatoires		

› Glossaire

Voici une liste des mots ayant un lien avec le système immunitaire, dont vous trouverez la définition dans le lexique page 230.

Anticorps, antigène, **B**acille, bactérie, bactériophage, botulisme, **C**andidose, chimiotactisme, commensalisme, **D**iapédèse, **É**pidémie, **F**ébrile, fièvre, flore, **H**yperthermie, **I**nfection nosocomiale, IST, **L**evure, **M**éningocoque, mycose, **P**arasite, pathogène, phagocytose, prion, **S**aprophyte, septique, sérum, stérilisation, système immunitaire, **T**étanos, **V**accin, virus.

Biologie

2.5. Le système endocrinien

Le système endocrinien intervient avec le système immunitaire dans la fonction de maintien et d'intégrité de l'organisme.

2.5.1. Généralités

Il assure la régulation des organes, accélère ou ralentit leur fonctionnement *(voir figure 21, a et b)*.

Ce système se compose des **glandes endocrines** qui produisent des hormones (protéines sécrétées par une glande endocrine). Il régule l'**homéostasie** (équilibre du fonctionnement du corps en dépit des contraintes extérieures) et l'**homéothermie** (maintien de la température du corps autour de 37 °C, équilibre entre apports caloriques et pertes).

Les **hormones** agissent sur différents organes cibles à distance ; elles sont produites par des glandes et véhiculées par le sang. Le but est d'adapter le fonctionnement aux besoins de l'organisme par sécrétion ou inhibition.

L'**hypothalamus** et l'**hypophyse** régulent une partie de ces glandes endocrines. Les glandes endocrines sont de petite taille, réparties dans l'organisme et richement vascularisées, afin de faciliter le passage des hormones dans le sang.

Figure 21a - Les glandes endocrines chez l'homme

Figure 21b - Les glandes endocrines chez la femme

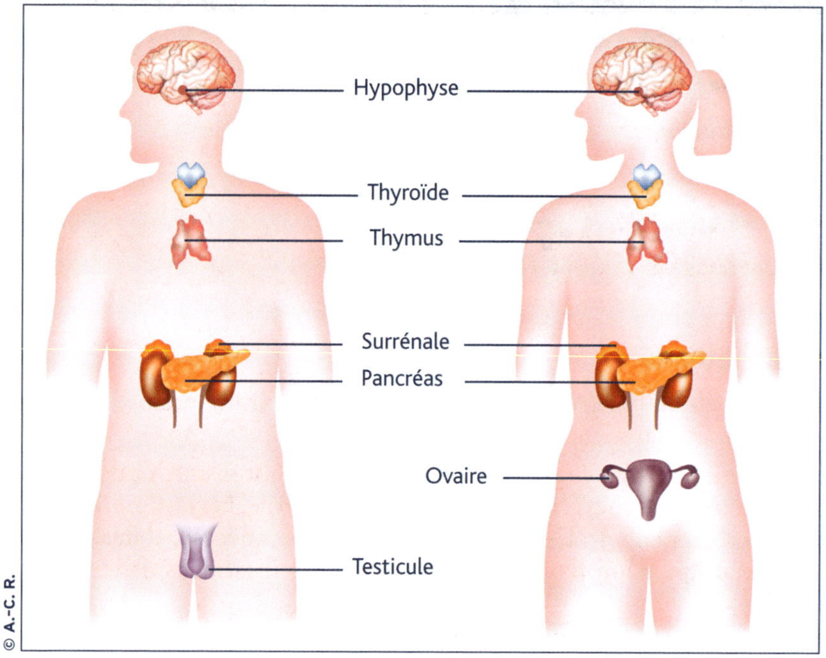

› L'hypothalamus

L'hypothalamus est la partie du cerveau qui contrôle les sécrétions hypophysaires, la température corporelle, mais aussi la faim, la soif, la libido. Il sécrète des neurohormones qui stimulent l'hypophyse, qui libèrera à son tour des hormones vers un organe cible.

› L'hypophyse

L'hypophyse se situe à la base du cerveau. Elle stimule toutes les autres glandes endocrines, comme un chef d'orchestre. Elle :

- sécrète l'hormone de croissance ainsi que des hormones qui agissent sur les glandes sexuelles ;
- contrôle la fabrication des hormones thyroïdiennes, des corticosurrénales, de la lactation et de l'hormone antidiurétique régulant l'eau dans l'organisme.

› La thyroïde

La thyroïde est située à la base du cou. Elle agit sur la croissance, les systèmes nerveux, cardiaque, musculaire, digestif, génital et sur le métabolisme.

Elle capture et concentre 25 % de l'iode du corps qui provient de la nourriture et de l'eau (en cas de radioactivité ambiante, on surcharge en iode sain la thyroïde ; de ce fait, elle ne fixera pas l'iode radioactif). Le cancer de la thyroïde est fréquent ; son évolution est lente et de bon pronostic ; certains imputent l'augmentation de sa fréquence à l'accident nucléaire de Tchernobyl.

La thyroïde peut être le siège de nodules, avec une hyperactivité thyroïdienne (**hyperthyroïdie**) entraînant des exophtalmies, une accélération métabolique, des tachycardies, un amaigrissement. Si la sécrétion hormonale est insuffisante, on parle d'**hypothyroïdie** et les signes sont à l'opposé de ceux de l'hyperthyroïdie : augmentation du poids, apathie, ralentissement du métabolisme. L'hypothyroïdie peut être congénitale et provoque chez les enfants un retard mental et un retard de croissance ; on peut limiter les conséquences de cette maladie par un dépistage dès la naissance.

› Les parathyroïdes

Elles sont situées sur la tyroïde et jouent un rôle dans la régulation du calcium et du phosphore par la sécrétion des parathormones.

› Le thymus

Il est situé dans la cage thoracique, derrière le sternum. Il règle la croissance, agit sur le système nerveux ; lieu de formation des lymphocytes T, il disparaît à l'adolescence.

› Les glandes surrénales

Elles se situent au-dessus des reins et permettent la régulation de la pression artérielle. Elles produisent 3 hormones :

- le cortisol, qui régule la quantité d'eau du corps et possède une action anti-inflammatoire et anti-allergique ;
- l'aldostérone, qui diminue l'excrétion urinaire du sel ;
- l'adrénaline, qui augmente le débit cardiaque et le stress.

› Les ovaires

Ce sont les glandes sexuelles féminines situées au bas de l'abdomen, à droite et à gauche de l'utérus. Elles produisent :

- de façon **endocrine** (pour le fonctionnement interne du corps) : des estrogènes, de la progestérone et des androgènes ;
- de façon **exocrine** (qui migre vers un milieu extérieur, ici les trompes de Fallope conduisant elles-mêmes le follicule vers l'utérus) : les follicules.

› Les testicules

Ce sont les glandes sexuelles masculines situées dans les bourses (scrotum). Elles produisent les spermatozoïdes et la testostérone.

› Le placenta

Il n'existe que pendant la grossesse. Il permet le bon développement du fœtus et de l'accouchement.

Son action est triple :

- il protège le fœtus ;
- il permet les échanges (gazeux et énergétiques entre autres) ;
- il sécrète des hormones indispensables au bon déroulement de la grossesse.

› Le pancréas

Il se situe en arrière de l'estomac. Il produit :

- une sécrétion exocrine : le suc pancréatique qui contient 3 enzymes (amylase, trypsine, lipase) ;
- une sécrétion endocrine :
  - d'insuline : hormone qui régule le taux de sucre dans le sang ; c'est une hormone hypoglycémiante qui stimule l'absorption du glucose par des cellules musculaires et le stockage du glucose dans le foie sous forme de glycogène et des acides gras dans les tissus adipeux ;
  - de glucagon : hormone hyperglycémiante produite par les cellules alpha des îlots de Langerhans.

L'insuline est produite par les cellules bêta des îlots de Langerhans du pancréas. Elle abaisse le taux de glucose dans le sang en assurant la perméabilité de la membrane cellulaire au glucose : si le glucose ne peut pas pénétrer dans les cellules, il reste dans le sang et son taux augmente. Si ces îlots ne peuvent plus produire d'insuline ou si leur production est insuffisante, on parle de diabète.

› L'homéothermie

La température mesure le degré de chaleur du corps humain. La chaleur provient des différentes **oxydations cellulaires** ; la **thermorégulation** est contrôlée par le **système nerveux sympathique** et assurée par les **centres hypothalamiques**.

Les variations physiologiques dépendent du climat, de la digestion, de l'effort physique (qui l'augmente), de l'heure (le matin, la température est plus basse que l'après-midi), de l'âge (en vieillissant, la température baisse ; le système de thermorégulation des nouveau-nés n'est pas mature, ce qui explique leur sensibilité au chaud et au froid). La température moyenne du corps humain se situe autours de 37 °C.

Les variations pathologiques sont l'**hyperthermie**, au-dessus 38 °C et jusqu'à 42 °C, et l'**hypothermie**, au-dessous de 35 °C et jusqu'à 32 °C. Elles sont le signe d'un déséquilibre.

2.5.2. Les anomalies

La principale anomalie du système endocrinien est le **diabète** (environ 2 000 000 de malades en France).

› Taux de glycémie

La **glycémie** est le taux de glucose dans le sang. Il varie normalement entre de 0,8 gramme par litre à jeun à 1 gramme par litre en période de digestion :

- si le taux est inférieur, on parle d'**hypoglycémie** (avec des signes associés : vertiges, sueurs, tremblements). La réponse thérapeutique est l'**apport de sucre**. La baisse de la glycémie entraîne les sécrétions de glucagon, d'adrénaline, de cortisol et d'hormone de croissance qui vont stimuler la dégradation du glycogène en glucose et des lipides en acides gras, ce qui augmente le taux de glucose dans le sang ;
- si le taux est supérieur, on parle d'**hyperglycémie** (avec des signes associés : polyurie – augmentation du volume urinaire –, polydipsie – soif permanente –, glycosurie,

amaigrissement, fatigue). La réponse thérapeutique est l'apport d'insuline pour faire baisser ce taux. Lorsque la glycémie est supérieure à 1,8 gramme par litre, le rein laisse passer le sucre dans les urines : on parle de glycosurie.

Le combustible des cellules est le **glucose**. Si celui-ci n'est pas disponible, les cellules vont utiliser les protéines et les graisses. Les déchets seront plus importants, notamment les corps cétoniques qui intoxiquent les cellules nerveuses, pouvant provoquer un coma.

Les complications du diabète sont des atteintes cardiovasculaires (artérite, athérosclérose, hypertension artérielle), rénales, nerveuses (névrite) et oculaires (cécité due à l'obstruction des artères rétiniennes), des retards de cicatrisation, des furoncles…

› Types de diabètes

Il existe **2 types de diabètes**, le diabète insulinodépendant et le diabète non insulinodépendant.

› *Diabète insulinodépendant (ou maigre ou jeune)*

Le **diabète insulinodépendant** (DID) concerne environ 20 % des diabétiques et touche les personnes jeunes. La symptomatologie est une association de polyurie, de polydipsie, de polyphagie, et d'amaigrissement. La sécrétion d'insuline est insuffisante, ce qui nécessite des injections d'insuline, un régime adapté, une ration alimentaire répartie en 4 ou 5 repas et une surveillance régulière des glycémies ;

› *Diabète non insulinodépendant (ou gras ou de la cinquantaine)*

Le **diabète non insulinodépendant** est lié à la sédentarité et à l'excès de nourriture. Le pancréas sécrète de l'insuline mais les récepteurs cellulaires sont moins nombreux à fonctionner. Sa découverte est souvent fortuite, au cours d'un bilan sanguin ou lors de la découverte d'une affection liée à ses complications. Un régime adapté et un traitement *per os* (par voie orale) suffisent à équilibrer ce diabète.

2.5.3. Hygiène et équilibre

Une alimentation équilibrée, sans apport excessif de sucre et de graisse, permet de prévenir l'apparition du diabète gras ; une activité physique régulière contribue à cet équilibre.

Le diabète est une affection chronique. Il faut avoir une hygiène rigoureuse pour prévenir toute infection ou toute autre complication : surveillance diététique de la glycémie et de sa tension artérielle, éviter les plaies, consulter son dentiste et son ophtalmologue régulièrement.

Mémento

› À retenir !

Pensez-vous maîtriser toutes les notions utiles exposées dans ce chapitre ? Pour être certain de ne pas « caler » au moment de l'épreuve de biologie, servez-vous du tableau ci-dessous : il vous aidera à faire le point sur les connaissances que vous avez acquises ou qu'il faut encore renforcer.

Notion	Je maîtrise cette notion	Je ne maîtrise pas encore cette notion
Les différentes glandes endocriniennes		
Les hormones produites par ces glandes		
Homéostasie		
Glycosurie		
Glycémie		
Régulation de la glycémie		
Diabète		
Complications du diabète		
Prévention et traitement du diabète		

› Glossaire

Voici une liste des mots ayant un lien avec le système endocrinien, dont vous trouverez la définition dans le lexique page 230.

Adénome, **D**iabète, **G**lucagon, glycémie, glycosurie, **H**oméostasie, homéothermie, hormone, hyperglycémie, hyperthyroïdie, hypoglycémie, hypothyroïdie, **I**nsuline, **L**ipase, **O**variectomie, **P**olydipsie, polyphagie, postprandiale, **T**hyroïdectomie.

›3. La fonction de nutrition

3.1. L'appareil cardiovasculaire

3.1.1. Artères, veines et sang

L'appareil cardiovasculaire, ou appareil circulatoire, comprend le cœur et les vaisseaux sanguins. Il permet d'irriguer toutes les parties du corps.

› Les artères et les veines

Les **artères** amènent le sang du cœur aux organes et du cœur aux poumons. Les **veines** ramènent le sang des organes au cœur et des poumons au cœur.
Dans la **circulation pulmonaire** (ou petite circulation), les artères contiennent le sang pauvre en oxygène et les veines amènent le sang riche en oxygène.
Dans la **circulation générale** (ou grande circulation), les artères contiennent le sang rouge, oxygéné, et les veines le sang noir, pauvre en oxygène.
Les **capillaires** ont des parois très fines et sont de petit diamètre.

Figure 22 – Les grande et petite circulations

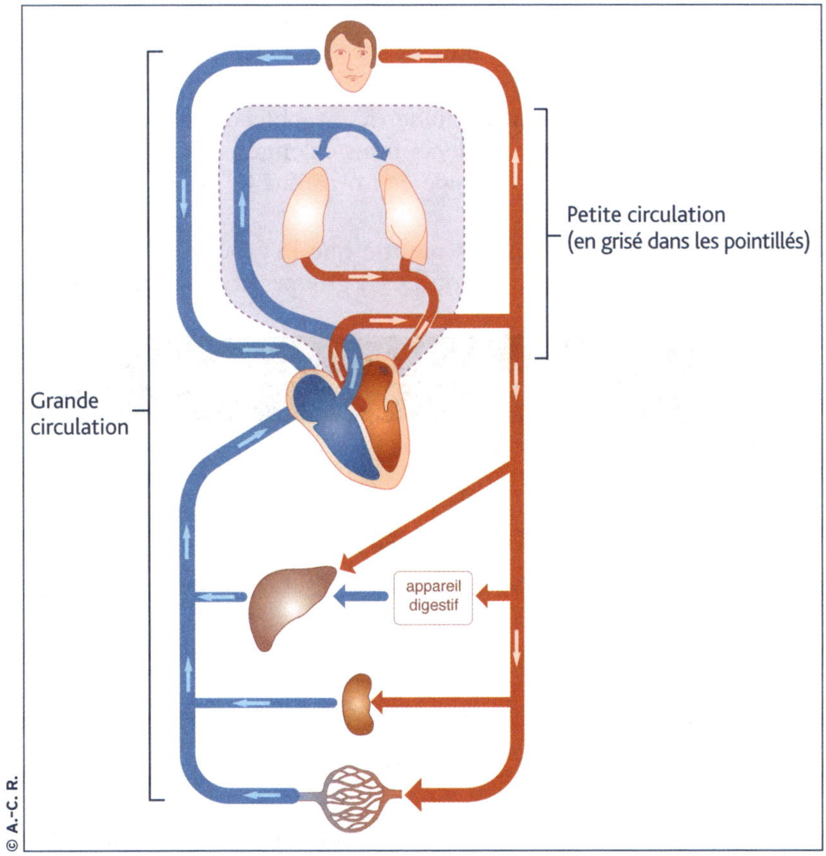

› Le sang

Le **sang** sert de véhicule aux substances nutritives et à oxygéner nos organes. Il transporte des déchets, participe à la thermorégulation et à la défense de notre organisme. Un homme de corpulence moyenne a environ 5 litres de sang.

Le sang est composé d'éléments solides ou éléments figurés, baignant dans du plasma composé d'eau, de fibrinogène et de sels minéraux, qui représente environ 55 % du volume du sang. Les éléments figurés sont des cellules de formes et de tailles différentes qui représentent 45 % du volume total du sang : ce sont les hématies, les leucocytes et les plaquettes.

› *Les hématies*

Les **globules rouges** ou **hématies** ou **érythrocytes** sont colorés en rouge par l'hémoglobine qui transporte les gaz respiratoires. Ils servent de support au transport de l'oxygène vers les organes. Ce sont des cellules sans noyau, capables de se déformer, ce qui facilite leur circulation dans les capillaires. Leur nombre est d'environ 4 à 5 millions par mm^3 de sang.

Les hématies déterminent les **groupes sanguins**. C'est sur la membrane des globules rouges que se trouvent des protéines spécifiques, les agglutinogènes, utiles dans la détermination des groupes sanguins. Il existe 3 types d'antigènes présents à la surface des globules rouges : A, B et AB. Le groupe O se caractérise par l'absence d'antigène.

Dans le sang d'un individu, le plasma contient des **anticorps** (agglutines) dirigés contre les antigènes que les hématies ne possèdent pas.

Le système **Rhésus** concerne un antigène différent que l'on appelle D : un individu est Rhésus positif si l'antigène D est présent sur ses hématies et Rhésus négatif s'il est absent.

Avant d'effectuer une transfusion sanguine, il est obligatoire de faire des tests de compatibilité afin de prévenir les accidents transfusionnels. Dans la mesure du possible, les transfusions se font en iso-groupe et iso-rhésus (« iso » signifie « le même », « identique »).

Le tableau de compatibilité ci-dessous montre que le groupe ORh- est dit donneur universel car il n'a pas d'antigènes A, B ou D. Le groupe AB+ est receveur universel.

		Donneur							
		O+	O-	A+	A-	B+	B-	AB+	AB-
Receveur	O+	oui	oui	non	non	non	non	non	non
	O-	non	oui	non	non	non	non	non	non
	A+	oui	oui	oui	oui	non	non	non	non
	A-	non	oui	non	oui	non	non	non	non
	B+	oui	oui	non	non	oui	oui	non	non
	B-	non	oui	non	non	non	oui	non	non
	AB+	oui	oui	oui	oui	oui	oui	oui	oui
	AB-	non	oui	non	oui	non	oui	non	oui

Notre groupe sanguin provient de nos parents. Le gène O est récessif alors que les gènes A et B sont dominants : si vous héritez de 2 gènes O, vous serez O ; si vous héritez d'un gène O et d'un gène A, vous serez A.

› *Les leucocytes*

Les **globules blancs** ou **leucocytes** sont incolores et possèdent un noyau. Ils peuvent se déformer, se déplacer pour lutter contre les infections.

Leur nombre est d'environ 6 000 à 8 000 par mm^3 de sang.

On distingue :

- les **granulocytes polynucléaires**, ayant des granulations dans le cytoplasme : neutrophiles (67 %), éosinophiles (2 %), basophiles (1 %) ;
- les **granulocytes mononucléaires** : lymphocytes (25 %), monocytes (3 à 5 %).

› *Les thrombocytes*

Les **plaquettes** ou **thrombocytes** jouent un rôle dans la coagulation du sang. Elles sont très contractiles et ont une forme de disque.

Leur nombre est d'environ 300 000 par mm^3.

› La lymphe

La **lymphe** est un liquide jaune qui baigne le milieu extra-cellulaire. Elle est riche en eau, en globules blancs, en sels minéraux et en albumine, substance nutritive. Elle aide l'organisme à lutter contre les infections : elle draine et filtre les liquides organiques grâce aux ganglions lymphatiques qui sont nombreux sur son trajet.

Il existe 2 types de lymphe : la **lymphe circulante** (à l'intérieur du système lymphatique) et la **lymphe interstitielle** (qui imprègne toutes les cellules, apporte les substances nutritives et élimine les déchets).

Le système lymphatique a la fonction de collecter la lymphe, d'absorber les graisses du chyle intestinal et de stimuler les lymphocytes.

3.1.2. Le cœur

› Situation et organisation

Le **cœur** est un **muscle creux**, de la grosseur d'un poing (300 grammes), qui se contracte et se dilate sans l'intervention de la volonté. Il est enveloppé par une poche à double paroi, le péricarde. Il se situe entre les 2 poumons, sa pointe tournée vers la gauche.

Il est divisé :

- **verticalement en 2 parties** qui ne communiquent pas entre elles : une droite, contenant du sang pauvre en oxygène, et une gauche, contenant du sang oxygéné ;
- **horizontalement en 2 parties** : en haut, les oreillettes et, en bas, les ventricules. Chaque ventricule communique avec l'oreillette correspondante par une valve : la valve tricuspide à droite et la valve mitrale à gauche.

› Fonctionnement

Le cœur fonctionne jour et nuit ; il adapte ses mouvements à l'exercice, bat plus vite lors d'une activité sportive.

Le cœur est une pompe dont les contractions sont régulières et rythmées ; ses battements se font en 3 temps *(voir figure 23) :*

- la **contraction des oreillettes** qui pousse le sang dans les ventricules (systole auriculaire) ;

► la **contraction des ventricules** qui pousse le sang dans les artères (systole ventriculaire) ;
► le **repos** ou phase de remplissage des oreillettes et de dilation des 4 cavités (diastole).

L'auscultation cardiaque à l'aide du stéthoscope (amplificateur auditif) permet d'écouter 2 bruits : un court, sec, correspondant à la fermeture des valves cardiaques, et un plus long, correspondant à la fermeture des valves pulmonaires et aortiques (artérielles) ; un silence s'ensuit qui correspond au relâchement du cœur.

Figure 23 – Les 3 phases du battement cardiaque

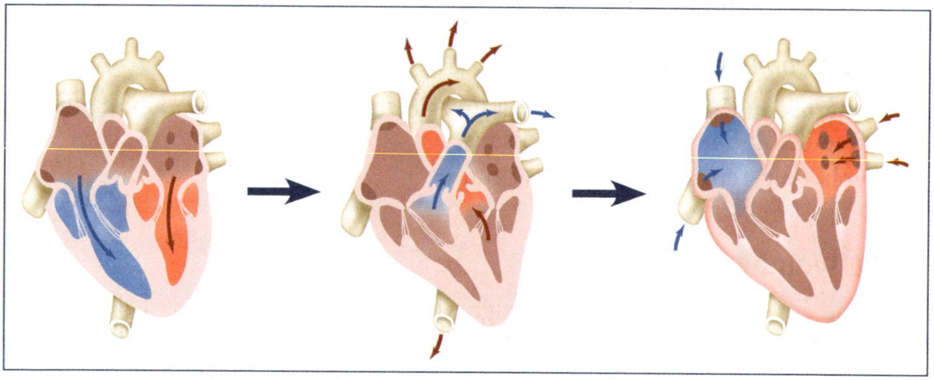

› Fréquence cardiaque

Le nombre de battements (fréquence cardiaque) varie avec la fièvre et l'activité musculaire. En moyenne, il est de :
► 60 à 80 chez un adulte ;
► 60 à 70 chez une personne âgée ;
► 130 à 140 chez un nouveau-né ;
► 100 à 130 chez un nourrisson ;
► 90 à 110 chez un enfant ;
► 80 à 85 chez un adolescent.

Les variations pathologiques sont :
► la **tachycardie** : nombre de pulsations supérieur à 100 par minute chez l'adulte ;
► la **bradycardie** : nombre de pulsations inférieur à 60 par minute.
► l'**arythmie** : lorsque les pulsations sont irrégulières.

› Pression artérielle

La pression artérielle est la pression sous laquelle le sang circule dans les vaisseaux chez un adulte. La pression artérielle moyenne est de :
► 12/7 chez un adulte ;
► 9/5 chez un enfant ;
► 15/9 chez une personne âgée.

On parle d'hypertension au-delà de 14/9, avec un risque augmenté de maladie cardio-vasculaire, et d'hypotension en dessous de 10/5, signe de fatigue.

L'électrocardiogramme (ECG) permet d'enregistrer le rythme des impulsions électriques traversant le cœur *(voir figure 24)*.

Figure 24 - L'électrocardiogramme

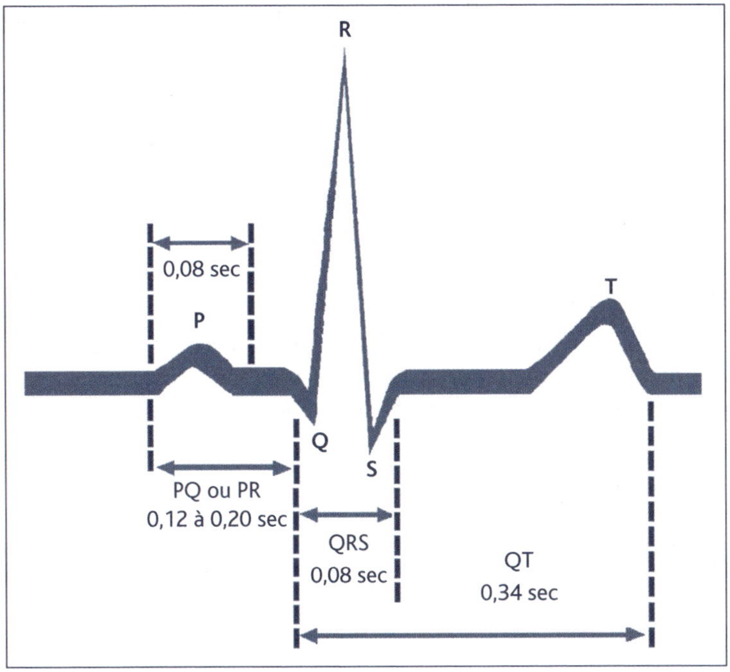

3.1.3. Les anomalies

Il faut savoir que les **maladies cardiovasculaires** font partie des premières causes de décès en France. Elles sont le plus souvent favorisées par l'abus d'alcool, de tabac, de nourriture, l'hypertension, le stress, la sédentarité…

› L'angine de poitrine et l'infarctus du myocarde

Les principales maladies cardiovasculaires sont l'**angine de poitrine** (ou angor) et l'**infarctus du myocarde** qui sont tous deux dus à l'atteinte des artères nourricières du cœur : les **coronaires**. Un taux de cholestérol élevé entraînant des dépôts lipidiques sur la paroi des artères peut conduire à leur obstruction (athérosclérose).

L'infarctus se manifeste par une douleur intense au niveau de la poitrine, diffusant au bras gauche et à la mâchoire, de type serrement d'étau. Il faut agir très vite. C'est la raison pour laquelle des douleurs à l'effort doivent être signalées au médecin qui prescrira des vasodilatateurs et, bien sûr, une hygiène de vie plus équilibrée.

› L'athérosclérose

C'est une atteinte de la **paroi des artères**. Une plaque de cholestérol calcifiée obstrue les artères. Les conséquences peuvent être :

- l'**embolie** : une plaque se détache et migre, obstrue l'artère pulmonaire ou cérébrale ;
- l'**hypertension** : à l'origine des accidents cardiovasculaires. La connaissance des signes de l'hypertension (céphalées, acouphènes, phosphènes, fatigue) et sa surveillance régulière peuvent diminuer les conséquences ;

- un **accident vasculaire cérébral** (AVC) : il peut être hémorragique ou ischémique, c'est-à-dire lié à l'obstruction d'un vaisseau. Il a des conséquences lourdes, avec de graves séquelles neurologiques, et est parfois mortel.

› L'anévrisme

C'est la dilatation d'une artère pouvant se rompre à tout moment. Sa découverte est souvent fortuite.

› Les anomalies congénitales

Certaines anomalies congénitales peuvent concerner le cœur : persistance du trou de Botal, maladie de l'enfant bleu due à un rétrécissement aortique. Les progrès de la chirurgie précoce, voire fœtale, ont permis de prendre en charge ces malformations.

› Les péricardites et endocardites

Péricardites et endocardites sont dues à une inflammation des tuniques cardiaques, souvent liée à une infection. Elles peuvent être soignées par antibiothérapie mais laissent des lésions valvulaires (béance ou rétrécissement) modifiant le fonctionnement cardiaque.

› Les troubles du rythme

L'arythmie, la tachycardie, la bradycardie sont à dépister et à prendre en compte ; elles peuvent se régulariser avec un traitement ou nécessiter la pose d'un pacemaker.

› L'insuffisance cardiaque

L'insuffisance cardiaque se produit lorsque le cœur n'arrive plus à travailler normalement. Les patients atteints d'insuffisance cardiaque présentent des œdèmes aux membres inférieurs et sont fatigués.

› L'artérite

L'artérite est une **inflammation des artères**. Leur calibre est rétréci et ne permet plus la bonne irrigation des zones à desservir, ce qui entraîne la nécrose des tissus. L'amputation est souvent la seule issue pour protéger les tissus en amont.

› Les atteintes des veines

› *Phlébite*

La **phlébite** est l'inflammation d'une veine liée à la présence de caillots. Les signes cliniques sont : douleur à la dorsiflexion du mollet, dissociation des courbes pouls/température, perte de ballottement du mollet. Un traitement fluidifiant le sang est nécessaire. La complication est la migration du thrombus, l'**embolie**.

› *Varices*

Les **varices** sont liées à une fragilité des veines. Celles-ci se dilatent et laissent apparaître des boursouflures au niveau de la peau. Certaines professions contraignant à un orthostatisme (longues stations debout ou piétinement) sont un terrain favorable aux varices. L'hérédité est aussi un facteur important d'apparition de varices. La chaleur, la grossesse favorise l'apparition des varices. Les hémorroïdes sont des veines dilatées aux niveaux anal et rectal.

› Les hémorragies

L'hémorragie est un **écoulement de sang** hors d'un vaisseau lésé qui peut être interne (le sang reste à l'intérieur d'un organe ou du corps), externe (le sang est à la surface du corps) ou extériorisé (le sang s'écoule par un orifice ou une cavité naturelle). Elles sont toujours considérées comme potentiellement graves :

- **externe** : si le sang est rouge, l'origine est artérielle ; il faut colmater la brèche à l'origine de l'hémorragie ;
- **interne** : elle est très grave ; il faut trouver l'origine de la lésion et y accéder pour arrêter l'hémorragie. Les signes d'alerte sont : collapsus cardiovasculaire pâleur, froideur, soif, anxiété, impossibilité de prendre les pulsations ;
- **extériorisée** : de type épistaxis lié à un choc, une hypertension ou des troubles de la coagulation ou de type recto-colorragie, hématurie, métrorragie… Sa gravité dépend de l'organe lésé et de l'importance du saignement.

Biologie

3.1.4. Hygiène et équilibre

La bonne santé cardiovasculaire dépend de nombreux éléments :

- avoir une **alimentation équilibrée**, ne pas laisser s'installer un surpoids, voire une obésité, ne pas ajouter de sel ou de graisse dans son alimentation, préférer les aromates naturels et les fruits et légumes ;
- pratiquer une **activité physique régulière** (une heure d'activité par jour est recommandée) ;
- éviter le **stress** ;
- ne pas abuser de l'**alcool** ni du **tabac** ;
- avoir une **hygiène rigoureuse** ;
- **se prémunir contre les infections** (infections dentaires, angine, suite à un *piercing*...) qui peuvent entraîner des endocardites par l'utilisation des antibiotiques prescrits ;
- **consulter régulièrement** son médecin traitant pour un contrôle de la pression artérielle.

Mémento

› À retenir !

Pensez-vous maîtriser toutes les notions utiles exposées dans ce chapitre ? Pour être certain de ne pas « caler » au moment de l'épreuve de biologie, servez-vous du tableau ci-dessous : il vous aidera à faire le point sur les connaissances que vous avez acquises ou qu'il faut encore renforcer.

Notion		Je maîtrise cette notion	Je ne maîtrise pas encore cette notion
Rôle et composition du sang	Hématies		
	Leucocytes		
	Plaquettes		
Rôle et composition de la lymphe			
Groupes sanguins			
Anatomie et physiologie du cœur			
Circulation générale et pulmonaire			
Définition de la pression artérielle			
Anomalies			
Signes cliniques accompagnant les maladies cardiovasculaires			

› Glossaire

Voici une liste des mots ayant un lien avec le système cardiovasculaire, dont vous trouverez la définition dans le lexique page 230.

Anémie, anévrisme, angor, anoxie, artériographie, artérite, arythmie, athérome, **B**radycardie, **C**alcémie, capillaire, cardiomégalie, cardiopathie, collapsus, cyanose, **D**iastole, **É**lément figuré, embolie, endocarde, endocardite, érythrocyte, érythropoïèse, extrasystole, **H**ématie, hématome, hémoculture, hémostase, Holter, hypertension, hypotension, **I**nfarctus du myocarde, ischémie, **L**eucocyte, lymphangite, lymphe, **M**yocarde, **N**écrose, **P**éricardite, phlébite, plaquette, plasma, pression artérielle, **S**éreuse, sérum sanguin, sténose, syncope, systole, **T**achycardie, thrombocyte, thrombolyse, **V**asodilatateur, vasodilatation.

3.2. L'appareil respiratoire

3.2.1. Généralités

L'appareil respiratoire comprend les **voies aériennes supérieures et inférieures**.

› Les voies aériennes supérieures

Les voies aériennes supérieures sont formées par :
- les **fosses nasales** dont les parois sont recouvertes d'une muqueuse qui réchauffe et humidifie l'air inspiré et retient les poussières grâces aux poils et au mucus ;
- le **pharynx**, lieu de passage et carrefour aéro-digestif, essentiel à la déglutition (végétations et amygdales protègent le pharynx).

› Les voies aériennes inférieures

Les voies aériennes inférieures sont formées par *(voir figure 25)* :
- le **larynx**, organe de la phonation avec les cordes vocales ; à l'arrière, l'épiglotte joue le rôle de clapet lors de la déglutition et, à l'avant, se situe la pomme d'Adam ;
- la **trachée artère**, conduit cartilagineux de transport se divisant en 2 ramifications principales, droite et gauche ;
- les **bronches**, s'ouvrant dans chaque **poumon** (organes mous spongieux) et se divisant elles-mêmes en bronchioles aboutissant aux sacs alvéolaires qui contiennent les alvéoles pulmonaires où ont lieu les échanges gazeux *(voir figure 26)* ;

La **membrane alvéolaire** est constituée d'un **épithélium** simple dont les cellules sécrètent le surfactant, substance tensio-active qui évite aux parois alvéolaires d'adhérer entre elles.

Chaque poumon est entouré d'une double paroi, la **plèvre**, dont un feuillet adhère à la cage thoracique et l'autre au poumon.

Les poumons reposent sur le **diaphragme**, muscle plat qui intervient lors des mouvements respiratoires. Le poumon droit est formé de 3 lobes, le gauche de 2 lobes.

Figure 25 – Les voies aériennes inférieures vues de face

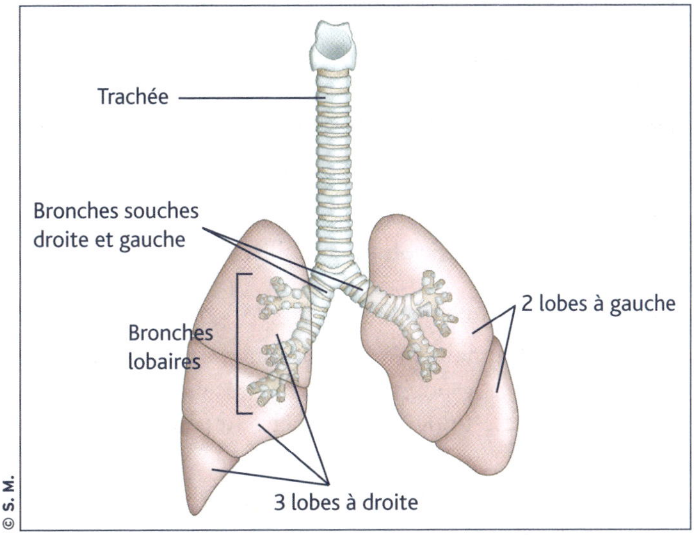

Figure 26 – De la trachée aux alvéoles

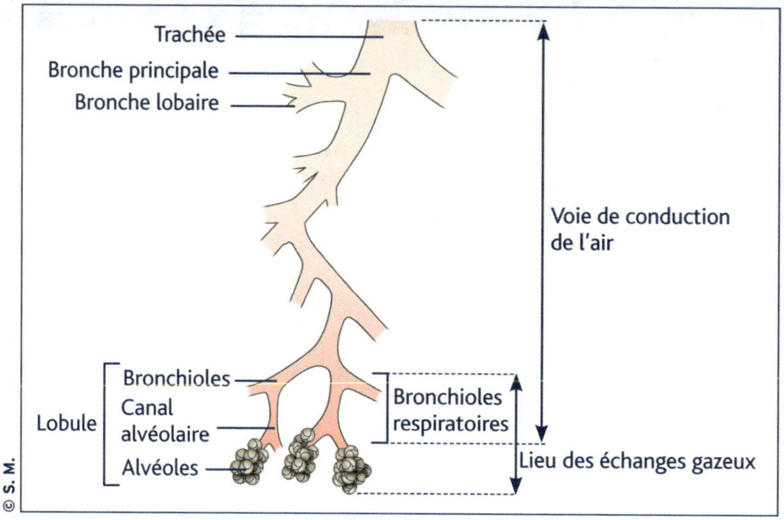

› La respiration

› *Généralités*

Les poumons permettent au sang de recevoir de l'**oxygène** (O_2) et de se débarrasser du **gaz carbonique** (CO_2).

Ils fonctionnent grâce aux muscles de la cage thoracique.

La respiration se produit en 2 temps :

- l'**inspiration**, phase active (les muscles se contractent) de remplissage des poumons introduisant 0,5 litre d'air : l'air chargé de dioxygène pénètre dans les poumons ;
- l'**expiration**, phase passive (les muscles se relâchent) : les poumons se vident de 0,5 litre d'air, l'air chargé de dioxyde de carbone est chassé à l'extérieur.

Lors de la respiration, différentes quantités d'air circulent dans les voies aériennes supérieures et les poumons.

La capacité pulmonaire totale (CPT) est la somme de tous les volumes pulmonaires, à savoir :

- le **volume résiduel** (VR = 1,5 litre), qui reste toujours dans les poumons même à la fin d'une expiration complète ;
- le **volume de réserve d'expiration** (VRE = 1,5 litre) qui est le volume d'air maximal que l'on peut exsuffler ;
- le **volume courant** (VC = 0,5 litre) qui correspond au volume inspiré et expiré lors de chaque mouvement respiratoire ;
- le **volume de réserve d'inspiration** (VRI = 1,5 litre) qui est le volume d'air maximal que l'on peut inspirer ;
- la **capacité vitale** (CV), qui est le volume mobilisé entre les positions d'inspiration et d'expiration.

CPT = VR + VRE + VC + VRI = CV + VR

Les volumes et capacités pulmonaires varient en fonction de l'âge, du sexe, de la taille.

Dans des conditions normales, le poumon droit représente 55 % du VC et le poumon gauche 45 %. Cette différence est due au placement du cœur à gauche du thorax.

› *Rythme respiratoire*

Le rythme respiratoire normal est de 15 à 18 mouvements par minute chez un adulte, de 25 à 30 chez l'enfant et de 40 à 45 chez le nouveau-né. Il varie avec l'effort et les émotions et diminue au repos et la nuit. Il correspond à l'inspiration et à l'expiration du volume pulmonaire.
Les variations pathologiques sont la polypnée (au-delà de 20 mouvements par minute) et la bradypnée (ralentissement à moins de 14 mouvements par minute).

› *Échanges gazeux*

Les **échanges gazeux** se produisent au niveau des alvéoles pulmonaires, à travers les parois capillaires. C'est dans les alvéoles que le sang veineux se débarrasse du CO_2 et se charge en O_2. Le sang rouge ressort des poumons par les veines pulmonaires pour alimenter le corps entier en oxygène. C'est l'hémoglobine du sang qui fixe le dioxygène (oxyhémoglobine) et le dioxyde de carbone (carbohémoglobine).

Biologie

3.2.2. Les anomalies

› Les infections respiratoires

Les infections respiratoires les plus fréquentes sont dues à des virus ou à des bactéries. Elles se manifestent par des signes cliniques tels que la toux qui peut être grasse, la fièvre, l'expectoration.

› *Rhinite allergique*

La rhinite allergique ou virale se caractérise par des éternuements, un nez qui coule ou, au contraire, obstrué.

› *Sinusite*

La sinusite est une infection bactérienne des sinus avec inflammation. Elle se manifeste par des douleurs au niveau des yeux ou des maxillaires, de la fièvre et le nez bouché. Elle nécessite un traitement antibiotique.

› *Bronchite*

La bronchite peut être chronique ou aiguë. Elle se manifeste par une toux, une expectoration, une dyspnée, une respiration sifflante, de la fièvre. Chez les jeunes enfants, on parle de bronchiolite ; il faut aider l'enfant à évacuer l'excès de mucus dans les bronches. La bronchite chronique nécessite l'apport d'oxygène et une kinésithérapie.

› *Pneumonie*

La pneumonie virale ou bactérienne se manifeste par de la toux, des crachats, un point de côté, des frissons, une forte fièvre.

› *Tuberculose*

La tuberculose est due au bacille de Koch et se manifeste par une toux sèche, des crachats, de la fièvre, une fatigue, un amaigrissement, des sueurs nocturnes. C'est une maladie contagieuse dont la localisation n'est pas toujours pulmonaire : elle peut être osseuse. Le diagnostic se fait par radiographie des poumons et mise en culture des crachats.

Un traitement antibiotique spécifique au long cours est alors prescrit. La prévention est la vaccination par le BCG.

› L'œdème aigu du poumon (OAP)

L'œdème aigu du poumon est une affection pulmonaire secondaire à l'inondation des poumons par du liquide. Cela trouble les échanges gazeux et peut entraîner une insuffisance respiratoire, une insuffisance cardiaque gauche ou des lésions du parenchyme pulmonaire. Les signes cliniques en sont la dyspnée, l'orthopnée, l'angoisse, une expectoration mousseuse blanche ou rosée. C'est une urgence.

› L'asthme

L'asthme est une maladie chronique avec dyspnée sifflante expiratoire. Une toux nocturne peut être un des signes de l'asthme. D'origine souvent allergique, elle nécessite un traitement de fond, des broncho-dilatateurs et des corticoïdes ainsi qu'une désensibilisation si l'origine allergique est reconnue.

› Les cancers broncho-pulmonaires

Les cancers broncho-pulmonaires sont fréquents chez les fumeurs. Ils peuvent aussi être liés à une pollution. La tumeur va entraîner des signes cliniques : douleurs, toux, dyspnée, altération fréquente de l'état général, amaigrissement, perte d'appétit. Le traitement et les pronostics dépendent de la localisation et du type de cancer, de ses extensions (s'il s'est étendu à plusieurs parties du corps ou s'il est localisé).

› L'asbestose

Elle est liée à l'amiante et est reconnue comme maladie professionnelle, comme la silicose due à l'inhalation des poussières de charbon.

› L'asphyxie ou détresse respiratoire

On parle d'asphyxie lorsque l'oxygène ne parvient pas aux cellules. Elle peut avoir des origines variées : obstruction des voies aériennes supérieures (corps étrangers chez l'enfant, pendaison), inhalation de gaz ou de vapeurs en trop grande quantité (monoxyde de carbone, etc.). Les signes cliniques sont : une dyspnée, une absence de mouvements thoraciques, une cyanose, des vertiges, des céphalées ; la personne peut être inconsciente. La prise en charge doit être précoce et rapide pour être efficace.

3.2.3. Hygiène et équilibre

L'hygiène et l'équilibre des voies respiratoires dépendent de quelques recommandations simples : se moucher régulièrement afin de libérer les voies aériennes supérieures, se laver régulièrement les mains, protéger les autres de ses éternuements, respirer par le nez, développer sa capacité respiratoire par la pratique d'une activité sportive, aérer régulièrement les lieux de vie (chambre, lieu de travail, etc.), ne pas fumer, éviter la pollution atmosphérique autant que possible, etc.

Mémento

› À retenir !

Pensez-vous maîtriser toutes les notions utiles exposées dans ce chapitre ? Pour être certain de ne pas « caler » au moment de l'épreuve de biologie, servez-vous du tableau ci-dessous : il vous aidera à faire le point sur les connaissances que vous avez acquises ou qu'il faut encore renforcer.

Notion	Je maîtrise cette notion	Je ne maîtrise pas encore cette notion
Anatomie et physiologie des voies aériennes		
Description de l'inspiration et de l'expiration		
Échanges gazeux		
Anomalies		

› Glossaire

Voici une liste des mots ayant un lien avec l'organisation l'appareil respiratoire, dont vous trouverez la définition dans le lexique page 230.

Apnée, asphyxie, asthme, **B**radypnée, bronchite, **C**yanose, **D**yspnée, **E**mbolie pulmonaire, emphysème, expectoration, expiration, **H**ématose, hémoptysie, hémothorax, hypercapnie, hypoxie, **I**nspiration, **L**arynx, **Œ**dème aigu du poumon, **P**leurésie, pneumologie, pneumothorax, polypnée, **S**éreuse.

3.3. Le système urinaire

3.3.1. Généralités

› Composition

Le système urinaire permet l'**élaboration et l'élimination de l'urine**.

Il comprend :

- les **deux reins**, en formes de haricot, d'environ 150 grammes chacun, qui maintiennent constants le taux d'eau de l'organisme et la composition du sang, régulent la tension artérielle et épurent le sang pour donner de l'urine ;
- les **deux uretères**, canaux qui relient les reins à la vessie ;
- la **vessie**, réservoir dans lequel se déverse l'urine au moyen des uretères ;
- l'**urètre**, canal par lequel s'écoule l'urine lorsque la vessie est pleine (c'est la **miction**).

› Le rein

Le rein est composé d'une **zone corticale**, d'une **zone médullaire** et d'un **bassinet**. Chaque rein contient environ 1 million de **néphrons** constitués d'un **glomérule** et de **tubes urinifères** qui se réunissent pour former les **pyramides de Malpighi** *(voir figure 27)*.

Figure 27 – Le rein et le système urinaire

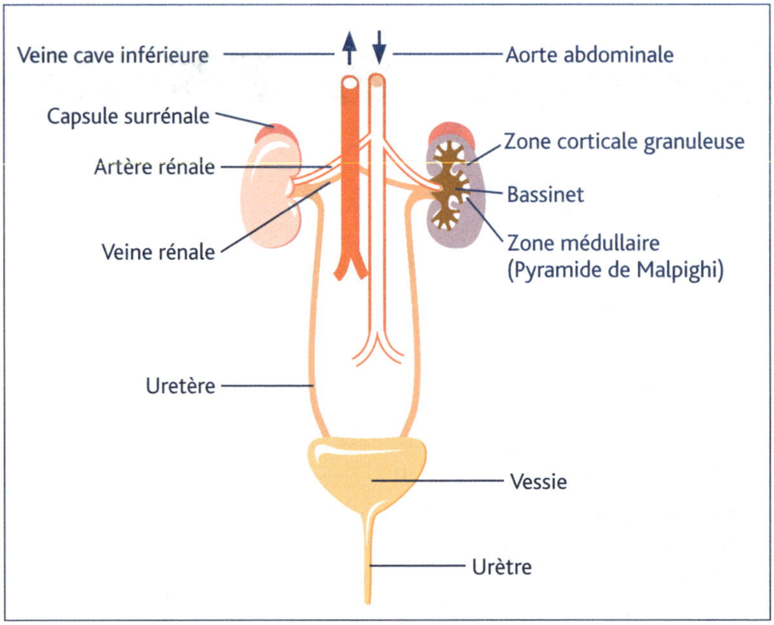

© C. K.

Figure 28 – Le néphron

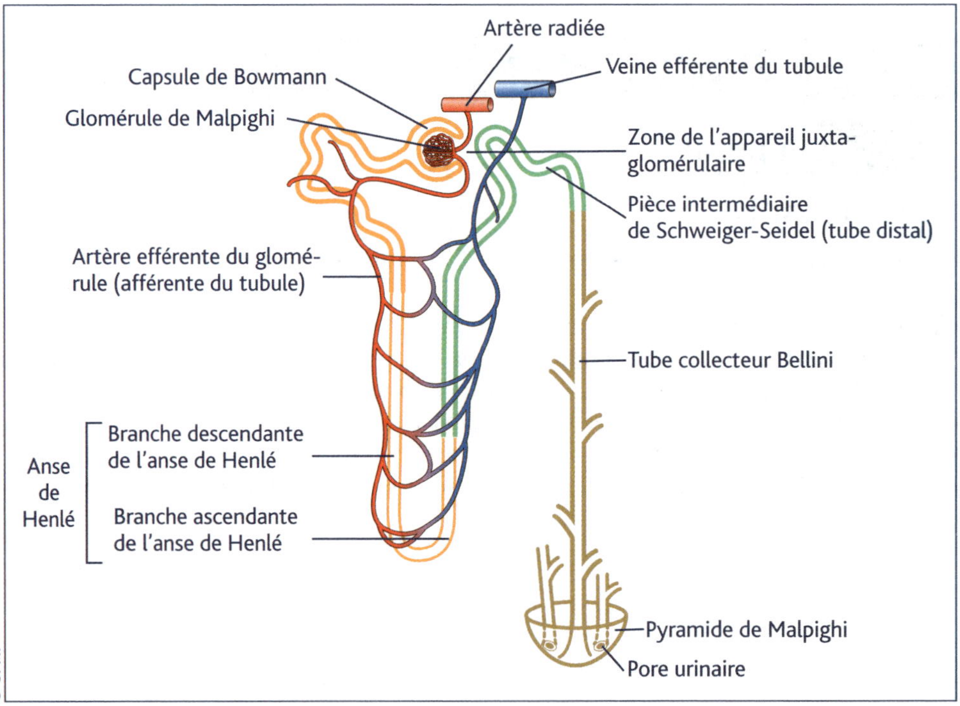

© S. M.

› Le néphron *(voir figure 28)*

Le néphron est l'unité fonctionnelle du rein (la longueur totale de l'ensemble des néphrons est d'environs 20 km). La formation de l'urine se fait en 3 temps : **filtration du sang, réabsorption d'éléments essentiels** (eau, glucose) et **sécrétion des déchets**.

C'est au niveau du **glomérule** que s'ouvre la paroi des **capillaires** (artère afférente) réalisant ainsi la première filtration (qui bloque les grosses molécules : lipides, protides). La réabsorption a lieu au niveau des **tubules** de façon active (totale du glucose, partielle du sel et de l'acide urique) puis passive (de l'eau et de l'urée). La sécrétion au niveau tubulaire concerne aussi l'ammoniaque, la créatine, l'acide urique, certaines enzymes, vitamines et hormones.

› L'urine

L'urine est fabriquée par le rein à partir du sang. Le rein laisse passer certains constituants du sang (eau, sel minéraux, acide urique, urée) et les concentre davantage. Il s'oppose au passage des grosses molécules (lipides, glucides, protides), il fabrique certaines substances (l'ammoniaque).

Éléments	Plasma en g/l	Urine en g/l
Eau	910	950
Protéines	70 à 80	0
Lipides	3 à 5	0
Glucose	0,9	0
Chlore	3,7	6 à 8
Sodium	3,2	5
Potassium	0,2	1,5
Acide urique	0,03	0,3 à 0,5
Ammoniaque	0	0,7
Urée (provient de la dégradation des protéines)	0,3	20 à 30
Créatinine	0,01	0,8
Acide hippurique	0	0,5
Phosphates	0,2	2

La miction est la vidange de la vessie : lorsque celle-ci est pleine, le sphincter s'ouvre et laisse s'écouler l'urine.

La quantité normale d'urines émise en 24 heures est de 1,2 à 1,5 litre. Les urines sont limpides, d'une teinte jaune ambré.

3.3.2. Les anomalies

› Les variations pathologiques

Les variations pathologiques peuvent concerner le **volume** : ce sont la polyurie (volume supérieur à 2 litres) et l'oligurie (volume inférieur à 1 litre).
L'odeur peut être anormale (acétonique, ammoniacale, putride). La couleur peut être foncée, acajou ou brun, ou délavée ou colorée en rouge (par le sang), en orangé ou violet (par certains médicaments). La limpidité peut être altérée, on parle d'urines troubles. Une recherche d'anomalie peut être faite grâce aux bandelettes urinaires qui peuvent révéler la présence de sang, de glucose, de corps cétoniques, de leucocytes…

› Les infections urinaires

Les infections urinaires peuvent être localisées sur toutes les parties des voies urinaires :

- la **glomérulonéphrite** est une inflammation des glomérules liée à une infection à streptocoques (souvent suite à une angine) ;
- la **cystite** est une inflammation de la vessie provoquant des brûlures à la miction et l'envie fréquente d'uriner ; elle est provoquée par une bactérie ;
- la **pyélonéphrite** est une inflammation du rein et du bassinet qui provoque de vives douleurs.

Un examen cytobactériologique des urines permet de repérer le ou les germes responsables et de proposer une antibiothérapie adaptée.

› La lithiase

La lithiase est appelée plus fréquemment « calcul » et provoque des douleurs appelées coliques néphrétiques, qui ne seront soulagées que par l'élimination du calcul.

› L'insuffisance rénale

L'insuffisance rénale se manifeste par l'incapacité des reins à assurer leur fonction d'épuration. La greffe ou la dialyse sont les seuls recours actuellement.

› Les troubles de la miction

L'incontinence est l'incapacité de contrôler ses mictions. Elle est due à un relâchement des sphincters ou à une baisse du tonus musculaire. Elle peut être d'effort, d'instabilité (la vessie se contractant anormalement) ou mixte.
L'énurésie est une incontinence nocturne.

3.3.3. Hygiène et équilibre

L'équilibre du système rénal est dépendant des apports hydriques, qui doivent être suffisants et réguliers (boire 1,5 litre d'eau par jour). Il faut éviter l'alcool qui détruit certains vaisseaux rénaux, limiter sa consommation d'aliments qui demandent aux reins un travail important de filtration (viande). Il ne faut pas prendre inutilement des médicaments car ils ont une toxicité rénale. Il faut consulter pour des brûlures mictionnelles.

Mémento

› À retenir !

Pensez-vous maîtriser toutes les notions utiles exposées dans ce chapitre ? Pour être certain de ne pas « caler » au moment de l'épreuve de biologie, servez-vous du tableau ci-dessous : il vous aidera à faire le point sur les connaissances que vous avez acquises ou qu'il faut encore renforcer.

Notion	Je maîtrise cette notion	Je ne maîtrise pas encore cette notion
Anatomie du rein et son rôle		
Anatomie du néphron et son rôle		
Composition de l'urine		
Anomalies		

› Glossaire

Voici une liste des mots ayant un lien avec le système urinaire, dont vous trouverez la définition dans le lexique page 230.

Acétonurie, anurie, **C**olique néphrétique, cystite, cystostomie, cystoscopie, **D**iurèse, diurétique, dysurie, **É**nurésie, **G**lomérulonéphrite, glycosurie, **H**ématurie, **I**ncontinence urinaire, **L**ithiase urinaire, **M**iction, **N**éphrectomie, néphrite, néphron, néphropathie, **O**ligurie, **P**ollakiurie, polyurie, protéinurie, pyélonéphrite, pyurie, **R**étention, **U**rée, urétérite, urétérostomie, urétrite, urographie intraveineuse.

3.4. L'appareil digestif

3.4.1. Composition

› Le parcours alimentaire *(voir figure 29)*

Figure 29 – L'appareil digestif

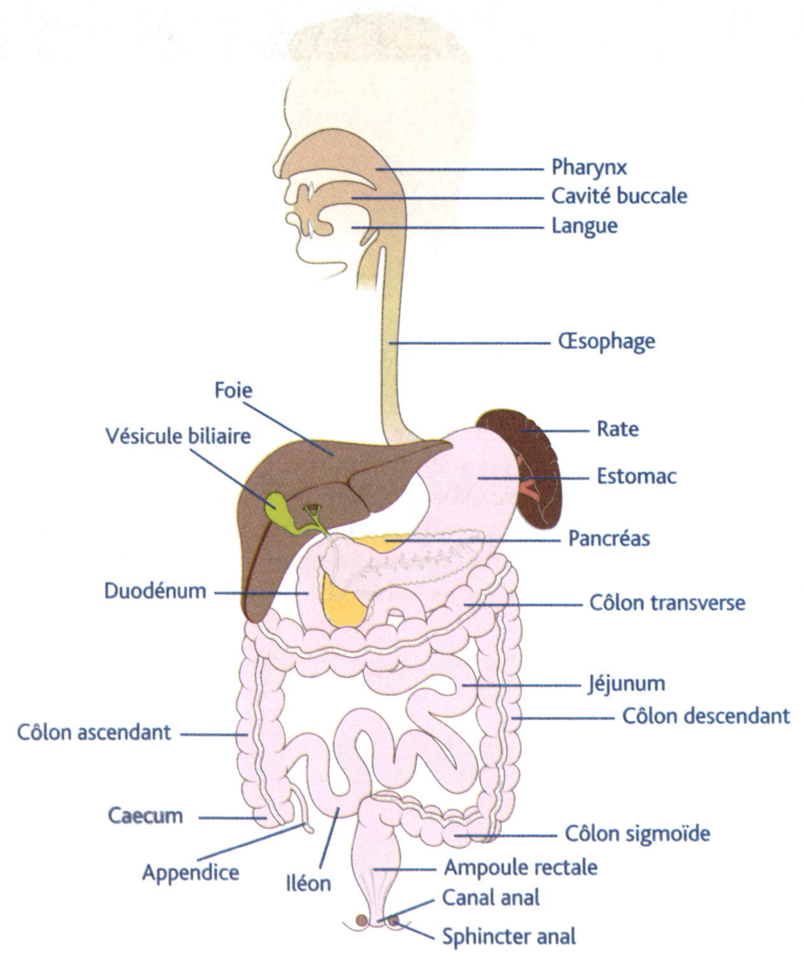

› *La bouche*

La bouche contient la **langue**, les **dents** *(voir figure 30)* et les **glandes salivaires** (sublinguales, parotidiennes et sous-maxillaires). Ces dernières produisent la salive qui contient une enzyme, la ptyaline, qui agit sur les amidons ; 3 phénomènes mécaniques ont lieu dans la bouche : la mastication, la salivation et la déglutition.

› *Les dents*

La bouche contient, par mâchoire :

- **4 incisives** (coupent les petits aliments) ;
- **2 canines** (déchirent les aliments) ;
- **4 prémolaires** (broient et mastiquent) ;
- **6 molaires** (broient et mastiquent).

Au cours de la vie de l'homme, 2 processus de dentition apparaissent : la première avec les **dents de lait** (20 dents de nourrisson) puis la **dentition définitive** qui commence à apparaître vers l'âge de 5 ans (32 dents au total).

Figure 30 – Dents et dentures

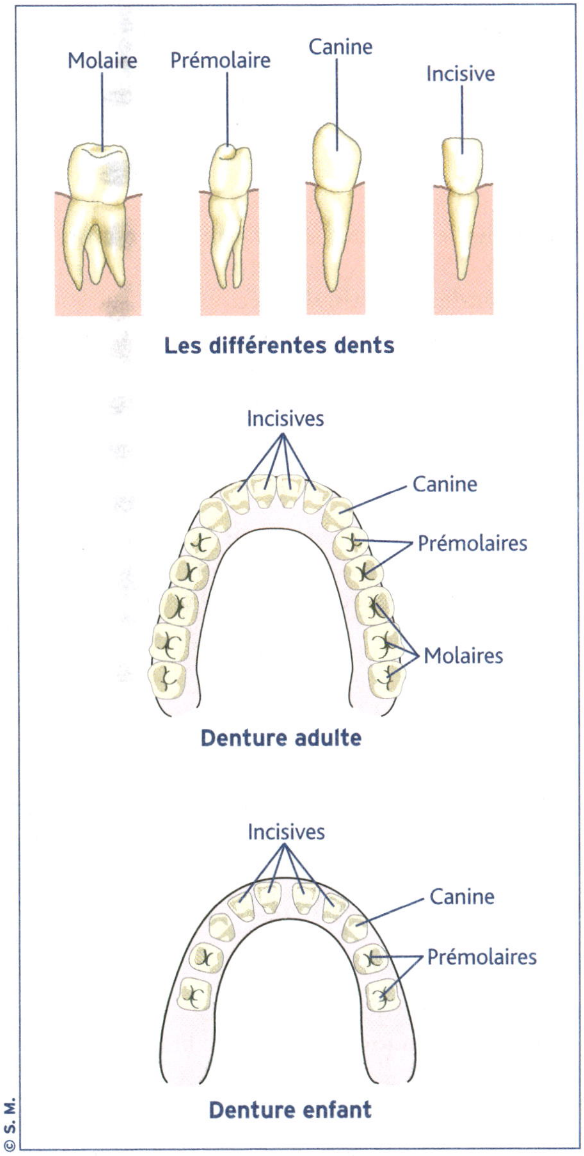

Le pharynx

Le pharynx est le carrefour aéro-digestif par où passe le bol alimentaire (aliments mâchés) ; la glotte se ferme lors du passage des aliments pour les empêcher d'aller dans les voies respiratoires.

L'œsophage

L'œsophage est un tube de 25 cm de long, où les ondes péristaltiques poussent les aliments vers l'estomac.

L'estomac

L'estomac est une poche en forme de J d'une capacité de 2 litres, possédant à ses 2 extrémités des sphincters : le **cardia** à l'entrée et le **pylore** à la sortie. Sa paroi renferme des muscles lisses mais aussi des glandes sécrétant le **suc gastrique** très acide qui agit sur les protides par 2 **enzymes** : la présure et la pepsine. Brassage, malaxage, imprégnation des sucs et expulsion du chyme se réalisent en 6 heures.

L'intestin grêle

L'intestin grêle est un tube de 8 mètres de long replié en anses ; sa première partie se nomme le **duodénum** où débouchent des canaux provenant du foie et du pancréas. Sa paroi renferme des **glandes intestinales** sécrétant le suc intestinal qui, avec le suc pancréatique, émulsionne les lipides (les sépare en particules plus facilement digérables), agit sur les glucides et les protides. La durée de passage des aliments dans l'intestin grêle est de 4 heures. Le **jéjunum** est la plus longue partie, il possède des villosités et des glandes. L'**iléon** empêche les aliments de faire marche arrière.

Le gros intestin

Le gros intestin est un tube de 1,5 m sans glande intestinale ; il débute dans le cul-de-sac portant l'**appendice**, le **cæcum**, puis par le **côlon** (ascendant, transverse, descendant) et enfin l'orifice iliaque, le **rectum**, débouchant sur l'**anus**. Il transforme une partie de la cellulose en glucose.

Les glandes digestives

Le foie

Le foie est une glande pesant 1,5 kg, situé sous le diaphragme, formée de lobes. Il est vascularisé par l'artère hépatique, la veine porte et la veine supra-hépatique. Il sécrète la **bile** (dont le rôle est d'émulsionner les graisses) qui se déverse dans l'intestin grêle. Il assure le stockage de certaines vitamines (A, K).

La vésicule biliaire

La vésicule biliaire est un petit sac d'une contenance de 50 cm^3, qui emmagasine la **bile** (suc hépatique) ; le **canal cholédoque** conduit cette bile au **duodénum**.

Le pancréas

Le pancréas sécrète le **suc pancréatique** (aide à la digestion) et fabrique 2 hormones, l'insuline et le glucagon.

3.4.2. La digestion

La digestion est l'action de **dégrader** et de **transformer** les aliments en nutriments pour qu'ils soient assimilables. Elle se produit grâce à des actions mécaniques et/ou chimiques.

› Au niveau buccal

Dans la bouche, se produisent la mastication (action mécanique), la salivation (action chimique) et la déglutition (action mécanique).

› Au niveau gastrique

L'estomac sécrète, par les glandes gastriques, de l'**acide chlorhydrique** et des **sucs** contenant 3 enzymes (les lipases transformant les acides gras en glycérol, la pepsine transformant les protéines en acides aminés, la présure transformant le caséinogène en caséine).
Il a aussi une action mécanique : la paroi de l'estomac se contracte et contribue à broyer le bol alimentaire et à le transformer en **chyme.** Le chyme est une bouillie formée par le bol alimentaire, qui passe dans l'intestin après avoir subi l'action de la salive et du suc gastrique.

› Au niveau du foie et du pancréas

Les graisses sont émulsionnées par la bile et absorbées par le foie. Le pancréas sécrète des sucs contenant 4 enzymes (l'amylase transformant l'amidon en maltose, le maltase transformant le maltose en glucose, le lipase transformant les graisses en acides gras et la trypsine transformant les polypeptides en acides aminés).

› Au niveau intestinal

› *Progression des matières alimentaires*

Les **mouvements péristaltiques** (contractions musculaires de l'intestin) favorisent la progression du chyme ; les mélanges avec les sucs donnent le **chyle**. Le chyle est un liquide d'aspect laiteux qui résulte de la transformation dans l'intestin des aliments et des sucs digestifs et qui est absorbé par les vaisseaux lymphatiques. C'est au niveau de l'intestin grêle que les substances simples (**nutriments**) passent dans le sang (c'est **l'absorption intestinale**). Dans le **côlon**, la progression des matières est ralentie, les bactéries agissent ; les selles se durcissent et avancent jusqu'au rectum.
Certaines molécules ne subissent aucune transformation (eau, vitamines, minéraux) lors de la digestion.

› *Évacuation*

L'évacuation des résidus de la digestion (**selles**) doit être journalière chez l'adulte. La selle est moulée, de coloration brunâtre, d'odeur plus ou moins fétide. L'expulsion des excréments par l'anus se nomme la **défécation**.
Les variations pathologiques sont la **diarrhée** ou la **constipation** mais aussi la **présence de sang** dans les selles.
L'évacuation des gaz est un signe important dans la surveillance du transit pour repérer un syndrome occlusif et chez les opérés du tube digestif.

› Les apports recommandés

Un apport quotidien d'eau de 1,5 litre est nécessaire au bon fonctionnement de l'appareil digestif, de même qu'une alimentation équilibrée.

La combustion des aliments libère des calories :

- ► 1 g de glucide libère 4 kilocalories ;
- ► 1 g de lipide libère 9 kilocalories ;
- ► 1 g de protide libère 4 kilocalories.

Les besoins journaliers pour le fonctionnement des organes pour un adulte au repos complet sont évalués à 1 600 calories ; ces besoins varient avec l'activité. Il existe 7 groupes d'aliments.

Numéro du groupe	Groupe d'aliments	Apports
1	viande, œuf, poisson	protides et lipides
2	légumes secs, céréales	glucides et protides
3	huiles, corps gras	lipides
4	boissons	eau et sels minéraux
5	produits sucrés	glucides
6	légumes, fruits	eau, glucides, fibres, cellulose, vitamines, calcium
7	produits laitiers	protides, glucides, lipides, calcium, vitamines

En moyenne, la ration alimentaire doit comporter **15 % de protides (ou protéines), 30 % de lipides** et **55 % de glucides** afin d'assurer le bon fonctionnement des cellules.

L'**indice de masse corporelle** (IMC) permet d'apprécier le rapport poids/taille d'une personne et de mesurer le risque pour sa santé lié au surpoids ou à la maigreur. Il se calcule de la manière suivante :

$$\text{IMC} = \frac{\text{Masse (en kg)}}{\text{Taille}^2\text{ (en m)}}$$

IMC	Interprétation
moins de 15	inanition
15 à 18,5	maigreur
18,5 à 25	corpulence normale
25 à 30	surpoids
30 à 35	obésité modérée
35 à 40	obésité sévère
plus de 40	obésité morbide ou massive

Certains régimes sont à connaître, bien qu'ils doivent toujours être prescrits par le médecin.

	Indication	Autorisé	Déconseillé	Conseils
Sans résidu (diminuer les selles)	Préparation de certains examens en chirurgie digestive, stomie, diarrhée	Viande blanche, poissons, œuf dur, graisses crues, féculents, gelée de fruits	Sucre, lait, charcuterie, légumes verts secs, fruits crus, pain	Surveillance des selles
Diabétique	Diabète	Viande maigre, poissons, œuf	Charcuterie et potage industriels, viandes en sauce, sucrerie, alcool, féculents	Surveillance de la glycémie
Hyposodé	Insuffisance cardiaque, hypertension artérielle, œdèmes	Lait, pain sans sel, viandes, pâtisserie, confiture maison	Sel ajouté, crustacés, charcuterie, eaux gazeuses, produits cuisinés du commerce	Les aliments ont suffisamment de sel, ne pas en rajouter Surveillance des œdèmes, de la diurèse
Anti-constipation	Constipation	Légumes, fruits riches en fibres, pain complet, jus de fruit	Chocolat, féculent, pain, pâtes, riz, aliments riches en pectine (carottes...)	Boire beaucoup Marcher
Antidiarrhéique	Diarrhée	Aliments riches en pectine, tout ce qui constipe (riz, pâtes, etc.), compotes de coing, banane et pomme	Aliments riches en fibres, légumes et fruits acides	Boire beaucoup pour compenser les pertes

3.4.3. Les anomalies

› La carie dentaire

La carie dentaire est une destruction localisée et progressive de la dent attaquée par des bactéries, atteignant d'abord l'émail, puis la dentine ; la nécrose de la pulpe dentaire est le troisième degré avec abcès douloureux entraînant des complications (cardiaque, rénale, articulaires...).

› La gastro-entérite

La gastro-entérite est une affection intestinale avec vomissements, diarrhée, dont la gravité dépend de l'âge et de la fragilité de la personne malade. Le risque vital est plus important chez les nourrissons car il y a **risque de déshydratation**.

› La diarrhée

La diarrhée est **à traiter en urgence chez les nourrissons** car elle peut entraîner une déshydratation sévère.

› La constipation

La constipation peut être liée à une alimentation pauvre en fibres. Une altération de la mobilité péristaltique est toujours à surveiller surtout si la constipation alterne avec des diarrhées.

› La régurgitation, l'aérophagie, les vomissements

Régurgitation, aérophagie et vomissements ont des origines diverses et peuvent être le signe d'une pathologie infectieuse ou d'une atteinte neurologique.

› L'hématémèse

Le vomissement de sang est un signe qui doit pousser à consulter son médecin rapidement (ulcère, cancer, varice œsophagienne).

› Le méléna

Le méléna est une hémorragie de sang noir par le rectum, qui nécessite d'être signalée en urgence au médecin.

› La jaunisse ou l'ictère

La jaunisse est une coloration jaune de la peau due à l'augmentation des pigments biliaires.

› La dénutrition

La dénutrition entraîne des retards de croissance chez l'enfant et une fatigue importante chez l'adulte.

› L'ulcère gastrique

L'ulcère gastrique est une plaie sur la muqueuse gastrique ; elle serait due à une bactérie.

La lithiase biliaire

La lithiase biliaire est un calcul dans la vésicule ou les voies biliaires provoquant des douleurs ou coliques hépatiques. Une intervention est parfois fois nécessaire ; il suffit de lever l'obstacle pour que la clinique s'améliore.

Les hépatites

Les hépatites sont des maladies infectieuses. L'hépatite A est liée à l'ingestion d'eau ou d'aliments souillés, les hépatites B, C et D sont transmissibles par voies sanguine, sexuelle et placentaire. Pour certaines professions de santé, la vaccination contre l'hépatite B est obligatoire.

La cirrhose

La cirrhose est une affection due à l'alcoolisme, la malnutrition ou une hépatite, qui aboutit à la dégénérescence du tissu hépatique. La greffe est le seul traitement.

Les cancers digestifs

Les cancers gastriques sont, entre autres causes, dus à une alimentation trop épicée et à l'abus d'alcool ; le cancer du côlon est le plus fréquent dans les pays développés et semble lié à une alimentation non équilibrée. Plus les diagnostics sont précoces, meilleurs sont les pronostics.

L'obésité et le surpoids

Épidémiologie

Obésité et surpoids constituent un **problème de santé publique**. Ils correspondent à un excès de graisse dans les tissus avec augmentation de la masse corporelle. Pour savoir si l'on est en surpoids, il faut se référer à l'IMC (voir page 208). Selon l'OMS, 1,6 milliard de personnes sont en surpoids et 400 millions obèses dans le monde (rapport de 2005 sur l'obésité). Les hommes sont plus touchés que les femmes, mais celles-ci connaissent de grandes obésités avec des IMC supérieurs à 40 kg/m^2.

Effets

Les effets sur la santé sont néfastes : diabète de type 2, hypertension artérielle, excès de cholestérol, maladies et accidents cardiovasculaires, douleurs articulaires, impotence fonctionnelles et conséquences sociales.

Origine

Les origines du surpoids et de l'obésité sont **plurifactorielles** : environnementales, génétiques et psychologiques. Le suivi précoce et le dépistage chez les enfants permettent de réduire l'évolution négative de la maladie. Le traitement est interdisciplinaire : diététique, nutritionniste, psychologique.

› L'anorexie et la boulimie

Anorexie et boulimie sont liées dans 50 % des cas. Ces troubles sont classés par l'OMS dans les **syndromes comportementaux** associés à des perturbations physiologiques et à des facteurs physiques ; ils se rapprochent des conduites toxicomanes.

› *L'anorexie*

L'anorexie est caractérisée par les 3 « a » (**a**norexie, **a**maigrissement, **a**ménorrhée), touche plus souvent les filles que les garçons et débute à l'adolescence. L'image du corps est atteinte. La personne anorexique nie être malade, et est souvent surinvestie dans des tâches intellectuelles (études, activités intellectuelles).

Les conséquences physiques sont : frilosité, carences en vitamines et oligo-éléments, sécheresse de la peau, perte des cheveux, ongles cassants, dents qui se déchaussent, constipation, anémie, hypocalcémie, lanugo (hyperpilosité), cyanose des extrémités, crampes, lésions cérébrales, étourdissement, hypotension… Les conséquences mentales et relationnelles sont importantes.

› *La boulimie*

Elle se manifeste par un besoin impérieux de manger une grande quantité de nourriture dans un temps limité. On parle de crises de boulimie qui peuvent être suivies de vomissements. Les répercutions physiques sont importantes, liées à la fluctuation du poids : tétanie, tachycardie, déficience rénale, chute du potassium sanguin, fatigue, insomnies, trouble du cycle menstruel, érosion de l'émail dentaire, fissure du palais, reflux œsophagique.

› *Causes*

Les causes de l'anorexie et de la boulimie sont souvent liées à un mal-être, une difficulté à construire sa propre identité ; elles sont souvent multi-factorielles : sociales, familiales, psychiques, culturelles, biologiques… Plus la prise en charge est précoce, meilleurs seront les résultats.

› Les maladies infectieuses à transmission digestive

Les maladies infectieuses à transmission digestive sont liées à un micro-organisme qui peut être :

- le **botulisme**, lié à une mauvaise stérilisation des conserves ;
- la **typhoïde**, liée à une infection de l'eau dans certains pays ; la vaccination est conseillée ;
- le **choléra**, lié à un vibrion ; il peut survenir en épidémie après des inondations ;
- la **salmonellose**, due à un bacille Gram-négatif présent dans des charcuteries ou des produits laitiers ; elle peut être grave chez les sujets fragilisés.

› Les parasites intestinaux

Les parasites intestinaux sont des vers :

- le **ténia**, vers qui peut mesurer 8 mètres ; la contamination se fait par la viande de porc ou de bœuf insuffisamment cuite. Les douleurs, les vomissements, la nausée et la fatigue cesseront après la destruction du vers par un médicament ténifuge ;
- les **oxyures** ou petits vers blancs peuvent provoquer des prurits anaux, des nausées, des diarrhées ; un traitement par vermifuge détruit les parasites.

3.4.4. Hygiène et équilibre

Au niveau dentaire il faut prévenir l'apparition des caries par un lavage régulier des dents, après chaque repas si possible ; de plus, les dents ont besoin de produits laitiers (apport en calcium).

Pour favoriser la digestion, il est recommandé de :

- manger à heure régulière ;
- ne pas grignoter entre les repas ;
- prévoir un moment de détente avant le repas ;
- manger assis et ne rien faire d'autre (pas de lecture) ;
- manger dans une ambiance calme et prendre le temps de rester à table ;
- poser ses couverts toutes les trois bouchées et bien mastiquer correctement ;
- varier les aliments et incorporer des fruits et des légumes au moins 5 par jour ;
- quitter la table dès la fin du repas pour se laver les dents.

Les épidémies de gastro-entérites fréquentes au début de l'hiver nécessitent des règles d'hygiène rigoureuses : lavage des mains avant et après être allé aux toilettes, et avant les repas.

Mémento

› À retenir !

Pensez-vous maîtriser toutes les notions utiles exposées dans ce chapitre ? Pour être certain de ne pas « caler » au moment de l'épreuve de biologie, servez-vous du tableau ci-dessous : il vous aidera à faire le point sur les connaissances que vous avez acquises ou qu'il faut encore renforcer.

Notion	Je maîtrise cette notion	Je ne maîtrise pas encore cette notion
Classification des aliments		
Différentes étapes de la digestion		
Anatomie de l'appareil digestif		
Définition de l'absorption intestinale		
Alimentation lactée		
Alimentation diversifiée		
Régimes		

› Glossaire

Voici une liste des mots ayant un lien avec l'appareil digestif, dont vous trouverez la définition dans le lexique page 230.

Absorption, adipeux, aérophagie, amylase, angiocholite, anorexie, appendicectomie, appendicite, ascite, **B**oulimie, **C**ardia, carie, cholangiographie, cholécystectomie, cholestase, cirrhose, colectomie, colique, colite, colopathie, colostomie, colotomie, constipation, coproculture, **D**églutition, diarrhée, diète, diététique, digestion, **E**ntérite, **F**écalome, fibre, **G**astralgie, gastrite, gastro-entérite, gastrostomie, gingivite, gingivorragie, glossite, **H**ématémèse, hémorroïdes, hépatite, hépatomégalie, **I**ctère, iléite, iléostomie, ingestion, **J**éjunostomie, **M**éga-côlon, méléna, mésentère, **N**ausée, nutriment, nutrition, **O**cclusion intestinale, œsophagite, **P**ancréatite, péristaltisme, péritoine, péritonite, pneumopéritoine, protéase, **R**ectocolite, régurgitation, rétention, **S**elles, séreuse, sphincter, splénectomie, splénomégalie, stomatologie, stomie, **U**lcère, **V**omissement.

3.5. L'alimentation selon l'âge

Les besoins nutritionnels varient suivant :
- l'âge ;
- l'activité physique ;
- l'état de santé ;
- les conditions climatiques.

Ils sont énergétiques (assurés par les glucides et les lipides) mais aussi non énergétiques, de maintient (les protéines, les minéraux et les lipides essentiellement). Les nutriments (protides, lipides et glucides) sont aussi importants que les minéraux, oligo-éléments et vitamines.

3.5.1. La femme enceinte

Si la période de la gestation n'a pas à proprement parler de rapport avec l'âge, elle nécessite toutefois certaines précautions spécifiques qu'il convient de préciser avant d'aborder l'alimentation du jeune enfant : après tout, la vie dans l'utérus peut être considérée comme le premier âge de l'être humain.

› Le surpoids

La femme enceinte ne doit pas prendre plus de 12 kg pendant sa grossesse, la surveillance du poids faisant partie du suivi de la grossesse. Les risques en cas de surpoids sont le diabète gestationnel, l'hypertension artérielle, l'obésité gardée. Le taux de prématurité et de grossesses nécessitant une césarienne est plus élevé chez les femmes en surpoids.

› La prise de poids insuffisante

Une prise de poids insuffisante augmente le risque de fausse couche.

› Conseils alimentaires

On conseille à la femme enceinte :
- d'éviter les substances néfastes (alcool, tabac, drogues) ;
- d'équilibrer son alimentation, avec des apports en calcium, en fer, et des fibres pour faciliter le transit.

› *Toxoplasmose*

La femme enceinte doit prendre certaines précautions de cuisson des aliments en cas de non immunisation à la toxoplasmose (affection parasitaire répandue chez les animaux, qui infecte la femme par des souillures sur des crudités mal lavées ou de la viande insuffisamment cuite).

› *Listériose*

Pour prévenir une listériose, certains principes alimentaires sont à respecter. La listériose est une bactérie présente dans l'eau capable de se multiplier à 4 °C, mais sensible à la chaleur. Elle se trouve dans les aliments d'origine végétale et animale, et peut être évitée en :
- éliminant les fromages à pâtes molles (camembert, brie) et à croûte lavée (munster, pont l'évêque) ;
- enlevant les croûtes ;
- évitant le lait cru.

Préférer les gruyères et comté (pâte pressée et cuite).
Les produits de charcuteries de type rillettes, foie gras, etc. sont aussi à éliminer ainsi que les poissons ou crustacés crus.

3.5.2. Le nourrisson

› L'allaitement

› *Allaitement et développement affectif*

Le nouveau-né (de la naissance à 28 jours) et le nourrisson (de 29 jours à 2 ans) sont nourris au lait maternel ou artificiel en contact direct avec la personne qui l'alimente. L'allaitement est un important moment de relation, d'éveil au lien, lors duquel il faut parler calmement afin d'en faire un plaisir partagé et paisible.
L'alimentation est au cœur du développement affectif et psychologique. Elle exerce une double fonction nutritionnelle et libidinale, la zone érogène dite orale étant la bouche.

› *Nature du lait*

Un suivi du poids permet d'évaluer l'évolution du nourrisson. Le sein maternel produit du colostrum, élément riche en anticorps et sucré, il a des propriétés laxatives pour permettre l'élimination du méconium du nouveau-né. Les selles sont un indice du bon fonctionnement de l'appareil digestif. Le lait maternel est le mieux adapté au nourrisson. Sa composition varie au cours du temps et en fonction des besoins du nourrisson. Les laits industriels sont également différents suivant son âge. Certains laits peuvent avoir des caractéristiques spécifiques, comme un risque diminué d'intolérance au lait de vache, un ajout de vitamines, etc.

› *Rations lactées*

La ration lactée sur 24 h pour un nourrisson pesant jusqu'à 6 kg (5 mois) est égale au poids du nourrisson divisé par 10, plus 250 mL (poids/10 + 250 mL).

Il faut diviser la quantité par le nombre de biberons donnés quotidiennement :

- 6 repas pour un enfant de 1 à 2 mois ;
- 4 repas de 3 à 4 mois ;
- 5 repas à 5 mois.

Pour préparer le biberon, on mélange une mesure de lait pour 30 mL d'eau.

› *La tétée*

Des règles d'hygiène s'imposent :

- lavage des mains ;
- sein ou biberon propres.

La durée de la tétée ne peut être inférieure à 10 minutes pour répondre au besoin de succion de bébé. Le lait maternel aide l'enfant à découvrir des goûts et des saveurs nouvelles, il éveille tous ses sens.

Après le biberon, il convient d'attendre le rot : il ne faut pas coucher tout de suite l'enfant à plat ventre, mais l'installer sur le coté, ou le dos, afin de prévenir des régurgitations.

Lors de la mise au sein, mère et enfant doivent se sentir bien, le nez du nourrisson est tenu dégagé. Il faut laisser l'enfant chercher le mamelon. Au début de l'allaitement, les 2 seins sont proposés pour faciliter la monté laiteuse qui se situe vers le 3e jour.

Les selles de l'enfant seront au nombre de 5 à 6 par jour, d'une couleur jaune d'or.

› La diversification alimentaire

Jusqu'à 6 mois l'alimentation est lactée, puis se diversifie peu à peu. On parle d'alimentation semi-diversifiée de 4 à 6 mois puis d'alimentation diversifiée. L'apport de farine sans gluten, de jus de fruits frais, de fruits et légumes cuits mixés développera les sens du nourrisson (goûts, textures, couleurs, odeurs...). L'introduction de nouveaux produits, notamment les viandes et les poissons, se fera d'abord avec des aliments mixés. Après 6 mois le régime alimentaire de l'enfant comportera un apport de 500 mL de lait par 24 h.

L'élaboration des menus se fera en fonction de l'âge et de la dentition de l'enfant.

› Le rôle du soignant

Dans la pratique AP, le comportement de l'enfant et de la mère après l'accouchement est à observer et à transmettre au médecin. En collectivité, la préparation des biberons se fait dans un local propre, sur un plan de travail désinfecté. L'hygiène personnelle doit être rigoureuse (mains et tenue propres, port du masque et de la surblouse, cheveux attachés).

Les tétines doivent rester dans leur emballage, l'anneau de maintien ne doit pas être posé à même le plan de travail. Le choix de la tétine est fonction de l'âge de l'enfant, de même que la vitesse d'ingurgitation : avant 6 mois les trous de tétée sont excentrés, ensuite la tétine présente une encoche qui permet un meilleur débit.

Les dates de péremptions, les dosages doivent être respectés (araser les cuillères avec un couteau propre) avant de donner un biberon. Il est nécessaire de vérifier la bonne homogénéisation du lait et sa température (en appliquant le biberon sur le dos de la main

sans toucher la tétine). Après nettoyage (rinçage à l'eau froid lavage brossage rinçage et séchage), les biberons sont mis en désinfection à froid avec des pastilles ou à chaud avec un stérilisateur.
L'installation de la mère et de l'enfant est primordiale. La tête de l'enfant doit être soutenue. Il faut respecter le rythme de l'enfant et éviter l'air dans le biberon.

3.5.3. L'enfant

L'enfant (2 à 12 ans) est souvent nourri à la cantine ou à la crèche pour le repas de midi, et les parents devront veiller que les autres repas soient équilibrés et permettent la croissance de l'enfant. L'alimentation doit bien sûr être adaptée à son âge, ses besoins, et comporter tous les groupes d'aliments. Manger, grandir et plaisir sont trois notions indissociables.
Des allergies alimentaires peuvent apparaître dès l'introduction de l'alimentation diversifiée. Il est important de les identifier et d'éliminer le produit en cause. Cette diversification doit s'opérer au rythme de l'enfant, en fonction du plaisir qu'il y trouve.
Vers 1 an la maturité intestinale et les dents font que l'enfant commence à avoir l'alimentation d'un adulte en devenir. C'est également l'âge de l'apprentissage des premiers mots et de la confrontation aux sensations du monde qui l'entoure. Le repas est un temps de socialisation et un objet médiateur entre l'enfant et les autres : il s'inscrit dans un contexte social, familial, culturel, traditionnel.
Le goût est aussi émotionnel, lié au contexte de la découverte. Le repas participe à l'apprentissage de l'autonomie (boire quand on a soif, décider de reprendre ou non d'un plat, tenir ses couverts seul, etc.), à l'affinement des capacités motrices de l'enfant (verser, couper, etc.).

3.5.4. L'adolescent

L'adolescent a une alimentation qui est quelquefois perturbée par l'environnement, les distributeurs de boissons, de friandises.
La notion de groupe d'appartenance est importante dans les pratiques alimentaires de l'adolescent : il teste des boissons pour appartenir à un groupe qui en consomme, surveille son poids et ses modifications corporelles, etc. C'est à cet âge que peuvent apparaître des troubles des conduites alimentaires comme l'anorexie ou la boulimie. C'est également l'âge de l'alcoolisation lors des soirées entre jeunes. Il faut être vigilant et informer les jeunes des risques encourus : rappelons qu'aujourd'hui 4 % des garçons et 1 % des filles de 14 ans consomment régulièrement de l'alcool (au moins 10 fois par mois).

3.5.5. La personne âgée

› Les difficultés liées à l'âge

› *La déshydratation*

Les personnes âgées perdent la sensation de soif, et de ce fait ne s'hydratent plus spontanément, il faut alors les aider et les stimuler. En institution, les pichets, couverts et assiettes seront ergonomiques, légers, stables, faciles d'entretien et toujours accessibles. La soupe, les tisanes, les fruits riches en eau (pastèque, melon, fraises) sont à proposer, mais en quantité raisonnable, afin de ne pas provoquer de déshydratation par diarrhée.

› *La dénutrition*

Il est important de prévenir, dépister et limiter la dénutrition des personnes âgées. On recense **12 signes d'alerte typiques** :

- ▶ revenus financiers insuffisants ;
- ▶ perte d'autonomie physique ou psychique ;
- ▶ veuvage ;
- ▶ solitude ;
- ▶ problèmes bucco-dentaires ;
- ▶ régimes restrictifs ;
- ▶ troubles de la déglutition ;
- ▶ 2 repas par jour seulement ;
- ▶ constipation ;
- ▶ prise de plus de 3 médicaments ;
- ▶ perte de poids ;
- ▶ albuminémie inférieure à 35 g/L et toute maladie aiguë.

Il est conseillé aux personnes âgées de consommer des fruits et légumes, d'avoir un apport suffisant en calcium et en vitamine D que l'on trouve dans les poissons gras et les produits laitiers non écrémés. Elle est aussi produite au niveau de la peau, par synthèse endogène sous l'action des rayons ultraviolets du soleil : les personnes âgées doivent donc s'exposer à la lumière du jour.

› *Les fausses routes*

Il faut éviter les fausses routes (passage du bol alimentaire dans la trachée) : pour les prévenir il est nécessaire de déterminer les risques au cas par cas. Les personnes les plus exposées sont notamment les personnes atteintes de troubles neurologiques.

› Le rôle du soignant

Il convient, lors du repas de la personne âgée, de :

- ▶ la faire manger doucement ;
- ▶ vérifier que la personne a déglutit avant de proposer une autre bouchée ;
- ▶ installer impérativement la personne en position assise ;
- ▶ respecter les repas dans leur présentation ;
- ▶ diversifier les goûts, utiliser des aromates, ne pas mélanger les aliments ;
- ▶ accorder de l'importance au repas dans un climat calme et convivial ;
- ▶ donner le temps de manger.

Il est important de dialoguer avec les personnes âgées lors des repas pour améliorer l'alimentation : cela anime et ritualise le repas qui n'est dès lors plus considéré comme une corvée mais comme un plaisir.

›4. La fonction de reproduction

4.1. Généralités

4.1.1. L'appareil génital masculin

› Composition

Chez l'homme *(voir figure 31)* l'appareil génital est composé :

- d'une **verge** ou **pénis**, organe de copulation formé d'un corps spongieux et de 2 corps caverneux qui, sous l'effet de l'excitation, se gorge de sang provoquant l'érection ;
- des **testicules**, glandes qui produisent les spermatozoïdes et la testostérone et sont contenues dans le scrotum, couramment appelé « bourses » ;
- des **voies spermatiques** : les canaux déférents (lieu de stockage des spermatozoïdes), les épididymes (conduits situés sur les testicules qui permettent aux spermatozoïdes d'achever leur maturation), les vésicules séminales (qui élaborent le liquide dans lequel baignent les spermatozoïdes), les canaux éjaculateurs (qui acheminent le sperme) et l'urètre ;
- des **glandes** : la prostate (riche en enzymes, diluant le sperme) et les glandes de Cooper (qui sécrètent un liquide de dilution).

Figure 31 – L'appareil génital masculin

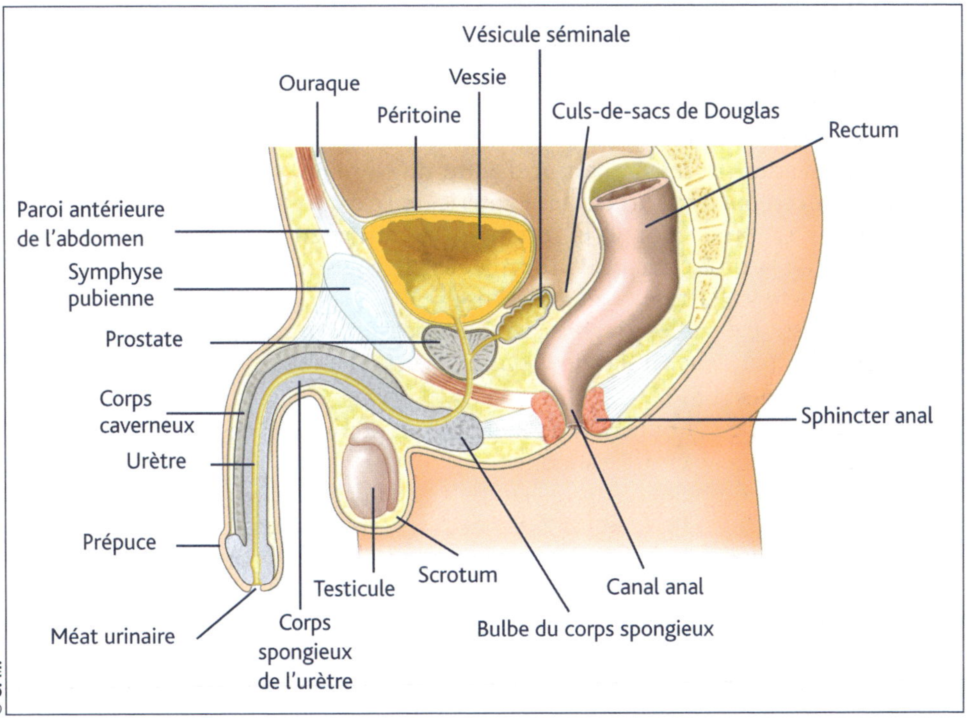

› Fonctionnement

Lors d'un rapport sexuel, 3 millilitres de sperme sont éjaculés contenant 200 millions de spermatozoïdes dont la durée de vie est d'environ 72 heures. Ils portent les informations génétiques du père.

L'**érection** est le mécanisme par lequel la verge augmente de volume et se durcit suite à un afflux de sang dans les corps caverneux et spongieux.

L'**éjaculation** est l'émission réflexe de sperme.

› Les étapes de la vie sexuelle

C'est au moment de la **puberté** que les organes masculins deviennent fonctionnels, sous l'effet de l'**hypothalamus** qui produit une hormone qui, elle-même, stimule l'**hypophyse**. Cette dernière sécrète des **gonadotrophines** qui ont pour cible les **gonades**, qui produiront alors la **testostérone**.

La testostérone est responsable de l'apparition des caractères sexuels secondaires : poils, développement des organes génitaux, mue de la voix…

La **spermatogenèse** ou formation des **spermatocytes** commence à la puberté et continue jusqu'à la fin de la vie.

4.1.2. L'appareil génital féminin

› Composition

Chez la femme *(voir figure 32)*, l'appareil génital assure la production de cellules, l'accouplement, le développement du fœtus et l'accouchement. Il est composé d'**organes externes** et d'**organes internes**.

Les organes externes sont :

- les **seins**, glandes situées de part et d'autre du sternum, formées de lobes de tissus graisseux et conjonctifs. Sur leur face antérieure se trouve l'aréole avec, en son centre, le mamelon. La production et la sécrétion du lait maternel sont sous la dépendance hormonale de la prolactine et de l'ocytocine ; le colostrum est la première sécrétion mammaire riche en lactose et en anticorps ;
- la **vulve**, constituée par les grandes lèvres, les petites lèvres, l'orifice vaginal et le clitoris, organe érectile riche en terminaisons nerveuses.

Les organes internes sont :

- les **2 ovaires** qui, de la puberté à la ménopause, produisent des ovules ainsi que des hormones : œstrogène et progestérone ;
- les **trompes de Fallope** qui sont le lieu de la fécondation. Ce sont de fins canaux qui conduisent l'ovule vers l'utérus. On les divise en 4 parties anatomiques : le pavillon qui capte l'ovule, l'ampoule tubaire où a lieu la fécondation, l'isthme et la partie proximale de l'utérus ;
- l'**utérus** est un muscle creux élastique. C'est l'organe de la grossesse, lieu de la nidation, divisé anatomiquement en 3 parties : le col à proximité du vagin se dilatant au cours du travail, l'isthme, partie moyenne, et le corps. Il est tapissé à l'intérieur d'une muqueuse, l'endomètre, changeant d'épaisseur au cours du cycle menstruel ;
- le **vagin** est l'organe permettant l'accouplement. Il relie l'utérus à la vulve.

Figure 32 – L'appareil génital féminin

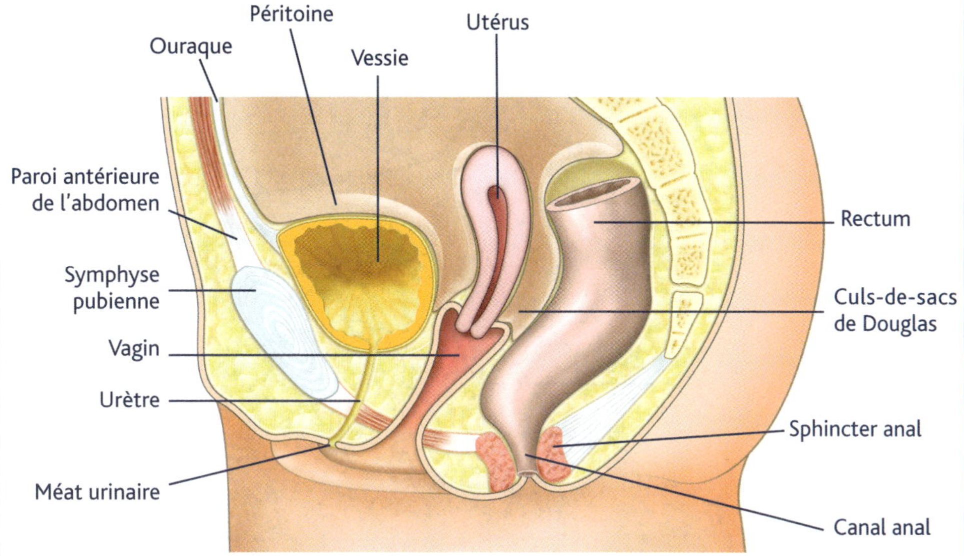

› Le cycle menstruel

Dès la **puberté**, l'appareil génital de la femme subit chaque mois une transformation : c'est le **cycle menstruel** *(voir figure 33)* : les ovaires, la glaire cervicale et la paroi de l'utérus sont concernés. Le cycle commence le premier jour des règles et se termine à l'apparition des règles suivantes. Il dure environ 28 jours.

On divise le cycle en 2 phases séparées par l'ovulation :

- la **phase folliculaire** d'une durée de 14 jours : elle commence avec les règles (desquamation de l'endomètre d'une durée de 3 à 5 jours) et aboutit à la libération d'un ovocyte (cellule sexuelle de 23 chromosomes) par l'ovaire grâce au pic de sécrétion de l'hormone lutéinique (hormone qui aide à la maturation du follicule) et de la folliculine hormone (hormones hypophysaires). Au cours de cette phase la glaire cervicale est propice à la progression des spermatozoïdes ;
- l'**ovulation** au 14e jour correspond à la libération de l'ovocyte. Chaque ovaire contient de 1 à 2 millions de follicules primordiaux ; lors de chaque cycle, sous l'effet des hormones hypophysaires FSH et LH, un follicule grossit, mûrit et libère un ovocyte qui sera capté par les franges du pavillon de la trompe pour cheminer vers la muqueuse utérine qui se prépare à la nidation sous l'effet des hormones ;
- la **phase lutéinique** du 15e au 28e jour : le follicule se transforme en corps jaune qui régresse s'il n'y a pas fécondation.

Figure 33 – Le cycle menstruel

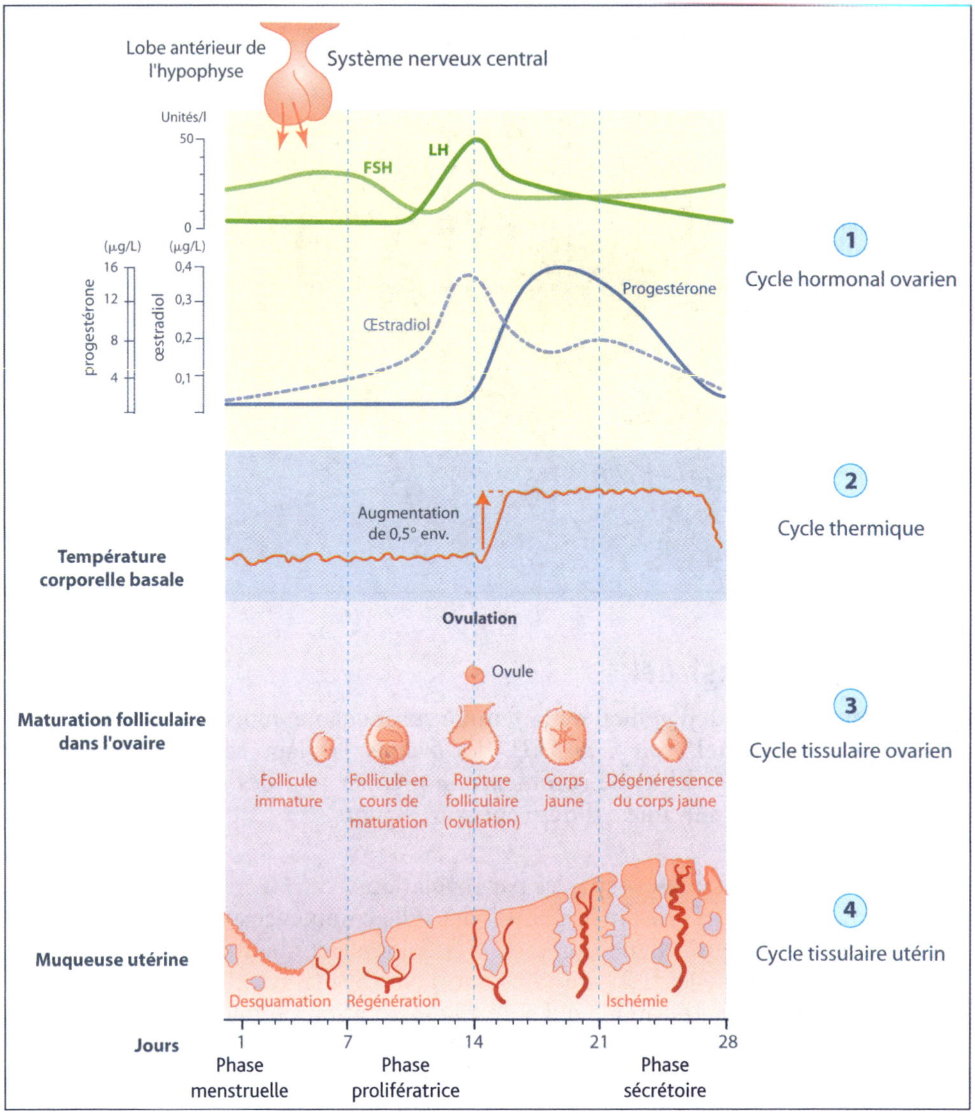

› La ménopause

La ménopause apparaît vers la cinquantaine : c'est la **fin du cycle menstruel**, liée au vieillissement des ovaires. Elle est caractérisée par des troubles vasculaires à l'origine de bouffées de chaleurs, une atrophie des organes reproducteurs, une perte de la masse osseuse et un amincissement de la peau. La libido existe toujours et la ménopause n'empêche nullement une sexualité harmonieuse. La grossesse cependant n'est plus possible.

La maîtrise de la reproduction

La contraception

C'est l'ensemble des méthodes volontaires, réversibles, efficaces, sans danger et dont le but est d'**éviter la survenue d'une grossesse**. Elle n'est utile que si les deux partenaires sont fertiles. La contraception autorisée avec la loi Neuwirth en 1967 existe sous différentes formes :

- le **stérilet** est une méthode mécanique mais aussi biochimique (stérilets diffusant des hormones) qui bloque la nidation ; il nécessite une pose et une surveillance médicales ;
- la **pilule**, l'**implant**, l'**anneau vaginal** et le **patch** ont une action hormonale et nécessitent un suivi médical ;
- les **ovules** ou **spermicides** en crème ont une action chimique ; ils détruisent les spermatozoïdes ;
- le **préservatif** féminin ou masculin et le **diaphragme** ont une action mécanique empêchant la rencontre entre l'ovocyte et les spermatozoïdes ;
- la **pilule du lendemain** n'est pas une contraception à proprement parler, puisqu'elle survient après la fécondation ; elle s'utilise en cas de défaut ponctuel de contraception, après un rapport non protégé.

Les méthodes à visée de stérilité

Les **méthodes** (généralement) **irréversibles** sont :

- la **vasectomie** chez l'homme : ligature des canaux déférents ;
- la **ligature des trompes** chez la femme.

L'interruption volontaire de grossesse (IVG)

L'**IVG** est légalisée en France depuis la loi Veil du 17 janvier 1975.

Elle est soumise à la législation en vigueur (loi du 4 juillet 2001) : l'IVG est autorisée avant la fin de la 12ᵉ semaine de grossesse, soit 14 semaines d'aménorrhée.

Deux méthodes existent : instrumentale ou médicamenteuse (comprimés de RU486). Cette dernière ne peut être pratiquée que jusqu'à la fin de la 5ᵉ semaine de grossesse.

La stérilité

Définition

C'est l'**impossibilité de concevoir ou de porter un enfant**. Elle peut être féminine (obstruction des trompes, malformation utérine, problème ovarien…) ou masculine (insuffisance de spermatozoïdes – oligospermie – ou malformations).

Recours

Dans ce cas, le couple peut avoir recours à la **procréation médicalement assistée**, grâce aux techniques d'insémination artificielle, de stimulation d'ovocytes, de FIV (fécondation *in vitro*). La FIV consiste à mettre en contact, en laboratoire, les ovocytes prélevés chez la mère avec le sperme du père ou d'un donneur. Elle se déroule en 4 étapes : stimulation de l'ovulation, ponction des follicules, mise en contact des ovocytes et des spermatozoïdes, transfert du ou des embryons.

Une autre méthode est l'ICSI *(Intra Cytoplasmic Sperm Injection)* : un spermatozoïde est injecté à l'intérieur de chaque ovocyte.

4.2. La grossesse

La grossesse dure **280 jours**. Son terme se calcule en fonction de la date des dernières règles.
Les modifications physiologiques sont très nombreuses. Les signes cliniques de la grossesse sont : aménorrhée, gonflement des seins, nausées, vomissements, baisse de la pression artérielle, prise de poids (qui ne doit pas excéder 13 kg sur 9 mois).

4.2.1. Fécondation

La grossesse débute par la rencontre d'un **gamète mâle** et d'un **gamète femelle**, rencontre qui se produit dans la **trompe :** c'est la formation de l'œuf. Un seul spermatozoïde se fixe et pénètre la membrane de l'ovocyte. Les noyaux fusionnent. L'œuf, ou zygote, est alors formé : c'est une cellule diploïde à 23 paires de chromosomes (23 de la mère et 23 du père). Les femmes sont porteuses d'une paire de chromosomes sexuels XX, les hommes sont porteurs d'un X et d'un Y (XY). Si un chromosome X de la mère rencontre un chromosome Y du père, l'enfant sera un garçon ; si les 2 chromosomes X se rencontrent, l'enfant sera une fille. L'œuf migre vers l'utérus. C'est au cours de cette migration qu'une série de divisions cellulaires s'opèrent : ce sont des **mitoses**. La première débute 30 heures après la fécondation, avec un passage de 4 à 16 blastomères, ou morula, qui donnent une cellule multicellulaire, le **blastocyte**.

4.2.2. Embryon et foetus

Au 7e jour après la fécondation, c'est la nidation du blastocyte dans la paroi utérine. Des échanges apparaissent entre la muqueuse utérine et le blastocyte.
Pendant les 8 premières semaines, on parle d'**embryon**. Les systèmes nerveux, cardiovasculaires se mettent en place ainsi que le **placenta** (organe qui a plusieurs rôles : échange entre la mère et l'enfant, apports nutritifs, d'oxygène et de sang, récupération des déchets, rôle de barrière protectrice contre certains germes et, enfin, rôle hormonal sécrétant HCG, progestérone et œstrogène) et les **membranes amniotiques** (qui forment une poche thermique et mécanique protectrice contenant du liquide amniotique). Il n'y a pas de contact direct entre le sang de la mère et celui de l'embryon.
À partir de la 8e semaine jusqu'à l'accouchement, on parlera de **fœtus**. Des hormones permettent le maintien et l'équilibre de la grossesse : œstrogène, progestérone, hormone gonadotrophine chorionique plus connu sous le nom de bêta HCG (hormone dosée dans le sang pour le test de grossesse).

4.2.3. Accouchement

› Accouchement et délivrance

L'accouchement est déclenché par une **réaction hormonale** et commence par des **contractions utérines** dont l'intensité et la fréquence augmentent, provoquant progressivement l'ouverture du col de l'utérus. Tout ce temps est appelé **travail**, et peut durer de 10 à 12 heures en moyenne, à l'issue duquel la naissance de l'enfant – ou expulsion – proprement dite a lieu. 20 minutes après, le décollement du placenta, appelé « délivrance », a lieu.

L'enfant à la naissance pèse en moyenne 3,4 kg et mesure 50 cm, le périmètre crânien mesure 35 cm. Le score d'APGAR évalue l'état de l'enfant à la naissance ; il est calculé sur 5 critères (la respiration, le cœur, le tonus, la réactivité, la coloration de la peau).

Tableau du score d'Apgar

Cotation	0	1	2
Fréquence cardiaque	Nulle	< 100/min (cœur lent)	> 100/min (cœur rapide)
Respiration	Nulle	Irrégulière (cri faible)	Efficace (cri vigoureux)
Tonus	Hypotonie globale	Flexion des membres	Mouvements actifs
Couleur	Pâleur ou cyanose diffuse	Corps rose, extrémités cyanosées	Rose
Réaction à l'aspiration	Nulle	Grimaces	Vive

Biologie

› Allaitement et retour de couches

Le premier lait sécrété par la mère après l'accouchement s'appelle le **colostrum**. C'est un liquide épais, riche en protéines et en anticorps, sécrété avant et/ou après la naissance de l'enfant, avant que la sécrétion du lait maternel proprement dit ne commence.

Après les premiers jours ***post-partum***, le colostrum se fluidifie, le volume de lait produit augmente brusquement et au bout de 3 semaines environ, les glandes mammaires produisent le lait mature.

Le **retour de couches** (premières règles après l'accouchement) se produit généralement 45 jours après l'accouchement.

4.3. Les anomalies

4.3.1. Accouchement prématuré

L'accouchement prématuré est un accouchement qui survient avant la 36e semaine de grossesse. La prématurité est la cause la plus fréquente de mortalité et de morbidité néonatale.

4.3.2. Infections sexuellement transmissibles

Les IST ou infections sexuellement transmissibles se manifestent par des signes d'inflammation des organes génitaux, des douleurs lors des rapports sexuels, des éruptions de boutons, des démangeaisons, des sensations de brûlure à la miction… La prévention des IST consiste en une hygiène rigoureuse et l'utilisation du préservatif qui évite le contact entre les muqueuses. Les agents responsables sont :

- les **bactéries** : syphilis (tréponème), chlamydiose (chlamydia), gonococcie (gonocoque) dont le mode de contamination est essentiellement sexuel ;
- les **virus** : SIDA (VIH, mode de contamination sexuel, sanguin ou mère-enfant), condylomes (mode de contamination sexuel), herpès (mode de contamination sexuel), hépatite (mode de contamination sexuel, sanguin ou mère-enfant) ;
- les **champignons** (mycoses).

4.4. Hygiène et équilibre

Pendant la grossesse, il ne faut pas nécessairement augmenter les quantités de nourriture (une prise de 9 kg sur les 9 mois, pas plus, est idéale), mais plutôt **veiller à la qualité**. Il faut **introduire** dans son alimentation :

- des laitages (fromages en particulier) ;
- des légumes crus et cuits et 2 fruits par jour ;
- de la viande ou du poisson.

En revanche, il faut **supprimer** :

- l'alcool ;
- le tabac ;
- le cannabis et autres stupéfiants ;
- la caféine.

D'autre part, l'excès d'apport de phytoestrogènes est néfaste pour l'enfant, pouvant provoquer des retards irréversibles de croissance. Les chaussures et vêtements doivent être adaptés, les sports violents sont à proscrire de même que l'automédication. Les folates, la vitamine D, le calcium, le fer, l'iode, une bonne hydratation et un apport maîtrisé en lipides sont nécessaires au bon déroulement de la grossesse.

Il faut consulter son médecin en cas d'élévation de la température, de saignements, de pertes. Une bonne hygiène dentaire et de vie est conseillée : se laver les mains avant de manipuler des aliments, cuire suffisamment les aliments. Certains virus (rubéole) peuvent être dangereux pour l'enfant pendant la grossesse si la mère n'est pas vaccinée ; le parasite de la toxoplasmose est également dangereux, c'est pour cela que l'on vérifie l'immunité de la mère. Il faut respecter les rendez-vous d'échographie et les consultations afin de déceler toute anomalie.

Mémento

› À retenir !

Pensez-vous maîtriser toutes les notions utiles exposées dans ce chapitre ? Pour être certain de ne pas « caler » au moment de l'épreuve de biologie, servez-vous du tableau ci-dessous : il vous aidera à faire le point sur les connaissances que vous avez acquises ou qu'il faut encore renforcer.

Notion	Je maîtrise cette notion	Je ne maîtrise pas encore cette notion
Anatomie des appareils génitaux féminin et masculin		
Cycle menstruel		
Définition de la fécondation		
Sécrétions hormonales		
Rôle du placenta		
Méthodes contraceptives		
Stérilité		
IST (infections sexuellement transmissibles)		

› Glossaire

Voici une liste des mots ayant un lien avec la fonction de reproduction, dont vous trouverez la définition dans le lexique page 230.

Aménorrhée, amniocentèse, **B**artholinite, **C**aryotype, cervicite, congénital, contraception, **D**ysmature, dysménorrhée, dyspareunie, **É**chographie, ectopie testiculaire, endométriose, endométrite, **F**écondation, fibrome utérin, fœtus, **G**alactorrhée, gamète, génome, gestation, gynécologie, gynécomastie, **H**ydrocèle, hypotrophie, hystérectomie, **I**ncompatibilité sanguine fœto-maternelle, inné, IST, **L**eucorrhées, lochies, **M**ammectomie, méconium, ménopause, ménorragies, menstruel, métrorragie, multipare, multigeste, **N**idation, nullipare, **O**bstétrique, oligospermie, orchite, **P**arturiente, post-mature, prématuré, priapisme, prolapsus vaginal, puberté, pyorrhée, pyosalpinx, **S**alpingite, spermatogenèse, stérilité, **T**ératogène.

›5. Les médicaments

5.1. Généralités

Ce sont des substances présentées comme possédant des **propriétés curatives ou préventives** à l'égard de maladies humaines ou animales ainsi que des produits pouvant être administrés à l'homme en vue d'établir un diagnostic ou de restaurer ou modifier ses fonctions organiques.

Ils sont composés de **principes actifs** (substances actives possédant une ou des propriétés pharmacologiques, curatives ou préventives) et d'**excipients** ou **adjuvants** (composants sans action pharmacologique mais utiles à la fabrication, l'administration et la conservation du produit).

5.2. Les différentes formes galéniques (de présentation) et les voies d'administration

Les choix des **formes galéniques** – liquides, solides, pommades, gélules, suppositoire, patch – dépendent de l'âge, du poids, de la taille du patient, des possibilités d'administration et de l'action recherchée.

Les différentes **voies d'administration** sont :

- **orale** (ou *per os*) : comprimés, cachets, gélules, capsules, granulés, poudres, sirops, ampoules... Ils ont une action sur le tube digestif et par là même une action générale par voie sanguine ;
- **transmuqueuse** : collyres ophtalmiques, collutoires, gouttes dans les oreilles ou la sphère ORL, inhalateurs aérosol, suppositoires, ovules, pommades par voies rectale ou vaginale dont les actions peuvent être locales ou générales ;
- **cutanée** : pommades, crèmes, lotions, patch, pour une action locale ;
- **générale** ou **parentérale** : administration du produit par injection intramusculaire (IM), intraveineuse (IV) ou sous-cutanée (S/C).

5.3. Les médicaments et l'organisme

L'effet des médicaments peut être **curatif** pour traiter la maladie, **préventif** avec les vaccins, **palliatif** pour agir sur des symptômes (fièvre, douleur...), **exploratoire** pour aider au diagnostic lors de radiographie.

Après son administration, le médicament passe dans la circulation sanguine, il se dirige vers les organes, puis les tissus et les cellules où il agit ; il sera ensuite transformé en **métabolite** (substance formée au cours d'une modification chimique dans l'organisme) pour être éliminé par la sueur, les urines et les selles. C'est pour cette raison que les dosages varient avec l'âge, en fonction du pouvoir de filtration des reins.

Tout médicament nécessite une **AMM** (autorisation de mise sur le marché) : c'est un contrôle d'efficacité et de qualité qui garantit un minimum de tests avant la commercialisation.

Mémento

› À retenir !

Pensez-vous maîtriser toutes les notions utiles exposées dans ce chapitre ? Pour être certain de ne pas « caler » au moment de l'épreuve de biologie, servez-vous du tableau ci-dessous : il vous aidera à faire le point sur les connaissances que vous avez acquises ou qu'il faut encore renforcer.

Notion	Je maîtrise cette notion	Je ne maîtrise pas encore cette notion
Définition du médicament		
Principe actif		
Excipient		
Posologie		
Voies d'administration		
Formes galéniques		
Effets secondaires		

› Glossaire

Voici une liste des mots ayant un lien avec les médicaments, dont vous trouverez la définition dans le lexique page 230.

Antalgique, antipyrétique, antiseptique, **B**actéricide, bactériostatique, **D**iurétique, **E**xcipient, **F**ongicide, **M**édicament, **P**harmacie, pharmacologie, pharmacovigilance, posologie, **S**écable, **T**hérapeutique, **V**irucide.

CHAPITRE 3

Lexique

Ce chapitre contient un lexique de plus de 500 mots. Il vous aidera non seulement à retenir les termes susceptibles d'apparaître au concours, mais aussi à comprendre à quel système ou organe, à quelle thème de la biologie humaine ils se rapportent.
Il n'est évidemment pas nécessaire de connaître par cœur chaque définition, mais il est important d'avoir une idée de ce que les termes désignent. Ce lexique vous permettra de situer chaque terme dans son système de référence (par exemple, l'anabolisme se rapporte au fonctionnement de la cellule).

Abduction : mouvement d'un membre ou d'un segment de membre qui l'écarte de l'axe médian du corps.
Absorption : mécanisme de transport d'une substance vers un milieu ; par exemple, l'absorption intestinale durant laquelle les nutriments vont vers le sang.
Accommodation : modification de la courbure du cristallin permettant la formation de l'image sur la rétine.
Acétonurie : présence d'acétone dans les urines.
Acide aminé : constituant de base des protéines.
Acide gras : substances formées par des hydrocarbonées et entrant dans la composition des lipides.
Acide lactique : acide organique provenant de la dégradation anaérobie du glucose ; déchet dû au travail musculaire.
Acide nucléique : macromolécules (ADN et ARN) constituants le noyau de la cellule.
Acouphène : sensation auditive anormale.
Adduction : mouvement d'un membre ou d'un segment de membre qui le rapproche de l'axe médian du corps.
Adénome : tumeur développée aux dépens d'une glande.
Adipeux : qui concerne la masse grasse.
ADN : acide désoxyribonucléique ; c'est le support de l'information génétique.
Aérobie : qui se produit en présence de dioxygène.
Aérophagie : déglutition volontaire ou non d'une certaine quantité d'air qui pénètre dans l'œsophage et l'estomac.
Agnosie : perte de la reconnaissance tactile, sensitive, visuelle et auditive.
Agueusie : perte de goût.
Akinésie : difficulté d'origine neurologique à se mouvoir.
Albumine : protéine se trouvant notamment dans les œufs.
Algie : douleur d'un organe ou d'une région.
Aliment : toute substance capable de nourrir des êtres vivants.

Allèle : se dit de 2 gènes situés en regard l'un de l'autre, qui agissent alternativement et produisent des caractères opposés se substituant les uns aux autres dans l'hérédité.
Alopécie : perte des poils et des cheveux.
Aménorrhée : absence de règles chez une femme en âge d'être réglée.
Amidon : substance organique glucidique présente dans certains végétaux.
Amniocentèse : prélèvement de liquide amniotique par ponction pour analyse.
Amputation : opération qui consiste en l'ablation d'un membre, d'un segment de membre ou d'un organe.
Amygdalectomie : ablation totale des deux amygdales.
Amylase : enzyme permettant l'hydrolyse de l'amidon.
Anabolisme : ensemble des réactions permettant la synthèse des composants cellulaires.
Anaérobie : qui se produit sans dioxygène.
Analgésie : suppression de la sensibilité.
Anaphase : phase de la mitose au cours de laquelle les chromatides de chaque chromosome se séparent ; chaque chromosome n'a plus qu'une seule chromatide ; les deux chromatides migrent aux pôles opposés de la cellule.
Anatomie : étude dont l'objet est de reconnaître sur le vivant la structure des organes ; étude des différentes parties du corps humain.
Anémie : appauvrissement du sang d'un ou de plusieurs de ses éléments, diminution du nombre des globules rouges ou du taux d'hémoglobine dans le sang.
Anesthésie : privation totale ou partielle de la faculté de sentir ; perte de sensibilité.
Anévrisme : dilatation pathologique d'un vaisseau sanguin.
Angine : inflammation aiguë du pharynx, souvent localisée aux amygdales.
Angiocholite : inflammation des voies biliaires.
Angor : angine de poitrine, douleur thoracique, constrictive, violente, irradiant vers les épaules, les bras et la mâchoire.
Anorexie : perte ou diminution d'appétit.
Anoxie : diminution de la quantité d'oxygène distribuée aux tissus par le sang (dans l'unité de temps).
Antalgique : se dit de tout ce qui calme la douleur.
Anticorps : globulines plasmatiques ayant la propriété de réagir spécifiquement avec un antigène ; substance défensive fabriquée par l'organisme après l'introduction d'un antigène.
Antigène : substance provoquant l'élaboration par l'organisme d'un anticorps susceptible de réagir spécifiquement avec elle.
Antipyrétique : qui combat la fièvre.
Antiseptique : qui détruit les microbes et empêche leur développement.
Anurie : absence d'urine, arrêt de la sécrétion des urines par les reins.
Aphasie : impossibilité de traduire la pensée par les mots.
Aphonie : perte plus ou moins complète de la voix.
Apnée : arrêt plus ou moins prolongé de la respiration.
Appendicectomie : ablation chirurgicale de l'appendice iléo-cæcal.
Appendicite : inflammation de l'appendice.
Apyrétique : qui ne s'accompagne pas de fièvre.
ARN : acide ribonucléique transmet le message génétique de l'ADN ; il a un rôle essentiel dans la synthèse des protéines.
Artériographie : radiographie d'un territoire artériel après injection d'un liquide radio-opaque.

Artérite : non générique donné aux lésions artérielles d'origine inflammatoire.
Arthralgie : douleurs articulaires.
Arthrite : nom générique de toutes les affections inflammatoires qui frappent les articulations.
Arthrose : affections chroniques dégénératives non inflammatoires des articulations.
Arythmie : anomalie du rythme cardiaque ; rythme cardiaque irrégulier.
Ascite : épanchement liquidien, non purulent, dans la cavité péritonéale.
Asepsie : méthode qui consiste à prévenir les maladies septiques ou infectieuses en empêchant l'introduction de microbes dans l'organisme.
Asphyxie : difficulté ou arrêt de la respiration par obstacle mécanique.
Asthénie : fatigue.
Asthme : dyspnée due au spasme bronchique ou à un œdème des bronches.
Astigmatisme : déformation de la cornée provoquant une déformation de la vue.
Ataxie : atteinte nerveuse de la motricité volontaire.
Athérome : dépôt graisseux dans la paroi interne d'une artère.
Atome : unité de matière d'un élément ; constitué d'un noyau autour duquel gravitent des électrons.
ATP : adénosine triphosphate ; molécule organique, principale forme d'énergie cellulaire.
Atrophie : défaut de nutrition des organes et des tissus, caractérisé par une diminution de leur volume et de leur poids.
Avitaminose : manifestations qui suivent la suppression d'une ou de plusieurs vitamines dans la ration alimentaire.
Axillaire : situé dans la région de l'aisselle.
Axone : prolongement cytoplasmique unique d'un neurone se terminant par une arborisation.

Bacille : bactérie allongée en forme de petit bâton.
Bactéricide : qui tue les bactéries.
Bactérie : organisme cellulaire microscopique présent partout ; certaines bactéries sont responsables de maladies (listériose, rhume), d'autres sont nécessaires (dans les intestins, elles aident à la digestion).
Bactériophage : virus pathogène pour une bactérie, qui se nourrit de bactéries.
Bactériostatique : se dit d'une substance dont l'action suspend la division bactérienne ou sa multiplication.
Bartholinite : inflammation de la glande de Bartholin.
Bâtonnets : cellules visuelles.
Bile : liquide sécrété par le foie.
Biologie : étude de la vie, des êtres vivants et des mécanismes de la vie.
Biopsie : prélèvement de tissus vivant à des fins d'analyse.
Botulisme : toxi-infection alimentaire due à l'ingestion de la neurotoxine d'une bactérie, *Clostridium botulinum*.
Boulimie : sensation de faim excessive et besoin d'absorber des aliments en grande quantité.
Bradycardie : ralentissement des battements cardiaques.
Bradypnée : respiration lente, ralentissement de la fréquence respiratoire.
Bronchite : inflammation des bronches.
Buccal : qui concerne la bouche.

Calcémie : concentration sanguine de calcium, taux de calcium dans le sang.
Calvitie : perte des cheveux.
Cancérigène : qui favorise l'apparition d'un cancer.
Candidose : affection provoquée par les champignons *Candida*.
Capillaire : la plus petite division du vaisseau.
Cardia : sphincter situé entre l'œsophage et l'estomac qui prévient les reflux alimentaires.
Cardiomégalie : augmentation de volume du cœur.
Cardiopathie : nom générique de toutes les affections du cœur.
Carence : absence ou insuffisance dans l'organisme d'un ou de plusieurs éléments indispensables à son équilibre ou à son développement.
Carie : destruction progressive et localisée de la dent.
Cartilage : tissu conjonctif composé de chondrocytes, de collagène et de fibres élastiques.
Caryotype : ensemble des chromosomes de la cellule, classés par paires et en fonction de leur taille.
Caséine : protéine du lait.
Catabolisme : ensemble des réactions qui transforment une macro-molécule en des molécules simples ; ces réactions produisent de l'énergie.
Cataracte : opacification du cristallin.
Caustique : substance qui attaque les tissus organiques.
Cécité : privation de la vue.
Cellule : unité structurale et fonctionnelle des êtres vivants.
Cellulose : fibre alimentaire de structure glucidique, présente dans les céréales ; elle n'est pas assimilable par l'organisme.
Céphalées : douleurs de la tête, violentes et tenaces.
Cérumen : substance grasse formée par des glandes sébacées dans le conduit auditif.
Cervicite : inflammation du col de l'utérus.
Champ visuel : ensemble de points de l'espace que l'on peut voir d'un œil.
Chimiotactisme : attraction des monocytes et des lymphocytes dans un lieu spécifique de l'organisme.
Cholangiographie : radiographie des voies biliaires après injection de produit de contraste.
Cholécystectomie : ablation chirurgicale de la vésicule biliaire.
Cholécystite : inflammation de la vésicule biliaire.
Cholestase : ralentissement ou arrêt de la sécrétion biliaire.
Cholestérol : lipide complexe que l'on trouve surtout dans des aliments d'origine animale.
Chorée : affection neurologique se manifestant par des mouvements involontaires.
Chromosome : élément du noyau de la cellule qui, au moment de la division cellulaire, se réplique en 2 chromosomes identiques ; il en existe 23 paires chez l'homme.
Cirrhose : affection dégénérative et fibreuse du tissu hépatique.
Colectomie : ablation totale ou partielle du côlon.
Colique néphrétique : crise douloureuse aiguë, due au blocage des voies urinaires.
Colique : douleur aiguë du colon.
Colite : inflammation du côlon.
Collapsus cardiovasculaire : chute de la pression artérielle associée à un pouls rapide et à une froideur des extrémités.

Colopathie : maladie du côlon.
Colostomie : abouchement du côlon à la peau, création d'un anus artificiel.
Colostrum : premier lait d'une accouchée.
Colotomie : ouverture chirurgicale du côlon.
Coma : état caractérisé par la perte totale ou partielle de la sensibilité, de la conscience, avec conservation de la vie végétative (système circulatoire et/ou respiratoire).
Commensalisme : mode de vie d'un micro-organisme qui partage la nourriture de son hôte sans lui nuire.
Congénital : caractère présent chez un individu dès sa naissance.
Conjonctivite : nom donné à toutes les inflammations de la conjonctive.
Constipation : retard dans l'évacuation des selles.
Contraception : prévention de la fécondation ou de manière plus générale de la grossesse ; ensemble des procédés visant à éviter de façon temporaire et réversible la conception.
Convergence : action réflexe, coordonnée, des deux yeux, permettant d'avoir une meilleure netteté de l'image sur la rétine.
Coproculture : ensemencement d'un milieu de culture avec une petite quantité de matières fécales pour déceler dans celles-ci la présence de germes ; prélèvement de selles pour une mise en culture afin de déceler des germes pathologiques.
Coxarthrose : arthrose de la hanche.
Cyanose : coloration bleue des téguments.
Cyphose : déviation de la colonne vertébrale à convexité postérieure (dos rond).
Cystite : inflammation de la vessie.
Cystoscopie : examen endoscopique de la vessie.
Cystostomie : abouchement de la vessie à la peau.
Cytoplasme : région de la cellule située entre la membrane de la cellule et le noyau ; il comprend de nombreuses inclusions.

Daltonisme : impossibilité de différencier certaines couleurs.
Décalcification : défaut de fixation du calcium au niveau osseux.
Déclive : se dit du point le plus bas d'une plaie d'une partie du corps (incliné).
Décubitus : attitude du corps reposant sur un plan horizontal ; il peut être dorsal, latéral, ventral.
Déficience : altération temporaire ou définitive d'une structure, d'une fonction anatomique, physiologique ou psychologique.
Dégénérescence : altération progressive et souvent irréversible d'un tissu ou de sa fonction.
Déglutition : action de déglutir, d'avaler les aliments.
Démence : diminution irréversible des facultés intellectuelles.
Dendrite : prolongement cytoplasmique du neurone.
Déontologie : ensemble de règles et de devoirs qui régissent une profession.
Dépilation : chute des poils.
Dermatologie : branche de la médecine qui s'occupe des maladies de la peau.
Dermatose : nom générique de toutes les affections de la peau.
Déshydratation : ensemble des symptômes consécutifs à un manque d'eau et de sel dans l'organisme.
Désorientation temporo-spatiale : perte de la notion de l'espace et du temps et, parfois aussi, de celle du schéma corporel.

Diabète : affection du pancréas entraînant des dysfonctionnements de la sécrétion d'insuline.
Diagnostic : ce qui permet de reconnaître, de désigner, d'identifier, de nommer la maladie.
Dialyse : diffusion de solutés à travers une membrane qui retient les macromolécules ; cela permet la séparation des constituants d'un liquide selon leur taille.
Diapédèse : passage des leucocytes à travers la paroi des capillaires grâce à leur mouvement et à la formation de pseudopodes.
Diarrhée : selles fréquentes et liquides.
Diastole : relâchement du cœur.
Diète : suppression totale ou partielle de l'alimentation liquide ou solide.
Diététique : étude de l'hygiène et de la thérapeutique alimentaire.
Diffusion : dispersion de particules dans un gaz ou dans un liquide.
Digestion : action de dégrader et de transformer les aliments en nutriments pour qu'ils soient assimilables.
Diploïde : caractéristique d'une cellule possédant des chromosomes en double exemplaire ; cellule à 2n chromosomes.
Diplopie : perception de deux images pour un seul objet.
Diurèse : quantité d'urines émises en un temps donné.
Diurétique : se dit d'une substance qui augmente la sécrétion urinaire et donc l'élimination urinaire.
Dorsalgie : douleur dorsale.
Dysmature : se dit d'un nouveau-né de taille normale, né à terme mais de poids insuffisant.
Dysménorrhée : syndrome douloureux menstruel.
Dyspareunie : douleur, difficulté lors du coït chez la femme, sans contracture du vagin.
Dysphagie : difficulté d'accomplir l'action de manger.
Dyspnée : difficulté respiratoire.
Dysurie : difficulté à la miction.

Échographie : exploration d'un organe ou d'une région du corps au moyen d'ultrasons.
Ectopie : anomalie dans la situation d'un organe (ectopie testiculaire).
Éléments figurés : cellules du sang.
Embolie : oblitération brutale d'un vaisseau (embolie pulmonaire).
Embryon : nom donné au produit de la conception dans les trois premiers mois.
Emphysème : infiltration gazeuse diffuse du tissu cellulaire.
Émulsion : mélange non homogène.
Encéphalite : inflammation de l'encéphale.
Endocarde : muqueuse (ou tunique) interne du muscle cardiaque.
Endocardite : inflammation de l'endocarde.
Endocrine : se dit d'une glande dont les sécrétions vont directement dans le sang.
Endocytose : mécanisme de transport par lequel la cellule capte des substances extracellulaires en formant une vésicule.
Endométriose : affection caractérisée par le développement de l'endomètre en dehors de l'utérus.
Endométrite : inflammation de la muqueuse utérine.

Endoscopie : méthode d'exploration optique d'un organe ou d'une cavité à l'aide d'un endoscope.

Entérite : inflammation de la muqueuse de l'intestin.

Entorse : lésion traumatique d'une articulation résultant de sa distorsion brusque avec élongation ou arrachement ligamentaire sans déplacement des surfaces articulaires.

Énurésie : miction au cours du sommeil.

Enzyme : molécule protéinique spécifique qui favorise les réactions biochimiques ; les enzymes portent le nom du substrat sur lequel elles ont une action : par exemple, la lipase agit sur les lipides (le suffixe « ase » est ajouté). Les enzymes transforment les aliments en particules assimilables par l'organisme et diffusables dans le corps.

Épidémie : maladie touchant un grand nombre d'individus dans un même milieu géographique.

Épilepsie : crises convulsives.

Épistaxis : saignements de nez.

Érythème : rougeur plus ou moins intense des téguments.

Érythrocyte : *voir Hématie.*

Érythropoïèse : fabrication des érythrocytes.

Escarre : nécrose ischémique des tissus cutanés due à la compression de ceux-ci entre deux plans durs.

Éthylisme : intoxication par l'alcool éthylique.

Étiologie : étude des causes des maladies.

Excipient : composant, sans action pharmacologique, nécessaire à la fabrication, l'administration ou la conservation du médicament.

Excitabilité : capacité à réagir à une stimulation.

Exocrine : se dit d'une glande dont la sécrétion est déversée dans le milieu extérieur par des canaux excréteurs.

Exocytose : mécanisme par lequel la cellule rejette les substances dans le milieu extracellulaire.

Exogène : qui est produit à l'extérieur de l'organisme.

Exophtalmie : globe oculaire saillant, hors de l'orbite.

Expectoration : phénomène par lequel les produits formés dans les voies respiratoires sont rejetés hors de la poitrine.

Expiration : mouvement respiratoire durant lequel la cage thoracique s'abaisse, l'air contenu dans les poumons est rejeté à l'extérieur.

Extrasystole : contractions cardiaques supplémentaires.

Fébrile : qui se rapporte à la fièvre, qui a de la fièvre.

Fécalome : accumulation de matières fécales stagnant dans l'ampoule rectale.

Fécondation : union entre un gamète mâle (spermatozoïde) et un gamète femelle (ovule) pour donner l'œuf (cellule initiale).

Fibre : substance non assimilée par l'organisme, qui sert à la régulation du transit.

Fibrome utérin : tumeur bénigne formée par du tissu fibreux au niveau de l'utérus.

Fibroscopie : méthode d'exploration visuelle des conduits ou des cavités de l'organisme.

Fièvre : syndrome caractérisé par une élévation de la température du corps.

Filtration : passage d'un liquide à travers une membrane qui arrête les éléments les plus gros.

Flore : ensemble des micro-organismes se trouvant dans un même milieu.

Fœtus : nom donné au produit de la conception du 4e au 9e mois de grossesse.
Folliculite : inflammation du follicule pileux.
Fongicide : qui détruit les champignons.
Fracture : lésion dans la continuité d'un os avec ou sans déplacement.
Fusion : passage de l'état solide à l'état liquide.

Galactorrhée : écoulement de lait chez la femme en dehors du *post-partum*.
Gamète : cellule sexuelle.
Gastralgie : douleur localisée à la zone épigastrique.
Gastrite : inflammation de l'estomac.
Gastro-entérite : inflammation des muqueuses gastriques et intestinales.
Gastrostomie : ouverture pratiquée pour faire communiquer l'estomac à la paroi abdominale et y placer une sonde conduisant les aliments dans l'estomac.
Gène : unité de l'hérédité, située dans la chromatine du noyau.
Génome : ensemble des caractères héréditaires constitutifs d'un individu.
Gériatrie : branche de la médecine qui s'occupe des pathologies du vieillissement.
Gérontologie : étude des phénomènes du vieillissement.
Gestation : temps pendant lequel les femelles portent leur petit ; pour les femmes, période de 280 jours comprise entre les dernières règles et l'accouchement.
Gingivite : inflammation des gencives.
Gingivorragie : saignement, hémorragie survenant au niveau des gencives.
Glande : groupement de cellules déversant des substances soit dans le sang, soit dans l'épithélium.
Glaucome : pathologie associant des troubles visuels et une pression intra-oculaire.
Glomérulonéphrite : affection rénale touchant les glomérules.
Glossite : inflammation de la langue.
Glucagon : hormone fabriquée par des cellules des îlots de Langerhans situés dans le pancréas ; son action est hyperglycémiante (augmentation du taux de glucose dans le sang).
Glucide : terme désignant les hydrates de carbone, les sucres.
Glucose : glucide fournisseur d'énergie.
Gluten : principale protéine contenue dans les céréales.
Glycémie : présence normale de sucre (glucose) dans le sang, taux de sucre dans le sang.
Glycosurie : présence de sucre dans les urines.
Gonarthrose : arthrose du genou.
Gynécologie : étude de l'organisme de la femme et de son appareil génital du point de vue physiologique ou pathologique.
Gynécomastie : hypertrophie des glandes mammaires chez l'homme.

Handicap : désavantage compte tenu des contraintes de l'individu et des ressources matérielles, psychologiques et sociales dont il dispose.
Hématémèse : vomissement de sang, quelle qu'en soit son origine.
Hématie : globule rouge du sang, érythrocyte.
Hématome : collection sanguine enkystée superficielle ou profonde.
Hématose : transformation du sang veineux en sang artériel.

Hématurie : présence de sang dans les urines ; émission par l'urètre de sang dans les urines.
Hémiplégie : paralysie complète ou incomplète frappant une moitié du corps (droite ou gauche).
Hémoculture : ensemencement d'un milieu de culture avec une petite quantité de sang.
Hémoptysie : expectoration sanglante plus ou moins importante provenant des voies respiratoires.
Hémorragie : émission de sang en quantité plus ou moins importante hors d'un vaisseau sanguin.
Hémorroïde : tumeur variqueuse formée par la dilatation d'une veine de l'anus et du rectum.
Hémostase : arrêt d'un écoulement sanguin.
Hémothorax : sang dans le thorax.
Hépatite : nom générique donné à toute affection inflammatoire du foie.
Hépatomégalie : augmentation de volume du foie.
Hérédité : transmission des caractères génétiques d'une génération à la suivante.
Histologie : étude des tissus.
Holter : appareil portable permettant d'enregistrer les tracés cardiaques sur 24 heures.
Homéostasie : tendance de l'organisme à maintenir ses différentes constantes grâce à certains organes (reins, peau, poumons, foie, intestin, glandes endocrines..), quel que soit l'environnement.
Homéothermie : tendance de l'organisme à maintenir sa température centrale constante et indépendante de celle du milieu extérieur.
Hormone : substance sécrétée par une glande endocrine ou exocrine qui agit à distance sur les organes ou tissus.
Hydrique : qui a un rapport avec l'eau.
Hydrocèle : épanchement séreux dans une tunique vaginale, chez la femme, ou au niveau du scrotum, chez l'homme.
Hydrocéphalie : dilatation des ventricules cérébraux.
Hydrophile : qui aime l'eau.
Hydrophobe : qui n'aime pas l'eau.
Hydrosoluble : qui se dissout dans l'eau.
Hypercapnie : augmentation du CO_2 dans le sang.
Hyperesthésie : sensibilité accrue pathologique.
Hyperglycémie : augmentation de la concentration sanguine de glucose.
Hypermétropie : anomalie de la vision dans laquelle l'image se fixe en arrière de la rétine ; difficultés à voir nettement de près.
Hypertension : augmentation de la pression dans le réseau artériel.
Hyperthermie : élévation de la température du corps au-dessus de la normale.
Hyperthyroïdie : augmentation des sécrétions thyroïdiennes.
Hypoglycémie : baisse de la concentration sanguine de glucose.
Hyposodé : abaissement du taux de sel ; qui contient peu de sel.
Hypotension : abaissement de la pression du réseau artériel.
Hypothermie : abaissement de la température corporelle au-dessous de la normale.
Hypothyroïdie : diminution des sécrétions thyroïdiennes.
Hypotonie : baisse du tonus musculaire.
Hypotrophie : retard dans le développement du poids et de la taille des nourrissons.

Hypoxie : diminution de la teneur du sang artériel en oxygène.
Hystérectomie : ablation de l'utérus en totalité ou partiellement.

Iatrogène : qui est provoqué par le médecin ou ses thérapeutiques.
Ictère : symptôme se caractérisant par une coloration jaune plus ou moins intense de la peau et des muqueuses.
Iléite : inflammation de la dernière partie de l'intestin grêle, l'iléon.
Iléostomie : abouchement de l'iléon à la peau.
Incapacité : réduction partielle ou totale de la faculté d'accomplir une activité de façon normale.
Incompatibilité sanguine fœto-maternelle : pathologie dans laquelle le système immunitaire de la mère détruit les globules de l'embryon ou du fœtus.
Incontinence : émission involontaire d'urines ou de matières fécales.
Infarctus du myocarde : nécrose ischémique du myocarde.
Infection nosocomiale : infection qui concerne le patient et le personnel. Pour le patient, cette infection est dite nosocomiale si elle apparaît au cours ou à la suite d'une hospitalisation et si elle était absente avant l'admission ; les symptômes apparaissent 48 heures après l'admission et dans un délai supérieur à la période d'incubation ; sont considérées comme infections nosocomiales les infections qui surviennent jusqu'à 1 an après l'intervention chirurgicale.
Infection : envahissement d'un organisme par un microbe.
Ingestion : action d'introduire dans l'estomac.
Inguinale : région située au niveau de l'aine.
Inné : qui est présent à la naissance.
Inspiration : mouvement respiratoire durant lequel la cage thoracique augmente de volume.
Insuline : hormone fabriquée par le pancréas, hypoglycémiante (baisse le taux de glucose dans le sang).
Interphase : période du cycle cellulaire située entre deux divisions cellulaires.
Interstitiel : qui se situe entre de petits espaces.
Intradermique : dans l'épaisseur du derme.
Iris : partie colorée de la choroïde en avant de l'œil.
Ischémie : arrêt de la circulation sanguine dans une zone localisée.
IST : infection sexuellement transmissible.

Jéjunostomie : abouchement du jéjunum à la paroi abdominale.

Kératine : substance protéique souple présente dans les phanères (cheveux, poils ongles) et les cellules superficielles de l'épiderme.
Kératite : inflammation de la cornée.
Kinésithérapie : méthode de traitement qui agit sur les muscles et les articulations par des mouvements actifs ou passifs.
Kyste : production pathologique, contenant des substances molles ou liquides, située dans une cavité ne communiquant pas avec l'extérieur.

Lactose : sucre du lait.
Laryngectomie : ablation partielle ou totale du larynx.

Laryngite : inflammation du larynx.
Leucocyte : globule blanc sanguin.
Leucorrhées : écoulement blanchâtre provenant des voies génitales féminines.
Levure : micro-organisme, champignon.
Lipase : enzyme permettant l'hydrolyse des lipides.
Lipide : nom donné aux matières grasses ; bio-molécule hydrophobe dont le rôle est énergétique ou structural.
Liposoluble : soluble dans les graisses.
Lithiase : obstacle, calcul (lithiase urinaire).
Lobule : petit lobe.
Lochies : pertes utérines sanguinolentes après un accouchement.
Lombalgie : douleur lombaire.
Lordose : déviation de la colonne vertébrale à convexité antérieure (dos courbé).
Luxation : déplacement des surfaces articulaires.
Lymphangite : inflammation des vaisseaux lymphatiques.
Lymphe : liquide proche du plasma contenant leucocytes et lipides.

Macro-molécule : grosse molécule.
Maladie : altération de l'état de santé, ruptures d'ordre physique, mental ou social se manifestant par des symptômes.
Mammectomie ou mastectomie : ablation de la glande mammaire.
Manutention : action de manipuler, de changer de position.
Mastoïdite : inflammation de l'apophyse mastoïde.
Méconium : matière visqueuse brunâtre ou verdâtre que le fœtus expulse peu après sa naissance.
Médicament : substance ou composition présentée comme ayant des propriétés curatives ou préventives à l'égard des maladies humaines ou animales ainsi que tout produit pouvant être administré à l'homme ou l'animal, en vue d'établir un diagnostic médical ou de restaurer, corriger ou modifier leurs fonctions organiques.
Mégacôlon : dilatation d'une partie du gros intestin.
Méiose : mode de division réductionnelle des cellules propre aux gamètes.
Mélanine : pigment brun colorant la peau et les muqueuses.
Méléna : émission par l'anus de sang noir mélangé ou non à des selles.
Méningite : inflammation aiguë ou chronique des méninges.
Méningocoque : bactérie pouvant provoquer des méningites.
Ménisque : tissu fibro-cartilagineux situé dans une articulation permettant le glissement des surfaces articulaires.
Ménopause : aménorrhée définitive due au vieillissement des ovaires.
Ménorragie : règles anormalement longues et abondantes.
Menstruel : en rapport avec les menstruations (règles).
Mésentère : repli du péritoine reliant le jéjunum et l'iléon à la paroi postérieure de l'abdomen.
Métabolisme : ensemble des réactions biochimiques d'un organisme vivant (anabolisme et catabolisme).
Métaphase : deuxième phase de la mitose ; les chromosomes se rassemblent en une plaque au milieu de la cellule.

Métastase : localisation secondaire d'une tumeur cancéreuse primitive.
Métrorragie : saignement utérin en dehors des règles.
Miction : action d'uriner.
Mitose : mode de division des cellules diploïdes (sans réduction).
Morphologie : étude des formes.
Mucus : liquide visqueux qui tapisse les muqueuses.
Multigeste : qui a eu plusieurs grossesses.
Multipare : se dit d'une femme qui a eu plusieurs enfants.
Muqueuse : tissu de revêtement des cavités naturelles de l'organisme (épithélium et tissu conjonctif).
Mutation : modification d'un gène.
Mycose : affection parasitaire provoquée par un champignon.
Mydriase : dilatation de la pupille.
Myéline : substance lipidique entourant l'axone.
Myocarde : muscle cardiaque.
Myopie : anomalie de la réfraction des milieux transparents de l'œil, dans laquelle l'image se forme avant la rétine ; vision trouble des objets éloignés.
Myosine : protéine de la fibre musculaire, riche en pigments.
Myosis : rétrécissement de la pupille réflexe ou médicamenteux.

Nævus : difformité cutanée aussi appelée « grain de beauté ».
Nausée : envie de vomir.
Nécrose : mortification des tissus.
Néonatal : relatif au nouveau-né.
Néphrectomie : ablation d'un rein.
Néphrite : inflammation aiguë ou chronique du rein.
Néphron : unité fonctionnelle du rein.
Néphropathie : affection des reins.
Nerf : fibres nerveuses du système nerveux.
Neurone : cellule nerveuse.
Neurotransmetteur : médiateur chimique, substance libérée par les terminaisons nerveuses qui transmet l'excitation.
Névralgie : douleur siégeant sur le trajet d'un nerf.
Névraxe : axe cérébro-spinal.
Névrose : terme utilisé pour des troubles qui affectent l'équilibre psychique, le comportement social et parfois l'équilibre somatique mais le patient garde contact avec la réalité.
Nidation : implantation de l'œuf dans la muqueuse utérine.
Nodule : petite tuméfaction.
Nucléotide : corps chimique constitué par l'union d'un acide phosphorique, d'un glucide et d'une base azotée.
Nullipare : qui n'a pas eu d'enfant.
Nutriment : substance chimique, résultat de la dégradation des aliments, pouvant être directement assimilée sans subir les étapes de la digestion par la muqueuse intestinale (glucose, acides aminés, acides gras) ; il nourrit les cellules.
Nutrition : ensemble des processus d'assimilation des aliments qui permettent aux organismes vivants de se maintenir en santé.

Obstétrique : qui est lié à l'accouchement.
Occlusion intestinale : arrêt des matières et des gaz.
Occlusion : oblitération d'un conduit.
Œdème : infiltration séreuse des tissus.
Œdème aigu du poumon (OAP) : affection pulmonaire secondaire à l'inondation ou à l'accumulation brutale de liquide dans les poumons.
Œsophagite : inflammation de l'œsophage.
Oligo-élément : éléments (fer, cuivre, magnésium, fluor...) présents à des doses infimes mais pourtant indispensables à l'organisme.
Oligospermie : faible quantité de spermatozoïdes dans le sperme.
Oligurie : diminution de la quantité d'urine.
Opacification : diminution de la transparence.
Ophtalmologie : partie de la médecine qui étudie l'œil et ses annexes du point de vue anatomique, physiologique et pathologique.
Orchite : inflammation du testicule.
Organe : structure composée de plusieurs tissus assurant une fonction spécifique.
Orthopédie : branche de la médecine, de la chirurgie qui étudie les affections de l'appareil locomoteur.
Ose : suffixe signifiant, d'une part, « maladie chronique » (tuberculose, dermatose) ou « non inflammatoire » (arthrose) et, d'autre part, « sucre simple ».
Osmose : passage de l'eau à travers une membrane, d'un milieu moins concentré vers un milieu plus concentré.
Ostéite : inflammation du tissu osseux.
Ostéoblaste : cellule osseuse jeune qui élabore l'osséine (la trame osseuse).
Ostéoclaste : cellule osseuse qui détruit la substance osseuse.
Ostéocyte : cellule osseuse.
Ostéomyélite : infection osseuse, qui touche les éléments cellulaires de l'os, du périoste et de la cavité médullaire.
Ostéopathie : maladie des os en général ; pratique de l'ostéopathe (personne qui soigne par des manipulations).
Ostéoporose : déminéralisation du squelette avec raréfaction de la trame osseuse.
Ostéosynthèse : remise en place par voie chirurgicale d'un os fracturé.
Otite : affection inflammatoire de l'oreille.
Otorragie : hémorragie par le conduit auditif externe.
Ovariectomie : ablation d'un ovaire.
Ovogenèse : formation des ovules.
Oxygénothérapie : emploi thérapeutique de l'oxygène.

Pancréatite : inflammation du pancréas.
Paracentèse : réalisation d'une perforation du tympan pour évacuer du liquide contenu dans l'oreille moyenne.
Paralysie : diminution ou abolition de la motricité.
Paraplégie : paralysie des deux membres inférieurs.
Parasite : organisme qui vit aux dépens d'un autre.
Parésie : diminution de la force musculaire.
Paresthésie : troubles de la sensibilité se traduisant par la perception anormale de sensations.

Parturiente : femme qui accouche.
Pathogène : qui détermine une maladie.
Pathologie : science qui a pour objet l'étude des maladies.
Peau glabre : peau sans poils.
Pepsine : ferment soluble contenu dans le suc gastrique qui transforme les matières albuminoïdes en éléments plus facilement assimilables, les peptones.
Péricardite : inflammation du péricarde.
Péristaltisme : mouvement d'un organe qui provoque la progression de son contenu.
Péritoine : membrane séreuse fixée aux parois de l'abdomen et qui enveloppe le tube digestif et les organes annexes.
Péritonite : inflammation du péritoine.
pH : mesure du degré d'acidité (en fonction de la concentration du milieu en ions hydrogène) ou d'alcalinité d'un corps ; l'échelle de mesure est comprise entre 0 et 14 ; une solution neutre a un pH de 7.
Phagocytose : mécanisme par lequel certaines cellules captent des micro-organismes.
Phanères : annexes de la peau ayant en commun leur structure cornée contenant de la kératine (ongles, poils).
Pharmacologie : science qui s'intéresse aux médicaments.
Pharmacovigilance : discipline dont l'objet est la surveillance des effets néfastes, secondaires et indésirables des médicaments.
Phlébite : inflammation aiguë ou chronique d'une veine due à son oblitération.
Phlyctène : soulèvement de l'épiderme rempli de sérosité transparente.
Phosphène : vision de petits points noirs appelés « mouches ».
Physiologie : étude des fonctions et des propriétés des organes et des tissus des êtres vivants.
Plaquette : élément figuré du sang qui déclenche la coagulation.
Plasma : partie liquide du sang.
Pleurésie : épanchement liquidien dans la plèvre.
Pneumologie : branche de la médecine qui concerne le poumon et ses maladies.
Pneumopéritoine : épanchement gazeux dans la cavité péritonéale.
Pneumothorax : épanchement d'air dans la plèvre.
Pollakiurie : fréquence exagérée des mictions ne coïncidant pas nécessairement avec l'augmentation du volume des urines ; émissions fréquentes de petites quantités d'urines.
Polyarthrite : affection rhumatismale touchant plusieurs articulations.
Polydipsie : soif excessive.
Polynévrite : atteintes nerveuses multiples.
Polype : tumeur s'implantant par un pédicule dans une cavité naturelle.
Polyphagie : besoin excessif de manger et absence de sentiment de satiété.
Polypnée : respiration rapide et superficielle.
Polyurie : sécrétion d'urine en quantité importante.
Posologie : étude des doses auxquelles sont administrés les médicaments.
Post-mature : naissance après les 41 semaines d'aménorrhée.
Post-partum **:** période commençant après l'accouchement et se terminant au retour de couches (premières règles après la grossesse).
Postprandial : après le repas.
Prématuré : enfant né avant terme (36e semaine de gestation).

Presbyacousie : anomalie de l'audition avec une meilleure perception des chuchotements plutôt que des voix hautes.
Presbytie : anomalie de la vision liée à une diminution de l'amplitude de l'accommodation, due au vieillissement, se manifestant par l'inaptitude à distinguer nettement les objets rapprochés.
Pression artérielle : pression du sang dans les artères ; elle varie suivant le temps de contraction cardiaque ; elle se définit par deux nombres, le plus élevé étant celui de la systole et le plus bas celui de la diastole.
Priapisme : érection prolongée douloureuse sans désir sexuel.
Prion : protéine anormale responsable de maladies mortelles du cerveau (maladie de Creutzfeldt-Jakob).
Proclive : dirigé ou porté en avant.
Prolapsus : chute ou abaissement d'un organe ou d'une partie d'un organe (prolapsus vaginal).
Pronation : mouvement amenant le dos de la main en avant, le pouce à l'intérieur.
Prophase : première phase de la mitose qui correspond à la disparition de l'enveloppe nucléaire.
Prophylaxie : partie de la thérapeutique qui a pour objet de prévenir le développement des maladies.
Protéase : enzyme permettant l'hydrolyse (transformation par fixation d'une molécule d'eau) des protides.
Protéinurie : présence dans les urines de protéines provenant du sérum sanguin.
Protide : bio-molécule azotée comportant au moins un acide azoté ; molécule organique alimentaire fondamentale pour l'organisme (= protéine).
Protides : nom donné au groupe des acides aminés.
Prurit : démangeaisons de la peau provenant d'un trouble fonctionnel des nerfs.
Pseudarthrose : mauvaise consolidation osseuse après une fracture.
Psychiatrie : partie de la médecine consacrée à l'étude des troubles mentaux.
Psychologie : étude du fonctionnement psychique et des comportements individuels.
Psychose : maladie psychiatrique au cours de laquelle le patient est en dehors de la réalité.
Psychothérapie : traitement des troubles pathologiques, psychiques ou somatiques.
Puberté : ensemble des modifications marquant l'activité génitale.
Pyélonéphrite : infection urinaire et inflammation du rein.
Pyorrhée : écoulement de pus.
Pyosalpinx : présence de pus dans la trompe de Fallope.
Pyurie présence de pus dans les urines.

Rachitisme : maladie due à un manque de vitamine D qui entraîne une calcification des os insuffisante.
Radiculite : inflammation des racines des nerfs crâniens ou rachidiens.
Radiographie : formation sur un film photographique de l'image d'une partie du corps.
Ration alimentaire : quantité d'aliments absorbés en 24 heures.
Récepteur : qui reçoit une information.
Rectite : inflammation du rectum.
Rectocolite : inflammation simultanée du rectum et du côlon.
Rectorragie : hémorragie rectale.

Réflexe : réaction automatique à une stimulation sensitive, involontaire.
Régurgitation : retour des aliments de l'estomac ou de l'œsophage dans la bouche sans effort de vomissement.
Réplication : copie d'une molécule d'ADN en deux molécules identiques.
Rétention : accumulation d'un produit solide, liquide ou gazeux dans un conduit réservé à son évacuation.
Rhinite : inflammation de la muqueuse nasale.
Rhumatisme : nom donné à toutes les affections ayant en commun une douleur localisée au niveau des articulations.

Salpingite : inflammation des trompes de Fallope.
Santé : état de complet bien-être physique mental, social ; la santé ne consiste pas seulement en une absence de maladie ou d'infirmité.
Saprophyte : nom donné aux microbes dépourvu de pouvoir pathogène qui ne se développent pas dans l'organisme vivant mais vivent aux dépens des matières mortes.
Scoliose : déviation latérale du rachis.
Sébum : produit de la sécrétion des glandes sébacées du derme.
Sécable : qui peut se couper.
Selles : matières fécales.
Sels minéraux : composés ioniques formés de cations et d'anions ; par exemple, chlorure de sodium Na^+Cl^-.
Sénescence : vieillissement, affaiblissement lié à l'âge.
Sénilité : affaiblissement progressif des facultés corporelles et mentales lié à l'âge.
Septique : se dit des accidents causés par les microbes et les toxines qu'ils sécrètent.
Séreuse : double feuillet humide épithélial, l'un pariétal et l'autre viscéral glissant l'un sur l'autre, tapissant certains organes : plèvre (poumon), péritoine (organe digestif), péricarde (cœur).
Sérum sanguin : liquide dont la composition est celle du plasma sans le fibrinogène.
Sérum : substance contenant des anticorps spécifiques pour neutraliser des antigènes qui, introduite dans l'organisme, lui confère une immunité immédiate mais de durée limitée.
Sinusite : inflammation des sinus de la face.
Solvant : liquide capable de dissoudre un corps.
Spermatogenèse : formation des spermatozoïdes.
Sphincter : muscle circulaire qui entoure un orifice.
Splénectomie : ablation de la rate.
Splénomégalie : augmentation de volume de la rate.
Spondylarthrite : arthrite localisée au niveau des vertèbres.
Spondylite : inflammation d'une vertèbre.
Sténose : rétrécissement.
Stérilisation : destruction des germes qui existent à la surface ou dans l'épaisseur d'un objet quelconque par des moyens physiques ou chimiques.
Stérilité : impossibilité pour un homme ou une femme de procréer.
Stomatologie : étude de la bouche et de ses maladies.
Stomie : abouchement.
Strabisme : défaut de parallélisme des axes optiques, ayant pour conséquence l'impossibilité de fixer un même point avec les deux yeux.

Supination : mouvement de l'avant-bras qui permet à la main d'exécuter une rotation du dedans vers le dehors.

Surdité : diminution uni- ou bilatérale de l'audition, quels qu'en soient le degré et l'origine.

Symptôme : phénomène particulier qui provoque dans l'organisme l'état de maladie ; manifestations d'un état pathologique perçues par le malade.

Synapse : espace entre deux neurones ; neurone et muscle ou glande qui assure la transmission, l'information.

Syncope : perte de connaissance brutale liée à une anoxie cérébrale.

Syndrome : réunion d'un groupe de symptômes.

Système immunitaire : ensemble de cellules dont le rôle est de défendre l'organisme contre les infections.

Systole : contraction cardiaque.

Tachycardie : accélération du rythme cardiaque.

Télophase : dernière phase de la mitose qui aboutit à la formation de deux nouvelles cellules identiques.

Température : degré de chaleur du corps.

Tératogène : qui provoque des malformations.

Tétanisation : contraction musculaire prolongée.

Tétanos : contraction musculaire prolongée ; maladie due à une toxine qui se caractérise par des contractures.

Tétraplégie : paralysie des quatre membres.

Thérapeutique : partie de la médecine qui s'occupe des moyens propres à guérir ou à soulager les malades.

Thrombolyse : dissolution d'un thrombus.

Thyroïdectomie : ablation totale ou partielle de la thyroïde.

Tissu : ensemble de cellules ayant la même fonction.

Tonus musculaire : légère tension affectant les muscles striés au repos.

Trachéotomie : incision chirurgicale de la trachée.

Traduction : transformation, dans le cytoplasme, du message contenu dans l'ARN messager en protéines.

Transcription : passage, dans le noyau, de l'information de l'ADN sur l'ARN messager.

Thrombocyte : *voir Plaquette.*

Tumeur : nom générique donné à des productions anormales de cellules formant une tuméfaction qui n'est pas d'origine inflammatoire ; elle est dite bénigne si l'incidence n'est pas grave ou maligne dans le cas contraire.

Ulcère : perte de substance d'une muqueuse.

Unité motrice : unité fonctionnelle des muscles ; union de fibres musculaires et d'un neurone moteur.

Urée : produit issu de la dégradation des protéines dans l'organisme.

Urétérite : inflammation des uretères.

Urétérostomie : abouchement des uretères à la peau.

Urétrite : inflammation de la muqueuse de l'urètre.

Urographie intraveineuse : radiographie du système urinaire après injection d'un produit de contraste.

Urologie : partie de la médecine qui concerne l'appareil urinaire.
Uvéite : inflammation de l'uvée.

Vaccin : introduction dans l'organisme d'une substance dont la virulence est altérée afin de conférer une immunité différée active durable.
Vasodilatateur : qui dilate, augmente le calibre des vaisseaux.
Vasodilatation : augmentation du calibre des vaisseaux.
Virucide : qui détruit les virus.
Virus : agent pathogène de petite taille qui pénètre dans la cellule et l'utilise pour se multiplier et contaminer d'autres cellules ; il provoque des maladies (grippe, varicelle, SIDA).
Vitamines : substances organiques contenues dans les aliments, indispensables au bon fonctionnement de l'organisme.
Vomissement : rejet par la bouche du contenu gastrique.

CHAPITRE 4

Entraînement

›1. Énoncés

1.1. QCM (réponses page 263)

Cochez la ou les bonne(s) réponse(s).

1. Le programme génétique se trouve dans :
- le cerveau ❑
- le noyau cellulaire ❑
- les muscles ❑

2. La couche superficielle de la peau est :
- l'épiderme ❑
- l'épistaxis ❑
- l'épididyme ❑

3. Pendant la déglutition :
- la glotte vient obturer l'épiglotte ❑
- l'air passe dans la trachée ❑
- les aliments passent dans l'œsophage ❑

4. Le fémur s'articule avec :
- le tibia ❑
- le radius ❑
- l'humérus ❑

5. Le fémur se trouve dans :
- la jambe ❑
- le pied ❑
- le bras ❑

6. Les pyramides de Malpighi appartiennent :
- aux reins ❑
- à l'encéphale ❑
- aux poumons ❑

7. On trouve de chaque côté du cœur :
les valves mitrales ❑
les valves tricuspides ❑
les valves sigmoïdes ❑

8. La peau possède les propriétés suivantes :
respiration ❑
absorption ❑
contraction ❑

9. Les vertèbres lombaires sont au nombre de :
7 ❑
5 ❑
12 ❑

10. Les veines pulmonaires :
arrivent dans l'oreillette gauche ❑
arrivent dans l'oreillette droite ❑
transportent du sang oxygéné ❑

11. Le carrefour des voies aériennes et digestives s'appelle :
le pharynx ❑
le larynx ❑
la trachée ❑

12. Les cordes vocales sont situées dans :
le larynx ❑
le pharynx ❑
l'œsophage ❑

13. Dans la respiration le phénomène actif est :
l'inspiration ❑
l'expiration ❑

14. L'enveloppe interne du cœur se nomme :
myocarde ❑
péricarde ❑
endocarde ❑

15. La valvule tricuspide sépare :
l'oreillette droite du ventricule droit ❑
l'oreillette gauche du ventricule gauche ❑
le ventricule droit de l'artère pulmonaire ❑

16. Généralement les veines transportent du sang riche :
en oxygène ❑
en gaz carbonique ❑
en graisse ❑

17. L'urine ne contient pas :
de sucre ❑
d'ammoniaque ❑
d'urée ❑

18. Le paludisme se transmet par :
le rat ❑
le moustique ❑
les puces ❑

19. L'infection nosocomiale est une infection :
des sinus et fosses nasales ❑
contractée en milieu de soins ❑
contractée en milieu aquatique ❑

20. Dans un régime sans sel, ne sont pas autorisés :
la charcuterie ❑
l'eau pétillante (type Badoit) ❑
les haricots verts ❑

21. Dans un régime sans résidus sont autorisés :
les carottes cuites ❑
le poisson grillé ❑
les haricots verts ❑

22. Parmi ces aliments lesquels sont riches en protides ?
les haricots verts ❑
les œufs ❑
le poisson ❑

23. Dans la composition du plasma on trouve :
de l'eau ❑
des hématies ❑
des acides aminés ❑

24. L'hématurie est la présence de sang dans :
les poumons ❑
les urines ❑
les yeux ❑

25. En cas de diarrhée on peut manger :
des haricots verts ❑
des carottes ❑
des pommes ❑

26. Parmi ces germes lequel est responsable de la tuberculose ?
le bacille de Koch ❏
le staphylocoque ❏
le tréponème ❏

27. L'aorte part :
du ventricule droit ❏
du ventricule gauche ❏
de l'oreillette droite ❏
de l'oreillette gauche ❏

28. Quelle est la glande qui régule la teneur en eau de l'organisme ?
l'hypophyse ❏
la thyroïde ❏
les surrénales ❏

29. Où se trouvent les trompes de Fallope ?
dans l'oreille ❏
entre le vagin et l'utérus ❏
entre les ovaires et l'utérus ❏

30. Qu'appelle-t-on régime hypocalorique ?
un régime riche en calories ❏
un régime riche en eau ❏
un régime pauvre en calories ❏

31. Quel est le nom de la membrane qui entoure les organes digestifs ?
la plèvre ❏
le périmètre ❏
le péritoine ❏
la péritonite ❏

32. Pour assimiler les substances nutritives les muscles ont besoin :
d'oxygène ❏
de gaz carbonique ❏
d'azote ❏
d'hydrogène ❏

33. La reproduction des cellules sexuelles s'appelle :
la méiose ❏
la mitose ❏
le maltose ❏

ÉNONCÉS

1.2. Questions ouvertes à réponses courtes (QROC)
(réponses page 266)

Répondez très brièvement aux questions suivantes.

1. Donnez le noms des glandes qui sécrètent les substances suivantes :
- le sébum : ....
- la sueur : ....
- l'insuline : ....
- la progestérone : ....
- la bile : ....

2. Quel est le nom de l'enveloppe du poumon et de combien de feuillets est-elle constituée ?

....

3. Citez 3 pertes d'eau de l'organisme.

....

4. Quels sont les apports qui compensent ces pertes et leurs quantités ?

....

5. Quelle est la part d'eau du corps humain, et comment est-elle répartie ?

....

6. La cellule se compose de deux grandes parties, lesquelles ?

....

7. Quel est le rôle de l'artère pulmonaire ?

....

8. Quels sont les effets nocifs du tabac sur l'appareil respiratoire ?

....

9. Quels sont les 3 types de vaisseaux sanguins ?

....

10. Définissez et localisez la fécondation.

....

11. Définissez la contraception et citez 3 méthodes.

....

12. Citez 3 avantages de l'allaitement maternel.

....

13. Quel est le rôle du placenta pendant la grossesse ?

....

14. Citez 5 actions qui permettent une bonne digestion.

....

15. Quel est le nombre de dents composant la dentition de lait et la dentition définitive ? Donnez le nom et le rôle de chaque sorte de dent.

....

16. Nommez 4 des 5 sens.

....

17. Quel est le rôle du nez ?

....

18. Citez les 4 saveurs perçues par la langue.

....

19. Nommez les 2 types de cellules visuelles de la rétine et donnez leur rôle.

....

20. Expliquez brièvement le phénomène des échanges gazeux.

....

21. Citez les hormones ovariennes qui jouent un rôle dans le déroulement du cycle menstruel.

....

22. Donnez le nom de la cellule nerveuse et de ses différentes parties ; quel est son rôle ?

....

23. Où se trouve la moelle épinière ?

....

24. Citez le liquide qui circule dans les méninges et donnez son rôle.

....

25. Citez les facteurs perturbant le bon fonctionnement du système nerveux.

....

26. Nommez les 4 enveloppes du système nerveux.

....

27. Définissez le rôle du système nerveux cérébro-spinal.

....

28. Définissez le rôle du système nerveux végétatif.

....

29. Quelles sont les 4 phases du cycle du sommeil ?

....

30. Une goutte de sang arrive dans l'oreillette droite, quel trajet suit-elle avant de revenir à cette même oreillette ?

....

31. Citez et expliquez les temps de la révolution cardiaque.

....

32. Classez par ordre chronologique les organes constitutifs de l'appareil respiratoire et précisez leur rôle en rapport avec le trajet de l'air inspiré.

....

33. Qu'est-ce que la glande pancréatique ? Citez ses différentes sécrétions et leurs rôles.

....

34. Quelles sont les 2 étapes de la digestion qui ont lieu dans la bouche ?

....

35. Donnez 2 conseils pour éviter les caries.

....

36. Quels sont les phénomènes mécaniques de la digestion ?

....

37. Qu'est ce qu'une vitamine et quelles sont ses caractéristiques ?

....

38. Citez 2 groupes de vitamines.

....

39. Pour quelles raisons la vitamine D est-elle administrée au nourrisson ? Quel est son rôle ?

....

40. Quel est le rôle de la vitamine C et où la trouve-t-on ?

....

41. Nommez les maladies induites par des carences en vitamine C et B.

....

42. À l'adolescence, quels sont les 2 constituants alimentaires indispensables à la croissance ?

....

43. Quels sont les risques encourus pour la santé si l'on abuse de sucrerie ?

....

44. Citez 2 catégories de personnes exposées au risque de carence en vitamine.

....

45. Dans quel groupe alimentaire trouve-t-on des fibres et quel est leur rôle ?

....

46. Citez 2 aliments contenant des sucres d'assimilation lente et deux contenant des sucres d'assimilation rapide.

....

47. Sachant que, dans 100 grammes de gruyère, il y a 30 grammes de lipides, 28 grammes de protides et 4 grammes de glucides, quelle est la valeur énergétique de 100 grammes de gruyère ?

....

48. À quel groupe d'aliment appartient le gruyère ?

....

49. Quels sont les 3 types de lipides ?

....

50. La suralimentation a des conséquences néfastes sur la santé, lesquelles ?

....

51. Qu'est ce que la ration alimentaire ? Citez 4 éléments la composant.

....

52. Citez 4 types de tissus.

....

53. Parmi les éléments suivants, citez ceux qui sont présents à la fois dans le sang et dans les urines : urée, sodium, protéines, bicarbonates, glucides, chlore, globules rouges.

....

54. Citez 3 maladies (infections) virales sexuellement transmissibles.

....

55. Que signifie le sigle SIDA ?

....

56. Dans quelles circonstances les personnes qui se droguent peuvent-elles être contaminées par le VIH ?

....

57. Citez 3 caractéristiques de l'immunité obtenue par vaccination.

....

58. Citez les 2 voies de pénétration d'un germe dans l'organisme.

....

59. Notre système immunitaire nous défend naturellement. Comment se nomme la réponse locale de la défense immunitaire ? Quels en sont les signes locaux ?

....

60. Citez dans l'ordre chronologique les 3 temps de la défense naturelle.

....

61. Lorsqu'un germe pénètre dans l'organisme, il se produit une réaction cellulaire. Donnez le nom de cette réaction et expliquez-la.

....

62. Qu'est ce qu'une fausse route et quels en sont les signes cliniques ?

....

63. Citez les 4 propriétés des muscles.

....

64. Quelle est la fonction essentielle du rein ?

....

65. Quel est le rôle des hématies, des leucocytes, des plaquettes ?

....

> Attention, vous avez le droit de ne pas connaître le lexique par cœur. Cependant, les définitions doivent être justes, précises, concises et ne pas s'adapter à plusieurs termes. Éviter de reprendre une partie du mot dans la définition. Ne vous ne lancez pas dans des explications trop longues.
> Les définitions peuvent concerner le vocabulaire médical issu de l'anatomie, de la physiologie, de la biologie, de la pathologie...

1.3. Définitions (réponses page 272)

Donnez la définition des termes suivants.

1. Alopécie
2. Anticorps
3. Apnée
4. Bronchiole
5. Cellule
6. Dure-mère
7. Embryon
8. Énurésie
9. Enzyme
10. Épiderme
11. Épiphyse
12. Hématie
13. Hémoptysie
14. Hémothorax
15. Myocarde
16. Péristaltisme
17. Pharynx
18. Pneumectomie
19. Prévention
20. Primo-infection
21. Vitamines

1.4. Trouvez le mot correspondant à la définition (réponses page 272)

Voici une série de définitions : trouvez le mot correspondant à chacune d'elles.

1. Conduit reliant le rein à la vessie
2. Liquide qui lubrifie les articulations mobiles

3. Enveloppe de l'os
4. Principale substance sécrétée par le foie
5. Déviation latérale de la colonne vertébrale
6. Déboîtement d'une articulation
7. Étirement violent des ligaments
8. Mouvement qui rapproche le membre de l'axe du corps
9. Phase de relâchement cardiaque
10. Phase de contraction cardiaque
11. Cellule osseuse parvenue à maturité
12. Atteinte du squelette et de l'état général résultant de carence en vitamine D
13. Convexité dorsale exagérée
14. Passage d'un fluide à travers une membrane qui arrête les plus gros éléments
15. Ensemble des points de l'espace que l'on peut voir d'un seul œil immobile
16. Le plus important des prolongements cellulaires du neurone
17. Couche externe des hémisphères cérébraux formant la substance grise
18. Partie de l'os temporal qui renferme l'oreille moyenne
19. Inspiration suivie d'une expiration
20. Forme de transport du dioxygène à l'intérieur des hématies
21. Cellules du sang qui prennent en charge le dioxygène
22. Lieu des échanges gazeux
23. Pigment rouge qui colore les hématies
24. Ensemble des mécanismes qui permettent le renouvellement de l'air pulmonaire
25. Perte d'appétit
26. Baisse anormale de la température
27. Ralentissement du transit intestinal
28. Orifice supérieur de l'estomac

1.5. Textes à compléter (réponses page 273)

Complétez les espaces blancs.

1. L'os s'accroît en ……… à partir du cartilage de conjugaison, zone qui sépare la ……… de l'épiphyse, et en épaisseur grâce au ……… qui élabore les couches successives de l'os.

2. Le cycle menstruel est l'ensemble des phénomènes ……… qui se produisent chaque ……… dans l'organisme féminin, depuis la ……… jusqu'à la ……… Il commence le ……… jour des règles et se termine à l'apparition des règles suivantes. Le cycle est sous la dépendance de l'……… qui est une petite glande située à la base du cerveau. Il existe différentes phases.

La phase pré-ovulatoire, période de préparation à l'……… . Dès le premier jour des règles, l'……… sécrète une hormone, la FSH, qui agit sur l'……… en provoquant la maturation d'un ………, la maturation de l'ovule et la sécrétion d'………, ces dernières préparant l'utérus à la ………

La phase ovulatoire : sous l'action de l'hormone hypophysaire, la LH, le follicule se rompt et libère l'……… C'est l'ovulation au 14ᵉ jour avant les règles suivantes.

L'......... est happé par le pavillon de la trompe et commence à cheminer vers l'.........

La phase post-ovulatoire : la LH agit sur l'ovaire, provoque la formation du .... dans le follicule rompu qui sécrète à son tour une hormone, la .... Celle-ci agit sur l'endomètre. Le col va se fermer grâce à sa .... qui s'épaissit et forme un .... imperméable. La température du corps va .... de 0,5 °C.

3. Le sang est un liquide biologique qui est composé d'un liquide, le ...., dans lequel baignent des éléments figurés, les ...., les .... et les ....

4. La .... est le temps de remplissage ventriculaire au repos.

Le .... est constitué de deux feuillets externes enveloppant le cœur.

L'ouverture et la fermeture des .... dépendent des différences de pression sanguine entre les oreillettes et les ventricules.

Les fibres musculaires myocardiques sont douées d'automatisme au niveau du tissu ....

Le cœur est vascularisé par deux artères appelées ....

La régulation du rythme cardiaque est soumise au système ....

5. L'appareil urinaire se compose de deux organes qui élaborent l'urine, les .... Leurs canaux excréteurs sont les ....qui déversent l'urine dans la ....Celle-ci évacue son contenu à l'extérieur par l'......... Cette évacuation se nomme la ....

6. On donne le nom de .... à un ensemble de cellules différenciées qui ont la même fonction.

7. Un ensemble de tissus ayant une même fonction est un .... L'ensemble des organes qui participent à une même fonction est un ....

8. L'organe destiné à contenir l'œuf fécondé pendant son évolution est l'.........

9. Le bassin est constitué, en arrière, du sacrum et du .... et, en avant, des os ....

10. L'oreille assure la fonction d'audition et d'.........

11. Le .... est un muscle important dans la respiration, il sépare la cavité thoracique de la cavité abdominale.

12. Dès l'arrivée dans la bouche, les aliments sont coupés par les ...., déchirés par les ...., broyés par les .... Lorsque le bol alimentaire est dégluti, le larynx se soulève, l'......... s'abaisse et la .... ferme les fosses nasales.

13. L'estomac se situe entre l'......... et l'.......... L'antre de l'estomac se termine par le .... Les .... gastriques assurent la digestion des aliments protidiques. La dégradation des protides donne les ....

1.6. Trouvez l'intrus (réponses page 275)

Un (et un seul) intrus s'est glissé dans chacune des listes de termes ci-dessous. Trouvez-le.

1. Hématie, éosinophile, lymphocyte, monocyte
2. Engelure, gerçure, brûlure, entorse
3. Dure-mère, pie-mère, arachnoïde, calcium
4. Cæcum, appendice, côlon, dents
5. Uretère, urètre, vessie, atlas
6. Lactose, axone, dendrite, myéline
7. Réticulum, mitochondrie, vacuole, ovaire
8. Humérus, radius, cubitus, tarse
9. Vitamine A, vitamine B, vitamine D, vitamine E
10. Lipide, pancréas, insuline, glucagon
11. Estomac, foie, rate, pancréas, intestin
12. Trompe de Fallope, pavillon, ampoule, osselets

1.7. Les vrais/faux (réponses page 275)

Cochez la bonne réponse, selon que la proposition soit vraie ou fausse.

Proposition	Vrai	Faux
La calvitie est la perte des cheveux		
La synovie est sécrétée par les glandes lacrymales		
L'accommodation pour la vision se situe au niveau du cristallin		
La contraction cardiaque est un acte volontaire		
L'appareil urinaire est composé de deux reins, un uretère, une vessie, un urètre		
L'homme est un bipède plantigrade		
Les globules blancs sont également appelés érythrocytes		
Des jumeaux homozygotes sont issus du même œuf		
Le diabète est dû à un dysfonctionnement de la rate		
L'organisme peut se passer des lipides, glucides, protides		
L'activité physique favorise le transit		
Le virus du SIDA peut se contracter en embrassant sur la joue une personne infectée		
Une bactérie est responsable du syndrome d'alcoolisation fœtale		
Les hématies défendent l'organisme contre les infections		
Le fémur, le radius et le cubitus appartiennent tous au membre supérieur		

Proposition	Vrai	Faux
Les glucides sont des substances de saveur sucrée		
Les cellules d'un individu sont toutes identiques		
L'eau est le constituant principal de l'organisme		
La maladie d'Alzheimer est un mauvais fonctionnement du pancréas		
Les œstrogènes sont sécrétés par l'utérus		
La cirrhose est une dégénérescence du cérumen		
Les diarrhées sont sans danger pour le patient, quel que soit son âge		
Une dyspnée est une difficulté à marcher		
Le pylore est la partie terminale du côlon		
Les côtes flottantes sont rattachées au sternum		
Le daltonisme est un défaut de vision des formes		
La date de péremption d'un médicament correspond à la date de fabrication		
L'information génétique est stockée dans les molécules d'ADN		
Le cancer est une prolifération anormale de certaines cellules		
Le péritoine est l'organe principal de la digestion		
Le néphron est l'artère principale du rein		
L'insuline est hypoglycémiante		
L'adénopathie est une maladie des os		
Le stérilet empêche la nidation		
Un virus est à l'origine du SIDA		
Glucides, lipides, protides sont des substances organiques		
Une glande endocrine sécrète des hormones		
Le canal rachidien contient l'encéphale		
La carence en vitamine A entraîne le rachitisme		
Seul l'excipient compose le médicament		
Les cycles menstruels débutent à la naissance et se terminent à la ménopause		
Les spermatozoïdes sont des cellules mobiles		
Les lipides sont des sels minéraux		
La bile est sécrétée par la vésicule biliaire		
La vitamine A est liposoluble		
Les nerfs rachidiens contrôlent la motricité des membres		
Le centre de l'équilibration est situé au niveau de l'oreille moyenne		
Le pylore est un des orifices de l'estomac		
La ceinture scapulaire se situe au niveau des membres supérieurs		

Proposition	Vrai	Faux
Le vaccin confère une immunité passive		
L'utérus est un muscle		
Le cæcum est une partie du poumon		
Les vertèbres sont au nombre de 33		
Les globules blancs sont aussi appelés leucocytes		
Le liquide céphalorachidien circule entre les méninges		
Le pancréas sécrète la bile		
L'os du talon est le calcanéum		
À 1 an, un bébé triple son poids de naissance		
L'appendice se situe au niveau du jéjunum		
Les micro-organismes sont tous pathogènes		
L'insuline est une hormone hyperglycémiante		
Les plaquettes ont un rôle anti-hémorragique		
La fréquence respiratoire d'un adulte est de 16 à 18 mouvements par minute		
L'orthodontiste rééduque la voix		
Il existe deux uretères et un urètre chez l'homme		
Le noyau cellulaire contient des chromosomes		
Les vitamines sont essentielles pour vivre		
La vaccination contre le tétanos en France est obligatoire		
L'épiderme est sous le derme		
Le cycle menstruel dure 33 jours		
La fontanelle est le seul os mobile du crâne		
L'andropause est la cessation de l'activité génitale féminine		
L'hormone est une substance chimique déversée dans le sang		
Les globules blancs sont fabriqués dans la moelle osseuse		
La glycémie est le taux de lipides dans le sang		
La diapédèse est le passage des hématies dans un tissu		
Le plasma est filtré par les néphrons		
La substance blanche se trouve au milieu de la moelle épinière		
Le tympan fait partie de l'oreille moyenne		
La tache jaune sur la rétine est formée uniquement de cellules en bâtonnets		
Les glandes sébacées produisent la sueur		
L'homéostasie est l'équilibre du milieu intérieur		
L'allergie est une réaction immunitaire exagérée		

Proposition	Vrai	Faux
La thyroïde sécrète une hormone qui agit sur la croissance		
Les pulsations cardiaques sont comptées sur le trajet veineux		
Les artères coronaires irriguent le foie		
La fécondation est l'union de deux ovules		
Le périoste permet l'accroissement de l'os en longueur		
La synovie est un liquide lubrifiant les articulations mobiles		
Un fongicide détruit les champignons		
La vitamine D est antirachitique		
Le sérum procure une immunité durable		
Les alvéoles pulmonaires sont le lieu des échanges gazeux		
Les globules blancs servent à transporter l'oxygène		
L'os pariétal est situé au niveau du talon		
Les îlots de Langerhans sont des cellules du pancréas		
Les glucides sont les sources préférentielles de l'énergie musculaire		
L'hémostase est une réaction pour détruire un caillot		
Les glandes sudoripares sont des glandes à sécrétion exocrine		

1.8. Schémas à légender (réponses page 278)

1. Nommez les éléments désignés.

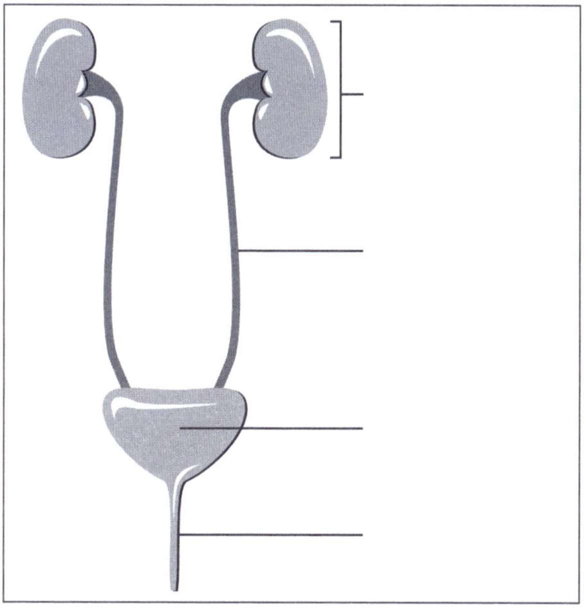

2. **Replacez les éléments sur le schéma :** intestin grêle, gros intestin, œsophage, foie, estomac, vésicule biliaire, pancréas, sphincter anal.

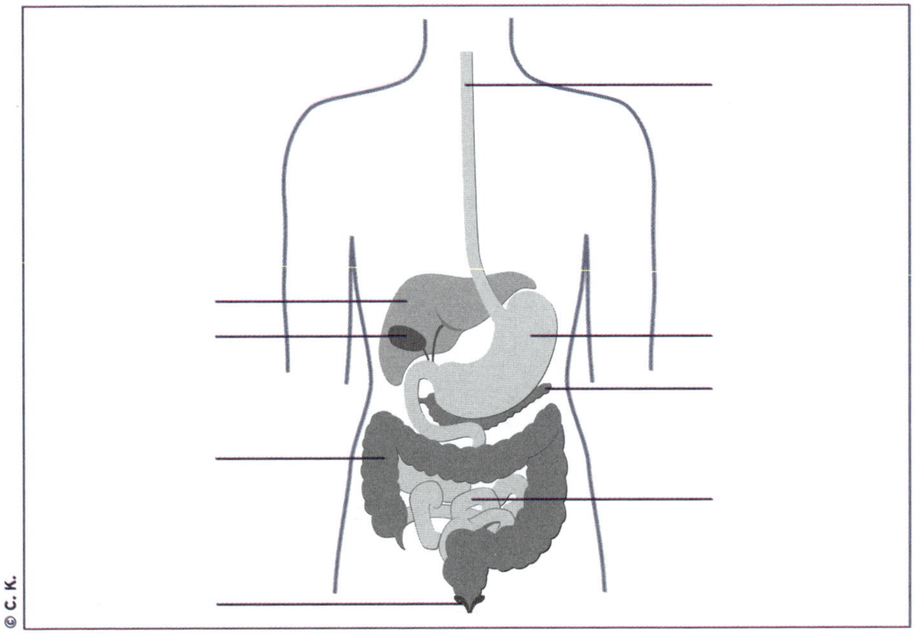

›2. Réponses

2.1. QCM

Cochez la ou les bonne(s) réponse(s).

1. Le programme génétique se trouve dans :
le cerveau ❑
le noyau cellulaire ☑
les muscles ❑

2. La couche superficielle de la peau est :
l'épiderme ☑
l'épistaxis ❑
l'épididyme ❑

3. Pendant la déglutition :
la glotte vient obturer l'épiglotte ❑
l'air passe dans la trachée ❑
les aliments passent dans l'œsophage ☑

4. Le fémur s'articule avec :
le tibia ☑
le radius ❑
l'humérus ❑

5. Le fémur se trouve dans :
la jambe ☑
le pied ❑
le bras ❑

6. Les pyramides de Malpighi appartiennent :
aux reins ☑
à l'encéphale ❑
aux poumons ❑

7. On trouve de chaque côté du cœur :
les valves mitrales ❑
les valves tricuspides ❑
les valves sigmoïdes ☑

8. La peau possède les propriétés suivantes :
respiration ☑
absorption ☑
contraction ❑

9. Les vertèbres lombaires sont au nombre de :
- 7 ☐
- 5 ☑
- 12 ☐

10. Les veines pulmonaires :
- arrivent dans l'oreillette gauche ☑
- arrivent dans l'oreillette droite ☐
- transportent du sang oxygéné ☑

11. Le carrefour des voies aériennes et digestives s'appelle :
- le pharynx ☑
- le larynx ☐
- la trachée ☐

12. Les cordes vocales sont situées dans :
- le larynx ☑
- le pharynx ☐
- l'œsophage ☐

13. Dans la respiration le phénomène actif est :
- l'inspiration ☑
- l'expiration ☐

14. L'enveloppe interne du cœur se nomme :
- myocarde ☐
- péricarde ☐
- endocarde ☑

15. La valvule tricuspide sépare :
- l'oreillette droite du ventricule droit ☑
- l'oreillette gauche du ventricule gauche ☐
- le ventricule droit de l'artère pulmonaire ☐

16. Généralement les veines transportent du sang riche :
- en oxygène ☐
- en gaz carbonique ☑
- en graisse ☐

17. L'urine ne contient pas :
- de sucre ☑
- d'ammoniaque ☐
- d'urée ☐

18. Le paludisme se transmet par :
- le rat ☐
- le moustique ☑
- les puces ☐

19. L'infection nosocomiale est une infection :
- des sinus et fosses nasales ❑
- contractée en milieu de soins ☑
- contractée en milieu aquatique ❑

20. Dans un régime sans sel, ne sont pas autorisés :
- la charcuterie ☑
- l'eau pétillante (type Badoit) ☑
- les haricots verts ❑

21. Dans un régime sans résidus sont autorisés :
- les carottes cuites ☑
- le poisson grillé ☑
- les haricots verts ❑

22. Parmi ces aliments lesquels sont riches en protides ?
- les haricots verts ❑
- les œufs ☑
- le poisson ☑

23. Dans la composition du plasma on trouve :
- de l'eau ☑
- des hématies ❑
- des acides aminés ❑

24. L'hématurie est la présence de sang dans :
- les poumons ❑
- les urines ☑
- les yeux ❑

25. En cas de diarrhée on peut manger :
- des haricots verts ❑
- des carottes ☑
- des pommes ☑

26. Parmi ces germes lequel est responsable de la tuberculose ?
- le bacille de Koch ☑
- le staphylocoque ❑
- le tréponème ❑

27. L'aorte part :
- du ventricule droit ❑
- du ventricule gauche ☑
- de l'oreillette droite ❑
- de l'oreillette gauche ❑

28. Quelle est la glande qui régule la teneur en eau de l'organisme ?
- l'hypophyse ❑
- la thyroïde ❑
- les surrénales ☑

29. Où se trouvent les trompes de Fallope ?
- dans l'oreille ❑
- entre le vagin et l'utérus ❑
- entre les ovaires et l'utérus ☑

30. Qu'appelle-t-on régime hypocalorique ?
- un régime riche en calories ❑
- un régime riche en eau ❑
- un régime pauvre en calories ☑

31. Quel est le nom de la membrane qui entoure les organes digestifs ?
- la plèvre ❑
- le périmètre ❑
- le péritoine ☑
- la péritonite ❑

32. Pour assimiler les substances nutritives les muscles ont besoin :
- d'oxygène ☑
- de gaz carbonique ❑
- d'azote ❑
- d'hydrogène ❑

33. La reproduction des cellules sexuelles s'appelle :
- la méiose ☑
- la mitose ❑
- le maltose ❑

2.2. Questions ouvertes à réponses courtes (QROC)

Répondez très brièvement aux questions suivantes.

1. Les glandes sécrétrices sont :
- les sébacées pour le sébum ;
- les sudoripares pour la sueur ;
- le pancréas pour l'insuline ;
- les ovaires pour la progestérone
- le foie pour la bile.

2. L'enveloppe du poumon est la plèvre, constituée de 2 feuillets.

3. Les pertes d'eau de l'organisme sont les urines, la sueurs, la vapeur d'eau par les poumons et les crachats.

4. Les apports qui compensent ces pertes sont la prise de boissons (1,5 à 2 litres par 24 heures), les aliments (1 litre par 24 heures) et les réactions organiques (0,5 litre par jour).

5. Le corps humain est composé à 70 % d'eau, dont 50 % intracellulaire et 20 % extracellulaire.

6. La cellule se compose du noyau et du cytoplasme avec les organites.

7. Le rôle de l'artère pulmonaire est d'acheminer le sang enrichi en dioxyde de carbone du ventricule droit du cœur vers les poumons.

8. Les effets nocifs du tabac sur l'appareil respiratoire sont les suivants : la nicotine diminue l'activité des cils de la muqueuse bronchique et provoque une augmentation des sécrétions de mucus entraînant encombrement, toux matinale, fragilité pulmonaire.

9. Les 3 types de vaisseaux sanguins sont les artères, les veines et les capillaires.

10. La fécondation est l'union d'un ovule et d'un spermatozoïde conduisant à la formation d'un œuf, au niveau de l'ampoule tubaire.

11. La contraception est l'utilisation de procédés temporaires et réversibles destinés à empêcher la conception.
La contraception peut être chimique (spermicide), mécanique (diaphragme, stérilet), hormonale (pilule), hormonale et mécanique (certains stérilets diffusent des hormones).

12. L'allaitement maternel est gratuit, naturel, facile d'utilisation, plus digeste pour le nourrisson, améliore les défenses immunitaires de l'enfant et favorise et la relation mère-enfant.

13. Le placenta, pendant la grossesse, est un lieu d'échanges gazeux et de substances nutritives. Il permet le rejet des déchets du fœtus, transmet des anticorps (il laisse cependant passer certaines toxines ou certains microbes).

14. Mastiquer, prendre son temps, éviter les graisses, ne pas grignoter, boire suffisamment, éviter l'alcool, pratiquer une activité physique régulière, etc. facilitent la digestion.

15. La dentition de lait comporte 20 dents et la dentition définitive, 32 dents.
L'incisive coupe, la canine déchire, la prémolaire écrase et la molaire broie.

16. Les 5 sens sont l'odorat, la vue, le goût, le toucher, l'ouïe.

17. Le rôle du nez est de percevoir les odeurs, respirer, réchauffer l'air et l'humidifier, arrêter les poussières et détruire certains microbes.

18. Les 4 saveurs perçues par la langue sont l'amer, le sucré, le salé et l'acide.

19. Les deux types de cellules visuelles de la rétine sont les cellules en cônes (pour la vision des formes et des couleurs) et les cellules en bâtonnets (pour la vision nocturne).

20. Le phénomène des échanges gazeux consiste en 2 processus : l'absorption du dioxygène de l'air qui traverse les parois alvéolaires et capillaires pour se fixer sur l'hémoglobine et, dans le sens contraire, le rejet de dioxyde de carbone.

21. Les hormones ovariennes qui jouent un rôle dans le déroulement du cycle menstruel sont les œstrogènes et la progestérone.

22. La cellule nerveuse est le neurone, dont le rôle est d'acheminer l'influx nerveux. Ses différentes parties sont les dendrites, le corps cellulaire, l'axone, et l'arboraison terminale.

23. La moelle épinière se trouve dans le canal rachidien.

24. Le liquide qui circule dans les méninges est le liquide céphalorachidien qui amortit les chocs et protège le système nerveux central.

25. Les facteurs perturbant le bon fonctionnement du système nerveux sont l'alcool, les drogues, le manque de sommeil, les stimulants comme le café, le bruit, le stress...

26. Les 4 enveloppes du système nerveux sont les méninges, la pie-mère, l'arachnoïde et la dure-mère.

27. Le rôle du système nerveux cérébro-spinal est de commander et coordonner les activités conscientes et volontaires (vie de relation).

28. Le rôle du système nerveux végétatif est de diriger les fonctions de l'ensemble de nos organes.

29. Les 4 phases du cycle du sommeil sont l'endormissement, le sommeil lent, le sommeil paradoxal ou rapide, et le sommeil intermédiaire.

30. La goutte de sang a suivit le trajet suivant avant de revenir à l'oreillette droite : ventricule droit, poumons par l'artère pulmonaire, retour au cœur dans l'oreillette gauche par les veines pulmonaires, puis ventricule gauche, aorte, organes, retour au cœur par la veine cave.

31. Les temps de la révolution cardiaque sont :
- ▶ la systole auriculaire : les oreillettes se contractent, le sang est chassé dans les ventricules (1/10 de seconde) ;
- ▶ la fermeture des valves ;
- ▶ la systole ventriculaire : contraction des ventricules chassant le sang dans les artères
- ▶ la fermeture des valves ;
- ▶ la diastole générale : pause du mouvement des oreillettes et des ventricules.

32. Les organes constitutifs de l'appareil respiratoire sont :
- ▶ les fosses nasales qui filtrent et réchauffent l'air ;
- ▶ le pharynx qui est le carrefour aéro-digestif ;
- ▶ le larynx qui est l'organe de la voix (cordes vocales) ;
- ▶ la trachée qui conduit l'air aux bronches ;
- ▶ les bronches qui conduisent l'air aux bronchioles puis aux alvéoles ;
- ▶ les alvéoles qui permettent les échanges gazeux.

33. La glande pancréatique est une glande mixte à sécrétion exocrine (les sucs pancréatiques qui dégradent lipides, glucides et protides) et endocrine (le glucagon qui est hyperglycémiant et l'insuline qui est hypoglycémiante).

34. Les 2 étapes de la digestion ayant lieu dans la bouche sont la mastication et l'action chimique de la salive.

35. Pour éviter les caries, il faut :
- ▶ éviter les sucreries et le grignotage entre les repas ;
- ▶ se brosser les dents après chaque repas ;
- ▶ se rendre régulièrement chez le dentiste.

36. Les phénomènes mécaniques de la digestion sont la mastication, la déglutition, le brassage, la progression et la défécation.

37. Une vitamine est un élément organique indispensable à faible dose pour le métabolisme. Les vitamines sont apportées par les aliments et n'ont pas de valeur nutritive.

Les vitamines sont fragiles et facilement détruites.

La conservation des aliments doit se faire à l'abri de la lumière et au frais ; la consommation doit être le plus rapide possible après la cueillette des fruits et légumes ; il faut éviter de faire tremper les aliments avant de les consommer et, si possible, garder la peau des fruits et des légumes.

38. Les vitamines liposolubles (A, D, E, K) et hydrosolubles (B, C, PP) sont 2 groupes de vitamines.

39. Les apports alimentaires sont pauvres en vitamine D et les enfants ne sont pas exposés au soleil. Aussi la synthèse de cette vitamine est-elle difficile. Elle est antirachitique.

40. La vitamine C aide à lutter contre les infections et la fatigue, elle est antiscorbutique.
On la trouve dans les légumes verts et les fruits frais essentiellement.

41. Une carence en vitamine C peut provoquer le scorbut et une carence en vitamine B le béribéri.

42. À l'adolescence, les deux constituants alimentaires indispensables à la croissance sont les protides pour la construction cellulaire et le calcium pour le tissu osseux.

43. Les risques d'abus de sucrerie pour la santé sont :
- le diabète ;
- l'obésité,
- les caries dentaires.

44. Les enfants et les personnes âgées sont des catégories de personnes exposées au risque de carence en vitamines.

45. On trouve des fibres dans les fruits et les légumes, les céréales, les légumes secs. Leur rôle est de faciliter le transit intestinal.

46. Les pâtes, riz, pain, pommes de terre contiennent des sucres d'assimilation lente, et les bonbons, le chocolat, les confitures et les gâteaux des sucres d'assimilation rapide.

47. La valeur énergétique de 100 grammes de gruyère est de 398 kcal :
$(30 \times 9) + (28 \times 4) + (4 \times 4) = 398$

48. Le gruyère appartient au groupe alimentaire des produits laitiers.

49. Les 3 types de lipides sont les acides gras insaturés et saturés, les triglycérides et le cholestérol.

50. La suralimentation a pour conséquences sur la santé :
- l'augmentation des facteurs de risque de maladies cardiovasculaires ;
- l'augmentation du taux de cholestérol et de lipides ;
- l'obésité ;
- le diabète ;
- l'apparition de troubles digestifs ;
- la favorisation de cancers.

51. La ration alimentaire est l'ensemble des aliments devant être ingérés quotidiennement afin d'assurer l'entretien et la croissance de l'organisme.
Les éléments la composant sont l'eau, les vitamines, les protides, les lipides, les glucides et les sels minéraux.

52. Il existe les tissus épithélial, conjonctif, nerveux, musculaire, sanguin.

53. L'urée, le chlore et le sodium sont présents à la fois dans le sang et dans les urines.

54. L'herpès, le SIDA, l'hépatite sont 3 maladies (infections) virales sexuellement transmissibles.

55. Le sigle SIDA signifie « syndrome d'immunodéficience acquise ».

56. Les personnes qui se droguent peuvent être contaminées par le VIH lors d'utilisation intraveineuse de matériel (seringue, aiguille) non stérile.

57. L'immunité obtenue par vaccination est active, durable et différée.

58. Les 2 voies de pénétration d'un germe dans l'organisme sont la peau et la muqueuse.

59. La réponse locale de la défense immunitaire est la réaction inflammatoire. Les signes locaux en sont une rougeur, une douleur, une chaleur, un œdème.

60. Les 3 temps de la défense naturelle sont :
- ▶ la défense vasculaire ;
- ▶ la défense cellulaire ;
- ▶ la défense fibrineuse (la fibrine empêche la dissémination des germes).

61. Lorsqu'un germe pénètre dans l'organisme, il se produit une réaction cellulaire, la phagocytose, lors de laquelle les polynucléaires franchissent la paroi des capillaires pour entourer le germe puis l'inclure dans leur cytoplasme et le digérer.

62. Une fausse route est l'inhalation dans les voies respiratoires d'aliments, d'eau, de salive, et les signes cliniques en sont une agitation, une toux, une cyanose et une dyspnée.

63. Les 4 propriétés des muscles sont l'excitabilité, la contractilité, l'élasticité, la tonicité.

64. La fonction essentielle du rein est la filtration du sang et la formation de l'urine.

65. Le rôle des hématies est de transporter l'oxygène vers les organes et le gaz carbonique vers les poumons grâce à l'hémoglobine qu'elles contiennent.
Le rôle des leucocytes est de lutter contre les infections.
Le rôle des plaquettes est de permettre la coagulation.

2.3. Définitions

Donnez la définition des termes suivants.

1. Alopécie : perte des cheveux.
2. Anticorps : substance défensive fabriquée par l'organisme après l'introduction d'un antigène.
3. Apnée : arrêt temporaire de la ventilation.
4. Bronchiole : arborescence de la bronche menant l'air inspiré aux alvéoles.
5. Cellule : unité structurale et fonctionnelle des êtres vivants.
6. Dure-mère : couche protectrice du cerveau située entre l'os du crâne et le cerveau.
7. Embryon : fruit de la fécondation d'un ovule par un spermatozoïde, dans les 3 premiers mois.
8. Énurésie : miction involontaire nocturne.
9. Enzyme : molécule permettant d'accélérer certains processus biologiques (comme la digestion) et donc de maintenir le métabolisme.
10. Épiderme : couche supérieure de la peau.
11. Épiphyse : extrémité d'un os long.
12. Hématie : élément du sang transportant l'oxygène aux cellules, globule rouge.
13. Hémoptysie : expectoration de sang.
14. Hémothorax : présence de sang dans la cavité pleurale.
15. Myocarde : muscle cardiaque.
16. Péristaltisme : contractions intestinales permettant l'acheminement des matières digérées vers leur évacuation.
17. Pharynx : carrefour aéro-disgestif entre les voies aériennes et les voies digestives.
18. Pneumectomie : ablation totale ou partielle d'un poumon.
19. Prévention : ensemble des mesures et des actes pris dans le but d'éviter l'apparition d'une maladie ou d'un trouble.
20. Primo-infection : envahissement de l'organisme par un microbe pour la première fois.
21. Vitamines : substances organiques nécessaires à l'organisme à doses infinitésimales et qu'il ne peut produire tout seul.

2.4. Trouvez le mot correspondant à la définition

Voici une série de définitions : trouvez le mot correspondant à chacune d'elles.

1. Conduit reliant le rein à la vessie : l'uretère.
2. Liquide qui lubrifie les articulations mobiles : la synovie.
3. Enveloppe de l'os : le périoste.
4. Principale substance sécrétée par le foie : la bile.
5. Déviation latérale de la colonne vertébrale : la scoliose.
6. Déboîtement d'une articulation : la luxation.
7. Étirement violent des ligaments : l'entorse.
8. Mouvement qui rapproche le membre de l'axe du corps : l'adduction.

9. Phase de relâchement cardiaque : la diastole.
10. Phase de contraction cardiaque : la systole.
11. Cellule osseuse parvenue à maturité : l'ostéocyte.
12. Atteinte du squelette et de l'état général résultant de carence en vitamine D : le rachitisme.
13. Convexité dorsale exagérée : la cyphose.
14. Passage d'un fluide à travers une membrane qui arrête les plus gros éléments : la filtration.
15. Ensemble des points de l'espace que l'on peut voir d'un seul œil immobile : le champ visuel.
16. Le plus important des prolongements cellulaires du neurone : l'axone.
17. Couche externe des hémisphères cérébraux formant la substance grise : le cortex.
18. Partie de l'os temporal qui renferme l'oreille moyenne : le rocher.
19. Inspiration suivie d'une expiration : le mouvement respiratoire.
20. Forme de transport du dioxygène à l'intérieur des hématies : l'oxyhémoglobine.
21. Cellules du sang qui prennent en charge le dioxygène : les hématies.
22. Lieu des échanges gazeux : les alvéoles pulmonaires.
23. Pigment rouge qui colore les hématies : l'hémoglobine.
24. Ensemble des mécanismes qui permettent le renouvellement de l'air pulmonaire : la ventilation pulmonaire.
25. Perte d'appétit : l'anorexie.
26. Baisse anormale de la température : l'hypothermie.
27. Ralentissement du transit intestinal : la constipation.
28. Orifice supérieur de l'estomac : le cardia.

2.5. Textes à compléter

Complétez les espaces blancs.

1. L'os s'accroît en **longueur** à partir du cartilage de conjugaison, zone qui sépare la **diaphyse** de l'épiphyse, et en épaisseur grâce au **périoste** qui élabore les couches successives de l'os.

2. Le cycle menstruel est l'ensemble des phénomènes **physiologiques** qui se produisent chaque **mois** dans l'organisme féminin, depuis la **puberté** jusqu'à la **ménopause**. Il commence le **premier** jour des règles et se termine à l'apparition des règles suivantes. Le cycle est sous la dépendance de l'**hypophyse** qui est une petite glande située à la base du cerveau. Il existe différentes phases.

La phase pré-ovulatoire, période de préparation à l'**ovulation**. Dès le premier jour des règles, l'**hypophyse** sécrète une hormone, la FSH, qui agit sur l'**ovaire** en provoquant la maturation d'un **follicule de Graf**, la maturation de l'ovule et la sécrétion d'**œstrogènes**, ces dernières préparant l'utérus à la **nidation**.

La phase ovulatoire : sous l'action de l'hormone hypophysaire, la LH, le follicule se rompt et libère l'**ovule.** C'est l'ovulation au 14e jour avant les règles suivantes. L'**ovule** est happé par le pavillon de la trompe et commence à cheminer vers l'**utérus**.

La phase post-ovulatoire : la LH agit sur l'ovaire, provoque la formation du **corps jaune** dans le follicule rompu qui sécrète à son tour une hormone, la **progestérone.** Celle-ci agit sur l'endomètre. Le col va se fermer grâce à sa **glaire** qui s'épaissit et forme un **bouchon** imperméable. La température du corps va **s'élever** de 0,5 °C.

3. Le sang est un liquide biologique qui est composé d'un liquide, le **plasma**, dans lequel baignent des éléments figurés, les **leucocytes,** les **hématies** et les **plaquettes**.

4. La **diastole** est le temps de remplissage ventriculaire au repos.
Le **péricarde** est constitué de deux feuillets externes enveloppant le cœur.
L'ouverture et la fermeture des **valves** dépendent des différences de pression sanguine entre les oreillettes et les ventricules.
Les fibres musculaires myocardiques sont douées d'automatisme au niveau du tissu **nodal.**
Le cœur est vascularisé par deux artères appelées **coronaires**.
La régulation du rythme cardiaque est soumise au système **neurovégétatif**.

5. L'appareil urinaire se compose de deux organes qui élaborent l'urine, les **reins.** Leurs canaux excréteurs sont les **uretères** qui déversent l'urine dans la **vessie**. Celle-ci évacue son contenu à l'extérieur par l'**urètre**. Cette évacuation se nomme la **miction**.

6. On donne le nom de **tissu** à un ensemble de cellules différenciées qui ont la même fonction.

7. Un ensemble de tissus ayant une même fonction est un **organe.** L'ensemble des organes qui participent à une même fonction est un **appareil ou système**.

8. L'organe destiné à contenir l'œuf fécondé pendant son évolution est l'**utérus**.

9. Le bassin est constitué, en arrière, du sacrum et du **coccyx** et, en avant, des os **iliaques**.

10. L'oreille assure la fonction d'audition et d'**équilibration**.

11. Le **diaphragme** est un muscle important dans la respiration, il sépare la cavité thoracique de la cavité abdominale.

12. Dès l'arrivée dans la bouche, les aliments sont coupés par les **incisives**, déchirés par les **canines**, broyés par les **molaires**. Lorsque le bol alimentaire est dégluti, le larynx se soulève, l'**épiglotte** s'abaisse et la **luette** ferme les fosses nasales.

13. L'estomac se situe entre l'**œsophage** et l'**intestin.** L'antre de l'estomac se termine par le **pylore**. Les **sucs** gastriques assurent la digestion des aliments protidiques. La dégradation des protides donne les **acides aminés**.

2.6. Trouvez l'intrus

Un (et un seul) intrus s'est glissé dans chacune des listes de termes ci-dessous. Trouvez-le.

1. **Hématie**, éosinophile, lymphocyte, monocyte
2. Engelure, gerçure, brûlure, **entorse**
3. Dure-mère, pie-mère, arachnoïde, **calcium**
4. Cæcum, appendice, côlon, **dents**
5. Uretère, urètre, vessie, **atlas**
6. **Lactose**, axone, dendrite, myéline
7. Réticulum, mitochondrie, vacuole, **ovaire**
8. Humérus, radius, cubitus, **tarse**
9. Vitamine A, **vitamine B,** vitamine D, vitamine E
10. **Lipide**, pancréas, insuline, glucagon
11. Estomac, foie, **rate**, pancréas, intestin
12. Trompe de Fallope, pavillon, ampoule, **osselets**

2.7. Les vrais/faux

Cochez la bonne réponse, selon que la proposition soit vraie ou fausse.

Proposition	Vrai	Faux
La calvitie est la perte des cheveux	✗	
La synovie est sécrétée par les glandes lacrymales		✗
L'accommodation pour la vision se situe au niveau du cristallin		✗
La contraction cardiaque est un acte volontaire		✗
L'appareil urinaire est composé de deux reins, un uretère, une vessie, un urètre		✗
L'homme est un bipède plantigrade	✗	
Les globules blancs sont également appelés érythrocytes		✗
Des jumeaux homozygotes sont issus du même œuf	✗	
Le diabète est dû à un dysfonctionnement de la rate		✗
L'organisme peut se passer des lipides, glucides, protides		✗
L'activité physique favorise le transit	✗	
Le virus du SIDA peut se contracter en embrassant sur la joue une personne infectée		✗
Une bactérie est responsable du syndrome d'alcoolisation fœtale		✗
Les hématies défendent l'organisme contre les infections		✗
Le fémur, le radius et le cubitus appartiennent tous au membre supérieur		✗

Proposition	Vrai	Faux
Les glucides sont des substances de saveur sucrée	✗	
Les cellules d'un individu sont toutes identiques		✗
L'eau est le constituant principal de l'organisme	✗	
La maladie d'Alzheimer est un mauvais fonctionnement du pancréas		✗
Les œstrogènes sont sécrétés par l'utérus		✗
La cirrhose est une dégénérescence du cérumen		✗
Les diarrhées sont sans danger pour le patient, quel que soit son âge		✗
Une dyspnée est une difficulté à marcher		✗
Le pylore est la partie terminale du côlon		✗
Les côtes flottantes sont rattachées au sternum		✗
Le daltonisme est un défaut de vision des formes		✗
La date de péremption d'un médicament correspond à la date de fabrication		✗
L'information génétique est stockée dans les molécules d'ADN	✗	
Le cancer est une prolifération anormale de certaines cellules	✗	
Le péritoine est l'organe principal de la digestion		✗
Le néphron est l'artère principale du rein		✗
L'insuline est hypoglycémiante		✗
L'adénopathie est une maladie des os		✗
Le stérilet empêche la nidation	✗	
Un virus est à l'origine du SIDA	✗	
Glucides, lipides, protides sont des substances organiques	✗	
Une glande endocrine sécrète des hormones	✗	
Le canal rachidien contient l'encéphale		✗
La carence en vitamine A entraîne le rachitisme		✗
Seul l'excipient compose le médicament		✗
Les cycles menstruels débutent à la naissance et se terminent à la ménopause		✗
Les spermatozoïdes sont des cellules mobiles	✗	
Les lipides sont des sels minéraux		✗
La bile est sécrétée par la vésicule biliaire		✗
La vitamine A est liposoluble	✗	
Les nerfs rachidiens contrôlent la motricité des membres	✗	
Le centre de l'équilibration est situé au niveau de l'oreille moyenne	✗	
Le pylore est un des orifices de l'estomac	✗	
La ceinture scapulaire se situe au niveau des membres supérieurs	✗	

Proposition	Vrai	Faux
Le vaccin confère une immunité passive		✗
L'utérus est un muscle	✗	
Le cæcum est une partie du poumon		✗
Les vertèbres sont au nombre de 33	✗	
Les globules blancs sont aussi appelés leucocytes	✗	
Le liquide céphalorachidien circule entre les méninges	✗	
Le pancréas sécrète la bile		✗
L'os du talon est le calcanéum	✗	
À 1 an, un bébé triple son poids de naissance	✗	
L'appendice se situe au niveau du jéjunum		✗
Les micro-organismes sont tous pathogènes		✗
L'insuline est une hormone hyperglycémiante		✗
Les plaquettes ont un rôle anti-hémorragique	✗	
La fréquence respiratoire d'un adulte est de 16 à 18 mouvements par minute	✗	
L'orthodontiste rééduque la voix		✗
Il existe deux uretères et un urètre chez l'homme	✗	
Le noyau cellulaire contient des chromosomes	✗	
Les vitamines sont essentielles pour vivre	✗	
La vaccination contre le tétanos en France est obligatoire	✗	
L'épiderme est sous le derme		✗
Le cycle menstruel dure 33 jours		✗
La fontanelle est le seul os mobile du crâne		✗
L'andropause est la cessation de l'activité génitale féminine		✗
L'hormone est une substance chimique déversée dans le sang	✗	
Les globules blancs sont fabriqués dans la moelle osseuse	✗	
La glycémie est le taux de lipides dans le sang		✗
La diapédèse est le passage des hématies dans un tissu		✗
Le plasma est filtré par les néphrons	✗	
La substance blanche se trouve au milieu de la moelle épinière		✗
Le tympan fait partie de l'oreille moyenne		✗
La tache jaune sur la rétine est formée uniquement de cellules en bâtonnets		✗
Les glandes sébacées produisent la sueur		✗
L'homéostasie est l'équilibre du milieu intérieur	✗	
L'allergie est une réaction immunitaire exagérée	✗	

CORRIGÉS

Proposition	Vrai	Faux
La thyroïde sécrète une hormone qui agit sur la croissance	✗	
Les pulsations cardiaques sont comptées sur le trajet veineux		✗
Les artères coronaires irriguent le foie		✗
La fécondation est l'union de deux ovules		✗
Le périoste permet l'accroissement de l'os en longueur		✗
La synovie est un liquide lubrifiant les articulations mobiles	✗	
Un fongicide détruit les champignons	✗	
La vitamine D est antirachitique	✗	
Le sérum procure une immunité durable		✗
Les alvéoles pulmonaires sont le lieu des échanges gazeux	✗	
Les globules blancs servent à transporter l'oxygène		✗
L'os pariétal est situé au niveau du talon		✗
Les îlots de Langerhans sont des cellules du pancréas	✗	
Les glucides sont les sources préférentielles de l'énergie musculaire	✗	
L'hémostase est une réaction pour détruire un caillot		✗
Les glandes sudoripares sont des glandes à sécrétion exocrine	✗	

2.8. Schémas à légender

1. Nommez les éléments désignés.

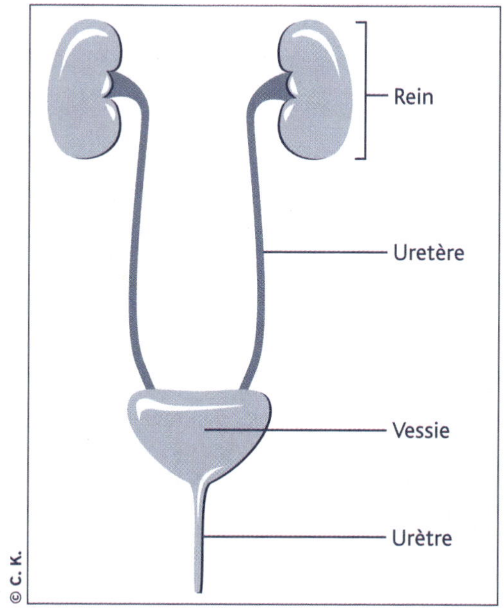

2. Replacez les éléments sur le schéma : intestin grêle, gros intestin, œsophage, foie, estomac, vésicule biliaire, pancréas, sphincter anal.

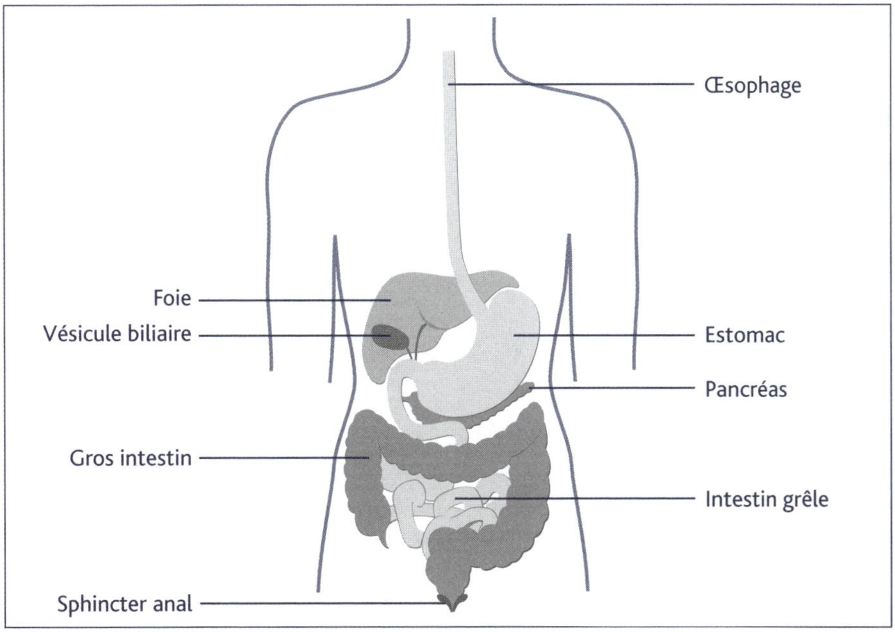

> Mathématiques

Présentation de l'épreuve

Durée

L'épreuve de mathématiques est passée en même temps que la culture générale et la biologie. Le candidat doit gérer son temps (2 heures en tout) pour traiter les 3 matières.

Notation

L'épreuve écrite est notée sur 20 points, dont 12 pour la culture générale et 8 pour la biologie et les mathématiques. Toutefois le nombre de points respectivement attribués aux mathématiques et à la biologie peut varier d'un centre de concours à l'autre. Le barème est toujours donné sur le sujet, le candidat n'aura donc pas de mauvaise surprise en ce qui concerne la cotation. Rappelons que pour être admissible à l'épreuve orale, il vous faut obtenir 10/20 à l'ensemble de l'épreuve.

L'épreuve de mathématiques permet d'évaluer la maîtrise et le sens des opérations de base, la logique, le bon sens. Les critères d'évaluations sont la justesse des calculs, la vraisemblance des résultats, la démarche utilisée (même si elle n'aboutit pas), la prise d'initiatives.

Contenu

Le nombre et la forme des questions sont variables. Elles sont généralement présentées après la culture générale et la biologie.

Il s'agit d'opérations simples et/ou de problèmes mathématiques concrets mettant en œuvre ces opérations. Les différentes formes d'exercices vous sont présentées dans cet ouvrage afin de vous entraîner. Une série de 3 questions d'arithmétique (opérations) et 2 questions de conversion est couramment proposée.

Les réponses se font sur le document fourni le jour de l'épreuve.

CHAPITRE 1

Méthodologie : une marche à suivre

L'épreuve de mathématiques est passée en même temps que la culture générale et la biologie. Il convient donc de faire une lecture rapide des sujets et de commencer par répondre aux questions que vous trouverez faciles : si la solution vous viens immédiatement, donnez-la, sinon passez à la question suivante.

Pour vous préparer efficacement à l'épreuve de mathématiques, cette partie comprend deux chapitres :

- le premier chapitre est consacré à la **méthodologie des mathématiques** : il détaille et explique les différents exercices que vous pourrez rencontrer le jour de l'examen. Nous vous y donnons de nombreux exemples pour expliquer et appliquer le cours ;
- dans le second chapitre, nous vous proposons des **exercices d'entraînement**, de difficulté progressive, issus ou inspirés de questions d'annales mettant en jeu les notions apprises dans le chapitre. Tous les exercices sont corrigés, étape par étape, avec des conseils et des remarques lorsque cela est nécessaire.

Enfin, un rappel des **tables mathématiques** clôt cette partie.

Comme pour les autres matières que vous passerez au concours, prenez le temps de bien lire le sujet pour vous l'approprier.

Au brouillon, distinguez les différentes étapes du raisonnement : de cette façon vous serez certain de ne pas faire d'erreur de calcul, et pourrez vérifier plus facilement vos réponses. Pour les mêmes raisons, posez toujours les opérations.

Donnez une conclusion rédigée à chaque réponse donnée.

Si on vous demande de préciser votre raisonnement, vous devez impérativement détailler les étapes les unes après les autres et recopier les tableaux de conversion.

Conseil bonus

N'hésitez pas à indiquer sur votre copie les étapes par lesquelles vous êtes passé pour trouver le résultat ; les ébauches de raisonnement, même si les calculs n'aboutissent pas, sont bien souvent notées favorablement.

›1. Les opérations de base

1.1. Écriture des nombres

Les nombres entiers s'écrivent avec des chiffres correspondant aux unités, aux dizaines, aux centaines, aux milliers…
Par exemple, pour le nombre 4 573 :

Milliers	Centaines	Dizaines	Unités
4	5	7	3

Les nombres décimaux ont des chiffres après la virgule. Par exemple : 547,61 a deux chiffres après la virgule.

1.2. Addition

1.2.1. Généralités

Quand on réunit des objets identiques, on ajoute des nombres : on fait une addition.
Le résultat d'une addition s'appelle une **somme**.

1.2.2. Comment effectuer une addition ?

Pour effectuer une addition, on peut additionner les nombres dans l'ordre que l'on veut, par exemple : 34 + 127 = 127 + 34
Repérez d'abord le chiffre des unités de chaque nombre, puis écrivez les nombres les uns en dessous des autres en alignant en colonne le chiffre des unités.

Exemple

› Énoncé

Posez l'addition 1 432 + 395.

› Corrigé commenté

Le chiffre des unités de 1 432 est 2, le chiffre des unités de 395 est 5.
On pose alors l'addition en alignant sur une même colonne les chiffres des unités.

$$\begin{array}{r} 1\,432 \\ +\quad 395 \\ \hline = \quad\quad \end{array}$$

1.2.3. Méthode pour les nombres entiers

On additionne les chiffres colonne par colonne en commençant le calcul par la droite et on écrit le résultat sous la colonne correspondante.

Si le résultat est supérieur à 9, on écrit le chiffre des unités du résultat sous la colonne et on reporte le chiffre des dizaines en haut de la colonne suivante : cela s'appelle une **retenue**.

On recommence avec la colonne suivante.

Pour la dernière colonne, même si le résultat est supérieur à 9, il n'y a pas de retenue, on écrit le résultat obtenu sous la colonne.

1.2.4. Méthode pour les nombres décimaux

Pour additionner des nombres décimaux, on aligne les chiffres des unités des différents nombres. On effectue l'addition comme pour les nombres entiers et on place la virgule du résultat sous les autres virgules.

Exemple

›*Ex. 1* : Addition de deux nombres entiers

Effectuez l'addition 1 432 + 395.

```
   1
 1 432
+  395
= 1 827
```

Colonne de droite : 2 + 5 = 7

On pose 7 sous la colonne.

Colonne suivante : 3 + 9 = 12

On pose 2 sous la colonne et on place 1 en retenue dans la colonne à gauche.

Colonne suivante : 1 + 4 + 3 = 8

On pose 8 sous la colonne.

Dernière colonne : 1 (sous-entendu 1 + 0, mais le 0 devant 395 n'est pas écrit).

On pose 1 sous la colonne.

1 432 + 395 = 1 827

›*Ex. 2* : Addition de trois nombres entiers

Effectuez l'addition : 613 + 738 + 129

```
    2
   613
+  738
+  129
= 1 480
```

Colonne de droite : 3 + 8 + 9 = 20

On pose 0 sous la colonne et on place 2 en retenue dans la colonne à gauche.

Colonne suivante : 2 + 1 + 3 + 2 = 8

On pose 8 sous la colonne.

Dernière colonne : 6 + 7 + 1 = 14

On pose 14 sous la colonne.

613 + 738 + 129 = 1 480

› *Ex. 3* : Addition de nombres décimaux

Effectuez l'addition : 318,76 + 54,5

```
   11
  318,76
+  54,5
= 373,26
```

Colonne de droite : 6 (sous-entendu 6 + 0).
On pose 6 sous la colonne.
Colonne suivante : 7 + 5 = 12
On pose 2 sous la colonne et on place 1 en retenue dans la colonne à gauche.
Colonne suivante : 1 + 8 + 4 = 13
On pose 3 sous la colonne et on place 1 en retenue dans la colonne à gauche.
Colonne suivante : 1 + 1 + 5 = 7
On pose 7 sous la colonne.
Dernière colonne : 3
On écrit 3 sous la colonne.

318,76 + 54,5 = 373,26

1.3. Soustraction

1.3.1. Généralités

Quand on retire des objets d'un ensemble d'objets identiques, on soustrait des nombres : on fait une soustraction.
Le résultat d'une soustraction s'appelle une **différence**.

1.3.2. Comment effectuer une soustraction ?

Pour effectuer une soustraction, il faut repérer le chiffre des unités de chaque nombre, puis écrire les nombres l'un en dessous de l'autre en alignant en colonne le chiffre des unités, et **en plaçant le plus grand nombre au-dessus**.

Exemple

› Énoncé

Posez la soustraction 2 437 – 125.

› Corrigé commenté

Le chiffre des unités de 2 437 est 7, le chiffre des unités de 125 est 5.
On pose alors la soustraction en alignant sur une même colonne les chiffres des unités, le plus grand nombre étant placé au-dessus.

```
  2 437
–   125
=
```

Mathématiques

1.3.3. Méthode pour les nombres entiers

On soustrait les chiffres colonne par colonne en commençant le calcul par la droite et on écrit le résultat sous la colonne correspondante.
Lorsque le chiffre du haut est inférieur au chiffre du bas :
- on ajoute 10 au chiffre du haut en plaçant un 1 devant ce chiffre ;
- on reporte une retenue sur le chiffre du bas de la colonne suivante pour compenser.

On recommence avec la colonne suivante.

1.3.4. Méthode pour les nombres décimaux

Pour soustraire des nombres décimaux, on aligne en colonne les chiffres des unités des deux nombres et on place la virgule du résultat sous les autres virgules, **en remplaçant s'il le faut les chiffres manquants après la virgule par des 0**.

Exemple

› *Ex. 1 :* Soustraction de nombres entiers

Effectuez la soustraction 753 – 426.

753	Colonne de droite : 3 – 6 (c'est impossible).
$-\ 4_{1}26$	On ajoute 10 : (10 + 3) – 6 = 13 – 6 = 7
= 327	On pose 7 sous la colonne.
	On écrit 1 en retenue sur le chiffre du bas de la colonne à gauche.
	On écrit 1 en retenue sur le chiffre du bas de la colonne à gauche.
	Colonne suivante : 5 – (2 + 1) = 5 – 3 = 2
	On pose 2 sous la colonne.
	Dernière colonne : 7 – 4 = 3
	On pose 3 sous la colonne.

753 – 426 = 327

› *Ex. 2 :* Soustraction de nombres décimaux

Effectuez la soustraction 312,7 – 64,51.

312, 70	Colonne de droite : 0 – 1 (c'est impossible).
$-\ {}_{11}64,{}_{1}51$	On ajoute 10 : (10 + 0) – 1 = 10 – 1 = 9
= 248, 19	On pose 9 sous la colonne.
	On écrit 1 en retenue sur le chiffre du bas de la colonne à gauche.
	Colonne suivante : 7 – (5 + 1) = 7 – 6 = 1
	On pose 1 sous la colonne.
	Colonne suivante : 2 – 4 (c'est impossible).
	On ajoute 10 : (10 + 2) – 4 = 12 – 4 = 8
	On pose 8 sous la colonne.
	On écrit 1 en retenue sur le chiffre du bas de la colonne à gauche.

Colonne suivante : 1 – (6 + 1) (c'est impossible).
On ajoute 10 : (10 + 1) – 7 = 11 – 7 = 4
On pose 4 sous la colonne.
On écrit 1 en retenue sur le chiffre du bas de la colonne à gauche.
Dernière colonne : 3 – 1 = 2
On pose 2 sous la colonne.

312,7 – 64,51 = 248,19

1.4. Multiplication

1.4.1. Généralités

Si des objets ont une caractéristique commune (poids, taille, volume, prix…), pour en connaître la valeur totale on effectue une multiplication.
Le résultat d'une multiplication s'appelle un **produit**.
Par exemple, si l'on achète 5 bouteilles d'eau de Javel, chacune coûte 1,65 €.
Le prix total est : 5 × 1,65 = 8,25 €

1.4.2. Comment effectuer une multiplication ?

Pour effectuer une multiplication, on peut multiplier les nombres dans l'ordre que l'on veut, par exemple : 52 × 17 = 17 × 52.
On écrit les nombres l'un en dessous de l'autre. Les calculs seront plus rapides si on place en haut le nombre qui comporte le plus de chiffres.
Pour poser les multiplications 1 732 × 28, on place 1 732 en haut car ce nombre comporte plus de chiffres que 28.

```
  1 732
×    28
-------
=
```

1.4.3. Méthode pour les nombres entiers

› Le multiplicateur (le nombre placé en bas) n'a qu'un seul chiffre

On multiplie le chiffre du bas par chaque chiffre du haut, en commençant par la droite. On écrit le résultat sous la colonne correspondante.
Si le résultat est supérieur à 9, on écrit le chiffre des unités du résultat sous la colonne et on ajoute le chiffre des dizaines (la retenue) au résultat de la colonne suivante.
Pour la dernière colonne, même si le résultat est supérieur à 9, il n'y a pas de retenue, on écrit le résultat obtenu sous la colonne.

› Le multiplicateur (le nombre placé en bas) a plus d'un chiffre

On recommence avec chaque chiffre du multiplicateur, en écrivant le résultat sur une ligne.

Et en plaçant :

- pour le chiffre des dizaines du multiplicateur, un 0 à droite de la ligne ;
- pour le chiffre des centaines du multiplicateur, deux 0 à droite de la ligne ;
- pour le chiffre des milliers du multiplicateur, trois 0 à droite de la ligne…

On additionne ensuite les nombres obtenus sur chaque ligne.

Exemple

› *Ex. 1* : Le multiplicateur n'a qu'un seul chiffre

Effectuez la multiplication 2 712 × 8.

2 712	Première colonne : 8 × 2 = 16
× 8	On pose 6 sous la colonne.
= 21 696	On garde mentalement 1 en retenue pour la colonne suivante.
	Colonne suivante : 8 × 1 = 8
	On ajoute la retenue : 8 + 1 = 9
	On pose 9 sous la colonne.
	Colonne suivante : 8 × 7 = 56
	On pose 6 sous la colonne.
	On garde mentalement 5 en retenue pour la colonne suivante.
	Dernière colonne : 8 × 2 = 16
	On ajoute la retenue : 16 + 5 = 21
	On pose 21 sous la colonne.

2 712 × 8 = 21 696

› *Ex. 2* : Le multiplicateur a plus d'un chiffre

Effectuez la multiplication 2 712 × 28.

2 712	Première ligne : on multiplie 2 712 par 8.
× 8	On a déjà vu que 2 712 × 8 = 21 696 (exemple précédent).
21 696	

Deuxième ligne : on multiplie 2 712 par 2.

2 712	On pose un 0 à droite de la ligne.
× 28	Colonne suivante : 2 × 2 = 4
21 696	On pose 4 sous la colonne.
54 240	Colonne suivante : 2 × 1 = 2
	On pose 2 sous la colonne.
	Colonne suivante : 2 × 7 = 14
	On pose 4 sous la colonne.
	On garde mentalement 1 en retenue pour la colonne suivante.
	Dernière colonne : 2 × 2 = 4

On ajoute la retenue : 4 + 1 = 5

On pose 5 sous la colonne.

2 712 × 28 21 696 + 54 240 = 75 936	Résultat : on additionne les deux lignes : 21 696 + 54 240 = 75 936

2 712 × 28 = 75 936

1.4.4. Méthode pour les nombres décimaux

Pour multiplier des nombres décimaux, on effectue l'opération sans tenir compte des virgules.
On détermine ensuite l'emplacement de la virgule : le nombre de chiffres après la virgule du résultat est le nombre total de chiffres après la virgule des deux nombres qu'on multiplie.

Exemple

› *Ex. 1 :* Effectuez la multiplication 3,5 × 5,67.

On place 5,67 en haut car il comporte plus de chiffres que 3,5.

5,67
× 3,5

Première ligne : on multiplie 5,67 par 5 sans tenir compte des virgules.

5,67 × 3,5 2 835	5 × 7 = 35 On pose 5. On garde mentalement 3 en retenue pour la colonne suivante. 5 × 6 = 30 On ajoute la retenue : 30 + 3 = 33 On pose 3. On garde mentalement 3 en retenue pour la colonne suivante. 5 × 5 = 25 On ajoute la retenue : 25 + 3 = 28 On pose 28.

Deuxième ligne : on multiplie 5,67 par 3 sans tenir compte des virgules.

5,67 × 3,5 2 835 17 010	On place un 0 à droite de la ligne. 3 × 7 = 21 On pose 1. On garde mentalement 2 en retenue pour la colonne suivante.

Mathématiques

3 × 6 = 18
On ajoute la retenue : 18 + 2 = 20
On pose 0.
On garde mentalement 2 en retenue pour la colonne suivante.
3 × 5 = 15
On ajoute la retenue : 15 + 2 = 17
On pose 17.

Résultat : on additionne les deux résultats obtenus et on place la virgule.

```
      5,67
×      3,5
----------
     2 835
+   17 010
----------
=   19,845
```

Le résultat est obtenu en additionnant :
2 835 + 17 010 = 19 845
Il reste à placer la virgule : 5,67 comporte 2 chiffres après la virgule et 3,5 comporte 1 chiffre après la virgule, donc le résultat comporte : 2 + 1 = 3 chiffres après la virgule.

5,67 × 3,5 = 19,845

› *Ex. 2 :* Effectuez la multiplication 461 × 27,5.

```
   461
× 27,5
------
```

Première ligne : on multiplie 461 par 5.

```
   461
× 27,5
------
 2 305
```

5 × 1 = 5.
On pose 5 sous la colonne.
5 × 6 = 30
On pose 0.
On garde mentalement 3 en retenue pour la colonne suivante.
5 × 4 = 20
On ajoute la retenue : 20 + 3 = 23
On pose 23.

Deuxième ligne : on multiplie 461 par 7.

```
    461
×  27,5
-------
  2 305
 32 270
```

On place un 0 à droite de la ligne.
7 × 1 = 7
On pose 7 sous la colonne.
7 × 6 = 42
On pose 2,
On garde mentalement 4 en retenue pour la colonne suivante.
7 × 4 = 28
On ajoute la retenue : 28 + 4 = 32
On pose 32.

Troisième ligne : on multiplie 461 par 2.

461	On place deux 0 à droite de la ligne.
× 27,5	2 × 1 = 2
2 305	On pose 2 sous la colonne.
32 270	2 × 6 = 12
92 200	On pose 2.
	On garde mentalement 1 en retenue pour la colonne suivante.
	2 × 4 = 8
	On ajoute la retenue : 8 + 1 = 9. On pose 9.

Résultat : on ajoute les trois lignes précédentes et on place la virgule.

461	Le résultat est obtenu en additionnant 2 335, 32 270 et 92 200.
× 27,5	Il reste à placer la virgule : 461 comporte 0 chiffre après la virgule et 27,5 comporte 1 chiffre après la virgule donc le résultat comporte 1 chiffre après la virgule.
2 305	
+ 32 270	
+ 92 200	
= 126 775	

461 × 27,5 = 12 677,5

Mathématiques

1.4.5. Multiplication par 10, 100, 1 000, 10 000...

On ne pose pas les multiplications par 10, 100, 1 000, 10 000, etc. car le calcul est très simple et se fait mentalement.

› Méthode pour les nombres entiers

Pour multiplier un nombre entier par 10, on ajoute un 0 à la fin du nombre. Par exemple : 43 × 10 = 430

Pour multiplier un nombre entier par 100, on ajoute deux 0 à la fin du nombre. Par exemple : 328 × 100 = 32 800

Pour multiplier un nombre entier par 1 000, on ajoute trois 0 à la fin du nombre. Par exemple : 15 × 1 000 = 15 000

D'une manière générale, on ajoute autant de 0 à la fin du nombre que le multiplicateur en comporte.

› Méthode pour les nombres décimaux

Pour multiplier un nombre décimal par 10, on décale la virgule d'un rang vers la droite. Par exemple : 2,5 × 10 = 25

Pour multiplier un nombre décimal par 100, on décale la virgule de deux rangs vers la droite. Par exemple : 4,678 × 100 = 467,8

D'une manière générale, on décale la virgule vers la droite d'autant de rangs que le multiplicateur comporte de 0.

Exemple

› Énoncé

Calculez 7,510 × 1 000.

› Corrigé commenté

Pour multiplier un nombre décimal par 1 000, on décale la virgule de trois rangs vers la droite. Par exemple : 7,51 × 1 000 = ?????? Il n'y a que deux chiffres après la virgule mais on sait qu'on peut ajouter autant de 0 que l'on veut à la fin d'un nombre décimal, on écrit alors :

7,510 × 1 000 = 7 510

1.5. Division

1.5.1. Généralités

Quand on partage des objets ou des quantités en parts égales, on divise des nombres : on effectue une division.
Le nombre que l'on divise s'appelle le **dividende**.
Le nombre par lequel on divise s'appelle le **diviseur**.
Le résultat de la division s'appelle le **quotient**.
Le nombre résiduel s'appelle le **reste**. Il est toujours inférieur au diviseur.
Par exemple, si l'on distribue 21 biscuits à 5 enfants, chaque enfant reçoit 4 biscuits et il en reste 1 car :

21 = 5 × 4 + 1

21 est le dividende.
5 est le diviseur.
4 est le quotient.
1 est le reste (il est inférieur au diviseur).

1.5.2. Comment effectuer une division ?

On dispose les nombres de la façon suivante :

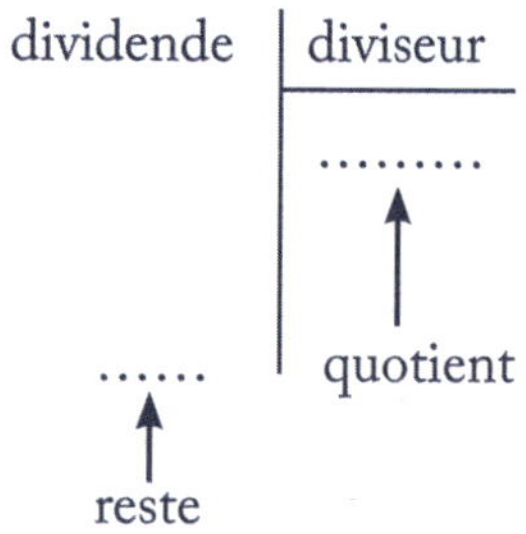

Exemple

› Énoncé

Pour commencer prenons un exemple simple, effectuons la division avec reste : 21 ÷ 5.

› Corrigé commenté

21 | 5 ; | **4**	En 21 combien de fois 5 ? 4 fois et pas plus car dans les tables de multiplication : 4 × 5 = 20 et 5 × 5 = 25. On écrit 4 sous le diviseur.
21 | 5 ; **20** | 4	On multiplie 4 par 5 : 4 × 5 = 20 On écrit le résultat sous le dividende.
21 | 5 ; – 20 | 4 ; = 1	On soustrait le résultat de cette multiplication du dividende. On écrit le résultat de cette soustraction en dessous.

La division est terminée, le quotient est 4 et le reste est 1.

Pour simplifier, on effectuera si possible la soustraction de tête et on présentera de la manière suivante.

21 | 5

21 | 5 ; | **4**	En 21 combien de fois 5 ? **4 fois.** On écrit 4 sous le diviseur.
21 | 5 ; **1** | 4	On effectue ensuite les étapes mentalement : 4 × 5 = 20 et 21 – 20 = 1 On écrit 1 sous le dividende, c'est le reste.

1.5.3. Méthode pour les nombres entiers

Étape 1 : On sépare dans le dividende les premiers chiffres à gauche afin que ce dividende partiel comporte autant de chiffres que le diviseur.
Si ce dividende partiel est inférieur au diviseur, on considère le dividende partiel formé avec un chiffre de plus que le diviseur.
Étape 2 : On divise ce dividende partiel par le diviseur : on obtient le premier chiffre du quotient.
On multiplie ce chiffre par le diviseur et on soustrait le résultat du dividende partiel, on obtient un premier reste.

Étape 3 : On abaisse à droite de ce reste le chiffre immédiatement à droite du dividende partiel, et on recommence les étapes 2 et 3 jusqu'à ce qu'il n'y ait plus de chiffre à abaisser.

Lorsque le dernier reste est 0 on dit que la division tombe juste.

Lorsque ce n'est pas le cas, on peut poursuivre la division après la virgule. On place une virgule au quotient puis :

Étape 4 : on abaisse un 0 à droite du dernier reste obtenu et on recommence l'étape 2, on obtient le quotient avec un chiffre après la virgule.

On recommence jusqu'à ce que le reste soit zéro ou jusqu'à ce que le quotient ait le nombre de chiffres voulu après la virgule.

Exemple

›*Ex. 1 :* Effectuez la division 959 ÷ 7.

959	7	Le diviseur comporte un chiffre, le dividende partiel comporte également un chiffre.

959	7	En 9 combien de fois 7 ? **1 fois.**
	1	On écrit 1 sous le diviseur.

959	7	On effectue mentalement les opérations :
2	1	$1 \times 7 = 7$ et $9 - 7 = 2$
		On écrit 2 sous le dividende partiel.

959	7	On abaisse le 5 du dividende à droite du reste.
25	1	

959	7	En 25 combien de fois 7 ? **3 fois.**
25	**13**	On écrit 3 sous le diviseur.

959	7	On effectue mentalement les opérations :
25	13	$3 \times 7 = 21$ et $25 - 21 = 4$
4		On écrit 4 sous le dividende.

959	7	On abaisse le 9 du dividende à droite du reste.
25	13	
49		

959	7	En 49 combien de fois 7 ? **7 fois.**
25	**137**	On écrit 7 sous le diviseur.
49		

959	7	On effectue mentalement les opérations :
25	137	7 × 7 = 49 et 49 – 49 = 0
49		On écrit 0 sous le dividende.
0		La division tombe juste.

959 ÷ 7 = 137

› *Ex. 2* : Effectuez la division 2 736 ÷ 9.

2 736	9	Le diviseur comporte un chiffre mais, 2 étant inférieur à 9, le dividende partiel doit comporter deux chiffres.

2 736	9	En 27 combien de fois 9 ? **3 fois**.
	3	On écrit 3 sous le diviseur.

2 736	9	On effectue mentalement les opérations :
0	3	3 × 9 = 27 et 27 – 27 = 0
		On écrit 0 sous le dividende.

2 7**3**6	9	On abaisse le 3 du dividende à droite du reste.
03	3	

2 736	9	En 3 combien de fois 9 ? **0 fois**.
03	3**0**	On écrit 0 sous le diviseur.

2 736	9	On effectue mentalement les opérations :
03	30	0 × 9 = 0 et 3 – 0 = 3
3		On écrit 3 sous le dividende.

2 73**6**	9	On abaisse le 6 du dividende à droite du reste.
03	30	
3**6**		

2 736	9	En 36 combien de fois 9 ? **4 fois**.
03	30**4**	On écrit 4 sous le diviseur.
36		

2 736	9	On effectue mentalement les opérations :
03	304	4 × 9 = 36 et 36 – 36 = 0
36		On écrit 0 sous le dividende.
0		La division tombe juste.
		2 736 ÷ 9 = 304

Mathématiques

› *Ex. 3* : Effectuez la division 183 ÷ 12.

183	12

Le diviseur comporte deux chiffres, le dividende partiel comporte également deux chiffres.

183	12
	1

En 18 combien de fois 12 ? **1 fois.**
On écrit 1 sous le diviseur.

183	12
6	1

On effectue mentalement les opérations :
$1 \times 12 = 12$ et $18 - 12 = 6$
On écrit 6 sous le dividende.

183	12
63	1

On abaisse le 3 du dividende à droite du reste.

183	12
63	15

En 63 combien de fois 12 ? **5 fois.**
On écrit 5 sous le diviseur.
Dans ce cas il peut être utile de poser la division **63 ÷ 12** au brouillon si on ne peut la faire de tête.

183	12
63	15
3	

On effectue mentalement les opérations :
$5 \times 12 = 60$ et $63 - 60 = 3$
On écrit 3 sous le dividende.
Là encore, ne pas hésiter, si nécessaire, à poser la multiplication : 5×12 au brouillon.

La division ne tombe pas juste car le reste est 3.
On poursuit la division après la virgule.
On place une virgule au quotient.

183	12
63	15,
30	

On abaisse un 0 à droite du reste.

183	12
63	15,2
30	

En 30 combien de fois 12 ? **2 fois.**
On écrit 2 sous le diviseur.

183	12
63	15,2
30	
6	

On effectue mentalement les opérations :
$2 \times 12 = 24$ et $30 - 24 = 6$
On écrit 6 sous le dividende.

183	12	On abaisse un 0 à droite du reste.
63	15,2	
30		
60		

183	12	En 60 combien de fois 12 ? **5 fois.**
63	15,25	On écrit 5 sous le diviseur.
30		
60		

183	12	On effectue mentalement les opérations :
63	15,25	5 × 12 = 60 et 60 – 60 = 0
30		On écrit 0 sous le dividende.
60		La division est terminée car le reste est 0.
0		

183 ÷ 12 = 15,25

1.5.4. Méthode lorsque le dividende est un nombre décimal

On effectue la division normalement mais, quand on abaisse le premier chiffre après la virgule du dividende, on place une virgule au quotient.

Exemple

› Énoncé

Effectuez la division 142,8 ÷ 6.

› Corrigé commenté

142,8	6	Le diviseur comporte un chiffre mais 1 étant inférieur à 6, le dividende partiel doit comporter deux chiffres.

142,8	6	En 14 combien de fois 6 ? **2 fois.**
	2	On écrit 2 sous le diviseur.

142,8	6	On effectue mentalement les opérations :
2	2	2 × 6 = 12 et 14 – 12 = 2
		On écrit 2 sous le dividende.

142,8	6	On abaisse le 2 du dividende à droite du reste.
22	2	

142,8	6	En 22 combien de fois 6 ? **3 fois.**
22	**3**	On écrit 3 sous le diviseur.

142,8	6	On effectue mentalement les opérations :
22	23	$3 \times 6 = 18$ et $22 - 18 = 4$
4		On écrit 4 sous le dividende.

142,**8**	6	On abaisse le 8, premier chiffre après la virgule du dividende.
22	23**,**	On place une virgule au quotient.
4**8**		

142,8	6	En 48 combien de fois 6 ? **8 fois.**
22	23,**8**	
48		

On écrit 8 sous le diviseur.

142,8	6	On effectue mentalement les opérations :
22	23,8	$6 \times 8 = 48$ et $48 - 48 = 0$
48		On écrit 0 sous le dividende.
0		La division est terminée car le reste est 0.

$142{,}8 \div 6 = 23{,}8$

1.5.5. Méthode lorsque le diviseur est un nombre décimal

Pour diviser par un nombre décimal, il faut d'abord le transformer en un nombre entier. Pour cela, on multiplie le dividende et le diviseur par 10 ou 100 ou 1 000 ou 10 000… suivant le nombre de chiffres après la virgule que le diviseur comporte. Cela ne changera pas le quotient.

Exemple

› Énoncé

Effectuez la division $6{,}534 \div 0{,}54$.

› Corrigé commenté

Dividende	Diviseur / quotient	Explication
6,534	0,54	0,54 comporte 2 chiffres après la virgule. Pour supprimer la virgule de ce nombre, il faut décaler la virgule de 2 rangs vers la droite donc multiplier le dividende et le diviseur par 100 : 6,534 × 100 = 653,4 et 0,54 × 100 = 54 Au lieu d'effectuer : 6,534 ÷ 0,54, on effectue donc : 653,4 ÷ 54.
653,4	54	On décale les virgules du dividende et du diviseur de 2 rangs vers la droite (on multiplie par 100) pour obtenir un diviseur entier. Le diviseur comporte 2 chiffres, le dividende partiel comporte également 2 chiffres.
653,4	54 **1**	En 65 combien de fois 54 ? **1 fois.** On écrit 1 sous le diviseur.
653,4 **11**	54 1	On effectue mentalement les opérations : 1 × 54 = 54 et 65 – 54 = 11 On écrit 11 sous le dividende.
65**3**,4 11**3**	54 1	On abaisse le 3 du dividende à droite du reste.
653,4 **113**	54 1**2**	En 113 combien de fois 54 ? **2 fois.** On écrit 2 sous le diviseur. Dans ce cas il peut être utile de poser la division : 113 ÷ 54 au brouillon si on ne peut la faire de tête.
653,4 113 **5**	54 12	On effectue mentalement les opérations : 2 × 54 = 108 et 113 – 108 = 5 On écrit 5 sous le dividende. Là encore, ne pas hésiter, si nécessaire, à poser les opérations au brouillon.
653,**4** 113 5**4**	54 12**,**	On abaisse le 4 du dividende, qui se trouve après la virgule. On place une virgule au quotient.
653,4 113 **54**	54 12,**1**	En 54 combien de fois 54 ? **1 fois.** On écrit 1 sous le diviseur.

Mathématiques

653,4	54	On effectue mentalement les opérations :
113	12,1	1 × 540 = 540 et 540 – 540 = 0
54		On écrit 0 sous le dividende.
0		La division est terminée car le reste est 0.

6,534 ÷ 0,54 = 12,1

1.5.6. Division par 10, 100, 1 000, 10 000...

On ne pose pas les divisions par 10, 100, 1 000, 10 000, etc. car le calcul est très simple et se fait mentalement.

Pour cela, on décale la virgule vers la gauche en écrivant autant de 0 que nécessaire devant le nombre.

Ceci est aussi valable pour les nombres entiers, dont la virgule (que l'on n'écrit pas) est située à droite du chiffre des unités.

Pour diviser un nombre par 10, on décale la virgule d'un rang vers la gauche. Dans l'exemple suivant, la virgule, qui n'est pas écrite, est sous-entendue à droite de 67, et on a : 67 ÷ 10 = 6,7

Pour diviser un nombre par 100, on décale la virgule de deux rangs vers la gauche. Par exemple : 1 745,9 ÷ 100 = 17,459

Pour diviser un nombre par 1 000, on décale la virgule de trois rangs vers la gauche. Par exemple : 15,6 ÷ 1 000 = 0,0156

D'une manière générale, on décale la virgule vers la gauche d'autant de rangs que le diviseur comporte de 0.

1.6. Récapitulatif

1. Il est essentiel de comprendre le **sens** de chaque opération :

- **addition** : on effectue une addition lorsque la notion de réunion, de cumul d'objets ou de mesures, de gain, d'augmentation apparaît ;
- **soustraction** : on effectue une soustraction lorsque la notion de reste, de complément, de perte, de réduction apparaît ;
- **multiplication** : on effectue une multiplication lorsque la notion de cumuls d'objets ou de mesures **identiques** ou qui ont une **caractéristique commune** apparaît ;
- **division** : on utilise une division lorsque la notion de partage en parts égales apparaît.

2. Révisez bien sûr vos tables d'addition et de multiplication (reportez-vous pour cela aux annexes).

3. Il faut être très **rigoureux** dans la disposition des nombres lorsqu'on pose une addition ou une soustraction.

4. Dans une division, demandez-vous toujours, suivant le résultat attendu, si vous devez poursuivre la division après la virgule :

- si on recherche le nombre de biberons que l'on peut préparer, on attend un nombre entier : on ne poursuit pas après la virgule ;
- si on recherche quelle quantité de lait mettre dans le biberon, on attend éventuellement un nombre décimal : on poursuit après la virgule.

›2. Les fractions, proportions et pourcentages

2.1. Fractions

2.1.1. Qu'est ce qu'une fraction ?

On partage un ruban en 8 parties égales : |___|___|___|___|___|___|___|___|

Chaque partie |___| représente une fraction du ruban : $\frac{1}{8}$ ou 1/8, qui se lit « un huitième » ou « 1 sur 8 ».

Trois de ces parties |___|___|___| représentent la fraction $\frac{3}{8}$ ou 3/8, qui se lit « trois huitièmes » ou « 3 sur 8 ».
Lorsqu'on partage une quantité en parties égales et qu'on considère une ou plusieurs de ces parties, on forme une fraction de cette quantité.

2.1.2. Comment écrire et lire une fraction ?

Une fraction s'écrit avec deux nombres entiers : le numérateur et le dénominateur que l'on sépare par un petit trait horizontal (ou oblique).
Le dénominateur, placé en dessous, indique en combien de parties on a partagé la quantité.
Le numérateur, placé au-dessus, indique combien on prend de ces parties.
Les dénominateurs 2, 3 et 4 se lisent demi, tiers et quart ; les autres dénominateurs se lisent avec terminaison « ième » ou « … sur … ».
Par exemple :

$\frac{1}{2}$ se lit « 1 demi », $\frac{3}{2}$ se lit « 3 demis ».

$\frac{1}{3}$ se lit « 1 tiers », $\frac{2}{3}$ se lit « 2 tiers ».

$\frac{1}{4}$ se lit « 1 quart », $\frac{3}{4}$ se lit « 3 quarts ».

$\frac{4}{7}$ se lit « 4 septièmes » ou « 4 sur 7 ».

$\frac{3}{10}$ se lit « 3 dixièmes » ou « 3 sur 10 ».

2.1.3. Calculs avec des fractions

Quand on écrit une fraction, cela signifie qu'on a divisé une quantité en parties égales : une fraction est donc équivalente à une division. Le trait horizontal de la fraction est équivalent au symbole ÷ ou au symbole /.

Par exemple :

$\frac{3}{8} = 3 \div 8 = 0{,}375$

$\frac{1}{2} = 1 \div 2 = 0{,}5$

$\frac{1}{4} = 1 \div 4 = 0{,}25$

$\frac{2}{5} = 2 \div 5 = 0{,}4$

2.1.4. Calcul d'une fraction d'un nombre

Pour calculer une fraction d'un nombre, on multiplie la fraction par ce nombre.
Pour cela, on multiplie ce nombre par le numérateur et on le divise par le dénominateur de la fraction.

Exemple

› ***Ex. 1* : Calculez les 2/3 de 24.**

$\frac{2}{3} \times 24 = \frac{2 \times 24}{3} = \frac{48}{3} = 48 \div 3 = 16$

Les 2/3 de 24 font 16

› ***Ex. 2* : On boit les 3/4 d'une bouteille de 1,5 litre d'eau. Quelle quantité a-t-on bue ?**

$\frac{3}{5} \times 1{,}5 = \frac{3 \times 1{,}5}{4} = \frac{4{,}5}{4} = 4{,}5 \div 4 = 1{,}125$

On a bu 1,125 litre d'eau

Remarque : on pourra maintenant utiliser la barre horizontale des fractions au lieu du symbole ÷.
Par exemple, au lieu de 6,25 ÷ 5, on pourra écrire $\frac{6{,}25}{5}$.

2.2. Grandeurs proportionnelles

2.2.1. Proportionnalité

Des grandeurs proportionnelles sont des grandeurs telles que, si l'une devient 2, 3, 4, 5… fois plus grande ou plus petite, l'autre devient aussi 2, 3, 4, 5… fois plus grande ou plus petite.

Exemple

› Énoncé

Une douzaine de seringues coûte 5,40 €. Combien coûtent 24 seringues, 36 seringues, 4 seringues et 3 seringues ?

› Corrigé commenté

24 seringues, c'est 2 fois 12 seringues,
12 seringues coûtent 5,40 €, 24 seringues coûtent donc 2 fois plus :
$2 \times 5,40 = 10,80$ soit 10,80 €
36 seringues, c'est 3 fois 12 seringues,
12 seringues coûtent 5,40 €, 36 seringues coûtent donc 3 fois plus :
$3 \times 5,40 = 16,2$ soit 16,20 €
4 seringues, c'est 3 fois moins que 12 seringues,
12 seringues, coûtent 5,40 €, 4 seringues coûtent donc 3 fois moins :
$\frac{5,40}{3} = 1,80$ soit 1,80 €
3 seringues c'est 4 fois moins que 12 seringues,
12 seringues coûtent 5,40 €, 3 seringues coûtent donc 4 fois moins :
$\frac{5,40}{4} = 1,35$ soit 1,35 €

2.2.2. Règle de trois

La règle de trois utilise la proportionnalité entre des grandeurs.

Exemple

› Énoncé

Pour fabriquer 21 kg de beurre on a utilisé 525 litres de lait. Combien faudra-t-il de litres de lait pour fabriquer 48 kg de beurre ?

› Corrigé commenté

Pour 21 kg de beurre, on emploie 525 L de lait.
Pour 1 kg de beurre, on emploie donc 21 fois moins de lait :
$\frac{525}{21}$ (on divise par 21)

Pour 48 kg de beurre, on emploie 48 fois plus de lait : $\frac{525}{21} \times 48$ (on multiplie par 48)
$(525 \times 48)/21 = 25\,200/21 = 1\,200$

Il faut 1 200 litres de lait pour fabriquer 48 kg de beurre.

Conseil bonus

1. On peut présenter les calculs à l'aide d'un tableau de proportionnalité :

Beurre	Lait
21 kg	525 l
48 kg	x

On effectue alors un produit en croix : les produits des nombres de chaque diagonale sont égaux.

....	....

On obtient donc :
$21 \times x = 48 \times 525$
On retrouve :
$x = (48 \times 525)/21 = 25\,200/21 = 1\,200$

2. On effectue toutes les multiplications du numérateur avant de diviser.

Exemple

› Énoncé

Dans un service hospitalier, 4/5 des agents sont des femmes ; 24 femmes travaillent dans ce service. Combien y-a-t-il d'agents employés ?

› Corrigé commenté

4/5 du nombre x d'agents employés font 24.
1/5 du nombre x d'agents employés font 4 fois moins, soit 24/4 (on divise par 4).
Le nombre x d'agents employés est 5 fois plus grand (on multiplie par 5) :
$24/4 \times 5 = 6 \times 5 = 30$
Il y a 30 agents employés dans ce service.

Conseil bonus

Évitez d'utiliser un tableau de proportionnalité quand les données sont des fractions. Vous pouvez cependant présenter le calcul sous forme abrégée, en faisant mentalement le raisonnement :

$\frac{4}{5} \times x \rightarrow 24$

$\frac{1}{5} \times x \rightarrow \frac{24}{4}$

$x \rightarrow \frac{24}{4} \times 5$, donc $x = 6 \times 5 = 30$

La division $\frac{24}{4}$ tombe juste ; on peut, dans ce cas et seulement dans ce cas, commencer par effectuer la division avant de multiplier.

2.3. Pourcentages

2.3.1. Généralités

Que signifie l'expression « le blé donne 75 pour cent (75 %) de son poids en farine » ? Ou bien l'expression « ce médicament contient 30 pour cent (30 %) de produit actif » ?

La première signifie que, avec 100 kg de blé, on obtient 75 kg de farine ou que, avec 100 g de blé, on obtient 75 g de farine…

La deuxième signifie que, dans 100 mL de produit, il y a 30 mL de produit actif ou que, dans 100 cl de produit, il y a 30 cl de produit actif…

On exprime :

- par le pourcentage 75 % la proportion de farine donnée par le blé : 75 sur 100, on note aussi 75/100 ;
- par le pourcentage 30 % la proportion de produit actif dans le médicament : 30 sur 100, on note aussi 30/100.

2.3.2. Calcul de x % d'un nombre

Pour calculer x % d'un nombre on effectue une règle de trois ou, plus simplement, on multiplie le nombre par $x/100$.

Exemple

› Énoncé

Le blé donne 75 % de son poids en farine. Quel poids de farine obtient-on avec 432 kg de blé ?

› Corrigé commenté

1- Méthode de la règle de trois

100 kg de blé donnent 75 kg de farine.

1 kg de blé donne 75/100 kg de farine.

432 kg de blé donnent :

(432 × 75)/100 = 324 kg de blé

Présentée dans un tableau de proportionnalité :

Blé	Farine
100 kg	75 kg
432 kg	x

Le produit en croix donne :

x = (432 × 75)/100 = 324 kg

2- Méthode par les fractions

On multiplie par 75/100.

432 kg de blé donnent :

432 × (75/100) = (432 × 75)/100 = 324 kg de blé

2.3.3. Calcul d'une quantité dont on connaît le pourcentage

Le pourcentage nous donne la quantité pour une quantité totale de 100 ; on utilise encore une fois une règle de trois.

Exemple

› Énoncé

L'eau de mer contient 2,5 % de son poids en sel. Quelle quantité d'eau de mer faut-il évaporer pour obtenir 35 kg de sel ?

› Corrigé commenté

Eau	Sel
100 kg	2,5 kg
x	35 kg

Le produit en croix donne :
$x = (100 \times 35)/2,5 = 1\,400$
Il faut évaporer 1 400 kg d'eau de mer pour obtenir 35 kg de sel.

2.3.4. Calcul d'un pourcentage

Pour calculer le pourcentage que représente une quantité par rapport à une autre, on calcule quelle serait la quantité si la quantité totale était 100 ; on effectue une règle de trois.

Exemple

› Énoncé

Un plat cuisiné de 350 grammes contient 59,5 grammes de protides. Quel est le pourcentage de protides dans ce plat ?

› Corrigé commenté

Protides	Plat
59,5 g	350 g
x	100

Le produit en croix donne :
$x = (59,5/350) \times 100 = 17$
On remarque que :
$x =$ (*poids de protides/poids du plat*) × 100
Le pourcentage de protides dans ce plat est de 17 %.

Conseil bonus

On peut retenir que le pourcentage que représente une quantité q_1 par rapport à une quantité q_2 est : $(q_1/q_2) \times 100$.

›3. Les unités de mesure, les conversions

3.1. Mesures et unités

3.1.1. Unités de mesure

Pour mesurer des grandeurs on utilise les unités usuelles suivantes :
- le **mètre** pour mesurer les longueurs ;
- le **gramme** pour mesurer les masses ;
- le **litre** pour mesurer les volumes et les capacités (c'est-à-dire les contenances) ;
- le **degré Celsius** pour mesurer la température.

La mesure du temps et ses unités seront étudiées dans le chapitre suivant.

3.1.2. Préfixes les plus courants

Les unités usuelles ne suffisent pas toujours à désigner précisément ou rapidement la quantité désirée, et l'on doit alors employer des multiples ou des sous-multiples de ces unités.

Pour nommer les multiples d'une unité de mesure on utilise les préfixes :
- déca- : multiplie l'unité par 10, soit 10 unités ;
- hecto- : multiplie l'unité par 100, soit 100 unités ;
- kilo- : multiplie l'unité par 1 000, soit 1 000 unités.

Pour nommer les sous-multiples d'une unité de mesure on utilise les préfixes :
- déci- : divise l'unité par 10 soit 1/10 d'unité ;
- centi- : divise l'unité par 100 soit 1/100 d'unité ;
- milli- : divise l'unité par 1 000 soit 1/1 000 d'unité.

Les préfixes sont placés devant l'unité.

Par exemple :
- 1 hectomètre = 100 mètres ;
- 1 centimètre = 1/100 de mètre ;
- 1 kilogramme = 1 000 grammes ;
- 1 milligramme = 1/1 000 de gramme ;
- 1 décilitre = 1/10 de litre ;
- 1 décalitre = 10 litres.

Lorsqu'on change d'unité, on dit que l'on fait une **conversion**.

3.1.3. Écriture des mesures

Les unités s'écrivent avec les abréviations suivantes :
- mètre : **m** ;
- gramme : **g** ;
- litre : **L** ou **l** s'il n'y a pas de confusion possible avec le chiffre 1 ;

- seconde : **s** ;
- degré Celsius : **°C**.

Les multiples et sous-multiples s'écrivent avec un symbole placé devant le symbole de l'unité :
- déca- : **da** ;
- hecto- : **h** ;
- kilo- : **k** ;
- déci- : **d** ;
- centi- : **c** ;
- milli- : **m**.

Par exemple :
- 2 mètres s'écrit 2 m ;
- 3 décamètres s'écrit 3 dam ;
- 25 millimètres s'écrit 25 mm ;
- 37 grammes s'écrit 37 g ;
- 245 kilogrammes s'écrit 245 kg ;
- 82 décigrammes s'écrit 82 dg ;
- 4,6 litres s'écrit 4,6 L ou 4,6 l ;
- 50 hectolitres s'écrit 50 hL ou 50 hl ;
- 45 centilitres s'écrit 45 cL ou 45 cl.

On n'utilise pas de multiple ni de sous-multiple pour les températures. Toutefois, voici quelques ordres de grandeur :
- la température de transformation d'eau en glace : 0 °C ;
- la température d'ébullition de l'eau : 100 °C ;
- la température normale du corps humain : entre 37 °C et 37,6 °C ;
- la température de cuisson d'un rôti dans un four : entre 200 °C et 220 °C.

3.2. Mesure des longueurs

3.2.1. Unités de longueur

Pour mesurer les longueurs, l'unité utilisée dans la vie courante est le mètre, ses multiples et sous-multiples.

› Multiples du mètre

On a vu que :
- 1 km = 1 000 m ;
- 1 hm = 100 m ;
- 1 dam = 10 m.

› Sous-multiples du mètre

On a vu que :
- 1 dm = 1/10 de m donc 10 dm = 1 m ;
- 1 cm = 1/100 de m donc 100 cm = 1 m ;
- 1 mm = 1/1 000 de m donc 1 000 mm = 1 m.

› Ordres de grandeur

L'épaisseur d'un cheveu : environ 0,1 mm.
L'épaisseur de l'aiguille d'une seringue : de 0,3 mm à 1,2 mm.
La longueur d'une gélule de médicament : environ 1 cm.
La largeur d'un lit d'hôpital : environ 1 m.
La longueur du côté d'un stade : 100 m (soit 1 hm).
La distance Paris-Bordeaux : environ 650 km.

3.2.2. Comment convertir ?

Pour convertir les mètres en centimètres, les kilomètres en hectomètres, les millimètres en décamètres... on utilise un tableau de conversion.

km	hm	dam	m	dm	cm	mm

On place le nombre à convertir dans le tableau de la façon suivante :

- on écrit le chiffre des unités du nombre dans la colonne de l'unité de longueur qui nous a été donnée ;
- on écrit le nombre complet en plaçant un chiffre par colonne, sans écrire de virgule, on complète éventuellement les colonnes vides par des 0 ;
- on lit le résultat de la conversion en plaçant une virgule à droite du chiffre situé dans la colonne de l'unité dans laquelle on veut obtenir le résultat.

Exemple

› *Ex. 1* : Convertissez 617,8 dm en décamètres.

Le chiffre des unités de 617,8 est 7 : on place 7 dans la colonne dm.
On écrit le nombre complet sans virgule en plaçant un chiffre par colonne.

km	hm	dam	m	dm	cm	mm
		6	1	7	8	

On veut le résultat en décamètres : on place une virgule à droite du chiffre situé dans la colonne dam.

On lit alors :

617,8 dm = 6,178 dam

› *Ex. 2* : Convertissez 4,193 km en mètres.

Le chiffre des unités de 4,193 est 4 : on place 4 dans la colonne km.
On écrit le nombre complet sans virgule, en plaçant un chiffre par colonne.

km	hm	dam	m	dm	cm	mm
4	1	9	3			

On veut le résultat en mètres : on place une virgule à droite du chiffre situé dans la colonne m.

Il est inutile de conserver cette virgule car il n'y a pas de chiffres à droite.

On lit alors :

4,193 km = 4 193 m

› *Ex. 3 :* Convertissez 32,68 hm en centimètres.

Le chiffre des unités de 32,68 est 2 : on place 2 dans la colonne hm.

On écrit le nombre complet sans virgule en plaçant un chiffre par colonne.

km	hm	dam	m	dm	cm	mm
3	**2**	6	8	0	0	

On veut le résultat en centimètres : on doit compléter par des 0 jusqu'à la colonne cm et on place une virgule à droite du chiffre situé dans la colonne cm (on ne conserve pas cette virgule).

On lit alors :

32,68 hm = 326 800 cm

› *Ex. 4 :* Convertissez 25,4 dm en kilomètres.

Le chiffre des unités de 25,4 est 5 : on place 5 dans la colonne dm.

On écrit le nombre complet sans virgule en plaçant un chiffre par colonne.

km	hm	dam	m	dm	cm	mm
0	0	0	2	**5**	4	

On veut le résultat en kilomètres : on doit compléter par des 0 jusqu'à la colonne km et on place une virgule à droite du chiffre situé dans la colonne km.

On lit alors :

25,4 dm = 0,00254 km

3.3. Mesure des masses

Dans le langage courant le terme employé est « poids », mais c'est le terme « masse » qu'il convient d'utiliser.

3.3.1. Unités de masse

Pour mesurer les masses, l'unité utilisée dans la vie courante est le gramme, ses multiples et sous-multiples.

› Multiples du gramme

On a vu que :

- ▶ 1 kg = 1 000 g ;
- ▶ 1 hg = 100 g ;
- ▶ 1 dag = 10 g.

› Sous-multiples du gramme

On a vu que :

- ▶ 1 dg = 1/10 de g donc 10 dg = 1 g ;
- ▶ 1 cg = 1/100 de g donc 100 cg = 1 g ;
- ▶ 1 mg = 1/1 000 de g donc 1 000 mg = 1 g.

› Ordres de grandeur

Un moustique : environ 1 mg.
Un comprimé de médicament : entre 1 g et 5 g.
Un rein humain : environ 150 g.
Un litre d'eau : 1 kg.
Un nouveau-né humain : environ 3 kg.

3.3.2. Comment convertir ?

Pour convertir ces différentes unités de mesure de masse, on utilise un tableau de conversion du même type que celui des unités de longueur qui se remplit de manière analogue.

kg	hg	dag	g	dg	cg	mg

Exemple

› *Ex. 1* : Convertissez 63 125 g en hectogrammes.

Le chiffre des unités de 63 125 est 5 : on place 5 dans la colonne g.

On écrit le nombre complet, 63 125, en plaçant un chiffre par colonne : il faut placer un chiffre (le 6) en dehors du tableau, cela n'affectera pas le résultat.

	kg	hg	dag	g	dg	cg	mg
6	3	1	2	5			

↑ (virgule entre hg et dag)

On veut le résultat en hectogrammes : on place une virgule à droite du chiffre situé dans la colonne hg.

On lit alors :

63 125 g = 631,25 hg

› *Ex. 2* : Convertissez 0,057 dag en décigrammes.

Le chiffre des unités de 0,057 est 0 : on place 0 dans la colonne dag.

On écrit le nombre complet, 0057, en plaçant un chiffre par colonne.

kg	hg	dag	g	dg	cg	mg
		0	0	5	7	

On veut le résultat en décigrammes : on place une virgule à droite du chiffre situé dans la colonne dg.

On lit alors :

0,057 dag = 5,7 dg

3.4. Mesure des volumes et des capacités

Pour mesurer les volumes et les capacités, l'unité utilisée dans la vie courante est le litre, ses multiples et sous-multiples.

On utilise également une autre unité : le mètre cube.

3.4.1. Le litre

› Multiples du litre

On a vu que :

- 1 kL = 1 000 L ou 1 kl = 1 000 l ;
- 1 hL = 100 L ou 1 hl = 100 l ;
- 1 daL = 10 L ou 1 dal = 10 l.

› Sous-multiples du litre

On a vu que :

- 1 dL = 1/10 de L donc 10 dL = 1 L ou 1 dl = 1/10 de L donc 10 dl = 1 l ;
- 1 cL = 1/100 de L donc 100 cL = 1 L ou 1 cl = 1/100 de L donc 100 cl = 1 l ;
- 1 mL = 1/1 000 de L donc 1 000 mL = 1 L ou 1 ml = 1/1 000 de L donc 1 000 ml = 1 l.

› Ordres de grandeur

Dans la vie quotidienne on utilise surtout le litre et ses sous-multiples.

Le contenu d'une petite cuillère ou une ampoule de médicament : environ 5 mL.

Un pot de yaourt : environ 12 cL.

Une brique de lait : 1 L.

La quantité de liquide urinée par jour par un adulte : environ 1,5 L.

› Comment convertir ?

Pour convertir ces différentes unités de mesure de capacité, on utilise un tableau de conversion du même type que les précédents qui se remplit de manière analogue.

kL	hL	daL	L	dL	cL	mL

Exemple

› Énoncé

Convertissez 2,35 cL en litres.

› Corrigé commenté

Le chiffre des unités de 2,35 cL est 2 : on place 2 dans la colonne cL.

On écrit le nombre complet sans virgule, en plaçant un chiffre par colonne : il faut placer un chiffre (le 5) en dehors du tableau, cela n'affectera pas le résultat.

kL	hL	daL	L	dL	cL	mL	
			0	0	2	3	5

On veut le résultat en litres : on doit compléter par des 0 jusqu'à la colonne L et on place une virgule à droite du chiffre situé dans cette colonne.

On lit alors :

2,35 cL = 0,0235 L

3.4.2. Le mètre cube

Une autre unité couramment utilisée pour mesurer les volumes est le mètre cube. C'est le volume d'un cube dont le côté mesure 1 m.

L'abréviation employée pour le mètre cube est le symbole m^3.

› Multiples du mètre cube

On ne les étudiera pas car ils ne sont pas utilisés dans les carrières médico-sociales.

› Sous-multiples du mètre cube

Ce sont :

- le décimètre cube (dm^3) : c'est le volume d'un cube dont le côté mesure 1 dm ;
- le centimètre cube (cm^3) : c'est le volume d'un cube dont le côté mesure 1 cm ;
- le millimètre cube (mm^3) : c'est le volume d'un cube dont le côté mesure 1 mm.

› Ordres de grandeur

Un gros grain de sable : environ 1 mm^3.
Un morceau de sucre standard : 4,5 cm^3.
Une brique de lait : 1 dm^3.
Une baignoire : environ 1/2 m^3.

› Comment convertir ?

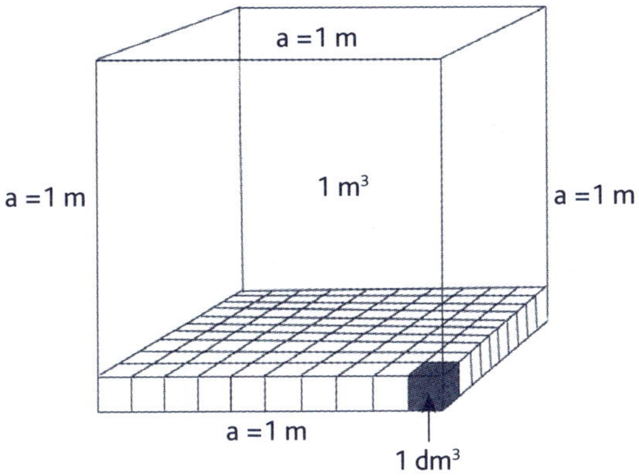

Comme nous pouvons l'observer, nous pouvons placer 10 dm^3 (10 cubes de côté 1 dm) sur une arête de 1 m (1 m = 10 dm), soit 10 × 10 = 100 sur une couche.
Comme nous pouvons placer 10 couches verticalement pour remplir notre cube, nous pouvons placer 10 × 10 × 10 dm^3 dans 1 m^3.

Résumons :
- 1 m^3 = 10 × 10 × 10 = 1 000 dm^3 : **1 m^3 est 1 000 fois plus grand que 1 dm^3** ;
- 1 dm^3 = 1/1 000 de m^3 = 0,001 m^3 : **1 dm^3 est 1 000 fois plus petit que 1 m^3**.

On pourra reproduire le même raisonnement pour transformer 1 dm^3 en cm^3 :
- 1 dm^3 = 10 × 10 × 10 = 1 000 cm^3 : **1 dm^3 est 1 000 fois plus grand que 1 cm^3** ;
- 1 cm^3 = 1/1 000 de dm^3 = 0,001 dm^3 ; **1 cm^3 est 1 000 fois plus petit que 1 dm^3**.

Puis pour transformer 1 cm^3 en mm^3 :
- 1 cm^3 = 10 × 10 × 10 = 1 000 mm^3 : **1 cm^3 est 1 000 fois plus grand que 1 mm^3** ;
- 1 mm^3 = 1/1 000 de cm^3 = 0,001 cm^3 : **1 mm^3 est 1 000 fois plus petit que 1 cm^3**.

Pour transformer les unités de volume dans un tableau de conversion, il faut une tranche de 3 chiffres par sous-multiple du m^3.

m^3	dm^3			cm^3			mm^3		

On place le nombre à convertir dans le tableau de la façon suivante :
- on écrit le chiffre des unités du nombre dans la colonne de droite de l'unité de volume qui nous a été donnée ;
- on écrit le nombre complet en plaçant un chiffre par colonne, sans écrire de virgule (on complète éventuellement les colonnes vides par des 0) ;
- on lit le résultat de la conversion en plaçant une virgule après le chiffre situé dans la colonne de droite de l'unité que l'on veut obtenir.

Exemple

› Conversions de base

m^3	dm^3			cm^3			mm^3		
1	0	0	0						
			1	0	0	0			
						1	0	0	0
0,	0	0	1						
			0,	0	0	1			
						0,	0	0	1

Sur la première ligne, on lit 1 m^3 = 1 000 dm^3.
Sur la deuxième ligne, on lit 1 dm^3 = 1 000 cm^3.
Sur la troisième ligne, on lit 1 cm^3 = 1 000 mm^3.
Sur la quatrième ligne, on lit 1 dm^3 = 0,001 m^3.
Sur la cinquième ligne, on lit 1 cm^3 = 0,001 dm^3.
Sur la sixième ligne, on lit 1 mm^3 = 0,001 cm^3.

› *Ex. 1* : Convertissez 13 725 mm^3 en centimètres cubes.

Le chiffre des unités de 13 125 est 5. On place 5 dans la colonne de droite des mm^3.
On écrit le nombre complet, 13 125, en plaçant un chiffre par colonne.

m^3	dm^3			cm^3			mm^3		
					1	3	7	2	5

On veut le résultat en cm^3 : on place une virgule à droite du chiffre situé dans la colonne de droite des cm^3.
On lit alors :
13 725 mm^3 = 13,725 cm^3

› *Ex. 2* : Convertissez 1 m^3 en millimètres cubes.

m^3	dm^3			cm^3			mm^3		
1	0	0	0	0	0	0	0	0	0

On place 1 dans la colonne des m^3.
On veut le résultat en mm^3 : on doit compléter par des 0 jusqu'à la colonne de droite des mm^3 et on place une virgule à droite de ce chiffre (on ne conserve pas cette virgule).
On lit alors :
1 m^3 = 1 000 000 000 mm^3

› *Ex. 3* : Convertissez 0,54 dm³ en centimètres cubes.

Le chiffre des unités de 0,54 est 0. On place 0 dans la colonne de droite des dm³.

On écrit le nombre complet sans virgule en plaçant un chiffre par colonne.

m³	dm³			cm³			mm³		
			0	5	4	0			

On veut le résultat en cm³ : on doit compléter par un 0 jusqu'à la colonne de droite des cm³ et on place une virgule à droite de ce chiffre (on ne conserve ni cette virgule ni le 0 placé au début du nombre).

On lit alors :

$0{,}54\ dm^3 = 540\ cm^3$

3.4.3. Litre et mètre cube

Un cube de 1 dm de côté peut contenir exactement 1 litre de liquide.
On a la correspondance : $1\ dm^3 = 1\ L$.
Comment convertir litres, multiples et sous-multiples en mètres cubes, multiples et sous-multiples ?
Pour convertir ces différentes unités de mesure de volume et de capacité, on utilise un tableau de conversion dans lequel on fait apparaître la correspondance $1\ dm^3 = 1\ L$, et que l'on remplit comme le précédent.

m³	dm³			cm³			mm³		
	hL	daL	L	dL	cL	mL			
			1						
						1			

Dans ce tableau, il faut une tranche de 3 chiffres par sous multiple du m³.
Pour placer 1 dm³, on place 1 dans la colonne de droite des dm³, cela correspond à 1 L. Cette colonne est donc la colonne des litres. N'oublions pas que pour les litres, multiples et sous-multiples, on place une unité par colonne.
On constate, en observant la deuxième ligne de ce tableau, que $1\ cm^3 = 1\ mL$.

Exemple

› *Ex. 1* : Convertissez 12,3 dL en cm³.

Le chiffre des unités de 12,3 est 2. On place 2 dans la colonne des dL.

On écrit le nombre complet sans virgule en plaçant un chiffre par colonne.

m³	dm³			cm³			mm³		
	hL	daL	L	dL	cL	mL			
			1	2	3	0			

Mathématiques

On veut le résultat en cm^3 : on doit compléter par un 0 jusqu'à la colonne de droite des cm^3 et on place une virgule à droite de ce chiffre (on ne conserve pas cette virgule).
On lit alors :
12,3 dL = 1 230 cm^3

› *Ex. 2* : Convertissez 380 mm^3 en mL.

Le chiffre des unités de 380 est 0. On place 0 dans la colonne de droite des mm^3.
On écrit le nombre complet, 380, en plaçant un chiffre par colonne.

m^3	dm^3			cm^3			mm^3		
	hL	daL	L	dL	cL	mL			
						0	3	8	0

On veut le résultat en mL : on doit compléter par un 0 jusqu'à la colonne des mL et on place une virgule à droite de ce chiffre.
On lit alors :
380 mm^3 = 0,380 mL

› *Ex. 3* : Convertissez 37,5 cm^3 en cL.

Le chiffre des unités de 37,5 est 7. On place 7 dans la colonne de droite des cm^3.
On écrit le nombre complet sans virgule en plaçant un chiffre par colonne.

m^3	dm^3			cm^3			mm^3		
	hL	daL	L	dL	cL	mL			
					3	7	5		

On veut le résultat en cL : on place une virgule à droite du chiffre de la colonne cL.
On lit alors :
375 cm^3 = 3,75 cL

3.5. Opérations avec des unités différentes

Souvenez-vous bien de cette règle fondamentale : on ne peut ajouter ou soustraire des quantités que si elles sont exprimées dans la même unité.
Avant d'effectuer une addition ou une soustraction, il faut convertir les mesures dans la même unité.
En effet on ne peut ajouter (ni soustraire) des mètres à des kilomètres, des milligrammes à des grammes, des litres à des centimètres cubes, etc. L'expression « on ne mélange pas les torchons et les serviettes » illustre tout à fait à cette règle.

Exemple

› Énoncé

Une personne a bu lors d'un repas un verre d'eau de 30 cL et un café de 50 mL.
Quelle quantité de liquide a-t-elle absorbée ?

› Corrigé commenté

On convertit d'abord les mesures en cL.

50 mL : le chiffre des unités de 50 est 0 : on place 0 dans la colonne mL.

On écrit le nombre complet, 50, en plaçant un chiffre par colonne.

kL	hL	daL	L	dL	cL	mL
					5	0

On veut le résultat en centilitres : on place une virgule à droite du chiffre situé dans la colonne cL.

On lit alors :

50 mL = 5 cL.

On ajoute alors les quantités de liquide :

30 cL + 5 cL = 35 cL

La personne a absorbé 35 cL de liquide au cours du repas.

Remarque : on peut aussi résoudre le problème en mL, on trouve alors :
350 mL.

3.6. Correspondance entre volume et masse d'eau

La correspondance entre volume et masse de l'eau est à connaître absolument : **1 L d'eau pèse 1 kg**.

On peut utiliser un tableau de conversion de ce type lorsque l'on effectue un calcul manipulant des quantités d'eau (mais uniquement de l'eau !).

kL	hL	daL	L kg	dL hg	cL dag	mL g

Exemple

› ***Ex. 1* : Si vous buvez dans une journée 1 590 g d'eau, quelle quantité buvez-vous en litres ?**

kL	hL	daL	L kg	dL hg	cL dag	mL g
			1	5	9	0

On lit que :

1 590 g d'eau correspondent à 1,59 L.

› ***Ex. 2* : Combien pèsent 250 mL d'eau ?**

kL	hL	daL	L kg	dL hg	cL dag	mL g
				2	5	0

250 mL d'eau pèsent 250 g.

3.7. Conseils pour le jour de l'épreuve

3.7.1. Tableaux de conversion

Vous devrez savoir reproduire tous les tableaux de conversion vus dans les paragraphes précédents et, bien sûr, les remplir correctement.

Si on vous demande de faire apparaître vos calculs et votre raisonnement sur votre copie, il faudra recopier les tableaux de conversion.

Si vous avez plusieurs conversions à effectuer dans un exercice, vous pouvez utiliser le même tableau. *(Reportez-vous aux exercices « 1.3. Les unités de mesure, les conversions » page 335.)*

3.7.2. Conversion directe

Dans certains cas simples, il n'est pas obligatoire de dresser un tableau de conversions. Si vous maîtrisez bien les conversions, vous pourrez ainsi gagner du temps.

› Premier cas : conversion de l'unité en un multiple ou un sous-multiple

Il faut se souvenir de la signification des préfixes *(reportez-vous si besoin à « 3.1. Mesures et unités », page 308)*.

Exemple

› Énoncés

Ex. 1 : Convertissez 32 g en milligrammes.

Ex. 2 : Convertissez 65 cL en litres.

Ex. 3 : Convertissez 0,758 m en décimètres.

› Corrigés commentés

Ex. 1 : On multiplie par 1 000 car on sait que 1 g = 1 000 mg.

Donc 32 g = 32 000 mg.

Ex. 2 : On divise par 100 car on sait que 1 cL = 1/100 de L.

Donc 65 cL = 0,65 L.,

Ex. 3 : On multiplie par 10 car on sait que 1 m = 10 dm.

Donc 0,758 m = 7,58 dm.

Revoyez éventuellement la méthode de multiplication par 10, 100, 1 000… *(voir page 291)* et la méthode de division par 10, 100, 1 000… *(voir page 300)*.
Cette méthode de conversion directe s'applique aux mètres, grammes et litres.

› Deuxième cas : correspondance

On utilise les correspondances (à apprendre par cœur) :

- 1 dm3 = 1 L ;
- 1 cm3 = 1 mL.

Exemple

› Énoncés

Ex. 1 : Convertissez 450 mL en cm^3.

Ex. 2 : Convertissez 750 cm^3 en L.

› Corrigés

Ex. 1 : 450 mL = 450 cm^3.

Ex. 2 : 750 cm^3 = 750 mL = 0,75 L (conversion directe, on divise par 1 000).

›4. La mesure du temps et de la durée

4.1. Unités et conversions

4.1.1. Unités de temps et de durée

Pour mesurer le temps et la durée, les unités couramment utilisées sont la seconde, la minute, l'heure :

- 1 heure comporte 60 minutes ;
- 1 minute comporte 60 secondes.

Ordres de grandeur :

- période approximative d'un cycle cardiaque humain (1 battement) : 1 seconde ;
- record du monde du 100 m hommes : un peu moins de 10 secondes ;
- temps nécessaire pour cuire des nouilles : 6 à 8 minutes ;
- temps de sommeil journalier nécessaire à la majorité des personnes : 8 heures.

4.1.2. Écriture des mesures

Les unités s'écrivent avec les abréviations suivantes :

- seconde : **s** ;
- minute : **min** ;
- heure : **h** ou **H**.

On exprime les temps et durées en heures, minutes, secondes, avec un nombre de minutes et un nombre de secondes inférieur à 60, par exemple : « Le marathon de Paris s'est couru cette année pour les femmes en 2 h 27 min 09 s. »

Dans la vie quotidienne, on exprime parfois l'heure en utilisant les fractions 1/2, 1/4, 3/4. 1/2 heure = 30 min ; 1/4 d'heure = 15 min ; 3/4 d'heure = 45 min. Par exemple : « J'ai travaillé pendant 7 h ¼ » signifie : j'ai travaillé pendant 7 h 15 min.

4.1.3. Comment convertir ?

Pour convertir les unités de temps, rappelez-vous que :

1 h = 60 min et 1 min = 60 s.

Pour convertir les heures en minutes ou les minutes en secondes, on multiplie par 60.

Pour convertir les secondes en minutes ou les minutes en heures, on divise par 60.

Exemple

› *Ex. 1* : Convertissez 2 h 36 min en minutes.

On convertit les heures en minutes :

2 h = 2 × 60 min = 120 min

On ajoute les minutes :

120 min + 36 min = 156 min

2 h →	120 min
36 min →	+ 36 min
	= 156 min

2 h 36 min = 156 min

› *Ex. 2* : Convertissez 53 min 7 s en secondes.

On convertit les minutes en secondes :

53 min = 53 × 60 s = 3 180 s

On ajoute les secondes :

3 180 s + 7 s = 3 187 s

53 mn →	3 180 s
7 s →	+ 7 s
	= 3 187 s

53 min 7 s = 3 187 s

› Ex. 3 : Convertissez 3 h 45 min 18 s en secondes.

On convertit les heures en minutes :

3 h = 3 × 60 min = 180 min

Puis en secondes :

180 min = 180 × 60 s = 10 800 s

On convertit les minutes en secondes :

45 min = 44 × 60 s = 2 700 s

On ajoute les secondes :

10 800 s + 2 700 s + 18 s = 13 518 s

3 h →	10 800 s
45 min →	+ 2 700 s
18 s →	+ 18 s
	= 13 518 s

3 h 45 min 18 s = 13 518 s

› *Ex. 4* : Convertissez 745 min 23 s en heures (sans oublier les minutes ni les secondes).

On convertit les minutes en heures.

On effectue la division avec reste de 745 par 60 :

745 ÷ 60 = 12 et il reste 25.

Mathématiques

On a donc :
745 min = (12 × 60) + 25 min = 12 h 25 min
745 min → 12 h 25 min
23 s → 23 s
Le nombre de minutes et de secondes est inférieur à 60.
745 min 23 s = 12 h 25 min 23 s

›*Ex. 5* : Combien y a-t-il d'heures, de minutes et de secondes dans 3 764 s ?

On convertit les secondes en minutes.
On effectue la division avec reste de 3 764 par 60 :
3 764 ÷ 60 = 62 et il reste 44.
On a donc :
3 764 = (62 × 60) + 44
Donc :
3 764 s = 62 min 44 s
3 764 s → 62 min 44 s
Le nombre de minutes est supérieur à 60, on convertit les minutes en heures.
62 min = 60 min + 2 min
Donc :
62 min = 1 h 2 min.
62 min 44 s → 1 h 2 min 44 s
3 764 s = 1 h 2 min 44 s

4.2. Les différents types d'opérations

4.2.1. Addition

Pour additionner des mesures de temps, on ajoute les secondes, les minutes, les heures séparément. Si nécessaire on transforme le résultat afin que le nombre de minutes et le nombre de secondes soient inférieurs à 60.

Exemple

›*Ex. 1* : Ajoutez 1 h 25 min 42 s et 4 h 3 min 14 s.

On ajoute les secondes puis les minutes puis les heures séparément.

```
  1 h 25 min 42 s
+ 4 h  3 min 14 s
-----------------
  5 h 28 min 56 s
```

1 h 25 min 42 s + 4 h 3 min 14 s = 5 h 28 min 56 s

› *Ex. 2*: Ajoutez 3 h 29 min 35 s et 2 h 58 min 12 s.

On ajoute les secondes puis les minutes puis les heures séparément.

3 h 29 min 35 s
+ 2 h 58 min 12 s
= 5 h 87 min 47 s

On doit transformer le résultat car le nombre de minutes est supérieur à 60.

87 = 60 + 27, on enlève 60 aux minutes et on ajoute 1 aux heures :

5 h 87 min 47 s → 6 h 27 min 47 s

3 h 29 min 35 s + 2 h 58 min 12 s = 6 h 27 min 47 s

› *Ex. 3*: Ajoutez 1 h 47 min, 3 h 27 min et 2 h 51 min.

On ajoute les secondes puis les minutes puis les heures séparément.

1 h 47 min
+ 3 h 27 min
+ 2 h 51 min
= 6 h 125 min

On doit transformer le résultat car le nombre de minutes est supérieur à 60.

On peut utiliser une astuce ne pas poser la division si on connaît les premiers multiples de 60 (1 × 60 = 60, 2 × 60 = 120, 3 × 60 = 180…).

Au-delà de 180, il est préférable de poser la division.

126 = 120 + 5, on enlève 120 aux minutes et on ajoute 2 aux heures :

6 h 125 min → 8 h 5 min

1 h 47 min + 3 h 27 min + 2 h 51 min = 8 h 5 min

4.2.2. Soustraction

Pour soustraire des mesures de temps, on soustrait les secondes, les minutes, les heures séparément. Si nécessaire, on transforme la mesure la plus grande pour que l'opération soit possible.

Exemple

› *Ex. 1* : Effectuez la soustraction 13 min 45 s – 5 min 12 s.

On soustrait les secondes puis les minutes séparément.

13 min 45 s
- 5 min 12 s
= 8 min 33 s

13 min 45 s – 5 min 12 s = 8 min 33 s

›*Ex. 2* : Effectuez la soustraction 4 h 23 min – 1 h 54 min.

La soustraction des minutes est impossible car 23 est inférieur à 54.

  4 h 23 min
  1 h 54 min
―――――――

On transforme 4 h 23 min, on retire 1 aux heures et on ajoute 60 aux minutes :

4 h 23 min → 3 h (60 + 23) min = 3 h 83 min

  3 h 83 min
- 1 h 54 min
= 2 h 29 min

On soustrait ensuite les minutes puis les heures séparément.

4 h 23 min – 1 h 54 min = 2 h 29 min

4.2.3. Multiplication ou division par un nombre entier

Pour multiplier ou diviser des mesures de temps, on multiplie ou on divise les heures, les minutes, les secondes séparément.

Pour la multiplication, on pourra être ensuite amené à transformer le résultat afin que le nombre de minutes et le nombre de secondes soient inférieurs à 60.

Pour la division, on commencera par diviser les heures et, si nécessaire, on convertira les heures en minutes ou les minutes en secondes pour que la division soit possible.

Exemple

›*Ex. 1* : Multipliez 4 h 25 min par 3.

On multiplie les minutes :

25 × 3 = 75

On multiplie les heures :

4 × 3 = 12

  4 h 25 min
× 3
―――――――
  12 h 75 min

Le nombre de minutes est supérieur à 60, on convertit les minutes en heures :

65 = 60 + 5

On enlève 60 aux minutes et on ajoute 1 aux heures.

12 h 75 min → 13 h 15 min

(4 h 25 min) × 3 = 13 h 15 min

› *Ex. 2* : Divisez 5 h 8 min par 7.

On divise les heures par 7 : 5 est inférieur à 7, on convertit en minutes :

$5 \text{ h} = 5 \times 60 = 300 \text{ min}$

5 h 8 min = 308 min

On divise 308 par 7 :

$308 \div 7 = 44$

(5 h 8 min) $\div$ 7 = 44 min

› *Ex. 3* : Divisez 6 h 16 min par 4.

On divise les heures par 4 :

$6 \div 4 = 1$ et il reste 2 heures que l'on convertit en minutes :

$2 \text{ h} = 2 \times 60 = 120 \text{ min}$

On additionne les minutes :

120 min + 16 min = 136 min

On divise les minutes par 4 :

$136 \div 4 = 34$

(6 h 16 min) $\div$ 4 = 1 h 34 min

CHAPITRE 2

Entraînement

ÉNONCÉS

1. Énoncés

1.1. Les opérations de base

1.1.1. Addition

Exercice 1 : avec des nombres entiers *(réponses page 339)*

Effectuez les additions suivantes :

a) 46 + 23

b) 14 + 22 + 61

c) 35 + 172 + 86

d) 576 + 89 + 791

Exercice 2 : avec des nombres entiers et décimaux *(réponses page 339)*

Effectuez les additions suivantes :

a) 0,345 + 42,3

b) 45,63 + 8,671

c) 56,112 + 4,53 + 0,768

d) 7864,6 + 49,38 + 9,308

Exercice 3 *(réponses page 339)*

Pour fabriquer un cake aux pommes vous avez utilisé :

- 115 grammes de sucre ;
- 60 grammes de beurre ;
- 1 œuf de 58 grammes ;
- 120 grammes de farine ;
- 273 grammes de pommes.

Quel est le poids total, en grammes, des ingrédients utilisés ?

› Exercice 4 *(réponses page 339)*

Au supermarché vous avez acheté :
- des packs de lait pour 4,68 € ;
- des steaks hachés pour 12,82 € ;
- une salade à 1 € ;
- un paquet de yaourts à 2,38 €.

Combien avez-vous dépensé ?

1.1.2. Soustraction

› Exercice 5 : avec des nombres entiers *(réponses page 340)*

Effectuez les soustractions suivantes :

a) 782 – 425

b) 5 394 – 2 162

c) 9 237 – 429

d) 56 348 – 25 896

› Exercice 6 : avec des nombres entiers et décimaux *(réponses page 340)*

Effectuez les soustractions suivantes :

a) 129,7 – 17,3

b) 76,3 – 23

c) 467,8 – 78,87

d) 1 476 – 85,72

› Exercice 7 *(réponses page 340)*

Vous avez préparé un biberon de lait de 115 millilitres à votre bébé. Il reste 37 millilitres dans le biberon.

Quelle quantité de lait votre bébé a-t-il bue ?

› Exercice 8 *(réponses page 340)*

Dans le cadre d'un régime alimentaire, vous vous pesez chaque semaine.

La première semaine vous pesez 71,480 kg. La deuxième semaine, vous pesez 69,970 kg.

a) Quel poids avez-vous perdu ?

La troisième semaine vous avez perdu 1,680 kg.

b) Quel est alors votre poids ?

1.1.3. Multiplication

› Exercice 9 : avec des nombres entiers *(réponses page 341)*

Effectuez les multiplications suivantes :

a) 75 × 12
b) 70 × 28
c) 327 × 7
d) 782 × 102
e) 390 × 325
f) 45 × 421

› Exercice 10 : avec des nombres entiers et décimaux *(réponses page 341)*

Effectuez les multiplications suivantes :

a) 78,4 × 1,67
b) 308 × 2,6
c) 45,7 × 9,02
d) 400,2 × 13
e) 0,56 × 0,3
f) 7,59 × 3,005

› Exercice 11 : avec 10, 100, 1 000… et des multiples de ces nombres *(réponses page 342)*

Effectuez les multiplications suivantes :

a) 56 × 100
b) 2,74 × 2 000
c) 0,56413 × 10 000
d) 45,73 × 40

› Exercice 12 *(réponses page 342)*

Un nouveau-né pèse 3,450 kg soit 3 450 grammes.
Sachant qu'il va prendre 25 grammes par jour, quel sera son poids dans 30 jours ?

› Exercice 13 *(réponses page 343)*

Le nombre de mouvements respiratoires par minute d'un adulte est de 15. À chacun de ces mouvements, un adulte aspire 4,5 décilitres d'air.
Quel volume d'air un adulte aspire-t-il en un jour ?

1.1.4. Division

› Exercice 14 : avec des nombres entiers *(réponses page 344)*

Effectuez les divisions suivantes, en poursuivant éventuellement la division après la virgule :

a) 768 ÷ 24

b) 1 159 ÷ 19

c) 2 184 ÷ 1 040

d) 447 ÷ 4

› Exercice 15 : avec des nombres décimaux *(réponses page 344)*

Effectuez les divisions suivantes, en poursuivant éventuellement la division après la virgule :

a) 73,8 ÷ 12,3

b) 3 277,6 ÷ 34

c) 42,084 ÷ 2,004

d) 0,84 ÷ 3,5

› Exercice 16 : divisions par 10, 100, 1 000... et des multiples de ces nombres *(réponses page 345)*

Effectuez les divisions suivantes, en poursuivant éventuellement la division après la virgule :

a) 743 ÷ 100

b) 4 691 ÷ 20

c) 67,1 ÷ 1 000

d) 81,5 ÷ 500

› Exercice 17 *(réponses page 345)*

Une maman a acheté une boîte de lait maternisé en poudre de 900 grammes.

Pour préparer le biberon de son bébé, elle mélange 5 mesurettes de lait avec de l'eau minérale.

a) Sachant qu'une mesurette contient 4 grammes et demi de poudre, combien de biberons pourra-t-elle préparer avec la boîte ?

b) Le bébé boit 5 biberons par jour, en combien de jours la boîte sera-t-elle vidée ?

› Exercice 18 *(réponses page 345)*

À la suite d'un prélèvement sanguin, on analyse 200 millimètres cube de sang. Le nombre de plaquettes est de 42 600 000, le nombre de leucocytes est de 1 184 000.

Donnez le nombre de plaquettes et le nombre de leucocytes contenus dans un millimètre cube de ce sang.

1.1.5. Questions de synthèses

› Exercice 19 *(réponses page 346)*

Une personne âgée vous explique qu'elle doit boire 2 litres (soit 2000 millilitres) par jour ; c'est une prescription de son médecin traitant pour éviter une déshydratation. Elle vous demande de l'aider à comptabiliser ce qu'elle boit dans une journée :

- un bol de café au lait le matin : 300 millilitres ;
- deux verres d'eau le midi : 400 millilitres ;
- un thé à 17 heures : 300 millilitres ;
- un verre d'eau le soir : 200 millilitres.

a) Quel est son apport hydrique journalier ?

b) Quelle quantité devra-t-elle boire en plus pour satisfaire à la prescription ?

c) Combien de verres d'eau devra-t-elle boire en plus ?

› Exercice 20 *(réponses page 346)*

La composition en nutriments énergétiques de 100 grammes de lait est la suivante :

- protides : 3,5 grammes ;
- lipides : 3,4 grammes ;
- glucides : 5 grammes.

Valeur énergétique de ces nutriments :

- 1 gramme de protides fournit 4 kilocalories ;
- 1 gramme de lipides fournit 9 kilocalories ;
- 1 gramme de glucides fournit 4 kilocalories.

a) Calculez la valeur énergétique d'un verre de lait de 200 grammes.

Au goûter, en plus de ce verre de lait, Arthur consomme des biscuits au chocolat. Sur le paquet, on lit : 15 biscuits, valeur énergétique totale : 903 kilocalories.

b) Quelle est la valeur énergétique d'un biscuit ?

Pour le goûter d'un enfant de 10 ans, l'apport calorique conseillé est de 300 kilocalories.

c) Si Arthur consomme 3 biscuits avec son lait, aura-t-il couvert ses besoins énergétiques ?

1.2. Les fractions, proportions et pourcentages

1.2.1. Fractions

› Exercice 21 *(réponses page 347)*

Calculez :

a) $\frac{1}{2}$ de 56

b) $\frac{2}{3}$ de 93,6

c) $\frac{4}{5}$ de 13,25

d) $\frac{7}{10}$ de 82

› Exercice 22 *(réponses page 347)*

Votre bébé a un régime anti-diarrhéique. Il doit prendre un biberon de 220 millilitres dans lequel il y a 1/5 de lait en poudre et 4/5 d'une eau de régime anti-diarrhéique. Calculez les quantités de lait et d'eau de régime contenues dans le biberon.

1.2.2. Proportions

› Exercice 23 *(réponses page 347)*

Le paquet de café de 250 grammes coûtant 2 €, quel est le prix de revient d'une tasse de café sachant qu'elle contient 15 g de café ?

› Exercice 24 *(réponses page 348)*

Dans un service hospitalier, on a utilisé 0,4 litre d'eau de Javel en 6 jours.
Combien de jours faudra-t-il pour vider la bouteille de 1 litre ?

› Exercice 25 *(réponses page 348)*

Agathe a laissé 40 millilitres dans son biberon, ce qui représente les 2/7 de sa ration.
Quelle quantité contenait le biberon ?

› Exercice 26 *(réponses page 348)*

Un de vos patients doit absorber un complément nutritionnel de 125 millilitres qui est composé de 400 grammes de protéines, de 382 grammes de glucides et de 225 grammes de lipides pour 1 litre (soit 1 000 millilitres).
Calculez les quantités en grammes de chacun des composants.

1.2.3. Pourcentages

› Exercice 27 *(réponses page 349)*

Calculez :
a) 20 % de 47
b) 2,6 % de 30
c) 52 % de 181,5
d) 38 % de 500

› Exercice 28 *(réponses page 349)*

Un lait maternisé en poudre est dilué à 13 %.
Quelle quantité de lait utilise-t-on dans un biberon contenant 180 millilitres d'eau ?

› Exercice 29 *(réponses page 349)*

Une ration alimentaire de 1 800 kilocalories est baissée de 15 %.
Quelle est la valeur énergétique de la nouvelle ration ?

› Exercice 30 *(réponses page 350)*

Madame X pesait l'an dernier 67 kg. Elle a pris 12 % de son poids en un an.
Combien pèse-t-elle ?

› Exercice 31 *(réponses page 350)*

Une ration de pâtes contient 76 % de glucides.
Quelle ration faut-il consommer pour que l'apport en glucides soit de 190 grammes ?

› Exercice 32 *(réponses page 350)*

Mes dépenses alimentaires s'élèvent ce mois ci à 264 €, ce qui représente 22 % de mon salaire.
Quel est mon salaire ?

› Exercice 33 *(réponses page 350)*

Dans un service de maternité de 35 lits, 28 lits sont occupés aujourd'hui.
Quel est le pourcentage d'occupation de ce service ?

› Exercice 34 *(réponses page 351)*

Un patient a uriné 2 litres (2 000 millilitres) dans la journée, répartis comme suit :
- 950 millilitres de 8 heures à 12 heures ;
- 600 millilitres de 12 heures à 16 heures ;
- 450 millilitres de 16 heures à 20 heures.

Quels sont les pourcentages d'urine émise dans chaque tranche horaire ?

1.2.4. Exercices de synthèse

› Exercice 35 *(réponses page 351)*

Une auxiliaire de puériculture qui travaille a besoin d'apporter à son organisme environ 2 400 kilocalories par jour. Les glucides représentent 52 % de sa ration calorique, les lipides 33 % et les protides 15 %. Sachant que :
- 1 gramme de glucides apporte 4 kilocalories ;
- 1 gramme de lipides apporte 9 kilocalories ;
- 1 gramme de protides apporte 4 kilocalories.

a) Calculez la ration calorique fournie par chaque nutriment.

b) Calculez par rapport à la question précédente la ration quotidienne en grammes correspondant à chaque nutriment.

› Exercice 36 *(réponses page 352)*

Pour faire de la confiture, vous disposez de framboises et de groseilles. Votre recette vous conseille d'utiliser un poids de framboises égal aux 2/5 du poids de groseilles. Vous disposez de 6 kilogrammes de framboises.

a) Quel poids de groseilles devez-vous employer ?

Le poids du jus obtenu après pression est égal aux 2/3 du poids des fruits ; vous devez ajouter le même poids de sucre que le jus. La cuisson fait perdre 20 % du poids du mélange (jus + sucre).

b) Quel est le poids de confiture cuite obtenu ?

1.3. Les unités de mesure, les conversions

1.3.1. Mesure des longueurs, masses, volumes et capacités

› Exercice 37 *(réponses page 353)*

Convertissez :

a) 73,2 dm en kilomètres

b) 35,22 dam en décimètres

c) 21 mm en décimètres

d) 315,9 cm en mètres

› Exercice 38 *(réponses page 353)*

Convertissez :

a) 6 218,4 cg en kilogrammes

b) 13,25 dg en milligrammes

c) 238,5 mg en grammes

d) 1,62 g en milligrammes

› Exercice 39 *(réponses page 353)*

Convertissez :

a) 0,54 dL en millilitres

b) 1,75 L en cL

c) 1 358 cm^3 en litres.

d) 94,6 cL en dm^3

e) 54,74 mL en millimètres cube

› Exercice 40 *(réponses page 354)*

Une de vos patientes absorbe aujourd'hui 2,5 centilitres de sédatif. Les doses vont diminuer chaque jour de 2 centimètres cube.
Quelle quantité lui sera-t-elle prescrite dans 4 jours ?

› Exercice 41 *(réponses page 354)*

L'eau représente les 3/4 du poids total du corps chez un nourrisson.
a) Calculez le poids en eau d'un bébé de 8,2 kilogrammes.
Les pertes en eau représentent 220 millilitres par kilogramme et par jour.
b) Calculez les pertes en eau (en litres) pour ce nourrisson.

› Exercice 42 *(réponses page 354)*

Jérémy prépare une boisson pour la collation. Il mélange 3/4 de litre de jus d'orange, 1/2 litre de jus d'ananas et 1 litre et demi d'eau.
Combien de verres de 20 centilitres pourra-t-il remplir ?

1.3.2. Exercice de synthèse

› Exercice 43 *(réponses page 355)*

Au cours de la journée, vous avez absorbé :
Le matin : 1 bol de café = 300 cm^3 et 1 verre de jus d'orange = 2,5 dL.
Le midi : 1 verre de jus de pamplemousse = 0,2 L, 1 eau pétillante = 0,450 L et 1 café noir = 50 mL.
À 16 heures : 1 tasse de thé = 250 mL.
Le soir : eau plate = 0,300 L et une tasse de tisane 25 cL.
a) Quelle quantité de liquide, exprimée en litres, avez-vous absorbé au cours de la journée ?
Au cours de cette journée, vous avez uriné 1,6 litres et transpiré 122 mL.
b) Quel est le pourcentage de liquide perdu ?

1.4. La mesure du temps et de la durée

1.4.1. Conversion

› Exercice 44 *(réponses page 355)*

Convertissez :
a) en minutes : 2 h 1/2
b) en minutes : 5 h 42 min
c) en minutes : 24 h
d) en minutes : 564 s
e) en secondes : 13 min 25 s

f) en secondes : 782 min
g) en secondes : 1 h 38 min 9 s
h) en heures, minutes et secondes : 3 h 231 min
i) en heures, minutes et secondes : 75 min 42 s

1.4.2. Addition, soustraction, division et multiplication

› Exercice 45 *(réponses page 356)*

Effectuez les additions suivantes :
a) 2 h 45 min 36 s + 1 h 11 min 25 s
b) 4 h 27 min + 5 h 42 min
c) 54 min 39 s + 7 min 34 s + 18 min 23 s
d) 1 h 25 s + 45 min 57 s

› Exercice 46 *(réponses page 356)*

Effectuez les soustractions suivantes :
a) 5 h 31 min – 3 h 27 min
b) 39 min 18 s – 27 min 41 s
c) 4 min 6 s – 3 min 34 s
d) 3 h 39 min – 1 h 25 s

› Exercice 47 *(réponses page 356)*

On lit sur un calendrier : les jours augmentent de 1 h 3 min en janvier, de 1 h 31 min en février et de 1 h 48 min en mars.
De combien augmentent-ils du 1er janvier au 31 mars ?

› Exercice 48 *(réponses page 356)*

Un train part de 9 h 50 min de Paris et arrive 4 h 35 min plus tard à Rennes.
À quelle heure arrive-t-il à Rennes ?

› Exercice 49 *(réponses page 356)*

Pour aller au travail, vous avez pris le bus à 7 h 42 min. Vous êtes arrivés à 8 h 16 min.
Quelle est la durée du trajet ?

› Exercice 50 *(réponses page 357)*

Tous les jours, vous passez 1 h 35 min dans les transports en commun pour vous rendre au travail et rentrer.
a) Quel temps avez-vous passé dans les transports en une semaine (5 jours de travail) ?
Votre collègue a passé 4 h 20 min (en 5 jours) dans les transports en commun.
b) Quelle est la durée quotidienne de ses trajets ?

ÉNONCÉS

1.4.3. Exercice de synthèse

› Exercice 51 *(réponses page 357)*

Étienne, 10 mois, se réveille à 7 h 15. Il dort de 9 h 30 à 10 h 15 puis fait une sieste de 13 h 15 à 15 h. Il s'endort le soir à 19 h 15.

a) Calculez son temps de sommeil sur 24 heures.

b) Combien de temps reste-t-il éveillé ?

›2. Corrigés

2.1. Les opérations de base

2.1.1. Addition

› Exercice 1

a) 46 + 23 = 69
b) 14 + 22 + 61 = 97
c) 35 + 172 + 86 = 293
d) 576 + 89 + 791 = 1 456

› Exercice 2

a) 0,345 + 42,3 = 42,645
b) 45,63 + 8,671 = 54,301
c) 56,112 + 4,53 + 0,768 = 61,41
d) 7 864,6 + 49,38 + 9,308 = 7 923,29

› Exercice 3

Il faut additionner les différents poids donnés :

2 1	
115	5 + 0 + 8 + 0 + 3 = 16
+ 60	On pose 6 sous la colonne et on retient 1.
+ 58	1 + 1 + 6 + 5+ 2 + 7 = 22
+ 120	On pose 2 sous la colonne et on retient 2.
+ 273	2 + 1 + 1 + 2 = 6
= 626	On pose 6.

Le poids total des ingrédients est de 626 grammes.

› Exercice 4

Il faut additionner les différents prix donnés :

1 1 1	
4,68	8 + 2 + 8 = 18
+ 12,82	On pose 8 sous la colonne et on retient 1.
+ 1	1 + 6 + 8 + 3 = 18
+ 2,38	On pose 8 sous la colonne et on retient 1.
20,88	1 + 4 + 2 + 1 + 2 = 10
	On pose 0 sous la colonne et on retient 1.
	1 + 1 = 2
	On pose 2 sous la colonne.

Vous avez payé 20,88 €.

2.1.2. Soustraction

› Exercice 5

a) 782 – 425 = 357
b) 5 394 – 2 162 = 3 232
c) 9 237 – 429 = 8 808
d) 56 348 – 25 896 = 30 452

› Exercice 6

a) 129,67 – 17,3 = 112,37
b) 76,3 – 23 = 53,3
c) 467,8 – 78,87 = 388,93
d) 1 476 – 85,72 = 1 390,28

› Exercice 7

Il faut soustraire les quantités de lait : 115 – 37
On pose la soustraction :

115	5 – 7 (c'est impossible).
- $_{1}{}_{1}37$	On ajoute 10 :
= 078	(10 + 5) – 7 = 15 – 7 = 8
	On pose 8 sous la colonne, on retient 1.
	1 – 4 (c'est impossible).
	On ajoute 10 :
	(10 + 1) – 4 = 11 - 4 = 7
	On pose 7 sous la colonne, et on retient 1.
	1 – 1 = 0
	On pose 0 sous la colonne.

115 – 37 = 078
On ne garde pas le 0 qui est inutile.
Votre bébé a bu 78 millilitres de lait.

› Exercice 8

a) Il faut soustraire les poids indiqués.
On pose la soustraction :

7 1,480	On pose 0 sous la colonne.
- $_{1}6_{1}9{,}970$	8 – 7 = 1
= 0 1,510	On pose 1 sous la colonne.
0 – 0 = 0	4 – 9 (c'est impossible).
	On ajoute 10 :
	(10 + 4) – 9 = 14 – 9 = 5
	On pose 5 sous la colonne et on retient 1.

1 – 10 (c'est impossible).
On ajoute 10 :
(10 + 1) – 10 = 11 - 10 = 1
On pose 1 sous la colonne et on retient 1.
7 – 7 = 0
On pose 0 sous la colonne.

71,480 – 69,970 = 01,510
On ne garde pas le 0 placé devant qui est inutile.
Vous avez perdu 1,510 kg la première semaine.
b) Vous pesiez la deuxième semaine 69,970, il faut soustraire le poids perdu.
On pose la soustraction :
69,970 – 1,680

69,970	On écrit 0 sous la colonne.
- $1,_1680$	7 – 8 (c'est impossible).
= 68,290	On ajoute 10 :
0 – 0 = 0	(10 + 7) – 8 = 17 – 8 = 9
	On écrit 8 sous la colonne, on retient 1.
	9 – 7 = 2
	On pose 2 sous la colonne.
	9 – 1 = 8
	On pose 8 sous la colonne.
	6 – 0 = 6
	On pose 6 sous la colonne.

69,970 – 1,680 = 68,290
La troisième semaine, vous pesez 68,290 kg.

2.1.3. Multiplication

› Exercice 9

a) 75 × 12 = 900
b) 70 × 28 = 1 960
c) 327 × 7 = 2 289
d) 782 × 102 = 79 764
e) 390 × 325 = 126 750
f) 45 × 421 = 45 × 121 = 18 945
Conseil : on pose 421 × 45 car 421 comporte plus de chiffres que 45.

› Exercice 10

a) 78,4 × 1,67 = 130,928
b) 308 × 2,6 = 800,8
c) 45,7 × 9,02 = 412,214
d) 400,2 × 13 = 5 202,6

e) 0,56 × 0,3 = 0,168
f) 7,59 × 3,005 = 22,80795
Conseil : 3,005 comporte plus de chiffres que 7,59 mais, parmi ceux-ci, il y a deux 0. La multiplication par 0 étant très simple, on effectuera l'opération dans cet ordre.

› Exercice 11

a) 56 × 100 = 5 600
b) 2,74 × 2 000 = 5 480
Conseil : on multiplie 2,74 par 2 (2,74 × 2 = 5,48) puis par 1 000.
c) 0,56413 × 10 000 = 5 641,3
d) 45,73 × 40 = 1 829,2
Conseil : on multiplie 45,73 par 4 (45,73 × 4 = 182,92) puis par 10.

› Exercice 12

Calcul du poids pris par le bébé en 30 jours.
En un jour le bébé prend 25 grammes, en 30 jours il prend 30 fois plus :
25 × 30 = 750

25	Première ligne : on multiplie 25 par 0 : la ligne ne comporte que des zéros.
× 30	Deuxième ligne : on multiplie 25 par 3.
00	On place un 0 à droite.
+ 750	3 × 5 = 15
= 750	On pose 5.
	On retient mentalement 1.
	3 × 2 = 6
	On ajoute la retenue :
	6 + 1 = 7
	On pose 7.
	Résultat : on ajoute les deux lignes précédentes.

Remarque : on peut aussi multiplier 25 par 3 :
25 × 3 = 75, puis 75 par 10.
Le bébé a pris 750 grammes en un mois.
Calcul du poids du bébé :
Le bébé pesait 3 450 grammes, il a pris 750 grammes.
3 450 + 750 = 4 200
Le bébé pèse 4 200 grammes (soit 4,200 kg).

› Exercice 13

On va calculer le nombre de minutes en un jour, puis le nombre de mouvements respiratoires en un jour, enfin, le volume d'air aspiré en un jour.

Nombre de minutes en un jour :

Il y a 60 minutes en 1 heure, dans une journée de 24 heures, il y en a 24 fois plus :

24 × 60 = 1 440

24	Première ligne : on multiplie 24 par 0, la ligne ne comporte que des 0.
× 60	Deuxième ligne : on multiplie 24 par 6.
00	On pose un 0 à droite de la ligne.
+ 1 440	6 × 4 = 24
= 1 440	On pose 4 et on retient mentalement 2.
	6 × 2 = 12
	On ajoute la retenue :
	12 + 2 + 14 =
	On pose 14.

Remarque : on peut aussi multiplier 24 par 6 :

24 × 6 = 144 puis 144 par 10.

Il y a 1 440 minutes dans une journée.

Nombre de mouvements respiratoires en un jour :

On effectue 15 mouvements respiratoires par minute ; dans une journée de 1 440 minutes, on en effectue 1 440 fois plus :

1 440 × 15 = 21 600

1 440	Première ligne : on multiplie 1 440 par 5.
× 15	5 × 0 = 0
7 200	On pose 0.
+ 14 400	5 × 4 = 20
= 21 600	On pose 0, on retient mentalement 2.
	5 × 4 = 20
	On ajoute la retenue :
	20 + 2 = 22
	On pose 2 et on retient mentalement 2.
	5 × 1 = 5
	On ajoute la retenue :
	5 + 2 + 7
	On pose 7.
	Deuxième ligne : on multiplie 1 440 par 1.
	On pose un 0 à droite de la ligne puis 1 440.
	Résultat : on ajoute les deux lignes précédentes.

On effectue 21 600 mouvements respiratoires en un jour.
Volume d'air inspiré en une journée :
On inspire 4,5 décilitres d'air par mouvement respiratoire ; en 21 600 mouvements, on inspire 21 600 fois plus :
21 600 × 4,5 = 97 200

21 600	**Première ligne** : on multiplie 21 600 par 5.
× 4,5	5 × 0 = 0 On pose 0.
108 000	5 × 0 = 0 On pose 0.
+ 864 000	5 × 6 = 30 On pose 0 et on retient mentalement 3.
= 97 200,0	5 × 1 = 5

On ajoute la retenue :
5 + 3 = 8 On pose 8.
5 × 2 = 10 On pose 10.
5 × 0 = 0 On pose 0.
Deuxième ligne : on multiplie 21 600 par 4.
On pose un 0 à droite de la ligne :
5 × 0 = 0 On pose 0.
4 × 0 = 0 On pose 0.
4 × 0 = 0 On pose 0.
4 × 6 = 24 On pose 4 et on retient mentalement 2.
4 × 1 = 4
On ajoute la retenue :
4 + 2 = 6 On pose 6.
4 × 2 = 8 On pose 8.
Résultat : on ajoute les deux lignes précédentes et on place la virgule.
21 600 comporte 0 chiffre après la virgule et 4,5 comporte 1 chiffre après la virgule, le résultat comporte : 0 + 1 = 1 chiffre après la virgule.

On inspire 97 200 décilitres d'air par jour (soit 9,72 m^3, *reportez-vous si besoin au chapitre 2 : « 3. Les unités de mesure, les conversions », page 300 pour la conversion*).
Remarque : on peut effectuer les opérations dans un autre ordre, par exemple :
15 × 4,5 = 67,5 puis : 67,5 × 1 440 = 97 200.

2.1.4. Division

› Exercice 14

a) 768 ÷ 24 = 32
b) 1 159 ÷ 19 = 61
c) 2 184 ÷ 1 040 = 2,1
d) 447 ÷ 4 = 111,75

› Exercice 15

a) 73,8 ÷ 12,3 = 6
Conseil : on divise 738 par 123 (on multiplie le diviseur et le dividende par 10).

b) 3 277,6 ÷ 34 = 96, 4
c) 42,084 ÷ 2,004 = 21
Conseil : on divise 42 084 par 2 004 (on multiplie le diviseur et le dividende par 1 000).
d) 0,84 ÷ 3,5 = 0,24
Conseil : on divise 8,4 par 35 (on multiplie le diviseur et le dividende par 10).
Le diviseur comporte 2 chiffres, le dividende partiel doit comporter 2 chiffres mais on « passe » la virgule. On doit donc placer une virgule au quotient et un 0 devant.

› Exercice 16

a) 743 ÷ 100 = 7,43
b) 4 691 ÷ 20 = 234,55
Conseil : on divise 4 691 par 2 (4 691 ÷ 2 = 2 345,5) puis par 10.
c) 67,1 ÷ 1 000 = 0,0671
d) 81,5 ÷ 500 = 0,163
Conseil : on divise 81,5 par 5 (81,5 ÷ 5 = 16,3) puis par 100.

› Exercice 17

a) On calcule la masse de poudre nécessaire à un biberon.
Une mesurette contient 4 grammes et demi (soit 4,5 g), 5 mesurettes en contiennent 5 fois plus :
5 × 4,5 = 22,5 grammes
On calcule maintenant le nombre de biberons de 22,5 g que l'on peut préparer avec 900 g de poudre :
900 ÷ 22,5 = 40
On peut préparer 40 biberons avec la boîte.
b) On calcule alors le nombre de jours que durera la boîte.
On prépare 5 biberons par jour donc :
40 ÷ 5 = 8
La boîte durera 8 jours.

› Exercice 18

Un millimètre cube contient 200 fois moins de plaquettes et de leucocytes que 200 millimètres cubes.
On doit diviser les quantités données par 200 : on divise par 2 puis par 100.
Plaquettes :
42 600 000 ÷ 2 = 21 300 000 et 21 300 000 ÷ 100 = 213 000 (on décale la virgule de 2 rangs vers la gauche).
Leucocytes :
1 184 000 ÷ 2 = 592 000 et 592 000 ÷ 100 = 5 920 (on décale la virgule de 2 rangs vers la gauche).
Un millimètre cube de ce sang contient 213 000 plaquettes et 5 920 leucocytes.

2.1.5. Questions de synthèses

› Exercice 19

a) Apport hydrique journalier
On ajoute les différents apports :
300 + 400 + 300 + 200 = 1 200 millilitres
La personne consomme 1 200 millilitres (1,2 litre) d'eau par jour.
b) Quantité à consommer en plus :
2 000 – 1 200 = 800
Elle doit consommer 800 millilitres en plus par jour.
c) Nombre de verres à consommer en plus
Un verre contient 200 millilitres, avec 800 millilitres on a :
800 ÷ 200 = 4
Elle doit consommer 4 verres d'eau en plus par jour.

› Exercice 20

a) Valeur énergétique de 100 grammes de lait
1 gramme de protides fournit 4 kilocalories, donc 3,5 grammes de protides fournissent 3,5 fois plus :
3,5 × 4 = 14 kilocalories
1 gramme de lipides fournit 9 kilocalories, donc 3,4 grammes de protides fournissent 3,4 fois plus :
3,4 × 9 = 30,6 kilocalories
1 gramme de glucides fournit 4 kilocalories, donc 5 grammes de protides fournissent 5 fois plus :
5 × 4 = 20 kilocalories
On ajoute alors ces valeurs énergétiques :
14 + 30,6 + 20 = 64,6 kilocalories
Valeur énergétique de 200 grammes de lait
100 grammes de lait apportent 64,6 kilocalories, 200 grammes apportent 2 fois plus :
2 × 64,6 = 129,2 kilocalories
Un verre de lait apporte 129,2 kilocalories.
b) 15 biscuits fournissent 903 kilocalories, 1 biscuit fournit 15 fois moins :
903 ÷ 15 = 60,2 kilocalories
Un biscuit apporte 60,2 kilocalories.
c) Valeur énergétique du goûter
1 biscuit apporte 60,2 kilocalories, 3 biscuits apportent 3 fois plus :
3 × 60,2 = 180,6 kilocalories
1 verre de lait : 129,2 kilocalories.
180,6 + 129,2 = 309,8
Le goûter fournit 309,8 kilocalories, les apports énergétiques d'Arthur sont couverts.

2.2. Les fractions, proportions et pourcentages

2.2.1. Fractions

› Exercice 21

a) $\frac{1}{2} \times 56 = \frac{56}{2} = 28$

b) $\frac{2}{3} \times 93{,}6 = \frac{2 \times 93{,}6}{3} = \frac{187{,}2}{3} = 62{,}4$

c) $\frac{4}{5} \times 13{,}25 = \frac{4 \times 13{,}25}{5} = \frac{53}{5} = 10{,}6$

d) $\frac{7}{10} \times 82 = \frac{7 \times 82}{10} = \frac{574}{10} = 57{,}4$

› Exercice 22

Le lait représente 1/5 de 220 millilitres :

$\frac{1}{5} \times 220 = \frac{220}{5} = 44$

Le volume de lait dans le biberon est 44 millilitres.

L'eau de régime représente 4/5 de 220 millilitres :

$\frac{4}{5} \times 220 = \frac{4 \times 220}{5} = 176$

On peut effectuer d'abord : 4 × 220, puis diviser par 5 ou d'abord :

$\frac{220}{5} = 44$, déjà calculé, puis multiplier par 4.

Le volume d'eau de régime dans le biberon est 176 millilitres.

Conseil : on vérifie que le total des volumes est bien 220 millilitres :

44 + 176 = 220

Remarque : au lieu de calculer 4/5 de 220 millilitres, on aurait pu calculer la différence entre la capacité du biberon et le volume de lait :

220 – 44 = 76

2.2.2. Proportions

› Exercice 23

On effectue une règle de trois

Masse	Prix
250 g	2 €
15 g	x

Le produit en croix donne :

$250 \times x = 15 \times 2$, donc :

$$x = \frac{15 \times 2}{250} = \frac{30}{250} = 0{,}12$$

Une tasse de café revient à 0,12 €.

› Exercice 24

On effectue une règle de trois

Javel	Jour
0,4 L	6
1 L	x

Le produit en croix donne :
$0{,}4 \times x = 6 \times 1$, donc :

$$x = \frac{6 \times 1}{0{,}4} = \frac{6}{0{,}4} = 15$$

La bouteille de 1 litre d'eau de Javel sera vidée en 15 jours.

› Exercice 25

Les 2/7 du volume x du biberon représentent 40 millilitres.

$$\frac{2}{7} \times x \rightarrow 40$$

$$\frac{1}{7} \times x \rightarrow \frac{40}{2}$$

$$x \rightarrow \frac{40}{2} \times 7 = 20 \times 7 = 140$$

Conseil : on commence par la division qui tombe juste.
Le biberon d'Agathe contenait 140 millilitres.

› Exercice 26

On effectue des règles de trois.
Quantité de protéines

Protéines	Volume
400 g	1 000 mL
x	125 mL

Le produit en croix donne :
$x \times 1\,000 = 400 \times 125$, donc :

$$x = \frac{400 \times 125}{1\,000} = \frac{50\,000}{1\,000} = 50$$

Quantité de glucides

Glucides	Volume
382 g	1 000 mL
x	125 mL

Le produit en croix donne :

$x \times 1\,000 = 382 \times 125$, donc :

$$x = \frac{382 \times 125}{1\,000} = \frac{47\,750}{1\,000} = 47{,}75$$

Quantité de lipides

Lipides	Volume
225 g	1000 mL
x	125 mL

Le produit en croix donne :

$x \times 1\,000 = 225 \times 125$, donc :

$$x = \frac{225 \times 125}{1\,000} = \frac{28\,125}{1\,000} = 28{,}125$$

Le complément nutritionnel est composé de 50 grammes de protéines, de 47,75 grammes de glucides et de 28,125 grammes de lipides.

2.2.3. Pourcentages

› Exercice 27

a) $47 \times \frac{20}{100} = \frac{47 \times 20}{100} = \frac{940}{100} = 9{,}4$

b) $30 \times \frac{2{,}6}{100} = \frac{30 \times 2{,}6}{100} = \frac{78}{100} = 0{,}78$

c) $181{,}5 \times \frac{52}{100} = \frac{181{,}5 \times 52}{100} = \frac{9\,438}{100} = 94{,}38$

d) $500 \times \frac{38}{100} = \frac{500 \times 38}{100} = \frac{19\,000}{100} = 190$

› Exercice 28

« Le lait est dilué à 13 % » signifie que l'on rajoute 13 % de la quantité d'eau en lait.
On doit calculer 13 % de 180 millilitres.

$$180 \times \frac{13}{100} = \frac{180 \times 13}{100} = \frac{2\,340}{100} = 23{,}4$$

La quantité de lait à mettre dans le biberon est 23,4 millilitres.

› Exercice 29

On calcule de combien baisse la ration alimentaire : 15 % de 1 800.

$$1\,800 \times \frac{15}{100} = \frac{1\,800 \times 15}{100} = \frac{27\,000}{100} = 270$$

La ration baisse de 270 kilocalories.
On calcule la valeur énergétique de la nouvelle ration en soustrayant cette baisse :

1 800 – 270 = 1 530

La valeur énergétique de la nouvelle ration est 1 530 kilocalories.

› Exercice 30

On calcule de combien le poids a augmenté : 12 % de 67 kg.

$$67 \times \frac{12}{100} = \frac{67 \times 12}{100} = \frac{804}{100} = 8{,}04$$

Madame X a pris 8,04 kg en un an.

Conseil : on peut arrondir le résultat à 8 kg, la précision donnée par les chiffres après la virgule n'étant pas significative.

On calcule le nouveau poids de Madame X en ajoutant cette augmentation :

67 + 8 = 75

Madame X pèse 75 kg.

› Exercice 31

On effectue une règle de trois.

Glucides	Pâtes
76 g	100 g
190 g	x

Le produit en croix donne :

$x \times 76 = 190 \times 100$, donc :

$$x = \frac{190 \times 100}{76} = \frac{19\,000}{76} = 250$$

Il faut consommer 250 grammes de pâtes pour que l'apport en glucides soit de 190 grammes.

› Exercice 32

On effectue une règle de trois.

Dépenses	Salaire
22 €	100 €
264 €	x

Le produit en croix donne :

$x \times 22 = 264 \times 100$, donc :

$$x = \frac{264 \times 100}{22} = \frac{26\,400}{22} = 1\,200$$

Mon salaire s'élève à 1 200 €.

› Exercice 33

Le pourcentage de lits occupés sur 35 lits est :

$$\frac{\textit{nombre de lits occupés}}{\textit{nombre total de lits}} \times 100 = \frac{28}{35} \times 100 = \frac{28 \times 100}{35} = 80$$

Remarque : si cela vous paraît plus facile, vous pouvez utiliser un tableau de proportionnalité.

Lits occupés	Lits
28	35
x	100

Le produit en croix donne :
$x \times 35 = 28 \times 100$, donc :

$$x = \frac{28 \times 100}{35} = 80$$

Le pourcentage d'occupation des lits de ce service est 80 %.

› Exercice 34

Les pourcentages d'urine émise par tranche horaire sur 2 000 millilitres sont :

$$\frac{\textit{volume d'urine émise}}{\textit{volume total d'urine}}$$

De 8 heures à 12 heures, 950 millilitres sur 2 000 :

$$\frac{950}{2\,000} \times 100 = \frac{95\,000}{2\,000} = 47{,}5$$

De 12 heures à 16 heures, 600 millilitres sur 2 000 :

$$\frac{600}{2\,000} \times 100 = \frac{60\,000}{2\,000} = 30$$

De 16 heures à 20 heures, 450 millilitres sur 2 000 :

$$\frac{450}{2\,000} \times 100 = \frac{45\,000}{2\,000} = 22{,}5$$

Conseil : on vérifie que la somme des pourcentages est bien 100 % :
$47{,}5 + 30 + 22{,}5 = 100$
Les pourcentages sont de 47,5 % de 8 heures à 12 heures, 30 % de 12 heures à 16 heures et 22,5 % de 16 heures à 20 heures.

2.2.4. Exercices de synthèse

› Exercice 35

a) On calcule la ration calorique de glucides, de lipides et de protides sur les 2 400 kilocalories.
Glucides : 52 % de 2 400 :

$$2\,400 \times \frac{52}{100} = \frac{2\,400 \times 52}{100} = 24 \times 52 = 1\,248$$

Lipides : 33 % de 2 400 :

$$2\,400 \times \frac{33}{100} = \frac{2\,400 \times 33}{100} = 24 \times 33 = 792$$

Protides : 15 % de 2 400 :

$$2\,400 \times \frac{15}{100} = \frac{2\,400 \times 15}{100} = 24 \times 15 = 360$$

Conseil : on commence par effectuer :
2 400/100 = 24, puis la multiplication par 52, par 33, par 15.
L'auxiliaire consomme chaque jour 1 248 kilocalories de glucides, 792 kilocalories de lipides et 360 kilocalories de protides.

b) 1 gramme de glucides apporte 4 kilocalories ; dans 1 248 kilocalories, il y a :
1 248 ÷ 4 = 312 grammes
1 gramme de lipides apporte 9 kilocalories : dans 792 kilocalories il y a :
792 ÷ 9 = 88 < grammes
1 gramme de protides apporte 4 kilocalories : dans 360 kilocalories il y a :
360 ÷ 4 = 90 grammes
La ration quotidienne est 312 grammes de glucides, 88 grammes de lipides et 90 grammes de protides.

› Exercice 36

a) Les 2/5 du poids *x* de groseilles font 6 kilogrammes.

$$\frac{2}{5} \times x \rightarrow 6$$

$$\frac{1}{5} \times x \rightarrow \frac{6}{2} = 3$$

$$x \rightarrow 3 \times 5 = 15$$

Le poids de groseilles est 15 kilogrammes.
b) Poids de fruits
On ajoute les poids de framboises et de groseilles :
6 + 15 = 21
On utilise 21 kilogrammes de fruits.
Poids du jus
Le jus représente les 2/3 du poids de fruits :

$$\frac{2}{3} \times 21 = \frac{2 \times 21}{3} = \frac{42}{3} = 14$$

Astuce de calcul :

Pour calculer $\frac{2 \times 21}{3}$, on peut commencer par la division $\frac{21}{3}$ qui tombe juste puis multiplier par 2 :

$$\frac{2 \times 21}{3} = 2 \times \frac{21}{3} = 2 \times 7 = 14$$

Le jus pèse 14 kilogrammes.
Poids total avant cuisson : on ajoute le même poids de sucre que le jus :
14 + 14 = 28
Le poids total avant cuisson est 28 kilogrammes.

Poids de confiture cuite : la cuisson fait perdre 20 % du mélange soit 20 % de 28 :

$\frac{20}{100} \times 28 = \frac{560}{100} = 5{,}6$

On perd 5,6 kilogrammes lors de la cuisson. Il reste :

28 – 5,6 = 22,4

On a obtenu 22,4 kilogrammes de confiture.

2.3. Les unités de mesure, les conversions

2.3.1. Mesure des longueurs, masses, volumes et capacités

› Exercice 37

km	hm	dam	m	dm	cm	mm
0	0	0	7	3	2	
	3	4	2	2		
				0	2	1
			3	1	5	9

a) 73,2 dm = 0,00732 km
b) 34,22 dam = 3 422 dm
c) 21 mm = 0,21 dm
d) 315,9 cm = 3,159 m

› Exercice 38

kg	hg	dag	g	dg	cg	mg	
0	0	6	2	1	8	4	
			1	3	2	5	
			0	2	3	8	5
			1	6	2	0	

a) 6 218,4 cg = 0,062184 kg
b) 13,25 dg = 1 325 mg
c) 238,5 mg = 0,2385 g
d) 1,62 g = 1 620 mg

› Exercice 39

m^3	dm^3			cm^3			mm^3		
	hL	daL	L	dL	cL	mL			
				0	5	4			
			1	7	5				
			1	3	5	8			
			0	9	4	6			
					5	4	7	4	0

a) 0,54 dL = 54 mL
b) 1,75 L = 175 cL

c) 1 358 cm^3 = 1,358 L
d) 94,6 cL = 0,946 dm^3
e) 54,74 mL = 54 740 mm^3

› Exercice 40

On calcule la baisse en 4 jours : en 1 jour la dose baisse de 2 cm^3, en 4 jours elle baisse de :
4 × 2 = 8 cm^3
Pour effectuer l'opération, les mesures doivent être exprimées dans la même unité.
On convertit le volume en cL :
8 cm^3 = 0,8 cL
On calcule la dose injectée dans 4 jours : on soustrait la baisse :
2,5 cL – 0,8 cL = 1,7 cL
Dans 4 jours, la dose sera de 1,7 cL.

› Exercice 41

a) Poids en eau du bébé : 3/4 de 8,2 kg :

$$8{,}2 \times \frac{3}{4} = \frac{24{,}6}{4} = 6{,}15$$

Le poids en eau du bébé est 6,15 kg.

b) Perte en eau par jour
La perte est de 220 mL par kilogramme, pour 8,2 kg elle est de :
8,2 × 220 = 1 804 mL
Pour effectuer l'opération, les mesures doivent être exprimées dans la même unité.
On convertit en litres :
1 804 mL = 1,804 L
La perte en eau par jour de ce nourrisson est de 1,804 L.
Remarque : elle est compensée par les liquides absorbés dans les biberons.

› Exercice 42

On calcule la quantité de boisson préparée :
3/4 de litre = 3/4 L = 0,75 L
1/2 litre = 1/2 L = 0,5 L
1 litre et demi = 1,5 L
On ajoute ces volumes :
0,75 + 0,5 + 1,5 = 2,75
Il prépare 2,75 L de boisson.
On calcule le nombre de verres. Pour effectuer l'opération, les mesures doivent être exprimées dans la même unité.
Conseil : on convertit en cL pour éviter les nombres décimaux :
2,75 L = 275 cL
Un verre contient 20 cL, dans 275 cL on a :
275 ÷ 20 = 13 (reste 15).
Jérémy peut remplir 13 verres et il restera 15 cL de boisson.

2.3.2. Exercice de synthèse

› Exercice 43

m³	dm³			cm³			mm³		
	hL	daL	L	dL	cL	mL			
			0	3	0	0			
			0	2	5				
			0	0	5	0			
			0	2	5	0			
			0	2	5				
			0	1	2	2			

a) On convertit les volumes en L :
300 cm³ = 0,3 L
2,5 dL = 0,25 L
50 mL = 0,050 L
250 mL = 0,250 L
25 cL = 0,25 L
On additionne les volumes :
0,3 + 0,25 + 0,2 + 0,45 + 0,050 + 0,250 + 0,300 + 0,25 = 2,05
Vous avez absorbé 2,05 L dans la journée.

b) **Quantité d'eau éliminée** :
Pour effectuer l'opération, les mesures doivent être exprimées dans la même unité
On convertit les volumes en L :
122 mL = 0,122 L
On ajoute les volumes :
1,6 + 0,122 = 1,722 L
Pourcentage de liquide perdu :
Le pourcentage de liquide perdu par rapport aux liquides absorbés est :

$$\frac{\textit{volume du liquide perdu}}{\textit{volume du liquide absorbé}} \times 100 = \frac{1,722}{2,05} \times 100 = 84$$

(Le calcul est possible car les volumes sont exprimés dans la même unité.)
Le pourcentage de liquide perdu est 84 %.

2.4. La mesure du temps et de la durée

2.4.1. Conversion

› Exercice 44

a) 2 h 1/2 = 2 h 30 min = (2 × 60) + 30 = 120 + 30 = 150 min
b) 5 h 42 min = (5 × 60) + 42 = 300 + 42 = 342 min
c) 24 h = 24 × 60 = 1 440 min
d) 564 s = 564 ÷ 60 = 9 (reste 24) ; donc 564 = (9 × 60) + 24 = 9 min 24 s
e) 13 min 25 s = (13 × 60) + 25 = 780 + 25 = 805 s

f) 782 min = 782 × 60 = 46 920 s
g) 1 h 38 min 9 s = (1 × 60 × 60) + (38 × 60) + 9 = 5 889 s
h) 3 h 231 min
231 ÷ 60= 3 (reste 51) ; donc 231 = (3 × 60) + 51 = 3 h 51 min
3 h 231 min = 3 h + 3 h 51 min = 6 h 51 min
i) 75 min 42 s
75 = 60 + 15 = 1 h 15 min
75 min 42 s = 1 h 15 min 42 s

2.4.2. Addition, soustraction, division et multiplication

› Exercice 45

a) (2 h 45 min 36 s) + (1 h 11 min 25 s) = 3 h 56 min 61 s = 3 h 57 min 1 s
b) (4 h 27 min) + (5 h 42 min) = 9 h 69 min = 10 h 9 min
c) (54 min 39 s) + (7 min 34 s) + (18 min 23 s) = 79 min 96 s = 80 min 36 s = 1 h 20 min 36 s
d) (1 h 25 s) + (45 min 57 s) = 1 h 45 min 82 s = 1 h 46 min 22 s

› Exercice 46

a) (5 h 31 min) – (3 h 27 min) = 2 h 4 min
b) (39 min 18 s) – (27 min 41 s) = (38 min 78 s) – (27 min 41 s) = 11 min 37 s
c) (4 min 6 s) – (3 min 34 s) = (3 min 66 s) – (3 min 34 s) = 32 s
d) (3 h 39 min) – (1 h 25 s) = (3 h 38 min 60 s) – (1 h 25 s) = 2 h 38 min 35 s

› Exercice 47

On ajoute les durées :
(1 h 3 min) + (1 h 31 min) + (1 h 48 min) = 1 h 82 min = 2 h 22 min
Les jours augmentent de 2 h 22 min du 1er janvier au 31 mars.

› Exercice 48

On ajoute la durée du trajet à l'heure de départ :
(9 h 50 min) + (4 h 25 min) = 13 h 75 min = 14 h 15 min
Le train arrive à 14 h 14 à Rennes.

› Exercice 49

On soustrait les horaires :
(8 h 16 min) – (7 h 42 min) = (7 h 76 min) – (7 h 42 min) = 34 min
Le trajet dure 34 min.

› Exercice 50

a) On multiplie 1 h 35 min par 5 :
(1 h 35 min) × 5 = 5 h 175 min = 7 h 55 min
Vous avez passé 7 h 55 min dans les transports en commun cette semaine.
b) On divise 4 h 20 par 5 :
(4 h 20 min) ÷ 5 = 260 min ÷ 5 = 52 min
Votre collègue passe 52 min par jour dans les transports en commun.

2.4.3. Exercice de synthèse

› Exercice 51

a) Temps de sommeil sur 24 h : on soustrait les différents horaires.
Le matin :
(10 h 15) – (9 h 30) = (9 h 75 min) – (9 h 30 min) = 45 min
La sieste :
15 h – (13 h 15) = (14 h 60 min) – (13 h 15 min) = 1 h 45 min
La nuit :

- de 19 h 15 à minuit (24 h) :
  24 h – (19 h 15) = (23 h 60 min) – (19 h 15 min) = 4 h 45 min
- de 0 h (minuit) à 7 h 15 min :
  7 h 15 min
- soit au total :
  4 h 45 min + 7 h 15 min = 11 h 60 min = 12 h
  On ajoute les temps de sommeil :
  45 min + 1 h 45 min + 12 h = 13 h 90 min = 14 h 30 min
  Étienne dort 14 h 30 min sur 24 heures.

b) On soustrait le temps de sommeil de la durée d'un jour :
24 h – (14 h 30 min) = (23 h 60 min) – (14 h 30 min) = 9 h 30 min
Étienne reste éveillé 9 h 30 min sur 24 heures.

CHAPITRE 3

Annexes

› 1. Table des symboles

Signe	Signification	Exemple d'utilisation
=	égal	1 + 1 = 2
+	plus (signe de l'addition)	
−	moins (signe de la soustraction)	3 − 1 = 2
×	fois ou multiplié par (signe de la multiplication)	2 × 3 = 6
÷ ou :	divisé par (signe de la division)	12 ÷ 4 = 3 ou 12 : 4 = 3
— ou /	sur ou divisé par (signe des fractions ou de la division)	$\frac{3}{5}$ ou 3/5
%	pour cent	30 %
m	mètre	1 m
g	gramme	2 g
L ou l	litre	1,3 L ou 1,3 l
m^3	mètre cube	3 m^3
s	seconde	15 s
min	minute	5 min
h	heure	1 h
da	préfixe déca (× 10)	2 daL ou 2 dal (2 décalitres)
h	préfixe hecto (× 100)	4 hm (4 hectomètres)
k	préfixe kilo (× 1 000)	7 kg (7 kilogrammes)
d	préfixe déci (/10)	50 dL ou 50 dl (50 décilitres)
c	préfixe centi (/100)	2 cm (2 centimètres)
m	préfixe milli (/1000)	5 mg (5 milligrammes)

›2. Table d'addition

Table de 1	Table de 2	Table de 3	Table de 4	Table de 5
1 + 0 = 1	2 + 0 = 2	3 + 0 = 3	4 + 0 = 4	5 + 0 = 5
1 + 1 = 2	2 + 1 = 3	3 + 1 = 4	4 + 1 = 5	5 + 1 = 6
1 + 2 = 3	2 + 2 = 4	3 + 2 = 5	4 + 2 = 6	5 + 2 = 7
1 + 3 = 4	2 + 3 = 5	3 + 3 = 6	4 + 3 = 7	5 + 3 = 8
1 + 4 = 5	2 + 4 = 6	3 + 4 = 7	4 + 4 = 8	5 + 4 = 9
1 + 5 = 6	2 + 5 = 7	3 + 5 = 8	4 + 5 = 9	5 + 5 = 10
1 + 6 = 7	2 + 6 = 8	3 + 6 = 9	4 + 6 = 10	5 + 6 = 11
1 + 7 = 8	2 + 7 = 9	3 + 7 = 10	4 + 7 = 11	5 + 7 = 12
1 + 8 = 9	2 + 8 = 10	3 + 8 = 11	4 + 8 = 12	5 + 8 = 13
1 + 9 = 10	2 + 9 = 11	3 + 9 = 12	4 + 9 = 13	5 + 9 = 14

Table de 6	Table de 7	Table de 8	Table de 9
6 + 0 = 6	7 + 0 = 7	8 + 0 = 8	9 + 0 = 9
6 + 1 = 7	7 + 1 = 8	8 + 1 = 9	9 + 1 = 10
6 + 2 = 8	7 + 2 = 9	8 + 2 = 10	9 + 2 = 11
6 + 3 = 9	7 + 3 = 10	8 + 3 = 11	9 + 3 = 12
6 + 4 = 10	7 + 4 = 11	8 + 4 = 12	9 + 4 = 13
6 + 5 = 11	7 + 5 = 12	8 + 5 = 13	9 + 5 = 14
6 + 6 = 12	7 + 6 = 13	8 + 6 = 14	9 + 6 = 15
6 + 7 = 13	7 + 7 = 14	8 + 7 = 15	9 + 7 = 16
6 + 8 = 14	7 + 8 = 15	8 + 8 = 16	9 + 8 = 17
6 + 9 = 15	7 + 9 = 16	8 + 9 = 17	9 + 9 = 18

›3. Table de multiplication

Table de 1	Table de 2	Table de 3	Table de 4	Table de 5
0 × 1 = 0	0 × 2 = 0	0 × 3 = 0	0 × 4 = 0	0 × 5 = 0
1 × 1 = 1	1 × 2 = 2	1 × 3 = 3	1 × 4 = 4	1 × 5 = 5
2 × 1 = 2	2 × 2 = 4	2 × 3 = 6	2 × 4 = 8	2 × 5 = 10
3 × 1 = 3	3 × 2 = 6	3 × 3 = 9	3 × 4 = 12	3 × 5 = 15
4 × 1 = 4	4 × 2 = 8	4 × 3 = 12	4 × 4 = 16	4 × 5 = 20
5 × 1 = 5	5 × 2 = 10	5 × 3 = 15	5 × 4 = 20	5 × 5 = 25
6 × 1 = 6	6 × 2 = 12	6 × 3 = 18	6 × 4 = 24	6 × 5 = 30
7 × 1 = 7	7 × 2 = 14	7 × 3 = 21	7 × 4 = 28	7 × 5 = 35
8 × 1 = 8	8 × 2 = 16	8 × 3 = 24	8 × 4 = 32	8 × 5 = 40
9 × 1 = 9	9 × 2 = 18	9 × 3 = 27	9 × 4 = 36	9 × 5 = 45

Table de 6	Table de 7	Table de 8	Table de 9
0 × 6 = 0	0 × 7 = 0	0 × 8 = 0	0 × 9 = 0
1 × 6 = 6	1 × 7 = 7	1 × 8 = 8	1 × 9 = 9
2 × 6 = 12	2 × 7 = 14	2 × 8 = 16	2 × 9 = 18
3 × 6 = 18	3 × 7 = 21	3 × 8 = 24	3 × 9 = 27
4 × 6 = 24	4 × 7 = 28	4 × 8 = 32	4 × 9 = 36
5 × 6 = 30	5 × 7 = 35	5 × 8 = 40	5 × 9 = 45
6 × 6 = 36	6 × 7 = 42	6 × 8 = 48	6 × 9 = 54
7 × 6 = 42	7 × 7 = 49	7 × 8 = 56	7× 9 = 63
8 × 6 = 48	8 × 7 = 56	8 × 8 = 64	8 × 9 = 72
9 × 6 = 54	9 × 7 = 63	9 × 8 = 72	9 × 9 = 81

> Tests d'aptitude

Présentation de l'épreuve

Cette épreuve est obligatoire pour tous les candidats au concours d'entrée en école d'auxiliaire de puériculture. Elle n'existe pas pour les candidats au concours d'entrée en école d'aide-soignant.

Durée

1 heure 30.

Notation

Sur 20 (il faut avoir au moins 10/20 pour être admissible).
Ces tests évaluent l'efficience intellectuelle au niveau utile à l'exercice de la profession d'auxiliaire de puériculture.

3 types de capacités sont évalués

Le raisonnement logique : Fondé sur les capacités de réflexion, la logique

L'organisation : Fondée sur la déduction, l'attention, la logique, la précision

L'attention : Fondée sur l'observation, la concentration

Chaque type de test est composé de différents exercices, souvent chronométrés. Ils sont présentés sous forme de livret.
La solution doit être choisie parmi 3 ou 4 solutions proposées ou être indiquée par le candidat sans proposition préalable.
Les réponses se font soit sur une page de réponse simple, sur laquelle les réponses doivent être reportées dans l'ordre, soit sur une feuille à traitement informatique.
Les calculatrices sont interdites.

CHAPITRE 1

Méthodologie : une marche à suivre

L'effet de surprise est source de panique, de perte de temps et d'erreur.

Chaque test demande une approche légèrement différente mais **certaines règles s'appliquent régulièrement**. Ainsi, même si les exemples de tests peuvent varier à l'infini, les raisonnements qui permettent de les résoudre sont relativement répétitifs.

L'entraînement est indispensable pour :

- se familiariser avec les 3 types de tests et les multiples exercices qui peuvent être proposés ;
- s'entraîner afin de repérer les questions souvent posées, acquérir des automatismes, être de plus en plus rapide, diminuer les risques de se laisser surprendre.

Ne restez pas trop longtemps sur une question qui vous pose problème, le facteur temps est essentiel.

Attention à ne pas répondre au hasard car la note globale peut être baissée en cas de trop nombreuses erreurs.

Il est indispensable de **prendre le temps de lire attentivement les consignes** qui peuvent varier et induire en erreur.

Il n'y a pas de question piège ou de sous-entendu. En général, tout est dit précisément dans la consigne.

1. Les tests de raisonnement logique

1.1. Descriptif et difficultés

Ces tests cherchent à évaluer les capacités de réflexion des candidats. Ce sont, *a priori*, les plus difficiles des épreuves.

L'effet de surprise est source d'échec et plus l'entraînement sera complet et varié, meilleure sera la performance.

Les séries sont la base des tests psychotechniques. Elles seront présentées sous formes de :

- séries numériques ;
- séries alphabétiques ;
- séries mixtes ;
- séries de mots, de notes de musique, de symboles ;

▶ jeux de dominos ;
▶ jeux de cartes.

Elles peuvent prendre des formes plus complexes comme les matrices.

> Il est conseillé de suivre l'ordre de présentation de ce chapitre, des conseils donnés au début étant utiles tout au long de ce chapitre.

1.2. Présentation illustrée de nombreux exercices et correction commentée

1.2.1. Les séries numériques

Il ne faut pas se laisser impressionner par les chiffres. Des connaissances de mathématiques de base (additions, soustractions, multiplications simples et éventuellement divisions) suffisent largement pour ces exercices.

À partir d'une suite de plusieurs chiffres, vous devez découvrir le chiffre qui suit logiquement. Il s'agit donc de **trouver le lien entre tous les éléments, de trouver le rythme de la série**.

Les combinaisons sont infinies mais les logiques se répètent souvent.

Pour les retrouver plus facilement le jour J, nous allons en étudier les principales à partir des exemples ci-dessous.

Exemple

› Énoncé

Trouver le nombre qui peut remplacer le point d'interrogation.

Ex. 1 : 2 → 4 → 6 → 8 → ?

Ex. 2 : 12 → 9 → 6 → ?

Ex. 3 : 17 → 14 → 11 → ?

Ex. 4 : 6 → 8 → 9 → 11 → 12 → ?

Ex. 5 : 5 → 6 → 8 → 11 → 15 → 20 → ?

Ex. 6 : 3 → 4 → 6 → 10 → 18 → ? → ?

Ex. 7 : 4 → 7 → 5 → 7 → 6 → 7 → 7 → 7 → ? → ?

Ex. 8 : 5 → 10 → 7 → 9 → 9 → 8 → 11 → 7 → ? → ?

Ex. 9 : 3 → 5 → 10 → 12 → 24 → 26 → 52 → ? → ?

Ex. 10 : 2 → 3 → 5 → 8 → 13 → 21 → 34 → ?

› Corrigé commenté

Ex. 1 : La réponse est « **10** ». C'est une suite croissante de 2 en 2. On ajoute 2 à chaque nombre pour trouver le suivant : 2 (+ 2 =) → 4 (+ 2 =) → 6 (+ 2 =) → 8 (+ 2 =) → 10.

Ex. 2 : La réponse est « **3** ». C'est une suite décroissante de 3 en 3. On enlève 3 à chaque nombre pour trouver le suivant : 12 (- 3 =) → 9 (- 3 =) → 6 (- 3 =) → 3.

Ex. 3 : La réponse est « **8** ». C'est la même suite que dans l'exemple 2 mais la logique saute moins facilement aux yeux car les nombres ne sont pas multiples de 3 : 17 (- 3 =) → 14 (- 3 =) → 11 (- 3 =) → 8.

Ex. 4 : La réponse est « **14 → 15** ». C'est une suite croissante irrégulière. Tous les deux nombres, on saute une valeur : 6 (7) → 8 → 9 (10) → 11 → 12 (13) → 14 → 15.

Ex. 5 : La réponse est « **26** ». L'intervalle entre les nombres comprend à chaque fois une valeur de plus : 5 → 6 (7 = 1 nombre) → 8 (9, 10 = 2 nombres) → 11 (12, 13, 14 = 3 nombres) → 15 (16, 17, 18, 19 = 4 nombres) → 20 (21, 22, 23, 24, 25 = 5 nombres) → 26.

Ex. 6 : La réponse est « **34** ». Là encore il faut s'intéresser aux intervalles, ils doublent à chaque fois : 3 (+ 1 =) → 4 (1 + 1, soit + 2 =) → 6 (2 + 2, soit + 4 =) → 10 (4 + 4, soit + 8 =) → 18 (8 + 8, soit + 16 =) 34.

Ex. 7 : La réponse est « **8** et **7** ». Il y a deux suites intercalées : c'est une suite logique avec un élément qui ne varie jamais, le « 7 », et une suite simple croissante de 1 en 1 : **4** → 7 → **5** → 7 → **6** → 7 → **7** → 7 → **8** → 7.

Ex. 8 : La réponse est « **13** et **6** ». Il s'agit de deux séries intercalées. Tous les deux nombres en partant du 5, on ajoute 2 : 5 (+ 2 =) → 7 (+ 2 =) → 9 (+ 2 =) → 11 (+ 2 =) → 13. Tous les deux nombres en partant du 10, on enlève 1 : 10 (- 1 =) → 9 (- 1 =) → 8 (- 1 =) → 7 (- 1=) → 6.

Ex. 9 : La réponse est « **54** et **108** ». Il suffit alternativement d'ajouter 2 puis de multiplier par 2 : 3 (+ 2 =) → 5 (× 2 =) → 10 (+ 2 =) → 12 (× 2 =) → 24 (+ 2 =) → 26 (× 2 =) → 52 (+ 2 =) → 54 (× 2 =) → 108.

Ex. 10 : La réponse est « **55** ». Dans cette série, le nombre à trouver est la somme des deux nombres qui le précèdent : 2 → 3 (2 + 3 =) → 5 (3 + 5 =) → 8 (5 + 8 =) → 13 (8 + 13 =) → 21 (13 + 21 =) → 34 (21 + 34 =) → 55.

Conseil bonus

Ne vous découragez pas, nous venons de faire le tour des types de séries le plus souvent rencontrés. Avec de l'entraînement *(voir les exercices page 397)*, une logique intellectuelle se met en place et permet de résoudre bien des séries.

Quand il y a deux points d'interrogation, on peut essayer de réfléchir sur une double logique ou sur un rythme qui prend en compte deux nombres successifs.

Ne vous attardez pas trop sur une série sur laquelle vous butez, car le temps est compté. Passez d'une série à l'autre sans garder à l'esprit la logique de la série précédente. Il faut s'adapter à chaque fois à une logique nouvelle – c'est ce qui fait la difficulté de ce type de test.

1.2.2. Les séries alphabétiques

Elles obéissent aux mêmes principes que les séries numériques mais elles sont construites avec des lettres ou des séquences de lettre.

Exemple

› Énoncé

Consigne : remplacer le point d'interrogation par une lettre complétant la série.

Ex. 1 : A → C → E → G → ?

Ex. 2 : C → G → K → ?

Ex. 3 : V → X → Z → B → ?

Ex. 4 : Z → W → T → ?

Ex. 5 : B → L → D → N → F → P → H → R → ? → ?

Ex. 6 : A → C → B → D → F → E → G → I → H → ? → ? → ?

› Corrigé commenté

Ex. 1 : La réponse est « **I** ». Il s'agit d'une série qui saute une lettre après chaque lettre : A → (B) → C → (D) → E → (F) → G → (H) → I.

Ex. 2 : La réponse est « **O** ». Trois lettres sont sautées à chaque intervalle : C → (D, E, F) → G → (H, I, J) → K → (L, M, N) → O.

Ex. 3 : La réponse est « **D** ». Une lettre est sautée à chaque intervalle. Ce qui fait l'originalité de cette série, c'est qu'une fois l'alphabet terminé, elle le reprend au début : V → (W) → X → (Y) → Z → (A) → B → (C) → D.

Ex. 4 : La réponse est « **Q** ». C'est une série qui part de la fin de l'alphabet et qui saute deux lettres à chaque intervalle : Z → (Y, X) → W → (V, U) → T → (S, R) → Q.

Ex. 5 : La réponse est « **J** et **T** ». Deux séries sont intercalées. Pour chacune, une lettre est sautée à chaque intervalle : B → (C) → D → (E) → F → (G) → H → (I) → J et L → (M) → N → (O) → P → (Q) → R → (S) → T.

Ex. 6 : La réponse est « **J** → **L** → **K** ». Le rythme va de 3 lettres en 3 lettres (vous pouvez vous en douter avec les 3 points d'interrogation). La deuxième lettre est inversée avec la troisième de chaque trio : A → C → B, D → F → E, G → I → H (ABC donne ACB ; DEF donne DFE, etc.).

Conseil bonus

Les séries alphabétiques ressemblent beaucoup aux séries numériques.

Si l'exercice est long ou si vous avez peur de faire une erreur dans l'alphabet, notez-le sur votre brouillon.

Certains préfèrent remplacer au brouillon les lettres par des chiffres pour y voir plus clair dans le rythme de la série : A = 1, B = 2, etc. Attention alors à répondre avec des lettres !

Une petite séquence de lettres peut être choisie (par exemple, L M N O P Q R). La consigne sera alors claire à ce sujet. Il faut partir du principe que la séquence peut se répéter à l'infini : L M N O P Q R L M N O P Q R L M N O P Q R.

1.2.3. Les séries mixtes : alphabétiques et numériques

Le principe en est exactement le même, mais mélange séries de lettres et séries de chiffres.

Exemple

› Énoncé

Ex. 1 : C → 4 → E → 6 → G → 8 → ? → ?

Ex. 2 : A → 1 → B → 2 → H → 8 → L → ?

› Corrigé commenté

Ex. 1 : La réponse est « **I → 10** ». Les séries sont intercalées et augmentent toutes les deux de 2 en 2 : C → (D) → E → (F) → G → (H) → I et 4 → (5) → 6 → (7) → 8 → (9) → 10.

Ex. 2 : La réponse est « **12** ». La lettre est suivie de son ordre de classement dans l'alphabet : A = 1, B = 2, H = 8, L = 12.

Conseil bonus

À moins que les solutions ne vous apparaissent facilement, il est vivement conseillé d'écrire l'alphabet (sans aller plus loin que les lettres du test pour ne pas perdre de temps) et d'écrire son rang sous chaque lettre. Vous verrez alors que la réponse à l'exemple 2 paraît évidente !

1.2.4. Les séries avec des mots

Présentés dans des séries logiques, les mots sont le plus souvent utilisés pour le nombre de leurs lettres, de leurs consonnes ou de leurs voyelles.

Exemple

› Énoncé

Ex. 1 : biberon = 7, lait = 4, bavoir = 6, nourrisson = ?

Ex. 2 : biberon = 4/3, lait = 2/2, bavoir = 3/3, nourrisson = ?

Ex. 3 : arbre = 2, bois = 2, framboise = 4, potager = ?

› Corrigé commenté

Ex. 1 : La réponse est « **10** ». Il s'agit de compter le nombre de lettres du mot.

Ex. 2 : La réponse est « **6/4** ». C'est un rapport « nombre de consonnes sur nombre de voyelles ». Attention à ne pas répondre 4/6 !

Ex. 3 : La réponse est « **3** ». Il s'agit de compter le nombre de voyelles.

Conseil bonus

Attention aux pièges qui consisteraient à placer des mots et des chiffres quand seule la série de chiffres aurait une signification.

1.2.5. Les séries de notes de musique, de symboles...

Quel que soit le support, il est conseillé de numéroter les séquences de base. La solution apparaît alors plus facilement.

do	ré	mi	fa	sol	la	si
1	2	3	4	5	6	7

1.2.6. Les jeux de dominos

Le jeu de dominos est fréquemment utilisé. Il n'en suit pas les règles mais utilise les pièces du jeu. **Il s'agit toujours de trouver une logique dans une série présentée**.
Petit rappel sur les dominos : ce sont des petits rectangles de plastique. Côté face, ils comportent deux moitiés séparées par un trait sur lesquelles sont inscrites des combinaisons de chiffres allant de 0 à 6. Chaque combinaison n'existe qu'en un seul exemplaire.

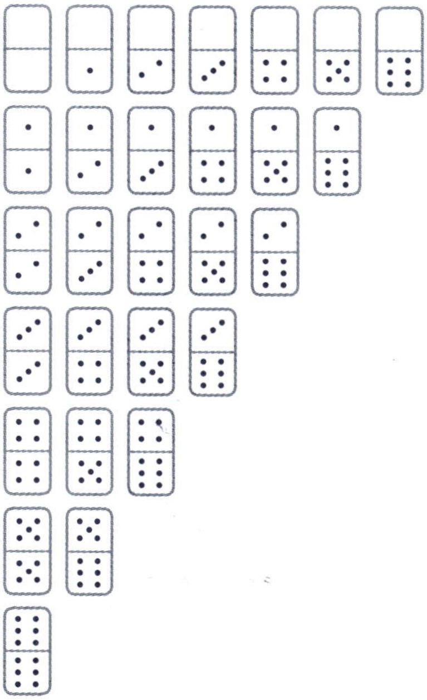

Exemple

› Énoncé

Remplacez les points d'interrogation par les valeurs appropriées.

Ex. 1 : 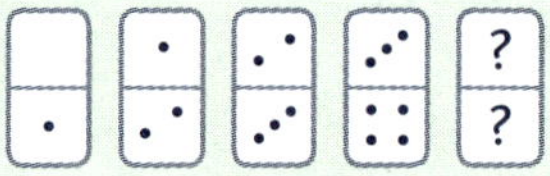

Ex. 2 : 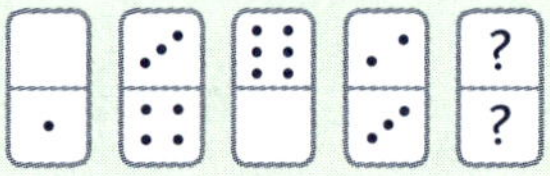

Ex. 3 : 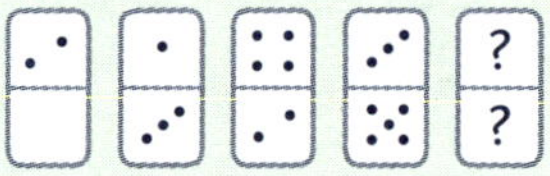

Ex. 4 : 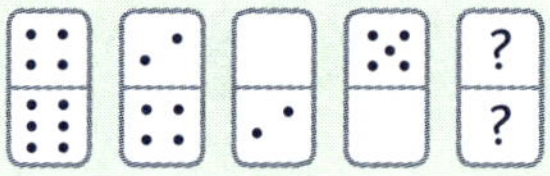

Ex. 5 : 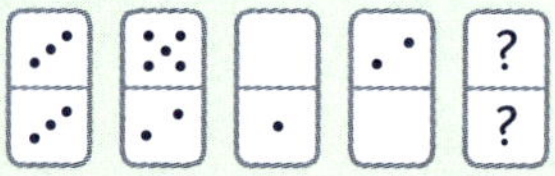

Ex. 6 : 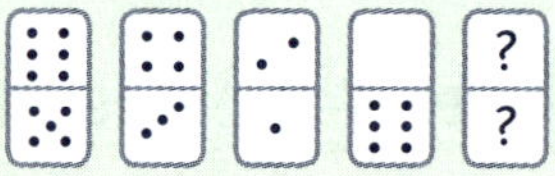

Ex. 7 : 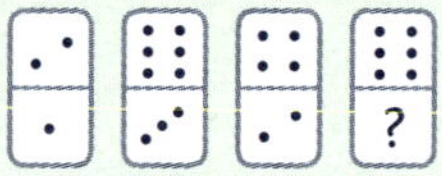

Ex. 8 : 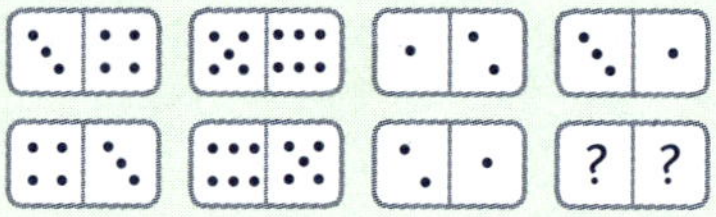

Ex. 9 : 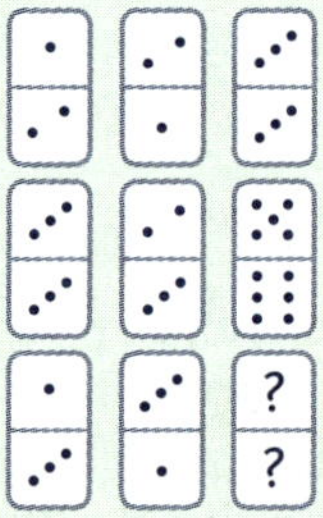

Ex. 10 : 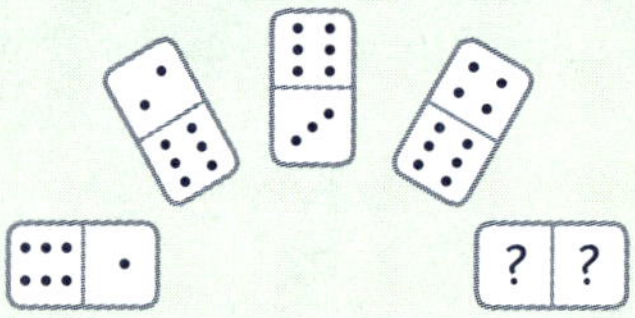

Ex. 11 : 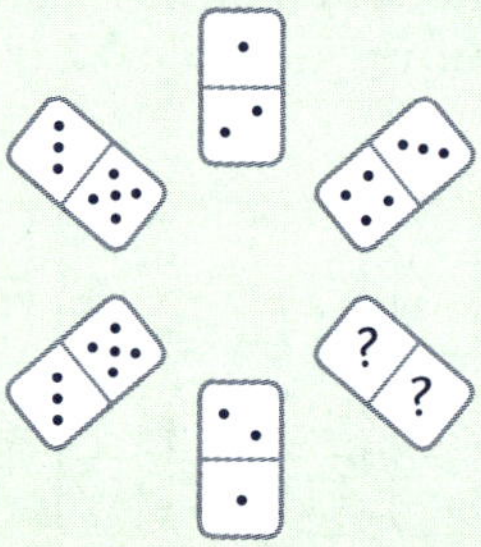

› Corrigé commenté

Ex. 1 : La réponse est  Les chiffres augmentent d'un en un, en haut comme en bas.

Ex. 2 : La réponse est  La série est croissante parallèlement en haut et en bas mais de 2 en 2 : 0 --- (1-2) → 3 --- (4-5) → 6 --- (0-1) → 2 --- (3-4) → 5. Même raisonnement pour le bas.

Ex. 3 : La réponse est  Nous avons là deux séries croissantes simples de 1 en 1 mais il faut chercher la continuité alternativement en haut et en bas.

Ex. 4 : La réponse est  La série est décroissante de 2 en 2 en haut comme en bas.

Ex. 5 : La réponse est  Le haut et le bas ne suivent pas la même logique. En haut : les chiffres augmentent de 2 en 2. En bas : les chiffres diminuent de 1 à chaque domino.

Ex. 6 : La réponse est  En prenant chaque domino de haut en bas les uns après les autres, on constate une suite décroissante : 6 → 5 → 4 → 3 → 2 → 1 → 0 --- → 6 → 5 → 4.

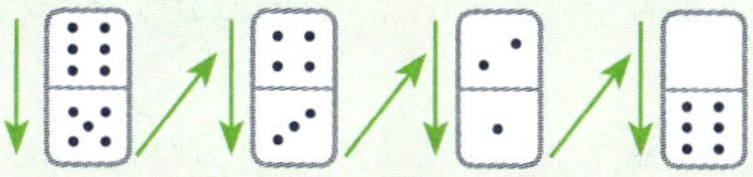

Ex. 7 : La réponse est  Le chiffre du dessus est toujours le double de celui du dessous.

Ex. 8 : La réponse est  Le rythme est à chercher entre la première ligne et la deuxième ligne sur laquelle les dominos de la première ligne sont inversés.

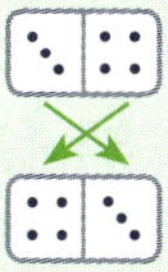

Ex. 9 : La réponse est  Les chiffres indiqués sur le troisième domino de chaque ligne correspondent à la somme des deux dominos précédents : 1 + 2 = 3 ; 2 + 1 = 3 ; 3 + 2 = 5 ; etc.

Ex. 10 : La réponse est  Le 6 est invariable et se retrouve dans tous les dominos. Les autres chiffres augmentent de 1 en 1.

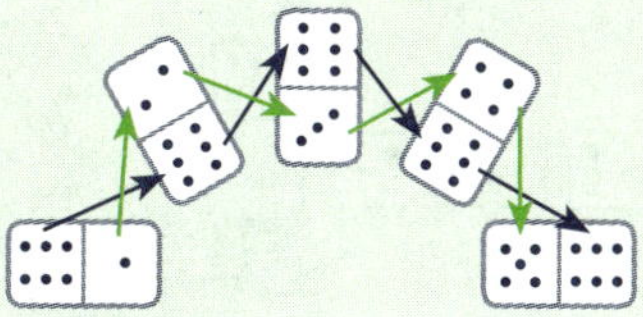

Ex. 11 : La réponse est  En traçant un trait horizontal, l'effet miroir apparaît plus clairement.

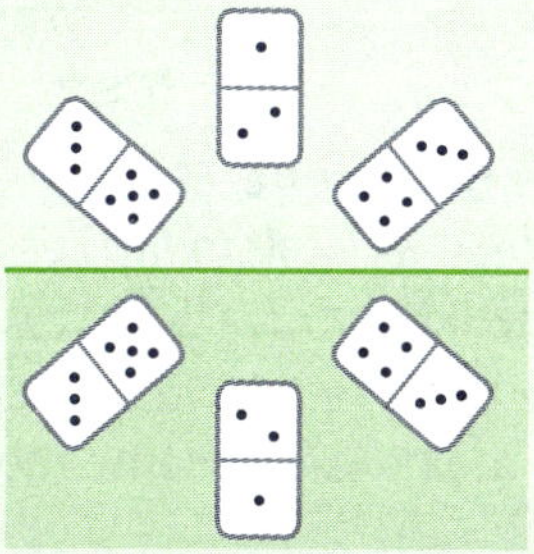

Conseil bonus

Avec les dominos, il peut s'agir d'une série logique comme avec des chiffres (les dominos ne servant que de support) pour laquelle la résolution du problème demande une vision dans l'espace. La disposition des pièces est alors essentielle.

1.2.7. Les jeux de cartes

Le jeu de cartes est un support également utilisé dans les tests de raisonnement logique. Peuvent varier :

- les valeurs : de 1 à 10 le plus souvent. Les figures (valet, dame, roi) et le joker sont parfois utilisés ;
- les couleurs : ♦ carreau, ♥ cœur, ♣ trèfle, ♠ pique.

Exemple

› Énoncé

Une série est présentée avec une carte retournée. Il s'agit de l'identifier.

Ex. 1 :

Ex. 2 :

Ex. 3 :

Ex. 4 :

Ex. 5 :

Ex. 6 :

› Corrigé commenté

Ex. 1 : La carte à identifier est le **6 de trèfle**. La carte à retrouver est un trèfle car les cartes sont triées par couleur verticalement. Les cartes de droite représentent la première carte moins la deuxième : 5 - 1 = 4 ; 10 - 5 = 5 donc 8 - 2 = 6.

Ex. 2 : La carte est le **2 de trèfle**. La carte à retrouver est un trèfle. Les cartes de droite représentent la première moins la deuxième moins la troisième : 5 - 1 - 1 = 3 ; 8 - 2 - 5 = 1 donc 6 - 2 - 2 = 2.

Ex. 3 : La réponse est le **10 de carreau**. Il s'agit de deux séries croisées. La série des cœurs augmente d'une valeur à chaque fois, la série des carreaux de deux.

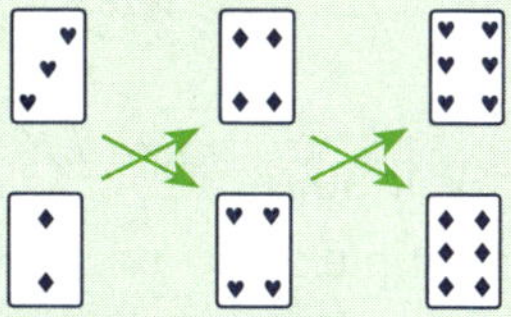

Ex. 4 : La réponse est le **6 de pique**. Pour chaque ligne, la carte de droite est égale à la moitié de la somme des deux cartes de gauche : 6 + 2 = 8/2 = 4 ; 8 + 2 = 10/2 = 5 donc 10 + 2 = 12/ 2 = 6.

Ex. 5 : La réponse est le **6 de cœur**. Les cartes sont disposées en miroir inversé par rapport au joker.

Ex. 6 : La réponse est le **4 de cœur**. La somme des deux cartes côte à côte augmente de 2 à chaque fois en tournant dans le sens des aiguilles d'une montre.

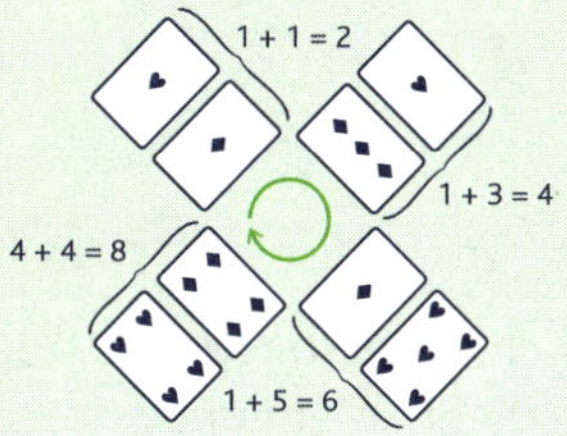

Conseil bonus

Traitez les valeurs et les couleurs l'une après l'autre : vous découvrirez plus facilement la logique de la suite.

1.2.8. La logique de l'intrus

Il s'agit, dans une suite logique, d'identifier un élément qui ne va pas avec les autres. Les supports peuvent être les mêmes que ceux du chapitre précédent.

Exemple

› Énoncé

Consigne : trouvez l'intrus.

Ex. 1 : 2 – 4 – 6 – 7 – 8

Ex. 2 : 6 – 12 – 15 – 18 – 22

Ex. 3 : 2/3 – 3/6 – 4/7 – 5/3

Ex. 4 : 125 – 123 – 234 – 567 – 456

Ex. 5 : 132 – 157 – 1203 – 1501

Ex. 6 : 5 – 60 – 15 – 34 – 125

Tests d'aptitude

Ex. 7 : A – B – E – I – O

Ex. 8 : chaise – papier – fraises – rapide – logique

› Corrigé commenté

Ex. 1 : « 7 », seul nombre impair de la suite.

Ex. 2 : « 22 », seul nombre non multiple de 3.

Ex. 3 : « **5/3** », seule fraction ayant le chiffre du haut supérieur à celui du bas.

Ex. 4 : « **125** », seul nombre dont les chiffres ne se suivent pas.

Ex. 5 : « **132** », seul nombre pair.

Ex. 6 : « **34** », seul nombre non multiple de 5.

Ex. 7 : « **B** », seule consonne.

Ex. 8 : « **logique** », seul mot de 4 voyelles (les autres en ont 3 qui sont, de plus, identiques : A, E, I).

Conseil bonus

Bien souvent, il ne faut pas aller chercher la réponse trop loin : pairs ou impairs, multiples de 2, 3, 4..., fraction supérieure ou inférieure à un, consonne ou voyelles...
Pour trouver l'intrus, il faut avoir une vue d'ensemble de la suite et chercher ce qui rassemble ses éléments.

1.2.9. La logique verbale

Les mots ou le sens d'une phrase sont utilisés comme support de test logique. Différents exercices peuvent être proposés :

- l'intrus ;
- les relations ;
- les croisements de classe ;
- les proverbes.

› L'intrus

La difficulté vient de la gestion du temps, du vocabulaire parfois inconnu et de la diversité des domaines qui nécessitent une base solide de culture générale.

Exemple

› Énoncé

Ex. 1 : pomme – fraise – framboise – poireau – poire

Ex. 2 : Louis XIV – François Ier – Charlemagne – Léopold II – Henri IV

› Corrigé commenté

Ex. 1 : « **poireau** » est le seul légume parmi ces fruits.

Ex. 2 : « **Léopold II** » est le seul roi n'ayant pas régné en France. Cette liste fait bien sûr appel à la culture générale.

Conseil bonus

L'intrus apparaît parfois facilement. Il s'agit souvent de retrouver la catégorie à laquelle appartiennent les mots cités.

Si la réponse n'apparaît pas tout de suite, procédez par élimination en recherchant ce qui peut unir et ce qui peut différencier les mots.

Regroupez les mots deux par deux puis avec un troisième, etc.

› Les relations logiques

Il s'agit de reconstituer un lien logique entre différents termes d'une phrase.
Des phrases incomplètes sont présentées. Il manque le premier et le dernier mot. Il faut choisir la proposition (= la ligne) qui correspond.

Exemple

› Énoncé

Ex. 1 : ???? est à chat ce que veau est à ????.

- Chat – chaton
- Vache – chaton
- Âne – cheval
- Chien – mouton
- Chaton – vache

Ex. 2 : ???? est à pommier ce que poire est à ????.

- Pomme – pommier
- Poire – pêche
- Pomme – poirier
- Fraise – framboisier

Ex. 3 : ???? est à noir ce que rapide est à ????.

- Robe – voiture
- Rose – vitesse
- Blanc – lent
- Blanc – escargot

› Corrigé commenté

Ex. 1 : La seule proposition qui s'accorde est la dernière. Nous avons ainsi : « Chaton est à chat ce que veau est à vache. » Il s'agit de trouver le petit de chaque animal.

Ex. 2 : « Pomme est à pommier ce que poire est à poirier. » Il s'agit de faire correspondre l'arbre et le fruit.

Ex. 3 : « Blanc est à noir ce que rapide est à lent. » Il faut trouver des contraires.

Conseil bonus

La phrase proposée doit être décomposée. Pour cela, divisez-la en deux segments :

???? est à <u>chat</u> // ce que // **veau** est à <u>????</u>

1er segment — 2e segment

Le premier mot manquant est de la même catégorie que le premier mot du deuxième segment (en gras) : c'est un bébé animal.

Le deuxième mot du premier segment indique dans quelle catégorie chercher le deuxième mot manquant (souligné) : c'est un animal.

Recherchez ensuite, dans les propositions, celle pour laquelle les deux mots correspondent. Il faut alors souvent procéder par élimination.

Le rapport entre les mots peut être : une catégorie/un exemple dans cette catégorie, un tout/une partie, etc.

En cas de doute, repérez si on cherche un nom ou un adjectif, un mot au singulier ou au pluriel, un féminin ou un masculin…

› Les croisements de classes

Il s'agit de retrouver le mot qui fait simultanément partie de deux catégories différentes.

Exemple

› Énoncé

Ex. 1 :

		Jaune		
		Bleu		
Citron	Poire	**????**	Banane	Kiwi
		Vert		
		Violet		

Ex. 2 :

Clavier
Unité centrale
Rat Mulot ***????*** Loir Gerbille
Scanner
Imprimante

Ex. 3 :

Bleu
Jaune
Lys Violette ***????*** Pâquerette Tulipe
Vert
Rouge

Ex. 4 :

Entremet
Tarte
Neige Pluie ***????*** Eau Iceberg
Cookies
Gâteau

› Corrigé commenté

Ce type de test est relativement facile. L'ensemble des mots regroupés en deux catégories met sur la piste.

Ex. 1 : Orange.

Ex. 2 : Souris.

Ex. 3 : Rose.

Ex. 4 : Glace.

› Les proverbes

Dans ce type d'exercice, on vous donne un proverbe et une liste d'explications possibles de ce dernier. Il faut déterminer laquelle est la bonne.

Exemple

› Énoncé

Ex. 1 : « L'habit ne fait pas le moine » signifie :

1) il ne faut pas se fier aux apparences ;
2) les moines ont un habit particulier ;
3) les moines sont de moins en moins en soutane ;
4) les habits des moines ne sont pas spécialement conçus pour eux.

Ex. 2 : « Tous les chemins mènent à Rome » signifie :

1) il n'y a pas qu'une seule manière d'arriver au résultat ;
2) il n'est pas difficile de trouver Rome ;
3) en Italie, toutes les grandes routes partent de Rome ;
4) on peut méditer sur les chemins.

› Corrigé commenté

Pour les deux exemples, c'est la première réponse qui est la bonne. Les proverbes ne sont pas à prendre au pied de la lettre. Un proverbe permet d'énoncer une vérité à partir d'éléments imagés.

1.2.10. Les figures logiques

Ce sont toujours des tests de logique mais essentiellement composés de symboles à visualiser dans l'espace.

On retrouve les suites logiques et les matrices.

› Les suites logiques

Plusieurs figures sont présentées sous forme d'une suite. Il faut trouver l'élément qui doit suivre.

Exemple

› Consigne

Parmi les quatre figures proposées, identifiez celle qui continue logiquement cette suite.

Suite n° 1 :

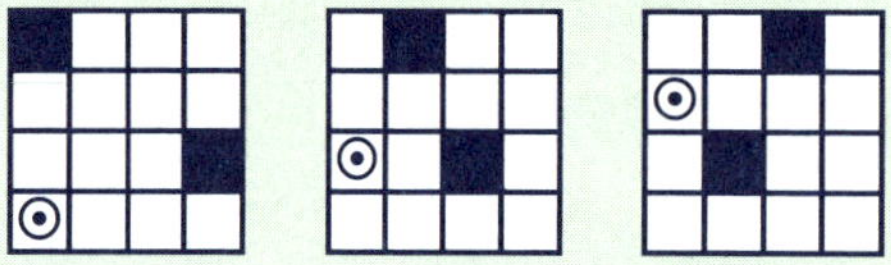

?

Propositions de réponse

1 2 3 4

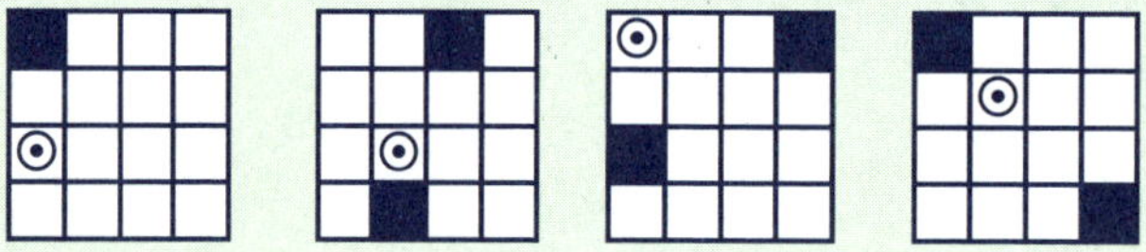

Suite n° 2 :

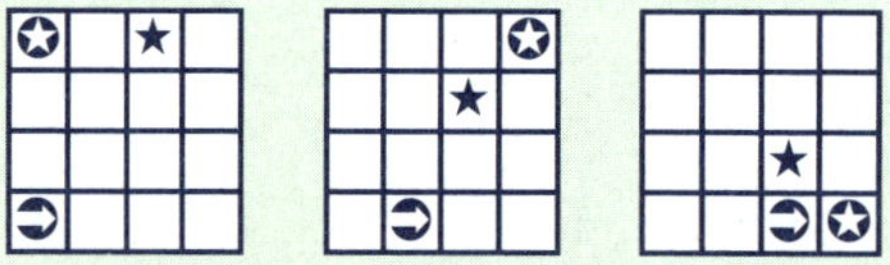

?

Propositions de réponse

1 2 3 4

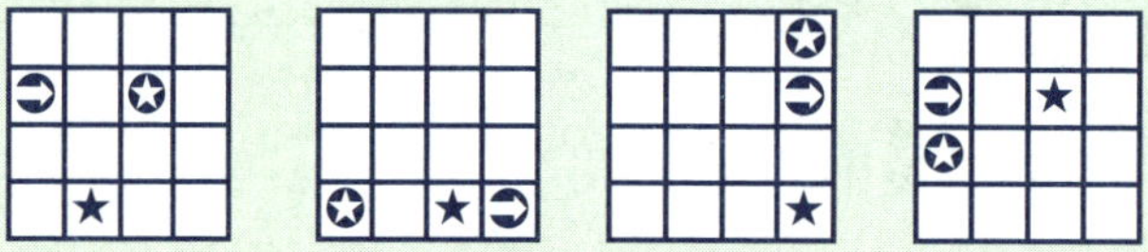

Suite n° 3 :

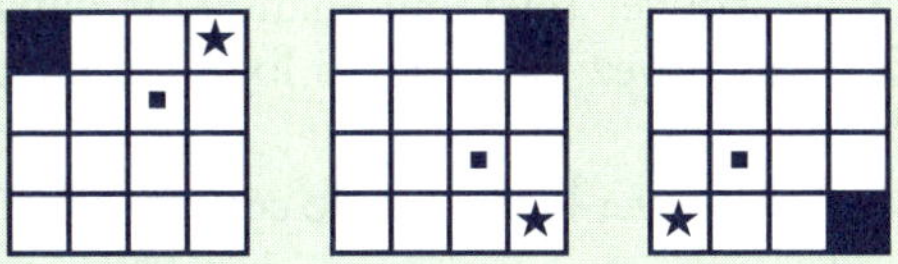

?

Propositions de réponse

1 2 3 4

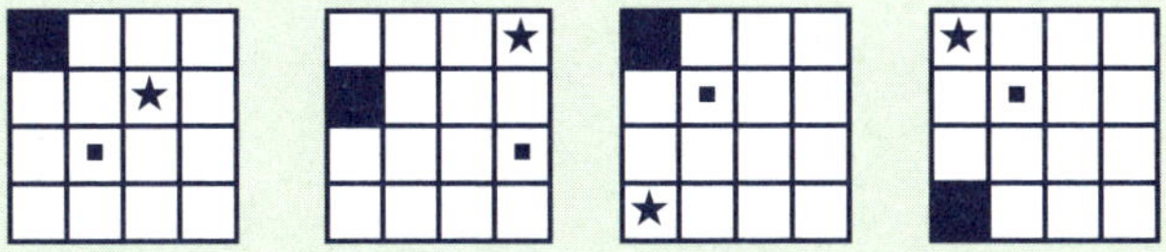

› Corrigé commenté

Suite n° 1 : La réponse est « 3 ».

Dans cet exemple le carré noir du haut se déplace horizontalement vers la droite d'une case à chaque fois. Il se retrouvera donc en haut à droite sur la 4e figure.

Le carré noir sur la 3e ligne se déplace également horizontalement mais vers la gauche. Il va donc se retrouver sur la 3e ligne, à gauche.

Le signe ⊙ se déplace verticalement vers le haut. Il se retrouvera donc en haut à gauche.

Suite n° 2 : La réponse est « 2 », car :

– ✪ se déplace dans le sens des aiguilles d'une montre d'un angle à l'autre de la figure ;

– ★ descend d'une case à chaque fois ;

– ➲ reste sur la 4e ligne et se déplace d'une case vers la droite à chaque fois.

Suite n° 3 : La réponse est « 4 ».

On peut analyser le mouvement des éléments un par un (ce qui est conseillé si la solution n'apparaît pas comme évidente) mais, dans cet exemple, l'ensemble se déplace d'un bloc dans le sens des aiguilles d'une montre.

Conseil bonus

Pour trouver la réponse, il faut :

– observer la figure et les différents éléments qui la composent ;

– identifier le mouvement des éléments un par un (se déplacent-ils à l'horizontale, en diagonale, à la verticale, d'une ou de plusieurs cases, dans le sens des aiguilles d'une montre ou à l'inverse ; changent-ils de forme, de couleur, de taille...).

Si les éléments qui composent la figure sont nombreux, reportez les éléments un par un sur un brouillon. Il est en effet difficile de se repérer parmi les nombreuses propositions en gardant en mémoire la place de chaque forme.

› Les matrices

La consigne est relativement identique. Il s'agit de trouver l'élément manquant dans une représentation spatiale : la matrice. Pour cela, vous devez identifier la logique qui a permis de placer les différents éléments.

Les suites sont présentées dans un tableau dont il faut retrouver la logique de construction.

Ce test est relativement simple. Le grand nombre d'exercices proposés avec des solutions différentes à chaque fois constitue la principale difficulté.

Exemple

› Énoncé

Parmi les quatre figures proposées, identifiez celle qui continue logiquement cette suite.

Ex. 1 :

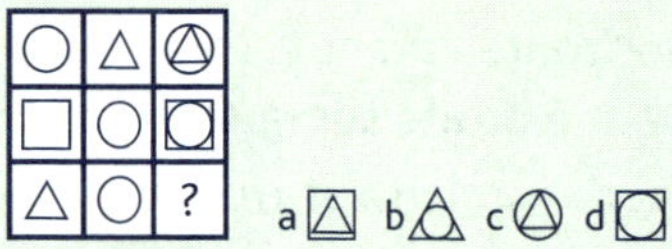

Ex. 2 :

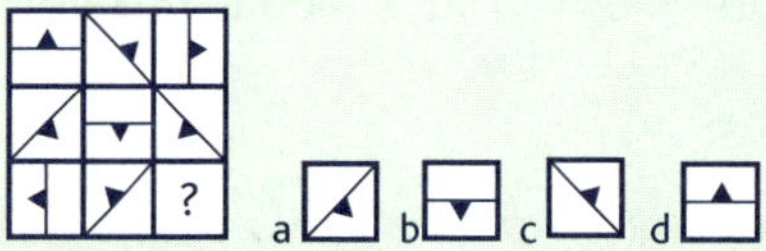

Ex. 3 :

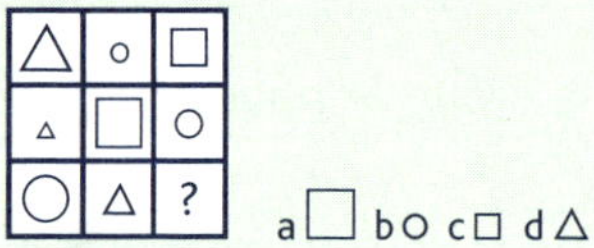

Ex. 4 :

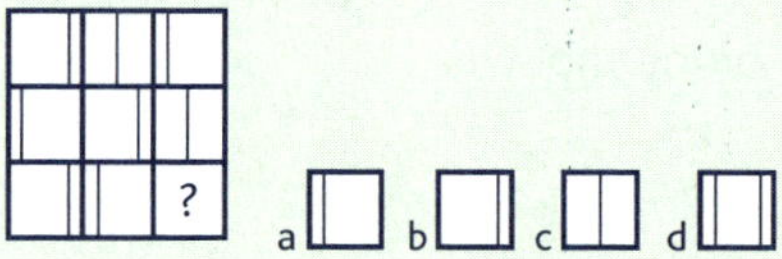

› Corrigé commenté

Ex. 1 : La réponse est « **B** ». Pour chaque ligne, les cases de droite correspondent à l'encastrement de la deuxième figure dans la première.

Ex. 2 : La réponse est « **D** ». À chacune des cases, la figure (triangle sur trait) tourne dans le sens des aiguilles d'une montre.

Ex. 3 : La réponse est « **C** ». Pour chaque ligne, il y a un triangle, un rond et un carré ainsi qu'une petite, une moyenne et une grande figure. Sur la dernière ligne, il manque donc un carré et une petite figure.

Ex. 4 : La réponse est « **C** ». Pour chaque ligne, la barre verticale se trouve une fois à droite, une fois à gauche, une fois au milieu.

›2. Les tests d'organisation

2.1. Descriptif et difficultés

Dans ce type de test, on vous demande de gérer et d'organiser un certain nombre d'informations.

Cela demande de suivre avec méthode, attention et précision les indications données.

Il suffit souvent de travailler pas à pas et de bien vérifier à chaque étape qu'il n'y a pas d'erreur.

Ce type de test est assez facile bien que certains exercices demandent de l'entraînement.

2.2. Présentation illustrée de nombreux exercices et correction commentée

2.2.1. Classer des personnes ou des objets en suivant des consignes

Exemple

›Énoncé

Quatre sportifs de disciplines différentes sont arrivés respectivement 1er, 2e, 3e et 4e aux épreuves. Ils pratiquent le ski (), l'haltérophilie (), la natation (), le golf ().

Consigne : à l'aide des indications ci-dessous, classez les sportifs dans l'ordre croissant de leur performance.

L'haltérophile est mieux placé que le nageur.

Le golfeur est moins bon que le skieur.

Le golfeur est moins bon que le nageur mais ne le suit pas directement dans le classement.

›Correction commentée

Réponse :  1er ;  2e,  3e ;  4e.

Au brouillon, placez les sportifs deux par deux et suivez les indications :

– Haltérophile > Nageur

– Skieur > Golfeur

– Golfeur < Nageur (sans le suivre directement dans le classement)

2.2.2. Réalisation de plannings

Exemple

› Énoncé

Situation :

Vous travaillez dans une colonie de vacances et vous réalisez le planning des activités des enfants du lundi au dimanche.

Six activités sont organisées : marche, tournoi de ping-pong, perles, poterie, révisions scolaires, voile.

Les enfants ont parfois des moments de temps libre.

Indications :

A. La marche se pratique deux fois par semaine, une fois le matin, une fois l'après-midi deux jours plus tard.

B. Le tournoi de ping-pong est organisé le matin, un jour sur deux. Il débute le lundi de cette semaine et est organisé en quatre tours.

C. Les révisions scolaires ont lieu trois après-midi par semaine, sauf le week-end, et jamais deux jours successifs.

D. L'activité « perles » est pratiquée le mardi après-midi, la voile le jeudi matin, la poterie une fois par semaine.

E. Deux demi-journées sont libres le week-end, une fois le matin, une fois l'après-midi.

Question 1 : Quels sont les jours où se pratique le tournoi de ping-pong ?

Question 2 : Quand la poterie est-elle proposée ?

Question 3 : Quelles sont les demi-journées consacrées à la marche ?

Question 4 : Quelles sont les demi-journées consacrées aux révisions scolaires ?

Question 5 : Quelles sont les deux demi-journées de temps libre ?

› Correction commentée

Pour répondre aux questions ; vous devez construire un planning et y entrer les informations les unes après les autres, sans en oublier. Elles vont s'emboîter logiquement en suivant les indications :

A : Gardez l'information pour plus tard ;

B : Le ping-pong peut être placé sur le planning. À partir de lundi, un jour sur deux, le matin, 4 fois dans la semaine ;

C : Pas de révisions scolaires le week-end. Il y en a trois, jamais deux jours successifs. Elles ont donc lieu les lundi, mercredi, vendredi ;

D : On peut placer directement « perles » et « voile ». La poterie reste en attente ;

E : Comme le dimanche matin est pris par le ping-pong, la demi-journée libre est l'après-midi. Donc celle du samedi sera le matin ;

On reprend l'information A, ce qui permet de placer facilement l'activité « marche » (l'une à deux jours d'intervalle de l'autre) et la poterie dans la case restante.

Lundi	Mardi	Mercredi	Jeudi	Vendredi	Samedi	Dimanche
Ping-pong	Marche	Ping-pong	Voile	Ping-pong	Libre	Ping-pong
Révisions	Perles	Révisions	Marche	Révisions	Poterie	Libre

Réponse 1 : lundi, mercredi, vendredi, dimanche.
Réponse 2 : le samedi après-midi.
Réponse 3 : mardi matin et jeudi après-midi.
Réponse 4 : lundi, mercredi et vendredi après-midi.
Réponse 5 : samedi matin et dimanche après-midi.

2.2.3. Organisation de données et recoupements

› Première version

Exemple

› Énoncé

À l'hôpital, le DRH encourage la pratique du sport. Il enquête dans le service de pédiatrie et de maternité afin d'établir une liste de volontaires.

Prénoms	Fonction	Sport	Âge
Dominique	Infirmière	Tennis	21
Adeline	Médecin	Gymnastique	24
Manon	Aide-soignante	Natation, marche	26
Sophie	Infirmière	Tennis, marche	47
Dominique	Infirmière	Gymnastique, volley-ball	25
Amélie	Aide-soignante	Volley-ball	19
Lucie	Auxiliaire de puériculture	Natation, marche	37
Dominique	Infirmière	Tennis, gymnastique	34
Adèle	Agent de service	Gymnastique	54
Fatou	Auxiliaire de puériculture	Volley-ball	34
Françoise	Auxiliaire de puériculture	Volley-ball	33
Agnès	Sage-femme	Tennis, gymnastique	21
Dominique	Auxiliaire de puériculture	Natation	51
Dominique	Infirmière	Gymnastique, marche	23
Dorine	Psychologue	Gymnastique	45
Estelle	Aide-soignante	Gymnastique, tennis	19
Martine	Auxiliaire de puériculture	Volley-ball	23
Marie	Sage-femme	Gymnastique	34
Patrick	Infirmier	Tennis, natation	29
Agnès	Infirmière	Gymnastique, marche	23

Tests d'aptitude

Question 1 : Combien de femmes sont-elles volontaires pour faire du tennis ?

Question 2 : Combien de femmes de moins de 30 ans veulent-elles faire de la gymnastique ?

Question 3 : Combien d'auxiliaires de puériculture sont-elles intéressées par la natation ?

Question 4 : Combien de « Dominique » souhaitent pratiquer la gymnastique ou le tennis ?

Question 5 : Combien d'auxiliaires de puériculture ou d'aides-soignantes de plus de 34 ans souhaitent-elles faire un sport ?

› Correction commentée

Réponse 1 : 5.

Réponse 2 : 6.

Réponse 3 : 2.

Réponse 4 : 4.

Réponse 4 : 2.

Conseil bonus

Il suffit de croiser les données.

Ce test ressemble à certains tests d'attention (listes de notes, biberons...). Il ne présente pas de difficulté particulière mais doit être effectué rapidement.

› Variante

Exemple

› Énoncé

Ce sont les Jeux Olympiques.

Trois sports sont organisés ce jour : la course, le saut, le javelot.

Trois athlètes concourent : Benoît, Paul, Vladimir.

Les épreuves auront lieu à 9 heures, 13 heures et 17 heures.

Chaque sportif ne pratique qu'un sport à une heure précise.

L'organisateur a perdu ses fiches et ne sait plus qui fait quoi et quand.

Vous savez que :

A. Paul n'est pas champion de Javelot. Il commence à 9 heures.

B. Benoît sera le deuxième à entrer en compétition.

C. La course est la première épreuve avant qu'il ne fasse trop chaud.

D. Vladimir est champion de saut.

Question 1 : Quel sport pratique Benoît ?
Question 2 : À quelle heure concourra Vladimir ?
Question 3 : Quel sport pratique Paul ?
Question 4 : À quelle heure aura lieu l'épreuve de Javelot ?

› Correction commentée

Réponse 1 : Le javelot.
Réponse 2 : 17 heures.
Réponse 3 : La course.
Réponse 4 : 13 heures.

Pour trouver les réponses à ce test, vous pouvez constituer un tableau que vous allez compléter au fur et à mesure.
Puis, il faut faire correspondre les lignes et les colonnes pour mettre une croix dans la case voulue.

Avec A, on peut noter

	Course	Saut	Javelot	
9 h				Paul
13 h				
17 h				
			Pas Paul	

Avec B, on peut noter

	Course	Saut	Javelot	
9 h				Paul
13 h				Benoît
17 h				
			Pas Paul	

Avec C, on peut noter

	Course	Saut	Javelot	
9 h	✗			Paul
13 h				Benoît
17 h				
	1re épreuve		Pas Paul	
On sait déjà que Paul fait de la course à 9 h				

Avec D, on peut noter

	Course	Saut	Javelot	
9 h	✗			Paul
13 h			✗	Benoît
17 h		✗		
	1re épreuve Paul	Vladimir	Pas Paul	

Tests d'aptitude

Par déduction, on peut affirmer que Benoît fait du javelot à 13 heures et Vladimir du saut à 17 heures :

	Course	Saut	Javelot	
9 h	✗			Paul
13 h			✗	Benoît
17 h		✗		Vladimir
	1re épreuve Paul	Vladimir	Benoît	

›3. Les tests d'attention

3.1. Description et difficultés

Ces tests prennent des formes très différentes. Ils reposent tous sur l'observation. Ils demandent un effort soutenu de perception et de concentration.

Ils sont composés d'une multitude d'éléments qui peuvent être des chiffres, des dessins, des symboles, des formes, des lettres…

Il faut :

- compter les différents éléments ;
- repérer un élément différent ou identique aux autres ;
- localiser une forme dans un tableau à double entrée ;
- percevoir des différences et des ressemblances dans des séries de symboles ;
- décompter les éléments communs d'une figure ;
- répondre à des questions à partir d'un texte ou d'une image vus une seule fois ;
- décrire une suite de symboles ;
- repérer un intrus ;
- comparer deux séries de signes ;
- décoder un langage symbolique…

C'est le moins difficile des tests mais le temps est compté et les exercices souvent longs. La principale difficulté réside dans le maintien de la concentration tout au long d'exercices souvent très ennuyeux.

Les sources d'échec à ce type de tests sont la multitude de détails, les formes parfois difficiles à distinguer, les consignes différentes pour un même exercice.

De plus, ces tests sont souvent placés en fin d'épreuve. La fatigue accumulée va accroître leur difficulté, d'autant plus qu'il faudra être rapide sans faire d'erreur.

Conseil bonus

Lisez bien la consigne qui est souvent très simple mais qui varie d'un exercice à l'autre. Elle donne fréquemment des indications très précieuses.
Ne vous laissez pas distraire.
Travaillez méthodiquement (ligne par ligne ou colonne par colonne…).
Utilisez des repères (crayon, surligneur) si c'est autorisé (mais attention à ne pas surcharger la figure s'il y a plusieurs questions).
Votre efficacité le jour de l'examen sera liée à votre concentration et à l'entraînement que vous aurez suivi.

3.2. Différents types de tests d'attention et correction commentée

3.2.1. Repérer et compter des éléments d'un ensemble

› Tableau d'éléments à repérer

Exemple

› Énoncé

Observez ce cadre rempli de lettres et répondez aux questions.

```
e f g h j l s d v z r e l i p d b d
g h l q a f j z i p q g f b x l p t
p l q f h j n v d b p d g j w r k
y p g q p t y o k l j f g b d e r
m p f g j b q a e o n t f d h y h
j k l f g b h q t u o p f g n j l p
g q b m n h e i j l p f g h t a v
```

Question 1 : Indiquez combien il y a de « b ».

Question 2 : Combien y a-t-il de « d » précédé d'un « b » ? Entourez la réponse juste parmi les choix suivants.

0	1	2	3

› Correction commentée

La consigne est simple et le tableau assez petit.
La difficulté réside à ne pas confondre « b » et « d » et à bien interpréter la question 2.
Réponse 1 : « 7 ». Vous devez trouver la réponse sans indication.

Tests d'aptitude

Réponse 2 : « 2 ». Vous devez choisir parmi les réponses proposées.
Attention, la question prête à confusion. Dans l'énoncé, « d » est placé avant « b » alors que la question peut être reformulée : « Combien y a-t-il de "bd" ? »
Il est conseillé aux candidats qui confondent « b » et « d » ou à ceux qui ont peur de confondre « bd » et « db » de se répéter mentalement les lettres cherchées.
Pour gagner du temps, il est possible d'entourer les « b » lors de la première lecture. Attention cependant à ne pas surcharger les tableaux.

› Avec des chiffres, des formes, des symboles

Exemple

› Énoncé

∗	❉	❉	❋	✱	✖	⋆	✱
⋆	✱	✖	∗	❉	✖	❉	❋
✱	⋆	❉	✖	❋	✱	⋆	✖
❉	✖	❋	∗	⋆	✖	❋	✱
✱	∗	✖	✱	✖	∗	⋆	❉
❉	⋆	❋	⋆	❉	⋆	❉	✖
⋆	∗	✖	✱	✖	∗	✖	❋
✱	❋	❉	❉	✱	❋	✖	✱

Question 1 : Combien y a-t-il de ✱ ?
Question 2 : Combien y a-t-il de ❋ ?
Question 3 : Combien y a-t-il de ✖ précédé de ⋆ ?
Question 4 : Combien y a-t-il de ❋ sous un ✖ ?

› Correction commentée

Réponse 1 : 6.
Réponse 2 : 9.
Réponses 3 : 2.
Réponse 4 : 2.
Entraînez-vous et repérez si vous êtes plus rapide en cherchant par colonne ou par ligne. Le tableau quadrillé permet la recherche dans les deux sens.

Conseil bonus

Si le tableau est très grand, il est préférable de noter ses résultats à chaque ligne (ou colonne) et d'additionner le tout pour répondre. Cela fait gagner du temps en cas d'hésitation car tout n'est pas à recompter !

Il peut être plus facile d'utiliser un surligneur ou un crayon mais ce n'est pas toujours autorisé et, s'il y a plusieurs questions, cela ne doit pas surcharger le tableau.

› Variante 2

Même chose que le précédent exercice avec des lettres, des chiffres ou des symboles mais disposés de manière moins ordonnée.

Exemple

› Énoncé

A b j d f

p m E f v s p d g f x s M P z f

m f d P q a C c d l d p m a s z d e f g t

R s d f r f h d s o v d f S o v n E g n b

e R g n b f N v N

Question 1 : Comptez le nombre de « e ».

Question 2 : Combien y a-t-il de consonnes en majuscule ?

› Correction commentée

Réponse 1 : 4 (la question ne distingue pas les majuscules et les minuscules, donc il faut compter les deux).

Réponse 2 : 9.

L'idéal est de pouvoir cocher les lettres recherchées. Mais attention à lire toutes les questions avant de surcharger la figure.

› Variante 3

Le test peut être présenté sous forme de texte dont l'écriture est déformée.

Exemple

› Énoncé

Il suffit de s'entraîner pour se perfectionner et réussir les tests au concours d'entrée en institut de formation d'auxiliaires de puériculture.

Question 1 : Combien y a-t-il de doubles consonnes ?
Question 2 : Combien y a-t-il de « i » ?
Question 3 : Combien y a-t-il de « n » ?

› Correction

Réponse 1 : 3.
Réponse 2 : 12 (ne pas oublier le premier « i » majuscule).
Réponse 3 : 9.

3.2.2. Repérer des différences ou des ressemblances dans des séries de symboles

› Première version

Exemple

› Énoncé

Pour chaque ligne, indiquez par oui ou non si la colonne 1 est identique à la colonne 2.

			oui	non
1	✺ ✻ ✾ ❀ ❃ ❄ ❉ ✾	✺ ✻ ✾ ❀ ❃ ❄ ❉ ✾		
2	♛ ♛ ✺ ♕ ♚ ❋ ✿ ★	♛ ♛ ✺ ♕ ♚ ❋ ✿ ★		
3	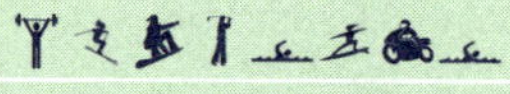	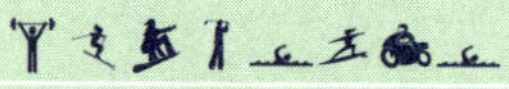		
4	n r m w m c s m	n r m w n c s m		
5	3 5 7 9 4 6 7 8	3 5 7 9 4 6 7 8		
6	↜↝↞↟↠↡↢↣	↜↝↞↟↠↡↢↣		

			oui	non
7				
8	SPDMELRK	SPDMFLRK		
9				
10	CKELRNZL	CKELRNZL		
11				
12				
13				
14				

› Correction commentée

	1	2	3	4	5	6	7	8	9	10	11	12	13	14
Oui			✔		✔	✔			✔	✔	✔	✔	✔	
Non	✔	✔		✔			✔	✔						✔

La consigne peut être formulée différemment : « La colonne 1 est-elle identique à la colonne 2 ? » ou « La colonne 1 est-elle différente de la colonne 2 ? », ce qui amène bien sûr une réponse inverse. Vous pouvez, pour éviter la confusion, noter à côté de OUI et NON le signe = ou ≠.
La difficulté vient de la longueur du test (qui peut faire plus d'une page) et de la multitude de symboles.

› Variante 1

Le test peut être constitué uniquement de lettres, de chiffres, de symboles ou, comme le test présenté ci-dessus, être mixte.

› Variante 2

Exemple

› Énoncé

Consigne : Citez le numéro du cadre qui contient 4 éléments qui ne sont visibles dans aucun autre cadre.

1 2 3 4 5

› Correction commentée

Réponse : 2.

Prendre les éléments un par un et les rechercher dans les autres cadres. À chaque fois qu'il est retrouvé, il faut passer à l'analyse des éléments du cadre suivant.

La difficulté peut venir du nombre d'éléments présents dans un cadre (4, 6, 8 ou plus), du nombre de cadres par ligne ou de la longueur du test.

› Variante 3

Exemple

› Énoncé

Question 1 : Combien y a-t-il de figures présentes dans une étoile et qui ne se retrouvent pas dans l'autre ?

Question 2 : Combien de figures sont-elles présentes dans l'étoile 1 et absentes dans l'étoile 2 ?

Question 3 : Combien de figures sont-elles présentes dans l'étoile 2 et absentes dans l'étoile 1 ?

Question 4 : Combien y a-t-il de symboles qui se retrouvent dans les deux étoiles ?

Étoile 1 ***Étoile 2***

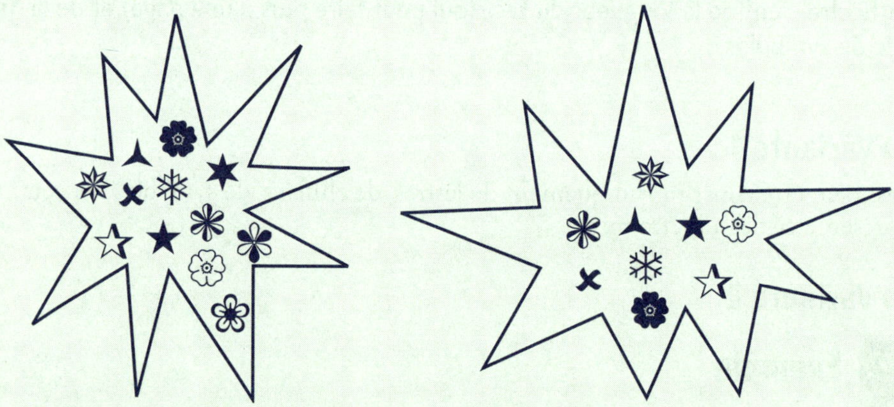

› Correction commentée

Question 1 : 5 (il s'agit de ✾ ❄ ❆ ❀ ★).

Question 2 : 4 (✾ ❆ ★ ❀).

Question 3 : 1 (❄).

Question 4 : 8 (✿ ❋ ★ ☆ ✕ ⅄ ❀ ✾).

La lecture précise des consignes a toute son importance !

3.2.3. Localiser des éléments dans un tableau

Exemple

› Énoncé

Consigne : Observez le tableau et repérez les formes ↓↑ 🗎 ✿ ⚐, puis indiquez leur localisation.

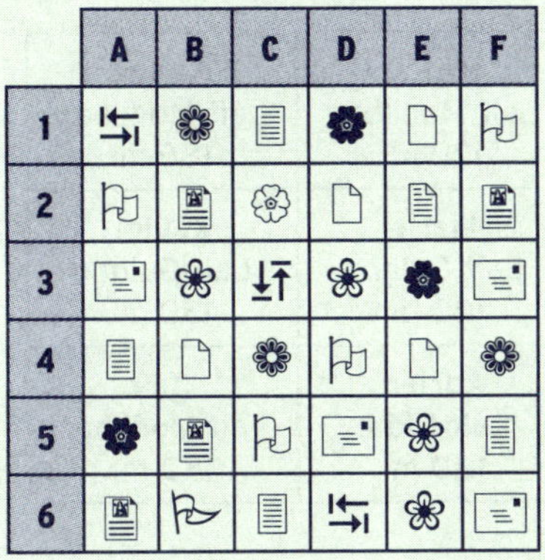

Forme	Colonne	Ligne
↓↑		
🗎		
✿		
⚐		

› Correction commentée

Réponse : ↓↑ C3 ; 🗎 E2 ; ✿ C2 ; ⚐ B6.

Plus les signes sont ressemblants, plus l'exercice est difficile.

Conseil bonus

Dessinez la forme pour la comparer sans trop d'effort de mémoire ou répétez-vous mentalement la forme : « flèche bas puis flèche haut », « drapeau pointu », etc.

3.2.4. Repérer et classer plusieurs éléments

Exemple

› Énoncé

Vous travaillez en crèche et vous devez faire les biberons. Vous disposez du tableau suivant :

Maxime Lait Guigoz 120 ml	**Loïc** Lait Nidal 90 ml	**Sandra** Lait Nidal 150 ml	**Matéo** Lait Modilhac 120 ml	**Karine** Lait Modilhac 180 ml
Simon Lait Guigoz 150 ml	**Mounir** Lait Modilhac 90 ml	**Jordan** Lait Guigoz 210 ml	**Marie** Lait Guigoz 180 ml	**Xavier** Lait Guigoz 150 ml
Farid Lait Modilhac 120 ml	**Dorine** Lait Nidal 180 ml	**Sylvie** Lait Guigoz 240 ml	**Adrien** Lait Nidal 180 ml	**Zoé** Lait Modilhac 150 ml

Question 1 : Combien d'enfants dont le nom commence par « M » consomment-ils du lait Guigoz ?

Question 2 : Combien d'enfants ont-ils un biberon de 150 ml de lait Nidal ?

Question 3 : Combien d'enfants boivent-ils 180 ml de lait qui n'est pas du Nidal ?

Question 4 : Combien d'enfants ont-ils un prénom commençant par « M » ?

Question 5 : Combien d'enfants dont le nom comprend au moins un « m » boivent-ils du lait Guigoz ?

› Correction commentée

Réponse 1 : 2.

Réponse 2 : 1.

Réponse 3 : 2.

Réponse 4 : 4.

Réponse 5 : 3.

Il n'est pas difficile de répondre mais, dans ce type de test, les questions peuvent varier à l'infini. Il est important de les prendre une par une et de ne pas faire de confusion entre deux consignes.

Le tableau peut être encore plus complexe si on ajoute, par exemple, dans chaque case un ou deux horaires de biberon et le nom d'une auxiliaire de puériculture qui s'occupe de l'enfant. Les questions croiseraient alors prénoms, laits, quantités, horaires, nom des auxiliaires de puériculture.

3.2.5. Répondre à des questions utilisant un langage symbolique

› Première version

Exemple

› Énoncé

Vous vous trouvez dans la classe A1, dans le demi-groupe G1.

Vos camarades de classe sont :

Véronique (■), Alexandre (▣), Samir (❐), Fatou (◘), Manon (◙), Grégory (▦), Marie (▧), Alex (▚), Kevin (◈) et vous (⊡).

La classe est disposée sur deux rangées comme ceci :

professeur

Répondez par vrai ou faux aux questions suivantes :

		Vrai	Faux
1	Samir se trouve entre Alexandre et Kévin		
2	Vous êtes au premier rang		
3	Alexandre est au deuxième rang		
4	Grégory est à côté de Véronique et derrière Manon		
5	Alex est juste derrière Samir		
6	Fatou et Alexandre sont côte à côte		
7	Manon est juste devant Véronique		
8	Marie est juste devant Véronique		
9	Véronique, Alex et vous êtes au deuxième rang		
10	Marie est à la droite du professeur		

› Correction commentée

1	2	3	4	5	6	7s	8	9	10
F	F	V	V	F	F	F	F	V	V

Cet exercice demande attention et mémoire.

Attention : « à gauche du professeur » est exactement l'inverse de « à la gauche d'un camarade ».

Conseil bonus

Il est préférable de réécrire les rangées avec les noms. Cela évite de rechercher les correspondances et fait gagner du temps si le nombre de questions est important.

› Première variante

Mêmes symboles et même situation, mais la façon de répondre va changer.

Exemple

› Énoncé

Parmi ces groupes de trois propositions, indiquez 0 si aucune d'entre elles n'est exacte, 1 si une proposition est exacte, 2 si deux propositions sont exactes et 3 si trois propositions sont exactes.

A. Véronique est placée entre Grégory et Alex.
Alexandre est à côté d'Alex.
Vous êtes au deuxième rang.

B. Kévin et Fatou sont côte à côte et devant Marie.
Manon est juste devant vous.
Samir est à côté d'Alexandre.

C. Manon est à côté de Kévin qui est à côté de Fatou.
Marie est devant vous.
Alex est à côté de vous.

D. Grégory est juste devant Manon.
Fatou est à côté de Kévin.
Grégory est à la gauche d'Alex.

E. Alex et Véronique sont séparés par Grégory.
Kévin et Fatou sont juste devant Alexandre et Alex.
Manon est encadrée par Samir, Grégory et Kévin.

› Correction

Proposition	A	B	C	D	E
Réponse	2	0	2	1	3

› Deuxième variante

La même question est encore plus difficile si on la formule de cette façon : parmi ces groupes de trois propositions, indiquer X si aucune réponse n'est exacte, + si une réponse est exacte, # si deux réponses sont exactes et 0 si trois réponses sont exactes.

Exemple

› Correction

Propositions	A	B	C	D	E
Réponse 1	2	0	2	1	3
Réponse 2	#	x	#	+	0

La variante 2 est difficile car elle met en jeu un double code (le premier pour repérer les élèves, le deuxième pour coder la réponse). Il est indispensable de réécrire le code sur son brouillon : 0 = X ; 1 = + ; 2 = # ; 3 = 0.

3.2.6. Se repérer dans l'espace

› Premier modèle

Exemple

› Énoncé

Reconstituez des mots avec les lettres qui seraient apparentes si on superposait la grille noire et blanche à chaque grille de lettres.

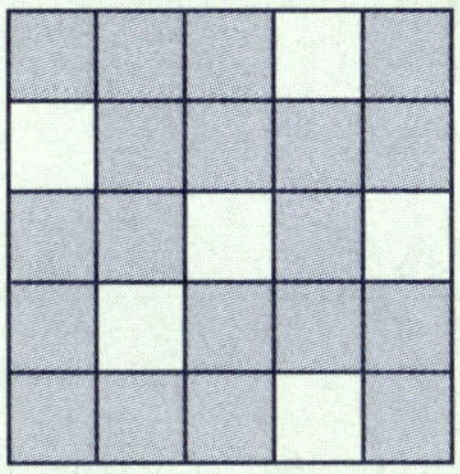

K	J	L	P	M
A	I	U	E	U
G	J	L	M	A
V	I	L	L	E
G	U	O	S	F

1

S	D	F	S	H
I	U	I	E	A
N	J	G	L	N
M	E	P	L	N
B	J	U	S	K

2

J	L	G	B	F
L	L	O	P	B
J	S	A	F	G
T	U	E	O	A
D	G	A	E	O

3

U	T	H	M	V
A	F	U	D	A
A	R	I	C	S
G	O	U	E	S
L	M	O	N	V

4

› Correction commentée

Réponse 1 : PALAIS.

Réponse 2 : SIGNES.

Réponse 3 : BLAGUE.

Réponse 4 : MAISON.

La difficulté consiste à imaginer rapidement la place des lettres qui seraient apparentes et à reconstituer le mot.

› Variante

Exemple

› Énoncé

Voici un cadre de référence :

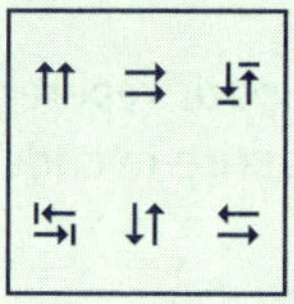

À partir du code numérique ci-dessous, indiquez le mouvement qui a été suivi pour chacun des cas suivants.

Code	Mouvement
1	Un quart de tour vers la droite (sens des aiguilles d'une montre)
2	Un quart de tour vers la gauche (sens inverse des aiguilles d'une montre)
3	Un demi-tour
4	Aucun mouvement
5	Figure modifiée

Cas n° 1

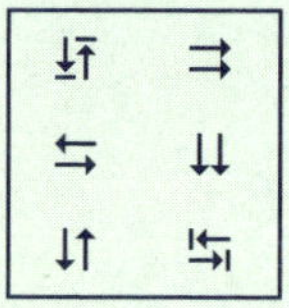

Cas n° 2

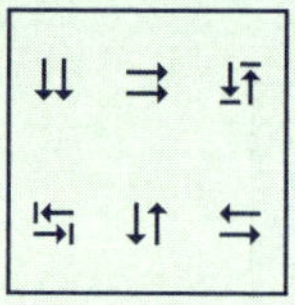

Cas n° 3

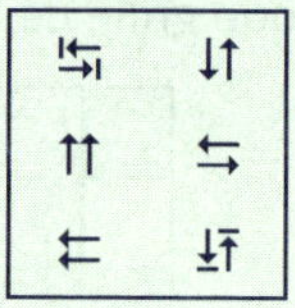

Cas n° 4

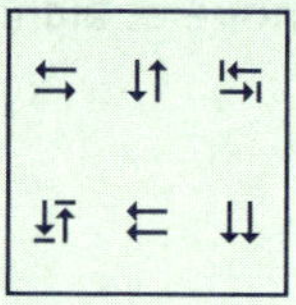

› Correction

Cas n° 1 : Le mouvement appliqué au cas n° 1 est le 1 (un quart de tour vers la droite).

Cas n° 2 : Le mouvement appliqué au cas n° 2 est le 5 (figure modifiée).

Cas n° 3 : Le mouvement appliqué au cas n° 3 est le 2 (un quart de tour vers la gauche).

Cas n° 4 : Le mouvement appliqué au cas n° 4 est le 3 (un demi-tour).

Entraînement

›1. Énoncés

1.1. Les tests de raisonnement logique

1.1.1. Les séries numériques

› Exercice 1 : logique de progression *(corrigé page 408)*

Identifiez la logique de progression de chaque série et indiquez les chiffres qui doivent remplacer les points d'interrogation.

1 **:** 3 → 4 → 6 → 7 → 9 → 10 → ?

2 **:** 32 → 35 → 38 → 41 → ?

3 **:** 4 → 8 → 12 → 16 → 20 → ?

4 **:** 12 → 13 → 15 → 18 → 22 → ?

5 **:** 2 → 4 → 8 → 14 → 22 → ?

6 **:** 4 → 6 → 5 → 7 → 6 → 8 → 7 → 9 → ? → ?

7 **:** 22 → 17 → 12 → ? → 2

8 **:** 16 → 14 → 28 → 26 → 52 → ? → ?

9 **:** 4 → 16 → 6 14 → 8 → 12 → 10 → ? → ?

10 **:** 12 → 13 → 11 → 12 → 10   ?

› Exercice 2 : l'intrus *(corrigé page 408)*

Identifiez l'élément qui ne s'intègre pas dans la série.

1 **:** 132 ; 210 ; 154 ; 136 ; 150

2 **:** 15 ; 45 ; 30 ; 42 ; 55

3 **:** 125 ; 129 ; 127 ; 126 ; 131

4 **:** 3 ; 7 ; 11 ; 1 ; 4

5 **:** 345 ; 453 ; 543 ; 435 541

6 **:** 1101 ; 120 ; 201 ; 300 ; 302

ÉNONCÉS

1.1.2. La logique verbale

› Exercice 3 : l'intrus *(corrigé page 408)*

Barrez l'intrus dans chaque série de mots.

1	Séjour	Chambre	Couloir	Porte	Entrée
2	Tilleul	Érable	Pommier	Cerisier	Sapin
3	Saumon	Baleine	Requin	Truite	Brochet
4	Bermuda	Jupe	Pantalon	Short	Pull
5	Colon	Estomac	Œsophage	Endocarde	Cardia
6	Pommier	Érable	Tilleul	Orme	Chêne
7	Marche	Saute	Trouve	Tasse	Classe
8	Tigre	Panthère	Chat	Chien	Lion
9	Poire	Tomate	Fraise	Courgette	Cerise
10	Nuage	Pluie	Soleil	Neige	Verglas

› Exercice 4 : correspondances *(corrigé page 409)*

Complétez les phrases suivantes avec l'une des propositions.

1. ???? est à cube ce que cercle est à ????
- Triangle – pyramide
- Carré – triangle
- Carré – sphère
- Dé – rond

2. ???? est à mer ce que truite est à ????
- Brochet – lac
- Truite – océan
- Colin – rivière
- Océan – poisson

3. ???? est à félin ce que araignée est à ????
- Tigre – insecte
- Tigre – moustique
- Boa – chien
- Animal – végétal

4. ???? est à animal ce que orange est à ????
- Chien – pomme
- Jument – repas
- Chat – fruit
- Eau – fruit

5. ???? est à montagne ce que pâquerette est à ????
- Edelweiss – plage
- Rose – plage
- Glacier – pré
- Edelweiss – campagne

6. ???? est à circulation ce que œil est à ????
- Artère – audition
- Gendarme – contravention
- Cœur – vision
- Veine – artère

7. ???? est à Europe ce que Kenya est à ????
- Angleterre – Inde
- Japon – Asie
- Continent – île
- France – Afrique

8. ???? est à gâteau ce que courgette est à ????
- Tarte – cerise
- Farine – ratatouille
- Œuf – légume
- Chocolat – tomate

1.1.3. Les figures logiques

Chaque exercice présente une suite de 3 carrés. Donnez, parmi les 4 propositions données au-dessous, celle qui complète la suite de carrés.

› Exercice 5 *(corrigé page 409)*

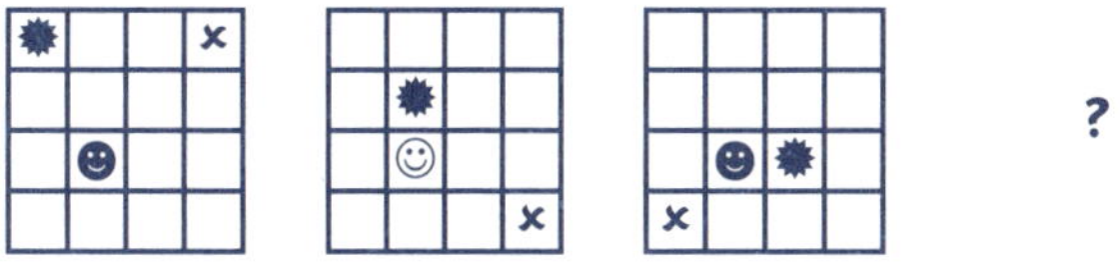

Propositions de réponse

1 2 3 4

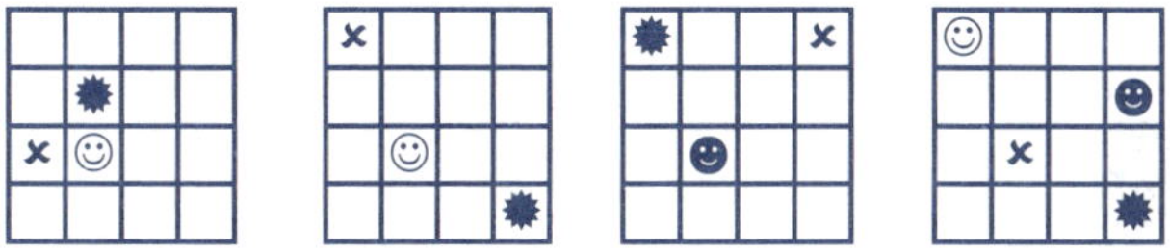

› Exercice 6 *(corrigé page 409)*

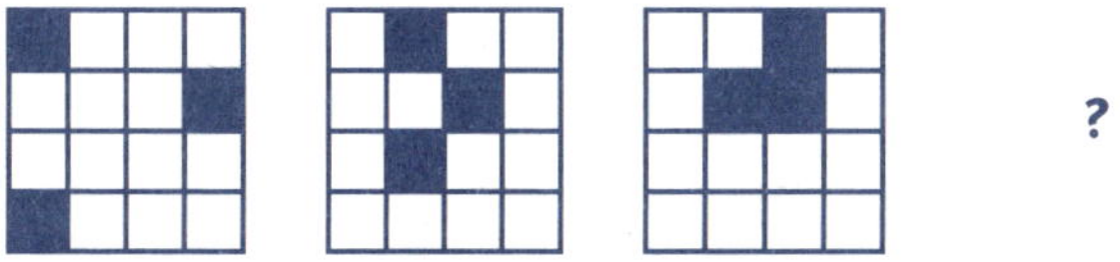

Propositions de réponse

1 2 3 4

› Exercice 7 *(corrigé page 409)*

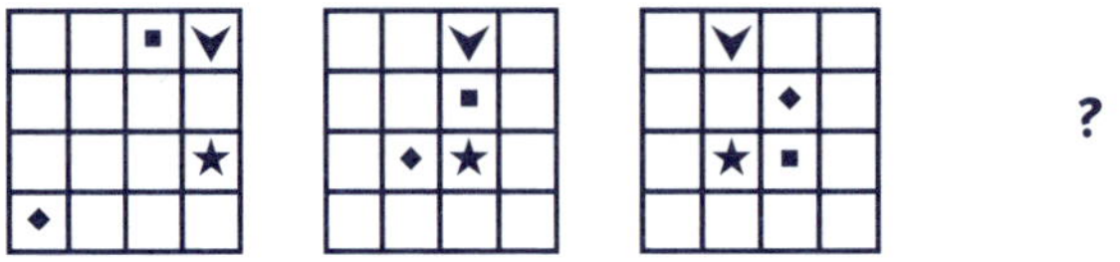

Propositions de réponse

1 2 3 4

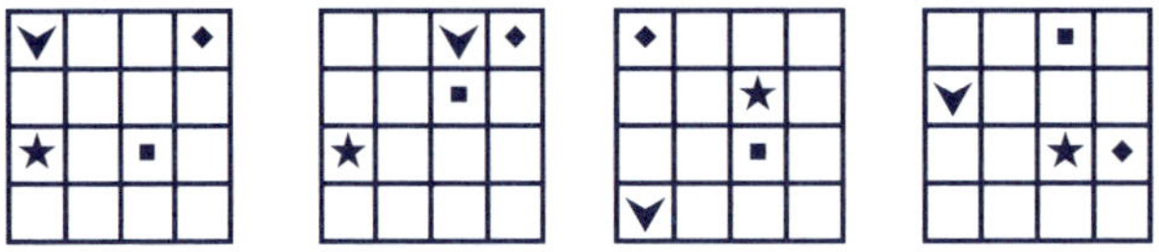

› Exercice 8 *(corrigé page 410)*

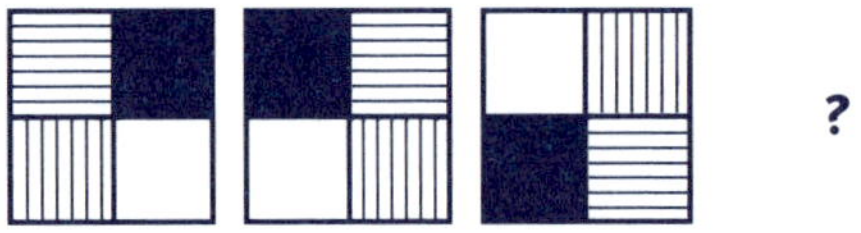

Propositions de réponse

1 2 3 4

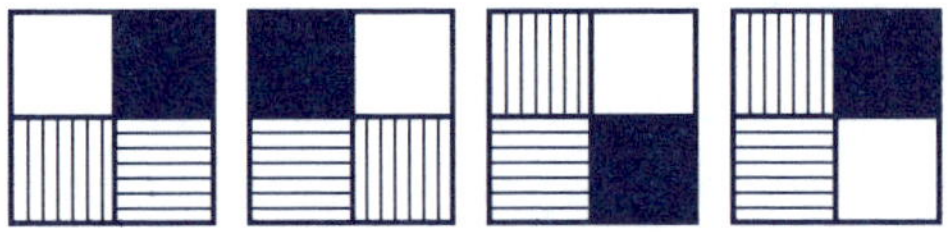

› Exercice 9 *(corrigé page 410)*

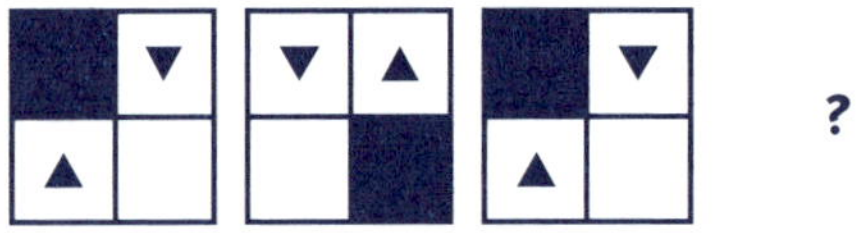

Propositions de réponse

1 2 3 4

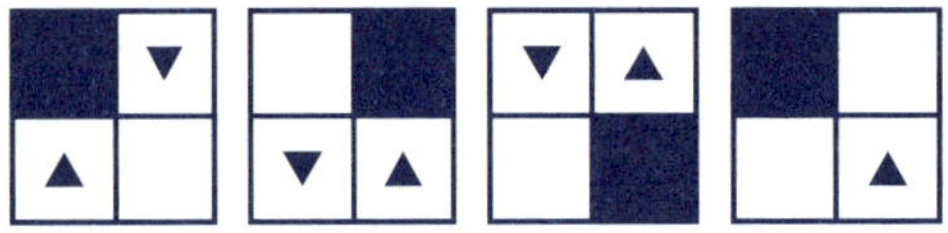

› Exercice 10 *(corrigé page 410)*

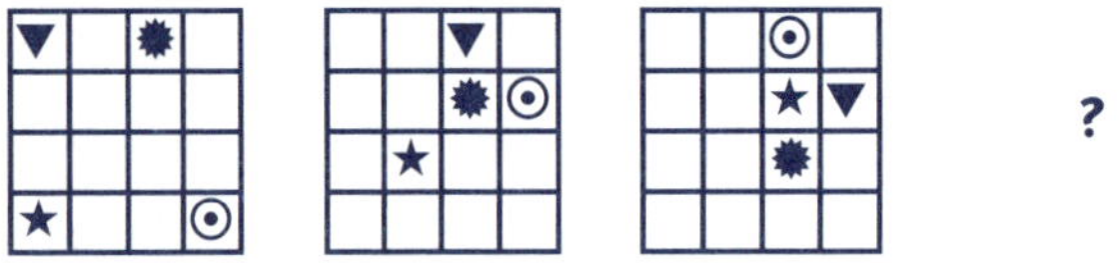

Propositions de réponse

1 2 3 4

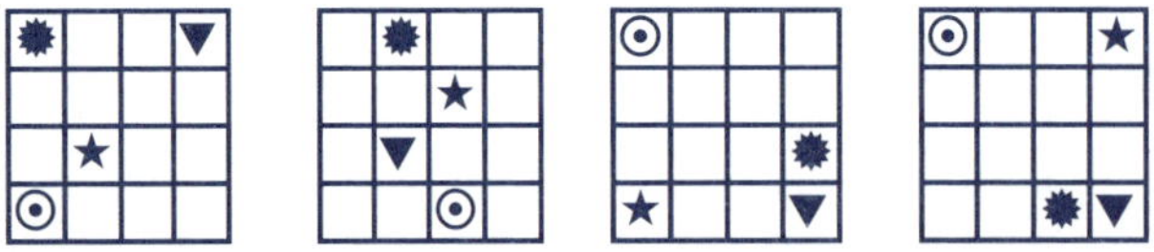

1.2. Les tests d'organisation

› Exercice 11 *(corrigé page 410)*

Trouvez la couleur des crayons (rouge, jaune, vert ou bleu).

Le bleu n'est pas à côté du rouge.
Le jaune est uniquement à côté du bleu.
Le rouge est le dernier crayon.

Crayons				
Couleur				

› Exercice 12 *(corrigé page 410)*

Dix élèves (a, b, c, d, e, f, g, h, i, j) assistent à un cours en demi-groupe. Ils sont assis sur deux rangées de 5.
Formez la classe en indiquant le nom des élèves.

- - - - -

- - - - -

professeur

« a » se trouve au premier rang à la gauche du professeur.
« c » et « g » sont assis à une extrémité de rangées différentes.
« g » est devant.
« a » et « i » sont également les plus éloignés en diagonale.
« e » et « f » sont côte à côte de même que « j » et « b ».
« b » est à côté de « g ».
« h » est à côté de « i ».

› Exercice 13 *(corrigé page 410)*

Marie, Manon et Marion sont trois amies. Elles vivent dans des logements différents (appartement, maison, foyer), dans des villes différentes (Paris, Rennes, Nice).
Répondez aux questions, sachant que :
a) Marie ne vit pas dans une maison ;
b) Manon ne vit ni en foyer, ni dans une maison ;
c) celle qui vit à Rennes est en appartement ;
d) la maison se trouve à Nice.

Question 1 : Dans quel type de logement vit Marion ?
Question 2 : Dans quelle ville vit Manon ?
Question 3 : Qui vit en foyer ?
Question 4 : Dans quelle ville vit Marion ?

1.3. Les tests d'attention

Entraînez-vous à réaliser ces tests en un minimum de temps.

› Exercice 14 *(corrigé page 411)*

Ce tableau est réalisé à partir des figures suivantes : 
Observez le tableau afin de répondre aux questions.

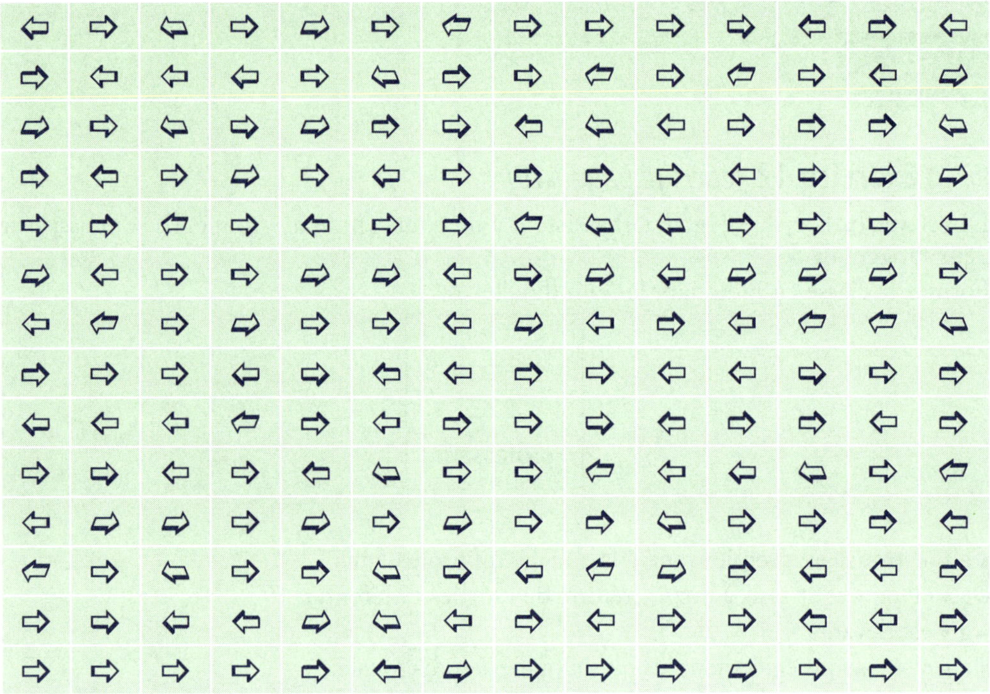

Question 1 : Combien trouvez-vous de flèches  ?
Question 2 : Combien trouvez-vous de flèches  suivies de  ?
Question 3 : Combien comptez-vous de flèches vers la gauche sur les lignes impaires ?
Question 4 : Combien comptez-vous de flèches obliques () sur les colonnes 1 et 6 ?
Question 5 : Combien comptez-vous de flèches obliques () sur les colonnes 1 à 3 ?

› Exercice 15 *(corrigé page 412)*

Il était une fois une princesse magnifique qui vivait enfermée dans son château. Son père, le roi, ne voulait pas qu'elle sorte. Elle rêvait pourtant de découvrir son royaume. Elle voulait savoir d'où venaient les fleurs que ses valets lui apportaient tous les jours, comment les fruits et les légumes étaient cultivés, où allait son chat quand il s'échappait par le balcon.

Un jour, un jeune serviteur eut pitié et lui raconta les merveilles du monde. Une fois par jour, il réussissait à passer un moment avec elle, si bien qu'ils tombèrent amoureux et cherchèrent un moyen de s'échapper.

Question 1 : Comptez le nombre de « f » dans ce texte.
Question 2 : Combien y a-t-il de noms masculins dans ce texte ?
Question 3 : Combien y a-t-il de noms suivis d'un adjectif ?
Question 4 : Comptez le nombre de doubles consonnes.

› Exercice 16 *(corrigé page 412)*

Vous êtes délégué des élèves d'une classe de BEP Carrières sanitaires et sociales. À la suite du conseil de classe du deuxième trimestre, vous avez en votre possession certaines des moyennes de la classe.

	Sms	Biologie	TP cuisine	TP sanitaire	TP animation	Nutrition	Math-sciences	Lettres	Histoire-géographie	EPS	Anglais
Alice	8	8	10	11	14	4	5	8	9	3	2
Amélie	11	15	17	12	19	15	12	14	15	14	17
Amina	11	20	13	14	15	14	8	6	7	4	6
Anne	13	14	16	17	18	19	17	17	16	0	15
Annie	11	11	12	15	17	14	10	6	7	2	3
Carla	11	16	14	13	12	7	6	11	14	15	14
Caroline	12	12	13	16	18	15	12	15	13	19	14
Catherine	13	4	12	15	16	14	3	14	13	17	15
Chloé	3	19	12	14	18	13	6	12	12	0	14
Claire	13	12	15	12	15	10	9	12	12	13	14
Corinne	18	18	19	19	19	19	20	18	19	20	20
Dominique	9	5	10	10	13	4	5	7	2	0	9
Danny	0	5	5	7	8	2	0	2	8	8	5
Émilie	14	17	14	16	16	12	4	12	12	14	11
Emma	11	13	15	16	14	12	11	13	13	16	12
Fatou	12	14	2	15	18	16	15	17	11	7	3
Grégory	15	13	15	16	15	15	12	14	17	18	17
Isabelle	13	19	15	15	18	14	11	13	7	8	12
Joëlle	4	6	2	9	6	4	5	1	6	9	7
Léa	12	7	14	15	16	16	7	16	17	17	13
Marie	12	14	15	16	18	18	11	14	8	13	12
Marion	12	18	15	16	18	4	6	12	12	14	3
Maya	16,5	16	17	18	18	15	16	14	14	18	17
Pascale	6	7	13	12	11	9	9	7	4	5	4
Sabine	13	13	15	12	15	13	7	12	14	15	13
Sabrina	14,5	14	16	13	15	12	8	12	11	11	12
Salomé	13	14	16	17	18	18	17	15	13	15	17
Vanessa	6	7	13	12	11	10	10	7	4	5	6
Vincent				15	17		9			17	14
Zoé	16	14	15	14	16	17	18	16	18	19	20

Question 1 : Indiquez le nombre d'élèves qui n'ont aucune note au-dessus de la moyenne.
Question 2 : Indiquez le nombre d'élèves qui n'ont des notes au-dessus de la moyenne qu'en TP.
Question 3 : Classez les élèves suivants par ordre décroissant de leur note en EPS : Maya, Zoé, Sabrina, Vincent, Joëlle.
Question 4 : Indiquez le nombre d'élèves qui n'ont que des notes au-dessus de la moyenne.
Question 5 : Indiquez le nombre d'élèves qui ont une meilleure note en TP animation qu'en TP sanitaire.
Question 6 : Indiquez le nombre d'élèves qui ont au moins un zéro.
Question 7 : Citez dans l'ordre les noms des 5 meilleurs élèves en SMS.
Question 8 : Indiquez combien d'élèves ont la moyenne en math-sciences.
Question 9 : Indiquez le nom du meilleur élève de la classe.
Question 10 : Indiquez combien d'élèves ont au moins deux notes au-dessous de 5 (de 0 à 4).

› Exercice 17 *(corrigé page 412)*

Repérez ces figures  dans le tableau ci-dessous et indiquez leur localisation en indiquant dans quelle colonne et quelle ligne ils se situent

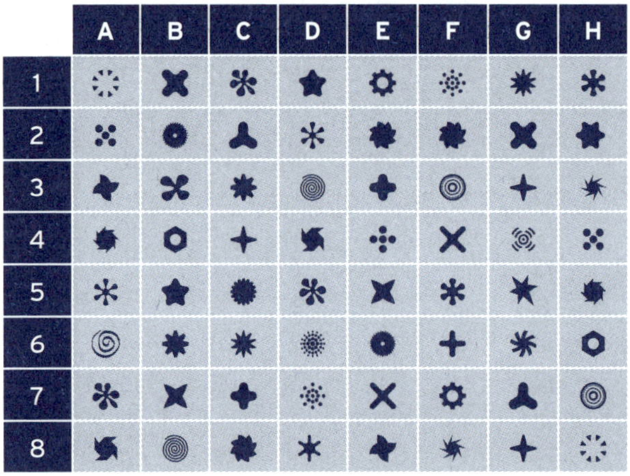

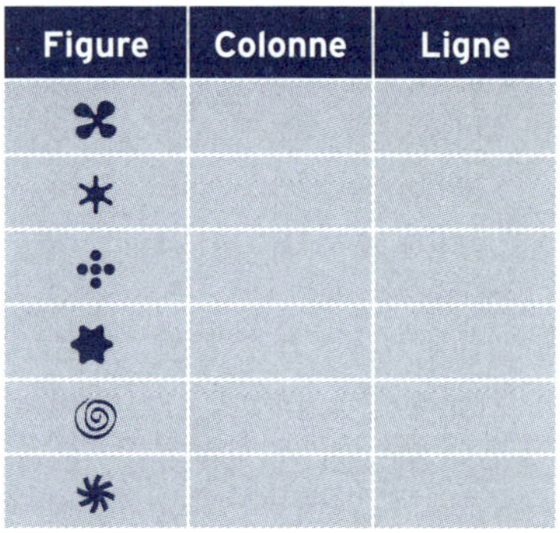

› Exercice 18 *(corrigé page 413)*

ESCALIER ; TRESSE ; IMPORTANT ; GORGE ; HERNIE ; HOTTE ; FOUR ; JOUR ; MATIN ; VOITURE ; CLE ; SOIR ; DIAMANT ; DOIGT ; CIBLE ; FLECHE ZEBRE ; PANTALON ; DEDALE ; PEDALE ; LION ; FOUDRE ; KIWI ; ORANGE ; POIRE ; CITRON ; PALIER ; BOISSON ; JUS ; SAPIN ; TROMPETTE ; BALLE ; CHAISE.

Question 1 : Indiquez le nombre de « E ».
Question 2 : Combien y a-t-il de mots qui comprennent deux consonnes identiques ?
Question 3 : Combien y a-t-il de mots féminins ?
Question 4 : Indiquez combien de fruits sont cités.
Question 5 : Indiquez le nombre d'animaux masculins cités.

› Exercice 19 *(corrigé page 413)*

Pour chacun des 10 exercices suivants, indiquez dans le cadre de réponse la ligne qui ne contient que des éléments absents des autres lignes du même exercice.
N'oubliez pas que la rapidité est importante !

N° d'exercice	Réponse
1	
2	
3	
4	
5	
6	
7	
8	
9	
10	

1 : a. b. c. d.

2 : a. b. c. d. e.

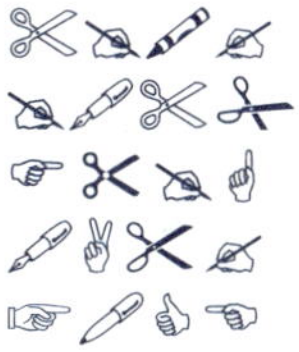

3 : a. b. c. d. e.

4 : a. b. c. d. e.

5 : a. b. c. d. e.

6 : a. b. c. d. e.

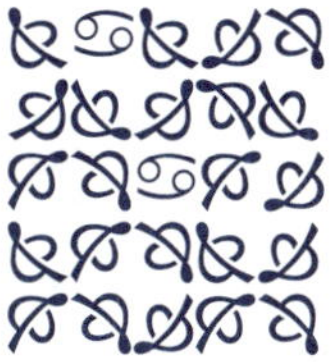

7 : a. b. c. d. e.

8 : a. b. c. d. e. f.

9 : a. b. c. d. e. f.

10 : a. b. c. d. e. f.

› Exercice 20 *(corrigé page 413)*

1340 294 528 9657 5645564 65 875 8701 0750 174479 84 9847 59 8759 857985 7856585 8774974 34737 7548748 579 84771 754 8857875 7587 598758 475 87575 987 5875 84798 1015485 48 5845 74 867847 48578 4573 45713 738 57485 4854 720 427

Question 1 : Quel est le chiffre qui apparaît le moins souvent ?
Question 2 : Quel est le chiffre qui apparaît le plus souvent ?
Question 3 : Combien de fois retrouve-t-on le « 7 » suivi du « 5 » ?

› Exercice 21 *(corrigé page 413)*

En vous servant du tableau de correspondance, reconstituez les mots codés ci-dessous.

Tableau de correspondance

› Exercice 22 *(corrigé page 414)*

Pour chaque ligne, indiquez par « oui » ou « non » si la colonne 1 est différente de la colonne 2.

Colonne 1	Colonne 2	oui	non
✐✒✏✄✂✃✁	✐✒✏✄✂✃✁		
✻✼✽✾❉❀✺❄❅❊	✻✽✾❉❀✺❄❅❊✼		
👌👍👎☜☞☝👆✋	👌👍👎☜☞☝👆✋		
••◎🌐✾✣▚✽⌘▣	••◎🌐✣✾▚•••		
ANFGTKLZXS	ANFGTKLZXS		
RPTYUNSKALEZ	RPTYUNSKALEZ		
184932747681	184932747681		
DOPEANBFINK	DOPENBAFINK		
Alzheimer	Alzheimer		
Entrainement	Entraînement		
✪☆❍◉⊙◎◑✦★	✪☆❍◉⊙◎◑✦★		
↵↓↴↑↥↦↤↳⇹↯	↵↓↴↑↥↦↤↪⇷↯		
☁◔☼🌧🌧🌧⛈🌩	☁◔☼🌧🌧🌧⛈🌩		
◎◑☹😐✿🕑🕕❁☯	◎◑☹☺✿🕑🕕❁☯		
♔♕♡♥♧♣♚♛••	♔♕♡♥♧♣♚♛••		

›2. Corrigés

2.1. Les tests de raisonnement logique

2.1.1. Les séries numériques

›Exercice 1 : logique de progression

1 : « 12 ». Tous les deux chiffres, on en saute un :
3 → 4 → (5) → 6 → 7 → (8) → 9 → 10 → (11) → 12

2 : « 44 ». + 3 à chaque fois.

3 : « 24 ». + 4 à chaque fois.

4 : « 27 ». On ajoute un chiffre de plus à chaque intervalle :
12 (+ 1) → 13 (+ 2) → 15 (+ 3) → 18 (+ 4) → 22 (+ 5) → 27

5 : « 32 ». On ajoute 2 puis 4 puis 6 puis 8 (chiffres pairs) :
2 (+ 2) → 4 (+ 4) → 8 (+ 6) → 14 (+ 8) → 22 (+ 10) → 32

6 : « 8 et 10 ». Deux séries auxquelles on ajoute 1 se chevauchent :
4 → 6 → 5 → 7 → 6 → 8 → 7 → 9

7 : « 7 ». Série à laquelle on enlève 5 à chaque fois.

8 : « 50 et 100 ». Le rythme est - 2 × 2 - 2 × 2 :
16 (- 2 =) → 14 (× 2 =) → 28 (- 2 =) → 26 (× 2 =) → 52 (- 2 =) → 50 (× 2 =) → 100

9 : « 10 et 12 ». Deux séries, une croissante de 2 en 2, une décroissante de 2 en 2, sont alternées : 16 → 6 → 14 → 8 → 12 → 10

10 : « 11 ». Le rythme est + 1 - 2 + 1 – 2 :
12 (+ 1 =) → 13 (- 2 =) → 11 (+ 1 =) → 12 (- 2 =) → 10 (+ 1 =) → 11

›Exercice 2 : l'intrus

1 : « 210 », seul nombre qui ne commence pas par 1.

2 : « 42 », seul nombre non multiple de 5.

3 : « 131 », seul nombre ne commençant pas par 12.

4 : « 4 », seul chiffre pair.

5 : « 541 », seul nombre non constitué de 3, 4 et 5.

6 : « 302 », seul nombre qui ne se divise pas par 3 (la somme des chiffres qui composent les multiples de 3 est divisible par 3). Ex. : 1 101 : 1 + 1 + 0 + 1 = 3 ; 126 : 1 + 2 + 6 = 9).

2.1.2. La logique verbale

›Exercice 3 : l'intrus

1 : « Porte » n'est pas une pièce de la maison.

2 : « Sapin » est le seul arbre à feuilles persistantes.

3 : « Baleine » est le seul mammifère marin.

4 : « Pull » est le seul vêtement se portant au-dessus de la ceinture.

5 : « Endocarde » ne fait pas partie de l'appareil digestif.
6 : « Pommier » est le seul arbre fruitier.
7 : « Tasse » n'est pas un verbe.
8 : « Chien » n'est pas un félin.
9 : « Courgette » n'est pas un fruit (la tomate en est un).
10 : « Soleil » est le seul élément qui fait penser au beau temps.

› Exercice 4 : correspondances

1 : « Carré et sphère » : il s'agit de comparer la forme de base avec sa représentation dans l'espace (en 3D).
2 : « Colin et rivière » : le colin et la truite sont des poissons, la mer et la rivière leur habitat respectif.
3 : « Tigre et insecte » : le premier terme de chaque phrase est un animal, le deuxième est la catégorie à laquelle ils appartiennent respectivement.
4 : « Chat et fruit » : même principe.
5 : « Edelweiss et campagne » : il s'agit de fleurs et des lieux où on les trouve. Si l'edelweiss se trouve en montagne, la pâquerette se trouve plutôt à la campagne.
6 : « Cœur et vision » : il s'agit de l'organe et de sa fonction. Le cœur sert à la circulation (sanguine), l'œil à la vision.
7 : « France et Afrique » : la France est un pays d'Europe comme le Kenya est un pays d'Afrique.
8 : « Farine et ratatouille » : la farine sert à faire les gâteaux comme les courgettes servent à faire la ratatouille.

2.1.3. Les figures logiques

› Exercice 5

La réponse est « 2 ». Le signe × se déplace dans le sens des aiguilles d'une montre à chaque angle de la figure. Le signe ✹ se déplace en diagonale vers le bas et vers la droite. Le signe ☺ reste sur la même case mais il est alternativement blanc ou noir.

› Exercice 6

La réponse est « 4 ». Le carré de la 1re ligne se déplace horizontalement vers la droite, le carré de la 2e ligne se déplace horizontalement vers la gauche. Le carré de la 4e ligne se déplace en diagonale vers la droite et vers le haut. Sur la 4e figure, il vient donc se superposer avec le carré de la 2e ligne.

› Exercice 7

La réponse est « 1 ». Le signe ➤ se déplace horizontalement vers la gauche. Le signe ◆ se déplace en diagonale vers le haut et vers la droite. Le signe ★ se déplace horizontalement vers la gauche. Le signe ■ se déplace verticalement vers le bas.

› Exercice 8

La réponse est « 3 ». Le carré noir tourne d'une case dans le sens inverse des aiguilles d'une montre de même que les hachures verticales. Les hachures horizontales se déplacent dans le sens des aiguilles d'une montre.

› Exercice 9

La réponse est « 3 ». Les figures sont identiques une fois sur deux.

› Exercice 10

La réponse est « 4 ». Le signe ▼ se déplace de deux cases dans le sens des aiguilles d'une montre. Le signe ★ se déplace en diagonale vers le haut et la droite. Le signe ✹ se déplace verticalement vers le bas. Le signe ⊙ se déplace de deux cases dans le sens inverse des aiguilles d'une montre.

2.2. Les tests d'organisation

› Exercice 11

Crayons				
Couleur	Jaune	Bleu	Vert	Rouge

› Exercice 12

c e f h i
a d j b g

professeur

› Exercice 13

Réponse 1 : Marion vit dans une maison.
Réponse 2 : Manon vit à Rennes.
Réponse 3 : Marie vit en foyer.
Réponse 4 : Marion vit à Nice.
Pour répondre, il faut reconstituer le tableau au fur et à mesure.

Phrase a :

	Appartement	Maison	Foyer	
Paris				
Rennes				
Nice				
			Marie	

Phrases b et c :

	Appartement	Maison	Foyer	
Paris				
Rennes	✗			Manon
Nice				
	Manon		Marie	

Phrase d :

	Appartement	Maison	Foyer	
Paris		✗		
Rennes	✗			Manon
Nice				
	Manon	Marion	Marie	

Donc, par élimination, Marie habite Paris.
La difficulté vient également des prénoms à ne pas confondre.

2.3. Les tests d'attention

› Exercice 14

Réponse 1 : 11.
Réponse 2 : 4.
Réponse 3 : 40.
Réponse 4 : 8.
Réponse 5 : 10.

Conseil bonus

Ce test est simple mais il est essentiel de bien lire les questions. Les flèches ne sont pas toujours faciles à distinguer les unes des autres. Prenez quelques instants pour les repérer. Il faut par exemple différencier :
– ⇨(flèche simple) ;
– ⇨(trait en gras) ;
– ⇨ (ombre en bas) ;
– ⇨ (ombre en haut) ;
– ⇨ (oblique).
Par ailleurs, dans un tel tableau, il est essentiel de noter la réponse ligne par ligne ou colonne par colonne afin de ne pas avoir à tout recompter.
Attention cependant à ne pas surcharger le tableau, car les questions sont nombreuses.

› Exercice 15

Réponse 1 : 6.
Réponse 2 : 15.
Réponse 3 : 1.
Réponse 4 : 14.
Cet exercice demande quelques connaissances de base en grammaire : différencier nom et adjectif et, bien sûr, féminin et masculin.

› Exercice 16

Réponse 1 : 2 (Danny, Joëlle).
Réponse 2 : 3 (Alice, Dominique, Pascale).
Réponse 3 : Zoé, Maya, Vincent, Sabrina, Joëlle.
Réponse 4 : 8 (Amélie, Caroline, Corinne, Emma, Grégory, Maya, Salomé, Zoé).
Réponse 5 : 21.
Réponse 6 : 4 (Dany, Dominique, Chloé, Anne).
Réponse 7 : Corinne, Maya, Zoé, Grégory, Sabrina.
Réponse 8 : 14.
Réponse 9 : Corinne.
Réponse 10 : 11.

Conseil bonus

Cet exercice est très long et fastidieux. Chronométrez-vous : l'idéal serait de l'effectuer sans erreur en moins d'un quart d'heure. Il peut être utile, pour améliorer sa performance, de le faire une deuxième fois quelques jours après.
Écrivez sur le tableau de notes sans le surcharger : par exemple, entourez les zéros, soulignez les notes inférieures à 5, surlignez les deux TP concernés par la question 5…

› Exercice 17

Figure	Colonne	Ligne
✣	B	3
✱	D	8
⁘	E	4
✸	H	2
◎	A	6
❋	G	6

Conseil bonus

Les formes sont difficiles à distinguer les unes des autres et il faut toujours être rapide. Dessinez-les une par une et comparez-les avec celles présentes dans le tableau.

› Exercice 18

Réponse 1 : 26 « e » sont présents dans cette suite de mots.
Réponse 2 : 9 mots comprennent deux consonnes identiques.
Réponse 3 : 16 noms sont féminins.
Réponse 4 : 4 fruits sont cités.
Réponse 5 : 2 animaux masculins sont cités.

› Exercice 19

N° d'exercice	Réponse
1	c
2	e
3	d
4	b
5	a
6	b
7	d
8	a
9	c
10	f

› Exercice 20

Réponse 1 : le « 2 » apparaît le moins souvent.
Réponse 2 : le « 7 » apparaît le plus souvent.
Réponse 3 : le « 7 » suivi du « 5 » apparaît 16 fois.

› Exercice 21

On peut décoder les mots suivants :

1 : BEBE
2 : BAR
3 : LYS
4 : BOL
5 : CHAT
6 : CHIEN
7 : TABLE
8 : CHAISE
9 : CANAPE
10 : REUSSIR
11 : MAMAN
12 : SACHET
13 : FEUILLE
14 : PAPIER

15 : PERLE
16 : AXILLAIRE
17 : POISSON
18 : SANITAIRE
19 : PUERICULTURE
20 : PARLEMENT
21 : COMPLETEMENT
22 : DEPARTEMENT
23 : ADMISSIBILITE
24 : MONTAGNE
25 : PAQUERETTE
26 : MARGUERITTE
27 : IMMEUBLES
28 : COORDONNEES
29 : RESSEMBLANCE
30 : SYMBOLIQUE

Conseil bonus

Pour aller plus vite, vous devez commencer par identifier toutes les voyelles puis continuer par les consonnes les plus courantes.
Il faut deviner certains mots sans chercher à découvrir toutes les lettres (attention cependant à rester prudent).
S'il y a suffisamment d'espace sous chaque mot codé, notez les lettres trouvées dessous, sinon notez avec des tirets le nombre de lettres à trouver à côté de chaque mot pour bien identifier leur place.
Exemple : ✽❀❄❆❀ _ _ _ _ _
Par ailleurs, si vous êtes rapide, faites tout l'exercice. Mais si vous vous savez plus lent ou si vous êtes fatigué, il vaut mieux abandonner les derniers mots afin se concentrer sur les premiers.

› Exercice 22

Il est bon de tenir compte des conseils donnés dans ce chapitre et de remplacer « oui » et « non » par « = » et « ≠ ».

Colonne 1	Colonne 2	oui / ≠	non / =
✎✏✐✁✂✃✄	✎✏✐✁✂✃✄		✗
✻✼✽✾✺❀✱❄❆✳	✻✽✾✺❀✱❄❆✳✼	✗	
👌👍👎☜☞☝👆✋	👌👍👎☜☞☝👆✋		✗
••◎🌐✾❖▚✿⌘▣	••◎🌐❖✾▚•••	✗	
ANFGTKLZXS	ANFGTKLZXS		✗
RPTYUNSKALEZ	RPTYUNSKALEZ		✗
184932747681	184932747681		✗
DOPEANBFINK	DOPENBAFINK	✗	
Alzheimer	Alzheimer		✗
Entrainement	Entraînement	✗	

Colonne 1	Colonne 2	oui / ≠	non / =
✪☆O◘⊙◎◯✦★	✪☆O◘⊙◎◯✦★		✗
↵⮦⮧⮥⮤↱↰↳⇸↯	↵⮦⮧⮥⮤↱↰⮡⇸↯	✗	
☁ ☼ ○ 🌧 🌨 🌧 🌩 🌪	☁ ☼ ○ 🌨 🌧 🌦 🌩 🌪	✗	
◎◯☹😐✿🕑🕛❀☯	◎◯☹☺✿🕑🕛❀☯	✗	
♔♕♡♥♧♣♚♛••	♔♕♡♥♧♣♚♛••		✗

partie 3

Épreuve orale d'admission

> Épreuve orale d'admission

Présentation de l'épreuve

Félicitations ! Vous venez d'apprendre que vous êtes admissible au concours AP ou AS.
Reste l'épreuve orale d'admission à surmonter !
Cette épreuve, dont nous allons voir les modalités, est sélective : c'est un concours, seuls les meilleurs seront admis et intégrés en formation !
Une solide préparation est donc nécessaire.
Ce chapitre vous donne les informations et les moyens de préparer et de présenter un exposé de qualité afin de réussir votre entretien avec le jury. Il ne s'agit plus d'avoir au moins 10 mais d'**être le meilleur** afin de figurer sur les listes d'admission.

Présentation de l'épreuve

Ne peuvent se présenter à cette épreuve que les candidats admissibles après les épreuves écrites (ou, pour le concours AS uniquement, les candidats dispensés de l'épreuve d'admissibilité).

Durée de l'épreuve

De 15 à 20 minutes.

Nature de l'épreuve

Entretien avec un jury, qui se compose de :
- un enseignant exerçant dans l'institut de formation ;
- un professionnel d'un terrain accueillant des élèves AP ou AS en stage.

L'épreuve comporte deux parties :

1re partie	2e partie
Présentation d'un exposé à partir d'un thème relevant du domaine sanitaire et social et réponse à des questions. **Notation** : /15. **Objectifs** : tester les capacités d'argumentation et d'expression orale du candidat ainsi que ses aptitudes à suivre la formation.	Discussion avec le jury sur la connaissance et l'intérêt du candidat pour la profession d'AP ou d'AS. **Notation** : /5. **Objectif** : évaluer la motivation du candidat.

Notation

Les notes d'admissibilité n'entrent pas en ligne de compte.

Les candidats qui ont obtenu plus de 10/20 à l'oral seront classés sur :

- **une liste principale** (qui correspond au nombre de places en formation à pourvoir) ;
- **une liste complémentaire**. Les candidats sur liste complémentaire seront appelés dans l'ordre, au fur et à mesure des désistements. Au moment de la rentrée, ils peuvent même être sollicités par un autre institut de formation auquel il manquerait des élèves.

Particularités de l'épreuve orale

Cette épreuve orale exige entraînement et réflexion. Afin de mettre toutes les chances de votre côté, il est essentiel de **se préparer plusieurs semaines à l'avance**, sans attendre les résultats d'admissibilité. Cet entraînement sera toujours utile pour un autre concours ou même pour un entretien d'embauche !

Dans cette partie, plusieurs points seront abordés de manière originale et utile aux candidats (c'est avec 10 ans d'expérience du concours que l'auteur vous livre ses conseils).

L'effet de surprise augmente le stress. Pour diminuer au maximum ce stress et bien vous préparer, cette partie retrace le déroulement précis de l'épreuve. Nous verrons donc en détail les points qu'il est nécessaire de bien maîtriser pour réussir l'épreuve orale d'admission.

Pour vous aider dans la lecture de cette partie, vous trouverez :

- **des tableaux** qui vous indiqueront ce que le jury recherche ☺, et à l'inverse les erreurs fréquemment rencontrées qui enlèvent des points ou éliminent ☹ ;
- **des exercices de préparation** *(voir page 473)*.

Courage, et que la réussite soit au bout du chemin !

Méthodologie

CHAPITRE 1

›1. Les étapes de l'épreuve

Le jour J est arrivé, l'épreuve va se dérouler en plusieurs étapes :

Arrivée et attente

↓

1er contact avec le jury et distribution du sujet de l'exposé

Préparation de l'exposé

↓

Entretien avec le jury :
- arrivée devant le jury
- exposé
- présentation personnelle et discussion

↓

Fin de l'entretien et départ

Chacune de ces étapes a son importance et vous êtes jugé de votre arrivée à votre départ. Il ne faut rien négliger.
L'objectif du jury est d'évaluer vos motivations, vos connaissances, vos capacités intellectuelles et relationnelles dans cette situation qu'est l'entretien.

1.1. L'arrivée et l'attente

Attention, il faut faire bonne impression dès le début !

☺ Le jury recherche	☹ Les erreurs qui enlèvent des points ou éliminent
▶ Un candidat qui ne perturbe pas le bon déroulement du concours par son retard ou son attitude.	▶ Un candidat qui arrive en retard. ▶ Un candidat qui se perd, se trompe de métro ou de bus. ▶ Un candidat qui se tient mal : vautré, attitude peu retenue avec un(e) ami(e) en salle d'attente. ▶ Un candidat qui arrive encadré de ses parents ou ses grands-parents qui parlent à sa place à l'accueil (ce n'est pas un signe de maturité).

☺ Le jury recherche	☹ Les erreurs qui enlèvent des points ou éliminent
▶ Un candidat organisé, préparé.	▶ L'impolitesse à l'accueil (le jury en sera informé). ▶ La familiarité avec des camarades d'une même classe qu'il encourage vulgairement. ▶ Un candidat qui montre qu'il en a assez d'attendre. ▶ Un candidat qui présente une convocation froissée, déchirée, sale. ▶ L'absence de carte d'identité (c'est impossible) ou des papiers en très mauvais état (peut-être vaut-il mieux les faire refaire pour l'occasion). ▶ Des commentaires sur le sujet tiré au sort. ▶ Des questions sur le déroulement de l'épreuve alors que vous êtes censé être informé. ▶ Des affaires non préparées.

Le temps d'attente est parfois long. Les candidats peuvent être convoqués tous les quart d'heure ou bien tous en même temps.

Attention, vous n'êtes pas encore en entretien mais le jury observe déjà votre comportement :

- ▶ prévoyez d'arriver un peu à l'avance afin de ne pas être essoufflé, d'avoir le temps de vous reprendre, de trouver la salle, d'aller aux toilettes, d'observer le jury... ;
- ▶ installez-vous pour attendre à l'endroit indiqué ; s'il y a une secrétaire, vous devez lui signaler votre arrivée ;
- ▶ vous pouvez attendre sans rien faire, ou prendre un livre ou une revue (la revue de l'AP ou de l'AS ferait le meilleur effet) ;
- ▶ pensez à éteindre votre portable ;
- ▶ si vous avez l'impression d'être oublié : demandez aux autres candidats à quelle heure ils ont été convoqués ou sollicitez poliment le jury quand il vient chercher un candidat (« *Je suis ... j'ai rendez-vous à... n'y a-t-il pas une erreur ?* »).

1.2. Premier contact et distribution du sujet

Le jury ou une secrétaire va vous appeler pour vérifier votre identité et vous donner un sujet d'exposé (ils sont souvent tirés au sort) :

- ▶ vous devez présenter votre convocation et votre carte d'identité (ou titre de séjour) ;
- ▶ vous allez sûrement émarger (émarger veut dire signer en face de votre nom sur la liste) ;
- ▶ il vous sera souvent demandé de laisser votre sac et de ne prendre que le nécessaire ;
- ▶ une fois le sujet tiré au sort ou distribué, vous allez être conduit dans une salle où vous serez seul ou à deux (interdiction de parler), dans un couloir (il faut alors se concentrer) ou dans la même salle que celle du jury, pour préparer votre exposé.

Ne demandez pas si vous avez droit aux documents : bien entendu, c'est non. Cela montre un manque d'assurance qu'il vaut mieux éviter de mettre en avant.

Malgré le stress, ne faites pas de commentaire sur le sujet. Souriez, remerciez et attendez d'être installé pour lire le sujet.

Vérifiez s'il y a du brouillon à disposition.

Installez-vous confortablement, respirez un bon coup et lisez les consignes inscrites sur le sujet.

Vous avez entre 10 minutes et un quart d'heure devant vous (parfois plus) pour travailler l'exposé. Il n'est plus temps de réfléchir à la présentation personnelle et à la façon de mettre vos motivations en avant, ce travail a dû être préparé à la maison. Si votre préparation est suffisamment travaillée, vous n'avez besoin d'aucune note le jour J.
Attention, le jury observera votre brouillon, parfois même certains le garderont.

Conseil bonus

Prévoyez donc le nécessaire à l'avance : crayon, mouchoir, etc. (rien de plus agaçant pour un jury d'attendre un candidat qui vide son sac pour trouver ses crayons !).

1.3. Préparation de l'exposé

L'exposé est un moment fort de l'épreuve d'admission au concours d'entrée en institut de formation d'aides-soignants ou d'auxiliaires de puériculture.
L'objectif est de :

- montrer sa capacité à construire un exposé sur un thème en lien avec le métier choisi ;
- mettre en avant ses connaissances et son intérêt pour les thèmes sanitaires et sociaux ;
- valoriser ses expériences ;
- montrer une bonne image de soi ;
- argumenter.

☺ Le jury recherche	☹ Les erreurs qui enlèvent des points ou éliminent
▶ Un candidat capable de faire des liens entre le sujet, ses connaissances, son expérience. ▶ Une prise de position personnelle argumentée et nuancée. ▶ Un exposé clair, intéressant, personnel, illustré par des exemples appropriés. ▶ Un exposé à travers lequel transparaissent les motivations du candidat.	▶ Un candidat qui arrive avec un brouillon très mal tenu, très raturé, froissé, sali. Vous risquez de vous y perdre et cela donne une mauvaise image. ▶ Un exposé ne faisant aucun lien avec la profession. ▶ Une annonce de plan et aucun développement. ▶ Un candidat qui se met à réciter un cours sans vraiment répondre à la question posée dans le sujet. ▶ Le hors sujet.

1.3.1. Les différents types de sujets

Pour réviser, vous pouvez vous reporter à la partie « Culture générale » page 43.
Selon le texte officiel, le sujet de l'exposé relève « du domaine sanitaire ou social ». Les possibilités de sujet sont infinies car le domaine sanitaire et social couvre un champ très vaste.

Vous aurez peut-être la chance de tomber sur un sujet connu de vous mais la surprise ne sera pas toujours aussi bonne. Plus vous serez entraîné à construire un exposé sur des thèmes variés, moins l'effet de surprise pourra vous déstabiliser le jour J.

Afin de réussir le concours, vous devez également vous préparer à la façon dont le sujet de l'exposé peut vous être proposé. Cela vous habituera à formuler votre réponse plus rapidement et de manière adéquate.

Le sujet peut être présenté sous différentes formes.

Types de sujets possibles	Conseils
Un mot : – « *Le SIDA* » ; – « *Le tabac* » ; – « *L'obésité chez l'enfant* » ; – « *L'hygiène bucco-dentaire* ».	Ces sujets sont vastes. Il faudra limiter l'exposé à quelques aspects importants, si possible en lien avec l'actualité.
Une phrase ou une question : – « *La famille est de plus en plus déstructurée. Conséquences sur les enfants* » ; – « *Prévenir l'obésité infantile, c'est préserver l'avenir de l'enfant* » ; – « *Limiter le tabac dans les lieux publics : une loi liberticide ?* »	Votre exposé sera axé sur la réponse argumentée à la question.
Un texte court avec des questions : – « *En l'espace de quelques années, le consommateur a eu à subir de nombreuses crises alimentaires : celle de la vache folle, celle des fromages français au lait cru renfermant des* Listeria*, celle de l'eau de source contenant du solvant ou encore celle des denrées végétales alimentaires obtenues à partir du génie génétique. Est-il légitime de toujours s'interroger sur la qualité et la sécurité de son alimentation ?* » ; – « *En France, depuis deux décennies, de nombreux efforts ont été accomplis pour favoriser l'intégration sociale des handicapés et pour lutter contre les discriminations à leur égard. Quelles sont les actions mises en place ? En quoi et comment favorisent-elles l'intégration ?* »	Attention à bien cerner tous les aspects du texte et à construire l'exposé en répondant aux questions.
Un cas concret avec des questions : – « *Vous êtes AS en maison de retraite. Mme A. vous confie qu'elle en veut à ses enfants de l'avoir laissée seule en institution. Elle avait espéré vivre chez eux. Quelle sera votre réponse ? (ou : Quel est votre avis sur la question ?)* » ; – « *Vous êtes stagiaire à la crèche des Diablotins. La maman de Matéo, 13 mois, vous demande si elle peut commencer à mettre son enfant sur le pot. Quelle sera votre attitude ?* »	Vous devez vous imaginer dans la situation et dans la fonction (AS, stagiaire...) pour répondre.

Un logo, une photographie, un schéma ou dessin avec une légende et/ou des questions : vous devrez construire un exposé à partir du document, de vos connaissances et de vos expériences. *« Interdit de fumer »* *« Un moment important de la vie à la crèche. »* 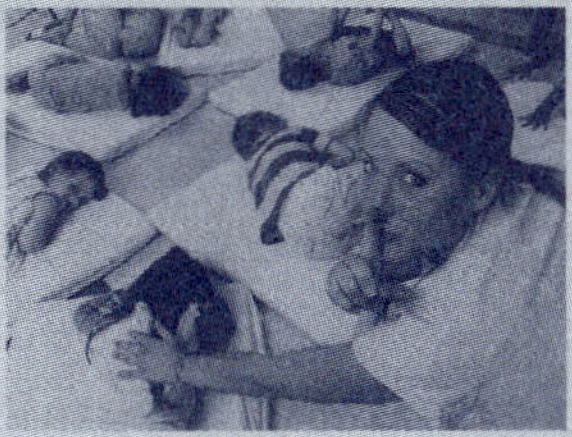	L'exposé sera très différent selon ce qui est présenté. Un logo est à commenter comme un mot seul ou une phrase seule, alors qu'une image sera sûrement plus proche d'une mise en situation.
Une question qui vous implique (sur la vie personnelle ou le projet professionnel) : – *« Vous apprenez qu'un de vos proches est séropositif, quelle sera votre attitude ? »* ; – *« Vie professionnelle et vie personnelle, un équilibre à préserver. »*	Il faut répondre à la question de manière mesurée sans oublier d'apporter toutes ses connaissances et expériences sur le sujet.

1.3.2. Les différentes étapes de la préparation de l'exposé

La préparation de votre exposé comporte plusieurs étapes.
Aucune ne doit être négligée.

Phase de réflexion

Identifier le thème, le type de sujet

↓

Rechercher des idées sur le sujet, des exemples

↓

Phase de rédaction

Trier, organiser ses idées, préparer son plan

↓

Préparer son brouillon pour l'exposé :
- établir un plan détaillé
- rédiger l'introduction et la conclusion

› Phase de réflexion

La phase de réflexion est importante. Vous devez y consacrer au moins 5 minutes de votre temps de préparation.

Elle se compose de deux étapes :

- L'identification précise du sujet
- La recherche des idées

› *Identifier précisément le sujet*

Cette première étape, de lecture et d'analyse du sujet, va vous aider à bien cerner ce qu'on vous demande et surtout à éviter le hors sujet.

Première lecture, premier coup d'œil sur le sujet

L'important est de gérer votre stress à la découverte du sujet.

Vous devez gérer votre première impression de manière mesurée

Vous êtes content du sujet car vous le connaissez	Vous êtes déçu, vous pensez être mal tombé
Attention à l'euphorie ! Ne partez pas sur une piste connue qui ne correspond pas tout à fait à la demande du jury. Cherchez d'autres arguments, insistez sur les exemples sans brûler les étapes.	Ne vous avouez pas vaincu ! On a toujours quelque chose à dire. Laissez venir les idées, pensez à des situations concrètes pour vous mettre sur la piste. En désespoir de cause, souvent, le jury vous donne des pistes.

Pensez à la fable de La Fontaine « *Le lièvre et la tortue* ». Celle-ci, partant avec un énorme désavantage, est première à l'arrivée, le lièvre étant parti trop sûr de lui…

Cerner ce qui vous est demandé en trois étapes

1. **Prenez le temps de lire attentivement le sujet plusieurs fois** (lire à haute voix ou prononcer les mots dans votre tête). Vous ne devez encore rien écrire ni rien surligner.
2. **Repérez, soulignez, surlignez ou recopiez le sujet et les consignes**. Cernez le ou les thèmes. Prenez le temps de vous demander : « *Que me demande-t-on exactement ?* » Il s'agit de reformuler la question avec vos mots : « *Autrement dit, on me demande de…* » Une fois le thème repéré, posez-vous la question : « *Comment me demande-t-on d'en parler ?* » Que vous demande-t-on exactement : de développer votre opinion, de déterminer les causes et conséquences du phénomène que l'on vous demande de traiter, avec quel niveau de précision, etc. ? Posez-vous ces questions, cela vous permettra d'éviter de mal interpréter le sujet.

3. Cherchez l'intention du jury. Pourquoi ce sujet à un concours AS ou AP ? Tentez de faire des liens avec la profession.

› Chercher des idées sur le sujet

Pendant quelques minutes, vous allez chercher le maximum d'idées sur le sujet et faire des liens.

On ne vous demande pas de faire un exposé comme en classe. Vous n'en avez d'ailleurs pas le temps. Vous ne devez jamais perdre de vue que l'exposé s'intègre dans une épreuve de recrutement pour un concours précis. Vous devez donc :

- traiter le sujet en mettant en valeur vos connaissances ;
- profiter de l'exposé pour vous valoriser et mettre en avant vos expériences ;
- vous projeter dans un avenir professionnel et chercher ce que pourrait être votre rôle en qualité d'AP ou d'AS face à une situation telle que présentée dans le sujet (attention, tous les sujets ne se prêtent pas à une telle extension).

Votre exposé doit être vivant. Il faut capter l'attention et l'intérêt du jury qui va entendre plusieurs fois ce sujet.

En donnant des exemples tirés de vos expériences personnelles, vous allez automatiquement parler plus facilement, de manière plus vivante et donc vous différencier des autres candidats du jour.

Comment rechercher les idées ? Plusieurs méthodes peuvent être utilisées. À partir des conseils ci-dessous, vous devez vous entraîner pour identifier ce qui vous convient le mieux et ce qui s'adapte le mieux au sujet à travailler.

Vous devez donc explorer simultanément trois pistes

Alimentez vos connaissances sur le sujet à partir de :
- cours ;
- révisions ;
- lectures ;
- l'actualité ;
- lois ;
- exemples concrets.

Cherchez à faire des liens avec votre expérience à partir de :
- stages effectués ;
- votre expérience professionnelle ;
- votre expérience personnelle.

Cherchez des liens entre le thème et :
- le rôle de l'AP ou de l'AS ;
- vos motivations ;
- votre projet personnel.

Commencez par définir les termes, cherchez des synonymes, des contraires.

Brainstorming

Laissez venir les idées dans le désordre sans chercher à les canaliser, vous les ordonnerez par la suite. Cette méthode appelée *brainstorming* (« remue-méninges » en français) est très utilisée en publicité et en *marketing* pour qu'un groupe trouve une idée. La consigne de ce travail est : à partir d'un mot (ou du sujet de votre exposé), citez le plus de mots qui vous passent par la tête sans trier. Cette méthode permet de faire jaillir des idées.

Faites comme une marguerite afin de trouver et articuler des idées. Écrivez le sujet (ou le thème) au centre et faites des flèches tout autour avec à chaque fois une idée et un exemple.

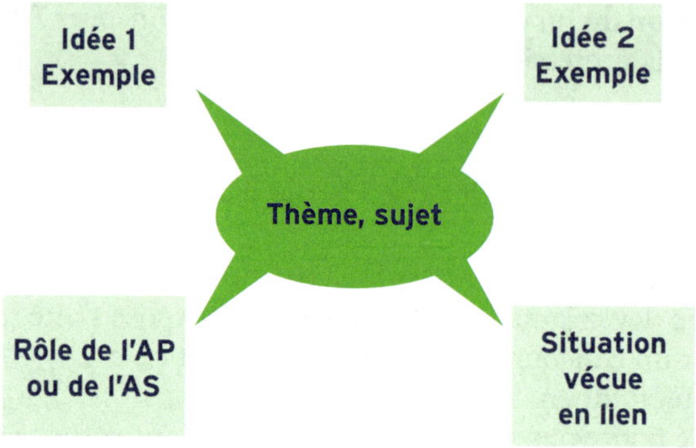

Méthode QQOQCP

Utilisez la méthode du QQOQCP (« qui, quoi, où, quand, comment, pourquoi ? »). Pour cerner les différentes dimensions d'un sujet assez vaste, posez les questions : quand, qui, où, quoi, comment, pourquoi, à propos du sujet ? Faites un tableau avec, d'un côté, les idées allant dans le sens positif (ou avantages) et, de l'autre côté, des idées allant dans le sens négatif (ou inconvénients).

En cas de blocage, essayez, à partir du sujet, d'imaginer une situation concrète. Comme un film, racontez, expliquez, partez d'une situation, d'un exemple concret et étendez votre réflexion à partir de là.

Arrivé à ce point, la première phase de votre préparation est terminée.

Exemple

› Énoncés

Sujet 1 : « *Le tabac* ».

Sujet 2 : Construire un exposé à partir du document fourni ci-dessous, de vos connaissances et de vos expériences.

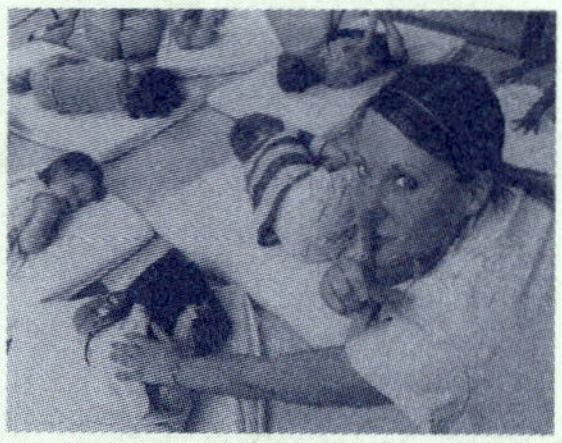

Un moment important de la vie à la crèche

› Corrigés commentés

Sujet 1

1) Identifiez le sujet.

On me demande de traiter un sujet sur le tabac. Ce sujet sur le tabac est très vaste pour 10 minutes d'exposé. Il va falloir le limiter.

Comment me demande-t-on de traiter le sujet ? Comme je le veux, librement.

C'est un sujet très courant. Il est d'actualité en ce moment, depuis fin 2007/début 2008.

2) Recherchez des idées.

Sous forme de *brainstorming* :

Le mot « tabac » me fait penser à :

– une dépendance (nicotine, argent...) ;

– une nuisance : cigarette à terre, odeur, tabagisme passif, professionnel avec une blouse qui sent le tabac ;

– des lois : loi Evin, augmentation du coût, vente libre des dérivés nicotiniques, lois récentes (lieux publics, travail, cafés et restaurants) ;

– rôle des professionnels : prévention, aide à l'arrêt, centre anti-tabac ;

– un danger pour la santé : cancer du poumon, de la vessie, expérience personnelle de patient ayant un cancer de la gorge (attention, prendre du recul pour en parler) ;

– autres...

Sujet 2

1) Identifiez le sujet.

On me demande d'observer une photographie d'une scène se passant en crèche. La sieste des enfants est identifiée comme un moment important de la journée.

Comment me le demande-t-on ? À partir du sujet (il faudra décrire l'image), de mes connaissances, de mes expériences. Il faudra faire appel à ces trois dimensions pour répondre.

Si vous n'avez pas d'expérience, dites-le une fois devant le jury mais, pour le moment, commencez l'exposé en essayant de vous projeter dans la fonction.

2) Recherchez des idées.

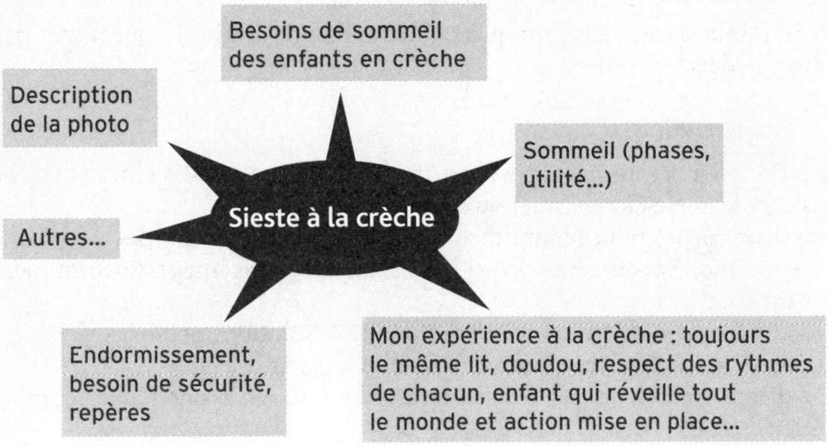

Oral

› Phase de rédaction : construction du plan et préparation du brouillon

Lancer quelques idées en vrac en guise d'exposé ne va pas satisfaire le jury. Votre exposé doit être structuré, logique, bien conduit.

Une fois les idées « lancées » sur le brouillon vous devez :

- **relire attentivement le sujet** (surtout s'il est long), bien reprendre le sens de la question. La recherche d'idées peut vous entraîner vers de mauvaises pistes qui seraient hors sujet ;
- **trier vos idées** : il faut repérer les idées importantes, celles qui le sont moins, et éliminer les idées trop éloignées du sujet ;
- **classer les idées retenues** ;
- **les illustrer** à l'aide d'exemples ou d'expériences.

› *Différents types de plans*

Plan de base

Votre exposé doit obligatoirement comporter :

- une **introduction** ;
- un **développement** avec plusieurs idées ;
- une **conclusion**.

L'introduction permet d'entrer en matière, d'annoncer le sujet et la manière dont vous allez le traiter.

Le développement doit comporter 2 ou 3 grandes idées principales. Vous devez argumenter. Chaque argument correspond à une sous-partie. Ils doivent être illustrés par des exemples ou des expériences vécues (privilégier l'expérience professionnelle ou les stages).

La conclusion reprend rapidement les idées principales et élargit le sujet.

Nous verrons en détail comment préparer l'introduction et la conclusion. Elles doivent être rédigées après le développement.

En 10 minutes (ou même un quart d'heure de préparation), vous n'avez pas le temps de rédiger le développement.

Les variantes

Le plan sert à organiser l'exposé, à articuler les grandes idées entre elles. Il peut prendre plusieurs formes selon le sujet ou selon votre choix :

- en deux parties pour répondre au thème : oui car… (1re partie) ; non car… (2e partie). Sur ce modèle on retrouve les plans du type : avantages/inconvénients ou thèse/antithèse ;
- les différents problèmes posés/les différentes solutions possibles ;
- les faits/les différentes opinions possibles à partir des faits ;
- le thème traité sous ses différents aspects : social, économique, psychologique, juridique… ;
- le thème traité sur un mode analytique : problème, causes, conséquences, solutions ;
- les faits/leurs conséquences/les solutions ;
- avant/maintenant, de nos jours ;
- un plan structuré à partir de la réponse à chacune des questions.

› Développement

Vous n'avez pas le temps de rédiger cette partie. De plus, tout lire devant le jury reste très monotone à entendre. Il sera plus vivant de s'exprimer naturellement à partir de vos notes.

Vous n'aurez pas le temps de recopier. À partir de cette étape, vous devez organiser votre brouillon.

Caractéristiques du développement :

- il comporte 2 ou 3 grandes parties ;
- les idées sont développées, argumentées, si possible illustrées par des exemples ;
- chaque partie va comporter des sous-parties (2 à 4 idées importantes en lien avec l'idée générale de la partie).

Les parties

Une fois les idées triées, vous pouvez donner un titre à chaque partie : ils résumeront l'idée principale développée dans chaque partie.

Chaque partie sera présentée sur une feuille de brouillon différente afin de s'y retrouver plus facilement.

Les sous-parties

À l'intérieur de chaque partie, organisez vos idées (les sous-parties) pour faire votre démonstration.

Pour cela, intégrez :

- des faits (vos connaissances, des chiffres, la loi…) ;
- votre opinion (elle doit être nuancée) ;
- des exemples connus ou tirés de votre expérience (un exemple ne fait pas force de loi. Il illustre seulement le propos. S'il est tiré de votre expérience, il va servir également à vous valoriser).

Les transitions

Il est souhaitable d'organiser les parties pour aller logiquement de l'une à l'autre sans passer « du coq à l'âne ». L'idéal est de faire une transition.

C'est une petite phrase ou un mot de liaison qui fait naturellement passer d'une partie à l'autre. Elle rend l'écoute plus facile et aide à organiser le discours.

En guise de transition, vous pouvez également reprendre en quelques mots l'idée principale et rebondir sur la suite.

Conseil bonus

Vous pouvez vous entraîner, dans la vie courante, à utiliser des mots de liaison tels que : mais, néanmoins, cependant, en effet, d'ailleurs, donc, de plus, d'autre part, ensuite, enfin, pourtant, au contraire, tout au moins, pour conclure, finalement, par exemple…

› *Vérification*

Une fois le plan construit, relisez et vérifiez que :
- ► vous êtes toujours dans le sujet ;
- ► vous répondez à toutes les questions ;
- ► vous avez exploité toutes les idées sélectionnées.

› *Organisation et présentation du brouillon*

Votre brouillon doit être le mieux présenté possible (pour vous y retrouver mais aussi pour donner une bonne impression au jury).

Vous devez absolument instaurer un contact personnel avec le jury : pour cela, ne vous servez de votre brouillon que comme d'un repère, ne restez pas fixé dessus pendant tout l'oral.

Conseil bonus

Quelques conseils :
- écrivez seulement au recto de la feuille ;
- numérotez les pages ;
- n'utilisez pas trop de feuilles (risque de se perdre) ;
- utilisez des abréviations si vous pouvez vous relire ;
- écrivez en style télégraphique ou faites des phrases courtes, soulignez les mots-clés.

› *Exemples de présentation de brouillon*

Vous pouvez utiliser un code couleur pour repérer les différents arguments. Attention cependant, certains jurys ne vous laissent qu'un crayon.

Exemple 1

Grande idée n° 1 (partie 1) :
- ► sous-partie 1.1 + exemple ;
- ► sous-partie 1.2 + exemple ;
- ► sous-partie 1.3 + exemple.

Grande idée n° 2 (partie 2) :
- ► sous-partie 2.1 + exemple ;
- ► sous-partie 2.2 + exemple.

Exemple 2

Si vous êtes plus « visuel », vous pouvez présenter votre brouillon sous forme de schéma.

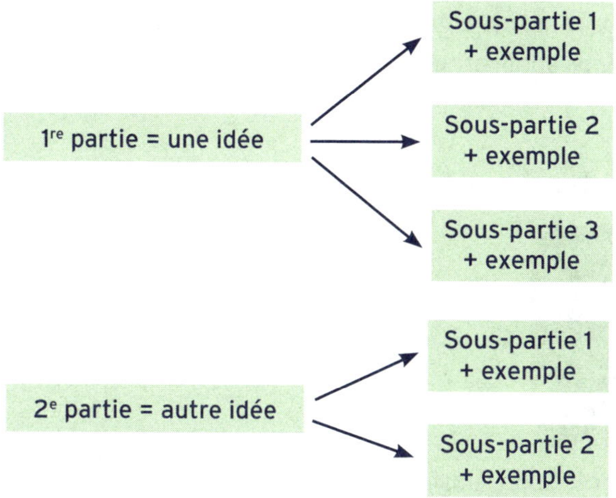

Exemple 3

Vous pouvez aussi choisir un plan sous forme de tableau : plan « pour/contre ».

Pour : Idée principale : – sous-partie 1 ; – sous-partie 2 ; – sous-partie 3.	**Exemples :**
Contre : Idée principale : – sous-partie 1 ; – sous-partie 2.	**Exemples :**

Exemple

› Sujet 1

Vous choisissez un sujet, et découvrez qu'il s'agit du panneau suivant :

Le sujet peut être traité ainsi :

Première partie : le tabac, un fléau :

– un danger pour la santé (arguments, exemples et expériences à chaque fois) *(voir page 427 : « Chercher des idées sur le sujet »)* ;

– une nuisance pour autrui ;

– une dépendance.

Deuxième partie : action des pouvoirs publics contre le tabac :
– aider les fumeurs à se défaire de la cigarette ;
– dissuader : le prix, retirer la cigarette des publicités (Lucky Luke sans cigarette) ;
– lois récentes et leur application.

› Sujet 2

On vous demande de commenter la photographie suivante :

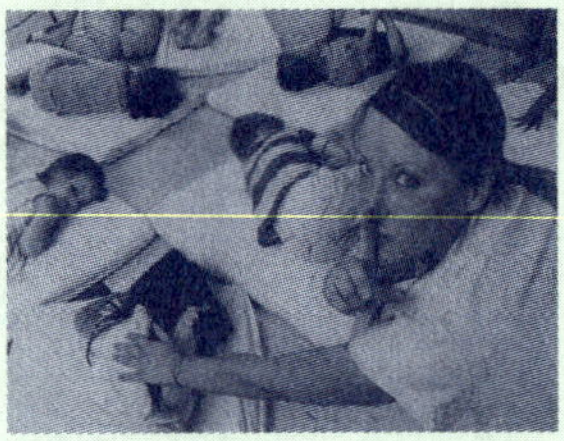

Vous pouvez traiter le sujet ainsi :
Première partie : le sommeil :
– intérêts du sommeil (utilité) ;
– besoins de sommeil en fonction de l'âge ;
– conséquences du manque de sommeil.
Deuxième partie : le sommeil à la crèche :
– conditions mises en place dans l'intérêt de l'enfant (repères, rituels individuels, rythmes individuels...) ;
– rôle des professionnels pendant la sieste ;
– illustrez votre commentaire en évoquant vos expériences personnelles.
Cette deuxième partie peut varier en fonction de vos expériences. Si vous avez connu une expérience plutôt négative, expliquer pourquoi et présentez les gestes et les décisions que vous prendriez aujourd'hui. Vous montrerez alors que vous vous sentez impliqué et que votre démarche professionnelle est active.

› Rédaction de l'introduction et de la conclusion

› *L'introduction*

Un moment essentiel !

L'introduction est très importante et vous devez y consacrer un temps significatif.

Dans une conversation, quand on ne connaît pas les personnes, on ne donne pas son avis de but en blanc. Cela est vrai également lors d'un entretien. Il faut prendre le temps d'entrer en contact avec le jury.

Votre entrée en matière est fondamentale. Vous devez intéresser le jury par une accroche qui doit le laisser en attente, le tenir en haleine. Après votre introduction, si le jury se dit : « *Ah, ce candidat va faire un exposé intéressant !* », vous avez déjà en partie gagné.

Rappelez-vous que le jury peut entendre dix fois de suite le même exposé. Vous devez essayer de sortir du lot dès le début (sans trop forcer l'originalité tout de même, il s'agit d'un examen sérieux !).

Une partie construite en plusieurs étapes

Vous devez d'abord énoncer le sujet que vous allez traiter. Plusieurs solutions sont envisageables :

- reprendre mot pour mot le sujet tel qu'il est formulé dans l'énoncé ;
- reformuler ce qui vous est demandé avec vos mots ;
- placer ce sujet dans un contexte, dans une situation générale ;
- si le sujet est présenté sous forme d'image, vous devez la décrire (où se passe l'action, que voit-on, que font-ils, à quoi cela fait-il penser ?) ;
- si le sujet est un cas concret, il est judicieux de le reprendre pour soi : « *Je suis...* » ;
- plus difficile et plus original, vous pouvez commencer par une histoire, une anecdote, une citation en lien avec le thème.

L'introduction peut servir :

- à définir les termes ;
- à énoncer des généralités sur le thème si celles-ci ne sont pas traitées dans le développement ;
- à montrer en quoi ce sujet est intéressant ;
- à expliquer quels aspects en lien avec la profession vous avez choisi de traiter et éventuellement justifier ce choix si le sujet est vaste.

Ensuite, vous devez indiquer au jury quel sera votre raisonnement. Vous allez alors annoncer la façon dont vous avez articulé votre développement. Il s'agit d'annoncer son plan :

- « *Dans une première partie, nous verrons..., dans une seconde partie...* » ;
- « *En premier lieu je traiterai..., puis...* » ;
- « *D'une part..., d'autre part...* ».

› La conclusion

La conclusion laisse une dernière impression de votre exposé au jury. Elle est souvent construite en deux phases :

- dans un premier temps, **la conclusion reprend les idées essentielles** qui ont été traitées. Elle apporte une réponse à la question qui a été posée dans l'introduction ;
- ensuite, **elle peut être utilisée pour élargir le sujet** à un thème proche qui n'a pas été traité (sans détail !). Ainsi, vous pouvez ouvrir le débat dans le domaine professionnel qui vous concerne, rebondir sur votre projet professionnel (en lien avec le sujet s'il s'y prête).

Dans votre situation, **une fin d'exposé astucieuse serait de faire une transition entre les deux parties de l'entretien** : l'exposé et la valorisation de vos motivations à entrer en formation.

Exemple

› Sujet 1

Voici un exemple d'introduction et de conclusion pour le sujet : « Le tabac. »

Introduction

Le tabac est un sujet tout à fait actuel. Malgré ses méfaits et les campagnes de lutte anti-tabac, de nombreux jeunes, entraînés par leurs camarades, fument de plus en plus tôt. Il leur devient alors difficile d'arrêter de consommer des cigarettes. Le tabagisme coûte plus cher à la société qu'il ne lui rapporte. C'est devenu un enjeu de santé publique.

Nous aborderons dans un premier temps les aspects négatifs du tabagisme, puis nous verrons dans un deuxième temps ce qui a été mis en place par les pouvoirs publics pour tenter de limiter la consommation de tabac.

Conclusion

Nous avons pu voir que le tabac, bien qu'étant un plaisir pour le fumeur, est à la fois un danger pour la santé, une nuisance pour l'environnement et pour autrui et que les fumeurs, dépendants de leur dose de nicotine, ne peuvent souvent pas s'arrêter comme ils le souhaitent. Depuis quelques années, les pouvoirs publics interviennent activement. La dernière loi, en vigueur depuis janvier 2008, interdit même de fumer dans tous les lieux publics. En professionnel de la santé, je compte bien intervenir à mon niveau pour limiter la consommation de tabac : je pourrai par exemple participer à des actions d'information auprès des jeunes.

› Sujet 2

Voici un exemple d'introduction et de conclusion possible pour le sujet : « La sieste à la crèche. »

Introduction

Nous observons une photographie qui représente un moment important dans la vie de la crèche : la sieste. Nous pouvons voir une auxiliaire qui tente d'endormir de jeunes enfants. Leurs matelas sont placés en cercle, les uns auprès des autres. Les enfants sont installés, mais ils ne sont pas encore prêts pour l'endormissement.

Dans une première partie, je ferai référence à mes connaissances sur le sommeil pour vous parler de l'utilité du sommeil et des besoins des enfants. La deuxième partie sera traitée en référence à mon expérience de stage en crèche l'année dernière. J'insisterai sur l'importance des conditions mises en place dans une structure comme la crèche et donc sur l'importance pour les professionnels de réfléchir en équipe à ce temps essentiel de la journée.

Conclusion

La formation des professionnels de la petite enfance est absolument indispensable pour limiter les pratiques inadaptées aux besoins des enfants. Une réflexion s'impose dans les équipes pour s'adapter à chaque enfant et offrir au groupe accueilli un environnement correspondant aux besoins de son âge. J'espère apprendre encore beaucoup tant en cours que lors des stages que j'aurais la chance d'effectuer si j'entre en formation dans cet institut de formation.

1.4. Entretien avec le jury

Mieux vous serez préparé, plus votre prestation paraîtra naturelle et spontanée le jour J, et meilleure sera l'impression du jury.

L'entretien va se dérouler de façon différente selon les jurys et selon les candidats qui se trouveront en face d'eux.

En général, l'exposé précède la discussion avec le jury.

On retrouve fréquemment le schéma suivant :

Premier contact et présentation personnelle brève

↓

Présentation de l'exposé

↓

Discussion avec le jury

↓

Fin de l'entretien

Déroulement possible de l'oral

Certains jurys vont être très directifs et mener l'entretien d'un bout à l'autre

Ils vous diront que faire, poseront des questions précises.

Vous n'aurez qu'à répondre aux consignes et aux questions.

C'est plus facile mais vous risquez de ne pas réussir à dire tout ce que vous souhaitez.

Rien ne vous empêche cependant d'essayer d'y mettre votre touche personnelle ou d'insister avec diplomatie sur un point qui vous tient à cœur.

Certains jurys vont vous laisser très libre de gérer l'entretien

Le jury va alors commencer par « *je vous écoute* » ou même attendre en silence que vous commenciez.

À vous de gérer votre oral, d'organiser votre temps entre exposé et présentation. Votre préparation sera alors très utile. Ce type d'entretien, plus difficile, vous permet cependant de vraiment vous révéler.

Les questions du jury viendront dans un deuxième temps.

Certains jurys vous laissent commencer puis vous coupent et posent des questions

Vous devez rester à leur écoute et répondre aux consignes.

Vous risquez de perdre le fil de votre exposé. À vous de réussir à présenter ce que vous avez préparé et de ne pas laisser penser que vous avez oublié des aspects importants du sujet.

Il y a aussi les jurys qui aident, ceux qui n'expriment rien, ceux qui sont aimables, ceux qui sont désagréables, ceux qui vous poussent dans vos retranchements, ceux qui tentent de vous déstabiliser.

Quelle que soit votre impression, ne perdez pas votre cap, battez-vous et restez vous-même. Vous êtes dans une situation proche de l'entretien d'embauche.

Conseil bonus

Ce n'est pas vous qui déciderez de la manière dont se déroulera l'entretien, soyez donc prêt à tout !
Le candidat doit s'adapter et respecter les consignes du jury.
La grande difficulté de ce type d'entretien consistera à exprimer tout ce que vous voulez mettre en valeur.

1.4.1. Se présenter au jury

› Arrivée devant le jury

Le premier contact est essentiel car le jury s'attache souvent à la première impression que vous lui donnez.
Vous avez de 15 à 20 minutes pour convaincre et donner le meilleur de vous-même !

› *En entrant dans la salle*

Saluez les membres du jury avec le sourire (il est fréquent que vous n'ayez vu qu'une personne sur les deux lors du choix du sujet). Évitez les « B'jour » brefs et cavaliers et prenez le temps de dire un vrai bonjour qui doit idéalement être suivi de mesdames ou messieurs. Ce n'est pas hypocrite, le jury trouvera ça normal car il s'agit simplement de politesse.
Avancez-vous, présentez votre convocation et vos papiers d'identité si ce n'est déjà fait et émargez.
Si vous avez des documents à récupérer dans votre sac (appréciations de stage, bulletins, mouchoir…), c'est le moment. Ils doivent être facilement accessibles, dans une pochette par exemple.

› *Pour vous installer*

Attendez d'y être invité avant de vous asseoir ou tout au moins marquez l'arrêt et attendez que le jury soit assis avant de vous installer. Ces règles de politesse de base sont importantes à respecter.
Votre installation prend quelques secondes mais elle est importante. Pour vous sentir bien, calez-vous sur la chaise, bien droit mais sans raideur.
Si vous ne savez pas quoi faire de vos mains, placez-les de part et d'autre de la feuille sur la table ou sur vos genoux.
Prenez la place utile sur la table sans envahir tout l'espace.

› *Gérez votre stress*

Il est normal d'être stressé. L'enjeu est important !
Pour vous donner de l'assurance, respirez calmement et amplement en vous disant que le jury est là pour vous.

Dites-vous que le jury est là pour trouver des futurs élèves. Il n'a rien, *a priori*, contre vous. Il cherche des candidats ayant le profil adapté à la formation et au métier.

Si votre stress est très envahissant (tremblements, voix chevrotante, difficulté à commencer, bouche sèche...), vous pouvez en parler simplement : « *Veuillez m'excuser, je suis très ému...* ».

L'important va être de réussir à se détendre pendant l'entretien. Si vous vous êtes bien préparé, vous allez prendre de l'assurance en parlant.

☺ Le jury recherche	☹ Les erreurs qui enlèvent des points ou éliminent
▶ Une personne polie, dynamique, qui réussit à gérer son stress. ▶ Un candidat avec qui le contact passe bien. ▶ Un(e) futur(e) élève qui aura un comportement adapté en cours comme en stage.	▶ Un candidat qui fuit la relation avec le jury, qui arrive sans dire bonjour et qui lit son exposé sans un regard. ▶ Une mauvaise présentation qui donne d'emblée une impression négative : tenue peu soignée, chewing-gum, maintien négligé. ▶ Les bonjours cavaliers, à la limite de l'impolitesse, ou des « bonjours » avec un regard de défi : « *Je suis obligé de vous dire bonjour, mais je n'aime pas les profs* » que le professeur va décoder ainsi : « *Ce candidat n'est pas capable de maîtriser ses émotions.* » ▶ Un candidat qui reste « caché » derrière son manteau, son écharpe, ses cheveux. ▶ Un candidat qui montre que la situation l'ennuie (souffle, se vautre).

› Présentation brève

Avant d'aborder l'exposé, une petite entrée en matière s'impose : vous devez vous présenter brièvement. Certains jurys vous laisseront le temps que vous souhaitez, d'autres vous demanderont très vite d'aborder l'exposé.

L'objectif est d'entrer en relation. Vous avez besoin de faire connaissance. Cette présentation va donner au jury une première idée de vous, qui sera détaillée ultérieurement.

Vous pouvez vous présenter :

- nom, prénom, âge ;
- statut (célibataire, marié, en couple, habitant chez les parents, avec ou sans enfant...) ;
- lieu de résidence, voiture ou non.

Puis dire quelques mots choisis sur votre parcours scolaire et professionnel :

- scolarité, formations, diplômes obtenus, stages réalisés ;
- postes occupés, petits boulots en lien avec le concours.

C'est le moment de glisser habilement un mot sur vos motivations et éventuellement sur votre projet professionnel. Il s'agit d'influencer favorablement le jury dès le début de votre oral.

Cette « phrase d'introduction » doit être préparée à l'avance. Attention cependant à ne pas réciter.

Bien qu'il ne soit pas expressément demandé, il est conseillé de fournir un curriculum vitae écrit. Ce document fait bon effet et permettra au jury de se repérer plus facilement dans votre parcours.

1.4.2. Présentation de l'exposé

Vous avez 5 à 10 minutes à consacrer à la présentation de votre exposé. L'objectif est de :
- présenter votre exposé tout en vous valorisant ;
- faire des liens entre l'exposé, votre expérience et votre projet.

Vous allez faire la preuve de vos connaissances et de vos capacités intellectuelles à les exploiter. Vous devez également intéresser le jury. Votre exposé sera donc vivant, personnel, prétexte à l'échange.

Cela nécessite que vous restiez à l'écoute du jury, de ses paroles, de ses questions mais aussi de ses réactions non verbales : froncement de sourcils pour marquer le désaccord, moue pour inciter à continuer...

Votre exposé doit être conçu simplement avec des phrases courtes, des mots-clés et des mots de liaison. Il doit être prétexte à valoriser votre expérience et mettre en avant vos motivations.

☺ Le jury recherche	☹ Les erreurs qui enlèvent des points ou éliminent
▶ Une présentation claire, riche, argumentée, illustrée.	▶ Lire son exposé sans rechercher (ou en fuyant) le contact avec le jury. ▶ Le candidat qui « affronte » le jury et qui n'est pas capable de saisir l'aide proposée pour rebondir. ▶ La personne qui ne comprend pas un mot dans l'énoncé mais qui l'utilise et le commente au hasard.

1.4.3. Échanges avec le jury

Ce n'est plus une épreuve anonyme ! La réussite à l'oral sera déterminée par la qualité de votre présence et vos capacités à communiquer.

La qualité de la parole des candidats fait souvent la différence.

Certains, plus beaux parleurs, savent se mettre en valeur. Ils ont alors plus de chance de réussir l'entretien qu'un candidat ayant plus de connaissances et de motivation mais ne sachant ni les exprimer ni les mettre en avant.

À chacun de s'entraîner pour s'améliorer. Si vous n'êtes pas très à l'aise à l'oral, travaillez plus et faites les exercices proposés dans ce livre !

Vous pouvez tout de même vous rassurer en sachant que le jury ne cherche pas un orateur ! Par expérience, le jury sait que des candidats moyens à l'oral s'avèrent parfois de bien meilleurs élèves et futurs professionnels que les « baratineurs nés ». S'il perçoit que vous avez travaillé, le jury le verra et saura faire la part des choses.

› Présentation personnelle argumentée

Il faut vous présenter et convaincre le jury que vous êtes LE candidat du jour (en finesse et en toute modestie cependant), vous mettre en valeur et exprimer vos motivations.

Comme nous l'avons déjà vu, parfois le jury va poser des questions et vous allez devoir y répondre, parfois il vous laissera le champ libre en attendant que vous parliez ou vous dira une phrase comme : « Expliquez-nous qui vous êtes et pourquoi vous êtes ici aujourd'hui. »

Vous n'irez pas loin dans votre présentation sans une solide préparation. Un bilan personnel de type bilan de compétences est nécessaire *(voir page 467 : « Préparer la présentation personnelle »)*.

Les points à aborder lors de sa présentation :

La présentation personnelle
Qui suis-je ?
Quel est mon parcours ?
Ce qui, dans ma personnalité, va dans le sens de mon projet professionnel.

La motivation
Pourquoi ?
Depuis quand ?
Comment je peux le démontrer ?

Le projet professionnel
Où, comment (ce qui suppose une bonne connaissance de la profession) ?

☺ Le jury recherche	☹ Les erreurs qui enlèvent des points ou éliminent
▶ Un futur élève apte à suivre la formation et à exercer la profession. ▶ Une personne motivée, dynamique, qui a un réel projet professionnel sincère et réfléchi. ▶ Une personne qui résistera aux contraintes et aux difficultés du métier, un candidat qui s'exprime clairement, qui montre sa détermination, qui sait prouver qu'il est motivé, qui a travaillé son entretien à l'avance.	▶ Le candidat qui ne sait pas se présenter : « *Je suis X et je veux être AP ou AS* » sans plus de développement. ▶ La personne qui est dans l'impossibilité d'exprimer ses motivations car elle n'y a pas suffisamment réfléchi : « *Je veux depuis toujours* », « *J'aime les enfants* ». ▶ Une motivation par défaut : « *Je ne peux pas être sage-femme, donc je tente AP* » (ce n'est pas le même métier !) ; « *Je n'ai pas le niveau pour être infirmier, je dois être AS* » (le jury va interpréter que votre niveau est très bas et votre motivation tout à fait nulle). ▶ Un candidat dans l'incapacité de valoriser son expérience de stage (ou expérience professionnelle) : « *J'ai fait un stage à la crèche des Petits loups en avril, ils étaient gentils* » ou pire : « *Les enfants étaient gentils avec moi.* » ▶ Critiquer son expérience de stage sans recul et sans s'impliquer. ▶ Réciter une présentation apprise (certains élèves ayant suivi des cours de préparation aux concours le font comme des robots !). Le candidat n'a alors aucune chance de réussir car il ne donne pas l'occasion au jury de le connaître vraiment.

› Soigner sa communication verbale

Lors d'un oral, votre façon de vous exprimer va, bien sûr, être évaluée par le jury. Vous devez vous faire comprendre et veiller à bien vous exprimer !

☺ Le jury recherche	☹ Les erreurs qui enlèvent des points ou éliminent
▶ Un candidat qui est capable de s'exprimer clairement à l'oral, poliment. ▶ Un candidat dont le langage est compatible avec un travail en lien avec le public. ▶ Un candidat qui argumente et donne des exemples concrets.	▶ Le candidat qui parle trop vite sans articuler. Il est désagréable de ne comprendre qu'un mot sur deux. De plus, cela révèle souvent un manque d'assurance. ▶ Celui qui est à peine audible (il faudra se faire entendre en stage auprès des patients). ▶ Le candidat qui ne fait pas de phrases et qui espère se faire comprendre en quelques mots. ▶ Celui qui, après 5 minutes de langage correct, se détend et utilise un langage familier ou argotique (« *les vieux* », « *les mômes* », « *je m'en fous* », « *c'est vachement bien* »). ▶ Celui qui, au contraire, tente d'utiliser un langage professionnel mais sans le maîtriser.

Bien parler, s'exprimer clairement et simplement, se faire entendre sans toutefois crier, être convaincant demande un entraînement.

Commencez par prendre conscience de vos défauts de langage ! Peut-être les connaissez-vous ? Sinon, voici quelques solutions :

- ▶ rappelez-vous les remarques que vos parents ou vos professeurs vous faisaient ;
- ▶ demandez à votre entourage ce qu'il peut vous conseiller d'améliorer ;
- ▶ observez-vous en train de parler et remarquez également l'attitude de vos interlocuteurs : vous comprennent-ils, vous font-ils répéter ?

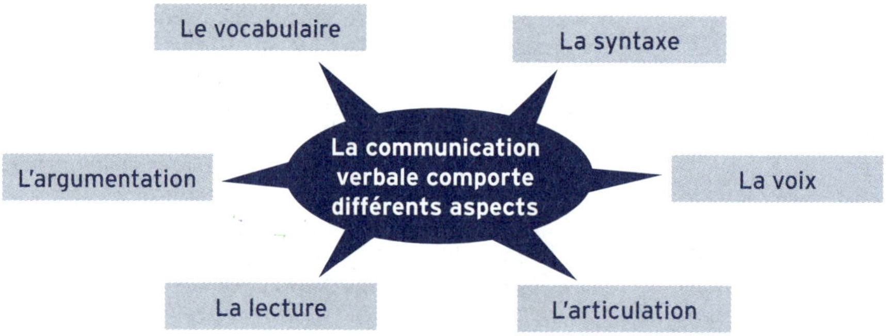

Le tableau ci-contre vous aidera à améliorer votre communication verbale et à identifier ses qualités et ses défauts.

<table>
<tr><th>Aspects de la communication verbale à travailler</th><th>Conseils</th></tr>
<tr><td>Le vocabulaire</td><td>Lors d'un entretien de sélection, il va, bien sûr, être nécessaire de soigner son vocabulaire.
Il doit être simple, précis, varié. Attention, il y a parfois une grande différence entre ce que vous dites et ce que l'autre interprète !

Il est absolument obligatoire de proscrire les gros mots, l'argot et toute familiarité, même si le jury semble sympathique !
Il existe trois registres de langage :
– le langage familier. C'est un langage relâché qui comporte des mots grossiers ou des mots d'argot. Il ne respecte pas les règles grammaticales. Ex. : « J'ai le nez (ou le zen) qui coule », « T'as vu ? » ;
– le langage courant. C'est le langage le plus utilisé. Sans recherche particulière, ce langage est simple. Ex. : « J'ai un rhume », « Tu as vu » ou « As-tu vu ? » ;
– le langage soutenu. C'est un langage recherché, raffiné, technique. Ex. : « Je souffre de rhinite obstructive », « Avez-vous remarqué ? » (voir page 473 : « Exercice 1 : Registres de langage »).

En entretien, le langage courant est suffisant. Vous pouvez y ajouter quelques mots professionnels que vous maîtrisez.
Entraînez-vous à mieux parler dès maintenant dans votre vie quotidienne, à éviter tous les gros mots, le verlan, le langage SMS… Très vite, ce sera naturel.
Attention également aux tics verbaux : « euh… ben oui… voilà… »</td></tr>
<tr><td>La syntaxe</td><td>Il s'agit de la construction de vos phrases.
Le mieux est de faire des phrases courtes et simples avec sujet, verbe et complément.

Même conseil que pour le vocabulaire, entraînez-vous.</td></tr>
<tr><td>La voix</td><td>Le stress (légitime en situation d'examen) ne fait que renforcer vos tendances naturelles. Parler trop bas révèle votre timidité et incommodera le jury, parler trop fort peut être perçu comme agressif.
Vous devez prendre le temps de parler, varier votre intonation, vous accorder des temps de pause.
Rien de plus difficile à écouter pour un jury, qui voit 15 à 20 candidats par jour, qu'une voix monotone, sans vie. Un ton monocorde sera interprété comme un manque de dynamisme ou de motivation et rendra votre exposé impossible à écouter jusqu'au bout. Le jury risque alors de ne pas retenir tout ce que vous dites.
Votre enthousiasme à entrer en formation doit être perceptible dans votre voix.</td></tr>
</table>

Aspects de la communication verbale à travailler	Conseils
La voix	Entraînez-vous à raconter des histoires (ou à les lire) de manière vivante (en vous enregistrant si possible). Amusez-vous à mettre de l'intonation, à faire des pauses, à marquer le suspense, à mettre en valeur les idées importantes.
L'articulation	Vous devez articuler afin d'être bien entendu. Un discours mal articulé laisse une image de laisser-aller, de timidité, de manque d'assurance. Entraînez-vous à prononcer toutes les syllabes quand vous parlez *(voir page 473 : « Exercice 2 : Articulation »).*
La lecture	Certains jurys vont vous demander de lire le sujet à haute voix, vous allez lire vos notes. Lecture du sujet et des consignes : le jury va apprécier votre capacité à lire un texte ou un énoncé (certains candidats ont la plus grande difficulté à lire à haute voix). Si vous n'êtes pas à l'aise, entraînez-vous à lire à haute voix, prenez votre temps, respirez. Si vous êtes seul pendant la préparation de l'exposé, lisez une fois le sujet à haute voix. Exposé et « lecture des notes » : – vous ne devez pas tout lire ou réciter, ce serait très monotone ; – vos notes sont des repères et vous devez les exposer de manière vivante, en relation avec le jury. Entraînez-vous à lire des textes (ou vos notes, vos cours) devant une glace en vous regardant dedans le plus souvent possible.
L'argumentation	Vous devez organiser les informations données, expliquer vos arguments le plus clairement possible. Donnez des exemples vécus pour illustrer ce que vous dites. Vous allez alors parler de manière plus vivante, plus tonique. Une idée = une ou deux phrases et (si possible) des exemples vécus. Restez précis : – « *je lis beaucoup* » doit être traduit par « *je lis un livre par semaine* » ; – « *c'est mon avis* » se traduit par « *c'est mon avis car...* » (on attend que vous expliquiez pourquoi).
Mettre en valeur quelques éléments	Vous ne devez pas hésiter à vous répéter pour valoriser un élément. Dans le même but, utilisez les pauses, les silences, l'intonation.

› Soigner sa communication non verbale

Une bonne communication non verbale signifie d'abord :

- prendre conscience de l'importance de la communication non verbale ;
- savoir valoriser le contenu (ce que l'on dit) par le contenant (la manière de le dire) ;
- s'observer et s'améliorer afin que la communication non verbale devienne un outil utile à la réussite de l'oral.

☺ Le jury recherche	☹ Les erreurs qui enlèvent des points ou éliminent
▶ Un candidat cohérent dont la présentation cadre avec le profil recherché. ▶ Un candidat dont la communication non verbale n'exprime pas l'inverse de ce qu'il dit. ▶ Un candidat qui communique facilement.	▶ Un candidat dont le comportement contredit ce qu'il évoque. Il est assez fréquent d'entendre dire « *j'ai envie d'apporter de la joie aux enfants* » sur un ton sinistre, sans sourire, avec tristesse... Le jury se dit alors que ce candidat a besoin que les enfants lui apportent de la joie. C'est un métier relationnel exigeant, pas une thérapie ! ▶ Un candidat qui fuit le regard, celui qui reste figé, terrorisé par la situation relationnelle tout au long de l'entretien. ▶ Une présentation inadaptée : chaussures et tee-shirt sales, chewing-gum, lunettes de soleil. ▶ Celui qui se tient mal en attendant l'entretien ou en sortant. ▶ Le candidat qui a une présentation peu conforme à la fonction (gothique pour aller en crèche, nombreux *piercings*...). ▶ Un candidat trop endimanché et pas à l'aise. ▶ Celui qui lit son brouillon d'une voix monotone sans regarder un seul instant le jury.

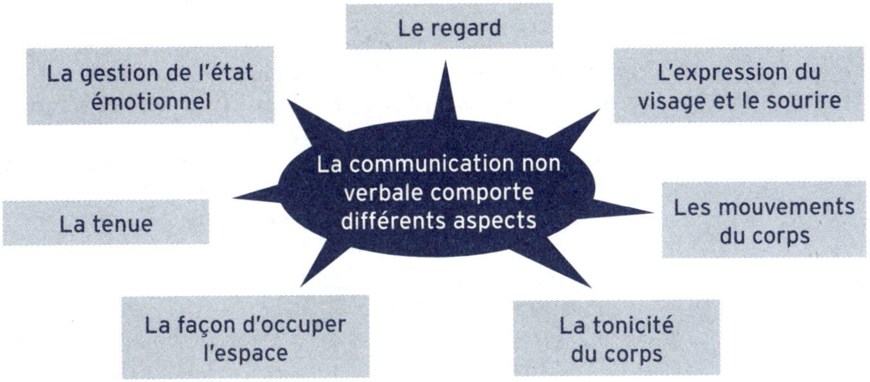

La communication non verbale traduit nos intentions profondes. Nous n'en sommes pas souvent conscients mais notre interlocuteur peut le remarquer. La façon de bouger, regarder, sourire, marcher, s'installer conditionne le début de la relation avec le jury. Notre corps, notre comportement peuvent nous trahir. Les chercheurs en communication s'accordent à dire que **70 % du message passe par la relation et les éléments non verbaux et comportementaux**. La communication non verbale peut totalement annuler ce qu'on exprime verbalement : essayez de dire « *hourra !* » en baissant les bras, en regardant par terre. C'est impossible !

Ce qui reste après l'entretien, c'est en partie ce que vous avez dit mais aussi l'impression générale que vous avez laissée. Une grande partie de l'entretien passe par le langage non verbal. Le jury « pardonnera » plus facilement une erreur, un oubli, à quelqu'un avec qui il vient d'avoir un échange agréable.

Exemple

Prononcer ces deux phrases « *j'ai très envie de devenir auxiliaire de puériculture (ou aide-soignant)* » et « *je n'aime pas les mathématiques* ».
Une première fois avec une voix dynamique, les yeux pétillants, le sourire.
Une seconde fois d'une voix triste, sans sourire, le corps voûté.
Observez l'effet que cela donne !

Aspects de la communication non verbale à travailler	Conseils
Le regard	La relation est animée par le regard que l'on porte sur l'autre. Il y a les regards fuyants, inquisiteurs, de défi... Le regard permet le contact. Il peut en dire long sur ce que vous pensez ou éprouvez. Vous devez penser à regarder les membres du jury. Attention à ne pas vous « accrocher » au regard de la personne qui vous semble la plus gentille ou qui parle le plus : veillez à regarder les deux personnes. Entraînez-vous, dans la vie quotidienne, à regarder vos interlocuteurs, même quand ils vous impressionnent. Avec un proche : essayez de parler sans regarder la personne, puis répétez votre phrase en la regardant une fois avec un regard « positif », une fois avec un regard qui dit « je ne t'aime pas ». Constatez le résultat sur la qualité de la communication et demandez à votre interlocuteur ce qu'il pense de l'expérience.
L'expression du visage	Le visage est important car c'est la partie du corps la plus regardée pendant l'entretien. Rien de plus désagréable dans la communication qu'un visage figé, inexpressif, triste ! Un visage expressif est vivant, montre de la tonicité, du dynamisme et de la motivation. Le sourire illumine le visage.
Les mouvements	De la même façon, il est bon de ne pas rester figé, raide... sans toutefois gesticuler.
L'allure	La façon de positionner son corps, la façon de bouger donne une première image de vous. Un candidat vautré donnera l'impression de manquer d'intérêt ou d'être désinvolte. Comparez quelqu'un qui traîne les pieds et qui a le dos voûté à quelqu'un qui se tient droit et qui est tonique dans sa démarche, et appréciez l'impression qu'ils donnent.
L'installation et l'occupation de l'espace	Le jury attend un certain maintien de la part des candidats, qu'il s'installe, prenne sa place sans envahir l'espace et garde une certaine distance vis-à-vis du jury.

Aspects de la communication non verbale à travailler	Conseils
La tenue	Une tenue correcte et propre est indispensable mais elle doit vous correspondre et rester naturelle. S'il est indispensable de proscrire les tenues provocantes (décolleté plongeant, *string* apparent, *piercing* provoquant...) ou les particularités trop marquantes (gothiques...), être trop endimanché risque de ne pas paraître très naturel et de vous gêner. La tenue doit être sobre, simple. Attention également à respecter la laïcité. Vos convictions religieuses sont respectables mais ne concernent que vous. Vous devez éviter tout signe ostentatoire d'appartenance religieuse (grosse croix, voile...). Les cheveux doivent être coiffés, les ongles soignés, le maquillage et les bijoux discrets, les hommes bien rasés.
Gestion de l'état émotionnel	Le stress entraîne parfois des manifestations corporelles incontrôlables : rougeur, mains moites, bouche sèche. Il peut être conseillé d'en parler ouvertement. Cela peut avoir un effet calmant. Il est vraiment préférable d'éviter les pleurs qui ne donnent pas l'image d'un candidat très résistant émotionnellement parlant : sur les terrains professionnels, vous serez confronté à des situations difficiles qu'il faudra, pour agir en professionnel, gérer autrement !
Ce qui incommode le jury	L'odeur du corps : il peut paraître exagéré d'insister sur ce point mais il n'est pas rare d'être incommodé par les odeurs de transpiration. À proscrire absolument car cela révèle un manque d'hygiène corporelle de base totalement incompatible avec la profession. Il faut se méfier également des odeurs trop fortes de parfum, de l'odeur du tabac froid... Attention également aux mouvements parasites qui perturbent beaucoup la communication : jambe qui bouge, stylo dont on entre et sort la mine, gesticulations sur sa chaise... Ces tics révèlent le stress. Il est important d'en prendre conscience car le jury peut en être très agacé.

Quand on en prend conscience, la communication non verbale peut être habilement utilisée pour valoriser ce qui est dit.

L'entretien reste un exercice de séduction. Pour mieux maîtrisez votre image, répondez aux questions :

- à quoi ressemble, pour vous, une personne qui a de la présence ?
- comment faire pour lui ressembler ?

› Être à l'écoute du jury

Vous posez votre candidature pour entrer dans une formation pour laquelle l'aspect relationnel est essentiel. AP ou AS, vous serez à l'écoute de l'autre :

- de ses paroles, de ses plaintes, de ses gestes en ce qui concerne les personnes soignées ou accueillies et leurs familles ;
- de son avis, de ses transmissions en ce qui concerne l'équipe avec laquelle vous travaillerez.

Il faut mettre en valeur vos capacités d'observation, d'écoute et de respect de l'autre pendant tout le déroulement de votre oral.

☺ Le jury recherche un candidat	☹ Les erreurs qui enlèvent des points ou éliminent
▶ Qui répond aux questions. ▶ Qui reste ouvert aux remarques. ▶ Qui est capable d'élargir ou de remettre en cause son point de vue sur le sujet. ▶ Qui est respectueux de l'avis d'autrui et tolérant des différences.	▶ Ne traiter qu'une partie du sujet de l'exposé sans saisir les relances du jury. ▶ Émettre un point de vue très tranché sur le thème sans envisager que l'on puisse avoir une autre idée et sans être capable de saisir l'aide du jury. *Ex. : Avec un sujet sur l'IVG, un candidat affirme son seul avis personnel :* « l'IVG est un meurtre ». *Le jury tente d'ouvrir un peu le débat :* « Mais il y a une loi qui l'autorise sous certaines conditions ». *Le candidat reste sur sa position :* « Oui, mais non, c'est impossible ». L'AP ou l'AS devra pourtant rester à l'écoute des patientes et ne pas leur imposer son propre point de vue, ne pas les juger !
	▶ Lire son exposé sans regarder le jury une seule fois, sans prêter attention à ses réactions. ▶ Refuser de se laisser interrompre par une question. ▶ Tenir des propos racistes (même à son insu), des jugements de valeur. *Ex. :* « Bien sûr, les parents actuels ne s'occupent pas bien de leurs enfants », « Les gens abandonnent les personnes âgées », « Les étrangers font le contraire de ce qu'on leur conseille ». Vous allez être en contact avec ces personnes et devez non pas les juger mais les aider !

› *L'oral : un temps d'échange avec le jury*

L'oral est un temps de relation entre un candidat, qui doit donner le meilleur de lui-même, et un jury, qui est là pour évaluer si ce candidat a le profil de cette formation et s'il est suffisamment motivé.

C'est un temps d'échange pendant lequel vous devez vous adapter au jury et pour cela être à son écoute. L'oral n'est pas un monologue mais un dialogue, une interaction (c'est-à-dire que les uns vont agir sur les autres, que la communication s'effectue dans les deux sens).

Le jury peut aussi parfois vous pousser dans vos retranchements pour voir :

- si vous êtes capable de changer d'avis ;
- si vous pensez vraiment ce que vous dites ;
- si vous jouez au caméléon ;
- si vous savez remettre en cause votre premier jugement ;
- si vous pouvez saisir les perches tendues ;
- si vous résistez à la confrontation.

Soyez vous-même et n'oubliez pas que vous ne savez pas tout sur tout.

Votre manière de répondre à l'énoncé du sujet de l'exposé, aux questions et aux réactions du jury est révélatrice de votre **capacité d'écoute** qui est une **qualité indispensable dans ces professions**. Vous allez, dans votre future profession, être éducateur de santé (donner des conseils, des informations) : pour bien former (et informer), il faut savoir s'adapter à son public.

› *Comment instaurer une bonne communication avec le jury ?*

Pendant votre temps de préparation, posez-vous les questions suivantes. Avez-vous lu tout l'énoncé ou foncez-vous sur le premier élément ? Avez-vous bien observé la photo ? Écoutez-vous les questions du jury avec attention et respect ? En tenez-vous compte pour enrichir vos propos et/ou mieux vous présenter ? Avez-vous une opinion tranchée sur le sujet (certains sujets incitent à la donner) ? Avez-vous tendance à couper la parole, à ne pas tout écouter jusqu'au bout ? Tenez-vous compte des réactions verbales et non verbales du jury ?

> Entrez en relation avec le jury. Parlez mais aussi écoutez, observez, répondez à propos et, pourquoi pas, questionnez. L'entretien est une rencontre.

Restez concentré et attentif à cette relation (et non seulement à votre exposé) : regardez le jury, adaptez-vous à ses réactions, ralentissez le débit s'il a du mal à prendre des notes…

Prenez en compte les remarques qui sont souvent une occasion de mieux argumenter.

N'hésitez pas à réexpliquer si vous pensez que le jury interprète mal vos propos : « *Veuillez m'excuser, je crois que je ne me suis pas bien fait comprendre.* »

Si le jury vous interrompt en cours d'exposé, écoutez-le, répondez sans pourtant perdre le fil.

Si le jury pose une question et que vous avez traité cet aspect de la question plus loin, vous pouvez le signaler : « *J'allais justement y venir.* »

Si le jury vous révèle un aspect que vous n'aviez pas perçu, développez, trouvez des arguments, des exemples : « *Ah oui, en effet…* » Le jury appréciera votre honnêteté, votre ouverture d'esprit et votre capacité à repartir sur une nouvelle idée.

> Un candidat qui sait saisir une nouvelle idée ne sera pas perçu comme quelqu'un qui a oublié un aspect du problème mais comme une personne qui sait tenir compte de l'autre, des remarques pour évoluer. Que demander de plus lorsqu'on est professeur ?
>
> Donner votre point de vue est possible mais vous devez rester mesuré, nuancé ; vous devez pouvoir envisager un autre point de vue, argumenter à l'aide d'éléments théoriques.

Vous devez vous assurer que vous parlez de la même chose que le jury afin d'éviter les erreurs et les malentendus. Un moyen quasiment magique : la reformulation. Il s'agit de reprendre les propos de votre interlocuteur : « *Vous voulez dire que...* », « *Je pense avoir compris que...* », « *Vous me demandez si...* ».

La reformulation a plusieurs intérêts :

- éviter les hors sujets, les quiproquos, vérifier que vous ayez tout compris ;
- gagner du temps avant de répondre. Elle est très utilisée par les hommes politiques. Reprendre les questions permet de laisser venir ses idées en évitant les silences gênants.

Pour avoir, le jour de l'oral, la meilleure communication possible avec le jury, entraînez-vous dans la vie quotidienne à :

- toujours bien écouter jusqu'au bout ce que l'autre dit sans « *zapping* », sans deviner le sens avant la fin (vous verrez que ce n'est pas si facile car on pense plus vite que l'on ne parle) ;
- ne pas couper la parole ;
- bien comprendre ce qui est dit. Par exemple, lisez un article ou regardez la télévision de manière à être capable d'en expliquer le contenu par la suite.

› Types de questions posées par le jury

› *Conseils préliminaires*

Pour passer avec succès votre oral, vous devrez :

- vous préparer à répondre aux questions souvent posées par les jurys ;
- pouvoir faire face à une question inattendue.

Ce chapitre va vous aider à comprendre pourquoi le jury pose telle ou telle question et à repérer les sous-entendus et les pièges éventuels.

☺ Le jury recherche	☹ Les erreurs qui enlèvent des points ou éliminent
▶ À mieux vous connaître pour cerner plus précisément votre candidature. ▶ À évaluer vos réelles motivations (beaucoup de questions s'y réfèrent plus ou moins directement). ▶ À évaluer vos aptitudes à suivre la formation et à exercer la profession qu'ils connaissent bien. ▶ À évaluer si votre choix est réfléchi, sincère, réaliste.	▶ Ne pas comprendre la question et répondre au hasard sans rien demander. ▶ Avoir un objectif très précis (par exemple travailler en crèche ou ne jamais rencontrer des personnes âgées) alors que la moitié des stages des élèves AP se déroulent en milieu hospitalier et que les élèves AS rencontreront des personnes âgées dans pratiquement tous les stages.

Certains jurys posent parfois beaucoup de questions.

Plus vous aurez préparé votre oral, plus vous serez capable de couvrir le sujet qui vous aura été attribué, et moins le jury aura de questions à vous poser (vous aurez aussi davantage de facilité à y répondre).

Malgré le stress et la peur de « mal répondre », vous devez **rester concentré** et bien écouter les questions du jury. Profitez-en pour respirer calmement.

La plupart des questions du jury sont posées pour que vous précisiez votre pensée. Elles peuvent donc vous aider à mieux vous présenter, à être plus précis, à ajouter des arguments et exemples vécus.

Si vous n'avez pas bien compris la question, ou pour vous donner le temps de répondre, utilisez la reformulation.

Répondez clairement en donnant des arguments (des explications) et en essayant de trouver des exemples « prouvant » ce que vous dites.

Une réponse = un argument + un exemple. Rappelez-vous qu'il est plus facile d'évoquer un sujet s'appuyant sur une expérience vécue que de rester dans l'abstraction.

Dépistez les sous-entendus en vous demandant pourquoi le jury pose cette question et quel piège elle peut révéler.

N'oubliez jamais que vous êtes dans une sorte particulière d'entretien d'embauche. Il s'agit de vous valoriser (en donnant des exemples tirés de vos expériences, en mettant en avant votre dynamisme et vos motivations, en expliquant comment vous vous êtes documenté...).

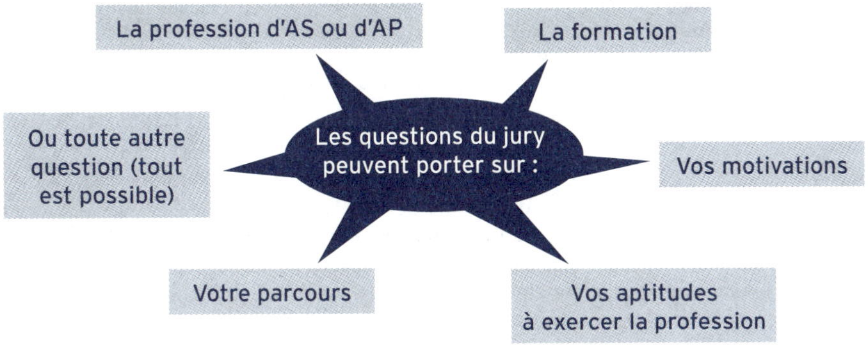

› *Les questions concernant la profession d'AP ou d'AS*

☺ Le jury recherche	☹ Les erreurs qui enlèvent des points ou éliminent
▶ Si votre choix est fait en connaissance de cause. ▶ Si vous vous êtes documenté sur votre future profession (ce qui révèle votre motivation). ▶ Si vous avez tiré profit de vos stages pour cerner les différentes dimensions de la profession choisie ou si vous vous êtes donné les moyens de rencontrer des professionnels.	▶ Mal connaître la profession, la confondre avec une autre. ▶ Mal prononcer « auxiliaire de puériculture » (assez souvent dit : « auxiliaire puéricultrice ») et confondre AP et puéricultrice qui est une infirmière spécialisée. ▶ Répondre de manière trop imprécise : – « *L'AP travaille à l'hôpital* » sans distinguer pédiatrie, néonatalogie et maternité ; – citer le centre de PMI comme lieu possible d'emploi sans savoir ce que c'est. ▶ Citer des lieux d'exercice (et vouloir y travailler) alors qu'aucune AP ou AS n'y travaille. *Ex. :* « Je veux être AP pour travailler en école maternelle » *(confusion entre les métiers d'AP et d'ATSEM : agent territorial spécialisé en école maternelle qui nécessite d'être titulaire d'un CAP petite enfance).* ▶ Ne pas cerner la diversité des rôles de l'AP et de l'AS et donner des réponses plaquées. *Ex. : « Elles dispensent des soins d'hygiène et de confort »*, c'est vrai mais c'est loin d'être tout !

Avant de vous présenter à l'oral :

- ▶ documentez-vous sur la profession que vous désirez exercer, c'est un minimum ;
- ▶ confrontez vos idées (parfois peu réalistes) sur ces professions avec la réalité des terrains d'exercice ;
- ▶ rencontrez des professionnels, allez aux portes ouvertes, aux salons ;
- ▶ réfléchissez sur les avantages et les inconvénients (pour vous) de ces professions, confrontez-vous avec les réalités des métiers.

Le jour de l'oral :

- ▶ montrez que vous vous êtes documenté, expliquez comment ;
- ▶ prouvez que vous avez profité de vos stages pour cerner le rôle de l'AS et de l'AP dans une équipe pluridisciplinaire.

Types de questions	Conseils
Où peut travailler une AP ou une AS ? Quels sont les secteurs d'activité ?	Savoir citer les différents secteurs d'activité possibles est indispensable mais vous devez également savoir à quoi correspond chaque secteur, quel type de travail y fait l'AP ou l'AS.
Avec quels autres professionnels l'AP ou l'AS va-t-il travailler ?	Il faut savoir en citer car, selon la définition du métier, l'AP et l'AS ne travaillent jamais seuls. Citez les principaux professionnels qui gravitent autour de l'AP ou de l'AS (infirmière, infirmière puéricultrice, cadre de santé, éducatrice de jeunes enfants, médecin, psychologue, sage-femme...). Pour répondre, vous pouvez évoquer avec humour que la formation vous permettra de les découvrir mieux mais un minimum de connaissances sera exigé dès le concours... Avec une question comme celle-ci vous pouvez rebondir sur l'importance du travail en équipe, sur vos propres expériences de travail en équipe, sur ce qu'apporte l'équipe, sur les difficultés et les moyens de les éviter.
Quel est le rôle de l'AP ou de l'AS en général ou dans un secteur particulier ?	Souvent, le jury vous pose cette question à propos d'un secteur où vous êtes allé en stage ou sur celui vers lequel vous souhaitez vous orienter. Vous devez tenter de rencontrer des professionnels AP ou AS et les interroger. Pour répondre, envisagez leur rôle dans toute sa diversité et sa complexité et ne vous limitez pas aux « soins d'hygiène et de confort » : – soins de base (toilette, alimentation, aide à l'élimination, installation, sommeil...) ; – relation avec la personne, sa famille dans ses différentes dimensions (transmissions, soutien, accompagnement dans une période difficile...) ; – activité d'éveil ou activités occupationnelles ; – travail en équipe ; – rôle d'éducation pour la santé... Attention aux limites de compétences. Une AS ou une AP n'a pas le même rôle que l'infirmière et certains actes lui sont interdits car elle n'est pas formée pour les accomplir. Si vous cherchez à pratiquer des soins techniques (piqûres, pansements...), changez d'orientation.

Types de questions	Conseils
Quel est le secteur qui vous attire ? Pourquoi ?	Si vous avez déjà une idée précise, vous pouvez évoquer votre choix en donnant des arguments. Il ne faudra cependant pas se fermer à d'autres expériences et peut-être découvrirez-vous un autre secteur intéressant pendant votre formation. Si vous n'avez aucune idée, attention que cela ne soit pas interprété comme un manque de motivation. Tout dépend de la manière de le dire ! Plutôt qu'un « *je n'en sais rien, on verra bien après* » vous devez rester curieux et ouvert et attendre la formation et les stages pour vous décider. Évitez d'exclure absolument un secteur, ou alors argumentez.
Quelles sont les contraintes de ces professions ?	*Les questions sous-jacentes sont : « Êtes-vous conscient des difficultés de ces professions ? »* et « *Vous pensez-vous capable de les surmonter ?* ». Il faut rester réaliste, ces professions exigent beaucoup de ceux qui les exercent : – fatigue physique ; – horaires décalés ; – fatigue psychologique due à la confrontation aux difficultés sociales, à la mort, à la douleur... ; – salaire assez bas, etc. Il faut pouvoir en évoquer mais montrez avec vos propres arguments que vous êtes prêt et que ces contraintes seront atténuées par l'intérêt porté au travail.
Avantages et inconvénients du travail en équipe	Pour répondre, appuyez-vous sur vos expériences. Ne soyez pas idéaliste mais « soyez positif ». Le travail en équipe est difficile si l'équipe fonctionne mal mais c'est aussi très enrichissant de s'appuyer sur les compétences de chacun. Qu'avez-vous observé ? Quand avez-vous travaillé en équipe ? Quelles sont les difficultés ? Pourquoi ? En quoi ? Qu'avez-vous trouvé de positif ? Argumentez. Il ne s'agit pas seulement de parler de votre ressenti mais aussi de faire part de vos réflexions et de vous positionner positivement en futur professionnel. *Ex. : Expliquer que, pendant votre stage, l'équipe ne s'entendait pas est de peu d'intérêt. Cela montre que vous subissez sans chercher de solution. Expliquez plutôt pourquoi cette équipe avait des conflits, quelles en étaient les conséquences sur les enfants ou les patients, comment vous auriez tenté de changer les choses si vous aviez fait partie de l'équipe : cela montrera votre réflexion.*

Le jury cherche à cerner vos capacités d'observation, à vous documenter, à vous impliquer, à élargir le débat, à prendre du recul par rapport à vos expériences...

› *Les questions concernant la formation*

☺ Le jury recherche	☹ Les erreurs qui enlèvent des points ou éliminent
▶ Si vous vous engagez en connaissance de cause dans cette formation. ▶ Si vous vous êtes documenté (parfois tout est écrit dans le dossier d'inscription ou avec la convocation, le jury vérifie alors que vous avez lu les documents). ▶ Pour les moins jeunes, si vous êtes prêt à retourner sur les bancs de l'école et accepter la position de stagiaire.	▶ Réciter des réponses apprises par cœur sans en avoir bien compris le sens. *Ex. : Réciter les titre des modules sans pouvoir citer ce qui va être enseigné dans chacun des modules.* ▶ Ne pas s'être renseigné sur la durée ou les contenus de formation. *Ex. : « La formation dure 2 ans. C'est bien car je ne suis pas pressé d'aller travailler. »* ▶ Confondre plusieurs formations. ▶ Ne remarquer que le peu de vacances pendant la formation. ▶ Dire que vous avez déjà beaucoup de connaissances et que certains cours ne seront que des répétitions. C'est faux car les contenus théoriques seront abordés sous un angle très différent par rapport au BEP CSS, au CAP Petite enfance ou au BAC SMS (ST2S).

À travers vos réponses, le jury doit percevoir votre envie d'entrer en formation et constater que vous vous êtes documenté.

Types de questions	Conseils pour vos réponses
Comment se passe la formation ?	Inutile de réciter le nombre d'heures exact que les élèves passent en stage et en cours mais vous évoquez plutôt : – l'alternance stage/cours ; – la durée respective des stages (6 × 4 semaines) et des cours (17 semaines) *(voir page 17).*
Où se déroulent les stages ?	Il est indispensable de pouvoir citer les secteurs dans lesquels se déroulent les stages *(voir page 18).* À l'occasion, bien sûr, il est judicieux d'évoquer son intérêt pour tel ou tel secteur (sans exclure les autres).
Quels sont les contenus de la formation ? Qu'allez-vous apprendre ?	Chaque formation (AS ou AP) comporte 8 modules qui permettent de valider les 8 compétences indispensables à l'exercice de la profession. « Les compétences » sont des notions très à la mode qu'il est bon de citer. Il n'est pas indispensable de réciter par cœur le titre des 8 modules. Cela montre que vous avez révisé mais c'est très scolaire. En citer les contenus est plus intéressant et montre plus de maturité *(voir page 17).*
Comment valider la formation ?	La validation se fait module par module. Il y a des évaluations en cours, à chaque stage par les professionnels, en stage par les professeurs et les professionnels (les mises en situation professionnelles), en secourisme...
Exigences et contraintes de la formation	Tous les enseignements sont obligatoires. Pour obtenir son diplôme, il ne faut pas avoir été absent plus de 5 jours (ce qui explique pourquoi le jury regarde vos absences sur les bulletins scolaires). L'alternance stage/cours et le rythme très soutenu en cours sont source de fatigue.

Types de questions	Conseils pour vos réponses
Exigences et contraintes de la formation	Autres contraintes auxquelles il vous faut peut-être réfléchir : – vous sera-t-il facile d'avoir un statut d'élève et de stagiaire (surtout pour les moins jeunes qui reprenne une scolarité) ? – vous sera-t-il facile d'apprendre les cours (le rythme est très rapide) ? – êtes vous prêt à assumer les temps de transport pour vous rendre en cours et en stage (à des horaires parfois contraignants) ? – votre organisation est-elle réfléchie (garde des enfants, aspects financier...) ?
Existe-t-il des passerelles entre les métiers d'AS et d'AP ?	Répondez de manière mesurée si vous rejetez l'autre formation. Elles se ressemblent par bien des aspects *(voir page 34 notamment).*
Que veut dire VAE ou n'avez-vous pas tenté les VAE ?	*VAE signifie « validation des acquis de l'expérience ».*

› Les questions concernant votre motivation

☺ Le jury cherche	☹ Les erreurs qui enlèvent des points ou éliminent
▶ À mieux cerner votre motivation par des questions plus ou moins directes, plus ou moins pièges. ▶ À savoir si vous avez réfléchi à la façon d'exprimer votre désir d'entrer en formation et de devenir AS ou AP. ▶ Si votre œil pétille en parlant des enfants, des patients ! ▶ À évaluer la réalité de votre projet professionnel.	▶ Pour les AP, avoir comme seul argument « *j'aime les enfants* ». C'est indispensable mais très insuffisant pour être professionnel et assumer les contraintes du métier. ▶ Répondre « *je veux travailler en crèche car je ne supporte pas de voir un enfant malade* », « *je veux travailler en chirurgie car je n'apprécie pas les personnes âgées* », « *avec des enfants car je n'aime pas la relation avec les adultes* ». Dans ces formations vous allez rencontrer tout ce que vous vouliez éviter ! ▶ Ne rien avoir prévu de son organisation (ce n'est pas un signe d'engagement). ▶ N'avoir comme seul argument que : « *Ma mère est assistante maternelle, mon père est aide-soignant.* »

Exprimer ses motivations reste étrangement très difficile. Il faut passer par un gros travail de réflexion *(voir « Tentez de mieux vous connaître » page 469)* et par quelques détours. Le tableau suivant vous aidera à construire votre réponse.

Types de questions	Conseils
La question peut être directe : « *Pourquoi voulez-vous vous orienter vers cette profession ?* »	Argumentez, donnez des exemples, appuyez-vous sur votre expérience de stage (en parlant de choses concrètes).
« Depuis quand voulez vous faire ce métier ? »	Vous devez argumenter votre réponse. « *Depuis toujours* » ne suffit pas. « *Depuis longtemps et voici ce qui a pu confirmer mon choix* » est plus convaincant. Si votre vocation vient d'un événement vécu, vous devez y réfléchir et montrer un certain recul.

Types de questions	Conseils
« Où voulez-vous travailler ? »	Exprimez vos choix et argumentez-les mais évitez d'exclure un secteur (même si vous ne vous orientez que dans un secteur plus tard, ces diplômes sont polyvalents et attesteront de votre capacité être professionnel « tout terrain »). Demandez-vous quel est votre projet professionnel, comment vous vous projetez dans la fonction.
« Avez-vous pensé à votre organisation pendant la formation ? »	Vous engagez-vous en connaissance de cause ? Qu'avez-vous prévu ? Le jury va évaluer si votre projet est réaliste (possibilité de logement, temps de transport). À vous de le convaincre en cas de difficulté : une élève qui a fait 2 ou 3 heures de transport par jour sans être absente pendant ses études peut aussi assumer la formation si elle habite loin ; une maman de quatre enfants peut assurer la formation si elle est aidée par un membre de sa famille et qu'elle a réfléchi en famille à son année de moindre disponibilité. Quelqu'un qui a déjà tout prévu (et qui prend les devants pour l'expliquer) démontre sa motivation.
« Qu'allez-vous apporter aux enfants, aux patients ? »	Sous-entendu : « *Qu'allez-vous apporter aux enfants, aux patients plus qu'un autre ?* » Vous devez vous appuyer sur vos expériences, sur les rôles et missions de l'AP et de l'AS et sur vos qualités personnelles pour répondre. C'est peut-être le moment de montrer les appréciations des professionnels qui vous ont encadré lors de vos stages. Vous pouvez raconter en quoi et comment ils vous ont fait confiance.
« Quelles démarches avez-vous entreprises pour vous renseigner ? »	Un candidat qui s'est déplacé aux journées portes ouvertes fera, par exemple, le meilleur effet.
« Comment avez-vous préparé le concours ? »	Le jury cherche à savoir si vous avez été dynamique dans la recherche d'informations, si vous avez rencontré des professionnels...
« Qui a influencé votre choix ? »	Un événement, un stage. Quelle est la situation qui a révélé votre vocation ? Avez-vous pris suffisamment de recul ? Le choix d'orientation vient-il de vous ou de vos parents ? Le jury cherche à savoir si votre choix est réaliste et repose sur du concret : vous pouvez admirer votre voisine AS ou AP, ce n'est pas pour autant que vous allez être capable de ressembler à l'image que vous vous en faites.
« Avez-vous envisagé de faire un autre métier ? »	Tout repose sur vos arguments. Il est peu apprécié que la formation d'AP ou d'AS soit considérée comme un tremplin pour accéder à une autre formation immédiatement après ; cependant, la volonté d'évoluer dans sa carrière est positive.
« Vous êtes-vous inscrit à plusieurs concours ? »	Vu la difficulté à entrer en institut de formation, il est conseillé de s'inscrire à plusieurs concours, ce sera souvent considéré comme un signe de motivation. Vous pouvez expliquer quel institut de formation vous choisirez en cas de réussite à plusieurs concours.

Types de questions	Conseils
« Si vous n'êtes pas accepté, que ferez-vous ? »	Cette question est souvent mal perçue par les candidats. Elle ne signifie pas que vous êtes recalé. Le jury veut savoir si vous allez persévérer dans votre projet et vous en donner les moyens (stages, rencontres...). Certains répondent qu'ils feront totalement autre chose l'année prochaine (signe qu'ils ne sont pas très motivés à exercer cette profession ou peu persévérants) ou qu'ils vont attendre l'année prochaine sans donner l'impression qu'ils vont faire tout pour analyser cet échec (signe d'un manque d'entrain ou de dynamisme).
Pour les candidats « sur-diplômés », préparez-vous à la question : *« Avec vos diplômes, pourquoi ne pas envisager une autre formation (infirmière, éducatrice de jeunes enfants...) ? »*	Vous devez préparer des arguments positifs : « Je n'ai pas réussi les autres concours » ne suffira pas. Vous devez montrer un intérêt réel pour la formation AS/AP.
Pour les mêmes : *« Quelle relation allez-vous avoir en cours avec des élèves plus faibles ? »*	Certains répondent qu'ils tolèrent « les plus faibles » et les aideront, d'autres mettent en avant que chacun a quelque chose de particulier à apporter selon son expérience propre.

› *Les questions concernant vos aptitudes à exercer la profession*

☺ Le jury cherche	☹ Les erreurs qui enlèvent des points ou éliminent
▶ À savoir si votre personnalité et vos aptitudes physiques et psychologiques correspondent à la profession.	▶ Révéler des particularités personnelles en opposition avec les exigences du métier : « *J'aime être seule* », « *J'ai une santé très fragile* », « *J'ai mauvais caractère* », « *Je n'aime pas la hiérarchie* »...

Le tableau suivant vous donnera des conseils pour construire vos arguments et à mettre en valeur vos aptitudes.

Types de questions	Conseils
Citer 3 de vos qualités.	À vous de réfléchir et de vous observer pour que vos qualités correspondent au moins en partie aux exigences du métier. Ces métiers, fatiguant physiquement et éprouvant moralement, exigent des qualités certaines : – être une personne responsable ; – avoir le goût du contact, être solidaire ; – avoir un bon équilibre personnel ; – jouir d'une bonne résistance physique et psychologique (rester debout, supporter le bruit, faire face à la douleur, à la mort...). C'est l'occasion, si vous ne l'avez pas fait auparavant, de donner au jury des documents vous valorisant (rapports de stage, évaluation de stage, lettre de remerciement, attestations...).

Types de questions	Conseils
Citer 3 de vos qualités.	Les qualités que les autres (famille, amis, professionnels rencontrés lors du travail ou des stages) voient en vous sont encore plus marquantes pour le jury.
Citer 3 de vos défauts.	Attention aux défauts incompatibles avec la profession (asocial...). Trouvez des défauts qui vous correspondent et qui peuvent, par certains aspects, être des qualités, mais restez honnête. Ne citer que de faux défauts qui sont en réalité des qualités est tout à fait artificiel.
Quels sont vos loisirs ?	Le jury cherche, par un chemin détourné, à évaluer vos qualités, vos capacités, vos centres d'intérêt. Utilisez aussi ce biais pour montrer le lien entre vos activités et les compétences développées qui seront utiles dans la formation.
	Ex. : Certains jurys vous demanderont si vous sortez souvent le soir. Cette question peut paraître très déplacée, mais le jury va l'interpréter : « Elle (ou il) sort (= a des amis) mais pas trop donc elle (ou il) pense aussi à travailler. »
Certains jurys vous demandent vos derniers bulletins (si vous êtes scolarisé ou l'avez été récemment).	Si le jury demande vos bulletins scolaires, il va les lire, parfois même devant vous pendant que vous exposez votre sujet. Beaucoup de candidats sont alors très déstabilisés. Le jury va regarder vos moyennes mais surtout les appréciations et les absences. Ne subissez pas ce qui vous apparaît comme une épreuve mais prenez les devants et commentez vous-même vos bulletins ! Mettez l'accent sur les acquis scolaires, sur votre évolution personnelle. Argumentez honnêtement (ne rendez pas les camarades indisciplinés ou les professeurs sévères responsables de tout).
Quelles seraient vos réactions face à la mort, face à la maladie d'un proche ?	Ne niez pas la difficulté mais réfléchissez à vos propres impressions. Pensez que l'équipe peut vous soutenir, que la formation vous aidera aussi à adopter une attitude professionnelle en pareil cas.
Qu'est-ce qui pourrait constituer un handiccap pour vous dans cette formation ?	Cette question revient à dire : « Énoncer ce qui peut être difficile pour vous. » Ce peut être le transport, l'organisation, le manque de connaissance de base (c'est le cas si votre formation initiale est très éloignée du domaine sanitaire et social. Il suffit de travailler)... Peut-être avez-vous des connaissances autres qui vous aideront ? Restez réaliste ! Montrez que vous y avez réfléchi et expliquez la manière dont vous allez surmonter ce « handicap ».
Les questions sur votre parcours.	Parlez de vos stages. Expliquez pourquoi vous vous réorientez si c'est le cas. Dites depuis quand vous voulez faire ce métier.

› *Vos questions*

Le jury peut terminer en vous demandant si vous avez des questions à lui poser. Il n'est pas obligatoire d'en avoir mais poser des questions montrera que vous portez un réel intérêt à la formation et au métier.

☺ Ce qui peut faire meilleur effet	☹ Les erreurs qui enlèvent des points ou éliminent
▶ Être franc et répondre avec humour : « *Oui mais là je ne vois pas, j'en aurai sûrement en sortant, j'espère avoir l'occasion de vous les poser en formation.* » ▶ Se projeter positivement dans l'avenir et questionner sur la recherche de stage, sur les fournitures, la bibliographie.	▶ Répondre « *non, aucune* » sans commentaire ni émotion. Cela peut être interprété comme un manque d'intérêt. « *Je sais déjà tout* »… alors pourquoi entrer en formation ? ▶ Poser une question pour éviter de ne rien dire alors que vous avez la réponse. Par exemple, « *quand aurons-nous les résultats ?* », alors que la réponse est affichée sur la porte.

1.5. Dernière étape : fin de l'entretien et départ

Tout comme il est important de bien commencer, la fin de l'entretien ne doit pas être négligée car c'est la dernière impression que vous allez laisser.

☺ Le jury recherche	☹ Les erreurs qui enlèvent des points ou éliminent
▶ Un candidat qui assume la situation jusqu'au bout.	▶ Se relâcher trop quand l'entretien semble bien se passer et devenir familier en fin d'entretien. ▶ Partir comme un voleur sans dire au revoir, bien content d'être débarrassé de l'épreuve. ▶ Rester longtemps dans la salle en rangeant ses affaires ou en mettant son manteau alors que le jury attend votre départ pour vous noter. ▶ Faire un compte-rendu aux candidats qui attendent. Le jury n'appréciera pas de vous voir tout raconter. ▶ Mal se tenir en partant (même en dehors de la salle) : embrassades avec le copain, soupir de soulagement un peu trop démonstratif…

En fin d'entretien, remerciez le jury pour l'attention qu'il vous a accordée et saluez simplement ou… avec plus d'humour : « *Je vous remercie, au revoir mesdames, j'espère à bientôt !* »

Rassemblez vos affaires rapidement et sortez. Rien de plus agaçant qu'un candidat qui ne sait pas partir, qui prend du temps à ranger ses affaires ou à mettre son manteau.

Conseil bonus

Attention, certains jurys, parmi ceux qui cherchent à vous « coincer », vont vous accompagner à la porte et, mine de rien, continuer l'entretien alors que vous êtes moins sur vos gardes. Ce comportement (un peu pervers) du jury est heureusement rare mais restez dans votre rôle jusqu'au bout.

1.6. Les critères d'évaluation du jury

À partir des directives ministérielles qui définissent les conditions dans lesquelles le concours doit se dérouler et les critères d'évaluation, chaque institut de formation établit une grille qui lui est propre.

Les formations et les exigences de la profession étant proches, une même grille peut servir aux concours AS ou AP.

Ces grilles ainsi que les critères ne sont généralement pas communiqués aux candidats.

1.6.1. Critères d'évaluation

› 1re partie notée sur 15

Cette partie « *vise à évaluer les capacités d'argumentation et d'expression orale du candidat ainsi que ses aptitudes à suivre la formation* » (arrêté du 16/01/06).

› *Capacités d'argumentation et expression orale (notées sur 6)*

Les éléments organisés dans le tableau suivant seront jugés.

Éléments jugés	Critères d'évaluation
Expression orale, maîtrise du français.	Le candidat doit : – lire le sujet ou les consignes à haute voix ; – comprendre le sujet et les consignes ; – avoir une maîtrise correcte de l'expression française ; – parler en utilisant un vocabulaire et une syntaxe compatibles avec le travail auprès d'enfants et parler de façon intelligible.
Capacité à comprendre et traiter le sujet (spontanément puis avec les sollicitations du jury).	Le candidat doit : – montrer ses capacités à s'exprimer sur le sujet ; – construire son exposé, organiser son argumentation ; – avoir les connaissances de base sur le sujet et une culture générale suffisante ; – faire preuve de clarté et de rigueur dans son exposé ; – faire des liens avec les théories apprises (les connaissances) et avec ses expériences ; – faire preuve de bon sens dans ses réponses.
Capacité à poursuivre son raisonnement.	Le candidat doit : – être capable, si besoin, d'étoffer son exposé à partir des remarques du jury, d'ajouter à son exposé des éléments non initialement perçus ; – répondre dans l'intérêt de l'enfant ou du patient, avec rigueur mais souplesse.

› *Aptitudes à suivre la formation (notées sur 9)*

Les éléments organisés dans le tableau suivant seront jugés.

Éléments jugés	Critères d'évaluation
Attitude générale.	Le jury évaluera : – la posture, la présentation physique du candidat ; – son comportement ; – sa résistance physique et psychologique ; – sa correction ; – sa gestion du stress, sa maîtrise de soi (le candidat réussit-il à surmonter son stress au cours de l'entretien ?).
Relation avec le jury.	Le candidat : – se présente, reste normalement poli ; – garde une bonne distance tout au long de l'entretien ; – réussit à établir une relation satisfaisante (est-il dans l'échange avec le jury ?).
Capacité d'écoute.	Le candidat : – est capable de profiter des remarques du jury ; – écoute les questions ; – n'est pas trop affirmatif ou rigide.
Sait valoriser son expérience de la petite enfance et/ou son intérêt pour l'enfant (pour les candidats en école d'AP).	Le jury appréciera : – les stages effectués et ce que le candidat en dit ; – si le candidat a cherché des moyens d'être en contact avec des enfants et des professionnels de la petite enfance ; – si le candidat valorise cette expérience spontanément ou à la demande du jury ; – si le candidat se positionne en tant que futur professionnel.
Optimisme, dynamisme, capacité à se remettre en question	Le candidat : – fait-il preuve de curiosité, d'envie d'apprendre, d'ouverture d'esprit ? – fait-il preuve de tolérance, de modestie, de maturité ?
Dossier scolaire : il doit impérativement être présenté pour des candidats scolarisés il y a peu.	Le jury : – observera les notes, les appréciations ; – notera le nombre des absences (demander au candidat de les justifier) ; – en cas de problème : en parler pour justification.

› 2e partie notée sur 5

Cette partie « *est destinée à évaluer la motivation du candidat* » (arrêté du 16/01/06). Le tableau suivant montre les critères sur lesquels vous serez jugé.

Éléments jugés	Critères d'évaluation
Connaissances sur la profession.	– Le candidat s'est-il donné les moyens de se renseigner sur la profession : différents secteurs d'activité, contraintes ? – Est-il capable d'énoncer le rôle de l'AP dans un secteur dans lequel il a fait des stages ou dans le secteur dans lequel il souhaite travailler ? – Le travail en équipe, les autres membres de l'équipe sont-ils évoqués ?

Éléments jugés	Critères d'évaluation
Connaissances sur la formation.	– Le candidat a-t-il une idée du programme des études (10 ou 11 mois de formation selon la date de rentrée, 8 modules, 6 stages...) ? – Met-il les vacances en évidence ? – Pose-t-il des questions ? – Se rend-il compte de l'effort à fournir (stages, transports, pédagogie active...) ? – A-t-il des connaissances sur les débouchés ?
Projet professionnel et/ou projection dans la fonction.	– Le candidat a-t-il une idée sur son avenir professionnel à court, moyen, long terme ? – Depuis quand et pourquoi a-t-il envie de faire ce métier ? – Pourquoi l'enfant (s'appuyer sur l'expérience de stage pour évoquer d'autres professions) (pour les candidats AP) ? – Quelles qualités a-t-il pour vouloir devenir AS ou AP ? – Le candidat est-il inscrit à plusieurs concours AS ou AP (signe de motivation) ? – En a-t-il déjà passé les années précédentes ? Combien ? – Que répond-il à la question : « *Si vous n'êtes pas accepté cette année, qu'allez vous faire ?* »
Le candidat s'est-il organisé en vue de son entrée en école d'AS/AP ?	– Le candidat a-t-il prévu son année (finances, habitation, garde d'enfants, lectures...) ? – A-t-il prêté attention à la distance pour les cours et les stages ? – L'idée de commencer une formation a-t-elle été réfléchie au regard de la situation familiale ? – Le candidat a-t-il envisagé l'impossibilité de travailler en parallèle ? – Si le candidat est reçu à plusieurs écoles, laquelle préfère-t-il ?

Il reste absolument indispensable de marquer le jury, de lui laisser une impression positive.

Les pédagogues savent que toute notation, en particulier à l'oral, comporte une part de subjectivité.

> Quelle que soit la grille, il faut retenir que le jury écoute chaque candidat, analyse son discours, le questionne mais va aussi noter (qu'il le veuille ou non) à partir de ce qu'il ressent lors de l'entretien et de la relation avec ce candidat (futur élève et futur stagiaire).

Le jury complète la feuille de notes quand le candidat est sorti de la salle. Mais que lui reste-t-il une fois le candidat hors de vue ? En remplissant la grille d'évaluation après le départ du candidat, il arrive que le jury ne se souvienne que de très peu de choses. En regardant ses notes, il peut s'apercevoir que ce candidat avait pourtant des arguments. Il a seulement (mais c'est essentiel) manqué de présence.

Au contraire, le jury, s'il n'y prend pas garde, peut être enthousiasmé par un candidat et s'apercevoir, en définitive, qu'il n'a pas exprimé beaucoup de contenu.

Lorsque la relation entre le jury et le candidat ne s'établit pas, rien d'autre ne restera qu'une impression désagréable, floue, dont le jury se méfiera.

La notation peut aussi varier en fonction des candidats présents ce jour. Il est moins facile d'obtenir une excellente note après quelques candidats brillants, alors que l'on sortira du lot après plusieurs entretiens décevants. Cette variabilité des notes est involontaire. Ce phénomène a été prouvé sur des copies de mathématiques… pour lesquelles, pourtant, l'objectivité est plus évidente !

1.6.2. Exemples de grilles d'évaluation

› Premier exemple de grille

Cette grille, toute simple, met en évidence les différents critères d'évaluation.

Concours d'entrée en institut de formation d'aides-soignants Épreuve orale d'admission				
Nom, prénom : Adresse : Situation familiale : Diplômes et expériences :				
Critères d'évaluation	**0**	**1**	**2**	**3**
Expression orale				
Capacité à traiter le sujet				
Connaissance des thèmes sanitaires et sociaux				
Présentation, comportement				
Relation avec le jury, capacité d'écoute				
Intérêt pour la profession				
Information sur la formation				
Total	--/20			

Le barème est le suivant :

Expression orale :
- 0 : vocabulaire et expression limités ;
- 1-2 : vocabulaire et expression corrects ;
- 3 : vocabulaire riche, expression adaptée, syntaxe correcte.

Capacité à traiter le sujet :
- 0 : aucun argument ;
- 1-2 : quelques idées, ébauche de plan ;
- 3 : exposé riche et structuré.

Connaissance des thèmes sanitaires et sociaux :
- 0 : aucune connaissance ;
- 1-2 : quelques connaissances, intérêt limité pour le thème ;
- 3 : nombreuses connaissances, divers liens et exemples donnés.

Présentation, comportement :
- 0 : comportement inadapté, présentation négligée ;
- 1-2 : correct ;
- 3 : présentation et comportement adaptés, bon contrôle émotionnel.

Relation avec le jury, capacité d'écoute :
- 0 : absence de relation, fuite ;
- 1-2 : écoute du jury limitée, relation établie mais avec difficulté ;
- 3 : dans la relation, écoute active, dynamisme.

Intérêt pour la profession :
- ▶ 0 : aucune recherche ;
- ▶ 1-2 : idées peu précises, difficultés à exprimer ses motivations ;
- ▶ 3 : information réaliste sur la profession, projet professionnel argumenté, enthousiasme.

Information sur la formation :
- ▶ 0 : aucune recherche ;
- ▶ 1-2 : quelques idées plus ou moins précises ;
- ▶ 3 : informations précises.

› Deuxième exemple de grille

Cette grille, bien que beaucoup plus détaillée, est équivalente à la précédente.

Grille d'évaluation de l'épreuve d'admission IFAP Note --/20					
Nom prénom : Adresse : Diplômes : Situation familiale : Notes de l'écrit :					
CAPACITÉ D'ARGUMENTATION – EXPRESSION ORALE					
Expression orale, maîtrise du français	I	AB	B	TB*	Remarques
Capacité à comprendre et traiter le sujet	I	AB	B	TB	
Capacité à poursuivre son raisonnement	I	AB	B	TB	
--/6					
APTITUDE À SUIVRE LA FORMATION					
Attitude générale	I	AB	B	TB	Remarques
Relation avec le jury	I	AB	B	TB	
Sait valoriser son expérience de la petite enfance	I	AB	B	TB	
Optimisme, dynamisme	I	AB	B	TB	
Dossier scolaire	I	AB	B	TB	
--/9					
MOTIVATION					
Connaissances sur la profession	I	AB	B	TB	Remarques
Connaissances sur la formation	I	AB	B	TB	
Projet professionnel et projection dans la fonction	I	AB	B	TB	
A pensé à son organisation	I	AB	B	TB	
--/5					

* I= insuffisant, AB = assez bien, B = bien, TB = très bien.

›2. Préparation de l'épreuve

La préparation, nous l'avons déjà évoqué, doit commencer **longtemps à l'avance**.

2.1. Se documenter pour préparer l'épreuve

Être capable de se documenter révèle des qualités utiles lors d'une formation :

- curiosité ;
- motivation ;
- enthousiasme ;
- débrouillardise ;
- envie d'apprendre dans le domaine sanitaire et social.

2.1.1. Sur quels thèmes se documenter ?

L'oral comporte deux parties bien différenciées par les textes :

- la présentation d'un exposé à partir d'un thème relevant du domaine sanitaire et social et les réponses à des questions ;
- la discussion avec le jury sur les connaissances et l'intérêt du candidat pour la profession.

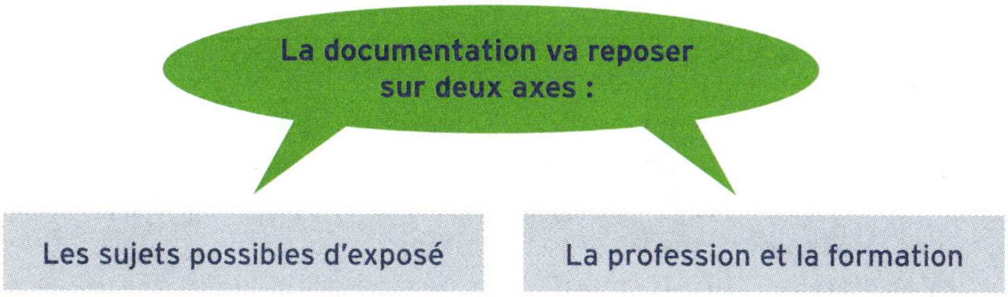

L'objectif va être, pendant les mois précédant le concours, de **cerner les grands aspects des problèmes sanitaires et sociaux** (en particulier les aspects d'actualité), d'être capable d'en parler, de donner des exemples, de faire des liens avec la profession *(pour vous aider, voir partie « Culture générale », page 43)*.

Dans certains instituts de formation, les sujets restent très théoriques ; d'autres centres de formation préfèrent les sujets impliquant plus directement un lien avec la profession (type cas concret, image, article court).

Restez attentif à l'actualité de l'année ou à celle qui revient régulièrement : événements, campagnes de prévention, nouvelles loi, grands débats...

Rassemblez de la documentation sur les écoles, les formations et la profession. Si vous n'avez jamais travaillé ou fait de stage, il sera important de tenter de rencontrer des professionnels pour se faire une idée plus précise des différents aspects du métier.

On ne vous demandera pas forcément d'être un spécialiste dans chacun des domaines, mais vous devez en cerner les grandes lignes et être capable d'en parler.

Le niveau de base pour entreprendre cette formation est celui du BEP CSS (Brevet d'études professionnelles carrières sanitaires et sociales) ou du BEPA service aux personnes (Brevet d'études professionnelles agricoles).

Le concours reprend les thèmes abordés en cours de SMS (sciences médico-sociales) et en nutrition-alimentation, plus rarement ceux du programme de biologie.

Vous pouvez également vous procurer les livres correspondant à la formation que vous désirez entreprendre. Vous aurez ainsi une perception plus claire des contenus de formation.

Conseil bonus

Vous pouvez vous informer sur les tendances de chacun des instituts de formation dans lesquels vous présentez le concours, aux portes ouvertes par exemple en questionnant les élèves actuellement en formation.

2.1.2. Sources

Les sources de documentation sont multiples. Vous devrez néanmoins rester attentif à ne pas trop vous disperser.

› Sources à propos des terrains professionnels

Votre expérience de stagiaire ou de professionnel (et ce que vous avez su en tirer) est la meilleure source de renseignement. Vous pouvez également :

- tenter de rencontrer des professionnels. Téléphonez à la crèche ou à la maison de retraite de votre commune pour avoir un rendez-vous, sollicitez l'hôpital ou la clinique des environs (il suffit d'adresser votre demande aux cadres des services) ;
- rencontrer des bénévoles (dans les associations) ;
- aller aux salons (salon infirmier, salon de l'orientation, journées départementales d'orientation) ;
- vous renseigner sur les portes ouvertes des structures…

› Sources à propos des professions et des formations

L'ONISEP, le CIDJ (centre d'information et de documentation pour la jeunesse), le CIO (centre d'information et d'orientation) renseignent sur les formations et les professions.

Un site officiel donne des renseignements actualisés sur les formations **(www.sante.gouv.fr)**, rubrique « les dossiers par ordre alphabétique », lettre M, « métiers de la santé », ou sur la page d'accueil, rubrique « emplois et concours », puis « métiers de la santé » ;

Il paraît judicieux de se montrer aux portes ouvertes des écoles pour lesquelles vous posez votre candidature.

› Sources à propos des thèmes sanitaires et sociaux

Vous trouverez une liste des thèmes qui reviennent fréquemment et des sources d'information à la page 48 de ce livre.

2.2. Préparer la présentation personnelle

2.2.1. La préparation est nécessaire

Que vous répondiez à des questions précises ou que le jury vous laisse vous présenter et exposer vos motivations seul, une préparation s'impose. Vous devez absolument argumenter votre désir d'entrer en formation.

Essayez donc de répondre tout de suite à la question : « Expliquez-moi qui vous êtes et pourquoi vous voulez devenir AP ou AS ? » Enregistrez-vous sans préparation et gardez cet enregistrement... Vous allez pouvoir apprécier la différence après la réflexion proposée dans ce chapitre !

2.2.2. Se mettre en valeur

Il s'agit de chercher, dans votre personnalité, dans votre parcours personnel et professionnel, ce qui peut vous mettre en valeur. Vous devez pouvoir démontrer au jury que vous êtes LA personne à sélectionner.

Il n'y a pas de recette à réciter comme un robot. Le jury a besoin de savoir « ce que vous avez dans le ventre ». Un travail sur soi est nécessaire.

Vous devez rester vrai, honnête avec vous-même. D'ailleurs, s'engager sans enthousiasme dans une formation et une profession si exigeantes semble voué à l'échec.

Pour réussir l'oral et vous valoriser au mieux devant le jury le jour J, vous devez rester spontané et répondre à différentes questions dans le désordre, ce qui demande d'avoir travaillé en amont et intégré quelques réflexes.

2.2.3. Méthode de travail proposée

Travaillez le chapitre (cela demande un certain temps si vous le faites sérieusement) puis entraînez-vous à passer l'oral (seul ou à plusieurs, ce qui est préférable).

Il faut parler à haute voix pour bien vous entraîner.

Enregistrez-vous, cela vous permettra de mesurer vos progrès et de garder les bonnes idées. Écoutez-vous et notez-vous (sans complaisance) en utilisant les grilles d'évaluation *(voir page 463)*.

Recommencez régulièrement et vous verrez que les progrès seront impressionnants !

Ce travail vous permettra de clarifier votre pensée, de réussir à vous exprimer et de valoriser votre candidature.

Le travail de préparation et de réflexion sur vos motivations se présente en plusieurs étapes.

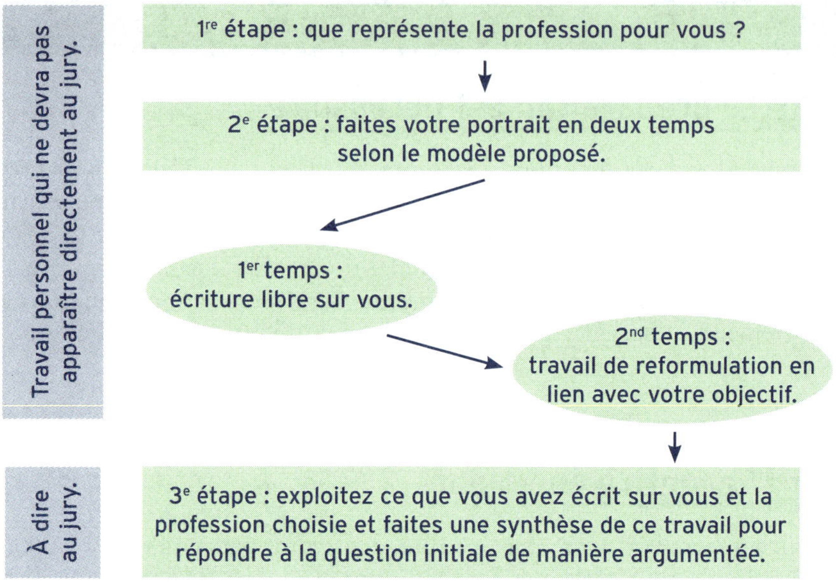

› Étape 1 : cerner la profession

Commencez par cerner ce que vous imaginez de la profession et des professionnels AP ou AS.

Recopiez le schéma suivant et complétez-le.

Partez de vos idées, de vos expériences (stage ou travail), puis repérez si elles correspondent bien à la réalité en questionnant des professionnels, en vous documentant.

Vous pouvez faire un premier schéma à partir de vos idées conçues *a priori*, puis un deuxième après vous être informé sérieusement.

La différence entre les deux est intéressante à visualiser.

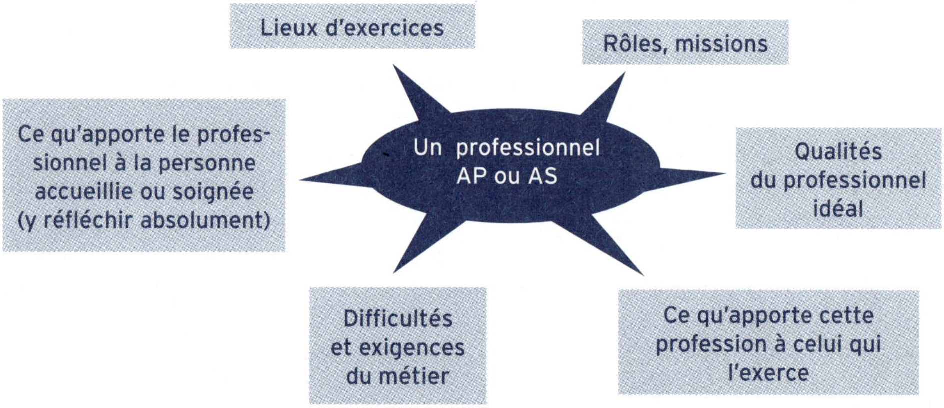

Gardez ce travail à l'esprit. Vous chercherez plus tard ce qui vous correspond dans ce portrait, ce qui vous attire particulièrement.

› Étape 2 : tentez de mieux vous connaître

Faites votre portrait en utilisant le schéma suivant.

Ce travail comporte deux phases (utiliser un premier schéma pour la phase 1, puis un deuxième schéma pour la phase 2) :

- phase 1 : indiquez tout ce qui vous passe par la tête sans censure. Ce premier travail personnel n'est pas à dévoiler au jury !
- phase 2 : refaire le travail en lien avec la profession choisie et le travail réalisé lors de la première étape.

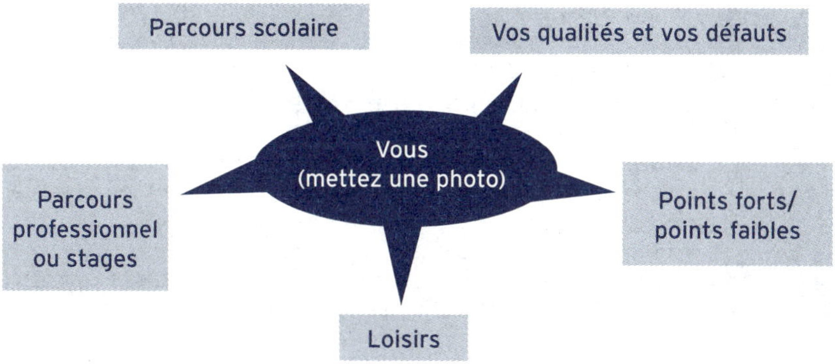

Ce premier travail va vous aider à rédiger votre curriculum vitae. Il est conseillé d'en fournir un au jury, même si ce n'est pas demandé.

› *Phase 1*

Qualités/défauts : vous vous en connaissez, mais vous pouvez aussi vous référer à l'avis de votre entourage, aux félicitations et aux reproches que l'on vous fait habituellement.

Remplissez le tableau suivant (honnêtement, sinon il n'a pas grand intérêt).

Loisirs	▶ Énumérez vos loisirs. ▶ Cherchez ce que vous apportent ces activités et les compétences que vous développez à travers ces loisirs : dynamisme, endurance, esprit d'équipe, entraide, dépassement de soi, créativité, rencontres...
Parcours scolaire : énumérez ce que vous pouvez dire spontanément de votre parcours scolaire	▶ Ce qui a été facile, difficile. ▶ Avez-vous suivi la voie que vous souhaitiez ou avez-vous été mal orienté ? ▶ Avez-vous suivi une formation en lien avec le concours (BEP CSS, CAP petite enfance, BAC SMS ou ST2S) ? ▶ Quelles matières trouviez-vous intéressantes, pourquoi ? ▶ Quelles étaient la ou les sources de vos difficultés ? ▶ Que vous disaient les professeurs ? Pensez-vous que ces remarques étaient justifiées ?
Parcours de stage ou de professionnel	▶ Récapitulez vos différentes expériences. ▶ Pour chacune, listez vos impressions, vos difficultés et vos efforts pour les surmonter, votre évolution, les aspects positifs, réfléchissez aux compétences développées. ▶ N'oubliez pas les « petits boulots » : *baby-sitting*, colonie, travail dans les services à la personne, expérience personnelle de garde d'enfant, d'aide aux personnes âgées, secourisme, bénévolat, BAFA.

› Phase 2

Vous allez faire correspondre la phase 1 avec le travail réalisé lors de la première étape. Il est souhaitable que vous trouviez quelques correspondances entre les deux !

Qualités/défauts	Sélectionnez les qualités à valoriser particulièrement pour le concours choisi et cherchez des exemples dans votre expérience qui mettent ces qualités en valeurs.
Loisirs	Cherchez ce qui va dans le même sens que le profil recherché pour entrer en formation et qui peut vous valoriser. Illustrez.
Parcours scolaire	Relisez le tout et cherchez ce que vous pouvez mettre en avant lors du concours (ou une façon de justifier ce que le jury remarquera s'il voit vos bulletins) : réussites, efforts, persévérance, évolution, matières appréciées qui peuvent vous servir dans cette nouvelle formation...
Parcours de stage ou de professionnel	Recherchez comment valoriser vos expériences au regard de ce que vous voulez mettre en avant au moment de l'oral : ponctualité, assiduité, discrétion, initiative, sérieux, responsabilité, capacité d'observation, relation avec les personnes (équipe et personnes accueillies ou soignées), compétences développées qui seront utiles dans la fonction d'AS ou d'AP, activités mises en place. À chaque fois que vous citez quelque chose, trouvez des anecdotes (courtes, il ne s'agit pas de raconter votre vie mais de démontrer et d'illustrer votre propos).

Votre parcours va-t-il logiquement vers ce concours ? Ce sera facile à argumenter, mais vous allez devoir chercher, dans vos expériences, ce qui a confirmé votre choix.

Si passer ce concours est pour vous une reconversion, vous devez réfléchir à la manière d'exprimer ce changement. Attention à ne pas dévaloriser totalement votre métier antérieur. Cherchez plutôt les compétences que vous avez acquises qui vous seront toujours utiles. Vous pouvez considérer le concours comme un nouveau départ mais il n'efface pas tout de votre expérience. De plus, vous pouvez mettre en valeur les efforts et les sacrifices que vous avez consentis pour arriver à cette étape de votre carrière.

Vous pouvez également chercher « le déclic » (une émission, une rencontre, des circonstances de la vie : la découverte du travail des professionnels à l'occasion d'une naissance, d'un accident, d'une hospitalisation, d'un placement).

Avant d'aborder la troisième étape, relisez les critères d'évaluation du jury *(voir page 460)*.

› Étape 3 : Faites une synthèse de ce travail

Exprimez en quelques phrases (en 5 minutes par exemple) :

- qui vous êtes ;
- pourquoi vous voulez entrer en formation et exercer cette profession.

Bien sûr, vous allez, pour répondre, exploiter les étapes précédentes du travail. Vous avez normalement pris un recul suffisant.

Il s'agit de faire un lien entre les exigences de la profession, les critères du jury et ce que vous êtes, et ce que vous pouvez maintenant mettre en valeur de vos différentes expériences.

Vous êtes maintenant capable d'argumenter votre choix. Votre « vocation » ne tombe pas du ciel. Elle s'appuie sur des éléments concrets que vous êtes capable de désigner.

Il vous faut rester attentif à la forme :

- attention à ne pas dire que vous étiez AP ou AS dans une structure alors que vous passez le concours pour entrer en formation. On parle de « faisant fonction de… » ;
- développez vos arguments et soyez précis. Quand un candidat dit « *je veux aider, je veux être utile, j'ai un bon contact avec les enfants* », le jury peut lui répondre qu'il y a des centaines de professions qui peuvent répondre à ses attentes ;
- appuyez-vous donc sur des éléments concrets de vos expériences, donnez des exemples. Argumentez : « *J'aime car…* », « *J'ai vu que cette expérience (racontez) a confirmé mon choix.* » ;
- mettez en valeur votre curiosité intellectuelle, vos recherches, vos efforts pour être en contact avec des professionnels ;
- parlez d'une manière positive.

2.3. Préparation physique et psychologique

Organisation et anticipation sont des qualités que votre futur métier exige, c'est un critère de notation. Pour vous rassurer :

- mettez toutes les chances de votre côté en préparant le concours sérieusement ;
- dites-vous que le jury ne cherche pas la perfection chez les candidats mais qu'il a des critères sur lesquels il sera exigeant. Les connaître vous permet d'anticiper et de mieux vous préparer. Il n'est pas là pour vous éliminer mais, au contraire, pour recruter suffisamment de futurs élèves ;
- dites-vous que, si vous êtes bien préparé, ce sont les premières minutes les plus difficiles.

Attention à être en suffisamment bonne condition physique pour affronter cette épreuve orale d'admission.

Vous n'avez pas à travailler 24 heures sur 24. Pensez aussi à vous oxygéner, à avoir un sommeil régulier, une alimentation équilibrée.

› Convocation

Vous avez reçu une convocation sur laquelle sont indiqués :

- le lieu et l'heure du rendez-vous ;
- les documents à fournir.

Vous devez recevoir cette convocation une dizaine de jours à l'avance. Si vous ne recevez rien et que le temps passe, n'hésitez pas à téléphoner au secrétariat de l'institut de formation.

› Avant l'épreuve

Les jours précédant l'épreuve :

- repérez les lieux, les moyens de transport, les places de stationnement, le temps de transport (faites éventuellement un essai, mais à l'heure de votre rendez-vous : inutile de chronométrer votre temps un dimanche), achetez votre billet de transport en commun ;
- rassemblez les documents utiles et faites les photocopies ;
- rédigez un curriculum vitae spécifiquement adapté au concours (vous pouvez avoir plusieurs curriculum différents, adaptés à chaque circonstance : un pour chercher un poste, un pour le concours).

› La veille

La veille de l'entretien :

- préparez vos affaires dans une pochette à rabats :
  - les différents documents demandés : attention à ce que vos documents soient présentables. Il arrive trop souvent que les candidats présentent une convocation froissée, une carte d'identité ayant fait quelques tours de machine à laver ; une carte orange (pour les Parisiens) ou une carte de vélo-club ne remplace pas vos papiers officiels !
  - les photocopies des documents que vous souhaitez fournir : photocopie lisible de vos bulletins scolaires, de vos attestations de stage ou de travail, tout document pouvant mettre votre expérience en valeur, votre curriculum vitae, même s'il n'est pas demandé par le jury, une lettre de motivation ;
- rassemblez quelques affaires : crayons, gomme, mouchoirs, en-cas à grignoter si l'attente est longue, bouteille d'eau ;
- prévoyez les vêtements que vous allez mettre le lendemain.

› Le jour J

Le jour de l'entretien, ne partez pas à jeun et dites-vous que vos efforts seront récompensés. En un mot : **partez gagnant** !

Entraînement

1. Énoncés

1.1. Quelques exercices d'expression

Exercice 1 : registres de langage (corrigé page 477)

Complétez le tableau suivant.

Langage familier	Langage courant	Langage soutenu
		Une soirée festive est organisée à 20 heures.
	Les couloirs du métro sont sales.	
Les mômes font un de ces boucans !		
	C'est fatigant de travailler.	
		Il est nécessaire de se lever aux aurores lorsque l'on travaille en milieu hospitalier.

Exercice 2 : articulation

Consigne : répétez plusieurs fois les phrases suivantes utilisées par les comédiens pour s'entraîner à articuler.

1) Ciel, si ceci se sait, ces soins sont sans succès.
2) Cinq capucins portaient sur leur sein le sein du saint père.
3) Si 600 scies scient 600 cigares, 606 scies scieront 606 cigares.
4) Je suis extraordinairement exaspéré. Vous cherchez à vous excuser. Malgré vos explications exposées, vous êtes sans excuses.
5) Ces six saucisses-ci c'est six sous et ces six saucissons-ci c'est six sous aussi.
6) Un chasseur sachant chasser doit savoir chasser sans son chien.
7) Je veux et j'exige d'exquises excuses.
8) Je crois que je vois la croix de bois de Blois.
9) Un vagabond en vagabondage vagabondait.
10) 96 chaises, 96 chaises, 96 chaises, 96 chaises…
11) Panier, piano, piano, panier, panier, piano, piano…
12) Le cheval et le chameau cherchent chacun le chemin.

› *Exercice 3 : s'exprimer en parlant de manière positive et en évitant les malentendus (corrigé page 477)*

	Ce que vous dites	Ce que le jury peut entendre	Ce que vous pourriez dire pour mieux vous valoriser
1	Je choisis ces métiers car il y a des emplois.	Vous êtes uniquement motivé par le fait d'avoir un travail, quel qu'il soit.	
2	Je n'ai aucune expérience professionnelle et je n'ai fait aucun stage.	Vous n'avez fait aucun effort.	
3	J'habite à... (loin)	Le projet est irréaliste.	
4	Je suis encore chez mes parents.	Il est jeune.	
5	J'ai été mal orienté.	Il n'a pas pu faire autrement.	
6	C'est vachement bien.	Il utilise un vocabulaire familier.	
7	Lors de mon stage, les AP étaient gentilles.	Il ne prend pas une position de professionnelle.	
8	La directrice était méchante.	Il subit la hiérarchie.	
9	En stage, les enfants m'ont bien accueilli.	Ce n'est pas à eux d'accueillir.	
10	Un an de formation, c'est suffisant.	Il ne veut pas apprendre.	
11	En BEP ou en BAC, on a déjà appris beaucoup.	Il n'a rien à apprendre, pourquoi venir en formation ?	
12	Je n'aime pas les sports collectifs.	Il n'a pas l'esprit d'équipe.	
13	J'ai trois enfants à la maison.	Il ne s'en sortira pas avec les cours et les stages.	
14	Je suis inscrit en formation AS ou AP mais je préfère être infirmier ou éducateur de jeunes enfants.	Il choisit cette formation par défaut.	
15	Je suis au chômage, si vous ne me prenez pas, je suis en fin de droit.	La formation n'est pas une œuvre de charité et ce n'est pas une motivation suffisante.	
16	Je ne sais plus combien il y a de semaines de cours mais je sais qu'il n'y a que 3 semaines de vacances.	Pas très motivé !	
17	On m'a dit qu'il y avait des stages.	Il ne cherche pas seul les informations.	
18	J'ai déjà fait un stage en crèche.	Il n'est pas précis.	

1.2. Sujets d'oral

1.2.1. Sujet 1 (corrigé page 478)

Construire un exposé de 5 à 10 minutes à partir de ce document, de vos connaissances et de vos expériences.

1.2.2. Sujet 2 (corrigé page 480)

À la Une du journal X, juillet 2000

« *Une infirmière et un médecin d'une maison de retraite médicalisée sont mis en accusation. Ils avaient pratiqué l'euthanasie sur une patiente en stade terminal. La famille, bien que tenue dans l'ignorance au moment des faits, ne souhaite pas porter plainte. Elle remercie même à demi-mot les soignantes d'avoir abrégé les souffrances de leur mère et grand-mère.* »

1.2.3. Sujet 3 (corrigé page 483)

Les infections nosocomiales.

1.2.4. Sujet 4 (corrigé page 484)

Des commandos anti-IVG s'opposent violemment aux avortements. Qu'en pensez-vous ?

1.2.5. Sujet 5 (corrigé page 486)

L'obésité des enfants.

1.2.6. Sujet 6 *(corrigé page 488)*

Vous êtes stagiaire à la crèche multi-accueil des Diablotins. Une maman vous demande si son enfant de 10 mois peut aller sur le pot. Quelle sera votre attitude ?

1.2.7. Sujet 7 *(corrigé page 490)*

« *Un moment important dans la vie de la crèche.* »
Construire un exposé de 5 à 10 minutes à partir du document, de vos connaissances et de vos expériences.

1.2.8. Sujet 8 *(corrigé page 492)*

Vous êtes AS en maison de retraite. Mme A. vous confie qu'elle en veut à ses enfants de l'avoir laissée seule en institution. Elle avait espéré vivre chez eux. Quelle sera votre réponse ?

›2. Corrigés

2.1. Quelques exercices d'expression

› Exercice 1 : registres de langage

Langage familier	Langage courant	Langage soutenu
Y a une teuf à 8 heures.	Il y aura une fête à 8 heures ce soir.	Une soirée festive est organisée à 20 heures.
Plutôt dégeu ces couloirs !	Les couloirs du métro sont sales.	Les couloirs du métropolitain ne sont pas suffisamment entretenus.
Les mômes font un de ces boucans !	Les enfants font du bruit.	Les enfants sont particulièrement bruyants.
C'est crevant de bosser.	C'est fatigant de travailler.	Travailler entraîne de la fatigue.
Faut sortir du lit quand on bosse à l'hosto.	Il faut se lever tôt quand on travaille à l'hôpital.	Il est nécessaire de se lever aux aurores lorsque l'on travaille en milieu hospitalier.

› Exercice 3 : s'exprimer en parlant de manière positive et en évitant les malentendus

1	Je suis motivé par telle et telle raison et les possibilités d'emploi sont nombreuses.
2	Malgré mes recherches, je n'ai pu faire des stages mais je fais du *baby-sitting*, j'ai rencontré des professionnels, je me suis rendu aux journées portes ouvertes...
3	J'habite à... mais je suis habitué aux transports et suis prêt à les assumer (ou j'ai une voiture, ce qui facilite mes déplacements).
4	Je reste encore cette année chez mes parents, ce qui me donnera plus de liberté pour étudier.
5	Mon orientation ne me convenait pas. J'ai tout de même obtenu mon diplôme et je reviens vers une formation pour laquelle je suis toujours motivé.
6	C'est très bien.
7	Lors de mon stage, j'ai bénéficié d'un accueil de qualité, ce qui m'a permis de...
8	La directrice était exigeante.
9	Lorsque je suis en contact avec les enfants, lors de mon stage par exemple, je constate que les enfants viennent vers moi facilement.
10	Je choisis une formation courte mais je compte bien apprendre beaucoup pendant cette année de formation.
11	Je pense m'appuyer sur mes acquis pour progresser encore et profiter de la formation.
12	Je ne suis pas attiré par les sports collectifs mais j'aime rencontrer mes amis.
13	J'ai trois enfants et je suis très organisé. Par ailleurs, je peux bénéficier de l'aide de...
14	Je souhaite être AS ou AP car... À long terme mon projet sera d'être infirmier ou éducateur de jeunes enfants.

15	Suite à une période de chômage, j'ai fait un bilan de compétence qui me dirige vers cette voie car…
16	Connaître le nombre de semaines de cours et de stage avant de parler des vacances.
17	Je me suis documenté, je sais qu'il y a 6 stages de 4 semaines.
18	J'ai fait un stage de (durée), dans la section…, en faisant…, en apprenant…, en observant…

Traitez ces sujets dans les conditions de l'examen. Pensez à faire appel à vos connaissances, vos expériences et à raisonner en futur professionnel du terrain.

2.2. Sujets d'oral

L'axe de ce corrigé portera sur la **méthodologie à employer pour réaliser un exposé sans document, en quelques minutes**.

Les données théoriques doivent apparaître dans les exposés mais elles ne sont pas nécessairement l'aspect le plus important de toutes les questions : être capable de se projeter dans la fonction, d'exploiter ses expériences et d'envisager les différentes dimensions du sujet est tout aussi important.

L'expérience de chacun est, bien entendu, impossible à faire apparaître dans un corrigé.

Le corrigé comprend :

- la démarche méthodologique ;
- une introduction et une conclusion rédigées ;
- la construction d'un plan détaillé ;
- un commentaire sur la façon de traiter le sujet.

Chacun des exposés peut être envisagé d'une toute autre façon : il n'y a pas de réponse unique aux sujets !

2.2.1. Sujet 1

Construire un exposé de 5 à 10 minutes à partir de ce document, de vos connaissances et de vos expériences.

› Phase de réflexion

› *Identifier le sujet*

Le sujet de l'exposé est présenté sous forme de photographie.

On y voit deux enfants de 18 mois/2 ans qui sont sur des chaises hautes. Ils ne mangent pas mais sont debout, au risque de tomber. On ne voit pas d'adulte sur la photo, les enfants ne sont pas attachés.

Le sujet porte sur les accidents domestiques.

Je dois en parler à l'aide de l'image, de mes expériences et de mes connaissances.

Le sujet est vaste, il faut se limiter (à la photo et éventuellement à mes expériences). Il n'est pas question, en si peu de temps, de traiter du sujet de manière exhaustive.

› *Rechercher les idées*

Je dois évoquer toutes les idées qui me passent par la tête en les classant par catégories.

Les accidents domestiques
Généralités : lieux, type d'accident.

Les causes des accidents
Manque de surveillance.
Méconnaissance des possibilités motrices des enfants.
Négligence.
Méconnaissance des règles de sécurité.

Référence à un stage
La prévention des accidents à la crèche.

Rôle des adultes
Prévenir le danger.
Rôle des professionnels
Renseigner les parents sur les risques et les mesures à prendre.

Agir en cas d'accident
Le secourisme pour tous.

Le développement des enfants
Capacités motrices.
Envie de découvrir leur environnement.
Méconnaissance des dangers.

› Phase de rédaction

› *Classer les idées : le choix du plan*

1re partie : Les éléments favorisant les accidents domestiques

Se référer à la photo et à ses expériences pour traiter la partie.

Les facteurs favorisants venant de l'environnement :

- manque de surveillance ;
- méconnaissance des possibilités motrices des enfants ;
- négligence ;
- méconnaissance des règles de sécurité.

Les facteurs favorisants venant des enfants eux-mêmes :

- envie de découvrir leur environnement ;
- méconnaissance des dangers (comme on le voit sur la photo) et des conséquences possibles de leurs actions.

Transition

Les jeunes enfants sont donc très dépendants des adultes pour leur sécurité.

2e partie : Le rôle des professionnels de la santé (ou professionnels de la petite enfance)

Le rôle des professionnels de la santé :

- prévention : information, éducation pour la santé, dépliants, affiches ;
- apprendre à anticiper selon les possibilités des enfants, ne pas surprotéger mais éduquer et faire prendre conscience des dangers ;
- temps du repas, un moment calme, convivial, sous la surveillance des adultes : protéger l'enfant, poser des limites (expériences de stage).

› *Introduction*

Les enfants, en particulier vers l'âge de deux ans lorsqu'ils sont intrépides, sont très exposés aux accidents de la vie courante. Ces accidents sont une cause de mortalité importante.

Sur cette photo, nous voyons deux enfants dans une cuisine. Ils étaient installés pour manger, une assiette se trouve d'ailleurs en face d'eux. Ils sont debout sur leur chaise haute, ce qui les expose au risque de chute. Il ne semble pas y avoir d'adulte à proximité, ils ne sont pas attachés et le petit garçon semble vouloir bouger.

En qualité de futur professionnel de la petite enfance, je suis très concerné par ce problème. J'ai une expérience de stage en crèche où j'ai pu observer les différentes règles de sécurité qui étaient instaurées.

En premier lieu, nous ferons un panorama des différents facteurs qui favorisent les accidents domestiques. Dans un second temps, nous verrons ce que le professionnel peut mettre en place pour éviter ces accidents.

› *Conclusion*

Nous avons vu les différents facteurs favorisant les accidents domestiques et ce que les professionnels peuvent faire pour les éviter. Quand je serai auxiliaire de puériculture, je compte mettre en place des actions d'information pour la santé. J'espère également apprendre à poser des limites aux enfants pour leur offrir un environnement sécurisé et, sans les surprotéger, leur apprendre doucement à devenir autonomes.

La prévention n'est pas toujours suffisante et je sais que, pendant cette formation, je vais obtenir mon attestation de secourisme.

› Commentaire

Dans un tel sujet, il est essentiel de citer son expérience.

Il est judicieux de saisir l'occasion d'exprimer ses motivations, de se projeter en qualité de futur professionnel.

2.2.2. Sujet 2

À la Une du journal X, juillet 2000

« *Une infirmière et un médecin d'une maison de retraite médicalisée sont mis en accusation. Ils avaient pratiqué l'euthanasie sur une patiente en stade terminal. La famille, bien que tenue dans l'ignorance au moment des faits, ne souhaite pas porter plainte. Elle remercie même à demi-mot les soignantes d'avoir abrégé les souffrances de leur mère et grand-mère.* »

› Phase de réflexion

› *Identifier le sujet*

Le sujet de l'exposé est présenté sous la forme d'une annonce. Il s'agit de la Une d'un journal.

C'est un sujet sur l'euthanasie à partir d'une situation précise :

- il y a eu passage à l'acte ;
- sans le consentement de la famille ;
- nous sommes en maison de retraite médicalisée ;
- la famille ne regrette pas et remercie les soignants.

Je n'ai pas d'indication sur la manière de traiter le sujet (par exemple, on ne me demande pas forcément mon avis).

Néanmoins, dans le sujet, un procès s'annonce. Il sera donc logique de traiter ce thème sous la forme « arguments pour et arguments contre » tout en restant très prudent.

› *Rechercher les idées*

Euthanasie : *eu* = bien ; *thanatos* = mort ; euthanasie = mourir bien, mort douce, sans souffrance.

Idées pour (sous forme de brainstorming)

- Douleur (pour rien) - Acharnement thérapeutique (soin qui prolonge la vie artificiellement) - Le malade a le droit de refuser les soins.
- Agonie = moment difficile, long - Respect de la qualité de la vie.
- Décision d'équipe.
- Dépénalisée dans certains pays - Suicide assisté en Suisse (émission télévisée) - Se pratique mais le sujet est tabou.

Idées contre

- Problème légal : c'est interdit par la loi.
- Excès possibles (pression de l'entourage, problème financier), qui décide ? Quand ? Peut-on prévoir l'issue fatale ?
- La famille n'est pas contactée, décision difficile - Aspect religieux : on ne peut disposer de sa vie ni de celle d'autrui.
- Existence des soins palliatifs.

› Phase de rédaction

› *Classer les idées : le choix du plan*

Une partie pour l'euthanasie, une partie contre.

1re partie : Contre l'euthanasie

L'euthanasie :

- est interdit par la loi ;
- des excès sont possibles (les détailler à partir des idées développées) ;
- qui a le pouvoir de décider de la vie de quelqu'un ? Aspects religieux ? La famille doit-elle être partie prenante au risque de la culpabilité ? Les médecins et l'équipe soignante ? Un comité d'éthique ?
- une alternative à l'euthanasie : les soins palliatifs. Définir, montrer les aspects positifs, y a-t-il assez de services et est-ce adapté à chaque cas ?

Transition

La dernière question de la 1re partie peut faire transition entre les deux parties.

2e partie : Arguments en faveur de l'euthanasie

L'euthanasie : une aide apportée à la personne dont la fin de vie est difficilement supportable :

- l'agonie est une période difficile, surtout s'il y a douleur physique. Il n'est pas utile de s'acharner si on sait l'issue fatale. Objectif : abréger les souffrances chez un malade incurable ;
- de plus en plus d'affaires : par exemple, le cas de Vincent Humbert (jeune paraplégique euthanasié par sa mère et un médecin). Ces affaires relancent la discussion au niveau national ;
- dans d'autres pays : euthanasie légalisée + suicide assisté en Suisse (reportage télévisé sur un homme atteint de cancer généralisé et qui décide de se suicider avant de perdre conscience). En France, il est tabou d'en parler ;
- le malade a droit à la dignité et au refus des traitements. Acte d'humanité.

› Introduction

Le sujet de mon exposé se présente sous la forme d'un article de journal. Une infirmière et un médecin d'une maison de retraite médicalisée sont accusés d'avoir pratiqué l'euthanasie sur une personne âgée en fin de vie. La famille est soulagée mais elle n'avait pas été prévenue.

L'affaire va faire l'objet d'un procès.

L'euthanasie consiste à abréger médicalement la vie d'une personne en stade terminal. On distingue l'euthanasie passive, qui consiste à arrêter les machines permettant au corps de rester en vie, et l'euthanasie active, qui est l'injection d'une substance médicamenteuse entraînant la mort. C'est de l'euthanasie active dont il s'agit dans le cas présenté.

Ces dernières années, de plus en plus d'affaires sur l'euthanasie ont été communiquées au public. Elles font en général grand bruit et relancent le débat sur la dépénalisation de cette pratique en France.

Nous verrons, dans un premier temps, pourquoi l'euthanasie n'est pas acceptable puis nous avancerons, dans un deuxième temps, des arguments en faveur de cette pratique.

› Conclusion

Pour conclure, je souhaite prendre position. Je suis personnellement pour la possibilité d'être assisté dans l'interruption de sa vie quand elle devient insupportable. C'est un avis très personnel qui s'appuie sur des expériences de fin de vie longues et difficiles dans mon entourage.

Cette pratique est néanmoins difficile à réglementer et, actuellement, la loi l'interdit. En tant qu'aide-soignant, ce ne sera pas à moi d'intervenir mais je devrai savoir respecter l'avis d'autrui et ne pas faire part de mon avis personnel, en particulier face à des problèmes si délicats. Mon rôle sera donc plutôt de soutenir les patients et les familles dans ces moments difficiles. J'espère d'ailleurs que la formation m'y aidera.

2.2.3. Sujet 3

Les infections nosocomiales.

› Phase de réflexion

› *Identifier le sujet*

Ce sujet est très vaste. Il est fréquemment d'actualité.

› *Rechercher les idées*

Définitions
Infection : multiplication de micro-organismes pathogènes dans le corps.
Nosocomiale : contractée à l'hôpital, au moins 48 heures après l'hospitalisation, ni présente ni en incubation à l'arrivée.

Raisons
Nombreux réservoirs de micro-organismes.
Récepteurs fragiles.
Principal vecteur = les mains du personnel.
Mauvaises manipulations, non-respect des protocoles.

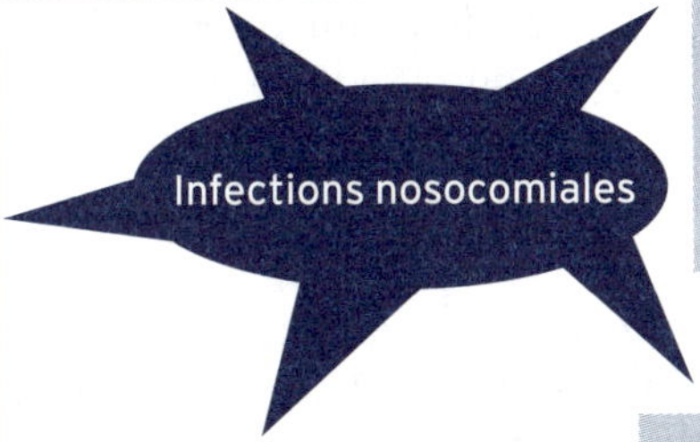

Actualité
Décès par infection nosocomiale.
Gastro-entérites à rotavirus, bronchiolites, plaies infectées, amputation.

Mesures ministérielles
CLIN : comité de lutte contre les infections nosocomiales.
Traçabilité.
Incidence.

Actions à mettre en place
Mesures d'hygiène dont le lavage des mains.
Respect des circuits (le propre ne doit jamais croiser le sale, il faut aller du plus propre au plus sale).
Utilisation de produits adaptés.
Respect des règles et des protocoles.

› Phase de rédaction

› *Classer les idées : le choix du plan*

Citer des exemples vécus en stage, dans son expérience professionnelle, ou vus ou lus dans la presse.

1re partie : Les causes des infections nosocomiales

Pourquoi y a-t-il autant d'infections nosocomiales ?

- hôpital = milieu à risque (beaucoup de malades, des va-et-vient, nombreux micro-organismes) = nombreux réservoirs de micro-organismes ;
- des récepteurs fragilisés par la maladie, baisse des défenses immunitaires ;
- un passage de chambre en chambre du matériel mais surtout du personnel, principal vecteur de micro-organismes.

Transition

Le personnel est au centre du problème.

2e partie : Les actions à mettre en place pour éviter les infections nosocomiales

- Principale mesure : le lavage des mains systématique et/ou la friction avec un gel hydro-alcoolique ;
- Respect des règles et des protocoles de service : circuits, désinfections, utilisation des produits ;
- Moyen le plus efficace : sensibilisation des personnels et formation (lien avec la formation d'AS ou d'AP).

› *Introduction*

On parle très souvent des infections nosocomiales dans la presse. Elles font de nombreuses victimes et causent parfois même des décès.

On entend par infection la multiplication de micro-organismes pathogènes dans le corps. Elle est nosocomiale lorsqu'elle est contractée à l'hôpital alors que le malade ne l'avait pas en entrant et qu'elle n'était pas en incubation. Un délai de 48 heures est souvent nécessaire pour que l'infection se développe.

C'est un sujet très vaste auquel les professionnels de la santé doivent être sensibilisés et formés. Nous verrons tout d'abord pourquoi il y a un risque accru d'infection à l'hôpital puis nous citerons les principales actions à mettre en place pour lutter contre ce fléau.

› *Conclusion*

Comme nous venons de le voir, la formation du personnel de santé est essentielle pour limiter les infections nosocomiales. Je compte sur cette année de formation pour mieux me préparer à prévenir ce phénomène. Au-delà de la formation, nous avons également vu que le respect des protocoles est essentiel et cela tient aussi à la rigueur et à la bonne volonté de tous dans l'équipe pluridisciplinaire.

› Commentaire

Le sujet est ici traité de manière assez théorique. Il est indispensable d'y ajouter des exemples vécus.

Le lien avec l'envie de se former est formulé dans la conclusion.

2.2.4. Sujet 4

Des commandos anti-IVG s'opposent violemment aux avortements. Qu'en pensez-vous ?

› Phase de réflexion

› *Identifier le sujet*

On me demande mon opinion sur les commandos anti-IVG (interruption volontaire de grossesse).

› *Rechercher les idées*

- Définition : IVG = expulsion médicalement provoquée de l'embryon avant la 12e semaine de grossesse.
- L'avortement :
  - légalisé en 1975 par la loi Simone Weil ;
  - loi récente qui repousse le délai de 10 à 12 semaines ;
  - remboursement par la Sécurité sociale depuis 1980 ;
  - en 1993, le délit d'entrave à l'avortement est sanctionné par la loi ;
  - la loi de 1975 a été précédée par l'autorisation de vente des contraceptifs oraux.
- L'IVG doit rester une action exceptionnelle, un traitement d'urgence. Ce n'est pas un contraceptif !
- Les étapes de la demande et les précautions à prendre.
- Les alternatives :
  - pilule abortive quand il est encore temps ;
  - accouchement sous X ;
  - développer l'information sur la contraception (campagne actuelle de prévention), vente libre de la contraception d'urgence dans les pharmacies et délivrance par les infirmières scolaires.
- Les commandos anti-IVG existent en France mais surtout aux États-Unis. Leurs actions : violences verbales, intimidation, coups à l'encontre des médecins et des femmes, dégradation de matériel dans les cliniques.

› Phase de rédaction

› *Classer les idées : le choix du plan*

1re partie : L'IVG : historique, conditions

- Les grandes étapes de ce combat pour la liberté des femmes à disposer de leur corps (voir recherche d'idées) et l'évolution de la loi.
- Les étapes de la demande d'IVG qui démontrent que cette décision n'est pas prise à la légère.

2e partie : Les commandos anti-IVG

- Les actions.
- En quoi ces actions sont réprouvables (hors-la-loi, violentes, intolérance et ingérence dans la vie d'autrui au nom de ses propres croyances).

3e partie : Comment limiter le nombre de femmes ayant recours à l'avortement ?

L'éducation pour la santé et le rôle des professionnels :

- l'IVG n'est pas une pratique anodine (risque médical, risque pour les grossesses suivantes, aspect psychologique toujours douloureux même si la femme est sûre de son choix) ;
- les alternatives (voir recherche d'idées).

› *Introduction*

Malgré le recours plus facile à la contraception et les campagnes d'information, de nombreuses femmes ont recours à l'IVG.

L'IVG, ou interruption volontaire de grossesse, se définit par l'expulsion médicalement provoquée de l'embryon avant la 12e semaine de grossesse. Cette pratique est légale en France mais, sur le modèle des États-Unis, des commandos anti-IVG organisent régulièrement des actions violentes contre les cliniques, les médecins pratiquant les avortements et parfois même contre les femmes concernées.

En premier lieu, je souhaite reprendre un petit historique de ce combat pour la liberté des femmes à disposer de leur corps, vous exposer les différentes démarches à suivre pour prétendre à l'IVG afin de démontrer que cette décision n'est pas à prendre à la légère. Nous verrons dans un deuxième temps les différentes actions des commandos et en quoi ces actions sont inadmissibles. Enfin, dans une troisième partie, nous verrons comment limiter les avortements.

› *Conclusion*

Les commandos anti-IVG exercent des actions violentes contre l'IVG, pratique pourtant légale en France.

Nous avons vu que le rôle des professionnels de la santé est primordial dans l'information des femmes, en particulier les jeunes femmes accédant pour la première fois à la sexualité.

En tant que futur professionnel de la santé, je suis très intéressé par le développement de la prévention et de l'information.

Quel que soit mon avis personnel par rapport aux pratiques que je vais rencontrer, je dois respecter le choix des personnes, les conseiller, les soutenir dans leurs démarches.

› Commentaire

Les connaissances sont mises en avant de même que le respect de la loi et des individus. Il y a projection dans un avenir professionnel.

2.2.5. Sujet 5

L'obésité des enfants.

› Phase de réflexion

› *Identifier le sujet*

Le sujet est un sujet d'actualité très vaste. Il peut être traité de différentes façons :

- causes - prévention ;
- causes - conséquences - rôle des professionnels ;
- état des lieux sur le problème - causes - conséquences - rôle des professionnels ;
- actualité : prévention, limites à la publicité.

› *Rechercher les idées*

Équilibre alimentaire et bonnes habitudes.

Causes :

- problème diététique ;
- sédentarité ;
- déstructuration des repas ;
- grignotage ;
- *fast-food* ;
- fréquence des troubles alimentaires ;
- recours au biberon quand l'enfant pleure, quelle que soit la raison des pleurs ;
- biberons sucrés comme tétine la nuit ;

- consommation excessive de nourriture mais surtout régime inadapté : trop riche en graisses, en particulier graisses animales et en sucres rapides.

Définition obésité : excès de masse grasse mesurée par l'indice de l'IMC (indice de masse corporelle) = P/T × T.

Problème de santé publique :

- épidémie mondiale (pays industrialisés) ;
- augmentation du nombre des enfants obèse (10 % actuellement, 3 % dans les années 60) ;
- beaucoup resteront obèses à l'âge adulte.

Prévention :

- équilibre alimentaire (fruits et légumes, réduction des graisses animales, des sucres rapides, du sel), limites à la publicité (message annonçant le danger) ;
- rôle des professionnels ;
- prévention de l'obésité en crèche : faire attention à ses pratiques (ne pas sucrer systématiquement, ne pas resservir des doses trop importantes...), informer les parents (discussions, réunions, affiches...).

› Phase de rédaction

› *Classer les idées : le choix du plan*

Le plan choisi sera : **1. Causes de l'obésité - 2. Prévention chez le petit enfant.**

1re partie : Analyse des causes de l'obésité infantile

- Les erreurs diététiques les plus fréquentes : consommation excessive de nourriture mais surtout régime inadapté (trop riche en graisses, en particulier graisses animales et en sucres rapides, grignotage, *fast-food* trop jeune et trop fréquent, diversification alimentaire anarchique, usage des farines dans le biberon).
- Les mauvaises habitudes : usage du biberon (recours au biberon quand l'enfant pleure, quelle que soit la raison des pleurs, biberons sucrés comme tétine la nuit), déstructuration des repas, sédentarité devant la télévision ou l'ordinateur.

Transition

Nécessité d'être informé.

2e partie : Prévenir l'obésité infantile : le rôle des professionnels

- Nécessité d'informer les parents sur les risques d'obésité dès la petite enfance et sur l'équilibre alimentaire (fruits et légumes, réduction des graisses animales, des sucres rapides, du sel, respect des consignes données).
- Mise en place d'informations en crèche (donner des exemples : le professionnel peut faire des affiches, des dépliants, des réunions).
- Prévention de l'obésité en crèche : faire attention à ses propres pratiques (ne pas sucrer systématiquement, ne pas resservir des doses trop importantes...).

› *Introduction*

Comme j'ai pu le remarquer lors de mon stage en crèche, les petits enfants en surpoids sont gênés dans leur développement moteur. Ils bougent moins facilement que les autres. Plus grands, ils seront soumis aux moqueries de leurs camarades.

L'obésité est devenue un problème de santé publique car, dans les pays industrialisés, de plus en plus d'enfants sont obèses. Un enfant en surpoids à de grands risques de devenir un adulte obèse avec tous les risques que cela représente pour sa santé.

L'obésité est définie par un excès de masse grasse mesurée par l'indice de l'IMC (indice de masse corporelle = P/T × T). Cette valeur est importante à surveiller et une courbe d'IMC a d'ailleurs été ajoutée dans la nouvelle version des carnets de santé.
Nous étudierons dans un premier temps les causes de l'obésité infantile. Dans un deuxième temps, je m'appuierai sur mon expérience en crèche pour envisager comment les professionnels de la santé peuvent tenter de prévenir ce phénomène.

› *Conclusion*

Nous avons cerné différents facteurs à l'origine de l'obésité infantile. Le professionnel de la petite enfance doit jouer un rôle actif en équipe pour prévenir ce phénomène de santé publique. Il peut informer mais il doit aussi réfléchir à ses propres pratiques.
Futur professionnel, je pense que la prévention est à la base du combat contre ce fléau. Les petits Français, pays de la gastronomie, ne doivent pas prendre le chemin des petits Américains. À nous de leur faire découvrir autre chose que le *fast food*.
J'aimerais d'ailleurs, en particulier lors de la semaine du goût, faire découvrir des saveurs différentes aux petits enfants en crèche. Les enfants n'aiment pas forcément être surpris par la nouveauté mais à nous de transformer cet apprentissage en jeu.

2.2.6. Sujet 6

Vous êtes stagiaire à la crèche multi-accueil des Diablotins. Une maman vous demande si son enfant de 10 mois peut aller sur le pot. Quelle sera votre attitude ?

› Phase de réflexion

› *Identifier le sujet*

Le sujet porte sur l'acquisition de la maîtrise sphinctérienne chez l'enfant (dite communément « propreté »).
Ce sujet est présenté sous forme de cas concret, d'une mise en situation. Il faut s'impliquer en s'imaginant dans la situation.
Comment me demande-t-on d'en parler ?

- je suis stagiaire en crèche (faire obligatoirement référence à ses stages, ce sujet d'ailleurs sera donné en priorité aux candidats issus de BEP CSS ou de CAP petite enfance, car ils ont normalement effectué des stages en crèche) ;
- une maman me questionne sur la propreté ;
- son enfant a 10 mois (je dois faire appel à mes connaissances sur le développement de l'enfant) ;
- on me demande mon attitude. Il n'y a pas de réponse théorique. Dans la situation, ma position de stagiaire est importante. Vais-je répondre ? Vais-je demander à ma tutrice de répondre ? Vais-je répondre en sa présence ?

› Rechercher les idées

Le pot
Mes connaissances sur le sujet à détailler.
À quel âge (pas avant 18 mois) ?
À quelles conditions de maturité (maturité physiologique, intellectuelle, affective) ?
Comment s'y prendre ?
Ce qu'il faut éviter (obligation, vexation, comparaison).

Crèche multi-accueil
Définition.

Position de stagiaire
Vais-je répondre ? Avec ou sans ma tutrice ?
Citer des expériences de stage ou professionnelles sur le sujet.

Recopier le sujet

Répondre à la question précisément
Indiquer mon attitude par rapport à ma position de stagiaire.
Répondre au sujet (il est bien sûr trop tôt pour mettre cet enfant sur le pot). Vous devez donner des arguments et vous adresser à la maman (ce qui est différent d'une question de cours).

Développement de l'enfant
À quoi ressemble un enfant de 10 mois ?
Il tient assis, il se lève en se tenant.
Il comprend un ordre simple, il ne parle pas.
Comment alors demander le pot ?

› Phase de rédaction

› Classer les idées : le choix du plan

1re partie : Mes connaissances sur le sujet avec des exemples tirés de mon expérience

- L'acquisition de la maîtrise sphinctérienne.
- Le développement de l'enfant de 10 mois.

Transition

Je vais m'appuyer sur mes connaissances et mon expérience pour vous indiquer la conduite que je tiendrais dans cette situation.

2e partie : Mon attitude dans la situation face à la maman avec des exemples mettant en valeur mon expérience et ma motivation

- La position de stagiaire dans une institution. Il est bien entendu souhaitable de lui répondre en présence de votre tutrice.
- Les questions que je peux poser à cette maman pour savoir d'où lui vient cette question : pression des grands-mères, pression financière (une aide doit alors lui être proposée), méconnaissance sur le sujet, expérience négative…
- Les réponses que je peux lui apporter avec des arguments adaptés à la situation.

› Introduction

De nombreux enfants de 3 mois à 3 ans sont accueillis en crèche multi-accueil. Ces structures fonctionnent en général dans la journée. Les parents établissent un contrat qui définit le temps de présence de leur enfant dans la structure.

La crèche multi-accueil est adaptée aux besoins des enfants. Différents professionnels de la petite enfance y travaillent : auxiliaires de puériculture, éducatrices de jeunes enfants, infirmière puéricultrice... Ils ont pour rôle d'accueillir l'enfant, de participer à son éveil mais également de conseiller les parents.

CORRIGÉS

Je suis en stage à la crèche des Diablotins. Une maman me demande si son enfant de 10 mois peut commencer à aller sur le pot.

Dans une première partie, j'aborderai les notions théoriques dont j'ai besoin pour lui répondre puis, dans une deuxième partie, je vous indiquerai quelle sera mon attitude face à cette maman, ce que je pourrais lui demander et ce qu'il me semble souhaitable de lui répondre. Mon propos sera illustré par des éléments de mon expérience de stage (ou professionnelle).

› *Conclusion*

J'espère, dans mon futur métier, rencontrer de nombreuses occasions de conseiller les parents. Une formation est nécessaire pour donner des conseils adaptés et savoir parler aux personnes.

Ce qui m'attire personnellement, c'est aussi le travail en maternité où, en plus de la surveillance des nouveau-nés, le rôle de conseils et d'accompagnement des parents est très valorisé.

› Commentaire

À remarquer pour ce sujet : toute l'importance de la première phase de réflexion pour éviter les hors sujets et les réponses hors contexte.

Il est important de répondre à la question posée : « Quelle sera votre attitude ? », tout en prenant position. De nombreux candidats répondent : « Je demanderai à ma tutrice de répondre » et ne traitent pas le sujet !

Le sujet, s'il est bien traité, met à la fois en valeur vos connaissances, vos expériences et vos motivations.

La conclusion est en réalité une transition pour parler de vos motivations !

2.2.7. Sujet 7

« *Un moment important dans la vie de la crèche.* »

Construire un exposé de 5 à 10 minutes à partir du document, de vos connaissances et de vos expériences.

› Phase de réflexion

› *Identifier le sujet*

Le sujet de l'exposé est présenté sous la forme d'une photographie. Une maman tend son enfant à une auxiliaire de puériculture. C'est donc un sujet sur la séparation du matin à la crèche (ou l'accueil du matin à la crèche).

On me demande d'évoquer ce sujet à l'aide du document, de mes connaissances et de mes expériences. Il faudra bien sûr faire référence à ces trois volets dans mon exposé.

› *Rechercher les idées*

Sous forme de *brainstorming* (écrire tout ce qui passe par la tête mais classer un peu en même temps) :

- séparation : vie quotidienne, tous les jours ;
- aspects difficiles : pleurs, sensibilité, déchirement ;
- rôle des professionnels : préparation, adaptation, repères, doudou, relation maman/AP, aide à l'enfant, aide aux parents, rituels ;
- crèche : lieu d'accueil, milieu de vie pendant la journée d'enfants de 3 mois à 3 ans ;
- mon expérience : l'accueil, l'adaptation, stage, travail... (développer des exemples vécus : ce qui a été vu, ce à quoi vous avez participé) ;
- la sensibilité de chacun à la séparation.

› Phase de rédaction

› *Classer les idées : le choix du plan*

Sous forme de problèmes/solutions.

1re partie : La séparation du matin à la crèche : pourquoi est-ce un moment délicat ?

- C'est parfois un moment difficile pour certains enfants qui ne connaissent pas bien ce milieu et qui n'ont vécu qu'en présence des parents (donner des exemples vécus) mais parfois les enfants ne pleurent qu'un temps très bref pour signaler leur mécontentement.
- C'est parfois un moment difficile pour les parents, en particulier les mamans (citer des exemples sans juger).

Transition

Ce moment de séparation doit être préparé et accompagné par les professionnels.

2e partie : Les actions mises en place par l'équipe afin que la séparation se passe bien

- Une préparation : l'adaptation progressive (détailler ce qu'est la période d'adaptation et les avantages pour les enfants, les parents, les auxiliaires). La confiance doit être au rendez-vous.
- Une réflexion des professionnels pour s'adapter à chaque enfant : chez les bébés en particulier, vous avez remarqué que les professionnels s'adaptaient aux habitudes de l'enfant (type de tétines, température du lait, rythmes à l'aide d'une fiche de rythme...), mettaient en place des rituels (coucou à la fenêtre, chanson...).
- Le rôle du doudou comme transition sécurisante entre la maison et la crèche.
- La qualité de l'accueil, les activités mises en place permettent à l'enfant de profiter de ce temps de crèche pour grandir et s'éveiller.

› *Introduction*

Le sujet de mon exposé est présenté sous forme d'une photographie. On y voit une maman confier son enfant à une auxiliaire de puériculture. Celle-ci tend les bras vers le bébé (5/6 mois) et lui sourit. La maman est également souriante. On remarque quelques bébés à l'arrière plan. Nous nous situons donc probablement dans la section des petits.

Mon sujet traite donc d'un moment important dans la vie de la crèche : la séparation du matin.

J'ai pu effectuer deux stages en crèche multi-accueil pendant ma formation. Lors du deuxième stage en particulier, les professionnels m'ont fait confiance. Ils m'ont fait participer à ce moment si important qui correspond à l'accueil des enfants et aux transmissions avec les parents le matin.

Je me fonderai donc sur mes connaissances et mon expérience pour traiter le sujet.

Nous verrons, d'une part, en quoi la séparation peut être difficile pour les enfants et les parents et, d'autre part, ce qui peut être mis en place par les professionnels pour que cette transition entre la maison et la crèche se passe bien.

› *Conclusion*

La séparation du matin à la crèche est un moment important pour l'enfant et le parent qui l'accompagne. Pour que cet accueil se passe bien et que la journée de crèche soit un temps fructueux pour l'enfant, une réflexion des professionnels sur leur travail quotidien est indispensable. J'ai pu observer lors de mes stages que le travail en équipe pluridisciplinaire ainsi que les réunions d'équipe alimentent cette réflexion.
J'attends de ma formation des connaissances et des expériences supplémentaires qui me permettront de devenir une bonne auxiliaire de puériculture au service des enfants et de leurs parents.

› Commentaire

Il est essentiel de mettre son expérience et ses réflexions en avant de même que son envie de se former plus en profondeur.

2.2.8. Sujet 8

Vous êtes AS en maison de retraite. Mme A. vous confie qu'elle en veut à ses enfants de l'avoir laissée seule en institution. Elle avait espéré vivre chez eux. Quelle sera votre réponse ?

› Phase de réflexion

› *Identifier le sujet*

C'est un cas concret. Il faut parler du placement des personnes âgées, éventuellement de l'évolution de la famille.
Une particularité : il faut s'adresser à la personne avec toute la délicatesse et la réserve qu'un professionnel doit adopter.

› *Rechercher les idées*

Brainstorming :
- évolution de la famille ;
- secret professionnel et réserve à avoir (il n'est pas question d'accuser les enfants de Mme A. de l'abandonner ou de porter un jugement sur eux) ;
- augmentation du nombre de personnes âgées dépendantes : *papy-boom*, développement des institutions, maintien à domicile ;
- conséquences du vieillissement (physiques, psychologiques) ;
- aides de l'État, coût élevé de la prise en charge de la dépendance ;
- rendre les choses positives : visites des enfants, soins apportés en institution que les enfants ne pourraient pas apporter, activités ;
- charte des personnes âgées dépendantes ;
- placement rarement souhaité par les personnes, transition nécessaire entre deux modes de vie ;

- absolument faire un lien avec la profession future et l'accompagnement des patients ;
- expériences de stage ou expériences professionnelles : anecdotes à trouver valorisant votre rôle (préserver l'autonomie, soigner, occuper, faire des rencontres...).

› Phase de rédaction

› *Classer les idées : le choix du plan*

Citer des exemples vécus !

1re partie : Le placement des personnes âgées

- Le vieillissement et ses conséquences physiques et psychologiques.
- La dépendance.
- Le placement est rarement voulu. S'y adapter est une étape difficile à franchir.

Transition

L'accueil réservé aux résidents et la qualité de leur vie en institution vont leur permettre de mieux vivre cette étape de leur vie.

2e partie : Réponse à Mme A. et rôle des professionnels pour aider les personnes dépendantes à accepter leur placement en institution

- Préalable : nécessité de réserve dans la réponse à apporter à Mme A.
- L'aider à s'adapter : préserver ses habitudes le plus possible, respecter ses désirs, rôle des professionnels au quotidien.
- L'aider à garder des liens avec sa famille : en parler, accueillir la famille pour l'inciter à venir...

› *Introduction*

De plus en plus de personnes âgées deviennent dépendantes et ne peuvent être prises en charge par la famille seule. Malgré le développement des mesures de maintien à domicile, certaines personnes dépendantes ne peuvent rester chez elles. Il est rare que les familles puissent les accueillir à leur domicile pour différentes raisons : petit appartement, travail des femmes…

Ce placement en institution est souvent une étape douloureuse. À cette occasion, les conflits avec la famille ne sont pas rares.

Je suis AS en maison de retraite. Mme A. dont je m'occupe me confie ses ressentiments vis-à-vis de ses enfants. Elle se sent abandonnée.

Dans une première partie, je vous parlerai de la dépendance et du placement des personnes âgées. Une deuxième partie sera consacrée à ma réponse à Mme A. et à tout ce que les professionnels peuvent mettre en place pour préserver une bonne qualité de vie et les liens avec les familles.

› *Conclusion*

Les professionnels ont un rôle essentiel en institution pour personnes âgées dépendantes. Leur rôle est de permettre aux personnes accueillies de s'adapter le plus possible, de profiter au mieux de cette étape de leur vie. Il reste également primordial de préserver le lien entre les résidents et leur famille. Accueillir les familles en rendant leur visite agréable sera assurément un moyen efficace.

En tant qu'aide-soignant, que je travaille en milieu hospitalier ou en institution, je vais rencontrer de nombreuses personnes âgées. Je souhaite partager mon expérience et développer les compétences nécessaires à leur prise en charge.

partie 4

Annales

Énoncés

CHAPITRE 1

Voici 10 sujets d'annales complets et corrigés pour vous mettre en situation d'examen. Nous vous conseillons de prendre 2 heures pour traiter un sujet entier (c'est le temps que vous aurez le jour du concours), puis de vérifier le nombre de points que vous auriez obtenus : pour être admissible, il faut atteindre 10/20. Rappelons que les corrigés de l'épreuve de culture générale ne vous donne qu'une solution de réponse parmi d'autres.

›Sujet 1 : L'allaitement maternel... en retard en France *(concours AP - Yvelines 2007)*

1.1. Culture générale *(12 points)*

Depuis une dizaine d'années, le taux d'allaitement en France, estimé à 60 %, demeure un des plus bas d'Europe et n'augmente que très lentement.

Est-ce parce que l'allaitement maternel, né avec l'humanité, est parfois considéré comme datant de l'Âge de pierre ? Est-ce la libération de la femme qui a rangé le sein en seconde position derrière le biberon si pratique et si moderne ? Est-ce le personnel de santé qui ne s'est guère préoccupé de l'allaitement, considéré comme physiologique et donc exclu du cadre habituel de la pathologie ? Ou, enfin, l'industrie agroalimentaire aurait-elle eu raison de cette forme d'alimentation sans enjeu financier ?

Ce questionnement peut fournir autant d'éléments de réponses rendant compte du retard de notre pays en matière d'allaitement, retard tempéré toutefois par le regain d'intérêt actuel pour cette noble pratique.

L'accompagnement d'une maman qui allaite nécessite, pour les professionnels de santé, de s'interroger, de se remettre en question et de se former. Il faut à ce sujet accepter l'évidence du rôle des associations de mères allaitantes à l'origine de ces remises en question.

Mais l'allaitement maternel, ce n'est pas seulement nourrir son bébé au sein : avant tout, c'est un art : « Pour la mère, c'est l'art d'être à l'écoute de son bébé mais aussi à l'écoute d'elle-même et de son corps. Pour le professionnel de santé, c'est l'art d'être compétent et à l'écoute des parents et de l'enfant. Pour le politicien, c'est l'art d'être responsable dans l'élaboration d'une politique de santé » (docteur Marc Pilliot, pédiatre).

Catherine Killian-Buzy, puéricultrice, consultante en lactation, coordinatrice du dossier, *Le journal des Professionnels de l'Enfance*, janvier-février 2007.

› Question n° 1 *(4 points)*

Vous dégagerez le thème et les idées principales de ce texte.

› Question n° 2 *(4 points)*

Que pensez-vous de l'analyse faite ici par la puéricultrice et quelles solutions pouvez-vous proposer ? *(Vous devez ici apporter des idées nouvelles au texte en vous impliquant et en vous appuyant sur vos lectures et vos connaissances personnelles.)*

› Question n° 3 *(4 points)*

Que signifie pour vous : « être à l'écoute des parents et de l'enfant » ?

1.2. Biologie *(5 points)*

› Question n° 1 *(1 point)*

Citez le déroulement du cycle menstruel dans l'ordre en situant la survenue des règles.

› Question n° 2 *(1 point)*

Composez un petit-déjeuner équilibré pour un enfant de 10 ans.

› Question n° 3 *(1 point)*

Donnez la définition des mots suivants.

a. Méninge.
b. Myocarde.
c. Périoste.
d. Tympan.

› Question n° 4 *(0,5 point)*

Citez les deux fonctions du pancréas.

› Question n° 5 *(1,5 point)*

Donnez un titre et annotez le schéma.

....

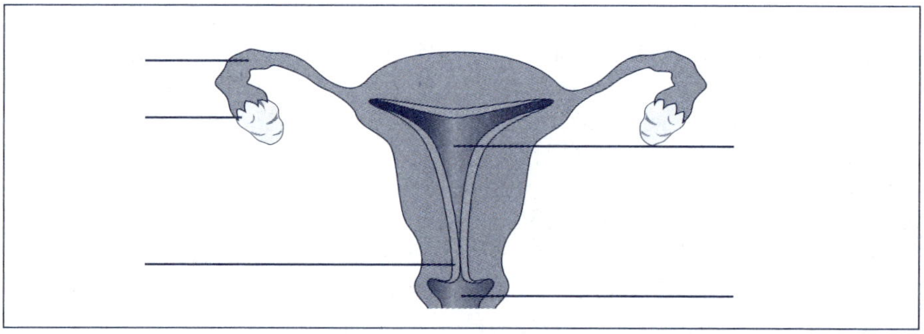

1.3. Mathématiques *(3 points)*

Tous les calculs doivent apparaître sur la copie. La calculatrice n'est pas admise.
Le non-respect de cette consigne entraînera la note 0 aux questions concernées.

› Question n° 1 *(0,6 point)*

1 mL de sang contient environ 4 000 000 d'hématies, 6 000 leucocytes et 200 000 plaquettes.
Sachant que, lors d'un don de sang, on prélève 250 mL de sang, quelles quantités d'hématies, de leucocytes et de plaquettes se trouvent dans la poche de sang ?

› Question n° 2 *(0,4 point)*

Enlevez deux dixièmes aux températures suivantes :

a. 36,8 °C.
b. 37,1 °C.
c. 39 °C.
d. 37,9 °C.

› Question n° 3 *(1 point)*

La directrice d'une crèche prévoit son budget annuel de couches, avant de passer commande auprès d'un grossiste.
Sachant d'une part que la crèche accueille :

- 13 enfants dans la section des bébés ;
- 18 enfants dans la section des moyens.

D'autre part que la consommation quotidienne de couches est en moyenne de :

- 5 couches/jour chez les bébés (taille 4 à 9 kg) ;
- 4 couches/jour chez les moyens (taille 9 à 18 kg).

Quelle est la consommation annuelle par taille, si l'on compte 230 jours d'ouverture de la crèche par an ?

› Question n° 4 *(0,5 point)*

2 L de lait permettent d'obtenir 28 cL de crème.
Combien faut-il de lait pour obtenir 560 mL de crème ?

› Question n° 5 *(0,5 point)*

Pour faire le ménage dans le service où vous travaillez, vous devez préparer 15 L de produit de nettoyage.
Reproduisez le tableau ci-dessous, et exprimez ce volume en :

dL	mm^3

›Sujet 2 : Le manque de sommeil : nouveau mal du siècle ? *(concours AS – Yvelines 2007)*

2.1. Culture générale *(12 points)*

Il y a cent ans, l'homme dormait en moyenne neuf heures par jour. Aujourd'hui, il ne passerait plus que six à sept heures sur l'oreiller. Essentiel à la qualité de la vie, le sommeil semble poser problème dans une société vouée à la productivité et à la performance et au sein de laquelle les révolutions technologiques modifient notre rapport au monde et à nous-mêmes.

Bien dormir, c'est souvent pouvoir récupérer physiquement et psychiquement : le sommeil est essentiel au bon fonctionnement de l'organisme, permettant au système cérébral et au corps de se régénérer. Il est de plus en plus montré du doigt, considéré comme une perte de temps ou un acte de paresse…

On a estimé, il y a quelques années, qu'un être normalement constitué devait bénéficier en moyenne de huit heures et quart de sommeil chaque nuit pour être en forme. Mais la durée idéale de sommeil est celle qui permet à chacun de se sentir reposé et d'avoir un bon fonctionnement de la journée. Elle varie, en fait, d'un individu à l'autre, la tendance étant tout de même à un raccourcissement du temps de sommeil quotidien. Selon les dernières études, le quart de la population française dort tout au plus six heures par jour […].

Il est clair que les obligations professionnelles (3 × 8, horaires décalés, service 24 h/24), le développement des nouvelles technologies, la consommation constante des mass media et les appels du pied quotidiens de la société des loisirs influent négativement sur notre rythme de sommeil et, du coup, sur notre équilibre biologique. Combien sommes-nous à sentir monter le coup de pompe durant une journée de travail classique ? Manque de vigilance, baisse des performances, manque de concentration, somnolence excessive… Près de 70 % des travailleurs postés disent avoir des problèmes de sommeil et souffrir de phénomènes proches du décalage horaire. L'absentéisme lié au manque de sommeil concernerait 8 % des actifs en France.

L'enquête SOFRES-ISV de 2004 révèle que sept personnes sur dix ressentent des périodes de somnolence dans la journée, 6 % disent qu'il leur arrive de somnoler au volant. Presque du quart de la population française serait sujet aux endormissements involontaires pathologiques ; le tiers de ces individus pouvant être considéré comme atteint de somnolence sévère.

Les méfaits d'un manque de sommeil peuvent se traduire par la dépression, l'irritabilité accrue, l'instabilité psychomotrice ou la perte d'attention et de concentration. Certains jeunes éprouveraient même du mal à assumer leurs actes. Une étude menée en 2005 auprès de 520 collégiens en classe de sixième a montré que l'altération des résultats scolaires pouvant conduire à l'échec scolaire était souvent liée au manque de sommeil.

Des répercussions graves

La privation de sommeil est grandissante en France. Elle trouve son explication dans nos modes de vie et de travail. Les conséquences sur la santé peuvent être dramatiques, sans pour autant nous inciter à changer notre rythme quotidien. Le manque de sommeil constitue un risque accru dans le développement de pathologies lourdes comme l'infarctus, l'hypertension artérielle, la prise de poids, l'obésité, la dépression et même le diabète.

Une cause majeure de santé publique ?

Le manque de sommeil engendrerait un vieillissement prématuré. En dormant seulement quatre heures par nuit pendant six nuits consécutives, un jeune de 20 ans présenterait les mêmes caractéristiques physiologiques qu'un individu de 60 ans.

Isabelle Hache et Jean François d'Argent,
extrait de la conférence de presse de Xavier Bertrand, janvier 2007.

› Question n° 1 *(3 points)*

Dégagez les idées principales du texte.

› Question n° 2 *(4 points)*

Citez au moins trois conséquences pathologiques du manque de sommeil énoncées dans le texte.

› Question n° 3 *(5 points)*

D'après vos connaissances, développez en une dizaine de lignes minimum les facteurs pouvant influencer la qualité du sommeil.

2.2. Biologie *(5 points)*

› Question n° 1 *(3 points)*

a. Quel est le rôle de la vaccination ? Citez trois vaccins et leurs effets.
b. Précisez le rôle de la vitamine D et ses conséquences en cas de carence.
c. Quels sont la nature et le rôle des globules sanguins ?

› Question n° 2 *(1 point)*

Questions à choix multiples. Pour chacune des questions, une seule proposition de réponse est exacte. Cochez la bonne réponse.

Questions	Réponses proposées	
1. Pour assimiler les substances nutritives les muscles ont besoin :	de gaz carbonique	
	d'oxygène	
	d'azote	
	d'hydrogène	
2. Qu'appelle-t-on un régime hypocalorique ?	un régime où les aliments sont consommés froids	
	un régime riche en eau	
	un régime pauvre en calories	
	un régime riche en calories	

Questions	Réponses proposées	
3. Lequel de ces os du crâne est mobile ?	la fontanelle	
	le maxillaire inférieur	
	le maxillaire supérieur	
	l'os du nez	
4. Quel est le nom de la membrane qui entoure les organes digestifs ?	le péritoine	
	la péritonite	
	la paroi intestinale	
	le périmètre	
5. Qu'apportent essentiellement les œufs, la viande, le poisson à l'organisme ?	des glucides	
	des protides	
	des lipides	
	des acides	

› Question n° 3 *(1 point)*

Reportez au bout de chaque fléchage du schéma ci-dessous les lettres qui correspondent aux éléments cités dans le tableau (une seule lettre par flèche).

Lettre	Élément
A	Maxillaire
B	Os temporal
C	Os frontal
D	Os occipital
E	Os pariétal

Le crâne : principaux os

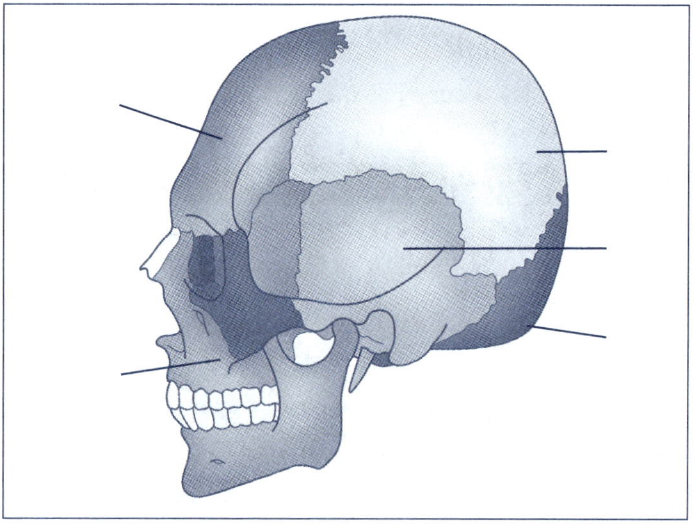

2.3. Mathématiques *(3 points)*

› Question n° 1 *(0,5 point)*

Vous êtes devant un livre ouvert. La somme des numéros de la page de droite et du numéro de la page de gauche est de 273.
À quelles pages est ouvert ce livre ?

› Question n° 2 *(0,5 point)*

Des sachets d'aspirine sont rangés dans des boîtes à raison de 20 sachets par boîte. Le fabricant stocke ces boîtes dans des cartons. Chaque carton contient 5 épaisseurs constituées de 6 boîtes dans la longueur et 4 boîtes dans la largeur.
Combien de sachets seront contenus dans 3 cartons ?

› Question n° 3 *(0,5 point)*

En se pesant avec son chat Caramel, Paul lit « 42,7 kg » sur la balance. Seul sur la balance Paul pèse 37,9 kg.
Combien pèse Caramel ?

› Question n° 4 *(1 point)*

Voici une liste d'objets ou d'actions :
Un sachet de sucre en poudre – Un lacet – Un drap – Un flacon – Une sieste – Une cuisson.
Voici une liste de grandeurs :
Longueur – Température – Surface (aire) – Durée – Volume (capacité) – Une masse.
Et enfin une liste de mesures :
225 °C – 2,5 m^2 – 10 g – 60 cm – 200 mL – 1 h 30 min.
Vous devez compléter le tableau suivant en plaçant sur une même ligne : un objet (ou une action), la nature d'une grandeur et une mesure, de façon à ce qu'elles correspondent de manière cohérente.

Objet ou action	Mesure	Nature de la grandeur

› Question n° 5 *(0,5 point)*

Un bidon de 25 L de produit détergent pour le sol est à répartir dans des flacons de 250 cm^3. Combien de flacons seront nécessaires ?

›Sujet 3 : Bien manger pour tous... (concours AS – région Centre 2007)

3.1. Culture générale (12 points)

La France n'en finit pas de grossir ! 11,3 % des adultes et 5 % des enfants sont obèses, contre respectivement 6,1 % et 1,5 % en 1980.

Ces données interpellent les autorités, conscientes de l'existence de ce véritable problème de santé publique. Pour vaincre la « malbouffe », l'obésité et les maladies qu'elle engendre, le Programme national nutrition santé (PNNS) nous exhorte depuis 2001, à grands coups d'affiches et de messages radio, à manger au moins cinq fruits et légumes par jour et à faire une demi-heure d'exercice physique quotidien. Seulement voilà : les campagnes de communication ne suffisent plus. Tel est le constat dressé par le professeur Serge Hercberg, nutritionniste de renom, qui a dirigé ce programme. Car les fruits et les légumes coûtent cher. Les plus défavorisés d'entre nous en achètent rarement, préférant se nourrir de produits industriels riches en graisse et en sucre, qui ont proliféré avec la crise économique. Selon Nicole Darmon, ingénieur à l'Inserm, ces aliments (biscuits sucrés ou salés, barres chocolatées, chips, boissons sucrées...) sont des sources de calories bon marché et permettent donc de se nourrir pour pas cher.

À l'inverse, les aliments conseillés dans le cadre d'une alimentation équilibrée, tels que les fruits, les légumes, le poisson ou la viande maigre, sont des sources d'énergie qui peuvent revenir cher. Il est donc logique pour certains de s'en détourner au profit des aliments gras et sucrés. Malheureusement, ces aliments sont riches en énergie et très pauvres en fibres, vitamines et minéraux (on parle de « calories vides »). Si bien que leur consommation en excès augmente le risque de prendre du poids mais aussi de développer une maladie cardiovasculaire, un cancer ou un diabète. Voilà pourquoi, comme le montre une étude, la fracture nutritionnelle se creuse : les personnes les plus exposées au risque d'obésité et de carences alimentaires sont aussi les plus faibles économiquement.

Dans son rapport remis récemment au ministre de la Santé, le professeur Hercberg appelle donc à des « actions concrètes » : diminuer le prix des fruits et légumes, réduire la teneur en sucre, graisse et sel des produits alimentaires transformés... En attendant, il est essentiel d'apprendre à bien choisir ses aliments. Car, même dans les grandes surfaces où s'effectuent 90 % des achats alimentaires, il existe un large choix pour un même budget. Une bonne alimentation passe par une meilleure information, et aussi par le temps et le plaisir que nous avons à préparer nos repas.

Corinne Thermes, *Essentiel Santé – Touraine mutualiste*, septembre 2006.

›Question n° 1 (5 points)

Dégager les idées principales du texte.

›Question n° 2 (7 points)

Commenter la dernière phrase du texte : « Une bonne alimentation passe par une meilleure information, et aussi par le temps et le plaisir que nous avons à préparer nos repas. »

3.2. Biologie *(4 points)*

› Question n° 1 *(1 point)*

Compléter la grille de mots croisés ci-dessous en utilisant les définitions suivantes :

Horizontalement

1. Os de la ceinture scapulaire.
3. Glande endocrinienne située à la base du cou.
5. Micro-organisme responsable des infections.
7. Vaisseau véhiculant du sang oxygéné.
9. Conduit aérien allant du larynx aux bronches.
10. Glande génitale masculine située à la base de la vessie.

Verticalement

A. Nom donné, dans l'espèce humaine, au produit de la conception pendant les trois premiers mois.
C. Organe principal du système nerveux.
F. Os de la partie postérieure du pied.
H. Produit contenu dans l'intestin grêle à l'issue de la digestion.
L. Terminaisons multiples du neurone.
R. Ensemble des membranes protectrices du système nerveux central.

› Question n° 2 *(1 point)*

Le cœur, situé entre……, est un muscle creux appelé…… Il est composé de deux cavités supérieures appelées…… et de deux cavités inférieures appelées……

Les veines caves inférieure et supérieure qui aboutissent au niveau de la cavité cardiaque appelée ……….. transportent du sang…… en oxygène qui passe dans le ventricule…… pour ensuite se diriger vers les…… pulmonaires.

Les échanges gazeux qui se produisent au niveau des …… pulmonaires permettent d'obtenir un sang riche en oxygène qui quitte les poumons grâce……….. pour se diriger vers le cœur au niveau de la cavité appelée…… ……

› Question n° 3 *(1 point)*

Dans le tableau ci-dessous, compléter la colonne B en associant chaque terme de la liste ci-après à un terme de la colonne A : oreille, cœur, neurone, poumon, pied, dent, bras, épaule, estomac, méninges.

A	B
1. marteau	
2. axone	
3. calcanéum	
4. plèvre	
5. acromion	
6. pie-mère	
7. valvule tricuspide	
8. cément	
9. humérus	
10. cardia	

› Question n° 4 *(1 point)*

Répondre par vrai ou faux aux affirmations suivantes.

Affirmation	Vrai	Faux
a) L'insuline est une hormone sécrétée par le pancréas.		
b) Le liquide céphalo-rachidien circule dans le système lymphatique.		
c) L'appendice xiphoïde se situe dans l'intestin.		
d) Le cycle menstruel féminin débute le dernier jour des règles.		
e) L'humeur vitrée se situe dans l'œil.		
f) La capacité respiratoire est de 1,5 L.		
g) Les cordes vocales permettent la phonation.		
h) Le vagin se situe au-dessus de l'utérus.		
i) L'hormone de croissance est sécrétée principalement pendant le sommeil.		
j) La jonction entre 2 cellules nerveuses est la synapse.		
k) Les réflexes archaïques sont présents à la naissance.		
l) L'activité musculaire entraîne une production de chaleur.		

3.3. Mathématiques *(4 points)*

› Question n° 1 *(2 points)*

Vous travaillez dans une maison de retraite où sont accueillies 150 personnes âgées.
Une étude de la population a été réalisée et vous prenez connaissance des données suivantes :

- 60 % sont des femmes ;
- 40 % sont des hommes.

Quel est le nombre de femmes et le nombre d'hommes accueillis dans cette maison de retraite ?

› Question n° 2 *(2 points)*

À l'issue d'une concertation sur les souhaits des résidents, l'installation d'un aquarium est prévue prochainement.
Pour l'installation de l'aquarium, vous prenez des renseignements auprès d'un aquariophile qui estime qu'il faut compter au moins 5 L d'eau par poisson dans un aquarium d'eau douce.
Compléter le tableau ci-dessous.

Volume de l'aquarium en litres	40	100	500		
Nombre maximal de poissons				30	35

› Sujet 4 : L'allaitement maternel *(concours AP – Paris 2006)*

4.1. Culture générale *(12 points)*

Ce n'est pas qu'une simple affaire de qualité de lait. Les raisons de ce choix, multiples, sont personnelles et très subjectives. Mais, même si donner le sein à son enfant semble aussi naturel que les neuf mois de grossesse, la quasi-diabolisation de celles qui font le choix du biberon est-elle justifiée ?
Pour Anne-Marie Orlando, sage-femme à La Ciotat et depuis peu à la retraite, la seule contre-indication à l'allaitement maternel, c'est le non-désir d'allaiter. « Je dis toujours qu'il vaut mieux donner un biberon avec amour et tendresse qu'allaiter contrainte et forcée. Ce qui convient à la maman, c'est ce qu'il y a de meilleur pour l'enfant. » Mais, bien sûr, ce qu'il y a de mieux demeure l'allaitement maternel, ajoute-t-elle en souriant.
« Lorsque la mère me dit qu'elle désire que le papa aussi puisse nourrir l'enfant, je lui réponds que ce n'est pas son rôle, qu'il a d'autres choses à faire pour être présent dans la vie de son enfant. »

Passeport de santé pour l'enfant

Dans le service de néonatalogie de l'hôpital Nord de Marseille, personne ne se pose la question. Les enfants qui y naissent sont presque toujours de grands prématurés et l'allaitement maternel est vital pour eux. C'est bien avant l'accouchement que l'ensemble du personnel se mobilise pour expliquer aux futures mamans le rôle essentiel que va jouer leur propre lait dans la survie et le bon développement de leur enfant. Pour le Dr Christian Pallix, pédiatre néonatalogue dans ce service, la seule grande contre-indication est la séropositivité de la mère. Pour lui, il est urgent de « renaturaliser le rôle maternel. La vie moderne en arrive à mécaniser les femmes enceintes en voulant des grossesses sans risques et des bébés parfaits, nourris à heure fixe au biberon ! Dans notre service, nous dirigeons les femmes vers l'allaitement sans les culpabiliser ». Mais avec insistance… « Dans les maternités, poursuit-il, le besoin de plus de sages-femmes est évident pour aller dans les familles aider les femmes à poursuivre l'allaitement une fois sorties de la maternité, et expliquer aux maris le rôle qu'ils peuvent avoir dans ce processus. »

C'est sûr, l'allaitement maternel est de nouveau à la mode. L'OMS recommande un allaitement de six mois. Le lait maternel y est décrit comme un passeport de santé pour l'enfant. Hésiter devant ce choix reviendrait à dire que l'on prend le risque de mettre en danger la vie de son enfant. Impossible. Dans ces conditions, les mères qui persistent dans leur désir de nourrir leur enfant au biberon doivent souvent se battre pour imposer leur choix.

Joëlle Ricoux, *Viva. Magazine mutualiste*, février 2006.

› Question n° 1 *(3 points)*

Donnez un titre à ce texte.

› Question n° 2 *(4 points)*

Définissez les mots soulignés dans le texte.

› Question n° 3 *(5 points)*

Concernant l'allaitement maternel, que pensez-vous des prises de position respectives de madame Orlando, sage-femme, et du docteur Pallix, pédiatre néonatalogue ?
Une réponse d'une vingtaine de lignes est attendue.

4.2. Biologie *(5 points)*

› Question n° 1 *(1 point)*

Recopiez sur votre copie les numéros et notez en regard de chacun d'eux l'élément anatomique correspondant. (Tout élément intrus au schéma entraînera la note zéro.)

1. Cytoplasme
2. Membrane plasmique
3. Mitochondrie
4. Nucléoplasme
5. Enveloppe nucléaire

La cellule

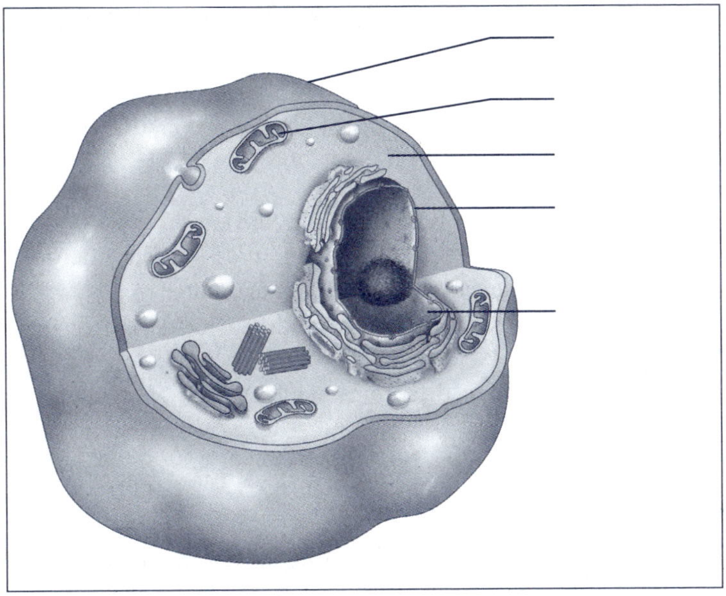

› Question n° 2 *(1 point)*

Recopiez le texte ci-dessous, sur la copie, en le complétant.

La colonne vertébrale ou .... est formée par 33 ou 34 pièces osseuses, ...

Suivant la région à laquelle elles appartiennent, on distingue :

a. .... : elles sont au nombre de .... ;
b. .... : elles sont au nombre de .... ;
c. .... : elles sont au nombre de......... ;
d. .... : elles sont au nombre de .... ;
e. .... : elles sont au nombre de ....

› Question n° 3 *(1 point)*

Citez les quatre propriétés essentielles d'un muscle.

› Question n° 4 *(1 point)*

Le mouvement respiratoire est composé de 2 temps distincts.

Nommez-les, définissez-les et expliquez très succinctement les phénomènes mécaniques qui les accompagnent.

› Question n° 5 *(1 point)*

Citez les différentes fonctions de la peau.

4.3. Mathématiques *(3 points)*

› Question n° 1 *(1,5 point)*

Pour nourrir Antoine, 7 mois, sa maman utilise du lait en poudre en boîte de 450 g de masse nette. Elle dispose des informations suivantes :

- 1 mesurette de poudre de lait pour 30 ml d'eau ;
- 1 mesurette arasée correspond à 4,35 g de poudre de lait ;
- 7 mois : 4 biberons par jour, 7 mesurettes de poudre de lait par biberon.

a. Pour préparer un biberon, quel volume d'eau faut-il ajouter ?

b. Sachant qu'un litre d'eau pèse 1 kg, quels poids en kg de lait reconstitué ce bébé absorbe-t-il par jour ?

c. Combien de biberons la maman d'Antoine pourra-t-elle préparer avec une boîte de lait ?

› Question n° 2 *(1,5 point)*

Marcello, 15 ans, sportif de haut niveau, a besoin quotidiennement d'un apport alimentaire de 3 700 calories. 55 % de ses calories lui sont fournies par les pâtes alimentaires qu'il consomme chaque jour.

Sachant que 100 g. de pâtes alimentaires apportent :

- 12,50 g de protides ;
- 1,50 g de lipides ;
- 76,50 g de glucides ;

et que :

- 1 g de protides apporte 4 calories ;
- 1 g de glucides apporte 4 calories ;
- 1 g de lipides apporte 9 calories.

Quelle quantité de pâtes, Marcello doit-il consommer chaque jour ?

› Sujet 5 : La consommation de fruits et de légumes préserve la santé *(concours AS – département de l'Eure 2006)*

5.1. Culture générale *(12 points)*

Garants d'un bon équilibre alimentaire, les fruits et les légumes sont des acteurs majeurs de la prévention des maladies cardiovasculaires (première cause de mortalité en France) et des cancers. Ils contiennent quelques glucides, peu de protéines, très peu de lipides et 90 % d'eau en moyenne. Les fruits et les légumes sont généreux en vitamines, minéraux, et autres éléments non caloriques essentiels au bon fonctionnement de l'organisme. Ils constituent également une source de calcium complémentaire aux produits laitiers (persil, épinards, figues...) pour couvrir les besoins quotidiens plus élevés à 60 ans qu'à

30 ans. Citons aussi le potassium (fruits secs, châtaigne, avocats, ail…) pour réduire l'hypertension artérielle, la vitamine B_9 (cresson, brocolis, melon…) pour limiter les risques cardiovasculaires.

Leur richesse en fibres alimentaires (noix de coco, groseilles, topinambours…) participe à la régulation du transit intestinal et à la prévention de l'hypercholestérolémie… Ils contiennent une forte concentration de substances antioxydantes qui jouent un rôle indéniable dans la prévention des cancers (les pommes, le raisin, les fruits rouges, les choux…).

Le Programme national Nutrition Santé préconise la consommation d'au moins cinq fruits et légumes par jour et à tout âge. Si les besoins énergétiques diminuent au fil des années, ceux en vitamines et minéraux, quant à eux, restent élevés.

Et curieusement, les fruits et légumes, qui sont essentiels à l'équilibre alimentaire, sont boudés : entre 35 et 55 ans, 75 % des Français n'en consomment pas assez avec en moyenne 119 g/j de fruits et de légumes chez les hommes de 40 à 60 ans, et 113 g/j chez les femmes de 35 à 60 ans selon l'étude Suvimax. « C'est une consommation très en dessous des 400 à 600 g/j nécessaires pour bénéficier pleinement des effets protecteurs », souligne Serge Hercberg, responsable de cette étude et directeur de l'unité nutrition INSERM-INRA-CNAM.

À partir de 400 g, en effet, on enregistre une diminution de 30 % des risques de cancers en particulier chez l'homme : « Il faut intégrer largement les fruits et les légumes à l'alimentation, quelles que soient les formes : soupe, jus, crus, cuits, conserves, surgelés, cueillis du jour… il y a toujours un bénéfice à en consommer. » Une bonne formule pour garder la pêche.

› Question n° 1 *(4 points)*

Dégagez les idées essentielles du texte en rédigeant un paragraphe de 8 à 10 lignes maximum.

› Question n° 2 *(25 lignes maximum, 8 points)*

À votre avis, pourquoi les mesures de prévention sont-elles négligées par les consommateurs ?

5.2. Biologie *(5 points)*

› Question n° 1 *(1 point)*

Répondez par vrai ou faux.

Affirmation	Vrai	Faux
a. L'uretère est un canal qui permet l'évacuation des urines de la vessie au méat urinaire.		
b. L'hémoglobine est une protéine.		
c. Les lymphocytes transportent le dioxyde de carbone dans le sang.		

Affirmation	Vrai	Faux
d. Les trompes de Fallope se situent dans l'appareil auditif.		
e. L'hormone de croissance est sécrétée par l'hypothalamus.		
f. L'artère pulmonaire est chargée de sang oxygéné.		
g. Le péritoine est un muscle qui entoure les viscères.		
h. Le larynx est le carrefour des voies aériennes et digestives.		

› Question n° 2 *(1 point)*

Cochez la ou les bonne(s) proposition(s).

Propositions		Cases à cocher
1. Pendant la déglutition :	**a.** la glotte vient obturer l'épiglotte.	
	b. l'air passe dans la trachée.	
	c. les aliments passent dans l'œsophage.	
2. On retrouve de chaque côté du cœur :	**a.** les valves mitrales.	
	b. les valves sigmoïdes.	
	c. les valves tricuspides.	
3. L'œil est constitué de trois membranes :	**a.** la sclérotique.	
	b. la rétine.	
	c. l'arachnoïde.	
4. La sécrétion des glandes endocrines est contrôlée par l'intermédiaire :	**a.** de l'hypophyse.	
	b. de l'hypothalamus.	
	c. de leur quantité dans le sang circulant.	
5. La peau possède les propriétés suivantes :	**a.** respiration.	
	b. absorption.	
	c. contraction.	
6. Les glandes sexuelles sécrètent :	**a.** la testostérone.	
	b. les ovules.	
	c. l'humeur aqueuse.	
7. Le nombre de vertèbres lombaires de la colonne vertébrale est de :	**a.** 7.	
	b. 5.	
	c. 6.	
8. La veine pulmonaire :	**a.** arrive dans l'oreillette droite.	
	b. transporte du sang oxygéné.	
	c. contient du sang artériel.	

› Question n° 3 *(1 point)*

Complétez le texte suivant avec les mots de la liste ci-dessous. Des mots peuvent être employés plusieurs fois et d'autres ne pas être employés du tout.

Chyme ; œsophage ; intestin ; pepsine ; cardia ; pancréas ; oreillette ; acides aminés ; trypsine ; sucres ; pylore ; sucs ; bile ; acides gras ; bol alimentaire.

Reportez sur votre copie le mot choisi et la lettre correspondante.

L'estomac se situe entre ….. et ….. Il reçoit ….., mélange des aliments et effectue un brassage énergique. L'antre de l'estomac se termine par ….. qui ne laisse passer que des liquides. ….. gastriques, comme par exemple ….., assurent la digestion des aliments protidiques. Les protides sont dégradés en ….., et l'eau est absorbée principalement par …..

› Question n° 4 *(1 point)*

Décrivez le trajet de l'air de l'extérieur vers l'intérieur du poumon.

› Question n° 5 *(1 point)*

Complétez le tableau avec les 4 termes suivants :

- insuline ;
- reproduction/production des ovocytes et des hormones sexuelles ;
- thyroïdiennes t3t4 TSH thyroxine ;
- ovaires.

Glandes endocriniennes	Hormones	Rôle
Pancréas		Action hypoglycémiante
	Œstrogène	
Thyroïde		Action sur la croissance

5.3. Mathématiques *(3 points)*

› Question n° 1 *(1 point)*

Vous mangez de la mayonnaise. Les ingrédients notés sur le pot sont : « huile de tournesol : 79 % ; jaune d'œuf frais : 6,9 %. »

Le pot contient 190 g.

Combien le pot contient-il d'huile de tournesol et combien contient-il de jaune d'œuf frais ?

Vous donnerez les résultats en grammes.

› Question n° 2 *(0,5 point)*

Vous devez faire la commande de produits d'entretien pour le service où vous travaillez. Vous utilisez :

- 5 bouteilles d'eau de Javel par mois ;

- 25 serpillières roses pour les trois premiers mois de l'année 2006 ;
- 5 serpillières jaunes par jour.

Combien de bouteilles d'eau de Javel et de serpillières devez-vous commander par an ?

› Question n° 3 *(0,5 point)*

Votre responsable de service vous donne 250 savonnettes pour 15 jours.
Combien de savonnettes pouvez-vous utiliser pour 5 jours ?

› Question n° 4 *(0,5 point)*

Ce matin, une aide-soignante a noté sur le cahier de transmissions que madame Françoise a uriné 1,025 L.

a. Combien de décilitres madame Françoise a-t-elle uriné ?

Pour nettoyer le bocal à urines, vous devez ajouter 0,15 kg de poudre de désinfectant dans un bidon qui en contient déjà 1 000 mg.

b. Quel poids de poudre obtiendrez-vous au total ? Vous donnerez le poids en grammes.

› Question n° 5 *(0,5 point)*

a. Vous travaillez 7 h 32 min par jour. Vous travaillez cette semaine 4 jours.

Combien de temps en seconde aurez-vous travaillé au bout des 4 jours ?

b. Dans votre journée de travail, vous vous rendez 10 fois dans la chambre de madame Honorine, située à 3,56 m de la salle de soins.

Quelle distance allez-vous parcourir entre la chambre de madame Honorine et la salle de soins, dans votre journée ? Donnez le résultat en kilomètres.

› Sujet 6 – L'hygiène à l'hôpital : opération mains propres à Genève *(concours AS – Marseille 2006)*

6.1. Culture générale *(12 points)*

Première cause de propagation des infections nosocomiales ? Tout bête. Rappelez-vous le docteur Semmelweiss et ses patientes en proie à la fièvre puerpérale. Cent cinquante ans plus tard, il y a toujours une mauvaise observance de l'hygiène des mains des soignants, selon Didier Pittet et son équipe des hôpitaux universitaires de Genève.

En 1994, après des centaines d'heures d'observation, ils révèlent la raison pour laquelle le personnel hospitalier ne se nettoie pas les mains entre chaque patient : « Le lavage à l'eau et au savon prend environ une minute trente pour être efficace, explique-t-il. Une infirmière de réanimation a en moyenne 22 occasions de se laver les mains par heure. Si elle suit les recommandations, elle doit passer la moitié de son temps devant le lavabo ! ».

Pour faciliter ce geste, les hôpitaux de Genève décident de remplacer l'eau et le savon par une solution à base d'alcool qui détruit plus efficacement les bactéries et peut être glissée dans les blouses, et une campagne percutante est lancée pour promouvoir cette nouvelle habitude. Distribution de flacons d'alcool, déjeuners de formation, posters affiches dans les endroits stratégiques… « La littérature scientifique sur le changement de comportement nous a appris qu'une seule méthode de promotion ne suffisait pas à modifier durablement les mentalités », raconte D. Pittet. L'opération est répétée tous les six mois, de janvier 1995 à 1998.

Résultat : « La consommation d'alcool est passée de 4 litres pour 1 000 journées d'hôpital à plus de 50 litres ». Et les taux d'infections nosocomiales ont chuté de près de 50 %. L'opération a un coût : 180 000 francs suisses (115 000 euros environ) dépensés en 2001, soit 3,20 francs suisses (2,05 euros) par hospitalisation. C'est peu, mais assez pour réaliser des économies : « Ce coût est inférieur à 1 % des coûts attribuables aux infections nosocomiales au sein de l'institution. »

Depuis, le modèle de Genève a été suivi en Belgique, en Australie, aux États-Unis, en Chine, en Grande-Bretagne… L'OMS va l'adapter pour une campagne internationale. Quant aux hôpitaux français, ils devront afficher la quantité de solution lavante qu'ils utilisent tous les ans.

S. Coisne. *La Recherche*, n° 389, septembre 2005.

› Question n° 1 *(3 points)*

Dégagez les idées principales du texte.

› Question n° 2 *(4 points)*

À votre avis, cette expérience est-elle un remède aux risques d'infections nosocomiales ?

› Question n° 3 *(5 points)*

Pourquoi est-il important de lutter contre les infections nosocomiales ?

6.2. Biologie *(4 points)*

› Question n° 1 *(0,5 point)*

Quel est le rôle de l'artère pulmonaire ?

› Question n° 2 *(0,5 point)*

Après avoir défini la fécondation, dites où elle se réalise chez la femme.

› Question n° 3 *(1 point)*

Citez 5 actions qui permettent une bonne digestion alimentaire.

› Question n° 4 *(1 point)*

L'os s'accroît en......... à partir du......... zone qui sépare la......... de l'épiphyse, et en......... à partir du......... qui élabore les couches successives de l'os.

› Question n° 5 *(1 point)*

Après avoir précisé le nombre de dents composant la dentition de lait et la dentition définitive, donnez le nom et le rôle des dents.

6.3. Mathématiques *(4 points)*

› Question n° 1 (1 point chaque question)

a. Par inspiration, le volume d'air est de 0,6 L. Combien inspire-t-on d'air en 1 heure, sachant qu'il y a 18 inspirations par minute ?

b. Sachant que le corps humain contient environ 60 % d'eau, quel poids d'eau contient le corps d'une femme de 55 kg ?

c. Vous donnez à votre enfant 10 euros d'argent de poche. Après être allé au cinéma, il lui reste 4,50 euros. Quel pourcentage de son argent de poche a-t-il dépensé ?

› Question n° 2 (0,5 point chaque question)

a. Dans une journée, vous avez bu 1,4 L de divers liquides. Quelle quantité en cL et en cm^3 avez-vous bue au cours de cette journée ?

b. Vous relevez à votre compteur automobile une distance de 485 km. Quelle distance avez-vous parcourue en mètres et en hectomètres ?

› Sujet 7 : Les nouvelles pratiques sociales et culturelles des aînés *(concours AS – Paris 2006)*

7.1. Culture générale *(12 points)*

Les retraités multiplient les achats haut de gamme, les voyages, l'usage d'Internet et l'activisme associatif.

En retraite, pas en retrait. La formule de Gérard Mermet qui, chaque année, dans ses Francoscopie (Larousse), scrute la société française, résume bien la situation des personnes de plus de 60 ans.

Souvent en pleine forme physique, disposant d'un niveau de vie égal, voire supérieur à celui des actifs, dégagés des responsabilités parentales, les seniors ne vivent plus le passage de l'activité à l'inactivité professionnelle comme le temps venu du repli sur soi. « Une volonté de rester dans la vie sociale » les caractérise désormais, selon G. Mermet.

[...]
[Il] cite en exemple le pourcentage de retraités qui reçoivent des amis ou de la famille chez eux. [...] Les seniors jouent pleinement leur rôle de « nouveaux grands-parents », complète Robert Rochefort, directeur du CREDOC [...]. Ils apportent un intense soutien affectif et financier à leurs petits-enfants, gardant volontiers les plus petits, suivant les plus grands dans leurs études...

Leur implication dans la sphère associative a connu en vingt ans un essor considérable et ne se cantonne pas aux associations qui leur sont spécifiquement dédiées. Près de 30 % des 60-75 ans sont adhérents actifs d'une association, contre moins de 10 % des moins de 40 ans. [...] Les taux d'adhésion ne chutent qu'après 80 ans. [...].

L'INSEE note encore l'« émergence de nouvelles aspirations chez les personnes âgées qui souhaitent consommer des loisirs ». Leur participation à des activités sportives a été multipliée par sept en une quinzaine d'années. Autre « bouleversement dans la vie des seniors », selon Robert Rochefort : la pratique croissante des voyages. [...] Et, grande nouveauté, les plus de 60 ans n'hésitent plus à partir pour des destinations lointaines dès lors que sont réunies les conditions de confort et de sécurité. [...] Ils expérimentent aussi de plus en plus souvent la bi-résidentialité : pour ne pas perdre contact avec leur réseau de relations, pour continuer de profiter des commerces et loisirs culturels urbains, un nombre sans cesse croissant de retraités partage l'année entre ville et campagne. [...] La hausse du taux de pénétration d'Internet chez les personnes âgées est [...] supérieure à celle de la population dans son ensemble. Et le téléphone portable les a massivement conquis. Globalement, [...] les plus de 60 ans [...] font actuellement figure de très gros consommateurs, notamment de produits haut de gamme à forte valeur ajoutée (assurance, alimentaire, automobile...).

C'est désormais seulement à partir de 75 ans, et même de 80 ans, que chute réellement la participation sociale sous toutes ses formes. Avec les incapacités physiques et, souvent, l'entrée dans le veuvage, arrive le temps du retrait. « Le défi de demain, dit Robert Rochefort, sera d'offrir des modes d'insertion sociale aux plus de 75 ans qui ne seront pas dépendants. »

P. Krémer, *Le Monde*, 14 au 14 septembre 2003.

› Question n° 1 *(4 points)*

Dégagez les idées principales du texte.

› Question n° 2 *(8 points)*

Expliquez quelle est selon vous l'importance du rôle des personnes âgées au sein de la famille.

7.2. Biologie *(4 points)*

› Question n° 1 *(1 point)*

Dans l'énumération suivante, reportez sur votre copie les os composant le membre supérieur en respectant l'ordre anatomique de l'épaule vers la main :

- clavicule ;
- humérus ;

- tibia ;
- métatarse ;
- fémur ;
- carpe ;
- cubitus ;
- vertèbre ;
- occipital.

› Question n° 2 *(0,5 point)*

Nommez quatre des cinq sens.

› Question n° 3 *(1 point)*

Définissez les termes suivants :

a. hématie ;

b. myocarde ;

c. plèvre ;

d. vitamines.

› Question n° 4 *(1 point)*

Expliquez brièvement le phénomène des échanges gazeux.

› Question n° 5 *(0,5 point)*

Quelles sont les hormones ovariennes qui jouent un rôle dans le déroulement du cycle menstruel de la femme ?

7.3. Mathématiques *(4 points)*

› Question n° 1 *(1 point)*

Calculer les opérations suivantes (faites apparaître raisonnement et calcul) :

a. 758 × 47 ;

b. 972/18 ;

c. 357 525 – 182 324 ;

d. 16 634,25 + 2 332,06 + 1 103,28.

› Question n° 2 *(1 point)*

Jules prend le train à 8 heures 27 minutes. Il arrive à destination à 15 heures 31 minutes. Combien de temps a duré le voyage ?

› Question n° 3 *(1 point)*

Vous achetez trois bouteilles de lait de 0,75 L. Donnez la quantité achetée en centilitres.

› Question n° 4 *(0,5 point)*

Au mois de mai, le poids de madame Rose est de 72,450 kg. En avril, il était de 71,900 kg. Quelle est, en grammes, la prise de poids de madame Rose ?

› Question n° 5 *(0,5 point)*

Dans le cadre d'un régime alimentaire surveillé médicalement, monsieur André, pesant 92 kg, doit perdre 10 % de son poids. Quel est le poids qu'il doit atteindre après son régime ?

› Sujet 8 : Bien vieillir et se nourrir : comment éviter les carences alimentaires ? *(concours AS – Seine-Saint-Denis 2006)*

8.1. Culture générale *(12 points)*

Non, il n'est pas normal de maigrir en vieillissant. Bien sûr, avec l'âge, **le goût s'altère**, l'appétit est moindre, le besoin de boire aussi. Les problèmes gastriques s'accentuent parfois. Mâcher ou déglutir devient plus difficile, tout comme faire ses courses, préparer des repas équilibrés. Pas question pour autant de laisser s'installer ces modifications physiques et physiologiques, et leurs conséquences. Car c'est courir le risque de ne pas satisfaire ses besoins nutritionnels, de voir sa masse musculaire fondre et son état général se dégrader encore plus rapidement. Entre 450 000 et 500 000 Français(es) âgé(e) s de plus de 65 ans seraient ainsi dénutri(e)s, au point, dans le pire des cas, de voir leur pronostic vital mis en jeu.

Heureusement, il n'y a pas de fatalité en la matière. Des solutions existent pour conserver un bon coup de fourchette et un bon état nutritionnel. Lesquelles ? D'abord, éviter de tomber dans la monotonie alimentaire, **entretenir** le plaisir de manger et **la convivialité**. Privilégier tout ce qui contribue à une alimentation variée, régulière et appétissante : goûters, repas familiaux, réceptions de voisinage, aide pour les courses ou pour réaliser des plats assaisonnés aux saveurs et couleurs changeantes, etc. Ensuite, faire au moins trois repas par jour. Astuces quand l'appétit fait défaut : répartir les quantités sur la journée en faisant plusieurs collations dans la matinée, l'après-midi, la soirée (garder par exemple le fromage ou le dessert du déjeuner pour le goûter ou boire un verre de jus de fruits dans la matinée si on mange peu de crudités le midi), ou encore enrichir ses plats avec du jambon coupé fin, un jaune d'œuf, une pincée d'emmental, etc.

Contrairement à une idée reçue, les seniors ont les mêmes **besoins nutritionnels** que les autres adultes. Autrement dit, leurs besoins énergétiques se situent entre 1 800 et 2 100 kcal/jour. L'apport en protéines (viandes rouges et blanches, poissons, fruits de mer, œufs, laitages) doit être de 1 g par kilo de poids et par jour (si vous pesez 60 kg, vous avez besoin de 60 g) et celui en calcium de 1 200 mg. Il est recommandé de prendre un produit laitier par repas (ex. : lait au petit déjeuner, yaourt au déjeuner, morceau de fromage au dîner). Du côté des glucides, préférer les sucres lents (pâtes, riz, pommes de terre…), en consommer plusieurs fois par jour, et limiter la prise de sucres rapides (friandises, pâtisseries, viennoiseries, crèmes dessert, glaces…) sans toutefois se les interdire car ils sont aussi source de plaisir pour le palais. Pour ce qui est des lipides ou « corps gras », penser à les diversifier : huile d'olive, de noix, crème, beurre… Sans oublier de consommer des fruits et des légumes.

La règle générale consiste à varier son alimentation, à y inclure tous les groupes d'aliments et à faire du pain une base pour chaque repas, comme à tout âge. D'autre part, il faut boire 1,5 litre d'eau (mais aussi jus de fruits, tisane, thé et café légers…) par jour au minimum. Même sans soif. Un conseil pour éviter de se déshydrater : avoir toujours dans son champ de vision un verre ou une bouteille d'eau. Autres recommandations : pratiquer un peu d'exercice physique (aller acheter son pain à pied, marcher, jardiner, etc.), surveiller son poids en montant sur sa balance une fois par mois par exemple… et aller voir son médecin en cas d'amaigrissement.

S. Bounhol, *Valeurs mutualistes*, n° 240, 2005.

› Question n° 1 *(2 points)*

Quel est le sujet du texte ? Quelle catégorie de personnes concerne-t-il ?

› Question n° 2 *(2 points)*

Comment s'organise ce texte : combien de paragraphes le composent ? Donnez un titre à chaque paragraphe.

› Question n° 3 *(2 points)*

Que signifient les expressions en gras : « Le goût s'altère », « entretenir la convivialité », « besoins nutritionnels », « se déshydrater » ?

› Question n° 4 *(2 points)*

« Contrairement à une idée reçue, les seniors ont les mêmes besoins nutritionnels que les autres adultes. » À quelle idée reçue fait-on ici allusion ? Sur quels arguments s'appuie-t-elle pour être admise ?

› Question n° 5 *(4 points)*

En vous inspirant du texte, rédigez un résumé simplifié d'une dizaine de lignes expliquant les moyens qui existent pour la personne âgée d'éviter les carences alimentaires.

8.2. Biologie *(5 points)*

› Question n° 1 *(1 point)*

Titrez et complétez le schéma ci-dessous.

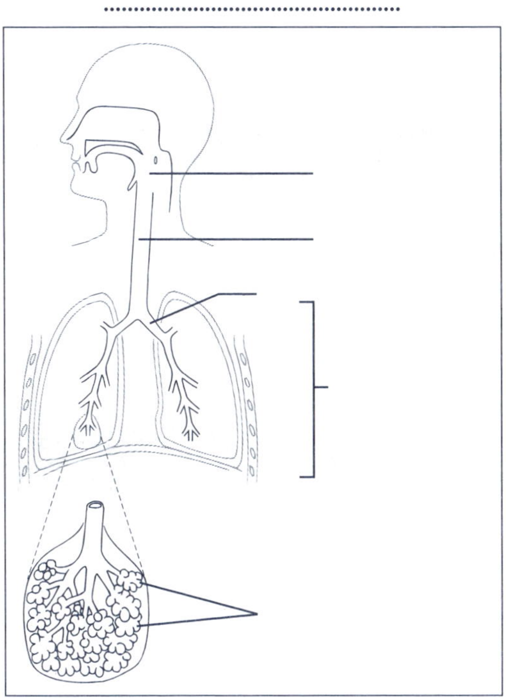

› Question n° 2 *(1 point)*

Indiquez le nom :

a. du conduit reliant le rein à la vessie ;

b. du liquide lubrifiant les articulations mobiles ;

c. de l'enveloppe de l'os ;

d. de la substance sécrétée par le foie.

› Question n° 3 *(1 point)*

Cherchez l'intrus parmi ces 5 termes :

a. estomac ;

b. foie ;

c. intestin ;

d. pancréas ;

e. rate.

› Question n° 4 *(1 point)*

Le fémur s'articule avec :

a. l'humérus ;

b. le péroné ;

c. le radius ?

› Question n° 5 *(1 point)*

Vrai ou faux ?

Affirmation	Vrai	Faux
a. Le transport du dioxygène dans le sang se fait par combinaison à l'hémoglobine.		
b. L'intestin grêle est animé par des périphériques.		
c. Le myocarde est irrigué par les artères pulmonaires.		
d. Le pancréas exocrine sécrète le suc pancréatique.		

8.3. Mathématiques *(3 points)*

› Question n° 1 *(1 point)*

Sophie a estimé la consommation d'eau de sa famille en une journée : toilette : 200 L ; ménage : 36 L ; vaisselle : 40 L ; lessive : 75 L ; chasse d'eau : 120 L ; préparation des repas : 15 L.

a. Calculer en litres la consommation d'eau journalière de cette famille.

b. Convertir en mètres cubes.

› Question n° 2 *(1 point)*

La quantité journalière de boisson recommandée est de 1,5 L.

a. Calculer en litres la quantité de boisson journalière nécessaire à une famille de 4 personnes.

b. Convertir en millilitres.

› Question n° 3 *(1 point)*

La quantité de boisson journalière nécessaire à cette famille est répartie de la façon suivante : 2/3 d'eau, 1/4 de Coca-Cola, et le reste en jus d'orange.

Calculer, en litres et pour une journée, les quantités d'eau, de Coca-Cola et de jus d'orange nécessaires à cette famille.

›Sujet 9 : Mères, cadres et diplômées, de retour au foyer *(concours AP – Paris 2006)*

9.1. Culture générale *(12 points dont 5 pour la forme)*

Ce n'est pas un phénomène de société. Pas encore. Mais la tendance grignote déjà les glorieuses statistiques sur le travail des femmes en France. Alors que celles-ci n'ont jamais autant travaillé (plus de 80 % des 25-50 ans), elles sont, dans le même temps, de plus en plus nombreuses à envisager de délaisser leur carrière pour élever leurs enfants à plein-temps. Certes, la grande majorité d'entre elles sont des employées, ouvrières et autres travailleuses précaires ou mal payées, qui jonglent avec des horaires atypiques et inadaptés à la vie de famille. Mais parmi ces « néofemmes » au foyer, 15 % possèdent au moins un bac + 3.

Plus qu'un chiffre, c'est avant tout un état d'esprit, le signe que la maternité n'est plus envisagée comme une entrave[1] à un plan de carrière, mais comme une autre source d'épanouissement personnel. D'ailleurs, le taux de fécondité des femmes françaises continue de caracoler en tête, avec l'Irlande, au-dessus de celui des autres pays européens, avec 1,9 enfant par femme. « Toutes les mères de famille jonglent avec le travail et les enfants », résume Chantal Nicole-Drancourt, sociologue au CNRS, responsable du groupe de travail Conciliation vie professionnelle – vie familiale et rééquilibrage des temps sociaux. « Mais il y a encore quelques années, même avec un mauvais salaire et des horaires difficiles, elles préféraient travailler. Aujourd'hui, elles choisissent de s'arrêter. » [...]

Depuis longtemps déjà, les femmes décrochent au troisième enfant (elles ne sont plus que 36 % à travailler). Mais depuis la fin des années quatre-vingt-dix, elles rendent volontiers leur tablier dès le second : le taux d'activité des mères de deux enfants est de 58 %. Cela dit, un bon nombre d'entre elles reprennent le chemin de l'entreprise dès que le petit dernier entre en maternelle. Elles s'interrompent donc un an, trois ans, cinq ans, voire plus, pour devenir des femmes au foyer... et s'épanouir dans leur rôle de mère. Loin des *superwomen* des années quatre-vingt qui voulaient réussir sur tous les fronts et en même temps, les jeunes femmes actuelles font donc passer la maternité avant le reste.

Qualité de vie et de relation entre mère et enfant sont donc les nouveaux credo de ces mères de famille qui peuvent, sans trop de sacrifices, priver la maison d'un deuxième salaire.

A. Taverne, *Le Figaro*, 30 novembre 2005 (droits réservés).

› Question n° 1 *(6 points)*

Dégagez les idées principales du texte. Rédigez votre réponse en 10 à 15 lignes maximum en reformulant avec vos propres termes.

1. Entrave : frein, obstacle, gêne, empêchement.

› Question n° 2 *(6 points)*

Commentez la phrase suivante en 8 à 12 lignes maximum : « La maternité n'est plus envisagée comme une entrave à un plan de carrière, mais comme une autre source d'épanouissement personnel. »

9.2. Biologie *(4 points)*

› Question n° 1 *(1 point)*

Complétez le texte lacunaire suivant.

Dès leur arrivée dans la bouche, les aliments sont coupés par……, déchirés par……, broyés par les……. Imprégnés de salive, les aliments sont brassés par la …… qui façonne une boule, appelée bol alimentaire.

Lorsque le bol alimentaire façonné dans la bouche est dégluti, il met en jeu la fermeture des voies respiratoires.

Le larynx se soulève…… s'abaisse.

Le voile du palais se relève…… ferme les fosses nasales.

Les fibres musculaires de…… se contractent et poussent le bol alimentaire…….

Les mouvements péristaltiques se font dans un seul sens.

› Question n° 2 *(1 point)*

Parmi les éléments suivants, distinguez ceux qui font partie de l'oreille externe :

- la trompe d'Eustache ;
- le pavillon ;
- les osselets ;
- le labyrinthe osseux ;
- le conduit auditif externe.

› Question n° 3 *(1 point)*

Associez les termes à la définition correspondante en reliant la lettre et le numéro associé.

a. Fongicide •	• **1.** Pénétration d'un germe pathogène dans l'organisme.
b. Bactériostatique •	• **2.** Ensemble des mesures propres à empêcher tout apport exogène de micro-organismes ou de virus.
c. Contamination •	• **3.** Tue les champignons.
d. Asepsie •	• **4.** Tue les spores.
e. Incubation •	• **5.** Stoppe le développement bactérien.
f. Sporicide •	• **6.** Développement du germe dans l'organisme sans signe apparent.

› Question n° 4 *(1 point)*

Répondez par vrai ou par faux aux affirmations ci-dessous en mettant une croix dans la case correspondante.

Affirmations	Vrai	Faux
Le sang transporte les déchets		
Les plaquettes assurent la coagulation		
Le retour du sang jusqu'au cœur se fait dans les artères		
La diastole est la période de repos du cœur		
Le deltoïde est le muscle cardiaque		
On contrôle les pulsations cardiaques sur le circuit veineux		

9.3. Mathématiques *(4 points)*

› Question n° 1 *(2 points)*

Les opérations doivent être posées verticalement.

Vous disposez d'un lait de croissance réservé aux enfants à partir de 18 mois. Il est conditionné en pack de 6 bouteilles de 1 L et le prix d'un pack est de 13,80 €.

a. Calculez le prix d'un litre de lait de croissance. *(0,5 point)*

b. Calculez le prix de 19 packs de lait de croissance. *(0,5 point)*

c. Vous achetez des petits pots d'alimentation à 4,72 €, des lingettes à 5,26 €, de la crème hydratante à 4,45 € et un lot de biberons à 9,90 €. Vous payez avec un billet de 50 €.

Quelle somme vous sera rendue ? *(1 point)*

› Question n° 2 *(2 points)*

1. Convertissez *(1 point)* :

- **a.** 1,75 L en centilitres ;
- **b.** 9,25 centilitres en décilitres ;
- **c.** 72,5 centimètres en mètres ;
- **d.** 9,375 kilogrammes en grammes.

2. Convertissez en secondes : 9 h 49 min *(1 point)*

› Sujet 10 : La prévention cardiovasculaire est l'affaire de tous

10.1. Culture générale *(12 points)*

Les maladies cardiovasculaires restent la première cause de mortalité et une cause importante de morbidité et de handicap précoces. Il n'y a pas de fatalité : cela est lié, en particulier pour les accidents précoces, à des facteurs de risque bien identifiés, sur lesquels il est possible d'intervenir efficacement.

Certains pays ont engagé une politique intensive de prévention, avec des résultats spectaculaires.
La France, vivant sur le mythe du paradoxe français, n'a pas encore réellement adopté une politique active, ni développé une culture de prévention via l'éducation, la communication et la participation de l'ensemble des professionnels de santé.
La prévention passe aussi par une bonne gestion de la relation médecin/patient, parce que beaucoup de démarches de prévention sont fondées essentiellement sur des modifications comportementales et qu'il faut négocier nécessairement pour obtenir des modifications. Cela dépend de la qualité du dialogue établi avec le patient. Il faut convaincre sans contraindre, conjuguer les objectifs médicaux avec les désirs du patient, lui laisser l'autonomie des décisions, respecter sa personnalité.
La prévention cardiovasculaire est reconnue aujourd'hui comme un des éléments déterminants de réduction de la morbidité et de la mortalité cardiovasculaires…

Professeur D. Thomas, *Revue du soignant en santé publique*, juin/juillet 2005.

› Question n° 1 *(5 points)*

Dégagez de ce texte 2 idées principales.

› Question n° 2 *(7 points)*

Que veut dire dans le texte : « culture de prévention » ? Développez en 10 à 15 lignes.

10.2. Biologie *(4 points)*

› Question n° 3 *(1 point)*

Donnez la définition des mots suivants.
a. Alvéole pulmonaire.
b. Encéphale.
c. Neurone.
d. Scoliose.

› Question n° 4 *(1,5 point)*

Citez les deux types de circulation cardiovasculaire et expliquez-les brièvement.

› Question n° 5 *(1,5 point)*

Donnez un titre au schéma et annotez-le.

....

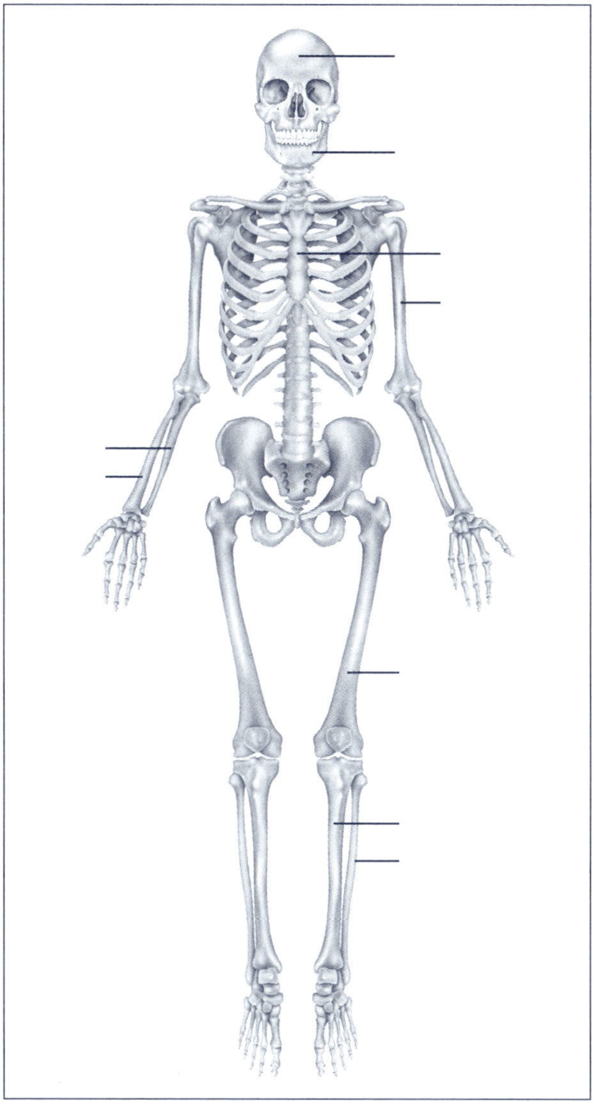

10.3. Mathématiques *(4 points)*

› Exercice n° 1 *(1 point)*

Un pâtissier doit dépenser 100 € pour acheter de la farine, du sucre, du levain et les autres ingrédients qui servent à fabriquer 200 gâteaux.

À quel prix doit-il vendre ses pâtisseries pour dégager une marge de 60 € ?

Votre réponse :

› Exercice n° 2 *(1 point)*

Dans une crèche, on compte 80 enfants dont 68 filles.

a. Sur 20 enfants, combien sont des filles ?

b. Sur 20 enfants, combien sont des garçons ?

En outre, on compte 25 filles et 3 garçons ayant 3 ans et plus.

c. Sur 20 enfants, combien ont moins de 3 ans ?

d. Sur 20 enfants, combien ont 3 ans et plus ?

› Exercice n° 3 *(2 points)*

Dans le zoo de Vincennes, un lion pèse 150 kg. Par jour, il engloutit 1/10e de son poids en viande. Le gardien du zoo dispose d'une réserve de viande contenant 500 morceaux d'un poids moyen de 1,2 kg.

Pendant combien de jours le gardien du zoo pourra-t-il nourrir le lion avec sa réserve ?

Corrigés

›Sujet 1 : L'allaitement maternel... en retard en France *(concours AP - Yvelines 2007)*

1.1. Culture générale *(12 points)*

› Question n° 1 *(4 points)*

Vous dégagerez le thème et les idées principales de ce texte.

Le thème du texte est l'allaitement maternel. Les idées principales du texte sont :

- le taux d'allaitement maternel en France est un des plus bas d'Europe ;
- les raisons de ce faible taux d'allaitement sont la libération de la femme, des enjeux financiers importants dans l'industrie agroalimentaire et un personnel soignant pas ou peu concerné ;
- l'importance d'une formation pour les professionnels de santé afin d'accompagner les mères qui allaitent ;
- allaiter est un art pour les parents, cette pratique mérite d'être encouragée par les professionnels et les politiciens.

› Question n° 2 *(4 points)*

Que pensez-vous de l'analyse faite ici par la puéricultrice et quelles solutions pouvez-vous proposer ? (Vous devez ici apporter des idées nouvelles au texte en vous impliquant et en vous appuyant sur vos lectures et vos connaissances personnelles.)

a. L'analyse

Dans d'autres pays d'Europe aussi modernisés que la France (Suède, Danemark...), le taux d'allaitement tourne autour de 90 %.

S'il est vrai que l'allaitement au sein peut obliger la mère à s'organiser en conséquence, ou que les parents ne sont pas toujours bien informés sur les avantages du lait maternel en matière de santé, tous les arguments en défaveur de l'allaitement sont à rejeter.

Il est vrai que le personnel de santé n'est pas toujours bien formé ni sensible aux avantages du lait maternel pour la mère et pour son enfant, les discours donnés aux mères sont parfois contradictoires y compris dans un même service de maternité. Les mères sont alors désemparées car elles ne savent plus qui écouter.

En outre, le séjour en maternité est très court, les mères sortent parfois au 3e jour après l'accouchement, en pleine montée laiteuse avec des risques d'engorgement qui conduisent à l'arrêt prématuré de l'allaitement maternel. Rappelons que l'Organisation mondiale de la santé (OMS) conseille un allaitement pendant 6 mois pour favoriser l'immunité des enfants et lutter contre les risques d'allergies alimentaires.

Il est certain qu'allaiter exige de la disponibilité, des compétences et une volonté d'accompagnement.

À leur sortie de maternité, les mères qui en ont besoin doivent être informées du possible soutien de puéricultrices à domicile (Protection maternelle et infantile [PMI]). Des associations bénévoles peuvent également conseiller, mais comme elles n'ont pas toujours une formation spécifique, elles ne peuvent pas remplacer entièrement les professionnels dans l'accompagnement.

b. Les solutions

Dès la grossesse, les mères devraient être mieux conseillées. Une formation de base en institut puis une formation continue pour les professionnels de santé travaillant en maternité devraient être obligatoires. Des protocoles et des réunions de service en maternité permettraient de rester cohérents. Des relais doivent être mis en place à la sortie de maternité (PMI, médecin, associations comme La Lèche league).

Sur un plan politique, l'allongement du congé de maternité et des facilités données par les employeurs pour les mères qui reprennent leur travail et qui désirent poursuivre l'allaitement pourraient être envisagés.

Mieux informer le public, en utilisant les médias de grande diffusion (TV, presse…) est aussi à envisager.

› Question n° 3 *(4 points)*

Que signifie pour vous : « être à l'écoute des parents et de l'enfant » ?

Être à l'écoute des parents signifie :

- prendre le temps, dialoguer, ne pas juger et respecter le désir de ne pas allaiter ;
- observer la communication que la mère a avec son enfant (lui sourit-elle ? le prend-elle dans ses bras ? le caresse-t-elle, etc. ?) ;
- déterminer si la mère est stressée, si elle souffre du baby blues (petite déprime après l'accouchement) ;
- mais aussi éduquer, informer, guider et orienter les mères vers des puéricultrices de PMI ou des associations qui pourront prendre le relais au retour à la maison…

Être à l'écoute de l'enfant signifie observer :

- l'enfant, son comportement (est-il détendu ou a-t-il les poings serrés ?) ;
- sa communication (pleurs, cris ou visage détendu) ;
- son sommeil ;
- son élimination ;
- mais aussi répondre à ses besoins.

1.2. Biologie *(5 points)*

› Question n° 1 *(1 point)*

Citez le déroulement du cycle menstruel dans l'ordre en situant la survenue des règles.

Le cycle menstruel commence le premier jour des règles, dure généralement 28 jours jusqu'à l'arrivée des règles suivantes.

Au 14e jour se produit l'ovulation. Des modifications interviennent au niveau des ovaires, de la muqueuse utérine, de la glaire cervicale, de la température corporelle...

› Question n° 2 *(1 point)*

Composez un petit-déjeuner équilibré pour un enfant de 10 ans.

Il doit comporter des corps gras (beurre) des produits sucrés (confiture) des produits laitiers (lait ou yaourt) des féculents (biscotte) du jus de fruits (jus d'orange).

› Question n° 3 *(1 point)*

Donnez la définition des mots suivants.

a. **Méninge :** chacune des trois membranes enveloppant le cerveau et la moelle épinière (dure-mère, arachnoïde et pie-mère).

b. **Myocarde :** muscle cardiaque, cœur.

c. **Périoste :** membrane qui entoure les os, qui permet leur croissance en épaisseur.

d. **Tympan :** membrane du conduit auditif qui transmet les vibrations sonores.

› Question n° 4 *(0,5 point)*

Citez les deux fonctions du pancréas.

Le pancréas a une fonction endocrine par la sécrétion d'insuline et de glucagon et exocrine par la sécrétion de suc pancréatique.

› Question n° 5 *(1,5 point)*

Donnez un titre et annotez le schéma.

L'appareil génital féminin

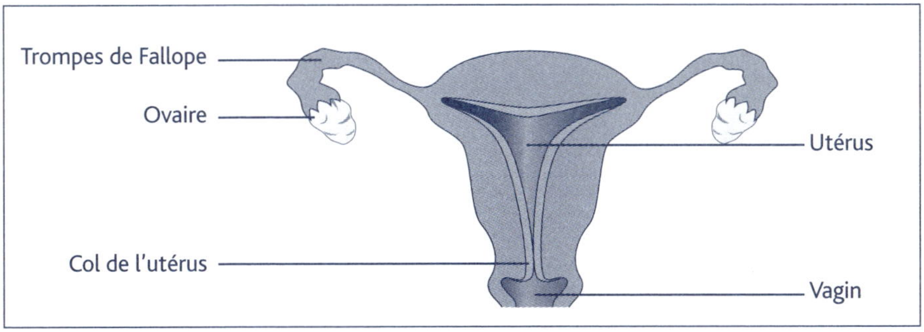

1.3. Mathématiques *(3 points)*

› Question n° 1 *(0,6 point)*

1 mL de sang contient environ 4 000 000 d'hématies, 6 000 leucocytes et 200 000 plaquettes.
Sachant que, lors d'un don de sang, on prélève 250 mL de sang, quelles quantités d'hématies, de leucocytes et de plaquettes se trouvent dans la poche de sang ?
250 mL de sang contiennent 250 fois plus d'hématies, de leucocytes et de plaquettes que 1 mL :

a. Nombre d'hématies : 250 × 4 000 000
Opération :
On multiplie 250 par 4 :

$$\begin{array}{r} 250 \\ \times \quad 4 \\ \hline = 1\,000 \end{array}$$

On multiplie ensuite par 1 000 000 : on ajoute 6 zéros à la fin du nombre.
250 × 4 000 000 = 1 000 000 000

b. Nombre de leucocytes : 250 × 6 000
Opération :
On multiplie 250 par 6 000 :

$$\begin{array}{r} 250 \\ \times \quad 6 \\ \hline = 1\,500 \end{array}$$

On multiplie ensuite par 1 000 : on ajoute 3 zéros à la fin du nombre.
250 × 6 000 = 1 500 000

c. Nombre de plaquettes : 250 × 200 000
Opération :
On multiplie 250 par 2 :

$$\begin{array}{r} 250 \\ \times \quad 2 \\ \hline = \ 500 \end{array}$$

On multiplie ensuite par 100 000 : on ajoute 5 zéros à la fin du nombre.
250 × 200 000 = 50 000 000

Dans la poche de sang, il y a **1 000 000 000 hématies, 1 500 000 leucocytes** et **50 000 000 plaquettes**.

› Question n° 2 (0,4 point)

Enlevez 2 dixièmes aux températures suivantes :
a. 36,8 °C.
b. 37,1 °C.
c. 39 °C.
d. 37,9 °C.
Enlever 2 dixièmes, c'est enlever 2/10 soit 0,2.

a. 36,8 – 0,2

$$\begin{array}{r} 36{,}8 \\ -\ 0{,}2 \\ \hline =\ 36{,}6 \end{array}$$

36,8 °C – 0,2 °C = **36,6 °C**

b. 37,1 – 0,2

$$\begin{array}{r} 37{,}1 \\ -\ {}_{1}0{,}2 \\ \hline =\ 36{,}9 \end{array}$$

37,1 °C – 0,2 °C = **36,9 °C**

c. 39 – 0,2

$$\begin{array}{r} 39{,}0 \\ -\ {}_{1}0{,}2 \\ \hline =\ 38{,}8 \end{array}$$

39 °C – 0,2 °C = **38,8 °C**

d. 37,9 – 0,2

$$\begin{array}{r} 37{,}9 \\ -\ 0{,}2 \\ \hline =\ 37{,}7 \end{array}$$

37,9 °C – 0,2°C = **37,7 °C**

› Question n° 3 *(1 point)*

La directrice d'une crèche prévoit son budget annuel de couches, avant de passer commande auprès d'un grossiste.
Sachant d'une part que la crèche accueille :
- **13 enfants dans la section des bébés ;**
- **18 enfants dans la section des moyens.**

D'autre part, que la consommation quotidienne de couches est en moyenne de :
- **5 couches/jour chez les bébés (taille 4 à 9 kg) ;**
- **4 couches/jour chez les moyens (taille 9 à 18 kg).**

Quelle est la consommation annuelle par taille, si l'on compte 230 jours d'ouverture de la crèche par an ?

Nombre de couches de chaque taille utilisées :

a) Pour les bébés : il y a 13 bébés qui utilisent chacun 5 couches par jour, on calcule 135.

13
× 5
= 65

Les bébés utilisent 65 couches par jour.

Il y a 230 jours d'ouverture, on calcule 23 065.

Première ligne : on multiplie 230 par 5

230
× 65
1 150

Deuxième ligne : on multiplie 230 par 6

230
× 65
1 150
+ 13 800

Résultat : on ajoute les deux lignes précédentes : 1 150 + 13 800 = 14 950

230
× 65
1 150
+ 13 800
= 14 950

0 + 0 = 0, on pose 0 sous la colonne.
5 + 0 = 5, on pose 5 sous la colonne.
1 + 8 = 9, on pose 9 sous la colonne.
1 + 3 = 4, on pose 4 sous la colonne.
0 + 1 = 1, on pose 1 sous la colonne.

La consommation annuelle de couches de taille 4 à 9 kg est de **14 950.**

b) Pour les enfants de la section des moyens : il y a 18 enfants qui utilisent chacun 4 couches par jour, on calcule 18 × 4.

18
× 4
= 72

Les enfants de la section des moyens utilisent 72 couches par jour.

Il y a 230 jours d'ouverture, on calcule 230 × 72.

Première ligne : on multiplie 230 par 2.

$$\begin{array}{r} 230 \\ \times \quad 72 \\ \hline 460 \end{array}$$

Deuxième ligne : on multiplie 230 par 7.

$$\begin{array}{r} 230 \\ \times \quad 72 \\ \hline 1\,150 \\ 16\,100 \end{array}$$

Résultat : on ajoute les deux lignes précédentes : 1 150 + 16 100 = **17 250**.

$$\begin{array}{lr} & 230 \\ \times & 65 \\ \hline & 1\,150 \\ + & 16\,100 \\ \hline = & 17\,250 \end{array}$$

La consommation annuelle de couches de taille 9 à 18 kg est de **17 250**.

› Question n° 4 *(0,5 point)*

2 L de lait permettent d'obtenir 28 cL de crème.
Combien faut-il de lait pour obtenir 560 mL de crème ?

Les volumes de crème ne sont pas exprimés dans la même unité, avant tout calcul, on convertit en cL : 560 mL = 56 cL car 10 mL = 1 cL (conversion directe).

On peut déterminer directement x : 56 cL, c'est 2 fois plus que 28 cL, il faudra donc 2 fois plus de lait soit 4 L pour obtenir 56 cL de crème.

On peut aussi effectuer une règle de trois :

Lait en l	Crème en cL
2	28
x	56

Le produit en croix donne $x \times 28 = 2 \times 56$ donc $x = \dfrac{2 \times 56}{28} = 4$

Il faut 4 L de lait pour obtenir 560 mL de crème.

› Question n° 5 *(0,5 point)*

Pour faire le ménage dans le service où vous travaillez, vous devez préparer 15 L de produit de nettoyage.
Reproduisez le tableau ci-dessous, et exprimez ce volume en :

dl	mm^3

On utilise un tableau de conversion pour les volumes :

m^3	dm^3			cm^3			mm^3		
	hL	daL	L	dL	cL	mL			
		1	5	0	0	0	0	0	0

Et on obtient :

dl	mm^3
150	15 000 000

›Sujet 2 : Le manque de sommeil : nouveau mal du siècle ? *(concours AS – Yvelines 2007)*

2.1. Culture générale *(12 points)*

› Question n° 1 *(3 points)*

Dégagez les idées principales du texte.

Le sommeil est indispensable au corps humain : il a une fonction de régénération et de récupération physique et psychologique.

Il semble qu'au XXIe siècle, un Français sur quatre ne dorme pas autant qu'il lui serait nécessaire. En moyenne, il lui manquerait plus de 2 heures de sommeil chaque nuit.

C'est le mode de vie et de travail des Français qui est à l'origine de ce déséquilibre : assaillis de toutes parts, nous subissons un stress qui influe sur la qualité de notre sommeil et ainsi sur notre vigilance dans la journée.

L'altération du sommeil se solde par des dérèglements pathologiques du sommeil, absentéisme, troubles divers la personnalité, altérations des résultats allant jusqu'à l'échec scolaire.

Le manque de sommeil augmente aussi les risques de maladies cardiovasculaires et provoquerait un vieillissement physiologique prématuré.

› Question n° 2 *(4 points)*

Citez au moins trois conséquences pathologiques du manque de sommeil énoncées dans le texte.

Le manque de sommeil engendre une augmentation du risque d'infarctus, une apparition d'hypertension, de dépression ; il favorise le diabète.

› Question n° 3 (5 points)

D'après vos connaissances, développez en une dizaine de lignes minimum les facteurs pouvant influencer la qualité du sommeil.

La qualité du sommeil est dépendante de plusieurs facteurs. Tout d'abord, la durée du sommeil, mais aussi l'heure du coucher ont leur importance : en effet, chacun a besoin d'un temps de sommeil qui lui est propre, et les heures de sommeil prises avant minuit sont les plus réparatrices/bénéfiques. Ensuite, des paramètres adéquats de température, d'environnement et de calme ont un effet sur la bonne qualité du sommeil.

Le stress lié au travail ou aux examens, la maladie ou des problèmes familiaux sont sources d'insomnie. Enfin, certains produits comme le thé, le café, l'alcool et le tabac ou la prise de repas trop copieux le soir peuvent avoir une influence néfaste sur la qualité du sommeil, surtout si leur consommation a lieu peu de temps avant le coucher.

2.2. Biologie *(5 points)*

› Question n° 1 *(3 points)*

1. Quel est le rôle de la vaccination ? Citez trois vaccins et leurs effets.

La vaccination procure une **immunité active** durable face à **une maladie spécifique.**

Le BCG est efficace face à la tuberculose.

Le ROR est efficace face à 3 maladies : rougeole, oreillons, rubéole.

Le DTcoqPolio est efficace face à la diphtérie, le tétanos, la poliomyélite, et la coqueluche.

Ce vaccin existe également associé avec Hib, et hépatite B.

D'autres vaccins peuvent être cités celui contre la grippe, l'hépatite B, les infections à papillomavirus.

2. Précisez le rôle de la vitamine D et ses conséquences en cas de carence.

La vitamine D joue un rôle important dans l'absorption du calcium et du phosphore. Sa carence entraîne le rachitisme.

3. Quels sont la nature et le rôle des globules sanguins ?

Les hématies ou globules rouges transportent l'oxygène, les globules blancs ou leucocytes luttent contre les infections.

› Question n° 2 *(1 point)*

Questions à choix multiples. Pour chacune des questions, une seule proposition de réponse est exacte. Cochez la bonne réponse.

Questions	Réponses proposées	
1. Pour assimiler les substances nutritives les muscles ont besoin :	de gaz carbonique	
	d'oxygène	✗
	d'azote	
	d'hydrogène	

Annales

Questions	Réponses proposées	
2. Qu'appelle-t-on un régime hypocalorique ?	un régime où les aliments sont consommés froids	
	un régime riche en eau	
	un régime pauvre en calories	✗
	un régime riche en calories	
3. Lequel de ces os du crâne est mobile ?	la fontanelle	
	le maxillaire inférieur	✗
	le maxillaire supérieur	
	l'os du nez	
4. Quel est le nom de la membrane qui entoure les organes digestifs ?	le péritoine	✗
	la péritonite	
	la paroi intestinale	
	le périmètre	
5. Qu'apportent essentiellement les œufs, la viande, le poisson à l'organisme ?	des glucides	
	des protides	✗
	des lipides	
	des acides	

› Question n° 3 *(1 point)*

Schéma des os du crâne à légender.

Reportez au bout de chaque fléchage du schéma ci-dessous les lettres qui correspondent aux éléments cités dans le tableau (une seule lettre par flèche).

Lettre	Élément
A	Maxillaire
B	Os temporal
C	Os frontal
D	Os occipital
E	Os pariétal

Le crâne : principaux os

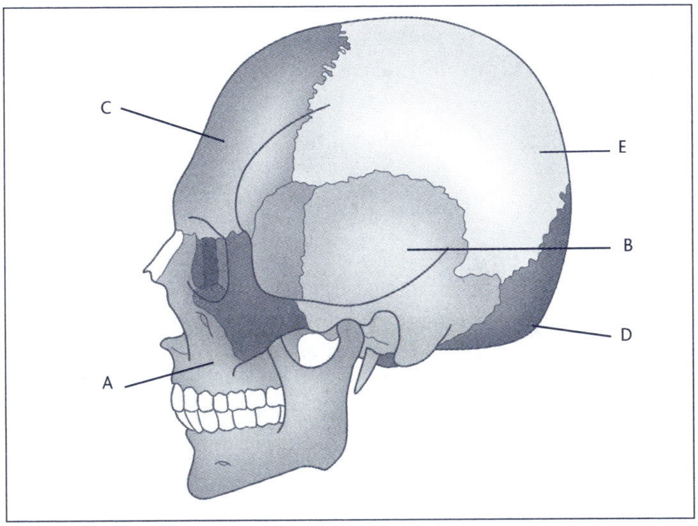

2.3. Mathématiques *(3 points)*

› Question n° 1 *(0,5 point)*

Vous êtes devant un livre ouvert. La somme des numéros de la page de droite et du numéro de la page de gauche est de 273.

À quelles pages est ouvert ce livre ?

Il y a 2 pages, on divise 273 par 2 : 273 ÷ 2 = 136 et il reste 1.

On vérifie que 136 + 137 = 273

La page de gauche a le numéro **136** et la page de droite le numéro **137**.

› Question n° 2 *(0,5 point)*

Des sachets d'aspirine sont rangés dans des boîtes à raison de 20 sachets par boîte. Le fabricant stocke ces boîtes dans des cartons. Chaque carton contient 5 épaisseurs constituées de 6 boîtes dans la longueur et 4 boîtes dans la largeur.

Combien de sachets seront contenus dans 3 cartons ?

Nombre de boîtes sur une épaisseur : il y a 6 boîtes dans la longueur et 4 dans la largeur donc 6 × 4 = 24 boîtes.

Nombre de boîtes dans le carton : il y a 5 épaisseurs de 24 boîtes chacune donc 5 × 24 = 120 boîtes.

Nombre de sachets dans le carton : il y a 20 sachets par boîte et 120 boîtes donc 20 × 120 = 2 400 sachets.

Dans 3 cartons, il y a 3 × 2 400 = 7 200 sachets d'aspirine.

Un carton contient **7 200 sachets d'aspirine**.

› Question n° 3 *(0,5 point)*

En se pesant avec son chat Caramel, Paul lit « 42,7 kg » sur la balance. Seul sur la balance Paul pèse 37,9 kg. Combien pèse Caramel ?

Paul + Caramel : 42,7. Paul tout seul 37,9.

On soustrait les deux poids : 42,7 – 37,9 = 4,8

Caramel pèse **4,8 kg.**

› Question n° 4 *(1 point)*

Objet ou action	Mesure	Nature de la grandeur
Un sachet de sucre en poudre	10 g	Masse
Un lacet	60 cm	Longueur
Un drap	2,5 m^2	Surface
Un flacon	200 mL	Volume
Une sieste	1 h 30 min	Durée
Une cuisson	225 °C	Température

Conseil : on procède par élimination :

- ▶ température – cuisson – 225 °C ;
- ▶ durée – sieste – 1 h 30 ;
- ▶ surface – drap – 2,5 m^2 ;
- ▶ masse – sucre en poudre – 10 g ;
- ▶ volume – flacon – 200 mL ;
- ▶ longueur – lacet – 60 cm.

› Question n° 5 *(0,5 point)*

Un bidon de 25 L de produit détergent pour le sol est à répartir dans des flacons de 250 cm^3. Combien de flacons seront nécessaires ?

Pour effectuer la division, les volumes doivent être exprimés dans la même unité. On convertit en cm^3 pour éviter les nombres décimaux.

On convertit 25 L en cm^3 : 25 L = 25 000 cm^3.

On remplit des flacons de 250 cm^3 avec 25 000 cm^3, on remplit donc 2 500 ÷ 250 = 100 flacons.

On peut remplir **100 flacons**.

›Sujet 3 : Bien manger pour tous... (concours AS – région Centre 2007)

3.1. Culture générale *(12 points)*

› Question n° 1 *(5 points)*

Dégager les idées principales du texte.

L'obésité en France a considérablement augmenté depuis 1980.

Le gouvernement en a conscience et tente de sensibiliser les citoyens en leur rappelant les principes d'une alimentation équilibrée.

Cependant, les produits les plus sains sont aussi les plus chers et les personnes les plus défavorisées n'ont d'autre choix que de se tourner vers des aliments bon marché.

Mais une alimentation bon marché n'est pas une alimentation saine : elle favorise diverses pathologies comme le diabète et l'obésité.

Si certaines mesures radicales peuvent être prises – actions de l'État sur le prix des aliments à privilégier, sur la composition trop riche d'autres aliments – une alimentation plus saine passe tout d'abord par l'éducation à un choix judicieux d'aliments et au plaisir de la cuisine.

› Question n° 2 *(7 points)*

Commenter la dernière phrase du texte : « Une bonne alimentation passe par une meilleure information, et aussi par le temps et le plaisir que nous avons à préparer nos repas. »

Il est plus facile de bien manger lorsqu'on y prend du plaisir et que préparer un repas ne semble pas insurmontable. Aujourd'hui, la vie moderne ne donne pas toujours ni l'envie, ni le temps de passer des heures à cuisiner comme le faisaient nos aïeux. En effet, nous sommes aujourd'hui submergés de produits alimentaires rapides à préparer et faciles à consommer dont la composition n'est pas un modèle d'équilibre. Mais il semble plus simple de réchauffer un plat cuisiné ou d'utiliser un four à micro-ondes 5 minutes que de prendre le temps de se préparer un repas à partir de produits frais. Si nous étions mieux informés sur l'importance d'une alimentation saine, sur ses multiples possibilités et sur le plaisir qu'elle procure, peut-être que la cuisine et les repas équilibrés redeviendraient des moments de bien-être bénéfiques à notre santé.

3.2. Biologie *(4 points)*

› Question n° 1 *(1 point)*

Compléter la grille.

	A	B	C	D	E	F	G	H	I	J	K	L	M	N	O	P	Q	R
1								c	l	a	v	i	c	u	l	e		
2								h										
3	e					t	h	y	r	o	ï	d	e					m
4	m					a		l				e						é
5	b	a	c	t	é	r	i	e				n						n
6	r		e			s						d						i
7	y		r			e					a	r	t	è	r	e		n
8	o		v									i						g
9	n		e									t	r	a	c	h	é	e
10			a		p	r	o	s	t	a	t	e						s
11			u									s						

› Question n° 2 *(1 point)*

Le cœur, situé entre les **poumons** est un muscle creux appelé **myocarde**. Il est composé de deux cavités supérieures appelées oreillettes et de deux cavités inférieures appelées **ventricules**.

Les veines caves inférieure et supérieure qui aboutissent au niveau de la cavité cardiaque appelée **oreillettes droites** transportent du sang **pauvre** en oxygène qui passe dans le ventricule **droit** pour ensuite se diriger vers les **artères** pulmonaires.

Les échanges gazeux qui se produisent au niveau des **alvéoles** pulmonaires permettent d'obtenir un sang riche en oxygène qui quitte les poumons grâce aux **veines pulmonaires** pour se diriger vers le cœur au niveau de la cavité appelée **oreillette gauche.**

› Question n° 3 *(1 point)*

Compléter le tableau.

A	B
1. marteau	oreille
2. axone	neurone
3. calcanéum	pied
4. plèvre	poumon
5. acromion	épaule
6. pie-mère	méninges

A	B
7. valvule tricuspide	cœur
8. cément	dent
9. humérus	bras
10. cardia	estomac

› Question n° 4 *(1 point)*

Répondre par vrai ou faux aux affirmations suivantes.

Affirmation	Vrai	Faux
a) L'insuline est une hormone sécrétée par le pancréas.	✗	
b) Le liquide céphalo-rachidien circule dans le système lymphatique.		✗
c) L'appendice xiphoïde se situe dans l'intestin.		✗
d) Le cycle menstruel féminin débute le dernier jour des règles.		✗
e) L'humeur vitrée se situe dans l'œil.	✗	
f) La capacité respiratoire est de 1,5 L.		✗
g) Les cordes vocales permettent la phonation.	✗	
h) Le vagin se situe au-dessus de l'utérus.		✗
i) L'hormone de croissance est sécrétée principalement pendant le sommeil.	✗	
j) La jonction entre 2 cellules nerveuses est la synapse.	✗	
k) Les réflexes archaïques sont présents à la naissance.	✗	
l) L'activité musculaire entraîne une production de chaleur.	✗	

3.3. Mathématiques *(4 points)*

› Question n° 1 *(2 points)*

Quel est le nombre de femmes et le nombre d'hommes accueillis dans cette maison de retraite ?

On calcule 60 % de 150 : $150 \times \frac{60}{100} = \frac{150 \times 60}{100} = \frac{9\,000}{100} = 90$

On calcule 40 % de 150 : $150 \times \frac{40}{100} = \frac{150 \times 40}{100} = \frac{6\,000}{100} = 60$

Remarque : on peut aussi calculer 150 – 90 pour trouver le nombre d'hommes.
Il y a 90 femmes et 60 hommes dans cette maison de retraite.

› Question n° 2 *(2 points)*

Compléter le tableau.
Il faut 5 L d'eau par poisson, on divise donc les volumes d'eau par 5 pour obtenir le nombre de poissons.

Et on multiplie le nombre de poissons par 5 pour obtenir le volume d'eau nécessaire :

Volume de l'aquarium en litres	40	100	500	150	175
Nombre maximal de poissons	8	20	100	30	35

›Sujet 4 : L'allaitement maternel *(concours AP – Paris 2006)*

4.1. Culture générale *(12 points)*

› Question n° 1 *(3 points)*

Donnez un titre à ce texte.

On peut titre ce texte de la manière suivante : *Allaitement : les bienfaits du lait maternel*, *L'Allaitement au sein reprend de l'ampleur* ou encore *Choisir ou non l'allaitement maternel*, etc.

› Question n° 2 *(4 points)*

Définissez les mots soulignés dans le texte.

Vital : qui est essentiel à la vie, d'une nécessité absolue.

Séropositivité : la séropositivité se définit comme la présence dans le sang d'anticorps spécifiques à une infection. Bien que ce terme soit surtout utilisé dans le cas du SIDA, il a une signification bien *plus* générale.

OMS : le sigle OMS signifie Organisation Mondiale de la Santé. Il s'agit de l'institution spécialisée de l'ONU (Organisation des Nations Unies) qui a pour objectif d'élever l'ensemble de la population mondiale au niveau de santé le plus élevé possible.

› Question n° 3 *(5 points)*

Concernant l'allaitement maternel, que pensez-vous des prises de position respectives de madame Orlando, sage-femme, et du docteur Pallix, pédiatre néonatalogue ?

Madame Orlando envisage l'allaitement comme un échange entre la mère et son enfant. Il s'agit d'un moment privilégié, bénéfique à l'enfant et dont l'allaitement au biberon serait similaire. Elle pense que l'essentiel est que ce moment soit le plus agréable possible, que le lait soit maternel ou non. Je pense qu'elle n'envisage pas l'allaitement sous toutes ses formes : elle a conscience du rapport privilégié qui lie l'enfant à sa mère, mais n'évoque pas les bénéfices pour la santé qu'en retirent l'enfant et sa mère. Madame Orlando semble penser que le père doit être exclu de cette relation alors qu'elle pourrait rappeler que le lait maternel peut aussi être tiré, conditionné et donné au biberon par le père de l'enfant. En outre, le père a un rôle de soutien lors de la mise en route de l'allaitement.

En tant que médecin, le docteur Pallix soutient que l'allaitement maternel est primordial pour l'enfant et doit être privilégié tant qu'il n'existe pas de risque de transmission d'infection. Il n'évoque pas le lien mère-enfant, mais uniquement la santé du nourrisson.

Cette vision a l'avantage d'être en accord avec l'ensemble de son service et d'être mise en pratique de façon à valoriser l'allaitement maternel pour les grands prématurés. Grâce à cela, les mères sont sensibilisées tôt pendant leur grossesse, et peuvent envisager plus sereinement ce type d'allaitement. Cependant, le docteur Pallix juge assez rapidement de la dénaturalisation du rôle de la mère aujourd'hui, même si la sensibilisation à l'allaitement maternel ne peut qu'être bénéfique.

4.2. Biologie *(5 points)*

› Question n° 1 *(1 point)*

Recopiez sur votre copie les numéros et notez en regard de chacun d'eux l'élément anatomique correspondant.

1. Cytoplasme.
2. Membrane plasmique.
3. Mitochondrie.
4. Nucléoplasme.
5. Enveloppe nucléaire.

La cellule

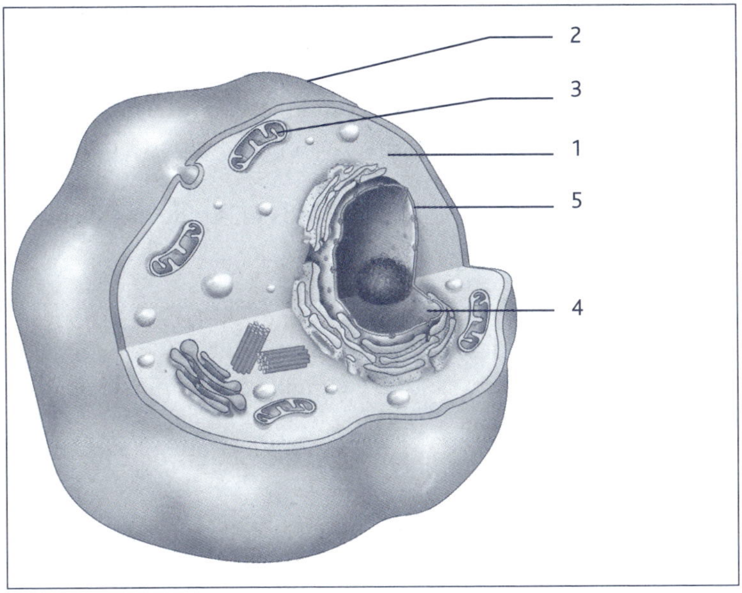

› Question n° 2 *(1 point)*

Recopiez le texte ci-dessous, sur la copie, en le complétant.

La colonne vertébrale ou **rachis** est formée par 33 ou 34 pièces osseuses, **les vertèbres.** Suivant la région à laquelle elles appartiennent, on distingue :

a. les cervicales : elles sont au nombre de **7** ;
b. les dorsales : elles sont au nombre de **12** ;
c. les lombaires : elles sont au nombre de **5** ;

d. les sacrées : elles sont au nombre de **5** ;
e. les coccygiennes : elles sont au nombre de **4 à 6.**

› Question n° 3 *(1 point)*

Les quatre propriétés essentielles d'un muscle sont l'élasticité, l'excitabilité, la contractibilité, la tonicité.

› Question n° 4 *(1 point)*

Le mouvement respiratoire est composé de 2 temps distincts :
- inspiration : phase active de remplissage des poumons ;
- expiration : phase passive où les poumons se vident.

› Question n° 5 *(1 point)*

Les différentes fonctions de la peau sont : la protection, la régulation thermique, la respiration, l'excrétion, l'absorption et la sensibilité.

4.3. Mathématiques *(3 points)*

› Question n° 1 *(1,5 point)*

a. Pour préparer un biberon, quel volume d'eau faut-il ajouter ?
Il faut 7 mesurettes de lait par jour et 30 mL d'eau par mesurette, donc mL d'eau.
Il faut rajouter **210 mL** d'eau par biberon.

b. Sachant qu'un litre d'eau pèse 1 kg, quels poids en kg de lait reconstitué ce bébé absorbe-t-il par jour ?
Calcul du poids (masse) d'un biberon :
- poids du lait : 7 mesurettes de 4,35 g chacune donc 7 × 4,35 = 30,45 g ;
- poids de l'eau : 1 L d'eau pèse 1 kg donc 210 mL pèsent 210 g.

(Reportez-vous si besoin au tableau de conversion poids/volume de l'eau.)
On ajoute le poids du lait et de l'eau : 30,45 + 210 = 240,45 g.
Calcul du poids de lait absorbé en une journée : 4 biberons de 240,45 g chacun donc 4 × 240,45 = 961,8 g.
On convertit en kg : 961,8 g = 0,9 618 kg
Le bébé absorbe **0, 9 618 kg** de lait reconstitué par jour.

c. Combien de biberons la maman d'Antoine pourra-t-elle préparer avec une boîte de lait ?
Il y a 30,45 g de lait dans un biberon. Avec 450 g, on peut préparer : 450 ÷ 4,35 = 14 (reste 23,7).
La maman peut préparer **14 biberons** avec la boîte.

› Question n° 2 *(1,5 point)*

Quelle quantité de pâtes, Marcello doit-il consommer chaque jour ?

Calcul des calories apportées par les pâtes : 55 % de 3 700 calories.

$$3700 \times \frac{55}{100} = \frac{3\,700 \times 55}{100} = 2\,035 \text{ calories.}$$

Calcul des calories apportées par 100 g de pâtes :

- ▸ protides : 12,5 g de protides apportent 12,5 × 4 = 50 calories ;
- ▸ lipides : 1,50 g de lipides apporte 1,50 × 9 = 13,50 calories ;
- ▸ glucides : 76,50 g de glucides apportent 76,50 × 4 = 306 calories.

On ajoute les différents apports caloriques 50 + 13,50 + 306 = 369,50 : calories.

Calcul de la quantité de pâtes à consommer.

On effectue une règle de trois :

Calories	Pâtes en g
369,5	100
2 035	

Le produit en croix donne 369,5 × x = 2 035 × 100 donc $x = \frac{2\,035 \times 100}{369,5}$ = 550,7…

Conseil : On arrondit le résultat, les chiffres après la virgule n'étant pas significatifs. On peut dire raisonnablement que Marcello doit consommer **550 g** de pâtes par jour.

› Sujet 5 : La consommation de fruits et de légumes préserve la santé *(concours AS – département de l'Eure 2006)*

5.1. Culture générale *(12 points)*

› Question n° 1 *(4 points)*

Dégagez les idées essentielles du texte en rédigeant un paragraphe de 8 à 10 lignes maximum.

Ce texte s'attache à souligner les bienfaits pour la santé d'une consommation suffisante de fruits et de légumes. Les idées essentielles du texte tournent donc autour de ce bénéfice nutritionnel. La première idée développée est que les fruits et les légumes sont capables de prémunir contre de nombreuses maladies, comme les affections cardiovasculaires, le cancer. La seconde est qu'en plus de le protéger, ils apportent quantité de nutriments essentiels au bon fonctionnement de l'organisme (sels minéraux, fibres, etc.). La dernière idée abordée dans l'article est qu'hélas la consommation réelle en fruits et légumes de la population française est tout à fait insuffisante pour qu'elle puisse en retirer tous les bienfaits dont ils sont la source.

› Question n° 2 *(25 lignes maximum, 8 points)*

À votre avis, pourquoi les mesures de prévention sont-elles négligées par les consommateurs ?

Les mesures de prévention – alimentaire – sont négligées par la population : peu de gens suivent les conseils des nutritionnistes recommandant de consommer au moins 5 fruits et légumes par jour. Seuls 25 % de la population laisse une part suffisante à ce groupe alimentaire. Il y a plusieurs raisons à cela.

La première est économique. Les fruits et les légumes sont des produits onéreux en règle générale, et plus particulièrement lorsqu'ils sont frais, bien davantage que les aliments tels que les pommes de terre ou les pâtes. Tout le monde n'est pas dans la possibilité d'avoir un budget à la hauteur des besoins du corps humain.

La deuxième est d'ordre éducatif. Faire de la prévention est invariablement difficile : il s'agit de mettre en alerte une personne ou un groupe de personnes sur un risque encore invisible. Comment démontrer à quelqu'un qu'il prend un risque en terminant son repas par un paquet de chips plutôt que par une pomme ? Le risque paraît lointain, les premiers effets d'une mauvaise alimentation ne se déclarant pas immédiatement, mais sur le long terme. Les campagnes télévisées de masse ont peu d'impact sur les comportements alimentaires et les conseils notés sous les belles publicités concernant les produits sucrés ou caloriques sont peu mis en valeur.

La troisième est sociétale. Les comportements alimentaires ont beaucoup changé depuis quelques décennies. Tandis que les fruits et les légumes étaient diversement consommés par le passé, les soupes et autres plats de ce type sont délaissés pour une alimentation plus riche en lipides, en protéines et en sel parce que plus rapide à préparer. Faire de la prévention dans ce contexte, alors que des comportements de mauvaise alimentation sont acquis de plus en plus tôt, est extrêmement difficile.

5.2. Biologie *(5 points)*

› Question n° 1 *(1 point)*

Répondez par vrai ou faux.

Affirmation	Vrai	Faux
a. L'uretère est un canal qui permet l'évacuation des urines de la vessie au méat urinaire.		✗
b. L'hémoglobine est une protéine.	✗	
c. Les lymphocytes transportent le dioxyde de carbone dans le sang.		✗
d. Les trompes de Fallope se situent dans l'appareil auditif.		✗
e. L'hormone de croissance est sécrétée par l'hypothalamus.		✗
f. L'artère pulmonaire est chargée de sang oxygéné.		✗
g. Le péritoine est un muscle qui entoure les viscères.		✗
h. Le larynx est le carrefour des voies aériennes et digestives.		✗

› Question n° 2 *(1 point)*

Cochez la ou les bonne(s) proposition(s).

Propositions		Cases à cocher
1. Pendant la déglutition :	**a.** la glotte vient obturer l'épiglotte.	
	b. l'air passe dans la trachée.	
	c. les aliments passent dans l'œsophage.	✗
2. On retrouve de chaque côté du cœur :	**a.** les valves mitrales.	
	b. les valves sigmoïdes.	✗
	c. les valves tricuspides.	
3. L'œil est constitué de trois membranes :	**a.** la sclérotique.	✗
	b. la rétine.	✗
	c. l'arachnoïde.	
4. La sécrétion des glandes endocrines est contrôlée par l'intermédiaire :	**a.** de l'hypophyse.	✗
	b. de l'hypothalamus.	✗
	c. de leur quantité dans le sang circulant.	✗
5. La peau possède les propriétés suivantes :	**a.** respiration.	✗
	b. absorption.	✗
	c. contraction.	
6. Les glandes sexuelles sécrètent :	**a.** la testostérone.	✗
	b. les ovules.	✗
	c. l'humeur aqueuse.	
7. Le nombre de vertèbres lombaires de la colonne vertébrale est de :	**a.** 7.	
	b. 5.	✗
	c. 6.	
8. La veine pulmonaire :	**a.** arrive dans l'oreillette droite.	
	b. transporte du sang oxygéné.	✗
	c. contient du sang artériel.	✗

› Question n° 3 *(1 point)*

Complétez le texte suivant avec les mots de la liste ci-dessous. Des mots peuvent être employés plusieurs fois et d'autres ne pas être employés du tout.

Chyme ; œsophage ; intestin ; pepsine ; cardia ; pancréas ; oreillette ; acides aminés ; trypsine ; sucres ; pylore ; sucs ; bile ; acides gras ; bol alimentaire.

Reportez sur votre copie le mot choisi et la lettre correspondante.

L'estomac se situe entre **l'œsophage** et **l'intestin**. Il reçoit **le bol alimentaire**, mélange des aliments et effectue un brassage énergique. L'antre de l'estomac se termine par **le pylore** qui ne laisse passer que des liquides. **Les sucs** gastriques, comme par exemple **la pepsine**, assurent la digestion des aliments protidiques. Les protides sont dégradés en **acides aminés**, et l'eau est absorbée principalement par **l'intestin**.

› Question n° 4 *(1 point)*

Décrivez le trajet de l'air de l'extérieur vers l'intérieur du poumon.

L'air inspiré pénètre par les fosses nasales et avance vers le pharynx puis le larynx. Il se dirige ensuite dans la trachée puis entre dans les bronches pulmonaires et les bronchioles. Il arrive enfin dans les alvéoles où se produisent les échanges gazeux.

› Question n° 5 *(1 point)*

Complétez le tableau.

Glandes endocriniennes	Hormones	Rôle
Pancréas	**Insuline**	Action hypoglycémiante
Ovaires	Œstrogène	**Reproduction et dans la production des ovocytes et des hormones sexuelles**
Thyroïde	**Thyroïdiennes t3t4 TSH thyroxine**	Action sur la croissance

5.3. Mathématiques *(3 points)*

› Question n° 1 *(1 point)*

Combien le pot contient-il d'huile de tournesol et combien contient-il de jaune d'œuf frais ?

Vous donnerez les résultats en grammes.

Masse d'huile de tournesol : 79 % de 190 : $190 \times \frac{79}{100} = \frac{190 \times 79}{100} = 150{,}10$

Masse de jaune d'œufs frais : 6,9 % de 190 : $190 \times \frac{6{,}9}{100} = \frac{190 \times 6{,}9}{100} = 13{,}11$

Le pot contient **150,10 g** d'huile de tournesol et 13,11 g de jaune d'œufs frais.

› Question n° 2 *(0,5 point)*

Combien de bouteilles d'eau de Javel et de serpillières devez-vous commander par an ?

a. Bouteilles d'eau de Javel : vous utilisez 5 bouteilles par mois, en 12 mois, vous utiliserez 12 × 5 = 60 bouteilles.

b. Serpillières : vous utilisez 25 serpillières roses pour les 3 premiers mois, en 12 mois (12 = 4 × 3) vous en utiliserez 4 fois plus : 4 × 2 = 100 serpillières roses.

Vous utilisez 5 serpillières jaunes par jour, en 365 jours, vous utiliserez 365 × 5 = 1 825 serpillières jaunes.

Vous devez commander 60 bouteilles d'eau de javel, 100 serpillières roses et 1 825 serpillières jaunes pour l'année 2006, soit 1 925 serpillières au total.

› Question n° 3 *(0,5 point)*

Combien de savonnettes pouvez-vous utiliser pour 5 jours ?

5 jours, c'est 3 fois moins que 15 jours, en 5 jours vous utiliserez donc $\frac{250}{3}$ = 83 (il reste 1). Vous pouvez utiliser **83 savonnettes en 5 jours**.

› Question n° 4 *(0,5 point)*

a. Combien de décilitres madame Françoise a-t-elle uriné ?

On convertit 1,025 L en dL : 1,025 L= 10,25 dL.

Madame Françoise a uriné 10,25 dL.

b. Quel poids de poudre obtiendrez-vous au total ? Vous donnerez le poids en grammes.

Pour effectuer l'opération, les mesures doivent être exprimées dans la même unité.

On convertit les masses en grammes : 0,15 kg = 150 g et 1 000 mg = 1 g.

On ajoute les masses : 150 + 1 = 151 g.

On obtient **151 g** de poudre.

› Question n° 5 *(0,5 point)*

a. Combien de temps en seconde aurez-vous travaillé au bout des 4 jours ?

On convertit 7 h 32 min en secondes : 7 h 32 min = 7 × 60 min + 32 = 452 min, 452 min = 452 × 60 = 27 120 s.

En 4 jours, vous travaillerez 4 × 27 120 = 108 480 s.

Cette semaine, vous travaillerez **108 480 s**.

b. Quelle distance allez-vous parcourir entre la chambre de madame Honorine et la salle de soins, dans votre journée ? Donnez le résultat en kilomètres.

Vous allez dans la chambre de madame Honorine et revenez dans la salle de soins : 3,56 × 2 = 7,12 m.

Vous effectuez 10 fois ce trajet, vous parcourez 10 × 7,12 = 71,20 m.

On convertit en kilomètres : 71,20 m = 0,0712 km.

Vous parcourez **0,0712 km** dans votre journée.

›Sujet 6 – L'hygiène à l'hôpital : opération mains propres à Genève (concours AS – Marseille 2006)

6.1. Culture générale *(12 points)*

› Question n° 1 *(3 points)*

Dégagez les idées principales du texte.

La première idée principale de ce texte est que les infections nosocomiales sont limitables grâce à une prévention efficace de la transmission de germes. La deuxième idée directrice du texte est que si le lavage des mains au savon ne peut pas être effectué à chaque fois qu'il serait nécessaire, le soignant peut employer d'autres techniques, comme celle de la désinfection par solution alcoolique. La dernière idée développée dans ce texte est qu'un suivi et une campagne d'information et de formation sont nécessaires pour que l'utilisation de cette solution soit généralisée.

› Question n° 2 *(4 points)*

À votre avis, cette expérience est-elle un remède aux risques d'infections nosocomiales ?

Cette expérience ne donne pas un remède universel aux infections nosocomiales. L'utilisation de solution alcoolique est davantage le palliatif d'un problème qui demeure pendant : le manque de temps des soignants pour exercer leur métier dans les meilleures conditions. Mais il faut aussi s'adapter aux réalités du terrain, et la technique utilisée par cet hôpital suisse semble porter ses fruits.

› Question n° 3 *(5 points)*

Pourquoi est-il important de lutter contre les infections nosocomiales ?

Il faut lutter contre les infections nosocomiales car celles-ci peuvent avoir de lourdes incidences sur la vie des patients infectés. L'organisme des patients opérés ou simplement admis à l'hôpital est déjà affaibli. Il a donc moins de moyens de se défendre contre les germes présents à l'hôpital. Les conséquences peuvent être terribles, une infection non soignable nécessitant parfois une amputation, ou provoquant l'apparition d'une maladie chronique et jusqu'au décès du patient. On recense des cas, lors d'un séjour à l'hôpital, d'infection très douloureuse par *Clostridium difficile* qui se sont soldés par l'ablation d'une partie de l'intestin des personnes atteintes. Le retentissement sur la vie quotidienne de ces infections est donc grave, et justifie une lutte déterminée à l'hôpital contre les germes responsables.

Notation de l'expression écrite française : 3 points.

6.2. Biologie (4 points)

› Question n° 1 (0,5 point)

L'artère pulmonaire conduit le sang du ventricule droit vers les poumons pour être oxygéné.

› Question n° 2 (0,5 point)

La fécondation est la rencontre d'une cellule mâle avec une cellule femelle (spermatozoïde et ovule) au niveau de l'ampoule tubaire.

› Question n° 3 (1 point)

Citez 5 actions qui permettent une bonne digestion alimentaire.

On peut citer : le repas pris au calme, assis, sans se presser et à heure régulière, une mastication lente. Également ne pas sauter de repas, avoir une alimentation variée et légère sans apport excessif de graisses ou de sel. Toutes les idées pertinentes sont acceptées.

› Question n° 4 (1 point)

L'os s'accroît en **longueur** à partir du **cartilage de conjugaison,** zone qui sépare la **diaphyse** de l'épiphyse, et en **épaisseur** à partir du **périoste** qui élabore les couches successives de l'os.

› Question n° 5 (1 point)

L'adulte possède 32 dents : 8 incisives qui coupent, 4 canines qui déchirent, 8 prémolaires et 12 molaires qui broient. Pour l'enfant, les premières dents (dentition de lait) apparaissent à l'âge de 6 à 30 mois. La dentition de lait comporte 20 dents.

6.3. Mathématiques (4 points)

› Question 1 (3 points)

a. Par inspiration, le volume d'air est de 0,6 L. Combien inspire-t-on d'air en 1 heure, sachant qu'il y a 18 inspirations par minute ?

Nombre d'inspirations en 1 h : en 1 minute, il y a 18 inspirations, en 1 heure, il y a 60 × 18 = 1 080 inspirations.

Volume d'air inspiré en 1 heure : on inspire 0,6 L par inspiration, donc en 1 080 inspirations, on inspire 1 080 × 0,6 = 648 L.

En 1 heure, on inspire **648 L d'air**.

b. Sachant que le corps humain contient environ 60 % d'eau, quel poids d'eau contient le corps d'une femme de 55 kg ?

On calcule 60 % de 55 kg : $55 \times \frac{60}{100} = \frac{55 \times 60}{100} = \frac{3\,300}{100} = 33$

Le corps d'une femme de 55 kg contient **33 kg d'eau**.

c. Vous donnez à votre enfant 10 euros d'argent de poche. Après être allé au cinéma, il lui reste 4,50 euros. Quel pourcentage de son argent de poche a-t-il dépensé ?

Pourcentage d'argent de poche dépensé.

Dépense de votre enfant : on soustrait la somme restante de l'argent de poche :

10 – 4,50 = 5,50 €.

Le pourcentage d'argent de poche dépensé est $\frac{\text{argent dépensé}}{\text{argent de poche}} \times 100 = \frac{5,5}{10} \times 100 = 55$

Votre enfant a dépensé **55 % de son argent de poche**.

› Question n° 2 *(1 point)*

a. Dans une journée, vous avez bu 1,4 L de divers liquides. Quelle quantité en cL et en cm^3 avez-vous bue au cours de cette journée ?

On convertit 1,4 L : 1,4 L = 140 cL , 1,4 L = 1 400 cm^3.

Vous avez bu 140 cL ou 1 400 cm^3.

b. Vous relevez à votre compteur automobile une distance de 485 km. Quelle distance avez-vous parcourue en mètres et en hectomètres ?

On convertit 485 km : 485 km = 485 000 m, 485 km = 4 850 hm.

Vous avez parcouru 485 000 m ou 4 850 hm.

› Sujet 7 : Les nouvelles pratiques sociales et culturelles des aînés *(concours AS – Paris 2006)*

7.1. Culture générale *(12 points)*

› Question n° 1 *(4 points)*

Dégagez les idées principales du texte.

Le texte développe principalement l'idée que les retraités sont toujours plus actifs et conservent de plus en plus longtemps une vie sociale riche. Cette idée est envisagée sous deux aspects essentiellement.

Le premier est que les personnes de plus de 65 ans sont de grands consommateurs. Ils ont financièrement la possibilité d'avoir de nombreuses activités, comme les voyages, le sport, et possèdent souvent deux résidences, etc.

Le second aspect est qu'ils s'impliquent de plus en plus dans la vie de la cité : ils sont massivement membres d'associations (33 %), et participent également très activement à la vie de leur famille, à l'éducation des enfants par exemple.

La participation sociale ne chute qu'à partir de 75/80 ans.

› Question n° 2 *(8 points)*

Expliquez quelle est selon vous l'importance du rôle des personnes âgées au sein de la famille.

Les personnes âgées peuvent tenir un rôle important dans leur famille, en participant bénéfiquement à l'éducation des enfants et en aidant au fonctionnement du foyer.

Leur expérience peut être d'une grande utilité. Les grands-parents peuvent s'avérer un auxiliaire précieux dans de nombreux domaines : dans la transmission de connaissances, de valeurs. Leur âge est, dans ce cas de figure, un avantage certain.

Les personnes âgées constituent également une grande aide car elles disposent de temps pour garder les enfants, les aider à faire leurs devoirs, etc. Elles jouent aussi un rôle affectif non négligeable auprès de leurs petits-enfants. Leur présence soulage les parents qui peuvent dès lors se consacrer davantage à leurs propres occupations ou leur vie professionnelle.

7.2. Biologie *(4 points)*

› Question n° 1 *(1point)*

Les os composant le membre supérieur en respectant l'ordre anatomique de l'épaule vers la main sont :

- 1) la clavicule ;
- 2) l'humérus ;
- 3) le cubitus ;
- 4) le carpe.

› Question n° 2 *(0,5 point)*

Les cinq sens sont l'odorat, le toucher, le goût, la vue, l'ouïe.

› Question n° 3 *(1 point)*

a) Hématie : globule rouge, élément figuré du sang.

b) Myocarde : muscle cardiaque, cœur.

c) Plèvre : membrane séreuse entourant les poumons.

d) Vitamines : substances organiques indispensables au bon fonctionnement de l'organisme.

› Question n° 4 *(1 point)*

Les échanges gazeux pulmonaires se produisent au niveau de **la membrane alvéolaire** : à l'inspiration, le dioxygène de l'air extérieur diffuse dans le sang et est transporté jusqu'aux cellules ; à l'expiration, le dioxyde de carbone contenu dans les vaisseaux passe dans les alvéoles pulmonaires et est rejeté vers l'extérieur par les voies respiratoires.

› Question n° 5 *(0,5 point)*

Hormones ovariennes jouant un rôle dans le déroulement du cycle menstruel de la femme : œstrogène et progestérone.

7.3. Mathématiques *(4 points)*

› Question n° 1 *(1 point)*

Calculez les opérations suivantes.

a. 758 × 47= 35 626.

b. $\frac{972}{18} = 54$

c. 357 525 – 182 324 = 175 201.

d. On calcule d'abord 16 634,25 – 2 332,06.

16 634,25 – 2 332,06 = 14 302,19.

On calcule ensuite 14 302,19 + 1 103,28 :

14 302,19 + 1 103,28 = 15 405,47.

Le résultat est **15 405, 47**.

› Question n° 2 *(1 point)*

On soustrait les horaires : (15 h 31 min) – (8 h 27 min) = 7 h 04 min.

Le trajet a duré **7 h 04 min**.

› Question n° 3 *(1 point)*

Combien de temps a duré le voyage ?

Une bouteille de lait contient 0,75 L, 3 bouteilles contiennent 3 × 0,75 = 2,25 L.

On convertit 2,25 L en centilitres : 2,25 L = 225 cL.

Vous avez acheté **225 cL de lait**.

› Question n° 4 *(0,5 point)*

Quelle est, en grammes, la prise de poids de madame Rose ?

On soustrait les poids : 72,450 – 71,900 = 0,550 (kilogrammes)

On convertit 0,550 kg en grammes : 0,550 kg = 550 g.

Madame Rose a pris **550 g**.

› Question n° 5 *(0,5 point)*

Dans le cadre d'un régime alimentaire surveillé médicalement, monsieur André, pesant 92 kg, doit perdre 10 % de son poids. Quel est le poids qu'il doit atteindre après son régime ?

Poids à perdre : on calcule 10 % de 92 kg : $92 \times \frac{10}{100} = 9{,}2$ (kilogrammes)

Poids à atteindre : on soustrait du poids la perte trouvée : 92 – 9,2 = 82,8 kg.

Monsieur André doit peser **82,8 kg** à l'issue de son régime.

›Sujet 8 : Bien vieillir et se nourrir : comment éviter les carences alimentaires ? *(concours AS – Seine-Saint-Denis 2006)*

8.1. Culture générale *(12 points)*

› Question n° 1 *(2 points)*

Quel est le sujet du texte ? Quelle catégorie de personnes concerne-t-il ?

Le texte traite de l'alimentation chez les personnes âgées et plus particulièrement des carences alimentaires liées au vieillissement.

› Question n° 2 *(2 points)*

Comment s'organise ce texte : combien de paragraphes le composent ? Donnez un titre à chaque paragraphe.

Le texte est organisé en quatre paragraphes, que l'on pourrait intituler ainsi :

- paragraphe 1 : « Comment le vieillissement amène des carences alimentaires » ;
- paragraphe 2 : « Une solution possible aux carences : maintenir l'appétit » ;
- paragraphe 3 : « Les différents besoins nutritionnels des seniors » ;
- paragraphe 4 : « Une bonne hygiène de vie générale peut aussi limiter les carences et l'amaigrissement liés à l'âge ».

› Question n° 3 *(2 points)*

Que signifient les expressions en gras : « Le goût s'altère », « entretenir la convivialité », « besoins nutritionnels », « se déshydrater » ?

« **Le goût s'altère** » signifie que la perception des saveurs et des aliments est modifiée avec l'âge, elle change. Il est alors souvent difficile d'identifier les saveurs et de les apprécier.

« **Entretenir la convivialité** », c'est prendre le repas dans un cadre agréable, avec la présence d'autres personnes et en soignant la présentation des plats. Cela permet de stimuler la prise de nourriture en insistant sur ce qui se passe autour.

Les « **besoins nutritionnels** », ce sont les besoins alimentaires que chaque individu doit satisfaire afin que son organisme fonctionne correctement. Ils sont variables d'un individu à un autre selon l'âge, le sexe, l'activité physique…

« **Se déshydrater** » signifie que l'apport en eau n'est pas satisfait ou que l'organisme perd de sa teneur en eau, ce qui peut être grave et parfois entraîner la mort pour les personnes fragiles telles que les personnes âgées (ce qui est arrivé massivement pendant l'été 2003).

› Question n° 4 *(2 points)*

« Contrairement à une idée reçue, les seniors ont les mêmes besoins nutritionnels que les autres adultes. » À quelle idée reçue fait-on ici allusion ? Sur quels arguments s'appuie-t-elle pour être admise ?

Beaucoup de personnes pensent que les personnes âgées ont moins de besoins nutritionnels que les autres. Cette idée s'appuie sur le fait que nos besoins en nourriture sont variables en fonction de l'âge et de l'activité physique. Or, les personnes âgées sont souvent moins actives, d'où cette idée généralement admise. De plus, les personnes âgées ont moins d'appétit et cumulent les problèmes digestifs, d'où l'idée reçue, sans fondement scientifique, que l'âge avancé induit des besoins nutritionnels moindres.

› Question n° 5 *(4 points)*

En vous inspirant du texte, rédigez un résumé simplifié d'une dizaine de lignes expliquant les moyens qui existent pour la personne âgée d'éviter les carences alimentaires.

Le vieillissement fait souvent perdre le goût de manger et des carences dangereuses liées à la dénutrition peuvent s'installer.

Des solutions simples existent pour éviter ce phénomène ou du moins pour en limiter l'ampleur. Il faut d'abord stimuler l'appétit en favorisant la convivialité et en répartissant mieux les quantités d'aliments dans la journée.

En outre, il faut s'assurer que les besoins énergétiques de ces personnes sont bien couverts et veiller à l'équilibre des repas sur une journée.

Il est important de varier l'alimentation, de boire pour éviter la déshydratation et d'avoir une bonne hygiène de vie avec un minimum d'exercice physique et de surveiller son poids régulièrement.

8.2. Biologie *(5 points)*

› Question n° 1 *(1 point)*

Titrez et complétez le schéma ci-contre.

L'appareil respiratoire

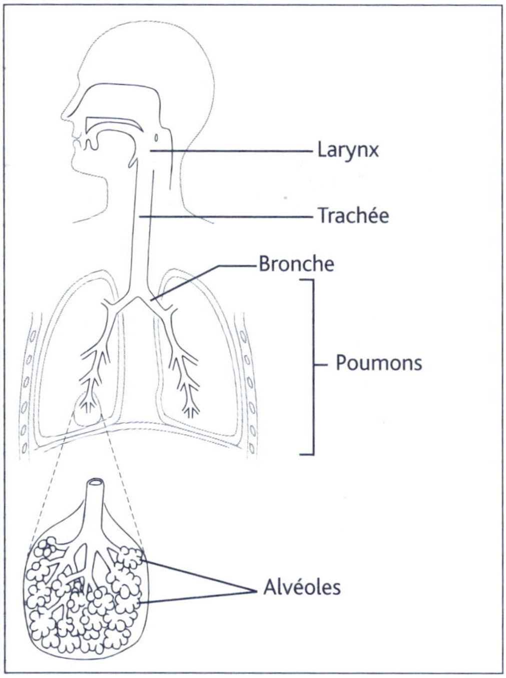

› Question n° 2 *(1 point)*

Indiquez le nom :

- ▶ du conduit reliant le rein à la vessie : **l'uretère** ;
- ▶ du liquide lubrifiant les articulations mobiles : **la synovie** ;
- ▶ de l'enveloppe de l'os : **le périoste** ;
- ▶ de la substance sécrétée par le foie : **la bile**.

› Question n° 3 *(1 point)*

L'intrus est **la rate**, qui n'a pas de rôle dans la digestion.

› Question n° 4 *(1 point)*

Le fémur s'articule avec **le péroné**.

› Question n° 5 *(1 point)*

Vrai ou faux ?

Affirmation	Vrai	Faux
a. Le transport du dioxygène dans le sang se fait par combinaison à l'hémoglobine.	✗	
b. L'intestin grêle est animé par des périphériques.		✗
c. Le myocarde est irrigué par les artères pulmonaires.		✗
d. Le pancréas exocrine sécrète le suc pancréatique.	✗	

8.3. Mathématiques *(3 points)*

› Question n° 1 *(1 point)*

a. Calculer en litres la consommation d'eau journalière de cette famille.

On ajoute les différents volumes (l'opération est possible car tous les volumes sont exprimés en litres) : 200 + 36 + 40 + 75 + 120 + 15 = 486 L.

La consommation journalière de cette famille est de 486 L.

b. Convertir en mètres cubes.

On convertit en m^3 : 486 L = 0,486 m^3.

La consommation journalière de cette famille est de 0,486 m^3.

› Question n° 2 *(1 point)*

a. Calculer en litres la quantité de boisson journalière nécessaire à une famille de 4 personnes.

Pour 1 personne, il faut 1,5 L, pour 4 personnes il faut 4 × 1,5 = 6 L.

La quantité de boisson nécessaire à une famille de 4 personnes est 6 L.

b. Convertir en millilitres.

On convertit 6 L en millilitres : 6 L = 6 000 mL.

La quantité de boisson nécessaire à une famille de 4 personnes est 6 000 mL.

› Question n° 3 *(1 point)*

Calculer, en litres et pour une journée, les quantités d'eau, de Coca-Cola et de jus d'orange nécessaires à cette famille.

a. Calcul pour le Coca-Cola et le jus d'orange

On calcule $\frac{2}{3}$ de 6 L et $\frac{1}{4}$ de 6 L.

$\frac{2}{3} \times 6 = \frac{2 \times 6}{3} = \frac{12}{3} = 4$ et $\frac{1}{4} \times 6 = \frac{1 \times 6}{4} = \frac{6}{4} = 1,5$

La quantité d'eau nécessaire à cette famille pour une journée est 4 L, la quantité de Coca-Cola nécessaire à cette famille pour une journée est de 1,5 L.

b. Calcul de la quantité de jus d'orange (le reste)
6 – 4 – 1,5 = 2 – 1,5 = 0,5
La quantité de jus d'orange nécessaire à cette famille pour une journée est de 0,5 L.

›Sujet 9 : Mères, cadres et diplômées, de retour au foyer *(concours AP – Paris 2006)*

9.1. Culture générale *(12 points dont 5 pour la forme)*

› Question n° 1 *(6 points)*

Dégagez les idées principales du texte. Rédigez votre réponse en 10 à 15 lignes maximum en reformulant avec vos propres termes.
Le texte aborde 3 idées principales. La première est que les mères sont de plus en plus nombreuses à arrêter de travailler plutôt que de chercher à tout prix à concilier vie professionnelle et vie de famille : elles préfèrent faire une pause dans leur carrière pour élever leur(s) enfants(s).
La seconde idée est que rester au foyer pour élever ses enfants est désormais conçu comme une source d'épanouissement personnel, et non plus comme un frein à celui-ci.
Enfin, le texte explique que, depuis ces dernières années, les nouvelles mères suspendent volontiers leur carrière pendant plusieurs années et ce, dès le 2e enfant afin de favoriser leur qualité de vie relationnelle.

› Question n° 2 *(6 points)*

Commentez la phrase suivante en 8 à 12 lignes maximum : « La maternité n'est plus envisagée comme une entrave à un plan de carrière, mais comme une autre source d'épanouissement personnel. »
Au xxe siècle, les femmes ont acquis une reconnaissance sociale et une autonomie financière grâce au travail salarial. Dans les années 1980, elles tendaient à mettre de côté leur vie personnelle pour se consacrer à leur carrière. Depuis peu, les comportements ont changé et les mères choisissent plus volontiers de concilier vie familiale et professionnelle en travaillant à temps partiel afin de mieux s'occuper de leur famille.
Elles conçoivent désormais la vie de famille comme une manière de s'épanouir ; une vie professionnelle active n'est plus considérée comme le seul moyen de s'accomplir. Fonder une famille et passer du temps à l'éducation de ses enfants est devenu aussi valorisant, gratifiant, que le succès professionnel.

9.2. Biologie *(4 points)*

› Question n° 1 *(1 point)*

Complétez le texte lacunaire suivant.

Dès leur arrivée dans la bouche, les aliments sont coupés par **les incisives,** déchirés par **les canines,** broyés par les **molaires.** Imprégnés de salive, les aliments sont brassés par la **langue** qui façonne une boule, appelée bol alimentaire.

Lorsque le bol alimentaire façonné dans la bouche est dégluti, il met en jeu la fermeture des voies respiratoires.

Le larynx se soulève **et l'épiglotte** s'abaisse.

Le voile du palais se relève **et la luette** ferme les fosses nasales.

Les fibres musculaires de **l'œsophage** se contractent et poussent le bol alimentaire **vers l'estomac.**

Les mouvements péristaltiques se font dans un seul sens.

› Question n° 2 *(1 point)*

Les parties anatomiques de l'oreille externe sont :

- ▸ le pavillon ;
- ▸ le conduit auditif externe.

› Question n° 3 *(1 point)*

Associez les termes à la définition correspondante en reliant la lettre et le numéro associé.

a. Fongicide
b. Bactériostatique
c. Contamination
d. Asepsie
e. Incubation
f. Sporicide

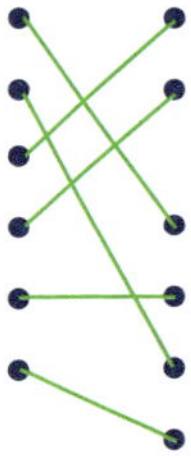

1. Pénétration d'un germe pathogène dans l'organisme.
2. Ensemble des mesures propres à empêcher tout apport exogène de micro-organismes ou de virus.
3. Tue les champignons.
4. Tue les spores.
5. Stoppe le développement bactérien.
6. Développement du germe dans l'organisme sans signe apparent.

› Question n° 4 *(1 point)*

Affirmations	Vrai	Faux
Le sang transporte les déchets	✗	
Les plaquettes assurent la coagulation	✗	
Le retour du sang jusqu'au cœur se fait dans les artères		✗
La diastole est la période de repos du cœur	✗	
Le deltoïde est le muscle cardiaque		✗
On contrôle les pulsations cardiaques sur le circuit veineux		✗

9.3. Mathématiques *(4 points)*

› Question n° 1 *(2 points)*

a. Calculez le prix d'un litre de lait de croissance. *(0,5 point)*
Le pack de 6 bouteilles d'un litre coûte 13,80 €, 1 L coûte 13,80 ÷ 6 = 2,30 €.
1 L de lait de croissance coûte **2,30 €.**
b. Calculez le prix de 19 packs de lait de croissance. *(0,5 point)*
Le pack de 6 bouteilles de 1 L coûte 13,80 €, 19 packs coûtent 19 × 13,80 = 262,20 €.
c. Quelle somme vous sera rendue ? *(1 point)*
19 packs de lait de croissance coûtent **262,20 €.**
Calcul de la dépense : on ajoute les différents prix : 4,72 + 5,26 + 4,45 9,90 = 24,33 €.
Calcul de la somme rendue : on soustrait la dépense du montant du billet : 50 – 24,33 = 25,67 €.
On vous rend **25,67 €.**

› Question n° 2 *(2 points)*

1. Convertissez *(1 point)* **:**
a. 1,75 L en centilitres : 1,75 L = 175 cL
b. 9,25 centilitres en décilitres : 9,25 cL = 0,925 dL
c. 72,5 centimètres en mètres : 72,5 cm = 0,725 m
d. 9,375 kilogrammes en grammes : 9,375 kg = 9 375 g
2. Convertissez en secondes : 9 h 49 min *(1 point)*
On convertit en minutes : 9 h 49 min = 9 × 60 + 49 + 589 min.
On convertit en secondes : 589 × 60 = 35 340
9 h 49 min = 35 340 s.

› Sujet 10 : La prévention cardiovasculaire est l'affaire de tous

10.1. Culture générale *(12 points)*

› Question n° 1 *(5 points)*

Dégagez de ce texte 2 idées principales.
Ce texte aborde le problème du manque de prévention en France et spécialement pour les maladies cardiovasculaires.
Il montre aussi que la relation et le dialogue entre le patient et son médecin ont une grande influence sur la prise de conscience du patient, celui-ci doit être acteur et autonome dans la prévention.

› Question n° 2 *(7 points)*

Que veut dire dans le texte : « culture de prévention » ? Développez en 10 à 15 lignes.

Le terme « culture de prévention » évoque une attitude de prudence et de prévoyance face à un risque. Le texte évoque l'absence, en France, de véritable politique publique en matière de prévention des risques cardiovasculaires.

La prévention est pourtant le moyen le plus efficace d'enrayer le développement de maladies cardiovasculaires. Plutôt que de soigner alors que le mal est installé, il conviendrait de former la population aux risques et aux bonnes habitudes permettant d'éviter la survenue de pathologies cardiaques.

On distingue plusieurs types de prévention, dont l'utilisation conjointe dans une politique publique cohérente pourrait donner des « résultats spectaculaires » comme il en a déjà été observé. 1) Il y a la prévention primaire, qui passe par l'éducation des enfants et la transmission d'informations ciblées données à l'école et aux parents sur les comportements alimentaires, l'activité physique et les effets du tabac. 2) L'utilisation des médias (par des campagnes de publicité par exemple) peut aussi toucher la population et la sensibiliser aux questions d'hygiène de vie. 3) Un effort des industriels pour réduire les taux de sel dans l'alimentation et en étiquetant lisiblement les teneurs en graisse et en sel contribuerait aussi à la prévention des maladies cardiaques. 4) Le personnel soignant doit mettre en avant et promouvoir les attitudes de prudence, et leur accorder au moins autant d'importance qu'au traitement médical. 5) Enfin, le dépistage doit être fait au moindre signe clinique pour accélérer la prise en charge des patients à risque.

10.2. Biologie *(4 points)*

› Question n° 3 *(1 point)*

Donnez la définition des mots suivants.

a. Alvéole pulmonaire : lieu situé au bout des bronchioles où se font les échanges gazeux entre l'air et le sang.

b. Encéphale : partie du système nerveux central logée dans la boîte crânienne.

c. Neurone : cellule constituant l'unité fonctionnelle du système nerveux.

d. Scoliose : déformation latérale, en forme de S, de la colonne vertébrale.

› Question n° 4 *(1,5 point)*

Citez les deux types de circulation cardiovasculaire et expliquez-les brièvement.

Les deux types de circulation cardiovasculaire sont la circulation pulmonaire et la circulation générale.

Dans la circulation pulmonaire, les artères partant du cœur contiennent le sang pauvre en oxygène. Les veines quant à elles amènent au cœur le sang riche en oxygène.

Dans la circulation générale, les artères contiennent le sang rouge, oxygéné, et l'amène du cœur vers les organes. Les veines amènent le sang noir, pauvre en oxygène, vers le cœur puis les poumons où s'opèrent les échanges gazeux.

› Question n° 5 *(1,5 point)*

Donnez un titre au schéma et annotez-le.

Le squelette

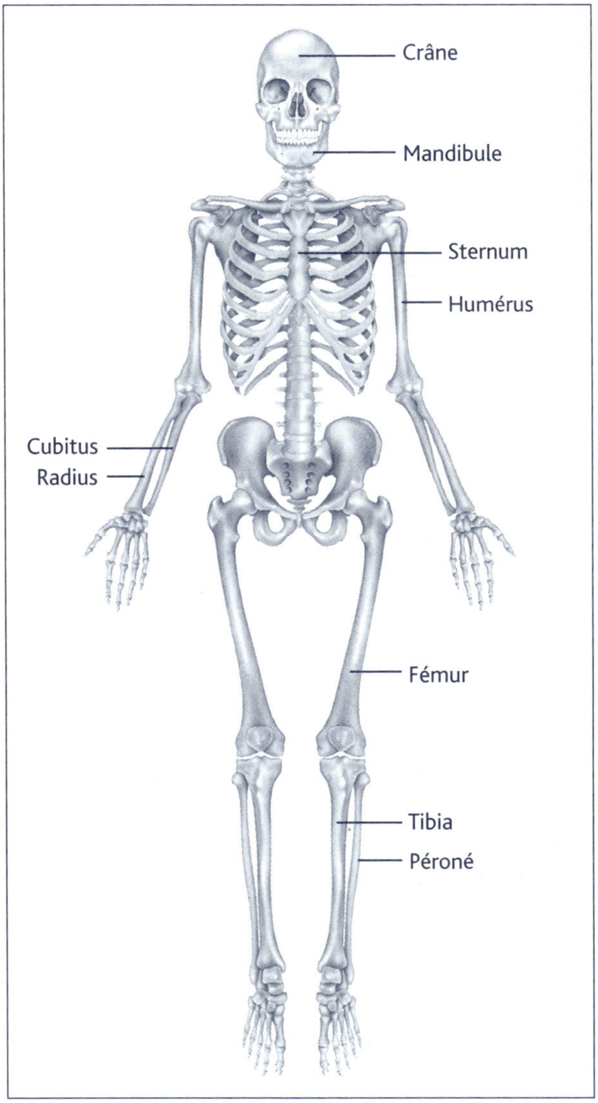

10.3. Mathématiques *(4 points)*

› Exercice n° 1 *(1 point)*

Un pâtissier doit dépenser 100 € pour acheter de la farine, du sucre, du levain et les autres ingrédients qui servent à fabriquer 200 gâteaux. À quel prix doit-il vendre ses pâtisseries pour dégager une marge de 60 € ?

Pour dégager une marge de 60 €, il doit vendre ses gâteaux 200 + 60 = 260 €.
Prix de vente de chaque gâteau : 260 ÷ 200 = 1,3
Chaque gâteau doit coûter **1,30 €.**

› Exercice n° 2 *(1 point)*

Dans une crèche, on compte 80 enfants dont 68 filles.

1. Sur 20 enfants, combien sont des filles ?

20 enfants c'est 4 fois moins que 80 enfants, il y a donc 68 ÷ 4 = 17 filles parmi 20 enfants.

On peut aussi effectuer une règle de trois :

Enfants	Filles
80	68
20	x

Le produit en croix donne donc $80 \times x = 20 \times 68$ donc $x = \dfrac{20 \times 68}{80} = \dfrac{1\,360}{80} = 17$

Il y a 17 filles parmi 20 enfants.

2. Sur 20 enfants, combien sont des garçons ?

Il y a 20 – 17 = **3 garçons** sur 20 enfants.

3. Sur 20 enfants, combien ont moins de 3 ans ?

Il y a 25 + 3 = 28 enfants de 3 ans et plus.
Il y a donc 80 – 28 = 52 enfants de moins de 3ans.
Nombre d'enfants de moins de 3 ans sur 20 enfants :
20 enfants c'est 4 fois moins que 80 enfants, il y a donc 52 ÷ 4 = 13 filles parmi 20 enfants de moins de 3 ans.
On effectue une règle de trois :

Enfants	Enfants de moins de 3 ans
80	52
20	x

Le produit en croix donne donc $80 \times x = 20 \times 52$ donc $x = \dfrac{20 \times 52}{80} = \dfrac{1\,040}{80} = 13$
Il y a **13 enfants de moins de 3 ans** parmi 20 enfants.

4. Sur 20 enfants, combien ont 3 ans et plus ?

Il y a donc 20 – 13 = **7 enfants de 3 ans et plus** parmi 20 enfants.

› Exercice n° 3 *(2 points)*

Dans le zoo de Vincennes, un lion pèse 150 kg. Par jour, il engloutit 1/10e de son poids en viande. Le gardien du zoo dispose d'une réserve de viande contenant 500 morceaux d'un poids moyen de 1,2 kg. Pendant combien de jours le gardien du zoo pourra-t-il nourrir le lion avec sa réserve ?

Poids de viande consommée par jour par le lion : 1/10 de 150 kg :

$$\frac{1}{10} \times 150 = \frac{150}{10} = 15$$

Le lion consomme 15 kg de viande par jour.

Quantité de viande dont dispose le gardien : 500 × 1,2 = 600
Le gardien dispose de 600 kg de viande.
Nombre de jours : 600 ÷ 15 = 40
Le gardien pourra nourrir le lion pendant **40 jours**.

> partie 5

Annexes

Répertoire des DDASS et des DRASS

CHAPITRE 1

Voici la liste des DDASS et des DRASS, classées par numéro de département ou de région. Vous trouverez, pour chacune, leur numéro de téléphone, de télécopie et leur adresse postale.

›1. Répertoire des DDASS

DDASS de l'AIN (01)
Téléphone : 04 74 32 80 60
Télécopie : 04 74 32 07 30
Adresse : 33, avenue du Mail
01012 BOURG EN BRESSE CEDEX

DDASS de l'AISNE (02)
Téléphone : 03 23 21 52 00
Télécopie : 03 23 79 10 31
Adresse : 28, rue Fernand Christ
02011 LAON CEDEX

DDASS de l'ALLIER (03)
Téléphone : 04 70 48 10 00
Télécopie : 04 70 48 10 10
Adresse : 4, rue Refembre
BP 1661
03016 MOULINS CEDEX

DDASS des ALPES-DE-HAUTE-PROVENCE (04)
Téléphone : 04 92 30 88 00
Télécopie : 04 92 31 46 13
Adresse : Place des Récollets
BP 229
04013 DIGNE-LES-BAINS CEDEX

DDASS des HAUTES-ALPES (05)
Téléphone : 04 92 52 54 54
Télécopie : 04 92 53 78 26
Adresse : Cité administrative Desmichels
BP 157
05004 GAP CEDEX

DDASS des ALPES-MARITIMES (06)
Téléphone : 04 93 72 27 27
Télécopie : 04 93 21 67 18
Adresse : Centre administratif départemental
Route de grenoble
BP 3061
06202 NICE CEDEX

DDASS de l'ARDÈCHE (07)
Téléphone : 04 75 66 78 06
Télécopie : 04 75 64 50 03
Adresse : 2 bis, rue de la Recluse
BP 715
07007 PRIVAS CEDEX

DDASS des ARDENNES (08)
Téléphone : 03 24 59 72 00
Télécopie : 03 24 59 06 97

Adresse : 18, avenue François Mitterrand
08013 CHARLEVILLE-MEZIERES
CEDEX

DDASS de l'ARIÈGE (09)
Téléphone : 05 34 09 36 36
Télécopie : 05 31 02 98 15
Adresse : 9, rue du lieutenant Paul
Delpech
BP 76
09008 FOIX CEDEX

DDASS de l'AUBE (10)
Téléphone : 03 25 76 21 00
Télécopie : 03 25 80 20 58
Adresse : Cité administrative des
Vassaules
BP 763
10025 TROYES CEDEX

DDASS de l'AUDE (11)
Téléphone : 04 68 11 55 11
Télécopie : 04 68 11 55 10
Adresse : 14, rue du 4 septembre
BP 48
11021 CARCASSONNE CEDEX

DDASS de l'AVEYRON (12)
Téléphone : 05 65 73 69 00
Télécopie : 05 65 73 69 40
Adresse : 4, rue de Paraire
BP 3105
12031 RODEZ CEDEX 9

DDASS des BOUCHES-DU-RHÔNE (13)
Téléphone : 04 91 00 57 00
Télécopie : 04 91 37 96 07
Adresse : 66 A, rue Saint Sébastien
13281 MARSEILLE CEDEX 06

DDASS du CALVADOS (14)
Téléphone : 02 31 45 82 82
Télécopie : 02 31 45 82 52
Adresse : 14, rue du Clos Herbert
BP 537
14036 CAEN CEDEX

DDASS du CANTAL (15)
Téléphone : 04 71 46 83 00
Télécopie : 04 71 46 83 53
Adresse : 1, rue du Rieu
15000 AURILLAC CEDEX

DDASS de CHARENTE (16)
Téléphone : 05 45 97 46 00
Télécopie : 05 45 97 46 46
Adresse : 8, rue du Père Wrezinski
BP 1408
16017 ANGOULEME CEDEX

DDASS de CHARENTE-MARITIME (17)
Téléphone : 05 46 68 49 00
Télécopie : 05 46 34 25 30
Adresse : Centre administratif
2, avenue de Fétilly
17021 LA ROCHELLE CEDEX

DDASS du CHER (18)
Téléphone : 02 48 23 71 00
Télécopie : 02 48 20 57 57
Adresse : 4, boulevard de l'Avenir
18023 BOURGES CEDEX

DDASS de la CORREZE (19)
Téléphone : 05 55 20 18 83
Télécopie : 05 55 26 52 16
Adresse : Rue Sylvain Combes
19012 TULLE CEDEX

DDASS de HAUTE-CORSE (2B)
Téléphone : 04 95 32 98 00
Télécopie : 04 95 32 98 45
Adresse : Le Forum du Fango
BP 67
20289 BASTIA CEDEX

DDASS de CÔTE-D'OR (21)
Téléphone : 03 80 40 21 21
Télécopie : 03 80 40 21 02
Adresse : 16-18, rue Nodot
21035 DIJON CEDEX

DDASS des CÔTES-D'ARMOR (22)
Téléphone : 02 96 62 08 09
Télécopie : 02 96 33 77 07
Adresse : 1, rue du Parc
BP 2152
22021 SAINT BRIEUC CEDEX 1

DDASS de la CREUSE (23)
Téléphone : 05 55 51 81 00
Télécopie : 05 55 52 79 05
Adresse : Rue Alexandre Guillon
BP 309
23006 GUERET CEDEX

DDASS de la DORDOGNE (24)
Téléphone : 05 53 02 27 27
Télécopie : 05 53 08 00 73
Adresse : Cité administrative
24016 PERIGUEUX CEDEX

DDASS du DOUBS (25)
Téléphone : 03 81 65 58 00
Télécopie : 03 81 81 54 92
Adresse : 3, avenue Louise Michel
25043 BESANCON CEDEX

DDASS de la DROME (26)
Téléphone : 04 75 79 71 00
Télécopie : 04 75 79 71 12
Adresse : 13, avenue Maurice Faure
BP 1126
26011 VALENCE CEDEX

DDASS de l'EURE (27)
Téléphone : 02 32 78 29 29
Télécopie : 02 32 78 29 23
Adresse : 18, boulevard Georges Chauvin
27023 EVREUX CEDEX

DDASS d'EURE-ET-LOIR (28)
Téléphone : 02 37 20 51 70
Télécopie : 02 37 36 29 93
Adresse : 15, place de la République
28019 CHARTRES CEDEX

DDASS du FINISTÈRE (29)
Téléphone : 02 98 64 50 50
Téléphone : 02 98 95 19 25
Adresse : Cité administrative de Kerfeunteun
29324 QUIMPER CEDEX

DDASS du GARD (30)
Téléphone : 04 66 76 80 00
Télécopie : 04 66 76 09 10
Adresse : 6, rue du Mail
30906 NIMES CEDEX

DDASS de la HAUTE-GARONNE (31)
Téléphone : 05 61 58 91 00
Télécopie : 05 61 58 91 03
Adresse : 1, place Alphonse Jourdan
ZAC Compans Caffarelli
31066 TOULOUSE CEDEX

DDASS du GERS (32)
Téléphone : 05 62 61 55 55
Télécopie : 05 62 61 55 50
Adresse : Cité administrative
Place de l'Ancien Foirail
32020 AUCH CEDEX 09

DDASS de la GIRONDE (33)
Téléphone : 05 57 01 91 00
Télécopie : 05 56 96 29 31
Adresse : Espace Rodesse
103 bis, rue Belleville
BP 922
33062 BORDEAUX CEDEX

DDASS de l'HÉRAULT (34)
Téléphone : 04 67 14 19 00
Télécopie : 04 67 14 19 09
Adresse : 85, avenue d'Assas
34967 MONTPELLIER CEDEX 2

DDASS d'ILLE-ET-VILAINE (35)
Téléphone : 02 99 02 18 00
Télécopie : 02 99 02 18 09
Adresse : 13, avenue de Cucillé
BP 3173
35031 RENNES CEDEX

DDASS de l'INDRE (36)
Téléphone : 02 54 53 80 70
Télécopie : 02 54 35 02 00
Adresse : Cité administrative
Boulevard George Sand
BP 587
36019 CHATEAUROUX CEDEX

DDASS d'INDRE-ET-LOIRE (37)
Téléphone : 02 47 60 44 44
Télécopie : 02 47 61 32 91
Adresse : 38, rue Edouard Vaillant
BP 4214
37042 TOURS CEDEX 1

DDASS de l'ISÈRE (38)
Téléphone : 04 76 63 64 29
Télécopie : 04 76 51 36 28
Adresse : 17-19, rue du commandant l'Herminier
38032 GRENOBLE CEDEX 1

DDASS du JURA (39)
Téléphone : 03 84 35 84 35
Télécopie : 03 84 24 67 64
Adresse : 355, Boulevard Jules Ferry
BP 348
39015 LONS-LE-SAUNIER CEDEX

DDASS des LANDES (40)
Téléphone : 05 58 46 63 63
Télécopie : 05 58 46 63 72
Adresse : Cité Galliane
BP 329
40011 MONT-DE-MARSAN CEDEX

DDASS du LOIR ET CHER (41)
Téléphone : 02 54 55 78 79
Télécopie : 02 54 74 29 20
Adresse : 41, rue d'Auvergne
41018 BLOIS CEDEX

DDASS de la LOIRE (42)
Téléphone : 04 77 81 80 00
Télécopie : 04 77 81 80 01
Adresse : 4, rue des trois Meules
BP 219
42013 SAINT ETIENNE CEDEX 2

DDASS de la HAUTE-LOIRE (43)
Téléphone : 04 71 07 24 00
Télécopie : 04 71 02 91 25
Adresse : 8, rue de Vienne
BP 315
43011 LE-PUY-EN-VELAY CEDEX

DDASS de LOIRE-ATLANTIQUE (44)
Téléphone : 02 40 12 80 00
Télécopie : 02 40 12 82 25
Adresse : MAN
Rue René Viviani
BP 96219
44062 NANTES CEDEX 2

DDASS du LOIRET (45)
Téléphone : 02 38 42 42 42
Télécopie : 02 38 62 54 12
Adresse : Cité administrative Coligny
131, faubourg Bannier
45042 ORLEANS CEDEX

DDASS du LOT (46)
Téléphone : 05 65 20 56 00
Télécopie : 05 65 20 56 20
Adresse : Cité sociale
304, rue Victor Hugo
46010 CAHORS CEDEX

DDASS du LOT-ET-GARONNE (47)
Téléphone : 05 53 98 66 66
Télécopie : 05 53 98 66 05
Adresse : 935, avenue Jean Bru
47916 AGEN CEDEX 9

DDASS de la LOZERE (48)
Téléphone : 04 66 49 40 70
Télécopie : 04 66 49 03 07
Adresse : Avenue du 11 Novembre
BP 136
Immeuble Le Saint-Clair
48005 MENDE

DDASS du MAINE-ET-LOIRE (49)
Téléphone : 02 41 25 76 00
Télécopie : 02 41 88 04 47
Adresse : 26 ter, rue de Brissac
49047 ANGERS CEDEX 01

DDASS de la MANCHE (50)
Téléphone : 02 33 06 56 56
Télécopie : 02 33 06 56 03
Adresse : Place de la préfecture
50008 SAINT-LO CEDEX

DDASS de la MARNE (51)
Téléphone : 03 26 66 77 00
Télécopie : 03 26 65 38 49
Adresse : Rue de Vinetz
51038 CHALONS EN CHAMPAGNE

DDASS de la HAUTE-MARNE (52)
Téléphone : 03 25 30 62 00
Télécopie : 03 25 32 51 50
Adresse : Centre administratif
départemental
BP 569
52012 CHAUMONT CEDEX

DDASS de la MAYENNE (53)
Téléphone : 02 43 67 20 00
Télécopie : 02 43 67 19 04
Adresse : 2, boulevard Murat
BP 3840
53030 LAVAL CEDEX 09

DDASS de MEURTHE-ET-MOSELLE (54)
Téléphone : 03 83 17 44 44
Télécopie : 03 83 17 44 00
Adresse : 4, rue Bénit
Case officielle N° 11
54035 NANCY CEDEX

DDASS de la MEUSE (55)
Téléphone : 03 29 76 84 00
Télécopie : 03 29 79 17 03
Adresse : Cité administrative
Avenue du 94e RI
BP 549
55013 BAR-LE-DUC CEDEX

DDASS du MORBIHAN (56)
Téléphone : 02 97 62 77 00
Télécopie : 02 97 62 77 37
Adresse : 32, boulevard de la Résistance
BP 514
56019 VANNES CEDEX

DDASS de MOSELLE (57)
Téléphone : 03 87 37 56 00
Télécopie : 03 87 37 56 56
Adresse : 27, place Saint Thiébault
57045 METZ CEDEX 1

DDASS de la NIÈVRE (58)
Téléphone : 03 86 60 52 00
Télécopie : 03 86 60 52 49
Adresse : 11, rue Pierre-Emile Gaspard
Case 49
58019 NEVERS CEDEX

DDASS du NORD (59)
Téléphone : 03 20 18 33 33
Télécopie : 03 20 85 08 26
Adresse : Cité administrative
175, rue Gustave Delory
BP 2008
59011 LILLE CEDEX

DDASS de l'OISE (60)
Téléphone : 03 44 06 48 00
Télécopie : 03 44 06 48 01
Adresse : 13, rue Biot
BP 10 584
60005 BEAUVAIS CEDEX

DDASS de l'ORNE (61)
Téléphone : 02 33 80 83 00
Télécopie : 02 33 27 43 70
Adresse : 13, rue Marchand Saillant
BP 539
61016 ALENÇON CEDEX

DDASS du PAS-DE-CALAIS (62)
Téléphone : 03 21 60 30 30
Télécopie : 03 21 60 30 04
Adresse : Résidence St Pol
14, voie Bossuet
62016 ARRAS CEDEX

DDASS du PUY-DE-DÔME (63)
Téléphone : 04 73 74 49 00
Télécopie : 04 73 92 55 70
Adresse : 60, avenue de l'Union Soviétique
63057 CLERMONT-FERRAND

DDASS des PYRÉNÉES-ATLANTIQUES (64)
Téléphone : 05 59 14 51 79
Télécopie : 05 59 14 51 11
Adresse : Cité administrative
Boulevard Tourasse BP 1604
64016 PAU CEDEX

DDASS des HAUTES-PYRÉNÉES (65)
Téléphone : 05 62 51 79 79
Télécopie : 05 62 93 94 83
Adresse : Place Ferrée
BP 1336
65013 TARBES CEDEX 9

DDASS des PYRÉNÉES-ORIENTALES (66)
Téléphone : 04 68 35 87 00
Télécopie : 04 68 51 12 08
Adresse : 5, rue Bardou Job
BP 928
66020 PERPIGNAN CEDEX

DDASS du BAS-RHIN (67)
Téléphone : 03 88 76 76 81
Télécopie : 03 88 76 77 05
Adresse : CA
14, rue du Maréchal Juin
67084 STRASBOURG CEDEX

DDASS du HAUT-RHIN (68)
Téléphone : 03 89 24 81 64
Télécopie : 03 89 24 82 30
Adresse : Cité administrative
Bât. C
3, rue Fleischhauer
68026 COLMAR CEDEX

DDASS du RHÔNE (69)
Téléphone : 04 72 61 39 11
Télécopie : 04 78 71 03 87
Adresse : 245, rue Garibaldi
69442 LYON CEDEX 03

DDASS de HAUTE-SAÔNE (70)
Téléphone : 03 84 78 53 00
Télécopie : 03 84 76 38 05
Adresse : 3, rue Leblond
BP 412
70014 VESOUL CEDEX

DDASS de SAÔNE-ET-LOIRE (71)
Téléphone : 03 85 21 67 67
Télécopie : 03 85 21 67 99
Adresse : 173, boulevard Henri Dunant
BP 2024
71020 MACON CEDEX 9

DDASS de la SARTHE (72)
Téléphone : 02 43 40 20 20
Télécopie : 02 43 72 97 41
Adresse : 97, avenue Bollée
72070 LE MANS CEDEX 09

DDASS de la SAVOIE (73)
Téléphone : 04 79 60 28 28
Télécopie : 04 79 85 34 67
Adresse : Place Françoise Mitterrand
Carré Curial
BP 1803
73018 CHAMBERY CEDEX

DDASS de HAUTE-SAVOIE (74)
Téléphone : 04 50 88 41 11
Télécopie : 04 50 88 42 88
Adresse : Cité administrative
Rue Dupanloup
74040 ANNECY CEDEX

DDASS de PARIS (75)
Téléphone : 01 58 57 11 00
Télécopie : 01 58 57 11 44
Adresse : 75, rue de Tocqueville
75850 PARIS CEDEX 17

DDASS de SEINE-MARITIME (76)
Téléphone : 02 32 18 32 18
Télécopie : 02 32 18 32 32
Adresse : Immeuble Le Mail
BP 2061
76100 ROUEN

DDASS de SEINE-ET-MARNE (77)
Téléphone : 01 64 87 62 00
Télécopie : 01 64 87 62 01
Adresse : Centre Thiers Gallieni
49-51, avenue Thiers
77011 MELUN CEDEX

DDASS des YVELINES (78)
Téléphone : 01 30 97 73 00
Télécopie : 01 30 21 15 16
Adresse : 11, rue des Réservoirs
78007 VERSAILLES CEDEX

DDASS des DEUX-SÈVRES (79)
Téléphone : 05 49 06 70 00
Télécopie : 05 49 24 75 42
Adresse : 30, rue Thiers
BP 9104
79061 NIORT CEDEX 9

DDASS de la SOMME (80)
Téléphone : 03 22 89 42 22
Télécopie : 03 22 45 08 39
Adresse : 3, boulevard Guyancourt
BP 2704
80027 AMIENS CEDEX 1

DDASS du TARN (81)
Téléphone : 05 63 49 24 24
Télécopie : 05 63 49 24 21
Adresse : 69, avenue du maréchal Foch
81013 ALBI CEDEX 9

DDASS de TARN-ET-GARONNE (82)
Téléphone : 05 63 21 18 00
Télécopie : 05 63 66 41 67
Adresse : 7, allées de Mortarieu
BP 768
82013 MONTAUBAN CEDEX

DDASS du VAR (83)
Téléphone : 04 94 09 84 00
Télécopie : 04 94 09 84 05
Adresse : Cité sanitaire
Avenue Lazare Carnot
BP 1302
83076 TOULON CEDEX

DDASS du VAUCLUSE (84)
Téléphone : 04 90 27 70 00
Télécopie : 04 90 86 64 00
Adresse : Cité administrative
Cours Jean-Jaurès
84044 AVIGNON CEDEX 9

DDASS de la VENDÉE (85)
Téléphone : 02 51 36 75 00
Télécopie : 02 51 07 00 06
Adresse : 29, rue Delille
85023 LA-ROCHE-SUR-YON
CEDEX

DDASS de la VIENNE (86)
Téléphone : 05 49 44 83 50
Télécopie : 05 49 44 83 89
Adresse : 39, rue de Beaulieu
BP 56286021 POITIERS CEDEX

DDASS de la HAUTE-VIENNE (87)
Téléphone : 05 55 11 54 11
Télécopie : 05 55 79 83 81
Adresse : 24, rue Donzelot
BP 3108
87031 LIMOGES CEDEX 1

DDASS des VOSGES (88)
Téléphone : 03 29 64 66 68
Télécopie : 03 29 64 66 92
Adresse : 1, quartier de la Magdeleine
88026 EPINAL CEDEX

DDASS de l'YONNE (89)
Téléphone : 03 86 51 80 00
Télécopie : 03 86 51 80 33
Adresse : 25, avenue Pasteur
BP 49
89011 AUXERRE CEDEX

DDASS du TERRITOIRE-DE-BELFORT (90)
Téléphone : 03 84 58 82 00
Télécopie : 03 84 28 71 38
Adresse : 8, rue du peintre Heim
BP 207
90004 BELFORT CEDEX

DDASS de l'ESSONNE (91)
Téléphone : 01 69 36 71 71
Télécopie : 01 60 77 78 48
Adresse : Immeuble France Evry
Tour Malte
Boulevard de France
91035 EVRY CEDEX

DDASS des HAUTS-DE-SEINE (92)
Téléphone : 01 40 97 97 97
Télécopie : 01 47 21 45 36
Adresse : 130, rue du 8 mai 1945
92021 NANTERRE CEDEX

DDASS de SEINE-ST-DENIS (93)
Téléphone : 01 41 60 70 00
Télécopie : 01 41 60 70 01
Adresse : 8-22, rue du chemin vert
93016 BOBIGNY CEDEX

DDASS du VAL-DE-MARNE (94)
Téléphone : 01 49 81 86 04
Télécopie : 01 48 98 09 39
Adresse : 38-40, rue Saint Simon
94010 CRETEIL CEDEX

DDASS du VAL-D'OISE (95)
Téléphone : 01 34 41 14 00
Télécopie : 01 30 32 47 38
Adresse : 2, avenue de la Palette
95011 CERGY PONTOISE CEDEX

DSDS de GUADELOUPE (971)
Téléphone : 05 90 99 49 00
Télécopie : 05 90 99 49 49
Adresse : Rue des Archives
BISDARY
97113 GOURBEYRE

DSDS de MARTINIQUE (972)
Téléphone : 05 96 39 42 43
Télécopie : 05 96 60 60 12
Adresse : Centre d'affaire Agora
ZAC de l'Etang
Z'abricot
Pointe des Grives
BP 658
97261 FORT-DE-FRANCE CEDEX

DSDS de GUYANE (973)
Téléphone : 0 594 25 53 00
Télécopie : 0 594 25 53 29
Adresse : 19, rue Schoëlcher
BP 5001
97305 CAYENNE CEDEX

DASS de SAINT-PIERRE-ET-MIQUELON (975)
Téléphone : 05 08 41 15 00
Télécopie : 05 08 41 34 55
Adresse : Boulevard Port-en-Bessin
BP 4333
97500 SAINT-PIERRE-ET-MIQUELON

DASS de MAYOTTE (976)
Téléphone : 02 69 61 12 25
Télécopie : 02 69 61 19 56
Adresse : BP 104
97600 MAMOUDZOU

DASS de NOUVELLE-CALÉDONIE (977)
Téléphone : 00 687 24 37 00
Télécopie : 00 687 24 37 02
Adresse : 5, rue Galiéni
BP 3278
97700 NOUMEA

›2. Répertoire des DRASS

DRASS d'ALSACE
Téléphone : 03 88 76 76 81
Télécopie : 03 88 76 77 05
Adresse : Cité Administrative
14, rue du Maréchal Juin
67084 STRASBOURG CEDEX

DRASS d'AQUITAINE
Téléphone : 05 57 01 95 00
Télécopie : 05 57 01 96 83
Adresse : Espace Rodesse
103 bis, rue Belleville
BP 952
33063 BORDEAUX CEDEX

DRASS d'AUVERGNE
Téléphone : 04 73 74 49 00
Télécopie : 04 73 90 16 05
Adresse : 60, avenue de l'Union Soviétique
63057 CLERMONT-FERRAND CEDEX 01

DRASS de BOURGOGNE
Téléphone : 03 80 44 30 30
Télécopie : 03 80 44 31 02
Adresse : 11, rue de l'hôpital
BP 1535
21035 DIJON CEDEX

DRASS de BRETAGNE
Téléphone : 02 99 35 29 00
Télécopie : 02 99 30 59 03
Adresse : 20, rue d'Isly
35042 RENNES CEDEX

DRASS du CENTRE
Téléphone : 02 38 77 47 00
Télécopie : 02 38 54 46 03
Adresse : 25, boulevard Jean Jaurès
45044 ORLEANS CEDEX 1

DRASS de CHAMPAGNE-ARDENNE
Téléphone : 03 26 66 78 78
Télécopie : 03 26 65 57 46
Adresse : 7, boulevard Kennedy
Quartier Verbeau
51037 CHÂLONS-EN-CHAMPAGNE CEDEX

DRASS de FRANCHE-COMTÉ
Téléphone : 03 81 47 88 00
Télécopie : 03 81 80 74 69
Adresse : La City
3, avenue Louise Michel
25044 BESANCON CEDEX

DRASS d'ÎLE-DE-FRANCE
Téléphone : 01 44 84 22 22
Télécopie : 01 44 84 20 88
Adresse : 58-62, rue de Mouzaïa
75935 PARIS CEDEX 19

DRASS du LANGUEDOC-ROUSSILLON
Téléphone : 04 67 22 89 00
Télécopie : 04 67 64 15 98
Adresse : 615, boulevard d'Antigone
34064 MONTPELLIER CEDEX 2

DRASS du LIMOUSIN
Téléphone : 05 55 45 80 80
Télécopie : 05 55 45 80 50
Adresse : 24, rue Donzelot
87037 LIMOGES CEDEX

DRASS de LORRAINE
Téléphone : 03 83 39 29 29
Télécopie : 03 83 39 29 44
Adresse : Immeuble Les Thiers
4, rue Piroux
Case officielle 071
54036 NANCY CEDEX

DRASS de MIDI-PYRÉNÉES
Téléphone : 05 62 73 93 00
Télécopie : 05 62 73 93 03
Adresse : 71 bis, allées Jean Jaurès
31050 TOULOUSE CEDEX

DRASS du NORD-PAS-DE-CALAIS
Téléphone : 03 20 62 66 00
Télécopie : 03 20 62 66 62
Adresse : 62, boulevard de Belfort
BP 605
59024 LILLE CEDEX

DRASS de BASSE-NORMANDIE
Téléphone : 02 31 46 54 54
Télécopie : 02 31 44 18 99
ou
02 31 46 54 05)
Adresse : La Folie Couvrechef
27, rue des Compagnons
14050 CAEN CEDEX 4

DRASS de HAUTE-NORMANDIE
Téléphone : 02 32 18 32 18
Télécopie : 02 35 62 53 18
Adresse : Immeuble Le Mail
31, rue Malouet
BP 2061
76040 ROUEN CEDEX

DRASS des PAYS-DE-LA-LOIRE
Téléphone : 02 40 12 80 00
Télécopie : 02 40 12 80 77
Adresse : Maison de l'administration nouvelle
6, rue Viviani
BP 86218
44262 NANTES CEDEX 2

DRASS de PICARDIE
Téléphone : 03 22 82 30 00
Télécopie : 03 22 82 30 01
Adresse : 52, rue Daire
80037 AMIENS CEDEX

DRASS de POITOU-CHARENTES
Téléphone : 05 49 42 30 00
Télécopie : 05 49 44 27 23
Adresse : 28, rue Gay Lussac
BP 559
86020 POITIERS CEDEX

DRASS de PROVENCE-ALPES-CÔTE-D'AZUR
Téléphone : 04 91 29 99 99
Télécopie : 04 91 78 43 82
Adresse : 23-25, rue Borde
13285 MARSEILLE CEDEX 08

DRASS de RHÔNE-ALPES
Téléphone : 04 72 34 31 32
Télécopie : 04 78 95 18 77
Adresse : 107, rue Servient
69418 LYON CEDEX 3

DRASS de LA RÉUNION
Téléphone : 02 62 93 94 95
Télécopie : 02 62 93 95 95
Adresse : 2 bis, avenue Georges Brassens
BP 9
97408 SAINT DENIS MESSAG CEDEX 9

DIRECTION DE LA SOLIDARITÉ ET DE LA SANTÉ DE CORSE ET DE CORSE-DU-SUD (DSS CORSE)
Téléphone : 04 95 51 40 40
Télécopie : 04 95 51 99 00
ou
04 95 51 99 45
Adresse : 1, rue Colomba
BP 413
20305 AJACCIO CEDEX 1

Liste des CROUS

CHAPITRE 2

Voici la liste des CROUS de la France entière classés par ordre alphabétique de leur région de rattachement, avec leur adresse électronique. Vous trouverez sur leurs sites respectifs tous les renseignements utiles concernant les offres et aides procurées par chaque CROUS (comment les contacter, comment préparer son dossier d'aide, etc.).

Alsace
http://crous-strasbourg.fr

Antilles et Guyane
http://crous-antilles-guyane.cnous.fr

Aquitaine
http://www.crous-bordeaux.fr

Auvergne
http://www.crous-clermont.fr

Basse-Normandie
http://www.unicaen.fr

Bourgogne
http://crous-dijon.cnous.fr

Bretagne
http://www.crous-rennes.fr

Centre
http://www.crous-orleans-tours.fr

Champagne-Ardennes
http://www.crous-reims.fr

Corse
http://w4-web248.nordnet.fr

Franche-Comté
http://www.crous-besancon.fr

Haute-Normandie
http://crous.crihan.fr/haute-normandie

Île-de-France
CROUS Paris : http://www.crous-paris.fr
CROUS Créteil : http://www.crous-creteil.fr
CROUS Versailles : http://www.crous-versailles.fr

Limousin
http://www.unilim.fr/crous

Lorraine
http://www.crous-nancy-metz.fr

Midi-Pyrénées
http://www.crous-toulouse.com

Nord-Pas-de-Calais
http://www.crous-lille.fr

Pays de la Loire
http://www.crous-nantes.fr

Picardie
http://www.crous-amiens.fr

Poitou-Charentes
http://www.crous-poitiers.fr

Provence Alpes Côte d'azur
http://www.crous-aix-marseille.fr

Réunion
http://crous-reunion.cnous.fr

Rhône-Alpes
http://www.crous-grenoble.fr

CHAPITRE 3

Liste des établissements dispensant des préparations au concours[1]

› 1. Les instituts de formation d'aides-soignants

Organisme	Adresse	Téléphone/Fax	E-mail
IFSI (Groupe Hospitalier St Vincent)	20a, rue Sainte Marguerite 67000 STRASBOURG	Tél. : 03 88 21 70 45 Fax : 03 88 21 70 49	ifsi@ghsv.org
IFSI (Centre Hospitalier)	64, avenue du Pr. R. Leriche BP 40252 67504 HAGUENAU CEDEX	Tél. : 03 88 06 30 81 Fax : 03 88 06 31 30	ifsi@ch-haguenau.fr
Ecole d'aides-soignants et d'aux. de puériculture (Groupe Hospitalier Privé du Centre Alsace)	5, avenue Joffre BP 20129 68003 COLMAR	Tél. : 03 89 21 22 50 Fax : 03 89 21 26 19	pierre.huin@calixo.net
IFSI (Centre Hospitalier Saint-Cyr)	BP 319 47307 VILLENEUVE SUR LOT	Tél. : 05 53 40 53 05 Fax : 05 53 40 53 52	secretariat.ifsi@ch-stcyr.fr
IFSI (Croix Rouge Française)	20 rue du Vert-Galant BP 30401 03004 MOULINS CEDEX	Tél. : 04 70 48 20 30 Fax : 04 70 48 20 29	ifsi.moulins@wanadoo.fr
IFSI (Croix Rouge Française)	21, boulevard Olivier de Serres 21800 QUETIGNY	Tél. : 03 80 77 27 56 Fax : 03 80 77 27 90	ifssdequetigny.crf@free.fr
IFSI (Communauté Le Creusot - Montceau les Mines)	46, avenue Saint Sauveur 71206 LE CREUSOT	Tél. : 03 85 77 24 81 Fax : 03 85 77 24 99	ifsi.lecreusot@wanadoo.fr
IFSI (Centre Hospitalier Régional Universitaire)	37044 TOURS CEDEX 9	Tél. : 02 47 47 81 01 Fax : 02 47 47 86 19	j.garcia@chu-tours.fr
IFSI (Croix Rouge Française)	130, rue du Colombier BP 27362 37073 TOURS	Tél. : 02 47 88 43 43 Fax : 02 47 88 43 55	ifsi-crf-tours@wanadoo.fr
IFSI (Centre Hospitalier)	Mail Pierre Charlot 41016 BLOIS CEDEX	Tél. : 02 54 55 64 08 Fax : 02 54 55 62 70	sec.ifsi@ch-blois.fr
IFSI (Centre Hospitalier)	2, avenue des Lombards 41016 TROYES	Tél. : 03 25 49 49 99 Fax : 03 25 49 47 09	
IFSI (Croix Rouge Française)	155, Chemin de Chaudon 39000 LONS LE SAUNIER	Tél. : 03 84 47 28 87 Fax : 03 84 47 54 09	cdi@ifsilons.com
IFSI (Croix Rouge Française)	12, rue Miroudot St Ferjeux BP 273 70005 VESOUL	Tél. : 03 84 75 80 44 Fax : 03 84 75 23 48	ifsicrf.vesoul@laposte.net

1. Source : site du CEFIEC, www.cefiec.fr

Organisme	Adresse	Téléphone/Fax	E-mail
IFSI (Centre Hospitalier)	2, fbg Saint Etienne BP 329 25304 PONTARLIER	Tél. : 03 81 38 53 29 Fax : 03 81 38 58 42	institutformationsoins@ ch-pontarlier.rss.fr
IFSI (Croix Rouge Française)	Chemin de la Bretèque 76230 BOIS GUILLAUMME	Tél. : 02 35 59 40 28 Fax : 02 35 59 40 96	
IFSI (Hôpital Perpétuel Secours)	4, rue Kléber 92309 LEVALLOIS - PERRET CEDEX	Tél. : 01 47 59 59 11 Fax : 01 47 57 59 36	c.godard@hndps.com
IFSI (Mutuelle Générale de l'Education Nationale)	BP 601 78321 LE MESNIL SAINT DENIS (LA VERRIERE)	Tél. : 01 39 38 79 60 Fax : 01 39 38 79 94	jaspar@mgen.fr
IFSI (Centre Hospitalier René Dubos)	3, bis avenue de l'Ile de France 95303 PONTOISE	Tél. : 01 30 75 43 43 Fax : 01 30 75 53 77	martine.fontaine@ch-pon- toise.fr
IFSI (Centre Hospitalier)	Le Haut de Roy - 19, rue Jean Lurçat 95200 SARCELLES	Tél. : 01 39 90 58 45 Fax : 01 39 94 83 74	fondation@fondation-chap- tal.fr
IFSI (Centre Hospitalier Paul Guiraud)	54, avenue de la République 94806 VILLEJUIF	Tél. : 01 42 11 71 38 Fax : 01 42 11 71 78	nicole.lejeune@ch-pgv.fr
IFSI (Croix Rouge Française)	11, boulevard Sully 78200 MANTES LA JOLIE	Tél. : 01 30 33 59 49 Fax : 01 30 33 30 10	ifsimantes-la-jolie.com@ wanadoo.fr
IFSI (Centre Hospitalier)	8 bis rue Maurice 91160 LONGJUMEAU	Tél. : 01 64 54 32 89 Fax : 01 64 54 29 13	IFSI.SECRETARIAT@ ch-longjumeau,fr
IFSI (Centre Hospitalier M. Jacquet)	1 rue Fontaine St Liesne 77000 MELUN	Tél. : 01 64 71 62 37 Fax : 01 64 71 61 16	ifsi@ch-melun.fr
IFSI (Croix Rouge Française)	98, rue Didot 75014 PARIS	Tél. : 01 44 43 58 00 Fax : 01 40 32 34 40	ifsp.direction@wanadoo.fr
IFSI (Groupe hospitalier Saint-Joseph)	185, rue raymond Losserand 75674 PARIS CEDEX 14	Tél. : 01 44 12 33 33 Fax : 01 44 12 32 31	sifsi@hopital-saint-joseph. org
IFSI (Centre Hospitalier)	25, rue P. de Theilley BP 3007 95503 GONESSE CEDEX	Tél. : 01 34 53 20 13 Fax : 01 34 53 27 26	nelly.federigo@ch-gonesse.fr
IFSI (Centre Hospitalier)	55, boulevard Joffre 77305 FONTAINEBLEAU	Tél. : 01 60 74 10 29 Fax : 01 60 74 13 89	ifsi@ch-fontainebleau.fr
IFSI	3, avenue Jean Jaurès 93331 NEUILLY SUR MARNE CEDEX	Tél. : 01 49 44 36 00 Fax : 01 49 44 36 01	administration@ifits.fr
IFSI (Croix Rouge Française)	2160, chemin du Bachas 30000 NIMES	Tél. : 04 66 29 50 25 Fax : 04 66 29 25 70	ifsicrf30@wanadoo.fr
IFSI (Centre Hospitalier)	1, rue de Copenhague - ZAC BOURRAN 12027 RODEZ CEDEX 9	Tél. : 05 65 55 17 50 Fax : 05 65 55 17 59	ifsi@ch-rodez.fr
IFSI (Centre Hospitalier)	351, rue St Géry 46000 CAHORS	Tél. : 05 65 20 50 14 Fax : 05 65 20 54 14	ifsi@ch-cahors.fr
IFSI (Centre Hospitalier du Val d'Ariège)	10, rue Saint Vincent 09100 PAMIERS	Tél. : 05 61 60 90 96 Fax : 05 61 60 90 95	ifsi@chi-val-ariege.fr
Ecole de Puériculture (I.F.R.A.S.S. Pôle santé)	2 bis, rue émile pelletier BP 44777 31047 TOULOUSE CEDEX 1	Tél. : 05 34 63 89 00 Fax : 05 34 63 89 08	pole.sante@ifrass.fr
IFSI (Croix Rouge Française)	3, rue de l'Origan - Parc des Bonnettes 62000 ARRAS	Tél. : 03 21 21 25 10 Fax : 03 21 21 25 19	Ifsicrf@hotmail.com
IFSI (Etablissement Public de Santé)	6 rue Emile Didier 62000 ARRAS	Tél. : 03 21 21 10 62 Fax : 03 21 21 10 67	christiane.cattiaux@ch-ar- ras.fr
IFSI (Santelys Association)	351, rue Ambroise Paré - «Epi de Soil» 59120 LOOS	Tél. : 03 20 16 03 60 Fax : 03 20 97 39 06	ifsi@santelys.asso.fr

Organisme	Adresse	Téléphone/Fax	E-mail
IFSI (Croix Rouge Française)	1127, avenue Winston Churchill 62400 BETHUNE	Tél. : 03 21 01 26 79 Fax : 03 21 57 05 32	secretariatbethune@wana-doo.fr
IFSI (Croix Rouge Française)	Rue de Fecamp 62300 LENS	Tél. : 03 21 69 10 52 Fax : 03 21 28 41 56	ifsi.crf.lens@wanadoo.fr
IFSI (Croix Rouge Française)	Route de Cambrai 59187 DECHY - DOUAI	Tél. : 03 27 88 94 00 Fax : 03 27 88 94 00	crfifsidouai@wanadoo.fr
IFSI (Croix Rouge Française)	39, rue Louis Leloir 59200 TOURCOING	Tél. : 03 20 25 34 03 Fax : 03 20 25 26 84	ifsi.tourcoing@croix-rouge.fr
IFSI (Centre Hospitalier)	BP.357 62505 SAINT OMER	Tél. : 03 21 88 74 40 Fax : 03 21 88 74 49	secretariat-ifsi@ch-stomer.fr
IFSI (Centre Hospitalier)	Rue Marceau 49403 SAUMUR	Tél. : 02 41 40 14 61 Fax : 02 41 40 14 59	ifsisaumur@ch-saumur.fr
IFSI (Centre Hospitalier)	94, rue Anciens AFN ET TOM 02303 CHAUNY	Tél. : 03 23 38 54 46 Fax : 03 23 38 55 33	secretariat.ifsi@ch-chauny,fr
IFSI (Centre Hospitalier)	Rue Albert Schweitzer 17000 LA ROCHELLE	Tél. : 05 46 45 51 30 Fax : 05 46 27 10 75	philippe.neau@chlr.rss.fr
IFSI (Croix Rouge Française)	Domaine Universitaire Le Moulin Neuf 16400 LA COURONNE (ANGOULEME)	Tél. : 05 45 91 36 00 Fax : 05 45 25 43 26	ifsi.crfangouleme@wanadoo.fr
IFSI (Centre Hospitalier Universitaire)	2, rue de la Miletrie BP 577 86021 POITIERS	Tél. : 05 49 44 44 68 Fax : 05 49 44 40 05	m.t.chauveau-ronsin@chu-poitiers.fr
IFSI (Croix Rouge Française)	1, rue du Dr Simone Sedan 13392 MARSEILLE CEDEX 5	Tél. : 04 91 47 28 02 Fax : 04 91 85 94 26	ifsi.crf.marseille@clinique-du-came-asso.fr
IFSI (La Blancarde)	39, Bld de la Blancarde 13004 MARSEILLE	Tél. : 04 91 34 20 48 Fax : 04 91 85 51 77	secretariat@ifsilablancarde.com
IFSI (Syndicat Inter Hospitalier)	32, avenue Becquerel - Z.I. Toulon-Est BP 074 83079 TOULON CEDEX 9	Tél. : 04 94 14 72 14 Fax : 04 94 14 72 12	josy.chambon@ch-toulon.fr
IFSI (Croix Rouge Française)	17, avenue Cap de Croix 06100 NICE	Tél. : 04 93 53 86 00 Fax : 04 93 53 38 01	ifamcrf.ifsi@wanadoo.fr
IFSI (Hôpital St-Joseph)	26, boulevard de Louvain 13265 MARSEILLE CEDEX 8	Tél. : 04 91 80 65 84 Fax : 04 91 80 64 06	ifsi@hopital-saint-joseph.fr
IFSI (Centre Hospitalier Spécialisé Sainte-Marie)	87, avenue Joseph Raybaud BP 1519 6009 NICE CEDEX 1	Tél. : 04 93 13 55 35 Fax : 04 93 13 55 47	ifsi.sainte.marie@wanadoo.fr
IFSI (Centre Hospitalier Intercommunal)	240, avenue St Lambert BP 110 83608 FREJUS	Tél. : 04 94 40 20 95 Fax : 04 94 40 22 20	collin-claude-m@chi-frejus-saint-raphael.fr
Ecole Aides-Soignants (Croix-Rouge Française)	32, cours des arts et métiers 13100 AIX EN PROVENCE	Tél. : 04 42 16 05 16 Fax : 04 42 26 22 94	institut.crf.aix@wanadoo.fr
IFSI (Centre Hospitalier)	BP 119 07103 ANNONAY	Tél. : 04 75 67 89 51 Fax : 04 75 67 89 90	ifsi@ch-annonay.fr
IFSI (Centre Hospitalier)	35 bis, avenue albert thomas 42300 ROANNE	Tél. : 04 77 23 79 80 Fax : 04 77 23 79 89	ifsi@ch-roanne.fr
IFSI (Syndicat Inter Hospitalier du Bugey)	1687, avenue Mangini BP 36 01110 HAUTEVILLE	Tél. : 04 74 40 47 00 Fax : 04 74 40 47 01	ifsidubugey@wanadoo.fr
IFSI (Centre Hospitalier St-Joseph - St-Luc)	42 Bis rue du Prof. Grignard 69007 LYON CEDEX 2	Tél. : 04 37 65 40 50 Fax : 04 37 65 40 69	direction.ifsi@worldonline.fr
IFSI (Ecole Santé Social Sud-Est)	20, rue de la Claire BP 320 69337 LYON CEDEX 9	Tél. : 04 78 83 40 88 Fax : 04 78 64 64 29	essse.inf@wanadoo.fr
IFSI (Ecole Rockefeller)	4, avenue Rockefeller 69313 LYON CEDEX 8	Tél. : 04 78 76 52 22 Fax : 04 78 74 15 51	section-infirmiere@ecole-rockefeller.com

Organisme	Adresse	Téléphone/Fax	E-mail
IFSI (Association Hospitalière Dauphinoise Saint-Martin)	11, avenue J. Bouchayer 38100 GRENOBLE	Tél. : 04 76 49 01 63 Fax : 04 76 84 01 78	ifsi@ifsi-st-martin.com
IFSI (Croix Rouge Française)	169, boulevard Maréchal Juin 26000 VALENCE	Tél. : 04 75 43 20 03 Fax : 04 75 43 25 89	ifsi_crf_valence@hotmail.com
IFSI (Centre Hospitalier)	Pellapra Route du Dieulefit 26200 MONTELIMAR	Tél. : 04 75 01 51 62 Fax : 04 75 90 91 97	ifsi@ch-montelimar.fr
IFSI (Centre Hospitalier)	1, avenue de Tresums BP 2333 74011 ANNECY	Tél. : 04 50 88 32 55 Fax : 04 50 88 32 50	ifsi.accueil@ch-annecy.fr
IFSI (Croix Rouge Française)	3, rue Testenoire Lafayette 42100 SAINT ETIENNE	Tél. : 04 77 81 02 02 Fax : 04 77 59 22 20	crfide@libertysurf.fr
IFSI (Centre Hospitalier)	9, chemin de Bois Vignal BP 146 07205 AUBENAS	Tél. : 04 75 35 60 64 Fax : 04 75 35 60 65	ifsi@ch-aubenas.fr

›2. Les instituts de formation d'auxiliaires de puériculture

Organisme	Adresse	Téléphone/Fax	E-mail
Ecole d'aides-soignants et d'aux. de puériculture (Groupe Hospitalier Privé du Centre Alsace)	5, avenue Joffre BP 20129 68003 COLMAR	Tél. : 03 89 21 22 50 Fax : 03 89 21 26 19	pierre.huin@calixo.net
IFSI (Croix Rouge Française)	21, boulevard Olivier de Serres 21800 QUETIGNY	Tél. : 03 80 77 27 56 Fax : 03 80 77 27 90	ifssdequetigny.crf@free.fr
IFSI (Croix Rouge Française)	56 ter, av. Général Sarrail 51037 CHALONS EN CHAMPAGNE	Tél. : 03 26 64 60 53 Fax : 03 26 68 48 66	ifps@ifpscrf.com
IFSI (Hôpital Perpétuel Secours)	4, rue Kléber 92309 LEVALLOIS - PERRET CEDEX	Tél. : 01 47 59 59 11 Fax : 01 47 57 59 36	c.godard@hndps.com
IFSI (Groupe hospitalier Saint-Joseph)	185, rue raymond Losserand 75674 PARIS CEDEX 14	Tél. : 01 44 12 33 33 Fax : 01 44 12 32 31	sifsi@hopital-saint-joseph.org
IFSI (Centre Hospitalier)	Le Haut de Roy - 19, rue Jean Lurçat 95200 SARCELLES	Tél. : 01 39 90 58 45 Fax : 01 39 94 83 74	fondation@fondation-chaptal.fr
IFSI (Croix Rouge Française)	98, rue Didot 75014 PARIS	Tél. : 01 44 43 58 00 Fax : 01 40 32 34 40	ifsp.direction@wanadoo.fr
IFSI	3, avenue Jean Jaurès 93331 NEUILLY SUR MARNE CEDEX	Tél. : 01 49 44 36 00 Fax : 01 49 44 36 01	administration@ifits.fr
IFSI (Croix Rouge Française)	2160, chemin du Bachas 30000 NIMES	Tél. : 04 66 29 50 25 Fax : 04 66 29 25 70	ifsicrf30@wanadoo.fr
IFSI (Centre Hospitalier)	1, rue de Copenhague - ZAC BOURRAN 12027 RODEZ CEDEX 9	Tél. : 05 65 55 17 50 Fax : 05 65 55 17 59	ifsi@ch-rodez.fr
Ecole de Puériculture (I.F.R.A.S.S. Pôle santé)	2, bis rue émile pelletier BP 44777 31047 TOULOUSE	Tél. : 05 34 63 89 00 Fax : 05 34 63 89 08	pole.sante@ifrass.fr

IFSI (Croix Rouge Française)	3, rue de l'Origan - Parc des Bonnettes 62000 ARRAS	Tél. : 03 21 21 25 10 Fax : 03 21 21 25 19	Ifsicrf@hotmail.com
IFSI (Croix Rouge Française)	1, rue du Dr Simone Sedan 13392 MARSEILLE CEDEX 5	Tél. : 04 91 47 28 02 Fax : 04 91 85 94 26	ifsi.crf.marseille@clinique-du-came-asso.fr
IFSI (Syndicat Inter Hospitalier)	32, avenue Becquerel - Z.I. Toulon-Est BP 074 83079 TOULON CEDEX 9	Tél. : 04 94 14 72 14 Fax : 04 94 14 72 12	josy.chambon@ch-toulon.fr
IFSI (Hôpital St-Joseph)	26, boulevard de Louvain 13265 MARSEILLE CEDEX 8	Tél. : 04 91 80 65 84 Fax : 04 91 80 64 06	ifsi@hopital-saint-joseph.fr
Ecole Aides-Soignants (Croix-Rouge Française)	32, cours des arts et métiers 13100 AIX EN PROVENCE	Tél. : 04 42 16 05 16 Fax : 04 42 26 22 94	institut.crf.aix@wanadoo.fr
IFSI (Ecole Santé Social Sud-Est)	20, rue de la Claire BP 320 69337 LYON CEDEX 9	Tél. : 04 78 83 40 88 Fax : 04 78 64 64 29	essse.inf@wanadoo.fr
IFSI (Association Hospitalière Dauphinoise Saint-Martin)	11, avenue J. Bouchayer 38100 GRENOBLE	Tél. : 04 76 49 01 63 Fax : 04 76 84 01 78	ifsi@ifsi-st-martin.com

Maquette : Primo et Primo
Composition : Facompo

Achevé d'imprimer en août 2008
par Barnéoud, 53960 Bonchamp-lès-Laval

Dépôt légal : septembre 2008

Imprimé en France